本书获二〇二三年贵州省出版传媒事业发展专项资金资助

本书获贵州省孔学堂发展基金会资助

本书是国家社会科学基金项目『明代江右王学重镇安福县学人群文献整理与研究』（17BTQ0082）结题成果

【阳明文库】

学术专著系列

安福阳明学

——江右王学重镇安福县学人群研究

孔學堂書局

彭树欣 著

本书获2023年贵州省出版传媒事业发展专项资金资助

本书获贵州省孔学堂发展基金会资助

图书在版编目（CIP）数据

安福阳明学：江右王学重镇安福县学人群研究 / 彭
树欣著. – 贵阳：孔学堂书局，2024.10
（阳明文库.学术专著系列）
ISBN 978-7-80770-528-4

Ⅰ.①安… Ⅱ.①彭… Ⅲ.①王守仁（1472-1528）
－哲学思想－研究 Ⅳ.①B248.25

中国国家版本馆CIP数据核字(2024)第093171号

阳明文库（学术专著系列）

安福阳明学——江右王学重镇安福县学人群研究　彭树欣　著

ANFU YANGMINGXUE: JIANGYOU WANGXUE ZHONGZHEN ANFUXIAN XUERENQUN YANJIU

项目策划：苏　桦
项目执行：张发贤
责任编辑：张基强　陈　倩
责任校对：黄文华
书籍设计：曹琼德
责任印制：张　莹

出版发行：贵州日报当代融媒体集团
　　　　　孔学堂书局
地　　址：贵阳市乌当区大坡路26号
印　　刷：北京世纪恒宇印刷有限公司
开　　本：889mm×1194mm　1/24
字　　数：580千字
印　　张：24.5
版　　次：2024年10月第1版
印　　次：2024年10月第1次
书　　号：ISBN 978-7-80770-528-4
定　　价：168.00元

阳明文库

作者简介

　　彭树欣，江西莲花人，文学博士，哲学博士后，江西财经大学人文学院教授，江西省阳明学会常务理事，江西省社会学学会理事。主要从事中国哲学、中国古典文献学和民俗学研究，主攻方向为阳明学和梁启超研究。出版著作 10 余部，在《光明日报》《孔子研究》等报刊上发表学术论文 50 余篇，主持或参与国家级、省部级课题 10 余项，获省社科奖多项。

目录

绪论

一、解题：关于明代安福阳明学及其地位

明代安福指明代江西吉安府安福县（现江西省吉安市安福县），明代安福阳明学，指明后期安福籍学者的阳明学，且主要指发生在该县内的阳明学。这里的关键在于，"安福阳明学"作为学术概念能否成立？回答是肯定的。其一，在安福出现了一个阳明学"学人群"（即师承或认同阳明之学的学术群体），其人数（包括阳明学者及同道者）可考者有230多人，且10多人为江右王门的代表性人物。其二，有相对固定的学术组织——讲会，如影响较大的惜阴会，经常定期或不定期举办群体性讲学或讲会活动。其三，有固定的学术活动场所，安福阳明学者（含同道者）创办了19所书院（含私人书屋），作为他们讲学或讲会的道场。可以说，在安福县内形成了一个阳明学学术共同体或小地域学派（总属江右王门学派），所以，"安福阳明学"作为一个学术概念是可以成立的。

明代阳明学以江右（江西）人数为最多，成就也最高，江右在整个阳明学的发展中具有重要的地位①，其中又以安福县为典型代表。黄宗羲论江右王门，称"阳明一生精神，俱在江右"，又说"姚江（阳明）之学，惟江右为得其传，东廓、念庵、两峰、双江其选也。再传而为塘南、思默，皆能推原阳明未尽之旨"。②其所提代表性学者中有3人为安福人，即东廓（邹守益）、两峰（刘文敏）、塘南（王时槐）。对于安福阳明学之盛，阳明著名弟子聂豹、王畿在当时均有称赞。聂豹曰："阳明先生悼俗学之涂生民也，毅然以身犯不韪，倡道东南，而以良知为宗……有志之士，闻风而兴者，时惟江西为盛。江西之盛，惟吉安。吉安之盛，惟安福。"③王畿亦曰："阳明夫子生平德业著于江右最盛，讲学之风亦莫盛于江右，而尤

---

① 吕妙芬说："整个阳明学在16世纪的发展中，江右地区，特别是吉安府，扮演着重要的关键角色。……王阳明若没有江右作为他学术的摇篮，若没有江右士人对阳明学术的拥戴和传承，恐怕无法造就16世纪阳明学的盛况。"见吕妙芬：《阳明学士人社群：历史、思想与实践》，新星出版社2006年版，第319—320页。

② 黄宗羲：《江右王门学案一》，《明儒学案》（修订本），沈芝盈点校，中华书局2008年版，第331页。

③ 聂豹：《复古书院记》，《聂豹集》，吴可为编校整理，凤凰出版社2007年版，第133—134页。

盛于吉之安成（即安福）。"① 从人数来看，安福阳明学者及重要学者，也为全国或江右之大宗。黄宗羲《明儒学案》共 62 卷，其中江右王门占 9 卷（浙中王门仅占 5 卷），共记载阳明学人 33 人，安福有 13 人，占 39.4%。吕妙芬《阳明学士人社群：历史、思想与实践》附录资料② 统计，明代全国阳明学者人数为 244 人，安福籍 26 人，占 10.7%。又，吴宣德《江右王学与明中后期江西教育发展》附录资料③ 统计，江右王门人数 260 人，安福籍 45 人，占 17.3%。其实，据笔者考证，安福阳明学者还远不止这么多，实际达 170 人，加上同道者（属广义上的阳明学者）更达 230 多人。

安福是阳明学的核心区域，是江右甚至全国的阳明学中心之一。明末学者王士性曰："江右又翕然一以良知为宗，弁髦诸前辈讲解，其在于今，可谓家孔孟而人阳明矣。第鱼目鼠璞，何地无之。后之为阳明之学者，江右以吉水、安福、盱江为盛。"④ 也就是说，安福是江右的三大阳明学中心之一，而其成就和影响其实远大于吉水和盱江（即南城）。海外著名阳明学研究专家耿宁说："由阳明发起的这场哲学运动的真正中心并不是帝国的都城北京与南京或省会都市，而是像浙江省的绍兴府这样的小地方，或江西省的吉安府及其安福县，或直隶都城南京的宁国府。"⑤ 也就是说，吉安府及其安福县是全国三大阳明学中心之一。具体言之，吉安府是全国三大中心之一，而安福又是吉安府之中心。⑥

如果以县作为考察单位，那么一个县出现人数如此多、成就如此高的阳明学学人群（且在县内形成了学术共同体），在全国实属罕见。总之，安福不仅是江右王学的重镇，还是全国的阳明学中心之一。因此，安福阳明学具有较为重要的学术价值，值得深入研究。

---

① 王畿：《漫语赠韩天叙分教安成》，《王畿集》，吴震编校整理，凤凰出版社 2007 年版，第 467 页。
② 吕妙芬：《学者姓名字号生卒年表》，《阳明学士人社群：历史、思想与实践》附录二，第 382—392 页。
③ 吴宣德：《江右王门弟子知见录》，《江右王学与明中后期江西教育发展》附录一，江西教育出版社 1996 年版，第 363—385 页。
④ 王士性：《广志绎》，吕景琳点校，中华书局 1981 年版，第 79 页。
⑤ 耿宁：《人生第一等事——王阳明及其后学论"致良知"》，倪梁康译，商务印书馆 2014 年版，第 24 页。
⑥ 张卫红也说："吉安府成为江右王学开展的极盛地，安福又是吉安府中的极盛之地。"见张卫红：《敦于实行：邹东廓的讲学、教化与良知学思想》，上海古籍出版社 2020 年版，第 220 页。

二、研究现状

目前还未见有人将安福阳明学作为一个整体，来对其哲学思想作综合性或全面性研究，但也已有一些相关的研究，主要包括三个方面：一是对安福阳明学者的文献整理，二是对安福阳明学者哲学思想的研究，三是对安福阳明学者讲学（讲会）和社会实践的研究。

1. 文献整理

文献是学术研究的基础，文献不足或缺乏，研究就成为空中楼阁，故须先对安福阳明学者的文献整理情况作一综述。安福阳明学者的部分文献资料比较集中地收录于清代黄宗羲《明儒学案·江右王门学案》中，包括邹守益（附子邹善和孙德涵、德溥、德泳）、刘文敏、刘邦采、刘阳（附刘秉监、王钊）、刘晓、王时槐、刘元卿等七个学案，各有传记和语录，唯刘秉监、王钊、刘晓只有传记而无语录。该书是研究安福阳明学的重要文献，现在比较流行的是沈芝盈点校的中华书局版（1985年第1版，2008年第2版）。其重要性不言而喻，但一些现当代学者（如容肇祖、钱穆、牟宗三、唐君毅、蔡仁厚等）研究安福阳明学仅利用这一资料，故对安福阳明学研究还存在较大的局限性。随着学界对阳明后学研究的重视和推进，一批重要文献也陆续整理、出版，其中包括安福阳明学者的文献，有《邹守益集》《王时槐集》《刘元卿集》《刘三五集》四种。这些文献的出版为研究者提供了较大的方便，也推动了阳明后学研究。

《邹守益集》由董平编校、整理，2007年由凤凰出版社出版，是第一批"阳明后学文献丛书"之一。该书将《东廓邹先生文集》《东廓邹先生遗稿》合而为一，互相校勘，重新编排、点校，且新增一个传记资料方面的附录，成为27卷的新本。这是收录邹守益文献资料最全的版本，但该书缺一个"逸文辑佚"，邹氏佚文未收录。《王时槐集》由钱明、程海霞编校、整理，2015年由上海古籍出版社出版，是第二批"阳明后学文献丛书"之一。该书收录了王时槐存世的几乎所有的著述，包括《友庆堂存稿》《友庆堂合稿》《王塘南先生自考录》《广仁类编》，此外还附录了多种传记资料和少量佚文。这是收录王时槐文献资料最全的版本，当然也还有一些佚文未收录。《刘元卿集》由笔者编校、整理，2014年由上海古籍出版社出版，也是第二批"阳明后学文献丛书"之一。该书收录了刘元卿几乎所有的存世文献，以其自著（包括《刘聘君全集》《复礼会语》《复礼测言》）为内编，其编纂者（包括《大学新编》《诸儒学案》《江右名贤编》《贤奕编》等）为外编，并编有多个附录，包括逸文辑佚、年谱、传记资料等。这是收录资料最完整的刘元卿著述集，但也还有一些佚文未收录。《刘三五集》也由笔者整理、编校，2016年由花木兰文化出版社出版。该书收录了刘阳的《三五刘先生集》（万历刻本）五卷本残本、十五卷本残本的全部内容，并全面钩沉、辑佚其佚文、传记资料及师友相关诗文等，然后重新整理、编目、点校。这是收录刘阳文献资料最全的文集，但其文献量不大，只有14余万字。

2. 哲学思想研究

（1）20世纪40至60年代的相关研究

对安福阳明学者哲学思想的研究，肇始于20世纪40年代，开创者为容肇祖和嵇文甫。容肇祖《明代思想史》（1941）首次论及邹守益，认为他主张"无欲"说，并在本体和工夫上都用戒惧之功，而戒惧就是程朱的主敬，所以他由王阳明转向了程朱之路。[1] 这样的论述当然是比较粗糙的，未能区别邹氏戒惧（主敬）与程朱主敬，因此认为邹氏转向了程朱，这是不太准确的。嵇文甫《晚明思想史论》（1944）将阳明后学分为左、中、右三派，其中将邹守益归为"谨守师门矩矱，无大得亦无大失"的中派，但未对他展开论述。[2] 而对王时槐（塘南）则首次展开了论述，认为他与聂双江和罗念庵一样，是从静入手，是从枯槁寂寞中打熬出来的，属于"右派中之杰出者"，并发现"后来刘蕺山的许多说法，在塘南的言论里早有发见"，[3] 此论确实独具慧眼。

进入五六十年代，有钱穆《宋明理学概述》（1953）和岛田虔次《浅议明代思想的一种基调》（1964）涉及这一研究。钱书论及邹守益、刘文敏、王时槐，其中对邹、刘二人，所论甚简，也无甚见解，不过此乃首次论述刘文敏。[4] 对于王时槐，其论述则有所推进，

---

① 容肇祖：《明代思想史》，《民国丛书》（第2编第7册），上海书店1990年版，第124—127页。按：该书初版为开明书店1941年版。
② 嵇文甫：《晚明思想史论》，东方出版社1996年版，第16页。按：该书初版为上海世界书局1944年版。
③ 嵇文甫：《晚明思想史论》，第45—49页。
④ 钱穆：《宋明理学概述》，九州出版社2010年版，第258—259页。按：该书初版于1953年。

认为他承统陆王，融合程朱，在二者之间作调和，于是可免朱、王后学之流弊；对于他分别念、意、心、性，以"生生之理"释"性"，在性体上透悟，以及其"不朽论"，都给予充分肯定和较高评价，可谓抓住了他的一些核心思想。① 岛田之文论阳明学之"生几"（生生之仁）思想，在最后部分特别介绍王时槐的这一思想，认为其学问宗旨可用"生几"二字来概括，并将"几"理解为心、意之生生，故具有唯心论的特点，而"生生"关联到气，故又具有唯物论的特点。② 岛田以"生几"来总括王时槐的学问宗旨，也抓住了其核心思想，但未必完全准确。

20 世纪 40 至 60 年代，可谓安福阳明学思想研究的发轫期，尤其是邹守益、王时槐的思想开始受到关注。

（2）20 世纪 70 至 90 年代的相关研究

到 20 世纪 70 至 90 年代，这一研究从总体而言有一定的推进，冈田武彦《王阳明与明末儒学》（1970）、唐君毅《中国哲学原论·原教篇》（1975）、牟宗三《从陆象山到刘蕺山》（1979）、侯外庐等主编《宋明理学史》（1987）、吴宣德《江右王学与明中后期江西教育发展》（1996）等重要著作对此均有所论述。

冈田武彦《王阳明与明末儒学》将阳明后学分为现成派（左派）、归寂派（右派）、修证派（正统派，即中派），此分派大体继承嵇文甫的三分法，其中将邹守益归为修证派，而将王时槐归为承聂豹、罗洪先之后的归寂派。冈田认为修证派指出了天理和性的重要性，提倡用工夫求本体，实"即工夫即本体"说，故具有接近宋学的倾向；并对修证派（以邹守益、欧阳德为主）加以多方面的论述，尤其论述其工夫论，指出邹守益的慎独与戒惧是复本体的手段，但又超越工夫，是本体上的工夫，工夫与本体一体，也与效验一体。③ 而归寂派则主张归寂以立体达用，是从静功入手，故远离了王学流动性之精神，从而也接近宋学；至万廷言、王时槐，又展开新生面，如王时槐认为罗洪先的归寂有"头上安头"之弊，故主张以更加精深的

---

① 钱穆：《宋明理学概述》，第262—272页。
② 岛田虔次：《浅议明代思想的一种基调》，《中国思想史研究》，邓红译，上海古籍出版社2009年版，第164—170页。按：该文于1964年首次发表在《东方学报》。
③ 冈田武彦：《王阳明与明末儒学》，吴光等译，重庆出版社2016年版，第98—99页、135—149页。按：该书初版于1970年。

静功来透悟真体，故其归寂说在"透悟"为宗上有其特色；冈田又对其"虚寂"说、"研几"说、性命论、"透悟"说展开了较为详细的论述。[①] 冈田之著在中日学界有较大影响，不过他判定邹守益、王时槐接近宋学，未必确切，其实邹、王在其核心思想上仍是真王学。

唐君毅《中国哲学原论·原教篇》主要从"由工夫以悟本体"与"悟本体即工夫"两个角度来分疏王门诸子之学，认为邹守益属于前者，并代表其中一个形态；其工夫在戒惧，得之于阳明，戒惧与自然通为一体，故可涵盖季本之警惕与王畿之自然，又"此戒惧乃人之道德生活中之一'意'"，故王栋、王时槐、刘宗周的重意、重慎独，可上溯至其戒惧之旨。[②] 对于王时槐，唐氏重在论其"意"，且对性、知、意、念四层作了简要辨析；认为其诚意工夫为立本之学，且上通阳明的致良知，下开刘宗周的诚意，为二者之沟通。[③] 唐氏论学求各家之贯通，但也使邹、王之学各自的独特处不显。牟宗三《从陆象山到刘蕺山》将阳明后学重要者分为三支，即浙中派、泰州派、江右派，其中江右派以邹守益、聂豹、罗洪先为主，他认为邹最为纯正、顺适，紧守师说，但对其并无论述，而重点在江右之持异议者聂、罗。[④] 至于刘文敏、刘邦采、王时槐，牟氏认为他们是江右派走向刘蕺山（宗周）的过渡人物。其中，刘文敏言"以虚为宗"，已启离归（即离江右派归刘宗周）始机；刘邦采主"悟性修命"，则已较为显著；而王时槐"以透性为宗，研几为要"则大显此离归之机，但又近朱子，走不上刘蕺山"以心著性"之路。[⑤] 然后对刘文敏的"以虚为宗"、刘邦采的"悟性修命"和王时槐的"以透性为宗，研几为要"分别用专节进行了较为详细的论述。[⑥] 牟氏对各家学说的分判脉络清晰，但他以阳明思想为标准，判教色彩太浓，以至于失却了与阳明思想有异（或略有异）之家的特色，同时由于他对此三人的论述所用文献仅限于《明儒学案》所载者，故有些论断并不完全准确（详见正

[①] 冈田武彦：《王阳明与明末儒学》，吴光等译，第99、216—227页。
[②] 唐君毅：《中国哲学原论·原教篇》，中国社会科学出版社2006年版，第237—239页。按：该书初版于1975年。
[③] 唐君毅：《中国哲学原论·原教篇》，第306—310页。
[④] 牟宗三：《从陆象山到刘蕺山》，吉林出版集团有限责任公司2010年版，第169、189页。按：该书初版于1979年。
[⑤] 牟宗三：《从陆象山到刘蕺山》，第256—257、268页。
[⑥] 牟宗三：《从陆象山到刘蕺山》，第255—282页。

文中笔者的相关论述），但对刘文敏、刘邦采给予的特别关注（其中刘邦采首次被论述），则为前诸家所未及。

侯外庐等主编的《宋明理学史》（下册）对邹守益、刘邦采、王时槐的思想展开了较为详细的论述，对他们的研究比前人有所推进。对邹守益，该书用专章从生平与学行、理学特色、历史地位三个方面加以论述，是至此为止对邹氏研究最为详细的专论。该书认为邹守益信守师说，为王学正宗嫡传，具体表现在提倡"戒惧"说、主张"寂感体用"合一说、申论《学》《庸》合一宗旨三个方面，但也指出了他对阳明的发展及其特色，并认为他"具有以王学和会程、朱、陆、王的学术异同的意义"。①其论述大体抓住了邹氏思想的主要内容，并作出了较为辩证的评价。对刘邦采，该书用专节论述了其"悟性修命"说，认为其"性命"之说与宋儒的说法有相似之处，与张载"心统性情"说十分接近，其工夫论启发了东林、蕺山学派，是明后期学术思想的一个中间环节。其论对刘邦采思想有一个大体定位，但对其思想之精义仍未真正发掘出来。对王时槐，该书也用专节论述了其"透性""研几"说，不过所论大体不出前人（如冈田武彦、牟宗三等）的范围，但指出时槐思想具有"中道"之辩证性，深受佛教的影响，这是一个独到的发见。②吴宣德《江右王学与明中后期江西教育发展》将江右王门分为六个派别，即主敬与独知派、归寂与主静派、研几派、觉性派、止修派、主宰流行派，其中三派以安福阳明学者为代表，即第一派的邹守益，第三派的王时槐，第六派的刘邦采。③因此，安福阳明学者的地位得以体现出来。该书从"良知"论、"格致"论、"理欲"论三个主要方面来论述江右王门的哲学思想，涉及安福学者邹守益、刘邦采、王时槐、刘元卿、邹德泳等。④值得注意的是，刘元卿、邹德泳的思想（如他们的"格致"论）首次受到了关注。

（3）21世纪的相关研究

进入21世纪，随着各种大型文献丛书的出版、各种数据库的建

① 侯外庐等主编：《宋明理学史》（下册），人民出版社1997年版，第284—304页。按：该书初版为人民出版社1987年版。
② 侯外庐等主编：《宋明理学史》（下册），第332—349页。
③ 吴宣德：《江右王学与明中后期江西教育发展》，第52—53页。
④ 吴宣德：《江右王学与明中后期江西教育发展》，第55—214页。

设和阳明后学文献的整理、出版，阳明后学研究渐入佳境，其中对安福阳明学者思想的研究也有较大的进展。尤其是对邹守益（东廓）、王时槐（塘南）的研究出现了高潮，各有两部专著，即钟治国《邹东廓哲学思想研究》（2013）、张卫红《敦于实行：邹东廓的讲学、教化与良知学思想》（2020）、陈仪《王塘南思想研究》（2017）、程海霞《良知学的调适：王塘南与中晚明王学》（2021）；还有关于邹氏的专门论文及硕博论文30多篇，关于王氏的专门论文及硕士论文10余篇。此外，张学智《明代哲学史》（2000）、吴震《聂豹、罗洪先评传》附论《王时槐论》（2001）、钱明《阳明学的形成与发展》（2002）、蔡仁厚《王学流衍：江右王门思想研究》（2006）、徐儒宗《江右王学通论》（2009）、耿宁《人生第一等事——王阳明及其后学论"致良知"》（2010）、李伏明《江右王门学派研究：以吉安地区为中心》（2017）等相关专著（及论文）对这一研究也有所展开。

钟治国《邹东廓哲学思想研究》和张卫红《敦于实行：邹东廓的讲学、教化与良知学思想》，可以说是迄今为止，代表了邹守益思想研究的最高成就。钟书围绕邹守益的戒惧说从良知观的构建与贞定、该说的义理脉络以及义理解析三个方面展开详细论述，其特色主要有二：一是将邹氏放在阳明学的大场域下，注重从他与阳明及其弟子的学术异同和思想关联来审视其思想；二是揭示了其戒惧说的脉络结构的思想来源，认为其说是以《中庸》统合《大学》，并会通濂洛之学，从而形成独特的义理。基于对戒惧说的详细分疏，该书指出邹守益之学虽有接近宋学的倾向，但他对宋学的领会和吸收是以良知学为根本的，因此尽管戒惧在工夫形态上与宋学相似，但仍在良知学的范围之内而区别于宋学；揭示邹氏以戒惧说统摄良知学包含的"悟本体即工夫"和"用工夫以悟本体"的双重进路（此为独到之见），并且落实于日用践履的实学实行中，真正体现和发挥了良知学说的真精神，确实是阳明之教赖以不坠的王门宗子。[①] 钟书在对邹守益戒惧说的论述上，达到了新的高度，为诸贤所不及，但由于该书以戒惧说为中心，故对邹守益思想的另一些面向未及论。张书的研究思路与钟书有所不同，不只关注其哲学思想，还从邹守

[①] 钟治国：《邹东廓哲学思想研究》，中华书局2013年版。

益的讲学、乡族教化与思想的互动等方面来分别考察其社会实践（讲学和乡族教化）与哲学思想，揭示其"万物一体之学"的学术宗旨。二者大约各占一半的篇幅，所以对哲学思想（即戒惧说）的论述稍弱，大体未出钟书的范围，但在论述的结构和具体论述上也有较大的不同，尤其是对戒惧说某些方面（如思诚、研几等）的论述则为钟书所未及。其特点在于以"敦于实行"（包括社会实践和思想两个方面）来总括整个邹氏，从而对其展开详细论述。因此，对邹氏思想的学术定位也基于这一视角，认为其"工夫平实"，得阳明之正传。[①]从阳明学的本质来说，此论断大体不错，因为阳明学尽管有自己的理论，但毕竟是践履的学问，是指导人们如何用功的学问。不过，张书过于强调邹氏思想平实性的一面，因此遮蔽了其思想独特性的一面，如否定其宗教性，而这正是邹氏哲学的一个重要特点（本书对此有详细论述）。

陈仪《王塘南思想研究》和程海霞《良知学的调适：王塘南与中晚明王学》则代表了迄今为止王时槐思想研究的最高成就。不过此二书之前，吴震《王时槐论》也是一篇重要的论文，故先略述之，然后再述前二书。吴文从王时槐的生平学行、虚体本寂、透性研几、悟由修得四个方面对其思想展开较为详细的论述，并指出他突出了性体的绝对性，对阳明心学的某些观点有所修证，有从"心学"走向"性学"的倾向，但总体上仍属于心学的范围。[②]该文所论，对前人之论有所推进。陈书以"呈现"王时槐文献中所蕴含的思想作为研究方式，从其本体论思想、工夫论的实践依据和实践构架三个方面展开详细的论述，指出王氏顺着阳明后学的问题意识来开展个人的学说，主要体现在其良知学的诠释内涵是以"透性"释《大学》之工夫，其诠释所展现的发展路向是辩证性的"密"之义理形态；并检讨了牟宗三对王时槐思想的判定和定位，认为王氏虽以"分解的思维方式"（即区分心性）作为思考与言说的起点，但最终在工夫实践的脉络下走向"合一"（心性合一），故其思想虽不属于阳明良知学，但可归入胡五峰、刘蕺山系中，故对牟氏之论有所修证。[③]该书对前人研究有较大的突破，有不少独到之见，将王时槐研究向

---

① 张卫红：《敦于实行：邹东廓的讲学、教化与良知学思想》。
② 吴震：《王时槐论》，《聂豹、罗洪先评传》附论，南京大学出版社2001年版，第256—295页。
③ 陈仪：《王塘南思想研究》，政大出版社2017年版。

前推进了一大步，但有些论断仍有讨论的空间，如判定王氏思想非阳明良知学。程书从王时槐基于阳明后学，又反思、融通之，并上承宋儒的视角，即以良知学的"调适"视角，对其本体论和工夫论展开详细论述。全书主要包括王氏的学思过程、本体界体用之调适、本体界与经验界之调适、工夫论的原则和系统、研几思想、收敛思想六部分，认为王氏在本体论上对心性本体的由体而用而体用合一式的理解、对心性本体与经验世界关系的中道诠释、在工夫论上对彻悟本体的工夫原则的把握、对先默识后敬存的工夫框架的建构、对研几和收敛两种特色工夫的强调，均体现了调适的路向，故"调适之遍在"是其思想的最大特色。因此王时槐有集宋明儒学思想之大成之势，且集晚明王学之大成。① 可以说，无论从论述的广度，还是深度上，该书对王氏思想的研究都达到了一个新的高度。但该书将调适视为一种独特的思想或工夫路向，有待商榷，因为几乎任何一个思想家都存在调适，只是程度不同而已；此外，将王氏视为集晚明王学之大成者，似为过高之论，也仍有讨论的空间。

21世纪关于安福阳明学者的思想研究，除对邹守益、王时槐（因上文已综述此二人，下面不再专述，但因论述需要有时不得不再提及之）有较大突破外，对其他人物也略有推进。张学智《明代哲学史》除对邹、王有论述外，还关注了邹氏家学（即邹善、邹德涵、邹德泳）。② 其中，邹善、邹德涵思想为首次被论及，不过所论甚简（各仅几百字），所用材料也仅限《明儒学案》所载者，但可引起学者对邹氏家学的注意。钱明《阳明学的形成与发展》将阳明后学分为虚无派、日用派、主静派、主敬派、主事派，其中将刘文敏归为主静派，将邹守益、刘邦采、王时槐归为主敬派，并在派分中略论其思想，但点到为止。③ 不过，将刘邦采、王时槐归入主敬派未必恰当，值得商榷。耿宁《人生第一等事——王阳明及其后学论"致良知"》是研究阳明及其弟子思想的大著。该书基于现象学的研究视角，对王阳明"致良知"从本体论和工夫论展开论述，并论述其重要弟子对"致良知"在本体论和工夫论方面的各种相同或不同的

① 程海霞：《良知学的调适：王塘南与中晚明王学》，中国社会科学出版社2021年版。
② 张学智：《明代哲学史》（修订版），中国人民大学出版社2012年版，第164—166页。按：该书初版为北京大学出版社2000年版。
③ 钱明：《阳明学的形成与发展》，江苏古籍出版社2002年版，第137—150页。

理解及相互之间的论辩，其中关于安福阳明弟子，除对邹守益有专门论述外，还涉及刘邦采与王畿的两次论辩，并对前者的相关观点（如"悟性修命"说）展开较为详细的分疏，且连带提到刘晓的观点，有一些洞见。① 该书尤其指出了吉安府及其安福县是全国的三大阳明学中心之一（见本绪论第一部分）。

有三部江右王门研究的专著涉及安福阳明学者的思想，即蔡仁厚《王学流衍：江右王门思想研究》、徐儒宗《江右王学通论》、李伏明《江右王门学派研究：以吉安地区为中心》。蔡书对江右王门学者思想的总体论断和具体论述，大体在绍续乃师牟宗三《从陆象山到刘蕺山》中的思想而有所增详（尤其增加了牟书未及论述的人物）。其中，关于安福阳明学者，对牟书归入江右派代表之一而又未展开论述的邹守益，以专节论之，并将其定位为"王学宗子"；对于刘文敏、刘邦采、王时槐，乃用自己的语言叙述牟书之论而已，具体内容并无本质的区别；此外，还略述及刘阳和刘晓的思想，主要分析《明儒学案》所载二人之语，但并无精彩之论，不过乃首次关注到此二人之思想。② 徐书除第一章概论江右王学外，采取主题式方式综论其思想，涉及其本体精神、中庸之道、良知学说、格致工夫、品德修养、教学理论、经世思想等七个方面的内容，涉及的安福阳明学者，包括刘文敏、邹守益、刘邦采、王时槐、邹善、刘元卿、邹德泳等，对他们的思想有一定的论述，但由于该书以主题为中心，且所谓"江右王学"并无统一的思想体系，所以各人的主要思想分散各处而不易得到显现。③ 李书基于历史学和哲学的双重视野，其写作思路与前二书有较大的不同，既总论江右王门学派的知识背景、传播方式和社会影响，又对其重要学者的思想展开个案式的哲学分析。该书认为王阳明的良知本体和致良知工夫之间存在逻辑上的内在矛盾，导致阳明后学分裂成不同的学派，其中江右王门是大宗，能传阳明之"真精神"，且推原其未尽之旨；并选出十大人物作为江右王门的代表，其中四人为安福学者（即邹守益、刘文敏、刘邦采、

---

① 耿宁：《人生第一等事——王阳明及其后学论"致良知"》，倪梁康译。按：该书初版为2010年德文版。
② 蔡仁厚：《王学流衍：江右王门思想研究》，人民出版社2006年版，第28—35、64—87、104—111页。
③ 徐儒宗：《江右王学通论》，中国人民大学出版社2009年版。

王时槐），由此可见其重要性。对于学者的思想，除重点论述了邹守益外，还对刘文敏、刘邦采、王时槐进行了简要论述，并对邹氏家学也略有所及。[①] 可以说，该书虽不是专论安福阳明学的著作，但对其研究有一定的推进，不过对于刘文敏、刘邦采和邹氏家学的论述所用材料仅限《明儒学案》所载者，故也有一定的局限性。

此外，除邹守益、王时槐研究出现了不少专门论文外，刘元卿也开始受到新的关注，有专门论文出现，这是新文献出版导致的结果。如魏志远的《"识仁择术"：刘元卿对耿定向心学思想的继承与发展》《刘元卿的理欲观论析》等，对刘元卿的心学思想及其理欲观进行了一定的论述。[②]

3. 讲学（讲会）和社会实践研究

阳明学者的讲学（讲会）和社会实践属于学术实践的范围，[③] 关于安福阳明学的这一内容，虽无专门或全面的研究，但相关研究也已涉及。这与安福阳明学思想研究也有一定的相关性，故也略加综述。这一研究大体可分为三个方面：一是论及讲学（讲会），二是论及社会实践，三是兼论讲学（讲会）和社会实践。

关于第一个方面的研究，代表性的著作及论文有吴宣德《江右王学与明中后期江西教育发展》（1996）、吴震《明代知识界讲学活动系年：1522—1602》（2003）、吕妙芬《阳明学士人社群：历史、思想与实践》（2003）、陈时龙专著《明代中晚期讲学运动（1522—1626）》（2007）及论文《从讲学到范俗——明代安福复真书院的讲学活动》（2018）等。吴宣德书第七章论述江右王学的书院和讲会，其中涉及安福阳明学者所办的书院和讲会情况，虽所述内容较简，但却是较早涉及这一研究的。吴震书以编年的形式展开明代（从1522 年至 1602 年）阳明学的讲学活动，其中有一些涉及安福阳明学

---

① 李伏明：《江右王门学派研究：以吉安地区为中心》，江西人民出版社 2017 年版。
② 魏志远：《"识仁择术"：刘元卿对耿定向心学思想的继承与发展》，《井冈山大学学报（社会科学版）》2021 年第 3 期；魏志远、冯涛：《刘元卿的理欲观论析》，《上饶师范学院学报》2019 年第 1 期。按：此外，关于邹德涵、刘阳、刘元卿，笔者各有一篇专门的哲学思想论文，其主要内容已融进本书中，此不赘述。
③ 讲学，当然首先是理论的探讨，但在重践行的儒家学者看来，讲学也是一种实践，而不仅仅是"高谈阔论"，尤其是阳明学以讲会形式进行的讲学，其目的在于传播阳明学并推行社会教化。所以，笔者在此将讲学（讲会）视为一种广义上的学术实践。

的内容，对了解其讲学活动也有所帮助。① 吕书以社会文化史的视角
切入阳明学，以地方性讲会为中心来探讨阳明学术社群在社会中的
活动与运作。该书分两篇，第一篇专论讲会及其活动，讲会活动以
吉安府、宁国府、浙中地区三大阳明学中心区作为论述对象，其中
第三章第一节介绍了安福县邹守益及其家族、刘邦采、刘文敏、王
时槐、刘元卿等所推行讲会活动的情况，其内容比吴宣德书更为详
细；第二篇第九章论江右学者的讲学与地域认同，尤其以王时槐、
刘元卿的地方志编纂和倡导讲会为例进行论述。② 此外，该书的研究
视角，对安福阳明学思想的研究也有一定的启发。陈书主要叙述（述
中也有论）了明代中晚期（1522—1626）阳明学讲学运动的概况，
其中有专节分别介绍安福县嘉靖年间的讲学情况（包括惜阴会的创
建、复古书院和复真书院的创办等）和刘元卿"修德正俗"的讲学
活动（包括创办书院、推行讲会等）。③ 陈文则专门论述了明代安福
复真书院的讲学活动，包括其建立、讲学和移风易俗等，旨在论证
该书院在晚明逐渐由商讨学问向净化风俗的转移。④

关于第二方面的研究，代表性的著作及论文有张艺曦《阳明学
的乡里实践：以明中晚期江西吉水、安福两县为例》（2013）、衷
海燕《江右王学的学术传承与地方宗族的乡村实践：以明代中后期
安福邹守益家族为例》（2010）等。张书从社会史的视角切入阳明学，
研究中晚明阳明学如何"草根化"（即乡里实践），其相关章节以
安福阳明学者（包括邹守益及其儿孙、刘晓、刘文敏、刘邦采、刘阳、
刘元卿等）为例，对其乡里实践与家族的关系、乡约的推进、赋税
改革等进行了多方面的论述。该书还认为安福、吉水两县是吉安府
王学的两大中心，但也指出吉水王学仅限于其中一乡，不如安福之
盛。⑤ 衷文则着力于江右王学的学术传承如何影响地方宗族的乡村实
践，以其代表人物邹守益及其家族为个案展开论述，即他们以书院
为依托，以讲会为形式，以乡村事务为己任，将学术思想转化为"化乡"

① 吴震：《明代知识界讲学活动系年：1522—1602》，学林出版社2003年版。
② 吕妙芬：《阳明学士人社群：历史、思想与实践》，第327—333页。
③ 陈时龙：《明代中晚期讲学运动（1522—1626）》，复旦大学出版社2007年版。
④ 陈时龙：《从讲学到范俗——明代安福复真书院的讲学活动》，《井冈山大学学报（社会科学版）》2018年第4期。
⑤ 张艺曦：《阳明学的乡里实践：以明中晚期江西吉水、安福两县为例》，北京师范大学出版社2013年版。

理念，并付诸乡村社会实践之中，从而整合、凝聚了王门学者团体，成为地方"清议"的重要力量。① 此外，（美）Kandice j. Hauf 博士论文 The Jiangyou Group: Culture and Society in Sixteenth Century China（1987）主要研究吉安府的阳明学派，其中对于安福阳明学者的社会实践也略有涉及。②

关于第三个方面的研究，代表性的著作及论文有李伏明《江右王门学派研究：以吉安地区为中心》（2017）、张卫红专著《敦于实行：邹东廓的讲学、教化与良知学思想》（2020）和论文《草根学者的良知学实践——以明嘉靖至万历年间的安福学者为例》（2020）等。李书第三章专论江右王门学派的学术实践，包括吉安地区的讲会和江右王门的社会教化两大内容，而社会教化又包括宗族建设与管理、推行乡约两个方面。其中论述讲会部分，大部分内容与安福阳明学者相关；论述社会教化部分，也有一些内容涉及安福阳明学者。③ 张书关于邹守益的研究大体分为两大部分，其一为学术实践，其二为思想研究。该书第二、三章较为详细地叙述了邹守益的讲学、书院创建、宗族活动、化乡实践等，并认为这是邹氏"万物一体"思想的体现。④ 张文则另辟蹊径，抛开以往主要关注著名阳明学者的学术实践的研究思路，而专门论述安福草根阳明学者的良知学实践，其内容主要包括讲学传道、举办家族讲会、管理地方公共事务等，并认为这是以"万物一体" 的济世理想和责任作为精神动力，对地方社会秩序的维持起到长久的、潜移默运式的影响。⑤

综上所述，关于安福阳明学的研究取得了一定的成就，为本书的研究奠定了一定的基础，但也存在一些不足之处。

其一，在文献整理方面，虽然邹守益、刘阳、王时槐、刘元卿的文献已整理出版，但仍有许多重要的未整理、出版，如邹德涵、邹德溥、邹德泳、刘孔当的文献以及三种安福阳明学书院志中所存

---

① 衷海燕：《江右王学的学术传承与地方宗族的乡村实践：以明代中后期安福邹守益家族为例》，《贵州文史丛刊》2010年第4期。
② 美国耶鲁大学博士论文，1987年。
③ 李伏明：《江右王门学派研究：以吉安地区为中心》，第157—204页。
④ 张卫红：《敦于实行：邹东廓的讲学、教化与良知学思想》，第38—127页。
⑤ 张卫红：《草根学者的良知学实践——以明嘉靖至万历年间的安福学者为例》，《文史哲》2020年第3期。按：不过，该文所视为的草根学者王钊、朱叔相、朱调，其实也是当时安福著名或有影响的阳明学者（本书对他们的哲学思想有专论），但影响仅限于安福县（至多吉安府）内。

的文献（如刘晓、刘文敏、刘邦采、王钊、朱叔相、朱调等人的主要文献大体保存在《复真书院志》中）。此外，已整理的也有一些散佚文献待辑佚。

其二，在哲学思想研究方面，主要成果集中在邹守益和王时槐研究，并取得了较大的成就，但也仍有一些可深入的空间，如邹守益哲学的本体论、宗教性内涵等有待进一步开掘，再如王时槐的本体论和工夫论也可进一步深入研究；对另一些重要人物如刘文敏、刘邦采、刘晓、邹善、刘元卿、邹德涵、邹德泳等，虽有所研究或涉及，但仍深入不够，尤其是对他们的研究所依据的材料绝大多数仅限于《明儒学案》所载者（刘元卿除外），未能使用第一手文献资料，这就限制了其广度和深度；还有一些重要人物如王钊、朱叔相、朱调、邹德溥、刘孔当，几乎无人问津，处于研究的空白状态。本书则依据所收集的现存文献（大多为第一手文献资料），对 15 个重要人物一一加以较为全面的论述，以展现整个安福阳明学的思想成就；此外，还把安福阳明学作为一个整体来加以考察、论述。

其三，在讲学（讲会）和社会实践研究方面，虽有一些成果，但仍未将安福阳明学者的这一内容作为一个整体来进行较为全面的研究。因本书主要着力安福阳明学思想研究，也未对此展开专门论述，但相关内容也略有涉及（如第一章和余论等）。

三、研究的问题、思路、结构和方法

1. 本书拟解决的问题

阳明学作为一种思想运动，在安福得到蓬勃发展，使其成为阳明学的核心区域之一。本书的主要问题是要解决安福阳明学是怎样形成和发展的，其规模如何（如到底有多少阳明学者），其中又形成了什么样的思想成果，这些思想成果又是如何丰富和发展阳明思想的。

2. 研究思路

对于一个阳明学地域学派（如江右王门、黔中王门等）的思想研究，学界大体有四种研究思路：一是主题式，即以该地域学派的主要思想为核心，分不同主题（即方面）进行研究。如徐儒宗《江右王学通论》将江右王学分为本体精神等七个主题（即方面）分别展开论述。二是支派式，即对该地域学派再细分为小支派而展开研究。如蔡仁厚《王学流衍：江右王门思想研究》从学术传承上将江右王门分为三支一脉，然后主要据此进行论述。三是地域再分式，即将该地域再细分次一级的地域而展开研究。如陆永胜《心·学·政：明代黔中王学思想研究》将黔中王学再细分为修文/贵阳王学、思南王学、清平王学、都匀王学，然后据此分别论述。四是个案式，即选取重点人物进行个案式研究，这是最常见的研究思路。如李伏明《江右王门学派研究：以吉安地区为中心》（下篇）从江右王门（主要是吉安阳明学）中选取十大代表性人物分别进行个案式论述。

安福阳明学属于江右王门学派的范围，且出现了学人群，在该县内形成了学术共同体，也可以算是一个小地域学派，采用哪种研究思路展开研究，应视其具体情况而定。本书不采取前三种思路，而采取第四种思路，现略加说明：

一不采取主题式，因为安福阳明学虽属于江右王学的范围，但其内部个人的思想也有较大的区别，如在工夫论上，邹守益主张"戒惧说"，刘邦采提倡"悟性修命"说，刘文敏力践"以虚为宗"；如果采取主题式研究，很有可能因"一锅煮"而变成"大杂烩"，反而使个人的思想特色不显。二不采取支派式，这种研究思路虽有助于厘清学派内部的思想差异，从而彰显各自的特色，但安福阳明学内部也存在一定的派别之分（如依吴宣德之分，邹守益属主敬与独知派，刘邦采属主宰流行派，王时槐属研几派），难以将所有重要人物都归入某一派别中，特别是第二、三代阳明弟子接受了阳明学内部的不同思想，无法将其简单地归入某一支派内，从而造成再分支派的困难。且分派众说纷纭，使人无所适从，笔者也难以再拟定一套标准来派分安福阳明学者。三不采取地域再分式，安福虽然在民间传统上，被分为东、南、西、北四乡，但各乡阳明学的发展并不平衡，尤其是东乡没有重要人物可供专门研究，如果采取这一思路，就缺了其中一角。本书采取个案式这种最常见的研究思路，即在哲学思想的研究上，重点论述 15 个重要人物，尽力挖掘每个人的丰富思想，尽量将其思想面貌较为全面地展现出来，从而显示他们对阳明学的发展和贡献。具体而言，就是主要采取他们与阳明良知学进行"思想对话"的形式来展开其哲学思想的脉络和体系，即考察他们如何从良知本体（此为本体论）和致良知（此为工夫论）两个方面来发展、丰富、深化阳明学，从而反映他们各自的思想个性。此外，对这 15 个重要人物，以代际再划分为三代，然后分章论述，第一代刘晓、邹守益、刘文敏、刘邦采、刘阳、王钊，分上下章；第二代王时槐、邹善、朱叔相、朱调，相比第一、三代，内容相对较少，只用一章；第三代邹德涵、刘元卿、刘孔当、邹德溥、邹德泳，分上下章。此五章为全书的主体部分。

3. 结构框架

在总体框架结构上，本书分为绪论、总论、分论和余论。绪论部分先阐释"安福阳明学"及其地位，然后综述前人相关研究，再指出研究的问题、思路、结构和方法。总论部分为第一章，从文化史和学术史的视角，概述安福阳明学形成和发展的场域、思想来源、形成过程和发展阶段。分论部分为第二至第七章，其中第二至第六章，分别论述三代安福阳明重要弟子的哲学思想，第二、三章为安福阳明亲传弟子论（分上下），第四章为安福阳明再传弟子论，第五、六章为安福阳明三传弟子论（分上下），第四代安福阳明弟子因无重要人物且文献缺乏，故无专章论述；第七章则全面考证、简述所有安福阳明学者及同道者，其中阳明学者为有师承者，分四代（亦即四节）进行考述，同道者为无师承但认同、同情阳明学者，用一节考述。余论部分总结安福阳明学的总体特点、论定其学术贡献和影响及思想定位、指出其当代价值和现实意义。此外，再加一个附录《安福阳明学大事记》，以编年的形式呈现明代安福阳明学120年的简要发展历程。

4. 研究方法

本书采取如下研究方法：

其一，历史还原方法。本书采取此方法，力图还原整个安福阳明学发展的总体历史面貌，尤其是复原或重构15个重要思想家原本的哲学思想脉络和体系，不过仍有笔者切入的逻辑理路，即主要采取他们与阳明良知学进行"思想对话"的形式来展现其思想原貌。

其二，文献考证与哲学分析相结合的方法。文献考证是本书最基本的方法之一，此方法首先体现在对每个重要人物的研究上，均考证其生平经历、学思历程，在此基础上再展开哲学思想的分析；其次，除对重要人物主要进行哲学分析外，还全面考证所有安福阳明学者及同道者。此外，整个研究是建立在坚实的文献的基础上，对每位重要思想家都是经过反复研读原文献后加以论述的（当然也参考了前贤的研究）；在对每个安福阳明学者及同道者的论述上，其详略依资料而定，资料丰富者详论，资料少者则略述。

其三，点与面相结合的方法。既重点论述安福阳明学三代 15 个代表性的思想家，以突出他们的思想成就；又在面上概述整个安福阳明学的形成和发展的场域、思想来源和形成过程、发展阶段，并对所有安福阳明学者及同道者进行全面的考证、简述，还以编年形式呈现其发展历程，以展现整个安福阳明学的历史全貌。

此外，在资料的搜集上，既采用了传统文献学和现代文献学的检索、搜集方法，广泛搜集藏于国内外各大公共图书馆、博物馆中的资料；又采取田野调查法，搜集安福县及周边县市藏于民间的地方志、书院志、家谱等资料。可以说，"竭泽而渔"地搜集了几乎所有安福阳明学资料。

此外，有两个特别说明。一是关于阳明学、阳明后学和王学三个概念的使用。阳明学有狭义和广义之分，狭义的阳明学仅指阳明之学，广义的阳明学包括阳明之学和阳明后学。如此，安福阳明学既属于广义阳明学，亦属于阳明后学。笔者在使用阳明学和阳明后学这两个概念时，往往随语境而定，不另作说明。阳明学又称王学（其学派称王门），笔者主要使用前一概念，但因语境需要有时也使用后一概念。二是关于称呼。古人除姓名外，又有字号，为示尊敬古人之意，行文按理应称号，无号者称字，但由于本书涉及人物众多，如称号或称字，会给读者造成一定的辨识困难，因此一般情况都称姓名，为使行文简洁，再次或多次出现时则直呼"其名"（或称某氏），这是不得已而为之的。不过在专门论述某一人物时，由于其人称呼反复或多次出现，不会导致辨识的困难，为示尊敬，行文则一般称号（无号者称字），而涉及的其他相关人物仍称姓名（或名）。至于王守仁的称呼，因大家已约定俗成，多称"王阳明"或简称"阳明"，故不称其姓名而从俗。

第一章

明代安福阳明学的形成和发展

第一节　安福阳明学形成和发展的场域

一个地方某种学术思想的产生、发展，虽然直接源于某个或某些思想家的创造、倡导及其弟子和后学的传播、弘扬，但也离不开其特定的场域。这是一个综合场域，包括该地的历史、地理、教育、文化、人才、政治、风俗、经济等，是学术思想背后的一个隐而不显的大背景。章太炎说的"视天之郁苍苍，立学术者无所因，各因地齐、政俗、才性发舒，而名一家"①，大体道出了此意。安福阳明学的形成、发展，也有这样一个场域，这个场域与此具有密切的关系，如安福阳明学者创办了不少书院，经常性举办讲会，这需要较为殷富的财力，明代安福的经济实力为此提供了支撑。对于安福这个场域，古人也有所描述，如：

> 吉州属城有九，安成（即安福）颖列西北，襟带阻厄，人物英华，蔚然秀错，卓冠西江之奥区矣。……安成宿号文献望邑。其山川之秀丽，风气之敦庞，理学之渊源，忠节之炳烺，与夫科名之隆盛，振古如兹。②
>
> （安福）人敦庞，多寿考。俗重故家，尚诗书，安勤俭，比屋弦诵不辍，良子弟争趋为士。农夫辛苦，力稼穑，田野无弗辟。商贾负贩遍天下，工作坚致，不为奇技淫巧。汉兴以来，衣冠一大都会。至龙云泸溪，以文章节义显于宋，一时登仕籍者踵接。虽闾巷韦布亦乐谈忠义，若梅边贡伯所谓杰然者。故有"秀民多，儒术盛，士积学而科第相望"之语。③

以上描述虽然简洁，但大体揭示了安福这个场的多个面向，如地理、文化、教育、风俗、经济等。下面分别从安福县的历史和

---

① 章太炎：《訄书详注》，徐复注，上海古籍出版社2000年版，第37页。
② 焦荣：《康熙丁未初修县志序》，安福县地方志办公室辑：《同治安福县志》（点校本），江西科学技术出版社2019年版，第14—15页。后文引用此书，仅注明书名及页码。
③《同治安福县志》（点校本），第47页。

地理、交通和经济、教育和文化、"前阳明学时代"的理学等四个方面加以具体论述。至于整个明代的政治、经济、文化等，虽与安福阳明学的形成、发展也有所关联，但由于过于宏大，在此不述。

一、安福县的历史沿革和地理环境

江西安福县是南方古文明地之一。据考古发现，早在新石器时代就有人在这块土地上生息繁衍，在西周时有了陶器文明，在东周时有了青铜器文明。[①]安福又是江西18个文明古县之一，距今有2200多年的建县史，还曾是郡治所在地。今安福境地，从周初到春秋战国时期，先后隶属吴国、越国、楚国。周初属吴；周元王时越灭吴，属越；周显王时，楚灭越，并入楚。秦王二十四年（前223），秦灭楚。次年，置安平县，属九江郡，置安成县，属长沙郡。

西汉时，安平县隶属豫章郡，安成县仍隶属长沙郡。东汉永元八年（96），改安平县为平都县。东汉初平二年（191），置庐陵郡，平都县改属该郡，安成县隶属未变。三国吴宝鼎二年（267），设立安成郡，辖安成、平都、宜春、萍乡、新余、永新6县，郡治在平都县。从此300多年间，成为赣中西部的政治、文化、经济中心。西晋太康元年（280），安成郡新增广兴县，改安成县为安复县。隋开皇九年（589），废安成郡，置吉州郡，将安复县并入平都县，改称安成县，隶属吉州郡；十八年（598），又将安成县改称安复县。

唐武德五年（622），升安复县为颍州（一作"靖州"）；七年（624），废州，改为安福县，"安福"之名自此始[②]，意为"平安福祥"。宋开宝八年（975），安福县隶属江南西路庐陵郡。元元贞元年（1295），升县为州，隶属江西行省吉安路。明洪武元年（1368），废州，恢复安福县之称，隶属江西布政使司（俗称省）吉安府（由元的吉安路改为吉安府）。清乾隆九年（1744），从安福县上西乡划出12都、永新县划出20都，设置莲花厅（今莲花县）。[③]自此时起，安福县

① 李玉平主编：《安福民俗·前言》，中国文联出版社2011年版，第2页。
② 一说隋大业十二年（616）改安复县为安福县，"安福"之名自此始。见《同治安福县志》（点校本），第23页。
③ 1995年版《安福县志》言莲花厅设立于乾隆八年（1743），然乾隆二十五年版《莲花厅志》中的多篇序言，均提到莲花厅设立于乾隆甲子年（九年），现据后者。

版图大体未变。自唐武德七年后，安福之名一直未改，但因安成为安福古称，文人行文时也常习称"安成"。安福人习惯上把县域以县城为中心（即以古县城东南西北四城门为依据）分成东、南、西、北四乡。①

安福县古处"吴头楚尾"，明朝时为吉安府之西北部，地处赣中部偏西，东及东南临庐陵，南及西南连永新，西接攸县，北至宜春，东北与分宜接壤，西北与萍乡交界，县治距离府治120里。该县三面环山，地势西北高，东南低，地形南宽北狭，东短西长，东西长220里，南北宽140里。武功山山脉屹立于县境西北部，主峰金顶是江西境内的最高峰。陈山山脉自永新进入安福西南，向东偏北延伸，止于县境中部，走向大致与武功山平行。县内大小河流纵横，主要河流有泸水、陈山河、同江、潇水等。安福属于亚热带季风湿润气候，宜于农作物、林木生长。山地、丘陵较多，是一个"七分半山（一）分半田，一分水路和庄园"的半山区县，但平原面积仍占13.38%②，自古是鱼米之乡，被誉为"赣中福地""大江西南之巨镇"。③

正是在这片古老的文明地和赣中福地上，诞生了一大批优秀人物，有政治家、文学家、思想家、教育家、高僧高道等，尤其是明后期一批代表性阳明学者异军突起，成为独特的文化和思想现象。

二、明代安福县的交通、经济概况

安福虽为半山区县，但大小河流纵横，有天然的交通基础。故能成为江西古县，从而开发较早。三国吴宝鼎二年（267）以后的300多年间还是郡治所在地，在唐代和元代又两度升格为州，故交通得到了一定程度的发展。到明代时，有水陆两大较为便利的交通体系。

陆路从县城出发，有四条官马大路及小路通往各地。东路大路：自县城东门出发150里至新迳铺，与庐陵县交界。东路小路：自县城往东50里至洋口渡，亦与庐陵县交界。南路大路：自县城南门出

---

① 以上三段主要参见王先顺主编：《安福县志》，中共中央党校出版社1995年版，《概述》第2页、正文第66页；黄宽等修：《安福县志》卷一《疆域志·县纪》，康熙五十二年刊本，第4—5页。
② 此为1995年的数据。
③ 主要参见王先顺主编：《安福县志》，《概述》第1页、正文第65页；《同治安福县志》（点校本），第22页。

发，由五里岗行 85 里至虹桥，与永新县交界。北路大路：自县城北门出发，由凤林桥行 40 里至石镇铺，与袁州府分宜县交界。北路小路：自县城往北 80 里至涧富岭，与袁州府宜春县交界。西路大路：自县城西门出发，80 里至南陂，20 里至高背岭，与袁州府萍乡县交界。西路小路：自县城往西 170 里至分水铺，与湖南长沙府攸县交界。① 陆路东至庐陵县，南到永新县，北可抵袁州府分宜县和宜春县，西达袁州府萍乡县、湖南长沙府攸县。就当时的交通而言，有四大路及小路通往本县及外县甚至外省各地，可谓"四通八达"。水路方面，安福最大的河流泸水（发源于武功山）由西向东贯穿全县（河下游过县城，由凤林桥跨越南北），并汇合各支流，经庐陵，流入赣江，汇入鄱阳湖，进入长江。泸水及一些大的支流（如陈山河、同江等）俱可通舟，有五百多里的航道，也是安福主要的漕粮运输线。由于元代以来，大运河已全线开通，运河—长江—赣江—北江—珠江成为全国最为重要的南北通道。泸水正接通了这一水路要道，这使明代安福的水路交通地位进一步提升。正是因为有了较为便利的交通，安福人走出去赶考、做官、讲学、经商等都比较方便；外地人来安福也比较容易，如阳明学者浙江人钱德洪就多次来安福参与讲会。

安福明代的邮递业也较为发达，以县城为总铺，东南西北四条陆路有 19 处驿邮递铺。② 这有利于安福人与外界进行信息的沟通，如安福阳明学者大量的书信往来就得益于当时的邮递条件。

明代安福的经济结构以农业（含林业）为主，兼具商业、手工业，其中商业较为发达。此外，安福大小官员比较多，其俸禄也是安福县经济收入的一个重要来源。

安福虽是一个所谓"七分半山（一）分半田，一分水路和庄园"的半山区县，但由于安福是一个大县，平原和盆地耕地仍不少。与吉安府其他县相比，安福耕地相对较多。以万历十年（1582）的户口、纳税田为例：整个吉安府，户 279807，丁口（即成年纳税男丁）402833，田地、山塘 55030 顷（一顷约 50 亩）97 亩，共 2751597 亩，

---

① 高崇基等修：《安福县志》卷一《舆地·疆域》，乾隆四十七年刊本，第 11 页。按：此为《安福县志》中最早的交通记载，应与明代的交通相差不大。
② 王先顺主编：《安福县志·概述》，第 7 页。

平均每丁口 6.8 亩；[①] 安福县，户 28227，丁口 33604，田地、山塘 7277 顷 96 亩，共 363946 亩，每丁口 10.8 亩。[②] 通过比较可知，安福县每丁口的田亩数远高于吉安府的平均数。当然，这里反映的只是实际纳税的田亩，有些田不进入纳税的范围，另还有一些隐瞒的，所以实际每户或每丁的田亩数远高于此。此外，还有大量可种植杂粮、经济作物的旱作地。且安福属亚热带季风湿润气候，"土地饶裕"[③]，产量较高。所以安福一直是吉安府（甚至江西省）的农业大县，1983 年还成为国家第一批 50 个商品粮基地试点县之一[④]。安福林业资源也较为丰富，在现代有许多林场（林业企业），其中武功山林场曾是副厅级林业企业，比县政府级别还高，其林业之地位和资源之丰富可见一斑。加之有较为方便的水路，易将木材运输出去。所以安福又一直是全省乃至全国的林业大县，1983 年被列为全省林业重点县和国家南方六大商品材基地县之一[⑤]。由现代可推知安福明代林业的大体状况，林业经济也是当时百姓收入的主要来源之一。

安福有各类作物、花木、矿藏等，物产富饶。白定祥说："吉安据豫章上游，疆域之胜，户口之繁，生植之广，为江右最。"[⑥] 此虽说的是吉安府的情况，但安福有过之而无不及。其物产包括水稻（早晚两季收成，有粳、糯两种）、小麦、大麦、荞麦、粟、棉花、白术、蓝靛、冬笋、萝卜、油茶，黄豆等豆类、兰桂等花卉、各种木材和竹子、各种鸟类、各种鱼类、煤炭、石灰等。除水稻是主要作物（也是重要商品）外，其中棉花、蓝靛、茶油等，除自用或自食外，还是利润丰厚的商品，如"茶树子大如桃，山人采以作油，利最广"[⑦]。

明代中国（特别是南方）的商品经济得到了较快发展，产生了学界所谓的"资本主义的萌芽"[⑧]，出现了大量的商品交易的市场，有都市、城镇、集市三级市场。安福有城镇、集市二级市场。明代

---

① 此数据据余之祯等修：《吉安府志》卷十三《户赋志》，《日本藏中国罕见地方志丛刊》，书目文献出版社1991年版，第1页。
② 此数据见《同治安福县志》（点校本），第64—65页。
③ 《同治安福县志》（点校本），第47页。
④ 王先顺主编：《安福县志·概述》，第5页。
⑤ 王先顺主编：《安福县志·概述》，第5页。
⑥ 白定祥：《重修吉安府志序》，吉安市地方志办公室辑：《光绪吉安府志》（点校本），中华书局2014年版，第1页。
⑦ 《同治安福县志》（点校本），第76页。
⑧ 对于这一观点，学界也存在不少批评，但是明代商品经济比较繁荣的事实，这是没有争议的。

安福县城，既是县的政治、文化中心，也是商业中心，有横街、直街、市心大街、青石街、南大街、洞渊阁街、阁背街等，街上有店铺，甚至在城门外还有竹木厂。这是第二级的市场。作为商品交易的初级市场的集市各乡都有，如枫田市、竹江津市、洋口市、观音阁市、十里楼市、寮塘桥市、雷江市、陶潜潭市、朱村市、黄陂市、金田市、舟湖市、毛陂市、东郭口市、寅陂市、江口市、洋溪市、清溪市、荷溪市、赤谷市、桑田市、马头市等。这些乡村集市，有隔三隔五的墟期，作为初级商品交换最经常、最大量的主要市场，带动了安福的乡村经济，也带动了集市所在村庄居民致富。如荷溪市，位于通往宜春、分宜的驿道上，交通便利，其所在的荷溪村因之成为一个较为富裕的村庄，荷溪伍氏曾诞生 16 名进士、几十名举人。

　　明代时，随着江西有史以来的最大规模的向外移民运动，浩浩荡荡的江右商帮大潮由此形成，并迅速流向全国各地，占领了广阔的市场。① 安福商人正是江右商帮中的重要一支。安福人历来就有经商的传统，俗语有谓"安福老俵一把伞，走到外头当老板"②，至明代时可谓"（安福）商贾负贩遍天下"③。其经营的商品主要为南货、百货等；经商的地域，除江西本地外，有湖广（湖北、湖南都有）、四川、云南等。据《皇明条法事类纂》载：仅云南姚安府就有江西安福、浙江龙游二地商人三五万人之多。④ 云南楚雄的琅井自古盛产井盐，是一大商埠，不少安福人在此经商，而宁夏的回族人在此地从事水上运输，故当地有谚语说："江西安福人把市口，宁夏回族人把水口。"在袁州、浏阳、长沙、湘潭、岳阳、楚雄的一些商埠商人中，还形成了所谓"安福帮"。⑤ 在四川 101 个州县及成都、重庆二府的外省商人会馆中，江西会馆多达 200 余处，其中就有安福会馆。⑥

　　安福商人经商往往具有家族性特点，一族人在外创业，互相支持。如安福南乡塘边刘氏族人在吉安、赣州、袁州、长沙、武汉等地，

① 方志远、谢宏维：《江西通史·明代卷·引言》，江西人民出版社2008年版，第5页。
② 李玉平主编：《安福民俗》，第10页。
③ 方志远、谢宏维：《江西通史·明代卷·引言》，第7页。按：此为明成化间安福进士彭华语。
④ 戴金等：《皇明条法事类纂》，刘海军、杨一凡主编：《中国珍稀法律典籍集成》（乙编第4册），科学出版社1994年版。
⑤ 王先顺主编：《安福县志》，第756页。
⑥ 方志远、谢宏维：《江西通史·明代卷》，第205—206页。

开的商号店铺几乎连成一条街,商号几十家,从业者达数百人之众。[①]南乡金田王氏家族主要在长沙府湘阴县一带经商,如阳明学者王时槐之父、叔、堂叔、侄等都在湘阴的界头市经营小生意,其父因科举失败,弃儒从商,携诸弟来界头市一起做生意。[②]这些成功的商人,往往热心公益事业,是家族建祠、修谱、刊刻家族文献、书院修建、讲会举办等活动的主要捐资者,是阳明学者各种活动在经济上的重要支持者。如复礼书院创建的首捐者,就是当地大商人彭昂。[③]

此外,安福人还有妇女纺织、男人业手工的传统,有各种手工匠人,如铁匠、木匠、篾匠、油漆匠、建筑匠、打锡匠、雕刻匠等。对于安福妇女纺织之勤,有曰:"女妇工纺绩,有夜理机而旦成布者。"[④]对于江右工匠之多,明代张瀚曰:"今天下财货聚于京师,而半产于东南,故百工技艺之人亦多出于东南,江右为夥。"[⑤]江右众多工匠中,当有一些安福匠人。这些纺织业、手工业,也是安福明代农村经济或农民收入的有机组成部分。

正是因为明代安福交通的相对便利和经济实力较为雄厚,使安福阳明学的兴起和繁荣有了客观条件,如果没有这些硬件,其兴起和繁荣是不可想象的。

三、宋至明安福县的教育、文化概况[⑥]

江西教育、文化自唐末、五代以后开始得到较快发展,宋明时尤盛。其中,吉安府是教育、文化重镇,而安福县又是其九县中三大县之一。对于吉安府、安福县的文化地位,铭德曰:"吉州,为东南文献之邦……安成尤其最著者也。"[⑦]安福虽"自吴宝鼎以来,风气日开,望于东南"[⑧],但其教育、文化则主要是自宋代开始大发展,明代尤盛。王仁锡曰:"安福,文献名邦也。其地山环水汇,

---

① 政协安福县委员会编:《安福村落》,吉林文史出版社2016年版,第5页。
② 综合《王时槐集》相关资料而成。
③ 参见刘元卿:《复礼书院记》,《刘元卿集》,彭树欣编校,上海古籍出版社2014年版,第218页。
④ 《同治安福县志·风俗》(点校本),第47页。
⑤ 张瀚:《松窗梦语》,萧国亮点校,上海古籍出版社1986年版,第76页。
⑥ 教育、文化的发展是渐进性、累积性的,故此部分不仅仅论述明代,而且从宋代开始写起。
⑦ 铭德:《同文书院序》,《同治安福县志》(点校本),第431页。
⑧ 颜欲章:《福乘藏稿序》,《同治安福县志》(点校本),第13页。

钟灵毓秀，理学文章、忠孝节义，代有传人。由宋而明，称极盛焉。"①
因此下面对安福教育、文化的论述，自宋开始，直到明（偶及他朝），
主要从办学、科举、人才三个方面展开。

中国古代的办学（教育机构）大体分为两大类，一是官学，二
是私学。官学包括国学、府学、州学、县学；私学包括书院（少量
书院为官办或官民合办）、私塾，其中私塾又分为家塾、族塾、村
塾等。此外，明代还有社学，属于官督民办。安福的教育机构包括
县学、社学、书院、私塾；从其办学的功能而言，县学、社学、私
塾主要为科举而设，书院主要为学术而设。总体而言，宋明时，安
福的教育较为发达，有所谓"比屋弦诵不辍，良子弟争趋为士"②之誉。

据现有资料，安福县学由县令李康创始于宋元丰四年（1081），
是一个融教育与祭祀为一体的学宫，位于县治东南一百三十步处。
早在宋庆历四年（1044）曾诏令立县学，但并未真正通行、落实到
全国各县，而安福可谓得风气之先，较早创办了县学。宋人伍诰曰：
"方今主上，一新学政而教养之法未及于县。……则县之学于兴为难，
且令之势轻矣。……（李侯）急当时之所未急，非知本信道之笃者，
固不能如是矣。"③这一方面固然得之于李康的主导，另一方面也因
之于安福当时的经济实力和文化氛围。宋绍兴十年（1140），县令
向子贲增建学宫，规模大为扩展，为一时之冠。宋人王庭珪曰："学
（宫）成，庙像一新，重门绕垣，堂房庑廪。若经籍祭器之藏，若
师儒之舍，皆严丽壮雅，冠于一时。"④十三年（1143），改建于县
治西丹霞观地。相当于三四年间建了两个学府，实力之雄厚可见一斑。
元代，该县学升为州学，元末毁于战争。明初，重建大成殿，后洪
武、洪熙、景泰、弘治间多次增建或重修。至正德十六年（1521），
建成了规模齐全的学宫，包括大成殿、两庑、戟门、棂星门、明伦
堂、日新和时习二斋、库房、馔堂、神厨、牲房、儒林门、殿前泮池、
石桥、教谕厅等。邹守益为之撰记曰：

> 吾邑以多士名于东南，渐渍国家长育之化，灿然以忠节文

① 王仁锡：《安福县志序》，《安福县志》，康熙五十二年刊本。
② 《同治安福县志·风俗》（点校本），第47页。
③ 伍诰：《新建学宫记》，《同治安福县志》（点校本），第448页。
④ 王庭珪：《增修学宫记》，《同治安福县志》（点校本），第449页。

学章彻，逖来亦渐漓矣。兹学之修，气机其复淳乎！邦之俊髦，来游来歌，盍亦思循孔氏之彀率，以中乎大侯之鹄？正目倾耳，出言举足，皇皇然其欲肖之也，惴惴然恐其违也，孳孳然时习而日新之也。①

邹守益认为最近安福学风有些下沉，他希望学宫之重建能使学子恢复、重振以往良好的学风。学宫作为办学的硬件，对于推动安福教育的发展无疑具有重要的作用。后嘉靖、万历、天启、崇祯间又多次增建或重修。从安福县学的不断修建来看，其县令大都重视教育，加上安福官员、士人的有形无形的影响（安福官员较多，这一大群官员的存在也使历任县令不得不重视文教），从而使县学得到了较好的发展。

能进入县学的学子是已通过初级科举考试的生员，包括廪膳生员、增广生员和附学生员，但这些入学生员是不多的，如明朝时，廪膳生员只有20名，加上增广生员和附学生员，也只有区区几十名。对于安福这样一个科举大县而言，这些名额往往是僧多粥少，加上还有大量未进学的学子，于是社学、私学就成为安福教育最大的阵地。况且安福人历来就有"家尚诗书""耕读传家"的传统，甚至有"盘箕晒谷，教子读书""砸锅卖铁，送崽读书"的观念，又有大量成功的科举人士的引领和榜样作用，使得读书进学在安福蔚然成风，这使其民间办学得到了蓬勃生长。

社学是在元朝兴起的办学形式，元至元二十三年（1286）诏令各县村庄以50家为一社，设学校一所，择通晓经书者为教师，农闲时令子弟入学，称"社学"。明承元制，洪武八年（1375）下令各府州县设立社学，每50家设一所，并把师生的名单上报礼部。但这种理想化的"计划"性办学形式无法有效推行，数年之后即令停办，只让民间德行高尚的人，不限地点，不限学生人数，设立社学。后又命民间自行设立，地方官不得干预。故终明一代，其效果不佳。②但相对而言，安福的社学办得较有成效。嘉靖十六年（1537），安福县奉诏于泮池之东建社学五所，有堂、有室、有门。此外，乡间

---

① 邹守益：《安福重修儒学记》，《邹守益集》，董平编校整理，凤凰出版社2007年版，第315页。
② 方志远、谢宏维：《江西通史·明代卷》，第267页。

也有一些社学存在，如今天安福叫"社馆"的村名，就是当时社学的历史见证。

安福私学（私塾）可谓相当繁荣，有蒙馆、经馆两个层次，有家塾、教馆、族塾、村塾等各种办学形式。蒙馆教启蒙读物，以识字教学为主，外加珠算、记账等实用知识；经馆是高一级塾馆，为科举应试而设。家塾由私塾先生设馆招生，贫家子弟持束脩入馆拜师求学；教馆由豪门富家延请老师居家，专门为自家或亲戚子弟授业；族塾由各姓宗族依靠族产延请老师，为本族子弟教学；村塾由一村中两姓或多姓联合延师办学，学生入学须缴纳一定的束脩。此外，还有慈善人士捐资创办的义学。尤其是族塾，培养了大量人才。因为族塾有族产（包括族田、林产、捐资等）作为财力支持，一般规模相对较大，入学子弟较多，授业师资较强，尤其是贫寒的聪慧子弟有机会接受教育；而安福世家大族又不少，其地至今还保存的族塾建筑有近200座。安福有一大批士子就是依靠族塾而成就功名的，如明国子监祭酒李时勉，状元、内阁首辅彭时等。①

安福的私学是在官学的带动下兴起的，经过数百年的积累，至明代时已有几百家甚至上千家的私学。最早见于文献记载的私塾是宋朝时东乡城门村，一个不足500人的村落有私塾8所。其中高门书屋尤为著名，据《尹氏续修仲礼公谱》载，该书屋原名石门书屋，文天祥师从塾主尹四聪，谢师时，易"石门"为"高门"，后江万里守吉州，又易"高门"为"城门"。②因为该村私塾较多，曾出现近百人参与科举考试的盛况，且人才辈出，宋代时该村在外做官者达120人之多。③南乡三舍村，号称"一千烟"（即一千户人家），在明代有十多所私塾，这些私塾催生了三舍的科举大业，如明时刘、康二姓共考取进士11名，举人30多名，贡生、生员几百名，④同时也孕育了许多阳明学者（如刘晓、刘文敏、刘邦采等），可谓盛况一时。

此外，安福还有家族助学的优良传统。如《蓝氏重修族谱》的《家规》中就有助学的记载：

---

① 何财山：《庐陵文化中的奇葩——安福古代私学》，《南方文物》2013年第3期。
② 何财山：《庐陵文化中的奇葩——安福古代私学》，《南方文物》2013年第3期。
③ 张赣秋等：《千年孔庙》，江西人民出版社2019年版，第144页。
④ 据张赣秋等《千年孔庙》（第39—46页）所列功名表和相关资料统计。

　　今定文物（按：即制度）：童生应岁科院试，经卷钱六百文；
游泮，赏花红钱十千文；文武庠科，助盘缠钱四千文；文庠，
每岁给油灯钱一千二百文；补增（生），助费钱两千文；补廪
（生），助费钱二十千文；恩、拔、岁、副、优（按：各类贡
生），助费钱十六千文；文武登科，助费钱二十四千文；发甲，
助费钱五十千文。凡登匾竖桅，俱祠办。①

　　畲族蓝氏在当地是小姓，都如此重视助学，大姓就不言而喻了。
这样，就能使优秀学子不因家贫而无力读书、应试，也不因生计的
困扰而影响读书，从而能一意专心向学。

　　正是因为私学的繁荣，安福读书成风，明清时应童子试者竟达
三千余人。孙范金曰："安邑素称人文渊薮，理学忠节，后先相望，
家诵户弦，人争奋励。环治六十有四都，应童子试者几三千余人。"②
孙范金为清人，说的是安福清代应童子试的情况，但其实明代科举
更盛于清代，故应童子试者或更甚之，至少不相上下。正是有大量
私学作为基础性教育的存在，才使安福成为科举大县、文化大县、
学术（阳明学）大县。

　　书院主要是为学术活动提供场所而建造的，其功能不在科举，
而在自由讲学，它既是思想交流、文化传承的阵地，也是修养身心、
演习礼仪、推行教化的场所。与安福其他的官、私学比较，书院与
阳明学的关系更为密切。文献记载，安福最早的书院为南宋刘弘仲
创办的竹园书院，永乐年间还进行了重修。③这一书院在南宋时已声
名远播，胡安国、朱熹都有诗咏。胡安国咏曰："四壁无图画，推
窗尽简书。真吾何所寄，深处乐如如。"朱熹咏曰："书屋深何许，
荆山旧有名。抱璞无人哭，犹闻吾伊声。"④但宋元时，安福的书院
甚少，除竹园书院外，只有三所，即秀溪书院、石冈书院（二者南宋建）
和安田书院（元代建）。安福书院的大量兴建是在阳明学兴起以后
的嘉靖至万历间，此前只有洪熙年间建了前溪书院。嘉靖至万历间，
在阳明学者邹守益、刘阳、刘邦采、邹善、刘元卿、刘孔当等人的

① 张赣秋等：《千年孔庙》，第60页。按：标点有改动。
② 孙范金：《创建考棚记》，《同治安福县志》（点校本），第483页。
③ 《安福县志》卷一《营建·书院》，康熙五十二年刊本，第50页。
④ 《同治安福县志》（点校本），第538页。

主持、推动下，安福书院如雨后春笋般涌现，该地大部分书院以及所有著名书院都诞生于这一时期（详见本章第三节第三部分）。

安福官、私学的繁荣，使参与科举考试的人非常多，由此带来了辉煌的科举成就，到明代达到顶峰。自宋代以来，宋元明清四代安福共考取举人1860名、进士460名。其中进士，宋代127人，元代4人，明代262人，清代67人。[①]进士人数四代合计，安福居江西各县第六名[②]，而江西又是科举大省，宋明时所录取进士总数位列全国前三名。明代安福尤为显著，进士人数为历代最多，就县一级而言，安福位居全省第二，全国第八。[③]自宣德五年（1430）至嘉靖二年（1523）共94年间，安福有20次录取进士数居全省第一，在全国也是名列前茅；这段时间，江西共录取进士1096名，其中安福有152名，占13.7%。[④]此外，还出现了不少杰出者，如状元彭时、会元彭华、榜眼吴节和刘戬、会元兼探花邹守益等。明代安福举人的录取数也是相当高的，共772名，有些年份则极为鼎盛，如景泰元年、四年安福均录取举人25人，占江西总名额95名的26.3%（景泰以后，江西分配的举人名额一直为95名，居全国第三，仅次于南北直隶[⑤]）。即使正德以后，安福举人录取名额略有下降，但人数仍不少，如正德二年（1507年，邹守益被录取这一年）安福录取13名，占全省总名额的13.7%；嘉靖元年，安福录取18名，占全省总名额的19%。[⑥]

安福科举的成功，还体现在出现不少科举世家、官宦世家、文化世家，有澈源邹氏、梅溪张氏、荷溪伍氏、三舍刘氏、金田王氏、茨溪刘氏、松田彭氏、严溪彭氏、蒙冈王氏、塘边康氏和蒙潭康氏等。如澈源邹氏，仅邹贤一门，就涌现了邹贤、邹守益、邹善、邹德涵、邹德溥、邹德泳、邹德淇，一门七进士，四代皆官宦；梅溪张氏，仅张洪一门，就有张洪、张敷华、张鳌山、张程、张秩，一门五进士，三代同翰林；荷溪伍氏，出了16名进士，几十名举人，其中著名人

① 王先顺主编：《安福县志》，第598—590页。
② 郑翔主编：《江西省分县进士数量排名表》，《江西历代进士全传》，上海古籍出版社2016年版。
③ 方志远、谢宏维：《江西通史·明代卷》，第285页；衷海燕：《儒学传承与社会实践——明清吉安府士绅研究》，世界图书出版广东有限公司2012年版，第42页。
④ 王先顺主编：《安福县志》，第598页。
⑤ 方志远、谢宏维：《江西通史·明代卷》，第280页。
⑥ 明代举人数据，据《同治安福县志》（点校本），第120—127页。

物有伍诰、伍希渊、伍箕、伍骥、伍思韶、伍惟忠、伍炜、伍柳等；三舍刘氏出了12名进士，29名举人，官员340多人，业儒者数以千计，著名人物有刘宣、刘戬、刘晓、刘文敏、刘邦采、刘秉鉴、刘佃、刘铎等；茨溪刘氏，出了20名进士，几十名举人，著名人物有刘球、刘铖、刘釪父子等。① 其中，澈源邹氏、三舍刘氏、金田王氏等又是王学名家，是安福王学的核心家族。

科举虽为功利之学，但与学术思想也有一定的关系。安福阳明学的兴盛与科举的发达有一定的关联。一方面，科举也是接触圣贤之学（身心之学）的途径之一。因为要参加科举，必须要熟读圣贤之书（四书五经），自然就有可能由此转而关注真正的圣贤之学（身心之学）。如邹守益的"戒惧说"，即本于《中庸》《大学》，最后融合阳明学而成为自己的独特工夫论。一般而言，如果不参加科举，就不会读书；不读书，自然难以接触到此类学问。另一方面，安福阳明学者科举的成功（如邹守益、王时槐、刘元卿等），相应地带来了政治、社会和文化地位的提高，这对阳明学的传播起了较大的推动作用。一是随着他们身份、地位的提高，人易信其学，人们总是容易相信成功人士，古今皆然。二是随着他们科举的成功，交友圈则相应地扩大，其学问之影响范围也随之扩大。乡试成功，可交全省优秀士人；会试、殿试的成功，可交全国优秀士人。如此，安福阳明学者随着其科举的成功，可将其学推及至全省乃至全国相交之人。如果只是一个秀才，其学问虽好，但影响所及往往只在一个县，至多延及周边临县，如秀才刘文敏的影响就比进士邹守益明显要小。三是因科举成功，安福阳明学者被委派至各地任官，则其学也传播至任官之地，如邹守益、邹善等。

安福官、私学的繁荣，科举的成功，使安福诞生了一大批有影响的历史人物（明代达到顶峰），可谓人才辈出，群星璀璨，有高僧大德、高官名宦、文学家、理学家等。下面略而述之。

在宋以前，安福出了一代高僧，即唐代青原行思。行思俗姓刘，法号弘济禅师，安福西乡龙云村人。他是禅宗六祖慧能高弟，从慧能处参悟后，回吉安青原山创建静居寺，开创青原法系，为禅宗七祖，

---

① 参见刘新生、谢爱军：《中国樟乡》，江西人民出版社2019年版，第68页；刘宗彬、刁山景：《王学名邑》，江西人民出版社2019年版，第68—69页。

其后派衍出曹洞宗、云门宗、法眼宗三大法系。吉安府（包括安福县）的阳明学者常在青原山讲学，不少人受到了禅宗的影响，如王时槐、邹德涵、邹德溥等。

宋代诞生了刘弇、王庭珪、王炎午等著名人物。刘弇（1048—1102），字伟明，安福西乡龙云人。登北宋元丰二年（1079）进士第，继中博学宏词科。《宋史》有传，有《龙云集》（32卷）传世。其诗文祖述韩愈、柳宗元，规摹欧阳修，是吉安府继欧阳修之后的一代儒宗、文学家。南宋文坛盟主周必大称曰："庐陵自欧阳文忠公，以文章续韩文正公传，遂为本朝儒宗。继之者，龙云刘公也。"① 可见其文学地位。王庭珪（1080—1171），字民瞻，号泸溪，安福茅堂人。登重和元年（1118）进士。胡铨上封事，忤秦桧，谪岭表，亲旧无人敢通问。王庭珪独送以诗，词旨激烈，触怒秦桧，被流放夜郎。有《泸溪集》（50卷）传世。他"主庐陵文盟者六十年"，是宋南渡时期的一位重要诗人。② 王炎午（1252—1324），字鼎翁，号梅边，文天祥弟子，安福南乡汶源人。宋亡，文天祥募兵勤王，王炎午谒军门，劝其毁家产供给军饷，以倡士民助义之心。文天祥被执，过青原山，王炎午作《生祭文丞相文》，劝其速死，并到处张贴，传诵一时。后有义士持文天祥齿发归，又为文祭之，遂终身不仕。有《吾汶稿》（10卷）传世。其《生祭文丞相文》与文天祥《正气歌》、谢翱《恸哭记》共称为"三不朽之文"③，揭傒斯对其有"德之粹，学之正，才之雄，诗文之奇古"之评④。

元代出现了黄瑞节、刘霖、周霆震等重要人物。其中黄瑞节、刘霖见下面第四部分。周霆震（1292—1379），字亨远，号石初，门人私谥"清节先生"，安福南乡吉村人。早年刻意学问，多从宋诸遗老游，诸公争相器重之。为人天性介特，论诗严正，杜门授经，专意古文词。有《石初集》（10卷、附录1卷）传世，其诗入选《元百家选》。因其亲见元代之盛，又亲见元代之亡，故其诗"忧时伤乱，感愤至深"，而有些诗"并叙述乱离，沉痛酸楚"，被称为"元

① 周必大：《刘龙云先生文集序》，《同治安福县志》（点校本），第433页。
② 李欣：《王庭珪的诗学追求及其诗歌创作》，《文艺评论》2011年第4期。
③ 张尚瑗：《王梅边先生〈吾汶稿〉序》，《同治安福县志》（点校本），第434页。
④ 转引虞云国：《三千年间，人不两见——王炎午两祭文天祥》，《文史知识》2016年第7期。

末之诗史"。① 可见其诗歌成就之高。

安福明代人才之盛，为历朝之最。刘学愉曰："安成从有明以迄于今三百余年间，甲第云兴，公辅星灿，而节义、文学冠于江右。"② 其明代的杰出人才，嘉靖以前，以高官名宦（兼文学、忠节之士）为主；嘉靖以来，主要以阳明学者为主（虽然不少阳明学者如邹守益等是在正德时中进士，但他们的主要成就大体在嘉靖时期）。此处仅述前者（后者见本书第二至七章）。这些高官名宦有李时勉、彭时、吴节、王懋中等，其中有的又是重要文人，如李时勉、吴节等。

李时勉（1374—1450），名懋，以字行，号古廉，谥忠文，安福东乡坊下人。中永乐二年（1404）进士。历官翰林院侍读学士、翰林院学士掌院事兼经筵官、国子监祭酒。先后参与《明太祖实录》《明宣宗实录》的修撰。其性刚鲠，慨然以天下为己任，以直节重望，为士类所归。永乐十九年（1421），三殿灾，诏求直言，条上时务十五事。忤成祖，下诏狱，后释。洪熙元年（1425），复上疏言事，仁宗怒甚，诏对便殿，对不屈，下锦衣卫狱，后释。任祭酒，以道义砥砺诸生，与南京祭酒陈敬宗号为"南陈北李"。与宦官王振不和，王振诬其伐官树入家，枷之，监生千余人乞以身代，呼声振殿庭，遂释。致仕时，饯别之朝臣及国子生近三千人。有《古廉文集》（11卷、附录1卷）传世。他又是京城文人雅会的重要参与者、主导者，"其为文，则平易通达，不露圭角，多蔼然仁义之言"③。

彭时（1416—1475），字纯道，号可斋，谥文宪，安福东乡松田人。正统十三年（1448），高中状元，授修撰。次年入内阁参与机务，景泰元年（1450）忤旨出阁。历任翰林院学士、左春坊大学士、太常寺少卿。天顺元年（1457），明英宗钦点再次入内阁，兼翰林院学士。成化元年（1465），进兵部尚书，兼官如故。修《明英宗实录》成，加太子少保，兼文渊阁大学士。成化四年（1468）至成化十一年（1475）任内阁首辅，深得明宪宗和朝臣的信任。内阁首辅李贤称其为"真君子"，《明史》称其"立朝三十年，孜孜奉国，持正存大体……燕居无惰容，服御俭约，无声色之奉，非其义不取，

---

① 永瑢等：《四库全书总目》，中华书局1965年版，第1457页。
② 刘学愉：《康熙癸巳重修县志序》，《同治安福县志》（点校本），第16页。
③ 永瑢等：《四库全书总目》，第1485页。

有古大臣之风"①。有《彭文宪集》（4卷）、《彭文宪笔记》（1卷）等传世。

吴节（1397—1481），字与俭，号竹坡，安福西乡雅源人。宣德四年（1429）中乡试解元，次年登进士，名列榜眼。历任翰林院编修、侍读学士、南京国子监祭酒、太常寺少卿兼侍读学士、太常卿等。参与修撰《明宣宗实录》《明英宗实录》，并为后书副总裁。吴节是明前期台阁文学的代表性作家之一，力振台阁体之弊，"其诗文，皆直抒胸臆，纵笔所如，无不自达之意"②。并在太学教育中力倡"以古文为时文"的作文理念，成为明代学校教育史上不可回避的一大转捩。③有《吴竹坡文集》（文集5卷、诗集28卷）传世。王懋中（1460—1522），字与时，号庸斋，安福南乡金田人。中成化二十年（1484）进士。历官山东按察使、湖浙左右布政使、右副都御使。正德十四年（1519）宁王叛乱时，养病在家的王懋中率族中子弟、勇士数百人，响应王阳明勤王。阳明甚为敬佩之，称"懋中，真君子人也"④。嘉靖后，官至南京右都御史。所著有《心远集》。此外，还有刘球、彭华、彭礼、张洪、张敷华、伍希渊、刘宣、刘丙、欧阳必进、刘台、傅应祯等一大批高官名宦。同治版《安福县志》入"（明）名臣传"者44人，还有入其他传（如"忠节传"）者，高官名宦有五六十人之多。可谓明朝官场的"安福现象"。

毋庸讳言，安福宋明时没有产生几百年才世出的一流大家，像思想家朱熹和王阳明、文学家欧阳修和苏轼、政治家王安石和张居正这样的人物，其地人才主要为历史上的二三流人物。但是，如果中国历史只有几个顶尖人物，其天空就会黯淡得多，正是有了这样一大批二三流人物与之相配合，才组成了璀璨的历史星空。所以历史上的二三流人物，也是中国文化的宝藏，而安福此类人物可谓灿若星辰，"山川人物之盛，甲于江西"⑤。⑥

① 张廷玉等：《明史》（第15册），中华书局1974年版，第4687页。
② 永瑢等：《四库全书总目》，第1556页。
③ 崔振鹏：《论景泰时期太学教育的文风转向——以吴节"以古文为时文"之倡导为中心》，《中国文学研究》2021年第3期。
④ 《同治安福县志》（点校本），第168页。
⑤ 欧阳旦：《重修谯楼记》，《同治安福县志》（点校本），第484页。
⑥ 至清代，安福人才有所衰落，但也出现了优秀女诗人刘淑英、名医谢玉琼等。至民国，安福人才有复兴之势，如"安福四杰"罗隆基、王造时、彭文应、彭学沛闻名全国，其中前三人又为"清华安福三杰"。

综上所述，自宋至明，安福的教育、文化得到了较快的发展，积淀日深，已成为江右乃至全国的教育、文化的繁荣之区，这使安福阳明学的形成、发展有了深厚的土壤，因此才能开出灿烂的思想之花。

四、"前阳明学时代"的安福理学概况

吉安府的理学，首先诞生的是"庐陵理学"，即欧阳修的理学，《宋元学案》列有"庐陵学案"。虽然有学者认为他是"北宋理学最重要的开创者之一"[1]，但其真正的成就是在文学、史学方面，并未形成如濂溪、二程那样成熟的理学体系。故在阳明学传入之前的四百来年间，吉安府（包括安福县）的理学主要传承的还是程朱理学，但这期间，除与王阳明同时代的罗钦顺之外，吉安府并没有产生真正有影响的大理学家。由于王阳明的思想及其锋芒盖过了罗钦顺，所以吉安府主要传的不是后者而是前者之学，并形成了浩浩荡荡的阳明学思想大潮。安福在阳明学传入之前，其主要成就在科举、政治、文学方面，在理学方面与吉安府的整体情况大体相当，可谓"暗淡无光"。当然，并不是说安福毫无思想或学术的细流，其实也有几个在理学史上不太知名的人物在传承理学。此部分从思想史发展的内在理路而述，与安福阳明学相关的其他文化场域不同，这是与安福阳明学的产生更为密切者。在此，笔者将宋元及明前期的安福理学命名为"'前阳明学时代'的安福理学"，并将其专列出来，略而述之[2]。

宋代安福主要有两位理学家，即刘建直、刘安世。刘建直，字谔卿，号浩斋。登绍兴十五年（1145）进士，官左宣教郎、新喻（今江西新余）知县。师从"湖湘学派"胡安国，从其得二程之学。胡安国为二程弟子谢良佐弟子，故刘建直为二程之三传。[3]刘安世，字世臣，门人私谥"清纯先生"。中绍兴十八年（1148）进士，历任岳州司户、永州教授、雩都县令。刘氏宗濂溪之学，任永州教授时，请祀濂溪，

① 徐洪兴、杨月清：《试论欧阳修与北宋理学思潮的兴起》，《复旦学报（社会科学版）》1997年第6期。
② 由于这些理学家的著作几乎都已亡佚，故只能略述之。
③ 参见《同治安福县志》（点校本），第214页。

曰："不师濂溪而师柳子，可乎？"其学以明道通经为主，从其学者众。著有《论语尚书解》。[①]杨万里（诗人兼理学家）年轻时在安福游学三年，拜二刘为师，"每出而问业于清纯，入而听诲于浩斋"[②]，并从二刘处受濂溪和二程之学。故二刘在当时吉安府有一定的影响。

安福元代理学比宋代有所进展，主要产生了四位理学家，即黄瑞节、彭复初、刘霖、刘谨。黄瑞节，字观乐。延祐四年（1317）举于乡。授泰和学正。后隐居不仕，力学精思，深于理学。尝汇集朱子所辑《太极图》《通书》《西铭》《正蒙》《易学启蒙》《家礼》《律吕新书》《皇极经世解》诸书，并加注释，题曰《朱子成书》。彭复初，自幼即弃举业，一以圣贤为师法，晚年尤精于《易》学，本邵雍、朱熹之说，著有《易学源流》，郡邑诸名士多出其门。刘霖，字云章，安福东乡蜜湖人。尝受学于虞集，集曰："君所造，非我所能及也。"虞集为元代著名理学家吴澄弟子，《宋元学案》有传。至正十六年（1356），刘霖中举，后登进士第。刘霖沉潜于义理，操执尤为表表，学问、工夫兼具。所著有《四书纂释》《太极图解》《云章摘稿》，其中《动静玄浑》《岁会数原》诸篇，深有补于理学。刘谨，安福东乡梅林人。淹贯经史，留心理学。晚更肆力于治《诗》，其说多宗朱子，能阐发朱子之蕴，著有《诗传通释》，永乐《诗经大全》多采入。[③]总体而言，安福元代理学家宗朱子之学，并在吉安府的理学中有一定的地位，姚灏曰："（吉安）理学之起于宋代者，有欧阳文忠（欧阳修）、杨诚斋（杨万里）两先生为之倡。嗣是，刘静春、王慭甫、黄瑞节、李心原、刘瑾辈肩背相望，后先济美。"[④]在他提到的宋元吉安府的七个理学家中，有两个是元代安福人（即黄瑞节、刘瑾）。

安福明代理学家在阳明学传入之前（即明前期），有彭琉、王亮、刘本怡、李校、李宗栻等。彭琉，字毓敬，号慎庵，安福东乡松田人。永乐十六年（1418）中进士。历任翰林编修、广东和山西督学、湖广副使等。其性刚而貌严，燕居无惰容，寡嗜欲，甘辛苦，以古

① 参见余之祯等修：《吉安府志》卷十八《列传一》，第34页；《同治安福县志》（点校本），第214页。
② 杨万里：《浩斋记》，《同治安福县志》（点校本），第488页。
③ 此段以上内容的参考、引用均见余之祯等修：《吉安府志》卷二十五《儒行传》，第10—11页。
④ 姚灏：《吉郡理学源流考》，《光绪吉安府志》（点校本），第1887页。

代儒哲为做人标准，虽违俗不顾。自少至老，读书不倦，培养深厚，而操执不可夺。临卒时，援笔书曰："内不见己，外不见人，悠然全归，乐哉休也。"可见其修养工夫甚高。所著有《息庵集》《慎庵集》《备忘录》。① 王亮，性高爽，有志于圣贤之学。闻崇仁学派胡居仁（主朱子学）之学，即往师之，学三年而后归。时与程朱学者吉水罗伦（1431—1478）聚讲于玉匣书舍。② 刘本怡，字显仁，安福南乡前溪人。正统间（1436—1449），举经明行修科，不就。退居石泉山，与其弟刘本宜"益潜心求道"，老而忘倦。刘本怡亦与罗伦交往，尝致书与其往复论学。为学务践履，尝谓："圣贤千言万语，不外一'敬'字。宜体认近思，录以为入德基。"其工夫为程朱之主敬。所著有《养心编》《立身论》《治平略》，皆见道之语。③ 从此三人来看，明前期安福理学已转向心性修养工夫（即身心之学），与元代主要重理论或学理的倾向有较大的不同。这是安福阳明学兴起之前的一种潜在、微妙的思想或学术转向，其思想正是阳明学的接榫处。而李校、李宗杕从兄弟接续此思想脉络，是安福阳明学的直接关联者。

李校（1469—1515）④，字彦甫，又字行简，安福西乡月角山人。弘治十四年（1501）中举人。正德六年（1511）登进士第。幼而颖慧，气象端重，六七岁时，人望而敬之。善于文，又谨于行。师范甚严，每日静坐不动。每讲四书五经，辄发前贤之所未发，教人以"治经即治心，心若不明，经明愈昧"。其学近陆王学。⑤ 李宗杕（1472—1503）⑥，字敬甫，号寤室，安福西乡月角山人，李校从弟。弱冠为诸生，即自叹曰："先王设庠序以复性明伦，岂徒应举取科第耶？"思近衷着己，以"求放心"（孟子之工夫），自容止食息，必以古圣贤为宗。每当学使试，辄见其器异，然辞廪生不就。又事颜回之学，以其仰钻瞻忽、欲罢不能、非礼勿视听言动为工夫。每日自晨至夜，

---

① 参见余之祯等修：《吉安府志》卷十九《列传二》，第20页；《同治安福县志》（点校本），第215—216页。
② 参见《同治安福县志》（点校本），第216页。
③ 参考、引用《同治安福县志》（点校本），第224页。
④ 其生卒年，据《金陵李氏四修族谱》。
⑤ 《同治安福县志》（点校本），第123、135页；《李行人公传》，《识仁讲院志》卷八《志贤外传》，清同治元年刻本。
⑥ 其生卒年，据《金陵李氏四修族谱》。

常端肃，而无不敬，俨若思。其举足动念，必书之于日录。其语录云：
"匹马单刀做去，无靠他人；烈火红炉炼来，方成己物。"其学无
师承，主要践履颜回、孟子的身心之学，亦近陆王学。阳明弟子刘
阳甚敬佩之，曰："寤室在往昔，独学无友，乃志勤而行笃，殊非
空言。异时彬彬，然可语乐群、论说要妙，或度越先辈矣。然语笃
行不欺，求之顾难也。"①

　　西乡李氏从兄弟正是安福阳明学的前导。邹守益年十二就入李
校之门，受其学（科举兼心性之学），后（即正德六年）师生同登
进士第。邹氏"疑格物、慎独，圣门岂有两样学问，亦公（即李校）
之开其端"②，最后得阳明之解而豁然开朗（详见第二章第二节）。
所以《李行人公传》曰："今人但知邹文庄（守益）得力于王文成（阳明）
公，而不知文庄得力于公（即李校），已在阳明之先矣。"③ 张鳌山
初师从李宗栻，向其学孟子"求放心"之学，后才师事王阳明。④ 刘
阳也非常佩服李宗栻之学。邹守益是江右王门的领军人物，张鳌山
和刘阳也是较为重要的安福阳明弟子。所以，安福原有的理学传统（尤
其是明前期理学）有接应阳明学的思想因子在。

① 参见刘阳：《李寤室传》，《刘三五集》，彭树欣整理编校，花木兰文化出版社2016年版，第56
页；曾省三等修：《李寤室公传》，《识仁讲院志》卷七《志贤传》。
② 《李行人公传》，《识仁讲院志》卷八《志贤外传》。
③ 《李行人公传》，《识仁讲院志》卷八《志贤外传》。
④ 《同治安福县志》（点校本），第172页。

第二节 安福阳明学形成和发展的思想来源
——王阳明的生平、思想及阳明学的分派

安福阳明学形成和发展的直接思想来源是王阳明，故需对其生平和思想要先有所了解。关于王阳明的研究，前贤论著甚多，如梁启超《王阳明知行合一之教》、钱穆《阳明学述要》、牟宗三《从陆象山到刘蕺山》、蔡仁厚《王阳明哲学》、陈来《有无之境——王阳明哲学的精神》、杨国荣《心学之思——王阳明哲学的阐释》、张学智《明代哲学史》、鲍世斌《明代王学研究》、陈立胜《入圣之机：王阳明致良知工夫论研究》等。笔者在参考诸家的基础上，对其生平、思想略加论述。此外，关于阳明学的分派，对了解整个阳明后学的发展概况，理解安福阳明学的发展走向也有所帮助，故在此一并述之。

一、王阳明的生平概述

王守仁（1472—1529），字伯安，号阳明，谥文成，封新建伯，浙江余姚人。阳明十二岁即有志于成为圣贤，问塾师曰："何为第一等事？"塾师曰："惟读书登第耳。"阳明认为"或读书学圣贤耳"。[1]十七岁亲迎夫人诸氏于南昌，结婚之日，遇一道士于铁柱宫，与之对坐忘归。次年，访江西大儒娄谅于广信，娄谅告以"圣人必可学而至"。这是阳明思想发展中的一个重大的精神性事件，从此他确立了以圣学（儒学）为主导的学术发展方向。[2]可见其学与江右学术有某种关联。

弘治五年（1492），阳明遍求朱子之书而读之，并开始做格物工夫，见庭前竹子，格之七日不通，格物之功受挫，朱子之路走不

---

[1] 钱德洪：《年谱一》，王守仁：《王阳明全集》，吴光等编校：上海古籍出版社2011年版，第1346—1347页。
[2] 参见鲍世斌：《明代王学研究》，巴蜀书社2004年版，第19—20页。

通。十二年（1499）登进士第。次年，授刑部主事。十五年（1502），告病归家，由儒转道，习静阳明洞，能预知来客，众人以为得道。然时念其祖母与父，久之悟曰："此念生于孩提。此念可去，是断灭种姓矣。"①遂复思用世，返归儒家。十八年（1505），与湛甘泉定交，共倡圣学。次年，因忤宦官刘瑾，下诏狱，谪贵州龙场。正德三年（1508），在龙场忽"大悟格物致知之旨"，"始知圣人之道，吾性自足，向之求理于事物者误也"②。此谓"龙场悟道"，一悟知行合一，一悟心即理（或心外无理）。③这是阳明一生中又一重大的精神性事件，也是其思想形成的标志。次年，主讲贵阳书院，始讲知行合一之旨。

正德五年（1510），升庐陵知县，在赴任途中，遇门人，开始教他们静坐，使之自悟心体（即未发之体），所谓"以默坐澄心为学的"④。六年（1511），任会试同考试官。九年（1514），升南京鸿胪寺卿，门人日亲，不再教以静坐，而是教以"存天理，去人欲"为省察克治实功。从其具体的工夫看，是存养良知（良知之天理），并以之照察意念之非（人欲）而去之，已经接近致良知。十一年（1516），升督察院左佥都御史，巡抚南、赣、汀、漳，驻扎赣州，奉命剿山中贼，功成。十四年（1519），南昌宁王朱宸濠反，阳明于吉安府临时起义兵，仅一个多月即平定之，建立奇功。次年，于江右开始揭致良知之教。⑤此为阳明思想成熟的标志。

正德十六年（1521）六月，升南京兵部尚书；八月归越，居越以后，其学问、工夫越加精纯，门人益众。嘉靖六年（1527），受命兼督察院左都御史，征思田。出发前，王畿、钱德洪于天泉桥争论阳明的"四句教"（其提出在居越之后），王主"四无"说，而钱主"四有"说（即认同阳明"四句教"），阳明认为"四句教"才是其立教的"定本"。

---

① 钱德洪：《年谱一》，王守仁：《王阳明全集》，吴光等编校，第1351页。
② 钱德洪：《年谱一》，王守仁：《王阳明全集》，吴光等编校，第1354页。
③ "大悟格物致知之旨"，即悟朱子格物致知（即先知后行）之非，也即知行合一；"始知圣人之道，吾性自足，向之求理于事物者误也"，即心即理（或心外无理）。
④ 黄宗羲：《文成王阳明先生守仁》，《明儒学案》（修订本），沈芝盈点校，第180页。
⑤ 关于阳明何时提出"致良知"之教，学界有所论争。钱德洪《王阳明年谱》认为正德十六年（1521），阳明始揭致良知之教，这是学界一般的说法；本书采用陈来之说，见《有无之境——王阳明哲学的精神》(北京大学出版社2013年版，第152页)。此外，提出"致良知"之说与揭出"致良知"之教是两个命题，前者是指提出这一思想，后者是指将其作为一种教法，如此前者的时间应比后者早，最早为正德十四年（1519）。又，提出"致良知"三字，与阐述"致良知"思想又有所区别，后者所指更宽泛，即包括未必拎出此三字，但已含有此思想，如此后者的时间更早。

此为"天泉证道"。嘉靖七年十一月二十九日（1529 年 1 月 9 日），卒于江西南安，留下"此心光明，亦复何言"之遗言。

从阳明一生的经历看，他与江右结下了不解之缘，尤其是其思想方向之确立，其学问、事功之大成，均在江右，可谓"一生精神，俱在江右"①，而安福阳明学者正受到这种精神、思想之浸润。

二、王阳明的主要思想

阳明的主要思想包括"心即理""知行合一""致良知"和"四句教"，四者在逻辑上都有关联，其核心是"致良知"，其余三者均可收摄、涵容于其中，所以阳明学可以被概括为"良知学"。

1. "心即理"

心与理之间的关系是整个宋明理学的基本哲学问题之一，对心、理问题的解决是理学以"本体—工夫"为基本结构的全部体系的决定基础。可以说，"心即是理"或"心外无理"是阳明学的第一原理。② 这一原理使主体找到了道德修养的内在依据。陆九渊最早提出"心即理"的命题，但阳明的"心即理"并不直接来源于他，而是针对朱熹的理在心外、心与理二③提出的，而暗与陆九渊相通。④ 阳明所谓"心即理"，是说本心所发者就是理（道德法则），理只能在心中求。《传习录》（上）载：

> 爱（即徐爱）问："至善只求诸心，恐于天下事理有不能尽。"先生（即阳明）曰："心即理也。天下又有心外之事、心外之理乎？"爱曰："如事父之孝，事君之忠，交友之信，治民之仁，其间有许多理在，恐亦不可不察。"先生叹曰："此说之蔽久矣，岂一语所能悟；今姑就所问者言之。且如事父不成，去父上求个孝的理；事君不成，去君上求个忠的理；交友、治民不成，

---

① 黄宗羲：《江右王门学案一》，《明儒学案》（修订本），沈芝盈点校，第331页。
② 陈来：《有无之境——王阳明哲学的精神》，第18页。
③ 朱熹也求心与理一，但其心是经验性概念，而理是先验性概念，二者本来不是"一"的，其所谓"一"是一个综合命题，即以心去合理，从而使二者"合一"；而陆王的心与理都是先验性概念，其所谓"一"则是一个分析命题，即心本身就是理，理是心之所发，其"一"是本来之"自一"。故阳明认为朱熹是理在心外、心与理二。
④ 阳明是在龙场悟到"心即理"以后，才发现他与陆九渊相通，并因此倡导象山之学。

去友上、民上求个信与仁的理，都只在此心。心即理也，此心无私欲之蔽，即是天理，不须外面添一分。以此纯乎天理之心，发之事父便是孝，发之事君便是忠，发之交友、治民便是信与仁。只在此心去人欲、存天理上用功便是。"①

徐爱还是朱熹的思路，认为如果只在心上求至善（至善之理），那么就会忽略外在的事理；阳明则认为，心即理，心外无事，心外无理，只要"此心无私欲之蔽，即是天理（如忠孝之理）"，即"以此纯乎天理之心"而行，自然会产生合乎天理的道德行为（如"发之事父便是孝"）。如此，天理并不存在对象身上，而是由主体之心直接赋予的，所以道德主体（心）与道德理则（理）是合一的。那么，道德修养的工夫，就不要如朱子般先格物致知以穷理，而是直接"去人欲、存天理"即可，即直接在心体上用功。

但是"心即理"，即依本心（无私欲之心）所发者即是理，这个理只是一个空的形式（可称为先天之理，它依本心所发不同而呈现出不同的内容，如忠、孝等），在道德实践时仍需运用知识（可称为后天之理），故后者还需求之心外，还需讲求。这是徐爱的又一疑问。《传习录》（上）载：

爱曰："闻先生如此说，爱已觉有省悟处。但旧说（即朱熹先知后行说）缠于胸中，尚有未脱然者。如事父一事，其间温凊定省之类，有许多节目，不亦须讲求否？"先生曰："如何不讲求？只是有个头脑，只是就此心去人欲、存天理上讲求。就如讲求冬温，也只是要尽此心之孝，恐怕有一毫人欲间杂；讲求夏凊，也只是要尽此心之孝，恐怕有一毫人欲间杂，只是讲求得此心。此心若无人欲，纯是天理，是个诚于孝亲的心，冬时自然思量父母的寒，便自要去求个温的道理，夏时自然思量父母的热，便自要去求个凊的道理，这都是那诚孝的心发出来的条件。却是须有这诚孝的心，然后有这条件发出来。"②

① 王阳明撰，邓艾民注：《传习录注疏》，上海古籍出版社2012年版，第8页。
② 王阳明撰，邓艾民注：《传习录注疏》，第8—9页。

徐爱之疑(《传习录》中郑朝朔也有此疑)其实是一个尖锐的问题,即后天之理(即知识,徐爱所言的"节目"即知识)是个客观的存在,并不在心中。从这个角度讲,"心即理"就不能成立。阳明却轻轻地将这一问题消解了,认为只要此心自作主宰("有个头脑"),无私欲而纯乎天理,自然就会去讲究、追求后天之理,故依然是心外无事、心外无理。在这种意义上的"心即理",是以本心为主宰,以知识(后天之理)为辅翼,以前者推动后者,并使后者为前者所用,如此将后天之理亦收摄于先天之心中,使心与理(知识)一。

所以,阳明的"心即理"(心与理一)实包含二义:一是先天之理存在于先天之心(即本心)中,二者本来为一,心所发者即天理;一是将后天之理纳于先天之心的主宰中,二者亦可融合为一。前一种"一"是一个分析命题,即先天之心能直接产生先天之理,道德主体与道德理则是合一的,阳明的"心即理"主要是从这个角度讲;后一种"一"是一个综合命题,即先天之心并不能直接产生后天之理,道德主体与知识(包括自然知识和道德知识)并不是真正的合一,前者只能主宰、运用后者,其所谓"一"只是一种综合关系,其实阳明并未真正面临这一问题。如此,阳明的"心即理"就蕴含着一定的危机,一旦对其理解稍有偏差(即将后一种"一"当作一个分析命题),就会导致只关注本心而忽略后天之理,而认为本心能产生所有的理,以为只要发明了本心(或良知),即可知天下事、天下理。如此,就只去静坐观心,而忽略事为、知识。这就是阳明后学出现的弊端之一。后来牟宗三提出"良知自我之坎陷"理论[1],就是为了从理论上彻底解决阳明的这一问题。

2. "知行合一"

知与行是儒家道德实践理论的一对重要范畴,知行问题所讨论的是道德知识与道德实践的问题。[2]阳明的"知行合一"说,是针对当时人们"知而不行"的时弊而发的,也是针对朱子的"先知后行"而发的。阳明对该说有种种解释,其主要内容可以从中拈出为三组

---

① 所谓"良知自我之坎陷",是指良知自己决定坎陷自己以从物,从物才能知物,知物才能宰物。等它可以宰物之时,它又从坎陷中涌现它自己,而再会物以归己,使物成为自己之所统与所摄。这就是入虎穴以得虎子的本领,亦即以良知融摄知识之真实义。见蔡仁厚:《王阳明哲学》,九州出版社2013年版,第57页。
② 参见陈来:《有无之境——王阳明哲学的精神》,第87页。

话头：第一组："未有知而不行者，知而不行，只是未知。"① 第二组："知是行的主意，行是知的工夫；知是行之始，行是知之成。"② 第三组："知行原是两个字说一个工夫"，"知之真切笃实处便是行，行之明觉精察处便是知"。③

第一组话头，是就知行本体而言的。此乃因徐爱之疑问而说的。徐爱说："如今人尽有知得父当孝、兄当弟者，却不能孝，不能弟，便是知与行分明是两件。"④ 阳明认为这种情况是被私欲隔断了知行本体。依据"知行本体"的概念，知行本来就是一体的，二者不能割裂，知（真知）了必定能行，"未有知而不行者，知而不行，只是未知（真知）"。对此，阳明接着解释说：

> 故《大学》指个真知行与人看，说"如好好色，如恶恶臭"。见好色属知，好好色属行，只见那好色时已自好了，不是见了后又立个心去好；闻恶臭属知，恶恶臭属行，只闻那恶臭时已自恶了，不是闻了后别立个心去恶。⑤

阳明以《大学》"如好好色，如恶恶臭"为喻：见好色、闻恶臭属知，好好色、恶恶臭属行，知了就必定行了；这是以感觉之知行喻道德之知行，其意是说"知善知恶"，必定是已好善恶恶，才是真正的知善知恶。真知一定是行了，"就是称某人知孝、某人知弟，必是其人已曾行孝、行弟，方可称他知孝、知弟；不成只是晓得说些孝、弟的话，便可称为知孝、弟。又如知痛，必已自痛了方知痛；知寒，必已自寒了；知饥，必已自饥了。知行如何分得开？"⑥ 第一组话头是首先从概念——"知行本体"（心体）上界定知行合一，只要心不被私欲、私意隔断，就是知行本体（心体），而"圣贤教人知行（合一），正是安复那本体"⑦。此话头强调的是真知必定已行，

---

① 王阳明撰，邓艾民注：《传习录注疏》，第10页。
② 王阳明撰，邓艾民注：《传习录注疏》，第11页。
③ 王守仁：《答友人问》，《王阳明全集》，吴光等编校，第233、234页。按：此三组话头来自梁启超的说法，参见梁启超：《王阳明知行合一之教》，《梁启超修身讲演录》，彭树欣选评，上海古籍出版社2018年版，第306页。
④ 王阳明撰，邓艾民注：《传习录注疏》，第10页。
⑤ 王阳明撰，邓艾民注：《传习录注疏》，第10页。
⑥ 王阳明撰，邓艾民注：《传习录注疏》，第10页。
⑦ 王阳明撰，邓艾民注：《传习录注疏》，第10页。

其重心在本体，而后两组话头的重心则在工夫。

第二组话头，是从心理历程上看出知行是相倚相待的。①凡是人做一件事（包括道德实践），必须意念、主意先行，依照阳明的说法，这就已经开始行了，所以说"知是行的主意""知是行之始"。他又举例说：

> 夫人必有欲食之心，然后知食，欲食之心即是意、即是行之始矣；食味之美恶，必待入口而后知，岂有不待入口而已先知食味之美恶者邪？必有欲行之心，然后知路，即是意、即是行之始矣；路岐之险夷，必待身亲履历而后知，岂有不待身亲履历而已先知路岐之险夷者邪？②

阳明认为，欲食之心，即是意、即是行之始，但必须真吃了，才知食之好坏；欲行之心，即是意、即是行之始，但必须真行了，才知路之险夷。所以必须行了，才是真正的知，故阳明又说"行是知的工夫""行是知之成"。就是说，行是进一步落实知的途径、手段，并最终达成知的完成。按照阳明的这个思路，似乎说"先知后行"也没有大错，因为有一个始终的过程。其实，其始终是知行一体（即知中有行、行中有知）的始终，不是先去做知的工夫，然后再做行的工夫，所以他又说：

> 今人却就将知行分作两件去做，以为必先知了，然后能行，我如今且去讲习讨论做知的工夫；待知得真了，方去做行的工夫；故遂终身不行，亦遂终身不知。此不是小病痛，其来已非一日矣。某今说个知行合一，正是对病的药。③

为什么阳明不必如朱子一样，先做知的工夫？因为阳明的知是良知或良知所发出的道德判断、道德价值，良知是人先天本有的，不必先去讲习、讨论，而只有在行中才能发明良知。故阳明提出"知行合一"的目的，就是劝人去行，强调的是工夫，所以下一组话头

① 梁启超：《王阳明知行合一之教》，《梁启超修身讲演录》，彭树欣选评，第308页。
② 王阳明撰，邓艾民注：《传习录注疏》，第94页。
③ 王阳明撰，邓艾民注：《传习录注疏》，第11页。

进一步说工夫。

第三组话头，是说知行其实就是一个工夫，是一个工夫在知行两方面的不同表达。他说："知行原是两个字说一个工夫，这一个工夫须着此两个字，方说得完全无弊病。"① 就是说，这一个工夫须从知行两方面说才透彻，即"知之真切笃实处便是行，行之明觉精察处便是知"。"真切笃实"本来是用来形容行的，但当知达到真切笃实时，就是行了；"明觉精察"本来是用来形容知的，但当行达到明觉精察时，就是知了。阳明又强调无论知时、行时，都要真切笃实、明觉精察。他说：

> 若知时，其心不能真切笃实，则其知便不能明觉精察，不是知之时只要明觉精察，更不要真切笃实也。行之时，其心不能明觉精察，则其行便不能真切笃实，不是行之时只要真切笃实，更不要明觉精察也。②

如此，知行实际上就是一个工夫，是从知行两方面描述同一个过程而已。为什么要说既要说知，又要说行？阳明曰：

> 古人所以既说一个知，又说一个行者，只为世间有一种人，懵懵懂懂的任意去做，全不解思惟省察，也只是个冥行妄作，所以必说个知，方才行得；又有一种人，茫茫荡荡悬空去思索，全不肯着实躬行，也只是个揣摸影响，所以必说一个行，方才知得真。此是古人不得已补偏救弊的说话。③

除了"懵懵懂懂的任意去做"（冥行）和"茫茫荡荡悬空去思索"（空知）两种人外，还有"后世学者分作两截用工"④，所以阳明提出"知行原是两个字说一个工夫"，即二者"合一并进之说"⑤。

总之，在王阳明看来，所谓知，必须通过行（实践或体证）才

---

① 王守仁：《答友人问》，《王阳明全集》，吴光等编校，第233页。
② 王守仁：《答友人问》，《王阳明全集》，吴光等编校，第234页。
③ 王阳明撰，邓艾民注：《传习录注疏》，第11页。
④ 王阳明撰，邓艾民注：《传习录注疏》，第95页。
⑤ 王阳明撰，邓艾民注：《传习录注疏》，第95页。

能获得，否则就不是真知。这种知可谓体知，即经验性的知（此知一定是从实际经验中获得的），即知行是一体的：所谓"知而不行，只是未知"，所谓"知之真切笃实处便是行，行之明觉精察处便是知"。此知一定是身体在场的，一定伴有身体的体验性，这种身体的在场就是行，如知孝，一定是以身去行孝了，才是真正的知孝；知（某一）路，一定是身体去走（某一）路了，才是真正的知路。以此而推，凡是经验性知识，一定是在身体的在场中获得的，没有身体参与而获得的知识，不是真知识，即没有通过身体的实践所得的知识不是真知识。即使是通过他人的身体获得的知识（于他人而言是真知），也需要通过自己的身体实践才有真切的理解。王阳明的知还没有涉及超验性知识（如逻辑知识），因为这类知识不涉及经验。虽然王阳明的知可包括所有经验性知识，但主要是指道德性知识。

3."致良知"

这是阳明思想的最高和最后的形态，可以代表其整个哲学思想，也是其所有口号中最鲜明、响亮的，所谓"圣门正法眼藏"也。故阳明自称"吾平生讲学，只是'致良知'三字"。[①]梁启超称"子王子（即阳明）提出致良知为唯一之头脑，是千古学脉，超凡入圣不二法门"[②]。这一命题包括两个内容，一是对良知的理解，一是对"致"良知的理解，前者是本体问题，后者是工夫问题，可谓本体、工夫一齐收摄。

阳明的"良知"，来自孟子的"人之所不学而能者，其良能也；所不虑而知者，其良知也"（《孟子·尽心上》），即阳明的"良知"包括了孟子的"良能"（道德能力、道德意志）和"良知"（道德感知、道德判断）；并把良知提升上来，以之代表本心，以综括孟子所言的四端之心[③]。阳明曰：

> 良知只是个是非之心，是非只是个好恶。只好恶，就尽了是非；只是非，就尽了万事万变。是非两字是个大规矩，巧处

---

① 王守仁：《寄正宪男手墨二卷》，《王阳明全集》，吴光等编校，第1091页。
② 梁启超编著：《德育鉴》，《梁启超修身三书》，彭树欣整理，上海古籍出版社2016年版，第32页。
③ 牟宗三：《从陆象山到刘蕺山》，第138页。

则存乎其人。①

　　盖良知只是一个天理自然明觉发见处，只是一个真诚恻怛，便是他本体。故致此良知之真诚恻怛以事亲便是孝，致此真知之真诚恻怛以从兄便是弟，致此真知之真诚恻怛以事君便是忠，只是一个良知，一个真诚恻怛。②

　　上述引文一是将孟子的"是非之心智也""羞恶之心义也"收摄于良知上讲，良知的是非之智就是羞恶（好恶）之义（阳明的"好恶"即孟子的"羞恶"），二者是一。二是将孟子的"恻隐之心仁也""恭敬之心礼也"也收摄于良知，"真诚恻怛"是从恻隐之心说良知，从"真诚"方面讲，恭敬之心也含摄于良知中。如此，孟子并列说的"四端之心"皆收摄于"良知"中，因而只是一个良知之心。③不过，阳明"良知"的核心义乃是"是非之心"，这是道德判断、评价的标准。如他对陈九川说："尔那一点良知，是尔自家底准则。尔意念着处，他是便知是，非便知非，更瞒他一些不得。"④

　　阳明在提出"致良知"之前，已有"心即理"的命题，此心当然是指本体之心（先验之心），但也可指经验之心，故此命题的含义仍不精确，容易遭致人的误解和攻击。但阳明自"致良知"说形成后，就认为良知即心之本体。他说："良知者，心之本体。"⑤又说："良知只是一个天理自然明觉发见处，只是一个真诚恻怛，便是他（即心）本体。"⑥就是说，良知即心最内在的自性本性（本体）。这个本体可自然而然地表现为各种不同的"天理"，如在事亲便表现为孝，在从兄便表现为悌，在事君便表现为忠，孝、悌、忠便是所谓天理。⑦所以阳明曰："良知是天理之昭明灵觉处，故良知即是天理。"⑧这样"心即理"就可以更精确地表达为"良知即是天理"。且天理就是在良知之自然明觉处呈现，明觉之即呈现之。⑨所谓"天

---

① 王阳明撰，邓艾民注：《传习录注疏》，第239页。
② 王阳明撰，邓艾民注：《传习录注疏》，第168页。
③ 牟宗三：《从陆象山到刘蕺山》，第138页。
④ 王阳明撰，邓艾民注：《传习录注疏》，第186页。
⑤ 王阳明撰，邓艾民注：《传习录注疏》，第128页。
⑥ 王阳明撰，邓艾民注：《传习录注疏》，第168页。
⑦ 牟宗三：《从陆象山到刘蕺山》，第139页。
⑧ 王阳明撰，邓艾民注：《传习录注疏》，第146页。
⑨ 牟宗三：《从陆象山到刘蕺山》，第139页。

理之昭明灵觉",并不是指天理之明觉,而是指良知之明觉(天理)。所以良知既是天理(道德理则),又是明觉(道德感知)。

综合以上之文,阳明的良知即心体(心之自体),其含义包括道德理则、道德判断、道德感知、道德能力、道德意志。如此,良知就成为用功的内在依据(如阳明云良知是"灵丹一粒""天植灵根""命根"[①]),是阳明心学的第一概念。

"致良知"之"致",首先是"向前推致"之意,相当于孟子的"扩充四端之心"的"扩充"。[②]"致"良知即把良知推致于事事物物。阳明曰:

> 心自然会知,见父自然知孝,见兄自然知弟,见孺子入井自然知恻隐,此便是"良知",不假外求。若"良知"之发,更无私意障碍,即所谓充其恻隐之心,而仁不可胜用矣。然在常人,不能无私意障碍,所以须用"致知""格物"之功。胜私复理,即心之"良知"更无障碍,得以充塞流行,便是致其知。[③]

向前推致有两种情况:一是推致的过程"无私意障碍,即所谓'充其恻隐之心,而仁不可胜用矣'",此是正面地不断推致、扩充良知的过程,且其中无私欲、私意阻碍良知,故"仁不可胜用";一是在推致的过程遇到了私欲、私意,那就需要用"致知格物之功",即用良知对治、克制负面的私欲、私意,最后"胜私复理",从而充塞流行。前者可谓正面的(扩充)工夫,后者可谓负面的(对治)工夫。"致"字中含有"复"字义,但"复"必须在"致"中复;[④]又"致"字含有"至极"之义,阳明曰:"致者,至也,如云'丧致乎哀'之'致'。《易》言'知至至之','知至'者,知也;'至之'者,致也。'致知'云者,非若后儒所谓充广其知识之谓也,致吾心之良知焉耳。"[⑤]以"至"训致,"至"是指至乎极,既有极点之义,又有向极点运动义。[⑥]就是说,"致"既是一种推向至极的过

---

① 王阳明撰,邓艾民注:《传习录注疏》,第188、210、275页。
② 牟宗三:《从陆象山到刘蕺山》,第145页。
③ 王阳明撰,邓艾民注:《传习录注疏》,第15—16页。
④ 牟宗三:《从陆象山到刘蕺山》,第146页。
⑤ 王守仁:《大学问》,《王阳明全集》,吴光等编校,第1070页。
⑥ 陈来:《有无之境——王阳明哲学的精神》,第166页。

程，又是至极之境；达到至极之境，就是完完全全"复"得良知本体。"致"字中又含有"警觉"义，即以警觉开始其致。警觉亦名"逆觉"，即随其呈露而自觉地意识及之，不令滑过，在逆觉中含有一种肯认或体证，此名"逆觉体证"。[1]在"致"良知中，当良知呈露时，需要肯认或体证之，然后再推行下去；然而常人，当其良知呈露时，私欲、私意常常会扰之，此时尤其需要通过逆觉体证以肯认之，从而使之顺适下来。

同时，"致"字有"实行"义，黄宗羲说："（阳明）先生致之于事物，致字即是行字，以救空空穷理，只在知上讨个分晓之非。"[2]故所谓"致良知"就是将良知在事事物物上实现（行）出来以成就道德行为，这样就与"知行合一"说贯通起来了。阳明曰：

> 尔那一点良知，是尔自家底准则。尔意念着处，他是便知是，非便知非，更瞒他一些不得。尔只不要欺他，实实落落依着他去做。[3]
>
> 如知其为善也，致其知为善之知而必为之，则知至矣……知犹水也，人心之无不知，犹水之无不就下也，决而行之，无有不就下者。决而行之者，致知之谓也。此吾所谓知行合一者也。[4]

所谓"实实落落依着他去做""决而行之"，就是将良知落实于实际行动中，在事事物物中实现出来。不管是"致良知"，还是"知行合一"，阳明都是劝人去行，强调的都是行（工夫），体现了其力行精神。

此外，阳明将《大学》的修身、正心、诚意、致知、格物，都统摄于"致良知"中，其实都是一个工夫过程的不同方面，从而形成一元化的工夫论。[5]

4."四句教"

这是阳明晚年对"致良知"学说的一个简要总结，可谓其立教

---

① 牟宗三：《从陆象山到刘蕺山》，第146页。
② 黄宗羲：《姚江学案》，《明儒学案》（修订本），沈芝盈点校，第178页。
③ 王阳明撰，邓艾民注：《传习录注疏》，第186页。
④ 王守仁：《书朱守谐卷》，《王阳明全集》，吴光等编校，第308页。
⑤ 其具体内容见王阳明《大学问》。

的"定本"："无善无恶是心之体，有善有恶是意之动，知善知恶是良知，为善去恶是格物。"① 第一句"无善无恶是心之体"，不是一个存有论命题，即认为心体（或性体）② 没有善恶或者至善（无善无恶是谓至善）无恶；而是一个境界论命题，即认为心体既没有善念，也没有恶念，毫无挂碍，是一个超越善恶对待相的绝对存在，如阳明曰："人心本体原是明莹无滞的，原是个未发之中。"③ 又曰："良知本体原来无有，本体只是太虚。太虚之中，日月星辰，风雨露雷，阴霾馉气，何物不有？而又何一物得为太虚之障？人心本体亦复如是。太虚无形，一过而化，亦何费纤毫气力？"④ 对此句，之所以起争端，是因为有人把它误解为一个存有论命题。⑤ 第二句"有善有恶是意之动"，意是心之所发，心体虽无善恶对待相，但心落于经验世界中，其所发之意（意念）有善恶，顺心体而发者为善，顺私欲、私意而发者为恶。故在工夫唯在意之动处着力。第三句"知善知恶是良知"，意念发动之善恶，只有良知知之，此乃"人所不知而己所独知"者。良知是超越而照临于经验的善念、恶念之上的明觉，它自能知善知恶，知是知非，这是瞒不过的。⑥ 也就是说，良知是心的主人，他自然知道意念的一切活动。第四句"为善去恶是格物"，良知知善知恶，且好善恶恶，由好善而为善，由恶恶而去恶。所谓为善去恶，是在致良知中纯化意念与意念之内容，从纯化意念而言是诚意，从纯化意念之内容（即意念所及之事事物物）而言是格物。⑦ 四句教有本体，有工夫，第一句说本体，后三句说工夫。

对于第一句，阳明两大弟子王畿和钱德洪都无异议，他们争论的焦点在于第二句。王畿认为："若悟得心是无善无恶之心，意即是无善无恶之意，知即是无善无恶之知，物即是无善无恶之物。……意是心之所发，若是有善有恶之意，则知与物一齐皆有，心亦不可

---

① 王阳明撰，邓艾民注：《传习录注疏》，第257页。前两句，王畿《天泉证道纪》作"无善无恶心之体，有善有恶意之动"，见王畿：《王畿集》，吴震编校整理，第1页。
② "心之体"有两指，一是心体，一是性体（所谓心之体即性），阳明所指常是无区别的。
③ 王阳明撰，邓艾民注：《传习录注疏》，第257—258页。
④ 钱德洪：《年谱三》，王守仁：《王阳明全集》，吴光等编校，第1442页。
⑤ 即认为阳明之论是说心体或性体没有善恶，如同佛老之论，这样就消解了成善的可能。其实，阳明也说"至善者心之本体"，这就表明了成圣的依据。
⑥ 蔡仁厚：《王阳明哲学》，第105页。
⑦ 蔡仁厚：《王阳明哲学》，第105页。

谓之无矣。"① 就是说，如悟得心体无善无恶，则意、知、物皆无善无恶，一齐皆无（境界之无），但如果意念上有善恶，则知、物，甚至连心体，也有善恶。钱德洪则认为："心体是'天命之性'，原是无善、无恶的；但人有习心，意念上见有善恶在，格、致、诚、正、修，此正是复那性体功夫。若原无善恶，功夫亦不消说矣。"② 就是说，心体是无善无恶，是一个超越的存在，但意念上有善恶，仍会干扰或遮蔽心体，所以必须用为善去恶的工夫，如果意念上无善恶，那就不需要用工夫了，所以他认同阳明的"四句教"。二者的区别关键在于：前者无诚意工夫，即一悟本体，心、意、知、物，一体而化，故不需要用诚意（即为善去恶）的对治工夫；而后者需用诚意工夫，因为意念上有善恶，故需用为善去恶（即诚意）的对治工夫。王畿称自己的说法为"四无"，而称德洪（亦即阳明）的说法（即"四句教"）为"四有"。阳明最后判"四无"句是为上根人立法，是悟本体便是工夫（即本体即工夫），属于顿悟；而"四有"句（"四句教"）是为中下根人立法，是以工夫复本体，属于渐修。但阳明又认为，其教法其实只有一种，即"四句教"。

阳明认为，上根人世所难遇，故"四无"句无所用；而世间几乎都是中下根人，故须用"四句教"，即使是上根人，仍可依此用功，故阳明说"此是彻上彻下语，自初学以至圣人，只此工夫"③。但阳明并没有否定王畿的"四无"句，只是没有把它当作一种教法。其实，"四无"句是实践中的化境，而化境不可以作为教法，且"四有"句最后也可进到此化境。④ 阳明晚年就已至此化境："居越以后，所操益熟，所得益化，时时知是知非，时时无是无非，开口即得本心，更无假借凑泊，如赤日当空而万象毕照。"⑤ 但王畿仍坚持己见，认为自己的说法才是"定本"，而阳明（或钱德洪）的说法是"权法"。

以上所述只是阳明思想的概貌，安福阳明学虽是从其主要思想中产生的，但也丰富、深化甚至推进了其思想，在后面专论中另有涉及。

---

① 王畿：《天泉证道纪》，《王畿集》，吴震编校整理，第1页。
② 王阳明撰，邓艾民注：《传习录注疏》，第257页。
③ 钱德洪：《年谱三》，王守仁：《王阳明全集》，吴光等编校，第1443页。
④ 蔡仁厚：《王阳明哲学》，第111、110页。
⑤ 黄宗羲：《文成王阳明先生守仁》，《明儒学案》（修订本），沈芝盈点校，第180页。

三、阳明学的分派

自天泉证道后，阳明学内部开始分化：王畿主"四无"说，重本体，主张悟本体即工夫，即顿悟，可谓本体派；德洪主"四有"说（即"四句教"），重工夫，强调以工夫复本体，即渐修，可谓工夫派。后世对阳明学派的二分法，大体肇始于此。阳明卒后，这种分化的趋向进一步加深。嘉靖四十一年（1562），王畿在抚州拟岘台讲学时，就指出当时王门弟子虽对良知学不敢违背，但已形成六种良知学异见：

> 先师（即阳明）首揭良知之教，以觉天下，学者靡然宗之，此道似大明于世。凡在同门，得于见闻之所及者，虽良知宗说不敢有违，未免各以其性之所近，拟议挽和，纷成异见。（1）[1]有谓良知非觉照，须本于归寂而始得。如镜之照物，明体寂然，而妍媸自辨。滞于照，则明反眩矣。（2）有谓良知无见成，由于修证而始全，如金之在矿，非火符锻炼，则金不可得而成也。（3）有谓良知是从已发立教，非未发无知之本旨。（4）有谓良知本来无欲，直心以动，无不是道，不待复加销欲之功。（5）有谓学有主宰，有流行，主宰所以立性，流行所以立命，而以良知分体用。（6）有谓学贵循序，求之有本末，得之无内外，而以致知别始终。[2]

王畿从批评的角度，认为当时存在六种对良知学的不同理解：（1）归寂说，认为良知由归寂而得，是指聂豹、罗洪先；（2）修证（炼）说，认为良知无现成，需由修证（炼）而始全，是指刘邦采；（3）已发说，认为需从良知之已发立教，是指早年的钱德洪和欧阳德；（4）无欲说，认为良知本来无欲，不须再加销欲之功，是指孟秋；（5）主宰、流行说，认为良知有主宰（本体），有流行（工夫），体用二分，是指季本、刘文敏、刘邦采；（6）始终说，认为学有始

---

① 序号为笔者所加，下同。
② 王畿：《抚州拟岘台会语》，《王畿集》，吴震编校整理，第26页。

终本末，是指以安身为本的王艮。① 如果再加上王畿自己对良知学的理解（悟本体即是工夫），则当时阳明学至少已分化为七说。

王畿只是从学术批评的角度，指出当时存在六种良知异见，还不是真正的学术分派。真正对阳明学进行学术分派的，可能始于明代王士性（1547—1598），他说：

> 姚江之派复分为三：吉州仅守其传，淮南亢而高之，山阴圆而通之。而亢与圆者又各有其流弊，颜、梁之徒本于亢而流于肆，盱江之学出于亢而入于圆。其后姚安者出，合圆与肆而纵横其间，始于怪僻，卒于悖乱，盖学之大变也。②

王士性认为，阳明学派可分为三支派，即吉州王门（以邹守益为代表）、淮南王门（以王艮为代表，即泰州学派）、山阴王门（以王畿为代表）。这三派中，吉州王门"仅守其传"，淮南王门"亢而高之"，山阴王门"圆而通之"，其中淮南王门又有流变，流衍为颜钧、梁汝元（即何心隐）、罗汝芳（兼具淮南、山阴之学）、李贽。这是以地域为主兼及学理的分类方法，后来黄宗羲也大体以此为标准来划分阳明学派；王士性将阳明学派分为三派，后世的三分法大体不出其范围。

黄宗羲《明儒学案》对阳明学派进行了系统分类，除姚江学案外，还包括浙中王门、江右王门、南中王门、楚中王门、北方王门、粤闽王门六大学案，又将源于王门的两支派单列为止修学案和泰州学案。如此，阳明后学实被划分为八大派别。其中，江右王门人数、卷次最多，共33人9卷，其次，浙中王门和泰州学派各18人5卷。黄宗羲的划分影响深远，尤其是重地域的分类法，成为后世从地域角度研究阳明学的嚆矢，本书亦是从此角度切入的。

进入现代，出现了各种从学理角度（有时兼及地域）对阳明学派（即阳明后学）的分类，大体有二分法和三分法。二分法直承"四无""四有"的分法，三分法接续王士性的分法。

梁启超最早提出将阳明后学分为两派。他说："王子（即阳明）

---

① 此六说所指的学者，参考唐君毅：《中国哲学原论·原教篇》，第233—234页。
② 王士性：《广志绎》，吕景琳点校，第79—80页。

既没，而门下支派生焉，纷纷论辩，几成聚讼。语其大别，不出两派：一曰趋重本体者，王畿、王艮一派是也；一曰趋重工夫者，聂豹、罗洪先一派是也。"① 即将阳明后学分为本体派（以王畿、王艮为代表）和工夫派（以聂豹、罗洪先为代表）。这一分法应受到了"四无""四有"之分的影响，但他未将钱德洪作为工夫派的代表。后来朱谦之将阳明后学分为左派和右派。他说："这左右两派中，左派主动，右派主静。左派主张本体即是工夫，近顿悟的。右派主张由工夫达本体，主渐修的。"又说左派包括浙中的钱德洪、王畿和泰州，右派指江右的聂豹、罗洪先等。② 这一分法应受到了梁启超的影响，但将钱德洪归入左派是不合理的，不过也指出了他近江右，而又与聂豹、罗洪先不同。

屠承先在梁、朱的基础上，进一步划分为两大系统，在两大系统下再细分各派：阳明后学可分为本体系统和功夫③系统，本体系统认为本体即功夫，主张顿悟，包括绝对派（未指何人）、虚无派（王畿、周汝登等）、日用派（王艮、罗汝芳、何心隐等），其中虚无派和日用派可合称为现成派；功夫系统强调由功夫以达本体，主张渐修，包括主静派（聂豹、罗洪先、刘文敏等）、主敬派（邹守益、季本、刘邦采、李材等）、主事派（钱德洪、张元忭、欧阳德、陈九川等）、主意派（王栋、王时槐、刘宗周等）。李贽和黄宗羲则分别是本体和功夫系统的集大成者。④ 如此，阳明后学分为二大系统、七（或六）支派。钱明承屠氏之分法而略有变化，分为现成派和工夫派两大系统五支派，其中现成派又分为虚无派（王畿、周汝登、管志道、陶望龄、陶奭龄等）、日用派（王艮、王栋、颜钧、罗汝芳、何心隐等）两支派，工夫派又分为主静派（聂豹、罗洪先、刘文敏等）、主敬派（邹守益、刘邦采、王时槐、季本等）、主事派（钱德洪、张元忭、欧阳德、陈九川等）三支派。⑤

嵇文甫基于现代政治学的视角，将阳明后学分为左、中、右三派，

---

① 梁启超编著：《德育鉴》，《梁启超修身三书》，彭树欣整理，第38页。按：《德育鉴》1905年发表于《新民丛报》的增刊上，随后新民社以单行本发行，1915年由广智书局出版。
② 朱谦之：《新序》，缪天授选注：《节本明儒学案》，商务印书馆1937年版，第25页。
③ "功夫"与"工夫"在阳明学中所指是一样的，有人喜用"功夫"，有人喜用"工夫"（用"工夫"者较多），笔者主要用"工夫"，但为了照顾语境（如引用他人之说）也偶用"功夫"。
④ 屠承先：《阳明学派的本体功夫论》，《中国社会科学》1990年第6期。
⑤ 钱明：《阳明学的形成与发展》，第132—157页。

这是现代三分法之始。他说："大体说来，东廓绪山诸子，谨守师门矩矱，'无大得亦无大失'；龙溪心斋使王学向左发展，一直流而为狂禅派；双江念庵使王学向右发展，事实上成为后来各种王学修正派的前驱。"①左派王学包括王畿、王艮，右派王学包括聂豹、罗洪先，而中派王学包括邹守益、钱德洪（嵇文甫未对此派命名，但此称呼应符合嵇氏之意）。日本学者冈田武彦继承嵇氏的三分法，但其派分的视角是基于工夫论（即如何致良知）。他说：

> 据阳明高足王龙溪说，当时就有归寂、修证、已发、现成、体用、终始六种良知说。如果加以分类，大致可将上述六种良知说归纳为现成、归寂、修证三派。因为提倡良知现成说的是以王龙溪、王心斋为中心的左派，所以又把该派叫作现成派；提倡良知归寂说的是以聂双江、罗念庵为中心的右派，所以又把该派叫作归寂派；提倡良知修证说的是以邹东廓、欧阳南野为中心的正统派，所以又把该派叫作修证派。②

冈田武彦认为，阳明后学可分为三派：现成派（即左派），以王畿、王艮为代表；归寂派（即右派），以聂豹、罗洪先为代表；修证派（即正统派，亦即中派），以邹守益、欧阳德为代表。同时他认为，现成派提倡"直下承当""直下之信""一了百了"的顿悟，直接在本体上做工夫，所谓"本体即工夫"；归寂派对于良知有"虚寂之体"和"感发之用"之别，其工夫是以归寂立体并达于用，即立体达用；修证派指出天理和性的重要性，主张用工夫求本体，实"即工夫即本体"。③冈田的分法在中日学界有较大的影响。

牟宗三也将阳明后学分为三派，但与嵇文甫和冈田武彦不同，他以地域为主兼顾义理为依据，分为浙中派、泰州派和江右派。浙中派主要有钱德洪、王畿，但以王畿为代表；泰州派始于王艮，但以罗汝芳为代表；江右派主要有邹守益、聂豹、罗洪先，但以聂豹、罗洪先为代表。④陈来大体也承嵇氏、冈田左中右的分法，但派分与

① 嵇文甫：《晚明思想史论》，第16页。
② 冈田武彦：《王阳明与明末儒学》，吴光等译，第98页。
③ 冈田武彦：《王阳明与明末儒学》，吴光等译，第99页。
④ 牟宗三：《从陆象山到刘蕺山》，第169页。

二人很不相同。他说："阳明死后王门分化，从总体看，无非是左、中、右三种情况：一种是保守阳明正传，一种是向异端发展，在上述两种之间则是强调阳明思想某一方面又不越王学藩篱的思想家。"然后将此三派分为正统派（以邹守益为代表）、自然派（亦即以王艮为代表的泰州学派）和中间系统。其中，中间系统又细分为主有派（以钱德洪为代表）、主无派（以王畿为代表）、主静派（以聂豹为代表）、主动派（以欧阳德为代表）。①陈来的分法，在以上所有的分派中最为特别。

综上所述，以上所有对阳明学派（阳明后学）的学术分化、分派的划分，大体反映了阳明学（阳明后学）的发展趋势：从学理看，"本体—工夫"是整个宋明理学的基本结构，阳明的哲学思想是在此结构内展开的，阳明后学也是在此结构内进一步发展的，即朝本体（心体、良知本体）和工夫（"致"良知）两个方面丰富、深化而各有所重。故从总体而言，阳明后学实际上只有两大派（或系统），即本体派（左派）和工夫派（右派）。在三分法中，除陈来的分法比较特别外，左派可归入本体派，而右派和中派大体可归入工夫派，另牟宗三所分的浙中派、泰州派大体可归入本体派，江右派可归入工夫派。从总体倾向而言，安福阳明学大体属于工夫派。从地域上看，阳明学（阳明后学）主要在南方或东南诸省传播、流衍，尤其是在江右（江西）、浙江、南直隶（江苏）三个省蓬勃发展，影响广泛，其中江右尤为阳明学的核心区，而安福县可谓核心区之中心。需要说明的是，在阳明学内部其实并不真正存在大家公认的、界限分明的、宗教教团式的各种流派②，这种所谓流派其实是学者出于研究的方便而概括出来的，而且各派之间也互相渗透，如本体派并非不重工夫，而工夫派也并非不重本体，只是各有侧重而已。故落实到每一个研究对象时，需要对其思想进行全面分析。因此笔者对安福阳明学思想的研究，除大体将其视为工夫派之外，不再细分派别，而是重在较为全面地阐述每个重要思想家的内在义理及其思想原貌，并大体从本体论和工夫论两个方面来展开论述。

---

① 陈来：《有无之境——王阳明哲学的精神》，第307—308页。
② 鲍世斌：《明代王学研究》，第129页。

第三节 安福阳明学的形成过程和发展阶段

一、安福弟子师从阳明考

阳明在江西活动的时间较长，其学术、事功的成就也主要发生在江西，其"一生精神，俱在江右"。阳明在江西声名鹊起，自然吸引了一大批江西学子，其中也包括一批安福学子。这些安福学子纷纷在不同时间点执贽阳明，与其交往，接受其思想，并在安福县内传播，于是安福阳明学逐渐展开、形成。可以说，如果没有这些学子师从阳明、与其交往，该地阳明学是不可能产生的。这是安福阳明学形成的直接原因，故有必要对此作一考述。

在安福学子师从阳明之前，阳明就与安福（人）结下了某种缘分。正德四年（1509）二月，安福人刘丙由四川副使升任贵州按察使。[①]时阳明正贬谪龙场，刘丙延其训诸生。阳明寓诗曰："非公自起开笼放，两耳谁将陟岵听？"[②]刘丙在阳明困顿之时"慧眼识英雄"，可谓对其有知遇之恩。同年十二月，阳明离开贵阳龙场赴江西庐陵任知县。次年三月，过萍乡，经安福、泰和，然后到达庐陵。经过安福时，他诗兴大发，写下《过安福》一诗："归兴长时切，淹留直到今。含羞还屈膝，直道愧初心。世事应无补，遗经尚可寻。清风彭泽令，千载是知音。"[③]此诗表达了阳明经过安福即将赴任时悲欣交集的复杂心情。这是阳明与安福的再一次结缘，自然又加深了对安福的印象。所以后来阳明对安福学子自有一种亲切之感，对他们高看一眼也是很自然的事。

安福学子师从阳明并与其交往大致可分为三个时期，即在京城

---

① 《明武宗实录》卷四十七"正德四年二月"事，台湾"中央研究院历史语言所"校印本，1962年。
② 《安福县志》卷三《人物·名臣》，康熙五十二年刊本，第64页。
③ 《安福县志》卷八《词翰·诗》，康熙五十二年刊本，第43—44页；束景南：《阳明佚文辑考编年》，上海古籍出版社2012年版，第300页。按：束景南认为，阳明过安福时，结交了刘养正，且其人为阳明弟子（束景南《王阳明年谱长编》，上海古籍出版社2017年版，第1100页）。但此说法无史料证明，只是一种推测，故本题不将刘养正作为阳明安福弟子。

与南都时期、在江西时期和在越及征思田时期，主要集中在后两个时期。

（1）在京城与南都时期

正德六年（1511）二月，在京城举行会试，王阳明任会试同考试官，亲自录取者有安福人邹守益、张鳌山。当阳明阅及守益卷时，曰："此必安福邹某。"① 前一年，阳明任庐陵知县时，守益就拜见过阳明，阳明对他有深刻的印象，故有此说，遂录取他为会试第一名。邹、张二人为阳明安福弟子中最早认识阳明者，不过此时，他们还只是科举意义上的门生，不是学术、思想传承上的弟子。安福县（乃至吉安府）最早向阳明纳贽者为刘晓、彭一之。正德九年（1514）五月，阳明至南京任鸿胪寺卿，门人、学子来聚，日夕讲学。此时，刘晓、彭一之赴南京，受学于阳明，阳明向二人主要授以"去人欲，存天理（即良知之天理）"之说。阳明对刘晓尤为器重，当刘晓闻父病，急于归家，阳明若有所失，作《送刘伯光》（伯光为刘晓字）一诗以别，其中有"五月茅茨静竹扉，论心方洽忽辞归""谩道《六经》皆注脚，还谁一语悟真机"，② 可见出师生相聚之欢以及老师对弟子之器重。

（2）在江西时期

正德十一年（1516），阳明升都察院左佥都御史，巡抚南、赣、汀、漳，驻扎赣州。十三年（1518），安福学子王学益、欧阳瑜、刘肇衮、刘敬夫、刘阳等纷纷赴赣州，拜阳明为师。此时，阳明主要与弟子发明《大学》本旨（即借《大学》阐述"致良知"思想），指示入道之方。③ 其中，刘阳到赣州时，已是年关除夕，次年（1519）正月初一日，正式执贽拜师。阳明见其修干疏眉，飘飘然世外之态，谓诸弟子曰："此子当享清福矣。"数月后告归，阳明勉之曰："若能甘至贫至贱者，斯可为圣人矣。"④ 王学益受学阳明后，在家乡蒙冈山建蒙冈书屋，阳明为其作《蒙冈书屋铭》。四月，邹守益赴赣州拜谒阳明，为其父求墓表，阳明日夕与其谈学，守益闻"致良知"之说，遂执弟子礼。守益一直疑朱熹解格物与慎独之异，不得其解，

---

① 宋仪望：《文庄邹东廓先生行状》，邹守益：《邹守益集》，董平编校整理，第1367页。
② 王守仁：《送刘伯光》，《王阳明全集》，吴光等编校，第818页。
③ 钱德洪：《年谱一》，王守仁：《王阳明全集》，吴光等编校，第1383页。
④ 刘阳：《刘三五集》，彭树欣整理编校，第145—146页。

于是质之阳明，阳明告之曰："致知者，致吾之良知也。格物者，不离伦物，应感以致其知也，与慎独一也。"①阳明将格物与慎独打并为一，即致良知，守益于是豁然开解。此为阳明首次正式提出"致良知"之说。②两年后，阳明致书守益再论"致良知"之说，曰："近来信得'致良知'三字，真圣门正法眼藏。往年尚疑未尽，今自多事以来，只此良知无不具足。譬之操舟得舵，平澜浅濑，无不如意，虽遇颠风逆浪，舵柄在手，可免没溺之患矣。"③可以说，邹守益是接受阳明"致良知"说的正宗嫡传者。六月，宁王宸濠反。阳明闻变，于吉安起集义兵，守益赴吉安，从阳明勤王。张鳌山正在家丁母忧，闻宸濠反，也往从阳明勤王，凡阳明檄奏文移，多为其草创，并于此时正式纳贽阳明。十四年（1519）或十五年（1520），王钊、王铸、王仰等往南昌师从阳明，受其"致良知"之说。

（3）在越及征思田时期

嘉靖元年至六年（1522—1527）阳明在越，期间安福学子往受学最称盛举者，为三舍刘氏族人。嘉靖元年（1522），刘文敏、刘邦采入越谒阳明，拜其为师。对于刘邦采，阳明称曰："君亮（邦采字）会得容易。"④有学者来质疑，阳明必曰："问君亮。"⑤可见对其甚为欣赏、器重。嘉靖三年（1524）正月，二人再次赴越，参与阳明在稽山书院举办的讲会。后刘文敏又率其弟文快，从弟文协、文恺、文悌，族弟子和、继汉，族子爋、祐入越受学，"一门九刘"，颇得阳明称许。六年（1527），张崧赴绍兴，受学于阳明，日与王畿、钱德洪等研摩良知学。此外，尹一任、邓周、刘醴等也赴越拜师；而邹守益、张鳌山、刘敬夫、刘肇衮等又再次或多次赴越问学阳明。其中，刘敬夫往越问学二三年，听讲之暇，日夜坐小楼，证悟其所闻。又，刘肇衮曾寄信向阳明问学，阳明回信称其"内重（刘肇充字）

---

① 邹德涵：《文庄府君传》，《邹聚所先生文集》卷三，万历邹衮、邹裹刻本。
② 束景南《王阳明年谱长编》，第1110、1111页。按：束景南认为阳明于正德十四年对邹守益"首揭'致良知'之教"，此说法不严谨，应为"首揭（首次提出）'致良知'之说"，因为刚提出此说，未必一开始就将其作为"教法"，所以本书采用陈来之说，即"首揭'致良知'之教"为正德十五年（参见本章第二节第一部分），而首揭"致良知"之说则在正德十四年。此外，未提出此三字，但已蕴含此思想的时间更早（如正德十三年借《大学》阐述"致良知"思想）。
③ 钱德洪：《年谱二》，王守仁：《王阳明全集》，吴光等编校，第1411—1412页。
④ 刘良楷纂修：《三舍刘氏七续族谱》卷三四《家传八·刘邦采》，民国三十三年刊本。
⑤ 邓元锡：《刘邦采列传》，《皇明书列传》，载周骏富辑：《明代传记丛刊》（第73册），明文书局1991年版，第1789页。

强刚笃实，自是任道之器"，"而微失之于隘"，劝其不可待人太严。[①]
六年（1527）四月，邹守益去信请阳明刻《阳明文录》，阳明取近稿，
命钱德洪编次，并由邹氏刻于广德。五月，阳明起征广西思田之乱，
十月至吉安，彭簪[②]、刘阳、王钊、王镜、欧阳瑜等三百余人大会于
螺川驿，阳明再揭"致良知"之教。七年十一月二十九日（1529 年
1 月 9 日），阳明卒于江西南安，当时处理后事者有刘邦采等三人。
参与阳明会葬者数千人，其中有邹守益等。[③]

安福学子师从阳明者共 34 人（而无法考出姓名者当还有），除
上述者外，拜师具体时间或时期不可考者，有易宽、王皞、刘宾朝、
王梅、刘独秀、王世俊等。阳明对安福弟子可谓情有独钟，尤喜刘
晓、邹守益、王学益、刘阳、刘邦采等，对他们的肯定、欣赏、器重，
自然提升了他们的自信以及在同门中的地位和影响，也有利于他们
在安福阳明学的形成过程中起领导或核心作用。

二、安福阳明学的形成过程

安福弟子在师从阳明与其交往时，正处于思想的未定型期，为
阳明的思想和人格所吸引，并深受其影响，阳明可谓形塑了他们的
学术思想和精神人格。他们接受阳明思想之后，回到家乡，不仅自
己认同、践履其学，而且开始向其他学子传授其学。这样就形成了
连锁反应，一些学子在家乡听闻阳明之学之后，然后再去拜谒、亲
炙阳明，一些学子则直接师从这些阳明亲传弟子，从而使安福一时
间出现了一大批阳明弟子及再传弟子，于是该县阳明学逐渐展开。

正德九年（1514），刘晓、彭一之[④]在南京拜阳明为师，安福阳
明学由此揭开序幕。刘晓从南京回家后，开始在三舍刘氏家族内及
本土南乡传播阳明学。后又创办梅源书屋，作为讲学之所，阳明为
之题名。他先是在家族内传阳明之学，刘文敏、刘邦采（两人为刘
晓族叔，但年龄比他小）最先闻之，后又再赴越拜师问学。刘文敏

① 王守仁：《答刘内重》，《王阳明全集》，第219页、220页。按：此文作于嘉靖四年（1525）。
② 彭簪为阳明学同道者，未拜阳明为师。
③ 程辉《丧纪》所列会葬者170人，其中有邹守益。因人数太多，所列仅为有功名者，参与会葬
者应还有其他安福弟子。
④ 彭一之虽是安福阳明弟子中最早拜师的两人之一，但后来默默无闻，在安福没有什么影响。参
见第七章第一节。

读到阳明赠刘晓诗《送刘伯光》，见"还谁一语悟真机"，爽然自失曰："吾学非欤？"又读到数条阳明论学语，其中"格物致知"与宋儒不同，辗转反思，恍然有悟，曰："此反身自知之学也。"后来又读到《传习录》，遂坚信不疑，但是践履时，仍觉动静未能贯通、合一，于是感叹道："非亲承师授不可。"[①]于是与族弟刘邦采一起赴越，同拜阳明为师。拜师回家后，两人（加上刘晓）又进一步在家族内传扬阳明学，使家族学子掀起了一股学习阳明学的热潮，遂有"九刘"赴越从学之盛举。同时，阳明学越出三舍刘氏家族，在整个南乡片传播。刘阳初受学者之一为刘晓。一日读《性理大全》，忽有省，遂动希圣之志；刘晓又向其传授阳明学，于是益发向往心性之学，遂赴赣州亲自问学于阳明。王钊也是初受学于刘晓，得闻阳明学后，与季弟王铸、同乡王仲同赴南昌亲炙阳明，其后又偕叔弟王镜往师阳明。此外，尹一任、刘敬夫、张崧、王皞、刘宾朝、王梅、刘醮等都是在家乡（南乡）听闻阳明学之后，再往亲炙阳明的。安福阳明亲传弟子共 34 人，其中南乡弟子 25 人，所以南乡（尤其是三舍刘氏家族）是安福阳明学初期的中心。这得力于刘晓的初步传播之功，在其影响下，并在刘文敏、刘邦采、刘阳、王钊等进一步的推动下，南乡及安福阳明学渐次展开。

相比南乡而言，东乡、北乡、西乡的阳明学兴起略迟（西乡尤迟），但也在南乡风潮的带动下得以展开。正德十三年（1518），东乡王学益、刘肇衮先赴赣州拜阳明为师，然后在本乡开始传播阳明学。王学益特创建蒙冈书屋，作为讲学之所，阳明为其作《蒙冈书屋铭》曰："之子结屋，背山临潭。山下出泉，易蒙是占。果行育德，圣功基焉。无亏而篑，毋淆尔源。战战兢兢，守兹格言。"[②]此铭化用《周易·蒙卦·象》："山下出泉，蒙；君子以果行育德"，希望王学益守此格言以修身养德，并发蒙学子。这样东乡以王学益为首，在其推动下，阳明学于是传布开来，后来东乡邓周、王世俊也执贽阳明。正德七年（1512），已中进士并任官的北乡邹守益告假在家侍父，开始授徒讲学，主要传授以《四书》为中心的朱子学。十四年（1519）在赣州纳贽阳明回家后，开始转为传授阳明学。邹

守益拜师之前，一直疑朱熹解格物与慎独之异，并质之受学诸生，诸生辩难良久，最终还是不能释疑。可以想象，守益回家后，一定会迫不及待地向诸徒传授阳明"致良知"之说，并以此释往日之疑。如此，阳明学便开始在北乡邹守益周围传布开来。次年，守益在家建书屋，作为讲学之所，阳明为其书"东廓山房"，以作为精神上的支持。随着守益进一步接受、消化阳明学，并使自己的思想日趋成熟，向其问学者越来越多，其影响就越出了北乡的范围。北乡阳明学者，亲师阳明者还有欧阳瑜、彭勉愉，其他多为守益弟子。西乡阳明学兴起较晚，其地阳明弟子唯张鳌山一人，且他随阳明平定宸濠之乱并师从阳明后，并未回乡，而是继续任官，不久又被诬告下诏狱，所以早期阳明学在西乡悄无声息，除张鳌山外，未产生重要学者。直到刘元卿开始讲学之后，西乡阳明学才真正兴起。

安福阳明学作为一个小地域学派（江右王门的一支），其形成必定要以学术共同体的产生为标志。借助这种学术共同体，常定期（或不定期）举办学术活动，考德问业，共同切磋、讲习、传播阳明学，这样才会形成一个所谓学派。惜阴会的创办，是安福阳明学形成的标志性事件。其创办对于推动阳明学在安福的传播和发展起了极为重要的作用，而且"为阳明学派的讲学开创了一种新的讲学模式——地域讲学"[1]，从此讲会成为整个阳明学派的主要讲学形式。而其中，阳明又起了精神性的指导作用。嘉靖五年（1526），刘晓在梅源书屋首创惜阴会。[2] 参与者有阳明亲传弟子刘文敏、刘邦采、刘子和、刘阳、刘肇衮、尹一仁、王钊、王铸、刘宾朝、张崧、刘独秀以及再传弟子（包括邹守益、刘邦采和刘阳的弟子）黄旦、李挺、朱调、朱叔相、王樟、康钟、彭湘、周严厚、赵思孔等20人，[3] 其中大多数为南乡阳明学者。此会可谓阳明亲传、再传弟子共举之盛会。对于惜阴会的成立，刘晓曰：

晓之事夫子也，最早，愧无以为诸君子倡，因念生也异方，

---

① 陈时龙：《明代中晚期讲学运动（1522—1626）》，第49页。
② 钱德洪认为惜阴会为刘邦采所创，误。据《三舍刘氏七续族谱》《明儒学案》等资料，惜阴会实为刘晓所创。参见陈时龙：《〈三舍刘氏七续族谱〉的史料价值》，《文献》2008年第1期。
③ 李才栋：《江西古代书院研究》，江西教育出版社1993年版，第325页。按：周严厚，原文作"周严原"，误；以上唯赵思孔无考，不知何地人、谁的弟子。又按：这些再传弟子，或者当时即已从师，或者后来才从师。

不能时往受教而在乡也，又势各有便不能聚一，惧夫离群索居
固有因而怠焉者矣。乃与诸同志立为惜阴会，期以各双月望日轮，
有志者若干人主供应，择地之雅胜居焉。互相切磋，务殚厥心，
尽五日而散。①

从此，安福阳明学者有了自己的学术组织和定期（双月为会五日）
的群体性学术活动。惜阴会成立后，诸弟子又请阳明题会籍，阳明
为此作《惜阴说》，其文曰：

> 同志之在安成者，间月为会五日，谓之"惜阴"，其志笃矣。
> 然五日之外，孰非惜阴时乎？离群而索居，志不能无少懈，故
> 五日之会，所以相稽切焉耳。
> 呜呼！天道之运，无一息之或停；吾心良知之运，亦无一
> 息之或停。良知即天道，谓之"亦"，则犹二之矣。知良知之
> 运无一息之或停者，则知惜阴矣；知惜阴者，则知致其良知矣。
> "子在川上曰：逝者如斯夫！不舍昼夜。"此其所以学如不及，
> 至于发愤忘食也。尧舜兢兢业业，成汤日新又新，文王纯亦不已，
> 周公坐以待旦，惜阴之功，宁独大禹为然？子思曰："戒慎乎
> 其所不睹，恐惧乎其所不闻，知微之显，可以入德矣。"或曰：
> 鸡鸣而起，孳孳为利。凶人为不善，亦惟日不足，然则小人亦
> 可谓之惜阴乎？"②

可以说，此文即惜阴会的宗旨，举办讲会的目的是"相（互）稽切"，
其关键在于时时刻刻"致良知"，从而工夫不间断（所谓"知惜阴者，
则知致其良知矣"），也就是说，时时刻刻"致良知"就是惜阴会
的宗旨。

第二年（1527），安福阳明学者举办惜阴大会，与会者达几百人。
阳明再次寄书，以勉励、指点、答疑。其文曰：

> 诸友始为惜阴之会，当时惟恐只成虚语。迩来乃闻远近豪

---

① 刘晓：《安福惜阴会志引》，转引李才栋：《江西古代书院研究》，第325页。
② 王守仁：《惜阴说》，《王阳明全集》，吴光等编校，第298页。

杰闻风而至者以百数，此可以见良知之同然，而斯道大明之几，于此亦可以卜之矣。喜慰可胜言耶！

得虞卿（即王学益）及诸同志寄来书，所见比旧又加亲切，足验工夫之进，可喜可喜！只如此用功去，当不能有他歧之惑矣。明道有云："宁学圣人而不至，不以一善而成名。"此为有志圣人而未能真得圣人之学者，则可如此说。若今日所讲良知之说，乃真是圣学之的传，但从此学圣人，却无有不至者。惟恐吾侪尚有一善成名之意，未肯专心致志于此耳。在会诸同志，虽未及一一面见，固已神交于千里之外。相见时幸出此共勉之。

王子茂（即王钊）寄问数条，亦皆明切。中间所疑，在子茂亦是更须诚切用功。到融化时，并其所疑亦皆释然沛然，不复有相阻碍，然后为真得也。凡工夫只是要简易真切。愈真切，愈简易；愈简易，愈真切。病咳中不能多及，亦不能一一备列姓字，幸以意亮之而已！[①]

从上文看，这次讲会很有可能是以王学益为首。阳明此文的核心思想仍是"致良知"，希望安福学子以此为圣人之学，并指出此工夫之简易真切。阳明对于惜阴会所取得的成功，大为赞许、嘉奖，这也激励着安福弟子进一步推行、完善讲会制度，并推动阳明学的传播。

随着惜阴会的创办，除南乡以刘晓的梅源书屋为中心外，北乡以邹守益的东廓山房为据点[②]，东乡以王学益的蒙冈书屋为场所，安福阳明学学术团体逐渐形成，从而推动了该县阳明学的形成。这样，在早期安福初步形成了以南乡为中心、以北乡、东乡为辅翼的学术格局，尤其以惜阴会为主要组织和活动形式，从而宣告了"安福阳明学"的正式形成。

---

① 王守仁：《寄安福诸同志》，《王阳明全集》，吴光等编校，第248页。
② 邹守益由于嘉靖二年（1523）复任为官，不在安福，所以在早期安福阳明学的形成中未成为领袖人物。但在正德十四年（1519）至嘉靖元年（1522）四年间，聚众授徒讲阳明学，对安福阳明学的形成仍起了一定的作用。

三、安福阳明学的发展阶段

明代安福阳明学大体是在正德九年（1514）至崇祯六年（1633）间展开的，其发展历程大致可分为五个阶段，即初步形成期、逐渐发展期、第一波高峰期、第二波高峰期、衰落期。

1. 初步形成期（1514—1529）

这一时期的主要内容，上面第二部分已述，上限是正德九年（1514）刘晓、彭一之师从阳明时，下限是嘉靖七年十一月（1529年1月）阳明病卒时。这一时期，可以说主要是安福阳明弟子的学习阶段，他们纷纷拜师，从阳明处吸收并消化其思想的营养，但还没有真正形成自己的思想。不过，此期他们已结成一个学术共同体——惜阴会，并于其中互相学习、切磋，共同成长，这是安福阳明学初步形成的标志。此期的核心人物是刘晓，学术中心在南乡，而阳明则在其中起了最为直接的作用，而在后来的发展中阳明只是作为"灵魂"或"精神"在起作用。

2. 逐渐发展期（1530—1540）

阳明卒后，其重要弟子各自成学，渐渐发展出带有自己特色的良知学，安福阳明学者亦在成长中。嘉靖十年（1531），邹守益辞官告归养病，四方之士闻风而至，门人日进，于是安福阳明学进入以邹守益为核心或领袖的时代。但是，十七年（1538），邹守益因谏重新为官，直到二十年（1541）罢官回家，才从此不再为官，而专力于向学、讲学，然后安福阳明学才进入第一波高峰期。因此，逐渐发展期上限定为阳明卒后的第二年（1530），下限定为嘉靖十九年（1540）。这一时期，因为领袖人物邹守益未一直在安福，重要人物刘邦采等也开始相继为官，所以还未能掀起高潮。不过，此期有三件重要的事，即举办青原讲会、创办复古书院、参与安福县丈田，使阳明学得到了较快的发展。

嘉靖十二年（1533）七月十六日，邹守益召集吉安府诸同志，遵照阳明14年前的遗旨，在府城东南15里的青原山举办第一次青原讲会。从此吉安府有了九邑（县）阳明学者联合举办的大型讲会（仍称惜阴会），一般在春秋两季进行。在首次青原讲会中，邹守益宣讲的是阳明的"致良知"。他将格物、致知、诚意、正心、修身、齐家、治国、平天下都归并为"致良知",所谓"诚意、致知、格物,即是一时,即是一事""格、致、诚、正、修,即是一时,即是一事""修己以安百姓,即是一时,即是一事",即都是"致良知",并提出"凡预斯会者,各务自致其良知,无分于烦简,无分于昼夜,无分于穷达,毅然必为君子而不忍一失足于小人之涂,则家国天下,尚胥赖之,其谓之嘉会也固宜"。①如此,将个人的修养与家国之事融为一体,其本质就是"致良知"。邹守益表达的,可谓青原讲会的核心宗旨,亦即当初惜阴会的宗旨——时时刻刻"致良知"。从此,青原山成为吉安府阳明学讲学或讲会的中心点,也是安福阳明学者的重要讲学或讲会点,从而在吉安府形成了以邹守益为核心的学术共同体,也是安福阳明学在吉安府的进一步发扬光大。

嘉靖十五年(1536)九月,安福知县、阳明弟子程文德离任前与邹守益规划在县治所东一里许建复古书院。十二月,书院初步完工后,就举办惜阴大会,邹守益为此亦作《惜阴说》,以作为复古讲学或讲会的核心宗旨,或者说是在重申惜阴会的宗旨:"天道无停机,故元亨利贞以时行而万物生;良知无停机,故仁义中正以时出而万化成。知天人之无停机,可与语惜阴矣。戒慎不睹,恐惧不闻,通乎昼夜,灵光莹彻,虽造次颠沛不可离,乃能无恶于志而合德于天。……方共申先师惜阴之约,以图不虚此生,书以为同游勖。"②此文几乎是在复述阳明的《惜阴说》,但已融入邹守益"戒惧"说的内容,即以戒惧之功时时刻刻致良知。这表明他自己的思想也已在形成中。从此,安福的讲学或讲会不再局限于乡间私人所办的书屋或家族场所(有时甚至是道观、寺庙),而有了学派自己的公共讲学场所,且将讲会中心从南乡移到了交通较为便利的县城,这无疑有利于安福阳明学的进一步发展、壮大。这样,复古书院就成为安福阳明学的学术中心,甚至是"阳明学在江右的象征地标"③,"作为江右王门的活动场所似乎尤在白鹿洞、白鹭洲之上"④,也进一步形成了以邹守益为核心的学术共同体。

邹守益归乡的第二年后,在吉安府推官危岳等主持、推动下,

---

① 邹守益:《青原嘉会语》,《邹守益集》,董平编校整理,第441—442页。
② 邹守益:《惜阴说》,《邹守益集》,董平编校整理,第735页。
③ 吕妙芬:《阳明学士人社群:历史、思想与实践》,第100页。
④ 吴宣德:《江右王学与明中后期江西教育发展》,第283页。

安福推行丈田，他率领同门、同道及弟子（包括刘文敏、刘肇衮、王钊、张崧、张岩、夏梦虁等）40多人参与丈量，历时三年，克服重重阻力，最终取得丈量的成功。在这一过程中，这些阳明学者或同道者不仅加强了内部的团结，而且将阳明学思想付诸公共事务，从而体现了阳明学的实践精神，也将阳明学推向了民间。

3. 第一波高峰期（1541—1568）

嘉靖二十年（1541）邹守益被罢官回到安福，至四十一年（1562）离世，在这21年间，他不再为官，而是全身心投入向学、讲学之中。在他的带领、推动下，安福阳明学掀起了第一波高峰期，同时吉安府阳明学进入高峰期[①]。不过随着邹氏的离世，第一波高峰期声势渐减，直到1569年其孙邹德涵入青原山主持讲会，才又掀起了第二波高峰期。因此将邹守益卒后的6年仍归入第一波高峰期内，即下限定为1568年。此期安福阳明弟子已进入中晚年，除邹守益外，其他重要人物亦在乡居（此期他们或者一直乡居，如刘晓、刘文敏；或者大部分时间乡居，如刘邦采、刘阳）。这一时期作为高峰期，主要体现在三个方面：一是创建的重要讲学之所书院等增多；二是讲学、讲会开始兴盛、繁荣；三是重要人物的学术思想及其人格修养已经成熟。

邹守益回乡后，安福阳明学者在各地进一步创建讲学之所，重要者可谓"多地开花"。他罢官归乡的当年，就在东乡石屋山的彭簪石屋山馆旁建东阳行窝（即书屋），并在此居住、讲学达十年之久。彭簪虽不是阳明弟子，但却是阳明学重要的同道者，与刘晓同被视为惜阴会之"二翁"，其石屋山馆本来就是安福一个有影响的讲学点，现再加上东阳行窝则如虎添翼，这样石屋山就成为东乡的一个重要讲学地。嘉靖二十一年（1542），安福知县李一瀚重修县治所东的东山塔院（即东山寺），邹守益遂于此兴办"东山会"，其后门人又于塔院后特建讲堂，邹氏家族（邹守益及其子孙）长期在此主持讲会。东山寺也就成为安福县城除复古书院之外的又一个重要讲学

---

① 瑞士著名学者耿宁认为，"尤其是在1540至1560年期间，吉安府的阳明学派成为整个阳明学派的最为活跃的中心"（见耿宁《人生第一等事——王阳明及其后学论"致良知"》，倪梁康译，第152页）。按：耿宁认为的吉安府阳明学高峰期的时间，与笔者所划定的大致相同，严格来说应是1541至1562年，这是以邹守益回乡至离世为依据，因为他也是整个吉安府阳明学的领袖人物。不过，笔者出于对安福阳明学整个发展历程的考虑，将第一波高峰期的下限划得更后些。

据点。二十三年（1544），邹守益、刘阳等联合诸同志在北乡桑田建连山书院（也称书屋），于是北乡也开始有了公共的阳明学讲学场所。三十七年（1558），邹守益、刘邦采、刘阳、刘晓、尹一仁、周儒等联合南乡士民，在南乡北贞观旧址建复真书院。如此，南乡也有了公共的阳明学讲学道场。此书院是安福境内在影响上仅次于复古书院的重要书院，也是阳明学大型讲会常举办之所。这样，在安福就形成了以县城复古书院及东山塔院为中心，以东乡石屋山馆和东阳行窝、南乡复真书院、北乡连山书院为辅翼的规模较大的办学、讲学格局，远胜于初步形成期以私人书屋为主和逐渐发展期以复古书院独立支撑为主的局面。美中不足，唯独西乡缺了一翼，待下一时期才发展起来。

这一时期，因在县城和东南北三乡都有了比较固定的公共讲学场所，尤其是复古书院成为讲学或讲会的中心，所以讲学、讲会得以蓬勃发展，走向繁荣。这些讲学场所除了日常的一般性讲学外，还常在春秋两季间月举办全乡性、全县性的连续多日的大型讲会，特殊时候甚至是全府性的，如嘉靖二十九年（1550）邹守益六十大寿时，吉安府九邑士大夫及邹氏门人在复古书院为其举办仁寿会，与会者几达千人。有时外县、外府、外省的阳明学者也被吸引来安福参与讲学或讲会，如著名阳明弟子罗洪先、聂豹、何廷仁、陈九川、魏良弼、钱德洪、王畿等都曾来或多次来复古书院等参学与会、传经讲道。此外，家会或族会也开始兴起，如三舍刘氏文敏、邦采等举办家族"惜阴五老会"，金田王氏在族人王士俊的倡导下以王钊为主事举办家族东山祠会。而且讲会（以惜阴会为主）制度也得到了进一步完善，如二十八年（1549），邹守益聚讲于复古书院，并作《惜阴申约》："自今已往，共订除旧布新之策，人置一簿，用以自考；家立一会，与家考之；乡立一会，与乡考之。凡乡会之日，设先师位于堂，焚香而拜，以次列坐，相与虚心稽切，居处果能恭否？执事果能敬否？与人果能忠否？尽此者为德业，悖此者为过失。德业则直书于册，以示劝；过失则婉书于策，以示戒。"①这样就进一步规范、完善了惜阴会的讲会制度，有利于讲会的健康发展。此外，邹守益、刘邦采等还外出各地（包括外县，甚至外府、外省）主持

---

① 邹守益：《惜阴申约》，《安福县志》卷八《词翰·杂著》，康熙五十二年刊本，第52页。

或参与讲会，从而扩大了安福阳明学的影响。尤其是他们常在吉安青原山、白鹭洲书院讲学，如三十六年（1557）的白鹭洲书院大会，由邹守益主讲，江西提学王宗沐率儒生千余人听讲。

作为第一波的高峰期，其最大的成就或标志，是安福代表性的阳明学者的学术思想及其人格修养上的成熟，如邹守益、刘文敏、刘邦采、刘阳、王钊等。可以说，如果没有他们的这些成就，那么前面所述的书院的创建、讲会的开展，都没有根基，安福阳明学也不可能有真正的兴盛。正是他们的自身成就，才吸引了一大批士民如影随形，并在他们主导下广泛地开展各种活动。邹守益在本体论和工夫论上都有较大的创获，尤其是其工夫论"戒惧说"在阳明后学中独树一帜，晚年提出默识之旨，更是将"戒惧说"推向圆熟之境；而其"全生全归"的义理框架和哲学思想的宗教性意蕴，都使其思想显得更为深广和圆融；其本身的实修工夫和生命境界也越来越进入化境。正是思想和人格上的成就，使其成为江右王门的一代精神领袖或领军人物。刘文敏"以虚为宗"的学术思想虽在 1572 年临终前两个月才向弟子揭出，但实际上早已成熟，对于其成就，黄宗羲认为他与邹守益等都得阳明真传；至于其精神、人格，则被誉为海内唯一的"真布衣"。刘邦采提出"悟性修命"（或"性命兼修"）说，并对"四句教"作出自己的阐释，加上与王畿在"现成良知"上展开论战，都使他在当时产生了较大的影响。刘阳重实修实证，在人格修养上的成就尤高，甚至成为邹守益卒后江右王门的一代宗师；当然其"良知说"融合《周易》，视良知本体为易体、乾体，也有一定的特色。王钊的"灵根说""良知自然流行"论，也在阳明后学中较具特色。此为大略，详见第二、三章。此外，这一时期，再传弟子甚至个别三传弟子，其思想也在渐渐走向成熟，如三传弟子邹德涵已于 1566 年证悟良知本体。

4. 第二波高峰期（1569—1609）

邹守益卒后，安福阳明学经历了短暂的几年沉寂之后，接着进入第二波高峰期。隆庆三年（1569），邹德涵及其弟德溥自山东回到安福，便聚友商学，从而带动了刘元卿等一批青年学子用力向学；又偕弟入青原山主持讲会，青原再闻弦歌之声，于是安福（及吉安府）阳明学渐渐掀起第二波高峰期，直到万历三十七年（1609）刘元卿去世才告结束。这一时期以阳明二传、三传弟子为主体，他们同时在成长、成熟，一起商学、讲学。此期没有出现像邹守益那样在江右甚至全国极具影响的领军人物，不过王时槐、刘元卿在江右（尤其是在吉安府）中也有相当大的影响力，为安福阳明学继邹守益之后的两大精神领袖。隆庆五年（1571），刘元卿开始在西乡南溪顶泉寺讲学，除了短暂的五年在京城任官外，其余时间几乎都在乡间求道、讲学。隆庆六年（1572）春，王时槐辞官回到家，从此一心向学、传道，他虽身居吉安郡城，主要在郡城一带传学，但也常去家乡南乡金田及其他三乡讲学，直到万历三十三年（1605）去世。刘、王二人大体主导了此期的安福阳明学。邹德涵本可以成为此期的主导人物，但他推动第二波高峰期之后，于隆庆五年（1571）中进士做官，后又于万历九年（1581）英年早逝。此外，邹善、朱叔相、朱调、邹德溥、邹德泳、刘孔当等，在这一时期对于推动安福阳明学走向高潮也起了较大的作用。这一时期主要呈现出如下四个方面的特点：一是书院的创建进入繁盛期；二是讲学、讲会进一步兴盛、繁荣，并深入民间；三是西乡异军突起，几乎成为安福的讲学中心；四是出现了一批有学术及人格成就的代表性学者。

此期书院继续在创办，其数量在各期中为最多，进入繁盛期。隆庆六年（1572），刘元卿联合西乡24姓于书林村创办复礼书院，次年书院落成。其创办采取了新的形式，即除了发动同门、同道和民间捐资、兴建外，还联合各宗族的力量（书院周边24姓都有捐资），将宗族纳入阳明学的势力范围内。后来识仁书院的创办也复制了这一模式。复礼书院后来成为与复古书院、复真书院齐名的安福三大著名书院之一，成为西乡乃至安福县讲学、讲会的重要道场。万历十九年（1591），在知县吴应明的倡导和刘元卿、刘孔当、周惟中的主持下，利用义士王师仁捐建桥梁而转作书院创建之用的百金，再加上西乡58姓士民的捐资，于西乡东江村创建识仁书院。在安福，其影响仅次于三"复"字书院。二十年（1592），邹善率北乡士人建宗孔书院，其后门人又为其建任仁讲舍。二十一年（1593），刘淑唐联合东乡士绅、耆旧、文学之士，于县城东20里处梅田村兴建道东书院。刘淑唐不是阳明学者，而是同道者，他主建的这一书院也成为阳明学讲学或讲会的重要道场。二十六年（1598），西乡岭背村王、严、张、谢4姓联合建一德会馆（会馆亦即书院），并以刘元卿为他们的精神导师。二十八年（1600），刘元卿等在安福县城西建近圣会馆。三十一年（1603），刘元卿、赵思庵、郁达甫等在西乡杨宅村建中道会馆，该会馆（书院）之规模为西乡诸书院之最。同年，邹德泳主持修复复古书院，并新建同德祠、过化祠、退省轩，于次年落成。此外，二十三年（1595），王时槐集族人、弟子在其金田祖屋遗址建诚心堂，该堂也具有书院性质。这样，加上修复的复古书院和诚心堂，此期所建（或修复）的书院（会馆）共九所，其中与刘元卿相关者（亦即属西乡者）五所，县城及东南北三乡各一所。显然，西乡书院的创建后来居上。

随着书院创建的增多，讲学、讲会的范围也进一步扩大。此前讲学、讲会兴盛于安福县城和东南北三乡，唯独缺了西乡一角，而西乡面积最大（占全县面积三分之一强），这样还不能算是全面兴盛。随着西乡各书院的先后创办，其地讲学、讲会也随之兴起，于是全县阳明学进入全面兴盛、繁荣的阶段，各地书院常常举办各种讲学或讲会活动，有县大会、乡大会、同门会、同道会等，其中复古书院修复后，与会者有时甚至达千人之众。此期讲学、讲会有一个重要特点，就是安福阳明学者受泰州学派"百姓日用即道"思想的影响，进一步将阳明学推向民间（尤其是家族），其民间化、大众化程度并不亚于泰州学派，甚至有过之而无不及。此前，虽也已兴起家族会，但影响还不大，此期进一步渗透到民间，可谓风起云涌：在家庭内有家会，如王时槐、刘元卿都在家常集兄弟子侄举办讲会，甚至一些普通士人也在家举办家会；在家族内有家族会，如南溪刘氏元卿和孔当家族、金田王时槐家族、槎江朱叔相家族、西乡路溪刘氏家族等都常举办家族会；在家族之间有家族联会，如西乡岭背村王、严、张、谢四家族的四姓联会，南乡王时槐家族与朱调家族的两姓联会，西乡南溪刘元卿家族与甘则禹家族的两姓联会等。此外，安福阳明学者还将讲会推向省城、京城。隆庆四年（1570），邹德溥、伍惟中、刘元卿、刘以中等参与乡试，就在省城谋举大会，并联小会。万历二十四年（1596）和次年，刘元卿、邹德溥、刘孔当同在京城任官，与他省阳明学者如焦竑、耿定力、孙慎行等一起举办讲会；甚至刘元卿弟子周梦麟、张文龙、邹匡明等也奔赴京城，在那里举会，并请师辈刘元卿、邹德溥等与会或主盟，使讲会在京城一时掀起高潮。对于常规性的讲会，其经费来源、讲会制度等，也有进一步的完善。如经费来源，有捐助会田、家族收入或轮流供会等。

在前三个时期，西乡阳明学的发展一直悄无声息，邹守益也曾设法将阳明学传入西乡，但收效甚微，只吸引了少数学者向学，如王子应、张秩、甘则禹等，但他们的学术成就及人格魅力、领导力都不大，故影响也不大，未能带动西乡讲学或讲会的发展。但自从隆庆五年（1571），刘元卿于西乡南溪顶泉寺开始讲学之后，尤其是次年复礼书院创办以来，西乡阳明学日益兴起，其声势超过了其他三乡，几乎成为安福阳明学的中心。前已述此期西乡书院的创办独占鳌头，故讲学、讲会也得到蓬勃发展，不断壮大。西乡阳明学兴起较迟的主要原因，在于其地文化、科举较其他三乡一直落后。到此期异军突起，其原因主要有二：一是刘元卿学术有成，并以领袖能力和人格魅力一呼百应，再加上刘孔当等士人的辅助，则如虎添翼。二是安福阳明学进一步民间化的结果，之前其地因文化落后，有机会进入阳明学士人圈的人很少，此期除刘元卿、刘孔当等少数代表性阳明学者外，连普通士人（多为诸生或白衣）甚至平民百姓都积极参与讲学或讲会，其中宗族力量也充分发动起来了。可以说，安福阳明学的民间化、大众化，西乡最具代表性，成效也最为显著。

作为第二波高峰期，其最大成就如第一波高峰期一样，也是涌现了一批有思想及人格成就的代表性学者，其中，阳明再传弟子有王时槐、邹善、朱叔相、朱调，三传弟子有邹德涵、刘元卿①、邹德溥、刘孔当等。王时槐是再传弟子中最有成就的学者，其哲学思想具有较大的创造性，其本体论具有丰富的概念体系和内在逻辑，对阳明有一定程度的超越，并开刘宗周"以心著性"之路；其工夫论主要以"透性为宗，研几为要"，也是独树一帜的；其晚年工夫圆熟，已证悟心性本体。邹善是再传弟子中成就和影响仅次于王时槐的学者，他主要承继乃父邹守益之学，但其思想以仁学为中心，其仁学本体论和工夫论仍有自己的特色。朱叔相和朱调都是布衣学者，但修养工夫甚高，在安福也有一定的影响，前者的"虚灵说"、后者的"格物说"，在思想上也有一定的特色。三传弟子几乎都受到泰州学派的影响，这也是第二波高峰期在思想上的一个重要特点。邹德涵、邹德溥、刘元卿三人在思想成就上可谓不相上下，各有特色，但从传播阳明学的角度看，刘元卿的影响更大，是此期影响与王时槐旗鼓相当的核心人物（甚至他对安福阳明学的影响比王时槐更大，

---

① 刘元卿初师从刘阳，后又师从徐用检和耿定向。从初次拜师看，可算阳明再传弟子（刘阳弟子），但本书作特殊处理，将其列入阳明三传弟子（即徐用检和耿定向弟子）中来讨论。详细说明见第七章第三节《刘元卿》。

因为后者主要活动地点在吉安郡城一带）。邹德涵思想较为鲜明，提出"以悟为宗"，开始突破邹氏家学，并走向泰州学风。刘元卿思想较为圆融，以体用合一论作为其哲学思想的总纲，其本体论和工夫论也都有独到之处。邹德溥思想具有较大的包容性，提出三教合一论，其本体论和工夫论都体现了这一特点。此外，刘孔当思想也有一定的特点，如在工夫论上提出在情上用功，也令人耳目一新。

5. 衰落期（1610—1633）

随着第二波高峰期的两大核心人物王时槐、刘元卿相继离世，安福阳明学进入衰落期。其上限为刘元卿卒后的第二年，即万历三十八年（1610），下限为崇祯六年（1633）邹德泳卒时。此期安福阳明学还剩两个重要人物邹德溥、邹德泳，万历四十七年（1619）前者卒后，只剩后者在独立支撑局面，因为四传弟子中没有脱颖而出的代表性人物，所以邹德泳可谓安福阳明学的殿军，也是王时槐、刘元卿之后安福阳明学的精神领袖。此期，因邹德泳主持复古书院和东山寺讲会，县城的讲学、讲会大体还能维持局面，四乡的讲学、讲会则渐渐沉寂，声响已不大。此外，天启元年（1621）至五年（1625）间，邹德泳再次任官，安福阳明学的讲学、讲会几乎处于群龙无首的状态。又天启五年八月，魏忠贤诏毁天下书院，复古书院、复真书院分别在邹德泳、朱世守的保护下，得以不毁，而安福其他书院则受到一定的影响。总之，此期整个安福阳明学已经没有了前两期的声势，在渐渐地衰落，随着邹德泳的离世，阳明学作为一种思想运动最后落下了帷幕。虽然其卒后以及清代在书院中仍有一些阳明学活动，但从此不再出现重要人物，故无法再产生较大的影响。

此期在学术上，唯有邹氏两兄弟有成。邹德溥在此期生活了10年，但其主要思想大体在前期已成（故放入前期讨论），不过仍有著作问世，如其《易会》成书于万历四十一年（1613）。邹德泳的思想在前期也开始成熟，在此期有进一步的丰富和发展。其思想风格大体继承乃祖邹守益，比较中正、平和，与两位从兄德涵、德溥重悟本体不同，尤其发展了工夫论，如其格物说别具新意，对阳明的格物说有所推进、深化。而四传弟子几乎都没有学术上的成就，也无思想文献传世（少数人有单篇散佚诗文存世）。

此外，从代际而言，安福阳明学大致可分为四代：第一代为阳明亲传弟子，其中刘晓、彭一之为阳明在安福（乃至吉安府）最早的两个弟子，刘晓在安福阳明学的初步形成期为核心人物，之后邹守益成为安福阳明学（乃至江右王学）的领军人物，其他重要人物还有刘文敏、刘邦采、刘阳、王钊等。第二代为阳明再传弟子，其中心人物为王时槐，此外还有邹善、朱叔相、朱调等重要人物。第三代为阳明三传弟子，其中核心人物开始为邹德涵，其后分别为刘元卿、邹德泳，此外还有邹德溥、刘孔当等重要人物。第四代为阳明四传弟子，但其中没有产生重要学者，无学术上的成就。这些重要人物大多也是江右王门的代表性学者。本书出于论述的方便，主要从代际分章分节来论述。

第二章

安福阳明亲传弟子论（上）

第一节 刘晓论

一、刘晓的生平、学履

刘晓（1481—1563）[1]，字伯光，号梅源，安福南乡三舍人。三舍刘氏为安福世家大族，也是王学名家，出现了刘晓、刘文敏、刘邦采、刘秉监等一批阳明学者。其祖父刘戬中榜眼，为名臣。梅源承继家学，为庠生时，即砥砺名节，求证心性，不满足于科举之业，常诵王文定悼刘戬之语"暗中心可对神明"，用以自证。正德八年（1513）中举，同时中举者还有王学益、彭一之（两人亦为阳明弟子）等。正德九年（1514）五月，阳明至南京任鸿胪寺卿，门人、学子来聚。梅源与彭一之同赴南京，拜见阳明，一闻"格物致知""博文约礼""明善诚身"之说，即纳贽阳明；阳明又授以立志、"去人欲，存天理（即良知之天理）"之说，梅源遂成为安福县乃至吉安府最早入室阳明的两个弟子之一[2]，且是安福阳明学早期的核心人物，此外，又与徐爱、薛侃等相互切磋。不久，梅源闻父病，急于归家，阳明若有所失，作《送刘伯光》一诗以别，曰"五月茅茨静竹扉，论心方洽忽辞归"，又曰"谩道《六经》皆注脚，还谁一语悟真机"，梅源自注云"为仁由己一语也"。梅源归家后，开始在三舍刘氏家族内及本土南乡传播阳明之学，以所闻于阳明者授刘文敏、刘邦采、刘阳、王钊等，刘阳、王钊先执贽梅源，后再拜师阳明，刘文敏、刘邦采后来亦师从阳明。刘文敏、刘邦采，从辈分上说，是梅源的从父，故不便师

---

[1] 生卒年据刘阳：《明故梅源刘先生墓志铭》，安福县博物馆藏碑刻。刘晓卒于"嘉靖壬戌腊尽之日（即除夕）"，查寿星天文历，为嘉靖四十一年（1562）十二月二十九日，即公元1563年1月23日。卒年作1562年则不确。

[2] 当时与刘晓同赴南京拜师阳明的，还有彭一之（参见第七章第一节中的彭一之小传），但一般认为，刘晓是安福县乃至吉安府阳明的第一个入室弟子。据钱德洪《年谱一》（《王阳明全集》，第1364页）载，正德九年五月，阳明在南都，弟子同聚师门，其中有刘晓和彭一之，两人应是同时拜阳明为师的。但后来彭一之默默无闻，故连三种《安福县志》都没有小传，只在《选举志·明乡举》中以小注云"从阳明先生学，勤会惜阴，官涪州守"，故安福县乃至吉安府阳明第一个入室弟子的美誉后来就落到了刘晓头上。

从之，但均承认梅源的接引、造就之功。①

之后，梅源出任广东新宁（今台山）县令。为令三年，致力救灾、平寇，有政绩。赴京考绩时，经过家乡，因留恋家山之盛，不赴考绩而辞官归隐。于山之梅坞中，建梅源书屋，阳明为之题名。嘉靖五年（1526），集同志于此创办惜阴会，约定双月为会五日，参与者主要为南乡的阳明学者。②这是安福县（乃至吉安府）最早的讲会，阳明为此作《惜阴说》。③惜阴会开创了阳明学讲学的新模式——地域讲学。

梅源归隐后，优游林下三十年，除有时参与讲会及因吉凶礼祭外出，常不出山。在山，终日坐卧一小阁中，残梅苍柏，青松翠竹，对景融心，澄虑涤习，精究无思无为之体，专心寂感交致之功，必欲其一念不作而万应不废。④一日，证悟到良知本体，其言曰："向者之误也，以学术批抹俗习，自以为莹矣。赖天之灵，始有见于天地之心。真阳来复，一毫隐慝无着脚处。吾敢不竭余年，以无负此机！"⑤此所谓"见于天地之心""真阳来复"，实即洞见、证悟了良知本体。又一日，诵杜甫"语不惊人死不休"之语，曰："嗟乎！不当语'学不圣人死不休'耶？"因书之座，用以自励，至老发愤忘食。对于来学者，梅源和气溢然于眉宇，循循善诱，语由衷发，人每感而流涕。常为学者举"质诸鬼神"一语，曰："人可欺，鬼神不可欺；今世可欺，后圣有作，真伪不可欺。"此即独知不欺之语。梅源不尚言说，务于躬行，收敛精养，晚年世情益脱落。四方学者，甚至素不悦学者，均心服之；其感发所及也，惰者以警，浮者以敦，鄙者以消，少者以励，衰者以发。⑥

梅源居家居乡，恪守仁孝之道。生母早逝，待继母甚孝，对异

---

① 钱德洪：《年谱一》，王守仁：《王阳明全集》，吴光等编校，第1364页；王守仁：《送刘伯光》，《王阳明全集》，吴光等编校，第818页；《刘梅源先生列传》，王吉等编：《安成复真书院志》卷三，第3页。

② 刘晓《安福惜阴会志引》曰："晓之事夫子也，最早，愧无以为诸君子倡，因念生也异方，不能时往受教而在乡也，又势各有便不能聚一，惧夫离群索居固有因而怠焉者矣。乃与诸同志立为惜阴会，期以各双月望日轮，有志者若干人主供应，择地之雅胜居焉。互相切磋，务殚厥心，尽五日而散。"转引李才栋：《江西古代书院研究》，第325页。

③ 《刘梅源先生列传》，王吉等编：《安成复真书院志》卷三，第3页。

④ 刘阳：《明故梅源刘先生墓志铭》；李才栋：《江西古代书院研究》，第324页。

⑤ 邹守益：《贞寿篇》，《邹守益集》，董平编校整理，第110页。

⑥ 刘阳：《明故梅源刘先生墓志铭》；黄宗羲：《县令刘梅源先生晓》，《明儒学案》（修订本），沈芝盈点校，第447页；《刘梅源先生列传》，王吉等编：《安成复真书院志》卷三，第4页。

母诸妹，无所不用其厚，对嫁谢氏之妹，因夫死守节，尤多扶护。族中有负其债不能偿还者，则出券毁之；有用水困难者，为之买地掘井。家族岁时祭祀，即使是在晚年，也必恭恭敬敬地持守礼节。争吵者为之解，被诬者为之辨，荫受其德者尤多。①

梅源不事著述，所著仅有《梅源先生遗稿》，主要为诗文酬答之语，从子刘佃刻于福建，今佚，现存仅三千余字的讲学语录，收录于《安成复真书院志》（康熙三十二年刻本）中。梅源是安福县（乃至吉安府）最早的两位阳明学接受者之一，又是后来成为吉安府最大的讲会——惜阴会的首创者，是安福阳明学初步形成期的核心人物，所以对该地阳明学的形成有重要的贡献。故黄宗羲称："吉安之多学者，先生（即梅源）为之五丁也。"②所谓"五丁"，即五位开创者，梅源为吉安府阳明学的五位开创者之一。③但是，由于他主要于梅源书屋讲学，不常出山，其影响后来反而不如邹守益、刘文敏、刘邦采、刘阳等，且其学术成就也不如后四人，故其后明清各种《吉安府志》《安福县志》都将其列入《儒林传》，而不是《理学传》。

二、刘晓的主要哲学思想

刘晓的哲学思想大抵在传承、发扬阳明的思想，自己的特色并不彰显，但有些地方仍有自己独到的体悟和见解。由于资料所限，在此只能简述之。

1. 立志说

儒家历代圣贤都重立志，而梅源的立志说直接来自阳明，梅源初受学于阳明，阳明即授以立志、"去人欲，存天理"之说。其意是说，所谓立志，就是立为圣人之志，而圣人之所以为圣人在于其心纯乎天理而无人欲，故求为圣人，惟在去人欲而存天理；阳明又认为，君子之学，无时无处而不以立志为事，如猫捕鼠，如鸡覆卵，

---

① 刘阳：《明故梅源刘先生墓志铭》。
② 黄宗羲：《县令刘梅源先生晓》，《明儒学案》（修订本），沈芝盈点校，第447页。
③ 黄宗羲曰："吉安之多学者，先生（即梅源）为之五丁也。"又曰："姚江之学，惟江右为得其传，东廓、念庵、两峰、双江其选也。"[黄宗羲：《明儒学案》（修订本），第331页]由此可知，黄宗羲所谓吉安府"五丁"，是指刘晓、邹守益（东廓）、罗洪先（念庵）、刘文敏（两峰）、聂豹（双江），五人均为吉安府人。

精神凝聚，神气精明，一有私欲客气之动，就能知觉，自然不能容其存在。①

梅源立志之说大体在绍述阳明之说。首先，立志在志为圣人，他说："君子学而志于圣，犹射之志的。射于百步之外，虽力有强弱，中否亦异，但正鹄为的，必了然于心目之间，精神凝聚，惟的是则，渐渐手与心应，箭箭中红心矣。"②就是说，立志为圣人，是为学的根本目的，犹如射箭之志在"的"（靶心），有"的"在心，渐渐得心应手，箭箭中"的"，立志用功亦是如此。梅源改杜甫"语不惊人死不休"为"学不圣人死不休"，且以后者为座右铭，正是体悟到志为圣人的重要意义。

其次，为什么要师法圣人？梅源曰：

> 君子学以成德，必师圣人，何也？人与天地并立而为三才，但人生气禀杂揉者多，形生神发，习俗渐染，世教不明，自幼至长，其本然之良日凿一日，岂能与天地并，离禽兽不远矣。圣人之生，其得于天者固厚，而其用功亦非常人所及，载之典册，可稽也。人而至于圣，始为成人，而与三才，无愧于古之垂训者。曰"尧舜与人同"，曰"圣人可学"，而至其俯就者，则又曰"宁学圣人而不至，不以一善成名"。故外圣人而学，非学也。③

梅源认为，为什么要必师圣人，因为圣人纯乎天理而无人欲，而常人形生神发之后，有人欲之私，且圣人用功亦非常人之所及，故须学圣人而后可成人。圣人之所以可学，因为"尧舜与人同"，即常人之心体与圣人无异，只是形生神发之后，由于渐染习俗，世教不明，本然之良（即心体）被遮蔽了，学而去其蔽就与圣人同。

再次，立志贵在真切。梅源曰：

> 为学在于立志，立志贵于真切。此虽常言，众所共知，求其实践者盖寡。良知隐微，固不能自欺，如人之视己，如见肺肝，岂能欺人哉？大会中，亦须反复叮咛，将先师《立志说》日诵一过，

---

① 王守仁：《示弟立志说》，《王阳明全集》，吴光等编校，第289、290页。
② 刘晓：《刘梅源先生学语》，王吉等编：《安成复真书院志》卷四，第47—48页。
③ 刘晓：《刘梅源先生学语》，王吉等编：《安成复真书院志》卷四，第46—47页。

自求吾志所以不立，或有志而不真切，其病安在？对景自克治，斩钉截铁，潜消往愆，以长新益，则习熟而安，老者可以裕晚景，少者可以冀远到，斯不负一时之良会矣。①

所谓"立志贵于真切"，是说人要真切用功，反思自己病痛所在，斩钉截铁，克治私欲，消除过往之错，渐渐工夫自然习熟。这里尤其提到良知隐微，不能自欺，正是因为人有良知，故能真切立志、用功。梅源又以孔子作为学圣用功的榜样，他说："学圣人要在信之笃。孔子初年问礼于老聃，戒之曰：'去子之骄气与多欲，态色与淫志，是皆无益于子身。所以告子在，如此而已。'则孔子气质似非甚异于人者，只后来竭力用功，与忘食忘寝，不知老之将至。其为言训，昭然可见，其为大圣，全由学问而成。"②在梅源看来，孔子与常人无大异，他之所以成为圣人，就在于工夫之笃实、真切，即"竭力用功""忘食忘寝，不知老之将至"。

2. 几者，本体之动

第一部分述及梅源归隐后，终日独坐小阁，"精究无思无为之体"，"必欲其一念不作而万应不废"。所以他对本体有独特的体悟，不过其所体悟到的"无思无为之体"，并不是寂体，而是即存有即"活动"之体，他通过阐释《周易》之"几"字将这一内涵揭示出来。他说：

先儒有言："学颜子之所学。"又曰："学圣人当学颜子。"颜子之学，其不迁不贰，四勿请事，三月不违等语，皆是实用其功。然圣学血脉，孔子于赞《易》发之，子曰："颜氏之子，其殆庶几乎！"此"几"字，即上文"知几其神"之"几"，与"圣人所以极深研几""知至至之，可与几"字义，皆同正学血脉。紧要处，孔子自解之曰"动之微"。盖人心本体之动，无方无体，明目而视，不可得而见，倾耳而听，不可得而闻，所谓道心惟微者也；粹然至善，无一毫人伪之杂，故曰"吉之先见者也"。颜子学问正在于此，如用兵讨贼，不动声色，把截要路，扫除廓清，特易易耳。只是未曾纯熟浑化，故孔子下一"庶"字，而犹有不善，

---

① 刘晓：《刘梅源先生学语》，王吉等编：《安成复真书院志》卷四，第42页。
② 刘晓：《刘梅源先生学语》，王吉等编：《安成复真书院志》卷四，第47页。

然未尝不知，未尝复行，则一觉便消，如洪炉点雪。使假之以年，则知几其神在颜子矣。其生也，竭才苦心，不觉喟然一叹；其殁也，孔子深惜，不知过痛一哭也。《本义》云"庶几"，近意，未知是否？①

梅源不认同朱熹《周易本义》将"颜氏之子，其殆庶几乎"之"庶几"解释为"近"（差不多）之意，而是将"庶"解释为接近或差不多，"几"则同于《周易》的其他"几"字，都是"动之微"之意。梅源认为，"几"就是本体之动，"无方无体，明目而视，不可得而见，倾耳而听，不可得而闻"，这就是"道心惟微"之意，即本体在境界上之无；本体之动，又是"粹然至善，无一毫人伪之杂"，所以叫"吉之先见者也"，即本体之动是纯善无恶的。颜回正是在本体之动时用功，这是本体工夫，亦是根本工夫——"如用兵讨贼，不动声色，把截要路"。此时用功容易扫除人欲之私，"一觉便消，如洪炉点雪"。只是颜回的工夫还未进入纯熟浑化之境，故只是接近"几"，如果假以年岁，就可以达到"知几其神"的境界。这里虽然没有指明本体即良知本体，但其内涵显然是指良知本体，这是梅源对阳明良知本体的独到体悟和阐释。

3. 内外交修之功

在工夫论上，梅源除主张上文所言的本体工夫外，更主张内外交修之功。梅源认为，首先应分清体用、内外。他说："人心者，感应之心；道心者，本体之心。于此不辨，欲不影响，难矣。"②这是对虞廷"十六字心传"中道心、人心的解释，梅源认为，道心是本体之心，即体；而人心是感应之心，即用。如果于此不辨，难免"影响"之论。梅源又说："未发是心之体，自主宰而言；已发是心之用，自感应而言。"③这样，道心就是未发，属于内，是主宰者；人心属于已发，属于外，是感应者。这与阳明的解释不同，阳明认为，"人心之得其正者，即道心；道心之失其正者，即人心"④，即道心相当

① 刘晓：《刘梅源先生学语》，王吉等编：《安成复真书院志》卷四，第44—45页。
② 刘阳：《明故梅源刘先生墓志铭》。
③ 刘晓：《刘梅源先生学语》，王吉等编：《安成复真书院志》卷四，第45页。
④ 陈荣捷：《王阳明〈传习录〉详注集评》，重庆出版社2017年版，第33页。

于程子的天理,人心相当于程子的人欲。即阳明从天理、人欲来解道心、人心,而梅源则是从体用关系来释道心、人心,但主张体用一如与阳明是一致的。然后,梅源又分清了内外之功,且主二者并用。他说:

> 敬义之功,混而无别,则本体、流行,均落之闻睹也。夫敬以直内,主宰之常一也;义以方外,感应之常精也。故曰:精义入神,以致用也。专内者寂,涉外者支,安有所谓德不孤者哉?①

这是对于《周易·坤·文言》"君子敬以直内,义以方外,敬义立而德不孤"的阐发。梅源认为,"敬以直内",是"主宰之常一",属于本体上之工夫;"义以方外",是"感应之常精",属于流行(流行或感应于外)之工夫。如果专于内,则陷于寂之病;如果只涉于外,则有支离之弊。所以需敬义并立,即用内外交修或寂感交致之功,才能证悟本体。后来刘邦采提出的"悟性修命"说,主张在悟性(体)和修命(用)两个方面用功,可以在梅源处找到思想的因子。②

梅源认为,所谓内外交修之功,具体体现在身心并重,尤其要注重日常外在的行为。他说:

> 为学必须内外交修。孔子之教,知及仁守,莅之以庄,动之以礼,方为尽善。《中庸》亦云:"斋明盛服,非礼不动,所以修身。"《记》曰:"庄敬日强,安肆日偷。"又曰:"斯须不和不乐,则鄙诈之心入之矣;斯须不庄不敬,则慢易之心入之矣。"内而存养心性,外而检束威仪动作,肆习之久,动容周旋中礼,可以驯至。……昔杨慈湖侍养于象山,微交其足,饭毕,象山从容曰:"先时有过,知之乎?"曰:"知之,有交足之失。"夫交足,微愆也,而师弟觉察、交警,不肯放过。其躬行实践如此,推此以上,功夫可知。③

---

① 刘晓:《刘梅源先生列传》,王吉等编:《安成复真书院志》卷三,第4页。
② 耿宁:《人生第一等事——王阳明及其后学论"致良知"》,倪梁康译,第985页。
③ 刘晓:《刘梅源先生学语》,王吉等编:《安成复真书院志》卷四,第43页。

就是说，所谓内外交修，不仅仅是心体上的工夫，还要落实到外在的具体行为上，于孔子之教而言，既要知及之、仁守之，还要"莅之以庄，动之以礼"，即身心并重。心学之蔽，在于往往忽视外在的动作威仪，故梅源提醒尤其要注重外在工夫，并以陆九渊（象山）惩戒杨简（慈湖）"交足之失"为例说明之。总之，"内而存养心性，外而捡束威仪动作"，用功之久，外在行为与内在心体自然融为一体。

所谓内外交修或寂感并致，也容易使人误解为内外、寂感各自用功，所以梅源对此进一步论述，提出二者实际上又是融合在一起的。他说：

> 朋友中，有谓圣学专在未发之中用功，涵养自然有已发之和，此则疑其专内而涉于槁寂矣；又谓有主宰、感应，各有用力处，此则疑其分析而涉于支离矣。先觉立教，固有补偏救弊，从重处言之。而论学问功用之全，岂可稍涉偏陂，以滋后惑。《传习录》：有问象山在人情事变上用工何如，先师云："除却人情事变，则无事矣。其要只在致中和，致中和只在慎独。"又云："良知无前后内外，而浑然一体。未发在已发之中，而已发之中未尝别有未发在；已发在未发之中，而未发之中未尝别有已发存。是未尝无动静，而不可以动静分也。"又云："心无动静，静也者以言其体也，动也者以言其用也。故君子之学，无间于动静。其静也，常觉而未尝无，故常应；其动也，常定而未尝有，故常寂。常应常寂，动静皆有事焉，是之谓集义。"数节亦已自明自确的，如何专在未发处用工？又如何各用其力？……盖吾心天然之本体炯然昭明，无方所，无形象，无声臭，无动静，若此处实用其功，则已发未发皆在著察中，大本立而达道行矣。[1]

梅源指出，朋友中，有专在未发的心体上用功的，此则专内而涉于枯寂（此是针对聂豹的"归寂说"而言）；又有主张主宰（内）、感应（外）各自用功的，此则内外分离而涉于支离。梅源以阳明的未发、已发一体，动静一体，其要在致中和（即致良知）来化解上述二者之弊。就是说，如果在良知本体上"实用其功"，那么于未发的心

---

① 刘晓：《刘梅源先生学语》，王吉等编：《安成复真书院志》卷四，第45—46页。

体（内）上用功是致良知（此即"未发在已发之中"），于已发的流行上用功也是致良知（此即"已发在未发之中"）。如此，已发、未发皆在良知的照察（著察）之下，而良知本体是"无方所，无形象，无声臭，无动静"的，故立良知之大本，自然内外、寂感一体，而无支离之病，也就是说致良知打通了内外、寂感，使其一体。

总之，梅源大体继承了阳明良知学，在立志说、本体论和工夫论上依据阳明之学而作出了自己的阐释和发挥，特别标举内外交修之功，对阳明的工夫论有所发展。但其思想未能充分展开而形成体系，故总体成就不高，其成就主要体现在对阳明学的传播和实际践履工夫及对个体生命的证悟上。

第二节　邹守益论

一、邹守益的生平、学履

1. 生平概略

邹守益（1491—1562），字谦之，号东廓，谥文庄，安福北乡澈源人。澈源邹氏是安福世家大族，其先系出幽州范阳，后家宜黄，徙永丰；明初始居安福澈源，子孙渐以儒起家。东廓祖父邹思杰教授乡里，以德才显。父邹贤（1454—1516）治《春秋》，弘治九年（1496）登进士第，官至福建按察佥事。从此邹氏家族以治《春秋》闻名，科举蝉联，从邹贤起，四代共出七进士，即邹贤、邹守益、邹善、邹德涵、邹德溥、邹德泳、邹德淇。邹善为东廓三子，后四人为东廓孙。此外，东廓长子邹义、次子邹美也中举人。至清朝，邹氏家族仍不乏中进士、举人者，科举业长盛不衰。在安福阳明学中，邹氏家族影响最大，可谓王学第一家，其中邹守益、邹善、邹德涵、邹德溥、邹德泳都是当时著名的阳明学者，此外邹义、邹美、曾孙邹袞和邹匡明等也都是阳明学者。

东廓出生于弘治四年（1491）二月一日，为邹贤长子。出生前，其父母均有胎梦，父梦孔子立于门外石桥，母亦梦日堕于怀。稍长，即颖敏不群。八岁随父北上入京，就父受学，得其指导，又从翰林院编修蒋冕学。九岁，邹贤任职南都（南京），东廓随侍，都御使彭礼、南京国子监司业罗钦顺均见而奇之。在南都，入司寇胡琏之门，时有"颜子"之称。年十二，受业于安福李校（后李校与东廓同年登进士第）。正德二年（1507），以《春秋》中江西乡试。从此声名鹊起，不久即在家授徒讲《春秋》。五年（1510），王阳明任庐陵知县，东廓慕名而至，初次拜谒阳明，得其称许。六年（1511）二月，参与会试，王阳明此时已升吏部验封清吏司主事，任会试同考官，阅及东廓卷，曰："此必安福邹某也。亡论文，其人品亦冠天下者。"遂置第一。主考官内阁大学士刘忠以"国器"待之。三月，廷试，中第三名，授翰林院编修。十月，邹贤因病辞官归安福，并致书令东廓南归侍养。东廓屡上疏乞归养，得允，于次年（1512）春归安福。

遂居家侍父，直至正德十一年（1516）邹贤卒，又丁忧三年。在家，四方人士慕名来学者众。

正德十四年（1519），阳明任都察院副都御使巡抚南赣，东廓赴赣州拜见阳明，为父求墓表。阳明日夕与之谈学，释心中多年之疑，遂豁然有悟，纳贽称弟子。六月，宁王朱宸濠叛乱，阳明在吉安起兵平乱，召东廓从军，遂率兄弟、族人四人以从。在军中，东廓赞画颇多，不到一个月乱平。十五年（1520），在家建书屋为讲学之所，阳明为书"东廓山房"四字（后又于1555年重修，1557年完工）。这是东廓一生讲学授徒的一个重要场所，在此受业者，既有阳明学弟子，也有科举生徒，还有往来交流学问的同门、同道。

嘉靖元年（1522），明世宗登基，录用旧臣。次年，东廓北上赴任，先至越谒阳明，参订月余。既别，阳明怅望不已，对弟子称东廓曰："曾子云：以能问不能，以多闻寡，若无若虚，犯而不校。[①]谦之近之矣。"也就是说，以王门"颜回"视之。五月，复任原职，与经筵，修国史，进阶文林郎。会大礼议起[②]，东廓率同僚上疏，不报。三年（1524）四月，复上疏，忤旨，下诏狱。五月，吕柟也因上疏忤旨下诏狱，两人在狱中讲学不辍。不久出狱，谪广德州判官。任职前，复入越，向阳明问政，阳明诲之以"如保赤子，心诚求之"。在广德州，撤淫祠，兴教化，并于四年（1525）十月建复初书院。书院成，集士子讲学兴礼于其中，又延请同门王艮、王畿、钱德洪等前来主讲，风动邻郡。离任后，广德人立生祠祭之。六年（1527）冬，升南京主客司郎中。次年十一月，阳明征思、田归，卒于江西南安，东廓在南都率同门为位以哭，服心丧。七年十一月（1529年1月），参与阳明葬礼。在南都三年，常与湛若水、吕柟等举讲会，王畿、钱德洪、王艮、欧阳德等也前来聚讲，于是门人日进，而南都讲学之风，于斯时为盛。十年（1531）四月，任满进京考核，途中痔疮发作，遂上疏请告归养病。冬，进阶奉政大夫。

归家后，四方之士闻风而来者常数十人，东廓遂于家事悉置之

---

① 这是曾子称赞颜回之语，原文作："以能问于不能，以多问于寡；有若无，实若虚，犯而不校，昔者吾友尝从事于斯矣。"（《论语·泰伯》）
② 大礼议是指发生在正德十六年（1521）到嘉靖三年（1524）间的一场关于皇统问题上的政治争论。原因是明世宗以地方藩王入主皇位，为其改换父母问题所引起。这是明朝第二次小宗入大宗的事件，也是明朝的重大政治事件。

度外，日与门人、朋友研讨良知之学，如饥似渴。每岁会同志于吉安青原山、白鹭洲书院。又数入吉水、永丰、泰和、万安、永新、乐安、崇仁、临川、南昌，游历名山，参与讲会。从游之士遍及大江南北，除本县、本府、本省人外，还有楚、广、闽、越等地人，常达数百人之众。嘉靖十一年（1532），在吉安府推官危岳等主持、推动下，安福正在推行丈田，东廓率同门、同道及弟子（包括刘文敏、刘肇袞、王钊、张崧、张岩、夏梦虁等）40余人参与丈量，历时三年，备尝艰辛，尽管阻力重重，但最终克服各种阻力而取得成功。通过丈田造册，减轻了普通百姓因虚粮而造成的负担。嘉靖十二年（1533）七月十六日，率同志遵阳明遗旨在青原山举办第一次青原讲会。从此，青原山成为吉安府阳明学讲学的中心点，也是安福阳明学者的重要讲学点，东廓常与同门于此举办大小各种讲会。十四年（1535）九月，集同志于安福崇福寺举办九邑（即吉安府九县）讲会。十五年（1536）九月，安福知县、同门程文德在离任前与其一起选址、规划建复古书院，选定建于县治所东一里许儒学旧址。程文德离任后，与县丞王鸣凤、生员刘寅一起主持建造，十二月初步完工。完工后，即举办大会，东廓作《惜阴说》。次年，进一步完善。从此复古书院成为东廓讲学的又一个重要场所及安福阳明学的学术中心，甚至是"阳明学在江右的象征地标"①。

嘉靖十七年（1538），因谏起为南京吏部考功郎中。次年，改司经局洗马，寻充经筵讲官。在京师，与徐阶、罗洪先、赵时春、唐顺之相资切磋，侍御毛恺、张元冲、胡宗宪等从之游，诸士兴起者甚众。十九年（1540）三月，迁太常少卿兼侍读学士，出掌南京翰林院。十一月，改南京国子监祭酒。在国子监期间，遵成宪，申学规，立号册，歌诗习礼，讲学不止，士相庆得师。次年四月，九庙火灾，上疏言上下交徼意，触怒世宗，六月被罢官。从此赋闲在家，直至去世，主要以讲学为业，除本地学子外，甚至有人不远数千里而来，相率就其问学，以至户外之屦常满。除长期在本县讲学外，东廓足迹还遍及吉安府其他县、南昌府、抚州府、广信府等，以及浙江、南直隶、湖广、福建等，时间达21年之久。

嘉靖二十年（1541）东廓归田后，访年友彭簪于其所居地石屋山，

---

① 吕妙芬：《阳明学士人社群：历史、思想与实践》，第100页。

爱其地之胜而欲与其为邻。此山为彭簪所有，他已在石屋洞之右建石屋山馆，遂割卖石屋洞之左于东廓。东廓遂于此建"东阳行窝"，四方来学者日众。与彭簪（1480—1550）为邻达十年之久。石屋山是安福阳明学一个重要的讲学据点，也是东廓晚年讲学的一个重要地点。二十一年（1542），安福知县李一瀚重修县治所东之东山塔院①，东廓于此兴办"东山会"，后其门人于塔院后特建讲堂，成为东廓的又一个长期的讲学据点。东廓卒后，其子邹善及孙德涵、德溥、德泳相继主持东山会。二十三年（1544），在北乡同志襄助下，在桑田建连山书院。该书院成为东廓又一个讲学之所。此年与次年，安福连岁大饥，率诸子出粟赈灾、建义仓。二十六年（1547），游庐山，开讲于白鹿洞书院。二十七年（1548），聚九邑（即吉安府九县）士人举青原大会，与会者近千人，止当时竞谈玄虚之风。二十八年（1549），聚讲于复古书院，并作《惜阴申约》，完善惜阴会的讲会制度。二十九年（1550）二月，东廓六十大寿，九邑士大夫及门人赴复古书院，为其作仁寿会，与会者几达千人。三十六年（1557），白鹭洲书院举大会，东廓主讲，发明《学》《庸》合一之旨，江西提学王宗沐率儒生千余人听讲。三十七年（1558），与刘阳、刘邦采等阳明学者在安福南乡建复真书院。书院建成后，也常来此讲学。三十九年（1560）二月，七十大寿，士大夫、门生来贺寿者盛况空前，人数远超六十大寿时。春，赴广信府怀玉书院讲会。五月，邹善以考绩，奉特恩，东廓遂复原职致仕。

嘉靖四十一年（1562）九月，与同志大会复真书院，发明知行合一之旨。归而染疾，十一月九日，疾愈深，语子孙曰："愿儿孙为圣贤也，其勿替吾志！"十日，王畿远道前来探病，拱手与之别，后端坐而逝。卒前，神志不乱，可谓得道者。隆庆初，赠南京礼部右侍郎，谥文庄。

纵观东廓一生，为官时间前后约12年，而居乡讲学、传道达40余年。加上为官时仍不忘讲学、兴教（且其学通于政），其实讲学、传道达50余年。至于其为人与精神、人格，邹德涵曰："府君（即东廓）性慈质重，蔼然春温，待人无众寡，一以诚敬，虽子孙僮仆侍侧，俨如也。冬不炉，夏不扇，宴坐如泥塑人。临大事，虽有势，

---

① 即东山寺，因寺院内耸立高塔，故习称"东山塔"或"东山塔院"。

如山不动。"对于其教学之风，宋仪望曰："其（即东廓）切磋善类，接引后学，涵以和气，温以春风，润以时雨。故凡海内及门之徒，一见先生，倾心景慕，退则同声而和曰：'先生，今之程伯子也。'"所著有《东廓邹先生文集》《东廓邹先生遗稿》等，董平整理点校为《邹守益集》。①

2. 学思历程

东廓早年思想主要受到程朱理学的影响，一方面来自以此为指导思想的科举教育的无形熏染，另一方面来自其父邹贤以此作为其修身为人的有意提撕。东廓八岁时，邹贤即"口授濂洛关闽六君子赞，及吴草庐《自警诗》，曰：'此诗文正脉也。'"②"濂洛关闽六君子赞"，即朱熹所作《六先生画像赞》，包括周敦颐、程颢、程颐、邵雍、张载、司马光六位北宋理学家的像赞。六位大师的精神、形象，如周敦颐的"风月无边，庭草交翠"、程颢的"扬休山立，玉色金声"、程颐的"规员矩方，绳直准平"、邵雍的"天挺人豪，英迈盖世"、张载的"精思力践，妙契疾书"、司马光的"笃学力行，清修苦节"，③在童年的东廓心中留下了朦朦胧胧的初步印象。吴草庐，即元代程朱学者吴澄，其《自警诗》有二：

> 气昏嗜睡害非轻，才到更初困倦生。必有事焉常恐恐，直教心要常惺惺。纵当意思沉如醉，打起精神坐天明。着此一鞭能勇猛，做何事业不能成？
>
> 元来一片虚灵府，埋没经年滓秽场。不特通时多走逸，觉于静处亦飞扬。昼间常被事牵引，夜后犹如梦扰攘。唤起主人翁警醒，自家三径不容荒。④

此二首诗指出本体的虚明灵觉以及现实的染污，尤其提出主敬、

---

① 以上"生平概略"参见邹德涵《文庄府君传》、宋仪望《文庄邹东廓先生行状》、罗洪先《东廓邹公墓志铭》、徐阶《文庄邹公神道碑铭》、耿定向《东廓邹先生传》，载邹守益：《邹守益集》卷二十七《附录》，董平编校整理；张卫红：《邹东廓年谱》，北京大学出版社2013年版。
② 邹守益：《易斋府君事迹》，《澍源邹氏七修族谱》卷八，第8页。按：邹德涵《文庄府君传》云"能言，（曾祖）授以濂溪六君子赞"，邹德涵明言此事发生在八岁时。
③ 朱熹：《六先生画像赞》，朱杰人、严佐之、刘永翔主编：《朱子全书》（第24册），上海古籍出版社2002年版，第4001—4003页。
④ 转引方旭东：《吴澄评传》，南京大学出版社2005年版，第295页。

戒惧之功，如"必有事焉常恐恐""直教心要常惺惺""唤起主人翁警醒"。后来东廓对本体的理解以及对私欲杂念的警惕，尤其在工夫论上倡主敬或戒惧之说，追寻其心路历程，其实早已在童年的心田中播下了种子。

十二岁时，东廓受业于本县李校，李氏教以治经即治心，心若不明，经明愈昧。也就是说，从李校既受科举之学，亦受心性之学。李氏师范甚严，每日静坐不动，东廓谨事之。东廓"疑格物、慎独，圣门岂有两样学问"，即发端于李校。李校宗颜回、孟子的身心之学。①

东廓十七岁中举后，邹贤仍不忘对他训以程朱主"敬"之功：

> 人性常要简束严整，则不轻以放肆；常要惺惺法，则自然日就规矩。此"敬"之一字，圣学成始成终之要也。吾儿少年登高第，能以予言存心，则程子之言出于科外矣。古人年十七八便以天下为己任者，可以想望其丰采矣，不可斯须忘"敬"之一字。②

可以说，主敬不仅是程朱之学，也是邹氏家法。邹贤立身行事，一遵程朱，严天理、人欲之辨，平时整肃严毅，不戏言戏动，训东廓以主敬之功，正是言传身教的体现。所以东廓早年的修身工夫主要来自家学。

正德七年（1512），东廓为官一年后归家侍父，同时也开始授徒讲学，主要传授以《四书》为中心的朱子学。长期受朱熹《四书集注》浸染的东廓，对《大学》言工夫先格致，而《中庸》则先言戒慎一直存有疑问。一日，对诸生曰："子思学于曾氏，今程朱补《大学》，必先格致；《中庸》乃首言戒惧慎独，而不及格致，何也？"时诸生辩难良久，然东廓终未能释然。③于是这一问题多年积疑在心而不得解。正德十四年（1519），东廓前往赣州拜谒阳明，本为父求墓表而来而非专意问学，然阳明却与之论学，于是东廓抛出自己心中多年的疑问，向阳明发问。阳明大喜曰："吾求友天下有年矣，

① 《李行人公传》，《识仁讲院志》卷八《志贤传外传》；《李瘤室公传》，《识仁讲院志》卷七《志贤传》。
② 邹守益：《易斋府君事迹》，《澈源邹氏七修族谱》卷八，第9页。
③ 宋仪望：《文庄邹东廓先生行状》，邹守益：《邹守益集》，董平编校整理，第1368页。

未有是疑。何子之能疑也？"① 于是两人反覆辩论，阳明的结论是：

> 致知者，致吾心之良知于事事物物也。致吾心之良知于事
> 事物物，则事事物物皆得其理矣。致吾心之良知者，致知也；
> 事事物物皆得其理者，格物也。独即所谓良知也。慎独者，所
> 以致其良知也；戒谨恐惧，所以慎其独也。故《大学》《中庸》
> 之旨，一也。②

阳明认为，《大学》的"致知"就是致良知，"格物"就是将
良知推行于事事物物而皆得其理，而"独"就是良知，"慎独"即
致良知之功，而"戒惧"又是慎独之功。如此，作为圣学心传的《大
学》《中庸》一脉相承，言虽异，而思想实质一致，并不矛盾。后
来东廓提出"戒惧说"，以戒惧、慎独为致良知之功，除家学的熏
染外，明显受到阳明的影响。于是东廓多年的积疑涣然冰释，遂正
式拜阳明为师。此为阳明首次正式提出"致良知"之说，此年是阳
明"良知之悟"之年。尽管此前，阳明已是东廓科举名义上的座师，
但此次才真正成为其思想、精神的导师，成为其生命、学问的指路人。
从此，东廓由入之不深的程朱理学转入阳明学的学习、体证、践行，
从而日渐服膺阳明，成为其"宗子"③，也是其一生最得意的门生。
两年后（1521），阳明致书东廓再论"致良知"之说，曰："近来
信得'致良知'三字，真圣门正法眼藏。往年尚疑未尽，今自多事
以来，只此良知无不具足。譬之操舟得舵，平澜浅濑，无不如意，
虽遇颠风逆浪，舵柄在手，可免没溺之患矣。"④ 可以说，此书进一
步强化了东廓对良知教的认同、接受。

东廓从赣州回家后，对闻于阳明者"精思力行，沛然有得。既
又探之周、程，以溯孔、颜，考之濂洛诸书，以证六经，若同轨合辙，
无复疑二，于是作《学说》，以警同志"⑤：

① 邹德涵：《文庄府君传》，邹守益：《邹守益集》，董平编校整理，第1362页。
② 徐阶：《文庄邹公神道碑铭》，邹守益：《邹守益集》，董平编校整理，第1379页。
③ 黄宗羲：《文庄邹东廓先生守益》，《明儒学案》（修订本），沈芝盈点校，第332页。原文云：
"阳明之没，不失其传者，不得不以先生为宗子也。"
④ 钱德洪：《年谱二》，王守仁：《王阳明全集》，第1411—1412页。
⑤ 宋仪望：《文庄邹东廓先生行状》，邹守益：《邹守益集》，董平编校整理，第1368页。

天地之性，人为贵。人之所以贵者，曰性；性之所以为性者，曰仁义礼智信。能尽是五者于天地之间，则仰不愧，俯不怍，而可以为人。一有亏损，其则已自得罪于天，而况乎斫丧而无忌，则虽颀然须眉，而反为虎狼蜂蚁、鸿雁雎鸠之罪人矣。钧人之形也，则钧人之性也，而至于为虎狼蜂蚁之罪人，何也？物欲累之也。学之道，所以闲其物欲，而反其天地之性，以求无忝于为人而已矣。昔者圣人之论好学，曰不求安饱，敏事慎言，就正有道而已；其称颜子，亦曰"不迁怒，不贰过"而已，是圣人之学可考也。故曰："学而时习之。"学者，学此也；习者，习此也。习而日时，不息之功也。学之病莫大乎息，息则物欲行而天理泯矣。天理与物欲，互为消长者也，无两立之势。故君子戒慎恐惧之志，由闻以至于不闻，由见以至于不见，由言以至于不言，由动以至于不动，一也，无须臾之离也。道不离人，人不离道，人与道凝，然后可以践行而无忝，夫是之谓善。[1]

该文认为，人之为人之本质在于仁义礼智信之性，能尽此性则可以为人，否则为禽兽矣。人所以不能尽性者在于人有物欲之累，故需要时时防物欲，否则"物欲行而天理泯矣"。那么如何防物欲呢？则须用戒惧之功，时时不息，无须臾之离。此文有明显的宋学气味，也未明言"良知"，并未完全消化、贯通阳明的良知学，但是已由对外在物欲、功利的追逐，回到内在的心性工夫，确立了为学、为道的人生大方向，且"戒惧说"（此为东廓一生最重要的工夫论）也初步形成。所以东廓认为，自闻阳明之学到作《学说》，是自己学问、人生转折的一大关键，其曰："某之醉梦，二十有九年矣，日颠踣于荆棘泥淖而自以为康庄也。赖先觉者大呼而醒之，将改辙以追来者，而八九同志相与磨砻而夹持之，以图不枉此生。乃为推学之大宗以申告之，而时观之以自警焉。"[2]可谓从此脱胎换骨也。

正德十五年（1520）秋，东廓再见阳明于赣州，与二三好友坐虚堂观月而"悟吾性"，喟然叹曰：

---

① 邹守益：《学说》，《邹守益集》，董平编校整理，第434页。
② 邹守益：《学说》，《邹守益集》，董平编校整理，第435页。

> 吾性之精明也，其犹诸日月乎！月之行于天也，楼台亭榭
> 照以楼台亭榭，而未尝有羡也；粪壤污渠照以粪壤污渠，而未
> 尝有厌也；是谓无将无迎，大公而顺应。吾侪顾以作好作恶之私，
> 憧憧起伏，相寻于无穷，是嘘云播雾以自翳其明也。①

此处"吾性之精明"，即指良知本体的精明无染，依此良知本
体而行，则"大公而顺应"；但人有作好作恶之私欲，故自蔽其本
体之明。此时东廓已深契心性之本、生命之体，把握到了良知本体，
对阳明良知学已有深度的契入。后来东廓屡言良知本体，且重对本体
的体证、证悟，显然是得此一"悟"之后的进一步默契、修证的结果。

东廓既体悟到本体，又主戒惧之功，但如何使工夫与本体合一，
如何以戒惧之功以复良知本体，依然有一个在工夫上成熟过程，可
以说东廓属于渐修派，或者说是一个悟后渐修者。嘉靖六年（1527）
冬，东廓由广德州升任南京主客司郎中，与同僚吴鸾论学曰：

> 夫时有动静，学无动静者也。疲精外骛，汲汲焉以求可求成，
> 是用智者也，命之曰动而动；凝神内照，而人伦庶物脱略而不
> 理，是自私者也，命之曰静而静也；戒慎恐惧，无繁简，无内外，
> 无须臾之离，以求复其性，是去智与私而大公顺应者也，命之
> 曰动而无动，静而无静。动静定而中和备矣，中和备而礼乐兴矣，
> 是以郊焉而天神格，社焉而地祇升，庙焉而人鬼享，远焉而四
> 夷柔，迩焉而百司恪，庶士用章，兆民咸殖，夫是之谓位育之学。②

东廓对工夫偏于动或偏于静都不满，认为戒惧之功无动无静、
无内无外，须臾不离，如此才能复其性（本体）而大公顺应，以至
于天地位、万物育之境。从其论学看，显然工夫与本体已合一。
但是，真正落实到具体的日常工夫，如何去践行，则是另一个问题。
次年（1528），一日东廓卧病官署，同门王艮、薛侃、钱德洪、王
畿前来探病并论学，忽然对自己的工夫有反省。耿定向《东廓邹先
生传》载：

---

① 邹守益：《赠王孔桥》，《邹守益集》，董平编校整理，第42—43页。
② 邹守益：《南京礼部主客司题名记》，《邹守益集》，董平编校整理，第324页。

一日，病，同门王心斋、薛中离侃、钱绪山德洪、王龙溪
畿偕来商究，先生卧听之，尝自省曰："从前就事体念，尚非
本体流行，不免起灭云。"①

不久，东廓在与刘邦采（君亮）、刘晓（伯光）以及与周怡（顺
之）的通信中，均提到此次反省或省悟：

> 近汝止（王艮）、尚谦（薛侃）、德洪、汝中（王畿）诸
> 兄枉教，扶疾而卧听之，乃知向来起灭之意，尚是就事上体认，
> 非本体流行。吾心本体，精明灵觉，浩浩乎日月之常照，而渊
> 渊乎江河之常流。其有所障蔽，有所滞碍，扫而决之，复见本
> 体。古人所以造次于是，颠沛于是，正欲完此常照常明之体耳。
> 夙夜点检，益觉警惕。②
> 近来悟得日用工夫尚是就事上点检。故有众寡，有大小；
> 大事则慎，小事则忽；对众则庄，寡则怠；是境迁而情异者也。
> 虽欲不息，焉得而不息？若从心体上点检，使精明呈露，勿以
> 意必障之，如日月之照楼台殿阁、粪壤污渠，境状万变，顺应
> 如一，稍有障蔽，即与扫除，虽欲顷刻息之而不可得，方是无
> 众寡、无大小、无敢慢之学。③

东廓反省自己以前用功"尚是就事上体认（或点检），非本体
流行"。所谓"就事上体认（或点检）"，还只是在具体的事为或
事前的念虑上用戒惧之功，故工夫与本体尚未能合一。于是由"事
上点检（体认）"，进至"从心体上点检"，即下文所说的"戒惧
于本体"，也就是在本体上用戒惧之功。

对于自己用功上的转变历程以及三种"戒惧"的内容，东廓后
来有一个明确的描述和论说：

> 吾始也戒慎于事为，已而戒慎于念虑，其后则乃戒惧于本体。
> 夫戒惧于事为者，点检形迹，所志末矣；戒惧于念虑者，虽防

① 耿定向：《东廓邹先生传》，邹守益：《邹守益集》，董平编校整理，第1383页。
② 邹守益：《简君亮伯光诸友》，《邹守益集》，董平编校整理，第492—493页。
③ 邹守益：《答周顺之》（二），《邹守益集》，董平编校整理，第619页。

于发端，尚未免于生灭之扰；若夫戒惧于本体，则时时见性以
致于一。念虑者，本体之流行；事为者，本体之发用。圆融照察，
日以改过为务，无复本末内外之可言矣。①

戒慎恐惧之功，命名虽同，而命意则别。出告反面，服劳
奉养，珍宅兆而肃蒸尝，戒惧于事为也。思贻令名，必果为善；
思贻羞愧，必不果为不善，戒惧于念虑也。视于无形，听于无声，
全生而全归之，戒惧于本体也。戒慎不睹，恐惧不闻，帝规帝
矩，常虚常灵，则冲漠无朕，未应非先，万象森然，已应非后，
念虑事为一以贯之，是为事亲事天仁孝之极。②

也就是说，东廓所用戒惧之功大体有三个阶段，先是"戒惧于
事为"，然后是"戒惧于念虑"，最后才是"戒惧于本体"。所谓"戒
惧于事为"，具体而言就是"出告反面，服劳奉养，珍宅兆而肃蒸尝"，
也就是在日常生活的具体细节上规规矩矩、恭恭敬敬。这只是在具
体行为上检查自己做得是否得当。所谓"戒惧于念虑"，具体而言
就是"思贻令名，必果为善；思贻羞愧，必不果为不善"，也就是
在念头上做思想斗争，如果为善则有好名声，如果为恶则使自己蒙羞，
然后选择为善去恶。这只是在已发的善恶念头上，顺从善的念头而
掐灭恶的念头。所谓"戒惧于本体"，则是"时时见性以致于一"，
也就是时时用戒惧之功以保持良知本体的清明，使其永永作主，"稍
有蔽障，即与扫除，虽欲顷刻息之而不可得"。如此，本体常虚常灵，
一切事为、念虑都是本体的发用、流行，即本体与工夫合一。

此外，东廓的"全生全归"说，于"戒惧于本体"中，在工夫
上也得到了真正落实。"全生全归"说是东廓整个生命修养和哲学
思想的总体框架，但这一思想于何时提出，难以考证，姑于此处拈出。

晚年，东廓工夫进入圆熟之境，越来越重对良知本体的直接契
入、体证。嘉靖三十年（1551）夏，其工夫境界有新的提升，教法
也有新的提法。

邹德涵《文庄府君传》载：

---

① 王畿：《寿邹东廓翁七帙序》，邹守益：《邹守益集》，董平编校整理，第1413页。按：此引文
为王畿所记东廓之言。
② 邹守益：《书谢青冈卷》，《邹守益集》，董平编校整理，第819页。

明年（即嘉靖三十年），走武功山中，坐百余日，一夕，喟然叹曰："夫学欲与神明伍，难矣哉！圣人之学，肫肫乎，渊渊乎，浩浩乎，而何所倚也！学非此，则不可以教；教非此，则不可以学。"①

《简聂双江》曰：

去夏（即嘉靖三十年夏）避暑武功，始透曰："默而识之，是不厌不倦根基。"②

所谓"学欲与神明伍"，即契入本体境界，达至肫肫、渊渊、浩浩而无所倚之境。所谓默识，即"将道体而履之于自家身心，无言而信"③，即默识心体。经过百日的静坐之功，东廓对本体深有透悟，并指出工夫在于默识，教与学必须以此为趋归。

是年夏，东廓开始揭默识之旨，并以此为教语。耿定向《东廓邹先生传》载：

辛亥（即嘉靖三十年），避暑武功。……时先生教语，多主默识，曰："默识是不厌不倦宗旨。子思戒惧不闻不睹，正是默识工夫，此从唐虞相传道心惟微来。末章上天之载，无声无臭，正发此默识极则"云。④

东廓以"默识"作为新的教法，并没有脱离原来的"戒惧说"，而是"戒惧说"的进一步提升，或者说是"戒惧说"的圆熟之境，是工夫与本体完全合一的体现。

同时，在整个生命的追求和人生意义上，东廓晚年着力于"全生全归"一事，他对长子邹义说："年来于毁誉出处，更勘得透，惟有全生全归一事，乃是我辈安身立命紧要一着……世间胜负，真

---

① 邹德涵：《文庄府君传》，邹守益：《邹守益集》，董平编校整理，第1365页。
② 邹守益：《简聂双江》（二），《邹守益集》，董平编校整理，第584页。
③ 牟宗三：《中国哲学的特质》，上海古籍出版社2007年版，第85页。
④ 耿定向：《东廓邹先生传》，邹守益：《邹守益集》，董平编校整理，第1387页。

是弈棋，惟全生全归一着，乃撑天柱地，百世不惑，可更让他人？"①
六十初度之时，觉对"全生全归"又有进步处，且求"全归此生"。
他对陈西山说："去年初度（即六十初度），同志胥临，悟得赤子之心，
正是对境充养。入夏，必避暑武功山间，摆脱尘网，翛然与造物者
游，觉有进步处。世之博闻见、工测度、稽仪文、尚气概，点检念
头，终与无极之真超然声臭，未可同科而语。凡夙夜从事，求全归
此生。"②"全生全归"，从生命境界上说，就是证悟本体而得道，
证悟自己的全幅生命。

以上所述，只是东廓学思历程的大概，其丰富的哲学内涵待本
节第二部分再论述。总之，东廓一生在不断地学习、思索、体悟、
修证中，最后达到圆熟之境，体现了他自强不息的精神，也成就了
他一生的生命、精神和人格。

东廓为官时间不长（即使为官时仍不忘求学、传道），一生主
要精力在学习、践履、发明、传播阳明学，对阳明学的贡献甚大。
宋仪望曰："海内之士，谓阳明王公之学，所赖以不坠者，先生（即
东廓）之功为大，诚知言矣。"③他不仅是安福阳明学的精神领袖，
而且也是吉安府乃至江右王门的领军人物，为阳明之"宗子"。对
其学问、地位，当时著名阳明学者评价极高，王畿称曰："（东廓）
担负圣学，卓然为海内儒宗，同志赖焉。"④罗洪先称曰："自阳明
王公以学自命，游其门者众矣，融会敷衍，传之人者，无若东廓先生。"⑤
聂豹称曰："士能以身任斯道之重，为天地立心，为生民立命，继
往圣之绝学，开万世之太平者，我师阳明之后，惟司成邹公一人耳。"⑥

二、邹守益的主要哲学思想

东廓的哲学思想主要继承了阳明的良知学，一般认为，他是阳
明的"宗子"，最能传阳明之学而无所偏离，故其思想特色不太鲜明。
然而，纵观整个东廓之学，他虽主要在传承阳明之学，但仍有自己

---

① 邹守益：《寄伯子义》，《邹守益集》，董平编校整理，第657页。
② 邹守益：《简陈西山》，《邹守益集》，董平编校整理，第606页。
③ 宋仪望：《文庄邹东廓先生行状》，邹守益：《邹守益集》，董平编校整理，第1374页。
④ 王畿：《寿邹东廓翁七帙序》，邹守益：《邹守益集》，董平编校整理，第1412页。
⑤ 罗洪先：《东廓邹公墓志铭》，邹守益：《邹守益集》，董平编校整理，第1375页。
⑥ 邹德涵：《文庄府君行略》，邹守益：《邹守益集》，董平编校整理，第1366页。

的思想特色以及丰富、深化、发展阳明学的地方。

1. 全生全归

从阳明后学的总体发展而言，"致良知"决定了其整个发展方向和逻辑思路，阳明后学无外乎从良知（即本体）和"致"良知（即工夫）两个方面或某一方面去发展阳明的学说，其逻辑思路也依此而建构。东廓的整个哲学思想也大体如此，但他超越了这一逻辑思路，在此之上还安放了一个"全生全归"的框架。要了解东廓的整个生命修证、哲学思想，必须先对其"全生全归"说作一个阐释。

"全生全归"，最早出自《礼记·祭义》，说曾子弟子乐正子春下堂阶伤了脚，几个月不出门，脚好了，还面带忧愁之色。其弟子问为何这样？乐正子春回答道：

> 吾闻诸曾子，曾子闻诸夫子曰："天之所生，地之所养，无人为大。父母全而生之，子全而归之，可谓孝矣。不亏其体，不辱其身，可谓全矣。故君子顷步而弗敢忘孝也。"今予忘孝之道，予是以有忧色也。壹举足而不敢忘父母，壹出言而不敢忘父母。壹举足而不敢忘父母，是故道而不径，舟而不游，不敢以先父母之遗体行殆。壹出言而不敢忘父母，是故恶言不出于口，忿言不及于身。不辱其身，不羞其亲，可谓孝矣。①

意思是说，父母给了我们这个整全的身体（即"全生"），我们一生不能伤害、玷污这个身体（即"全归"）。此处"全生全归"的核心在于"全归"。如何"全归"？一是我们的行动不能伤害到身体，以致让父母担忧；二是我们的言语要谨慎，不能让人骂我们并牵连父母，以致让父母蒙羞。总之，我们一生的所有言行不能玷污父母给予我们的这个整全的生命，不能由此带给父母恶名声，这才是真正的孝，才是所谓"全生全归"。"全生全归"包括保身和修身两个方面，即涉及自然生命和德性生命。曾子是"全生全归"的典型，临终之时，依然坚持易箦，不亏其体，不辱其身。其临终召门弟子曰："启予足！启予手！《诗》云：'战战兢兢，如临深渊，如履薄冰。'

---

① 陈戌国：《礼记校注》，岳麓书社2004年版，第369—370页。

而今而后，吾知免夫！小子！"（《论语·泰伯》）尹氏释之曰："父母全而生之，子全而归之。曾子临终而启手足（让人知道其手足未受损），为是故也。非有得于道，能如是乎？"① 也就是说，曾子一生珍爱自己的生命，修养自己，临终才安然说得上全归而孝。

关于"全生全归"，张载《西铭》曰："体其受而归全者，参乎！"② 此文未提到"全生"，但从其文之语境看，可知其"全生"已进一步指向了天地（乾坤）父母之"全生"。当然《礼记·祭义》"天之所生，地之所养，无人为大"，也蕴含天地为人之父母之意，但还没有明显点出来，只说"父母全而生之"；而《西铭》开篇则直接说"乾称父，坤称母，予兹藐焉，乃浑然中处"③，点出天地（乾坤）为人之大父母。东廓后来直接说"天地全而生之，人全而归之，是为仁"④，显然直承《西铭》而来。

对于东廓而言，其整个生命的追求、道德修养和哲学思想都可容纳在"全生全归"说之中；"全生全归"也是其学说的终极意义之所在，王时槐曰："其（即东廓）言以戒惧于本体为心法，以致力于子臣弟友为实功，以全生全归为究竟。"⑤ 东廓"全生全归"说不仅继承了《礼记·祭义》和张载《西铭》的思想，而且融进了更为丰富的内涵，远超出了孝的范围。其内容大体包括三个层面，即本体、工夫、境界。我们来看东廓之言：

> 帝降纯粹，知爱知敬，不待师资，不藉经传，而天机炯然，故曰"万物皆备"，言全生也。生知者，知此也；安行者，行此也；命之曰"反身而诚"。择善者，择此也；固执者，执此也；己百己千者，能此也；命之曰"强恕而行"，言全归也。⑥

此处"全生"是指本体，即帝降纯粹之性、天机炯然之本体，而"全归"是指全归之工夫，即反身而诚、强恕而行。"全生"言本体之纯，

---

① 朱熹：《四书章句集注》，中华书局1983年版，第103页。
② 张载：《乾称篇》，《张载集》，章锡琛点校，中华书局1978年版，第62页。
③ 张载：《乾称篇》，《张载集》，章锡琛点校，第62页。
④ 邹守益：《题安和里小会籍》，《邹守益集》，董平编校整理，第867页。
⑤ 王时槐：《重修复古书院记》，《王时槐集》，钱明、程海霞编校，上海古籍出版社2015年版，第125页。
⑥ 邹守益：《西山春卿陈子初度寿言》，《邹守益集》，董平编校整理，第145页。

"全归"言工夫之精，"全生全归"是说上帝给了你这样的纯粹本体，你要依此本体而践行自己的生命，即你就要用工夫去实证之。东廓又云："天命之性，全而生之也；上天之载，无声无臭，全而归之也。"①此处"全生"指本体，而"全归"则指境界，所谓"上天之载，无声无臭"，是指证悟本体后所至的与天合一之境。综合言之，"全生"是指本体，"全归"既指工夫（即"全归"之功），又指工夫所至之境界（即"全归"之境）。下面再从本体、工夫、境界三个方面分别再详论之。

关于"全生"，《礼记·祭义》仅言父母给予了我们这个身体，《西铭》进一步言天地给予我们生命；东廓不仅言"天地全而生之"，而且走向了本体论，即上帝或天赋予了人纯粹本性（本体）。东廓之"全生"大体包括三个内容。一是全生本性之纯粹性、至善性、精明性，如云"天命之性，纯粹至善，昭昭灵灵，体物不遗，而无形与声，不可睹闻……是为皓皓肫肫、全生全归之学"②；又如云"天命之性，贞纯精明，不受世态点污，不待博闻充拓，不用亿中测度，不在枝节修饰，亦不可意气承担……是为中和位育、全生全归之学"③。二是全生之性带有宗教性，曰"天命之性，全而生之也"，此"天"是绝对性的义理之天，还是主宰性的人格之天，意思还不明朗，但东廓又言"上帝所降曰命，烝民所受曰性"④，"上帝之全生"⑤，则显然带有宗教性，即人之本性（本体）来源于上帝，而上帝则带有人格神的意蕴（关于东廓思想的宗教性，第二小节再详论）。三是全生之性是生命之本、修养之根，所谓工夫就是依此发育流行，如云"德性是天命之性，性字从心从生，这心之生理，精明真纯，是发育万物、峻极于天的根本……学圣学者，须从此命脉上学，顶天立地，全生全归"⑥。总之，东廓将本体论放入了"全生全归"之框架内，追问生命、本体的本源性、至善性以及宗教性意义。这既是对《礼记·祭义》和《西铭》"全生"的丰富和超越，又是对阳明良知本体的丰富和深化。

---

① 邹守益：《三畏堂说》，《邹守益集》，董平编校整理，第459页。
② 邹守益：《寄题祁门全交馆》，《邹守益集》，董平编校整理，第815页。
③ 邹守益：《答陈邦偶春官》，《邹守益集》，董平编校整理，第637页。
④ 邹守益：《答汪周潭中丞问学》，《邹守益集》，董平编校整理，第775页。
⑤ 邹守益：《武功寿言》，《邹守益集》，董平编校整理，第296页。
⑥ 邹守益：《龙华会语》，《邹守益集》，董平编校整理，第731页。

关于"全归"之功，曾子临终时引《诗》"战战兢兢，如临深渊，如履薄冰"自证，可算是"全归"之功。就是说，曾子一生小心谨慎，爱护自己的自然生命和德性生命，才做到了"质本洁来还洁去"。不过，至于更为具体的工夫还没有开显出来，东廓则赋予了"全归"以具体的工夫，除上文提到的反身而诚、强恕而行外，还有戒惧、主敬、无欲等。关于戒惧之功，东廓曰："天命之性，精明纯粹，根于无极之真，而发于五典之彝，畅于三千三百之仪。善学者戒慎恐惧，须臾勿离，全生而全归之。"① 又曰："戒慎不睹，恐惧不闻，帝规帝矩，常虚常灵，是谓全生全归，仁孝之极。"② 王时槐明确指出："（东廓）谆谆乎戒慎恐惧，致力于子臣弟友，以底于全归。"③ 即戒惧，就是"全归"之功。东廓又曰："敬畏工夫，正是千圣全归脉络。"④ 即主敬是"全归"之功，在东廓那里，主敬即戒惧，二者无分别。关于无欲之功，东廓曰："圣学之篇，以一者无欲为要，是希圣希天，彻上彻下语……古圣精一克一工课，犹恻恻劝规如是，吾侪自省何似？而依违逸乐货色中，不猛洗刷，将无以拔于凡民，安望与千圣同堂、两仪并位乎？故不从无欲而学，终不足以全归无极之贞。"⑤ 无欲是周敦颐提出的工夫，无欲是学圣之功，而东廓也将其纳入了"全归"之功中。其实，东廓是将其提倡的所有工夫（包括阳明的致良知）都纳入到"全归"之功中，其中最为重要的是主敬、戒惧，这是东廓用功的最为得力之处。

关于"全归"之境，《礼记·祭义》只提到"不辱其身，不羞其亲"，即一生保持了生命的完整性以及德性之无亏，《西铭》则提到曾子已达"全归"之境，至于具体内容则未言及。东廓则对此有个人的体悟、实证，开显了更为深广、更为深邃的内容。"全归"之境，是证悟本体及其所至之境的问题。东廓晚年对"全归"之境，有所体证，渐入悟境，他说："入夏，必避暑武功山间，摆脱尘网，翛然与造物者游，觉有进步处。世之博闻见、工测度、稽仪文、尚气概，点检念头，终与无极之真超然声臭，未可同科而语。凡夙夜

① 邹守益：《慈乐说》，《邹守益集》，董平编校整理，第463—464页。
② 邹守益：《寄伯子义》（一），《邹守益集》，董平编校整理，第657页。
③ 王时槐：《邹氏学脉序》，邹守益：《邹守益集》，董平编校整理，第1352页。
④ 邹守益：《简李南屏》，《邹守益集》，董平编校整理，第608页。
⑤ 邹守益：《示诸生九条》（四），《邹守益集》，董平编校整理，第729页。

从事，求全归此生。"①又说："年来取善四方，归而避暑于武功，觉得从前浮泛，犹靠在闻见思索科曰，于肫肫皓皓真体，未可承担。日夜怨艾，反观内省，始于全生全归脉络有循循进步处。"②所谓"翛然与造物者游，觉有进步处"，所谓"于肫肫皓皓真体"之承担，"始于全生全归脉络有循循进步处"，就是体证到了"全归"之境。他晚年心心念念要解决的问题就是证悟"全归"之境，这是其生命的终极追求和人生意义之所在。何谓"全归"之境，东廓有所描绘，如曰："曾氏之训曰：'仁以为己任，死而后已。'其弘毅之学，任重道远，至于全归而知免，此岂鲁者所能乎？渣滓消融，本体呈露，江汉以濯，秋阳以暴，皓皓而无以尚，非聪明睿智达天德，其孰能深造之！"③就是说，"全归"之境，是生命中的气质之性已消融，而本体呈现，至肫肫皓皓的澄明之境。这种境界，也就是天地位、万物育的天人合一之境。东廓曰："将贞观贞明，与天地日月同神而并化，是谓希圣希天、全生全归之学。"④又曰："须从精神命脉处朴朴实实，自怨自艾，自成自道，无众寡，无小大，无老壮，礼仪威仪，盎然皆仁，发育峻极，廓然皆天，是为中和位育、全生全归之学。"⑤所谓"与天地日月同神而并化"，"盎然皆仁，发育峻极，廓然皆天"，就是天人合一之境。不过，即使至天人合一之境，也不过是证悟了原初之本性（本体）而已，非有所加，只是生命的本真回归和彻底证悟，即实现了个体生命的自由和超越。

总之，"全生"是原初之本性（本体），"全归"之境是生命修证所至的天人合一的境界，"全归"之功为至"全归"之境所用之工夫。"全生"是"全归"之本，"全归"是为证"全生"，"全归"所至之境也不过是回到、证悟了"全生"之本性（本体）而已，即只是"复性"而已，于本体并无所加。二者之间，只是回归（即"复"本体），在其中，容纳了工夫，有工夫才能真正回归（即以工夫"复"本体），无工夫则放荡无归，于生命有亏。可以说，"全生全归"说是整个东廓哲学思想的总体逻辑框架，其生命的修证、哲学思

① 邹守益：《简陈西山》，《邹守益集》，董平编校整理，第606页。
② 邹守益：《简吕巾石馆长》，《邹守益集》，董平编校整理，第614页。
③ 邹守益：《赠董谋之》，《邹守益集》，董平编校整理，第101页。
④ 邹守益：《书水西同志聚讲会约》，《邹守益集》，董平编校整理，第738页。
⑤ 邹守益：《答陈邦偶春官》，《邹守益集》，董平编校整理，第637页。

想的建构都可以放到这一框架中去理解，相关内容下文再展开详细论述。

2. 良知本体

一般认为，东廓属于工夫派或修证派，即主张以工夫复（或达）本体（参见第一章第二节第三部分《阳明学的分派》），似乎不重本体论，其实东廓也有丰富的本体论，甚至并不亚于本体派中的某些重要人物（如王艮等）。

对心体或本体的体证、证悟是阳明心学的根本特征。王阳明中年龙场悟道，悟到"心即理"，即是体证、证悟了心体。后来在江右提出"致良知"，直指良知为心之本体，称"良知本体"。晚年彻悟良知本体，"时时知是知非，时时无是无非，开口即得本心"①，进入圆熟之境。可以说，阳明及其弟子王畿、邹守益、聂豹等都以证悟良知本体为为学、求道的根本目的。承认有一个本然的、先验的良知本体，几乎是阳明学者的共识［在他们看来，良知本体是实存，不是现当代有些学者所谓的"良知（或人性）假设"］；体证、证悟良知本体，几乎是阳明学者作为个体生命的共同追求。阳明学作为生命的学问，良知本体不是用语言、思维去逻辑地建构其内涵者，而是必须用实修实证的工夫去真正把握者。但是，良知学作为一门学问，也需要用语言作为辅助手段让学者认识、领悟（即解悟）良知本体，从而指导实际修行。故阳明学者仍用种种言词描述、说明良知本体，或说其特征，或言其境界，不一而足。东廓作为一个有众多弟子的教授师，当然也不得不常说本体。他对良知本体的体证、言说大体上同于阳明，但言说更详细、更丰富，也有自己的独特之处。

东廓对于良知本体，在不同语境下，有各种表述，如本体、心体、仁体、良知本体（良知之本体）、良知真体、吾性真体、吾心本体、性之本体、皓皓肫肫本体、肫肫皓皓真体、惶惶皓皓真体、恻怛真诚仁体、不睹不闻真体、戒惧真体等，有时也用良知、吾性、明德、天命之性等来表示良知本体。这些表述最具东廓特色的，一是将本体称为"真体"，强调本体的至真至诚；二是在本体或真体前加"皓皓""皓皓肫肫"等，意味本体的洁白、昭融、莹然，于本体上无

---

① 黄宗羲：《文成王阳明先生守仁》，《明儒学案》（修订本），沈芝盈点校，第180页。

以复加；三是在真体前加"戒惧"二字，表示工夫所至即本体，即本体与工夫的合一。这些表述在阳明的文本中都是找不到的，是东廓的自撰。当然除了这些表述外，东廓对于本体的内涵还有许多描述、论说，下面分而论之：

（1）对本体的体证、证悟

正德十四年（1519），东廓拜阳明为师后，即开始了对良知本体的体证、证悟的人生历程。次年，东廓在赣州与二三好友观月而"悟吾性"[①]。所谓"悟吾性"，即是对良知本体有所体悟。他体悟到："吾性"（即良知本体）之精明而大公顺应，但人有作好作恶之私，故自蔽其本体。此后体证、证悟本体成为东廓一生精神修炼、道德修养的大方向和总主宰。直至晚年还在反思自己对本体未能洗刷干净，于是还在不断加紧用功，以求彻底证悟之。

所谓体证本体，就是"反观内照，直求本体"[②]，也就是脱落一切的外在追逐，直接反求、反证自己的本心、良知。他说：

> 天命之性，纯粹至善，而无形与声，不可睹闻，学者于此无从体认，往往以强索悬悟自增障蔽。此学不受世态点污，不赖闻见充拓，不须亿中测度，不可意气承担，不在枝节点检，亦不在著述继往开来。凡有倚着，便涉声臭，于洗心神明处，尚隔几层。[③]

也就是说，对本体的体证不是靠外在的见闻、亿测、意气、（生活）细节、著述等来获得的，凡是对这些东西有所倚着，即使"强索悬悟"，都不能体证到本体，反增加本体之障。体证本体是阳明龙场悟道后开启的用功方向，东廓继承了这一用功方向。

所谓证悟本体，亦即是彻底扫清本体之蔽，让良知本体永永作主。东廓常常反思自己未能彻底证悟之，于本体未能洗刷干净。如曰：

> 病体视旧稍健，今春出馆崇福寺中，与门生儿子缉理旧学，而郡之耆艾与四方之彦时造焉。乃知平日病痛，尚是比拟文义，

---

① 邹守益：《赠王孔桥》，《邹守益集》，董平编校整理，第42页。
② 邹守益：《贡院粜讲语》，《邹守益集》，董平编校整理，第720页。
③ 宋仪望：《文庄邹东廓先生行状》，邹守益：《邹守益集》，董平编校整理，第1373页。

想像光景，自以为为学工夫，而不知于良知本体反增一层障蔽。①

　　昔岁见先师时，便知从良知上致，只是认得良知粗了，故包谩世情，倚靠闻见，悬想精蕴，终于洁洁静静处未肯着实洗刷，遂蹉跎暮齿，真可愧悔！②

　　这不是东廓的自谦，而是他真诚的反思，认为自己在本体上仍有病痛、蔽障。所谓"比拟文义""倚靠闻见"，乃是从文字、闻见去理解本体，"包谩世情"，是说本体上乃有世俗的私情、私欲，"想像光景""悬想精蕴"，指从心上去捕捉一个空空的虚影。当然，不是说东廓没有体证到本体，而是没有彻底证悟，不免有时仍有蔽障作祟。所以他晚年欲与同门刘邦采、刘文敏等共同彻证本体，以为"不以一毛障肫肫本体，庶不孤师门一脉，以疑来学"③。

　　晚年东廓，一方面自省自己本体之蔽，另一方面也自述自己对本体的证悟有进步处：

　　去年初度，同志胥临，悟得赤子之心，正是对境充养。入夏，必避暑武功山间，摆脱尘网，翛然与造物者游，觉有进步处。世之博闻见、工测度、稽仪文、尚气概，点检念头，终与无极之真超然声臭，未可同科而语。④

　　年来取善四方，归而避暑于武功，觉得从前浮泛，犹靠在闻见思索科臼，于肫肫皓皓真体，未可承担。日夜怨艾，反观内省，始于全生全归脉络有循循进步处。⑤

　　此二文的"无极之真""肫肫皓皓真体"均指良知本体。所谓"摆脱尘网，翛然与造物者游，觉有进步处"，其"进步处"是指脱落本体之蔽，而与万物一体，得"无极之真"；"始于全生全归脉络有循循进步处"，其"进步处"是指对"全归"之境，即对"肫肫皓皓真体"的证悟。

---

① 邹守益：《简吕泾野宗伯》，《邹守益集》，董平编校整理，第515页。
② 邹守益：《冲玄录》，《邹守益集》，董平编校整理，第741页。
③ 邹守益：《简罗念庵》（二），《邹守益集》，董平编校整理，第586页。
④ 邹守益：《简陈西山》，《邹守益集》，董平编校整理，第606页。
⑤ 邹守益：《简吕巾石馆长》，《邹守益集》，董平编校整理，第614页。

晚年东廓能进一步证悟良知本体，也得王畿之夹持，因为王畿尤其重本体的证悟，从悟境上看，也许王畿比东廓还要略高一筹。嘉靖二十八年（1549），东廓、王畿等在玄潭、冲玄等地举讲会，王畿与人有一段对话：

> 龙溪（即王畿）王子曰："不落意见，不涉言诠，如何？"曰："何谓意见？"（王畿）曰："隐隐见得自家本体，而日用凑泊不得，是本体与我终是二物。"曰："何谓言诠？"（王畿）曰："凡问答时，言语有起头处，末梢有结束处，中间有说不了处，皆是言诠所缚。"曰："融此二证何如？"（王畿）曰："只方是肫肫皓皓实际。"[1]

王畿认为只有证悟了肫肫皓皓本体，才能不落意见，不涉言诠。当然，东廓的认识也与此无二（如言："居闲无事，隐隐见得先天体段，而日用应酬凑泊不得，犹是虚浮。"[2]），二人在对本体证悟的慧解上应是惺惺相惜的，但得友朋夹持、共证，会进一步坚定这一用功方向。所以东廓事后说："予近得龙溪子意见、言诠一针，更觉儆惕。只是时时洗刷，时时洁净，方是实学。实学相证，何须陈言！"[3] 所谓"时时洗刷，时时洁净"，就是说要时时洗刷本体之蔽，使之洁净，即时时在本体上用功，于本体上戒惧不息。

对于东廓是否彻底证悟良知本体而真正得道，我们不好妄加评说，因为他不像王畿、罗汝芳常有大段的对悟境的描述，只是偶尔用简短的语言点出本体的特征（见下文）。不过，即使如王、罗般言说，言说毕竟也不是道。因此，我们只能相信东廓晚年至少已大体证悟良知本体。

（2）作为本己本质的本体

瑞士学者耿宁认为，王阳明的本体概念有两个含义：一是指一个实事的"本己本质"或"本己实在"的东西，是已经完成了的、真实的形态。其对应的概念是这个实事的非本己的、有缺陷的、尚不完善的、不纯粹的、被模糊了的形态或显现。二是指一个实事的"实

---

① 邹守益：《冲玄录》，《邹守益集》，董平编校整理，第746页。
② 邹守益：《复毛介川郡侯》，《邹守益集》，董平编校整理，第616页。
③ 邹守益：《冲玄录》，《邹守益集》，董平编校整理，第746—747页。

体"（即"根本实在"）的东西，其对应的概念是这个实体的发用、作用。[1] 笔者认为，作为体用范畴的"用"，不仅包括实体的发用、作用，还包括工夫，故实体（本体）对应的概念还有工夫。东廓对良知本体的阐释大体同于阳明，其本体概念也包含了这些含义，此外他还将良知本体作为建立道统的依据。依上所述，下面从作为本己本质的本体、作为与用对应的本体、作为与工夫对应的本体、作为道统依据的本体四个方面加以论述。

所谓作为"本己本质"或"本己实在"的本体，是指本体的根本性特征。这些本质特征包括良知本体的至善、精明、皓皓等。

其一，至善是心之本体。这是阳明良知学的基本义，如其言"至善是心之本体"[2]，"至善是良知本体"[3]。东廓继承了这一思想，他说："至善也者，心之本体也。自无声臭而言曰不睹不闻，自体物不遗而言曰莫见莫显。其曰止仁止敬，止孝止慈，皆至善之别名也。"[4] 何谓至善？东廓曰："至善者，良知之真纯而无杂也。是真纯无杂之体，常寂常感，常大公，常顺应。故无众寡，无大小，无逆顺，随所遇而安之，是之谓大行不加、穷居不损之学。"[5] 就是说，至善是指良知本体的真纯无杂（即绝对善），不因落入现象界而加损，是一个绝对无待的存在。关于至善是心之体，是阳明学的公共义，几乎无有争议。但是阳明又提"无善无恶心之体"，后王畿大力提倡，遂成为阳明学的一大公案。东廓与阳明、王畿不同，主张"至善无恶"是心之体，他说："如此心一也，纯粹至善，灵灵明明，有是无非，有善无恶。"[6] 其《青原赠处》记钱绪山四句教，首句作"至善无恶者心"。[7] 当然，阳明和王畿都认为"无善无恶"也是至善之义。他们主张"无善无恶"，意在破对善恶之执着，即使执着善，也于本体有障（这是一个境界论命题，参见第一章第二节第二部分）。这种说法带有佛教色彩，容易引起误解，如有人从存有论和道德论

① 耿宁著：《人生第一等事——王阳明及其后学论"致良知"》，倪梁康译，第274页。
② 王守仁：《传习录上》，《王阳明全集》，吴光等校，第2页。
③ 王守仁：《阳明先生遗言录下》，《王阳明全集》（新编本第5册），吴光等编校，浙江古籍出版社2010年版，第1605页。
④ 邹守益：《寄孙德涵德溥》，《邹守益集》，董平编校整理，第661—662页。
⑤ 邹守益：《复戚司谏秀夫》，《邹守益集》，董平编校整理，第499页。
⑥ 邹守益：《答吴以容》，《邹守益集》，董平编校整理，第607页。
⑦ 黄宗羲：《文庄邹东廓先生守益》，《明儒学案》（修订本），沈芝盈点校，第332页。

去理解心体之"无善无恶",便会反对阳明、王畿之说。东廓守纯正儒学立场,其说完全尊孟子。他说:"孟子千辛万苦争个性善,正是直指本体,使学者安身立命,自成自道,更无宽解躲避去处,中间重重过恶,皆是自欺自画,原不是性中带来。"① 故东廓的说法不会引起误解,也无流弊,不过就此而言,也就缺少了阳明、王畿破执的超越义。

其二,吾心本体,精明灵觉。这也是阳明的题中之义,阳明曰"良知原是精精明明的","良知越思越精明"②。但其实,阳明言良知(本体)之"精明"较少见,而东廓则将此义发挥到极致,其文本中言良知本体"精明"处常见,所用词有"精明""精明灵觉""精明真纯""灵昭不昧"等。何谓"精明"?一是觉照义。东廓曰:"吾心本体,精明灵觉,浩浩乎日月之常照,而渊源乎江河之常流……古人所以造次于是,颠沛于是,正欲完此常照常明之体耳。"③ 又曰:"良知之明也,譬诸镜然。廓然精明,万象毕照。"④ 二是精察义。东廓曰:"目之本体,至精至明,妍媸皂白,卑高大小,无能遁形者也,一尘蒙之,则泰山秋毫,莫之别矣。良知之精明也,奚啻于目?"⑤ 所谓精明,就是说良知本体能觉照、精察一切是非善恶之几,一毫私欲杂念落于良知本体上即能觉知。唐君毅辨析曰:"言精明不同言虚明。虚明中可无警惕义,精明中有精察善恶之几之义。则此中有一善恶念之先之戒惧在,亦有自作主宰之敬在……则此中自以一道德生活之严肃义为本。"⑥ 也就是说,东廓的"精明",不同于王畿的"虚明":虚明体现的是良知本体的无执不滞之"无"的作用⑦,而无警惕、严肃义;而"精明"则有警惕、严肃义,与东廓的戒惧工夫相关。所以"精明"一词带有东廓特色,与阳明他子不同。

其三,良知真体,与皓皓同见。东廓常用"皓皓""皓皓肫肫""肫肫皓皓""愦愦皓皓"等来言良知本体(真体),几乎可说是东廓的独家发明,陈九川曰:"余观东廓用工笃实精密,其语良知本体,

---

① 邹守益:《贡院聚讲语》,《邹守益集》,董平编校整理,第719页。
② 王阳明撰,邓艾民注:《传习录注疏》,第240、336页。
③ 邹守益:《简君亮伯光诸友》,《邹守益集》,董平编校整理,第493页。
④ 邹守益:《复夏太仆敦夫》,《邹守益集》,董平编校整理,第493页。
⑤ 邹守益:《九华山阳明书院记》,《邹守益集》,董平编校整理,第322页。
⑥ 唐君毅:《中国哲学原论·原教篇》,第239页。
⑦ 张卫红:《敦于实行:邹东廓的讲学、教化与良知学思想》,第166页。

真与皓皓同见，海内同志赖焉。"①"皓皓"一词，来自《孟子·滕文公上》："他日，子夏、子张、子游以有若似圣人，欲以所事孔子事之，强曾子。曾子曰：'不可，江汉以濯之，秋阳以暴之，皓皓乎不可尚已。'"朱熹释"皓皓"为洁白貌，并认为此处"言夫子道德明著，光辉洁白，非有若所能仿佛也"②，即"皓皓"是用来描绘孔子的道德人格的。东廓常用此典故，并将"皓皓"解释成描绘本体之词。他说："曾子之称圣人曰：'秋阳以暴之，江汉以濯之，皓皓乎不可尚已。'皓皓者，洁白昭融，莹然本体而已矣。"③东廓认为孔子证悟了本体，非有若等人所能比。他说："渣滓消融，本体呈露，江汉以濯，秋阳以暴，皓皓而无以尚，非聪明睿智达天德（如孔子），其孰能深造之！"④在东廓这里，"皓皓"是洁白、昭融、莹然之意，强调于本体上无以复加、不能被染污。他说："彼可以尚、可使加者，皆不得谓之皓皓。"⑤又说："好仁而可以尚，是犹有所摇眩也；恶不仁而可以加，是犹不免于污染也。有所摇眩，有所污染，终非皓皓肫肫本体矣。"⑥可以说，东廓一生的生命追求就是在证悟皓皓真体。

（3）作为与用对应的本体

体用，是中国哲学的一对重要范畴。从概念的辨析来说，"体"与"用"的区别是指一个"事物"自己的持续特征与它的不同的、时间上有变化的效用、表露、宣示、显现之间的区别。⑦在阳明那里，体用表现于"知行合一"和"致良知"中，知是体，行是用，良知是体，良知之流行是用，体用是合一的。东廓承阳明之学，并融合《周易》、《中庸》、周敦颐《通书》、程颢《定性书》等作了更为丰富的阐释。他说：

> 中也者，大公之体；和也者，顺应之用；皆良知之别名。⑧

---

① 陈九川：《寿大司成东廓邹公七十序》，邹守益：《邹守益集》，董平编校整理，第1410页。
② 朱熹：《四书章句集注》，第261页。
③ 邹守益：《叙秋江别意》，《邹守益集》，董平编校整理，第48页。
④ 邹守益：《赠董谋之》，《邹守益集》，董平编校整理，第101页。
⑤ 邹守益：《永丰县重修儒学记》，《邹守益集》，董平编校整理，第375页。
⑥ 邹守益：《赠侯舜举》，《邹守益集》，董平编校整理，第811页。
⑦ 耿宁：《人生第一等事——王阳明及其后学论"致良知"》，倪梁康译，第275页。
⑧ 邹守益：《简叶旗峰秋卿》，《邹守益集》，董平编校整理，第574页。

夫良知一也。有指体而言者，寂然不动者是也；有指用而言者，感而遂通天下之故是也。指其寂然处，谓之未发之中，谓之所存者神，谓之廓然而大公；指其感通处，谓之已发之和，谓之所过者化，谓之物来而顺应。体用非二物也。[①]

故以言其（指良知）精明之凝定，谓之静虚，忿懥忧患有所滞焉，则实矣。以言其精明之流行，谓之动直，亲爱贱恶有所辟焉，则曲矣。[②]

东廓认为，体用都是良知，良知有体有用。其中，未发之中、寂然不动、廓然大公、虚静是指体，已发之和、感而遂通、物来顺应、动直是指用。其中，从寂然不动、感而遂通说体用，来自《周易·系辞》；从中和、已发未发说体用，来自《中庸》；从虚静、动直说体用，来自周敦颐《通书》；从廓然大公、物来顺应说体用，则来自程颢《定性书》。东廓融合这些经典充分阐释体用之内涵。

此外，东廓还用《周易·系辞》中"道器"的概念说体用。有人问道器之别，其答曰：

圣门提出最分晓。形而上者谓之道，形而下者谓之器。盈天地皆形色也，就其不可睹、不可闻、超然声臭处指为道，就其可睹可闻、体物不遗指为器，非二物也。今人却以无形为道，有形为器，便是裂了宗旨。[③]

在此，道便是体，器便是用，道器、体用是合一的。当然从概念辨析来说，"无形为道，有形为器"也没错，但从实际看，二者是一体的，不可分离。

他又用周敦颐《通书》诚、神、几的概念来说体用。他说：

良知之旨，其天命之性乎！是性也，不睹不闻，无声无臭，而莫见莫显，体物不遗。不睹不闻，真体常寂，命之曰诚；莫见莫显，妙用常感，命之曰神；常寂常感，常虚常灵，有无之间，

---

① 邹守益：《复黄致斋使君》，《邹守益集》，董平编校整理，第497页。
② 邹守益：《南京兵部车驾司题名记》，《邹守益集》，董平编校整理，第416—417页。
③ 邹守益：《浙游聚讲问答》，《邹守益集》，董平编校整理，第768页。

不可致诘，命之曰几。①

其中，诚是体，神是用，几则介于体用之间，是呈现体用之隐微处（即独），是即存有即活动之"开关"，在几处（独处），最能感受体用一体而现。

但是，良知本体未必一定会流行于用，存在本体与现象隔离的状态。体用合一是建立在终始完善的良知本体的基础上，但如果有欲障蔽之，则本体不能流行，这是阳明所认可的。他说："良知即是天植灵根，自生生不息；但着了私累（即私欲），把此根戕贼蔽塞，不得发生耳。"②东廓认同阳明之说，他说：

> 良知之明，蒸民所同，本自皓皓，本自肫肫，常寂常感，常神常化，常虚常直，常大公常顺应，患在自私用智之欲所障，始有所尚，始有所倚。不倚不尚，本体呈露，宣之为文章，措之为政事，犯颜敢谏为气节，诛乱讨贼为勋烈。③

东廓认为，良知本体本自皓皓、肫肫，能自然流行、发用，但如果有私欲以障之，则有所尚、有倚（即自我有所执持）；如果"不倚不尚"，本体自然呈露，则发用为文章、事功、气节。所以，须用工夫以复、以保本体之明，并使之流行。东廓曰：

> 圣门端本澄源之学，戒慎恐惧，须臾不离，视于无形，听于无声，以保天命之纯而不使一毫杂之，从日用常行之内，以直造先天未画之前，故大公为中，顺应为和。④

就是说，必须用戒惧之功才能使体用合一。总之，作为与用对应的本体，有流行与不流行之别。就是说，作为终始完善的本体是超越的绝对存在，如能流行，则体与用合；如有欲以障之，不能流行，则体与用离。

---

① 邹守益：《青原赠处》，《邹守益集》，董平编校整理，第103页。
② 王阳明撰，邓艾民注：《传习录注疏》，第210页。
③ 邹守益：《阳明先生文录序》，《邹守益集》，董平编校整理，第40页。
④ 邹守益：《寿连坪甘郡侯先生七十序》，《邹守益集》，董平编校整理，第131页。

（4）作为与工夫对应的本体

本体与工夫，也属于体用的范畴，工夫也可视为"用"。只是此"用"，不是本体的自然流行，而是用工夫以保证本体之流行，工夫乃是一种独特的"用"，故此单独以工夫作为对应来论本体。

良知本体，从逻辑上说是先天现成的，只有圣人是时时处处都会呈现的，但常人（包括贤人）难免有间断而不呈现之时，故需要用后天的工夫来作保证。作为阳明学的工夫，不是外在的枝节的工夫，而是直接在本体上用工夫，所以真正的阳明学工夫都是本体工夫。王阳明曰："合着本体的，是工夫；做得工夫的，方识本体。"① 这是阳明的本体与工夫之辨："做得工夫的，方识本体"，是说只有通过工夫才能真正呈现本体，否则本体只是逻辑的先在；"合着本体的，是工夫"，是说只有贴着本体的工夫，才是真正的工夫。从这个角度说，本体与工夫是合一的。所以东廓说：

> 先师一生精力，提出"致良知"三字，本体工夫，一时俱到，而学者往往分门立户，寻枝落节，遂日远于宗旨而不自觉，良可慨叹！本体而谓之良，则至明至健，无一毫障壅；工夫而谓之致，则复其至明至健，一毫因循不得。②

就是说，阳明提出"致良知"，将本体与工夫融为一体，良知是本体，其本身是至明至健的，而"致"则是工夫，是用来复至明至健的本体的。如果从外在的枝节上用功，则必然存在本体与工夫隔离的状态。

关于本体与工夫之合一，东廓完全认同阳明。他说：

> 良知二字，精明真纯，一毫世情点污不得，一毫气质夹杂不得，一毫闻见推测穿凿附会不得，真是与天地同运，与日月同明。故至良知工夫，须合得本体做。不得工夫，不合本体；合不得本体，不是工夫。③

本体工夫，原非二事。《大学》之教，在明明德，下"明"

---

① 王守仁：《传习录拾遗》，《王阳明全集》（新编本），吴光等编校，第1546页。
② 邹守益：《答马生遂世瞻》，《邹守益集》，董平编校整理，第557页。
③ 邹守益：《再答双江》，《邹守益集》，董平编校整理，第542页。

字是本体，上"明"字是工夫，非有所添也。做不得工夫，不合本体；合不得本体，不是工夫。①

所谓"做不得工夫，不合本体；合不得本体，不是工夫"，与阳明的说法完全一致，并直接下断语说"本体工夫，原非二事"。东廓解"明明德"，等同阳明的"致良知"，并通过一"明"字将本体与工夫绾合为一体。

从本体界而言，本体是不依赖于后天的工夫而先在的，所谓"现成良知"，不仅是王畿、王艮等现成派的观点，东廓也是认同的。他说："若论见成（即现成）本体，则良知良能，桀纣非啬，尧舜非丰，何以肫肫浩浩渊渊独归诸至圣至诚乎？"②对于良知本体的"见成"（即现成）意，东廓常用"本自""原自"这样的词语来表达：

良知之本体，本自廓然大公，本自物来顺应，本自无拣择，本自无昏昧放逸。③

明德之本体，原自刚大，原自精莹，原自密察，原自凝定。④

所以东廓反对聂豹归寂后别求寂体。从这个角度说，本体与工夫不存在合一、不合一的问题。东廓甚至认为，先天本体中也蕴含了工夫。他说：

良知本体，原自精明，故命之曰觉；原自真实，故命之曰诚；原自警惕，故命之曰敬，曰戒惧。不须打并，不须挽和，而工夫本体，通一无二，更何生熟先后之可言？⑤

东廓认为，"觉"（即逆觉）、"敬"、"戒惧"原具本体中，即这些工夫是先天就具备的，本就包含在本体中。所谓"工夫本体，通一无二"，一是指工夫先天就在本体中，二是指当下承体起用，

① 邹守益：《复高仰之诸友》，《邹守益集》，董平编校整理，第549页。
② 邹守益：《复高仰之诸友》，《邹守益集》，董平编校整理，第549—550页。
③ 邹守益：《复石廉伯郡守》，《邹守益集》，董平编校整理，第511—512页。
④ 邹守益：《答周潭程兖州》，《邹守益集》，董平编校整理，第553页。
⑤ 邹守益：《答詹复卿》，《邹守益集》，董平编校整理，第650页。

工夫与本体同时呈现，所谓"即工夫即本体"。这是东廓对本体的彻悟，试想如果工夫不是先天本体中就存有，何以能当下承体起用？所以东廓晚年称本体，有时直称"戒惧真体"。

从经验界而言，本体不是完全现成的（即终始圆满的呈现），因为落于经验界，本体有受遮蔽之时。所以东廓曰："先言戒惧，后言中和，中和自用功中复得来，非指见成的。"[①]中和是即本体即流行的，是本体、工夫合一的圆熟之境，这不是"见成"（即现成）的，而是要通过戒惧之功来获得的。故所谓本体与工夫的合一，东廓更多是从直接在先天本体上用后天之功（即"戒惧于本体"）而言，即通过在本体上用戒惧之功以复本体，从而获得圆熟之境，使本体彻底流行于日用间。正如东廓所说：

> 本体戒惧，不睹不闻，帝规帝矩，常虚常灵，则冲漠无朕，未应非先，万象森然；已应非后，念虑事为，一以贯之。[②]

就是说，戒惧于本体，使本体与工夫合一，则本体常虚常灵，流行于一切日用念虑事为之中。但工夫"须臾有息，便非良知本体"[③]，故需时时用戒惧之功，使本体与工夫时时合一，如此才能真正、彻底证悟本体，从而由潜在的先天本体变成现实的圆熟本体。

（5）作为建立道统依据的本体

关于道统论，宋明理学主要有两大系统，一是以朱熹为代表的理学道统论，一是以王阳明为代表的心学道统论。作为建立道统的依据，前者以思想谱系的传承为主，后者则以证悟道体、心体为主。关于道统论，王阳明曰：

> 颜子没而圣人之学亡。曾子唯一贯之旨传之孟轲，终又二千余年而周、程续。自是而后，言益详，道益晦；析理益精，学益支离无本，而事于外者益繁以难。[④]

---

① 邹守益：《复高仰之诸友》，《邹守益集》，董平编校整理，第549页。
② 邹守益：《录诸友棠讲语答两城郡公问学》，《邹守益集》，董平编校整理，第734页。
③ 邹守益：《复濮致昭冬卿》，《邹守益集》，董平编校整理，第537页。
④ 王守仁：《别湛甘泉序》，《王阳明全集》，吴光等编校，第257页。

这段话，尤其是"颜子没而圣人之学亡"，构成了阳明心学史上的"一大谜案"，更是儒学史上的"千古大公案"。① 为什么说是谜案、公案？因为"颜子没而圣人之学亡"，是说圣人之学传到颜回就断了，但接着又说"曾子唯一贯之旨传之孟轲，终又二千余年而周、程续"，则圣人之学似乎又再传到了曾子、孟子、周、程。关于此，吴震有一长文（即上所引《心学道统论——以"颜子没而圣学亡"为中心》）论之。笔者据吴震之论且断以己意简言之，"颜子没而圣人之学亡"，是从证悟道体、本体说，"圣人之学"是证道之学，孔子之后唯有颜回证道了，之后再无来者，即使之后的曾子、孟子、周、程，都未完全证道，如曾子"尚有一间之未达"；而"曾子唯一贯之旨传之孟轲，终又二千余年而周、程续"，则是从思想谱系说，"唯一贯之旨"是指思想谱系的传承，从孔子继续传到了曾子、孟子、周、程，此仍是就着朱熹的旧道统说。不过阳明更强调前者，此后王畿更充分发挥前说，了结此"千古大公案"。东廓也大体继承阳明的前说，但与阳明、王畿仍有较大的不同。

东廓认为，孔子已彻底证悟本体，他常以曾子称赞孔子"江汉以濯之，秋阳以暴之，皓皓乎不可尚已"（《孟子·滕文公上》）来作为孔子证悟本体的说明，并以"皓皓"作为本体的主要特征，称"皓皓真体"，孔子便是"皓皓真体"的人格体现。对于颜回，他说："颜氏之屡空，只是查滓浑化，使终身如三月焉，便是皓皓不可尚矣。"② 认为颜回已经消融了生命之渣滓，但还未完全达到孔子"皓皓不可尚"之境界，只是"其心三月不违仁"（《论语·雍也》），如果终身如此，便是彻底证道。不过大体上说，东廓还是认为颜回已证悟本体。他说："用舍无恒，行藏有定，粹然一出于正，而无一毫系累，孔、颜自许，正是本体洁净，非群弟子所及。"③ 即认为颜回与孔子一样，已证得本体。对于孔子其他弟子（子高、曾参、子路、子张、子贡），东廓认为他们均未能证悟本体，与颜回不能相提并论。他说：

① 吴震：《心学道统论——以"颜子没而圣学亡"为中心》，《浙江大学学报（人文社会科学版）》2017年第3期。
② 邹守益：《赠黄志学归惠州》，《邹守益集》，董平编校整理，第59页。
③ 邹守益：《再简洪峻之》，《邹守益集》，董平编校整理，第521页。

柴（子高）愚、参（曾子）鲁、由（子路）喭、师（子张）辟、赐（子贡）货殖而亿，中虽浅深不同，终是查滓未融。查滓未融，则不能廓然大公；不能廓然大公，则不能物来顺应，与屡空之颜，毕竟殊科。①

不过，这里的曾子是指年轻时的曾子［其"查（渣）滓未融"，未能证悟本体］。东廓认为，曾子晚年已经证悟本体。他说：

参鲁，圣门之所指渣滓也……曾氏之训曰："仁以为己任，死而后已。"其弘毅之学，任重道远，至于全归而知免，此岂鲁者所能乎？渣滓消融，本体呈露，江汉以濯，秋阳以暴，皓皓而无以尚，非聪明睿智达天德，其孰能深造之！②

东廓认为，曾子通过长期的修养工夫，最后消融了渣滓，证悟了本体，最终"全归而知免"。这不同于阳明、王畿的看法，认为孔门弟子只有颜回证悟了本体。

正如阳明、王畿，东廓也以证悟本体作为建立道统的依据。他说：

礼乐之等，最为近之，然犹自闻见而求，终不若秋阳江汉，直悟本体为简易而切实也。盖在圣门，惟不迁怒、不贰过之颜（颜回），语之而不惰；其次则忠恕之曾（曾子），足以任重而道远。故再传而以祖述宪章，譬诸天地四时（指子思），三传而以仕止久速之时，比诸大成，比诸巧力（指孟子），宛然江汉秋阳家法也。秦汉以来，专以训诂，杂以佛老，侈以词章，而皓皓肫肫之学，淆杂偏陂，而莫或救之。逮于濂洛（即周敦颐、程颢），始克续其传，论圣之可学，则以一者无欲为要；答定性之功，则以大公顺应学天地圣人之常。……至阳明先师，慨然深探其统，历艰履险，磨瑕去垢，独揭良知，力拯群迷，犯天下之谤而不自恤也。③

---

① 邹守益：《赠黄志学归惠州》，《邹守益集》，董平编校整理，第58—59页。
② 邹守益：《赠董谋之》，《邹守益集》，董平编校整理，第101页。
③ 邹守益：《阳明先生文录序》，《邹守益集》，董平编校整理，第39页。

这里所谓"江汉秋阳家法""皓皓肫肫之学"，即直悟、证悟本体之学。在儒门，唯有孔子、颜回、曾子、子思、孟子、周敦颐、程颢、王阳明，以此为学，以此作为生命的终极追求。东廓以此为依据，从而建立了阳明学的心学道统。显然，这与阳明、王畿的说法有较大的不同：阳明、王畿是以"已经证悟"本体为依据来建立心学道统的，故认为"颜子没而圣人之学亡"；而东廓则是以体证、证悟本体（是否"已经证悟"本体除孔子、颜回、曾子外，未加一一严格论证）为依据来建立心学道统的，所以他排了一个较长的谱系。总之，他们都是以体证或证悟本体作为道统的依据。不过在取法上，阳明、王畿从严，仅把孔、颜作为心学道统人物，有惊世骇俗之气象；而东廓从宽，还增加了曾子、子思、孟子等作为心学道统人物，显得比较平和。

总之，邹东廓从以上四个方面建立了自己的本体论，从而丰富了阳明学本体论的内涵，并以此作为自己哲学的根基，成为其整个哲学的统帅和灵魂。

3. 戒惧之功

阳明的"致良知"提出之后，对于良知即本体，阳明后学几乎都是承认的（当然各自的慧解、体悟也有所不同），但是对于如何"致"良知则工夫各异，有从现成良知上用功者（王畿、王艮），有归寂以致用者（聂豹、罗洪先），有主"龙警"者（季本）等。东廓主张的本质工夫是戒惧，即通过戒惧之功以致良知（或致中和），而慎独、主敬、无欲在工夫上都大体等同于戒惧。东廓以戒惧为中心的工夫论以《中庸》为中心，并统合了《大学》，又融合了孔子的"修己以敬"、周敦颐的"无欲"、程颢的"定性"、程颐的"主一无适"等，从而建立了独特的义理构造。[①] 东廓工夫论主要包括如下内容：（1）"戒惧说"的基本内涵，（2）戒惧与慎独，（3）戒惧与主敬，（4）戒惧与无欲，（5）戒惧与自然，（6）戒惧与默识。

（1）"戒惧说"的基本内涵

戒惧，即戒慎恐惧，出自《中庸》："道也者，不可须臾离也，可离非道也。是故君子戒慎乎其所不睹，恐惧乎其所不闻。"宋明

---

① 此句参考了钟治国《邹东廓哲学思想研究》（第194页），但说法略有不同。

理学家已经将其发展为一种工夫论，其中东廓"戒惧说"的内涵最为丰富，这也是其工夫论的标志。

戒惧之功在朱熹那里，主要是指未发时的工夫。他说：

> 君子必戒谨恐惧其所不睹不闻，所以言道之无所不在、无时不然，学者当先其事之未然而周防之，以全其本然之体也。①

就是说，当经验意识还未发生时，提撕精神，从负面防止私心杂念发生，从而使经验的心保持虚灵不昧的状态。这种工夫虽是防范于未发之时，但因是在经验之心上戒惧后天负面意识的发生，故仍属后天的经验工夫。东廓在用功上经历了戒惧于事为、戒惧于念虑后，最后归结为戒惧于本体。戒惧于事为或念虑，都是在已发上用功；戒惧于本体则是贯通已发未发，不分动静寂感："善学者戒慎恐惧，无须臾之离，不睹不闻，立其寂矣；莫见莫显，达其感矣。常寂常感，常神常化。"② 东廓所谓"戒惧于本体"，即"视于无形，听于无声，全生而全归之，戒惧于本体也"③。所谓无形无声者，即良知本体。东廓又曰：

> 良知之本体，本自廓然大公，本自物来顺应，本自无拣择，本自无昏昧放逸。若戒慎恐惧不懈其功，则常精常明，无许多病痛。特恐工夫少懈，则为我、为欲、为昏、为放。④

这是直接在良知本体上用戒惧之功，如用功不懈，则本体常精常明。此意阳明已发之，他说：

> 天理之昭明灵觉，所谓良知也。君子戒惧之功，无时或间，则天理常存，而其昭明灵觉之本体，自无所昏蔽，自无所牵扰，自无所歉馁愧怍。⑤

① 朱熹：《中庸或问》，朱杰人、严佐之、刘永翔主编：《朱子全书》（第6册），第558页。
② 邹守益：《致远堂说》，《邹守益集》，董平编校整理，第458页。
③ 邹守益：《书谢青冈卷》，《邹守益集》，董平编校整理，第819页。
④ 邹守益：《复石廉伯郡守》，《邹守益集》，董平编校整理，第511—512页。
⑤ 王守仁：《传习录拾遗》，《王阳明全集》，吴光等编校，第1302页。

　　只是阳明未直接提出"戒惧于本体"，这是东廓之独家发明。在本体上用功，不是后天的经验上的工夫，而是本体工夫，如果戒惧之功不息，那么即工夫即本体，所谓"但令无往非戒惧之流行，即是性体（即良知本体）之流行矣"①。

　　东廓的戒惧作为工夫，是如何致良知的问题，他是把戒惧作为致良知的具体工夫。他说：

　　　　戒慎不睹，恐惧不闻，便是致良知工夫。②
　　　　良知之明，人人具足，一提掇出来，人人无不感发者。是以旧习所障，不能脱然自立，故或作或辍，终是不成片段。须是戒惧恐惧，实用其力。③

　　就是说，良知时隐时显，必须在良知本体上戒惧，实用其力，才能真正地"致"良知，使之呈现、挺立出来。刘宗周也指出："东廓以独知为良知，以戒惧谨独为致良知之功，此是师门本旨。"④ 具体而言，从积极面讲，就是时时用戒惧之功以保持良知本体的精明而使之流行，即"戒慎之功常存而不懈，则本体精明，天理莹然，其寂也大公之体立，而其感也顺应之用行"⑤。从消极面讲，就是时时扫除后天落于良知本体上的私欲杂念，即"日用工夫只从心体上点检（即戒惧），使精明呈露……稍有障蔽，即与扫除，虽欲顷刻息之而不可得"⑥。

　　将戒惧作为致良知的工夫，阳明其实已经提出。他说："盖不睹不闻是良知本体，戒慎恐惧是致良知的工夫，学者时时刻刻常睹其所不睹，常闻其所不闻，工夫方有个实落处。"⑦ 只是阳明对此并无多少发挥；而东廓则进一步丰富了其内涵，并将阳明的良知学纳入《中庸》的义理框架中，提出以戒惧致中和。他说："吾圣门正脉，以戒慎恐惧求致中和为准的，裁成天地，发育万物，无往非中和运

① 黄宗羲：《文庄邹东廓先生守益》，《明儒学案》（修订本），沈芝盈点校，第332页。
② 邹守益：《简杨道亨》，《邹守益集》，董平编校整理，第677页。
③ 邹守益：《复郭浅斋》，《邹守益集》，董平编校整理，第627页。
④ 刘宗周：《邹东廓守益》，邹守益：《邹守益集》，董平编校整理，第1358页。
⑤ 邹守益：《赠南屏子》，《邹守益集》，董平编校整理，第158页。
⑥ 沈佳：《邹守益言行录》，邹守益：《邹守益集》，董平编校整理，第1401页。
⑦ 王守仁：《传习录下》，《王阳明全集》，吴光等编校，第139页。

用。"① 这是东廓的创见。他提出以戒惧致中和，是对《中庸》第一节的提炼。这是《中庸》本具的义理间架，东廓的贡献在于以良知学的内容充实其血肉。他说：

> 良知也者，非自外至也。天命之性，灵昭不昧，自涂之人至于圣人同也，特在不为尘所蒙而已矣。二三子亦知尘之害乎？目之本体，至精至明，妍媸皂白，卑高大小，无能遁形者也，一尘蒙之，则泰山秋毫，莫之别矣。良知之精明也，奚啻于目？而物欲之杂然前陈，投间而抵隙，皆尘也。故戒慎恐惧之功，如临深渊，如履薄冰，所以保其精明，不使纤尘之或蒙之也。纤尘不蒙，则无所好乐忿懥，而精明之凝，定廓然大公矣。亲爱贱恶无所辟，而精明之运用，物来顺应矣。大公之谓中，顺应之谓和。中以立天下之大本，而天德纯矣；和以行天下之达道，而王道备矣。②

在这里，东廓将良知视为"天命之性"，戒惧之功就是保持良知之精明而不被物欲染污，即以戒惧复良知本体，如此良知即体即用，体（中）以立天下之大本，用（和）以行天下之达道。体之状态是良知的精明之凝定、廓然大公，也即中；用的状态是良知的精明之运用、物来顺应，也即和。东廓将程颢的"廓然而大公，物来而顺应"和《中庸》的"中和"分别当作良知"体用"的描述词。于是以戒惧"致良知"就具体落实为以戒惧"致中和"，即将良知分疏为体（中）和用（和）。

（2）戒惧与慎独

作为工夫的戒惧与慎独，在朱熹处是有区别的，戒惧之功用于事为念虑未发之前，于此谨慎敬畏、无一毫之偏倚，即所谓"事之未然而周防之"；慎独之功用于事为、念虑已发的隐微幽独之际，于此作谨独工夫，无一毫之差缪，即所谓"随其念之方萌而致察焉，以慎其善恶之几"。③ 虽然朱熹有时也说戒惧与谨独"只是一体事，

---

① 邹守益：《简余柳溪》，《邹守益集》，董平编校整理，第551页。
② 邹守益：《九华山阳明书院记》，《邹守益集》，董平编校整理，第322页
③ 张卫红：《敦于实行：邹东廓的讲学、教化与良知学思想》，第132—133页。

不是两节"①，即强调二者又是一体的，所谓体用一源，动静一体、已发未发一体，但在具体的用功上二者毕竟是有区别的。王阳明从"知行合一"的观念出发，以良知打通了已发未发，是彻底的一元论，故主张戒惧与慎独只是一个工夫。正德十四年（1519），阳明对东廓关于《大学》先言"格致"而《中庸》先言"戒惧慎独"的疑问，回答道："独即所谓良知也。慎独者，所以致其良知也；戒谨恐惧，所以慎其独也。"②在阳明看来，独就是良知或良知本体，而不是朱熹的"人所不知而己所独知"的经验意识，慎独是致良知的工夫，而戒惧又是慎独的工夫。就具体用功而言，慎独、戒惧实则只是一个工夫，即致良知的具体工夫。

东廓主要继承了阳明的说法，他认为戒惧就是慎独。他说："戒慎恐惧，便是慎；不睹不闻，便是独。慎独之功，不舍昼夜，故曰不可须臾离。"③又认为，戒惧、慎独就是致良知的工夫。他说：

> 良知者，心之真知也。天然自有之中也。……戒慎、慎独之"慎"，从心从真，学者只常常戒慎不离，无分寂感，一以贯之，此其为致良知而已矣。④

他甚至认为，戒惧、慎独、诚意、致知、格物都是同一个工夫。他说：

> 戒慎恐惧，便是慎；不睹不闻，莫见莫显，便是独。自戒惧之灵明无障，便是致知；自戒惧之流贯而无亏，便是格物。故先师云：子思子撮一部《大学》作《中庸》首章，圣学脉络，通一无二。⑤

> 慎独正是思诚工夫。慎字从心从真，独知精明，戒惧常存，不肯以一毫私伪障吾本体，日用人伦庶物，须臾勿离，方是真心，方谓之慎独。诚意、致知、格物，皆是一时事。⑥

---

① 黎靖德编：《朱子语类》卷六十二，杨绳其、周娴君校点，岳麓书社1997年版，第1349页。
② 徐阶：《文庄邹公神道碑铭》，邹守益《邹守益集》，董平校整理，第1379页。
③ 邹守益：《冲玄录》，《邹守益集》，董平校整理，第747页。
④ 吕怀：《东廓邹先生文集序》，《邹守益集》，董平校整理，第1340页。
⑤ 邹守益：《浙游聚讲问答》，《邹守益集》，董平校整理，第770—771页。
⑥ 邹守益：《濮致昭录会语》，《邹守益集》，董平校整理，第773页。

东廓不仅将《中庸》的戒惧与慎独合为一体，而且将《大学》的诚意、致知、格物与《中庸》的戒惧、慎独合为一体。这当然是发挥了阳明的说法。

东廓关于戒惧、慎独之功有一个独特的说法，就是通过拆字解"慎"字来阐释其工夫论。他说：

> 天命之谓性，子思子揭出真性真命，一句道尽……言性不离命，命是性之真处；言命不离性，性是命之真处。戒慎恐惧，须臾不可离，所以求全其真也。故慎独之旨，"慎"字从心从真，自真之廓然大公，谓之中；自真之物来顺应，谓之和。中为天德，和为王道，其要只在慎独。[①]

> 慎独之义，圣门于《大学》《中庸》皆揭此二字，此是最切要处看来。慎字从心从真，天命流行，物与无妄，无不具只个真。人能戒慎恐惧，顾諟明命，便是朴朴实实见在工夫，成己成物，皆从一诚字出。此独知之真，无分动静，十目十手与屋漏，皆灵明独觉，莫见莫显。于此须臾不离，乃为致良知之学。[②]

从性体看，"天命流行，物与无妄，无不具只个真"，"性不离命""命不离性"，天命真，性亦真，性体即真体；从心体看，"独知之真，无分动静"，良知亦真，心体（良知本体）即真体。在东廓处，性体即心体（良知本体），即真体。从工夫看，戒慎、慎独都含有"慎"字，"慎"字从心从真（真亦即诚），作为工夫的"慎"已包含真体（本体），如此慎独或戒慎就是即本体即工夫。所以东廓又曰："慎独之义，从心从真，即此是本体，即此是工夫。"[③] 从体用关系看，真体之廓然大公，就是中，就是天德，亦即体；真体之物来顺应，就是和，就是王道，亦即用。只要用时时慎独或戒慎之功以复真体（本体），就能即体即用，体用一如。

（3）戒惧与主敬

主敬是程朱最重要的工夫，其内涵包括收敛（使身心向内而不放纵散逸）、谨畏（使内心处于敬畏状态）、惺惺（使内心处于一

---

① 邹守益：《答詹达卿教授问》，《邹守益集》，董平编校整理，第778—779页。
② 邹守益：《答洪生谦亨论学》，《邹守益集》，董平编校整理，第777页。
③ 邹守益：《寄季子善》，《邹守益集》，董平编校整理，第660页。

种警觉、警省的状态）、主一无适、外表上整齐严肃。① 朱熹主张敬
贯动静，其敬打通了戒惧（未发）与慎独（已发），即包含了戒惧
与慎独，但其内涵又比此二者更丰富。对于东廓的工夫，黄宗羲曰："先
生之学，得力于敬。"② 其实，通观东廓文本，他对于自己力主的工
夫常用的词语是"戒惧"（"戒慎恐惧"）和"慎独"，尤其是前
者，而言"敬"或"主敬"处并不常见。所以从严格的语言表述来
说，不如说"先生之学，得力于戒惧"。当然，从实际的内涵而言，
其主敬就是戒惧，与朱熹的理解不同。从工夫"论"的建构而言，
朱熹是以"敬"或"主敬"为中心，而东廓则是以"戒惧"为中心。

东廓早年从父亲邹贤那里接受了程朱的主敬之功。但是学问成
熟后的东廓之言敬或主敬，并未与程朱直接联系起来，而是始终只
是涉及孔子的"修己以敬"（《论语·宪问》）。③ 他说：

> 圣门之教，只在修己以敬。敬也者，良知之精明而不杂以
> 私欲也。故出门使民，造次颠沛，参前倚衡，无往非戒惧之流行，
> 方是须臾不离。④
>
> 圣门要旨，只在修己以敬。敬也者，良知之精明而不杂以
> 尘俗也。戒慎恐惧，常精常明，则出门如宾，承事如祭……故
> 道千乘之国，直以敬事为纲领。⑤

东廓跳过程朱，直承孔子，表明其敬与程朱有很大的不同。何
谓东廓的"敬"？敬就是保持良知本体的精明而不使之与私欲混杂，
敬就是直接在本体上戒惧，即戒惧于本体。从先天、后天工夫上看，
朱子云'敬，则心之贞也'，意谓'敬'是心气之贞定与凝聚，如
此言敬，是后天工夫意义的敬⑥；而东廓直接在本体上用敬之工夫，
是先天意义上的敬。

东廓言工夫以戒惧为中心，敬包含在戒惧的体系内。他说：

---

① 陈来：《宋明理学》（第二版），华东师范大学出版社2004年版，第138页。
② 黄宗羲：《文庄邹东廓先生守益》，《明儒学案》（修订本），沈芝盈点校，第332页
③ 耿宁：《人生第一等事——王阳明及其后学论"致良知"》，倪梁康译，第518页。
④ 邹守益：《简吕泾野宗伯》，《邹守益集》，董平编校整理，第515页。
⑤ 邹守益：《简胡鹿崖巨卿》，《邹守益集》，董平编校整理，第507页。
⑥ 蔡仁厚：《宋明理学·南宋篇》，吉林出版集团有限责任公司2009年版，第59页。

戒惧之功，是圣门兢兢业业一派源流。自戒惧之精明为知，自戒惧之流贯为行，自戒惧之凝定为敬，自戒惧之裁制为义。名目虽异，工夫则一。①

戒惧之功可以从各方面言说，其中"戒惧之凝定"就是"敬"。东廓又将《论语·颜渊》的"克己复礼，天下归仁"、《论语·宪问》的"修己以敬"以"安人""安百姓"、《中庸》第一节"戒惧"以至"位育"，归并为一个工夫、一个境界：

克己复礼，即修己以敬。礼者，天然自有之中也；非礼者，其过不及也。克己复礼，则天下归仁；修己以敬，则安人安百姓；戒慎恐惧，则位天地，育万物，无二致也。②

就是说，克己复礼、修己以敬、戒慎恐惧是一个工夫，将此工夫推行下去，就是天下归仁，就是安人安百姓，就是天地位、万物育，其所至的境界是一致的。总之，戒惧即敬，敬即戒惧，表述有别，工夫则一。

（4）戒惧与无欲

天理人欲之辨，是宋明理学家的共同主题。寡欲，乃至无欲，几乎是他们共同认可的工夫。"无欲说"首发之于周敦颐，其《圣学篇》曰：

圣可学乎？曰："可。"曰："有要乎？"曰："有。""请闻焉。"曰："一为要。一者无欲也，无欲则静虚、动直，静虚则明，明则通；动直则公，公则溥。明通公溥，庶矣乎！"③

周敦颐认为，学圣之功首先在于"一"，"一"就是无欲（即内心无任何私欲杂念）；"无欲"就能做到静时虚灵、明通，动时正直、公溥。

东廓则从本体与工夫的角度来阐释周敦颐的"无欲说"。他说：

---

① 邹守益：《复李南屏》（二），《邹守益集》，董平编校整理，第609页。
② 邹守益：《论克己复礼章》，《邹守益集》，董平编校整理，第739—740页。
③ 周敦颐：《通书》，《周敦颐集》，陈克明点校，中华书局2009年版，第31页。

学至无极翁（即周敦颐），精矣。匪圣奚学？匪天奚希？一者，其本体也；无欲者，其功也。罔游于逸，罔淫于乐，不迩声色，不殖货利，古圣精一克一工课。①

学圣之要，濂溪先生所以发孔孟之蕴也。一也者，良知之真纯而无杂者也。有欲以杂之，则二三矣。无欲也者，非自然而无也。无也者，对有而言也。有所忿懥好乐，则实而不能虚；亲爱贱恶而辟，则曲而不能直。②

东廓认为，"一"是良知的真纯无杂，属于本体；而"无欲"则是对治"有欲"（即声色货利或不正的情绪和情感），属于工夫。如此阐释，则"无欲说"兼具本体和工夫，有别于周敦颐将"一"和"无欲"视为同一个工夫。东廓又说"无欲也者，非自然而无也。无也者，对有而言也"③，意在强调无欲作为工夫的"对治"意义。如果联系东廓的"戒惧说"，戒惧之功包括积极面的保持良知本体的精明和消极面的扫除落于本体上的私欲杂念，那么无欲就是消极面的戒惧之功，所以他说："故戒慎不睹，恐惧不闻，其无欲之学乎！"④

东廓又将程颐的"主一之旨"和程颢的"定性之学（教）"也都纳入其"无欲说"（或"戒惧说"）的解释框架中。关于"主一之旨"，东廓曰：

程子（此指程颐）主一之旨，传诸濂溪。濂溪圣学之篇，以一为要。一者，无欲也。知无欲之为一，则主一之功可知矣。故读书而不失其精明，便是读书之一；静坐而不失其精明，便是静坐之一。⑤

东廓显然把程颐"主一之旨"视同于他"心中"的周敦颐"无欲说"，此"一"结合上文言之，仍是指本体。所谓"一者，无欲也"，是指本体（"一"）状态为无欲；"知无欲之为一"，是指用无欲之

① 邹守益：《虔州申赠》，《邹守益集》，董平编校整理，第99—100页。
② 邹守益：《录青原再会语》，《邹守益集》，董平编校整理，第443页。
③ 邹守益：《录青原再会语》，《邹守益集》，董平编校整理，第443页。
④ 邹守益：《虔州申赠》，《邹守益集》，董平编校整理，第100页。
⑤ 邹守益：《答彭鹍溪》，《邹守益集》，董平编校整理，第681页。

功即能达到本体之"一"。所以主一之功就是无欲之功。其实，程颐主一之意，实与东廓之解释不同。他说："所谓敬者，主一之谓敬；所谓一者，无适之谓一。且欲涵泳主一之义，一则无二三矣。"①程颐以"主一无适"释"敬"，主一无适就是内心专注而不四处走作（即"无二三"），而不是东廓所谓"无欲"。东廓显然是将程颐之"主一"纳入了其"无欲说"的阐释框架中。

关于"定性之学（教）"，东廓曰：

> 学圣之要，濂溪先生所以发孔孟之蕴也……故《定性》之教曰："君子之学，莫若廓然而大公，物来而顺应。"大公者，以言乎静虚也；顺应者，以言乎动直也。自私用智，皆欲之别名也。君子之学，将以何为也？学以去其欲而全其本体而已矣。学者由濂溪、明道而学，则纷纷支离之说，若奏黄钟以破蟋蟀之音也。②

> 定性之教，曰君子之学，莫如廓然而大公，物来而顺应。大公也者，至善之体也；顺应也者，至善之用也。③

> 定性之学，无欲之要，戒慎战兢之功，皆所以全其良知之精明真纯，而不使外诱得以病之也。④

所谓"定性之学（教）"，是指程颢《定性篇》所言："所谓定者，动亦定，静亦定，无将迎，无内外……夫天地之常，以其心普万物而无心；圣人之常，以其情顺万事而无情。故君子之学，莫若廓然而大公，物来而顺应……人之情各有所蔽，故不能适道，大率患在于自私用智。"⑤《定性篇》内涵丰富，其核心问题是如何通过定性（即定心）来达到内心的安宁与平静。⑥东廓将其内容与"无欲说""戒惧说"联系起来解释，认为"自私用智"就是欲，用去欲或无欲之功（即消极面的戒惧之功）就能复本体，复本体则能"动亦定，静亦定"，即体即用，大公言其静虚，即体，顺应言其动直，即用。所以东廓认为定性之学、无欲之要、戒慎战兢之功，都是一个工夫，就是用

① 程颢、程颐：《二程集》，王孝鱼点校，中华书局2004年版，第169页。
② 邹守益：《录青原再会语》，《邹守益集》，董平编校整理，第443页。
③ 邹守益：《答同志》，《邹守益集》，董平编校整理，第784页。
④ 邹守益：《赠廖白进》，《邹守益集》，董平编校整理，第64页。
⑤ 程颢、程颐：《二程集》，王孝鱼点校，第460页。
⑥ 陈来：《宋明理学》（第二版），第65页。

功以保持良知本体之精明而不使物欲病之。

总之，东廓对周敦颐的"无欲说"、程颢的"定性之学（教）"、程颐的"主一之旨"的阐释，都纳入了以"戒惧说"为中心的工夫论中。

（5）戒惧与自然

在宋明理学家中存在一种境界上的追求，即"曾点气象"，如周敦颐的光风霁月、邵雍的逍遥安乐、程颢的吟风弄月。这种气象强调自然或洒落，但"过度的洒落会游离了道德的规范性与淡化了社会的责任感"，于是程颐、朱熹提倡主敬、敬畏，但"过度的敬畏，使心灵不能摆脱束缚感而以自由活泼的心境发挥主体的潜能"。[①]故二者存在一种矛盾或紧张。

阳明首先消除了这种矛盾或紧张。他说：

> 夫君子之所谓敬畏者，非有所恐惧忧患之谓也，乃戒慎不睹，恐惧不闻之谓耳。君子之所谓洒落者，非旷荡放逸，纵情肆意之谓也，乃其心体不累于欲，无入而不自得之谓耳。夫心之本体，即天理也。天理之昭明灵觉，所谓良知也。君子之戒慎恐惧，惟恐其昭明灵觉者或有所昏昧放逸，流于非僻邪妄而失其本体之正耳。戒慎恐惧之功无时或间，则天理常存，而其昭明灵觉之本体，无所亏蔽，无所牵扰，无所恐惧忧患，无所好乐忿懥，无所意必固我，无所歉馁愧作。和融莹彻，充塞流行，动容周旋而中礼，从心所欲而不逾，斯乃所谓真洒落矣。是洒落生于天理之常存，天理常存生于戒慎恐惧之无间。孰谓"敬畏之增，乃反为洒落之累"耶？惟夫不知洒落为吾心之体，敬畏为洒落之功，歧为二物而分用其心，是以互相牴牾，动多拂戾而流于欲速助长……尧舜之兢兢业业，文王之小心翼翼，皆敬畏之谓也，皆出乎其心体之自然也。出乎心体，非有所为而为之者，自然之谓也。[②]

在阳明看来，洒落不是旷荡放逸、纵情肆意，而是心体（本体）不累于欲，无入而不自得，洒落是心体（本体）的描述词；敬畏就

---

① 陈来：《有无之境——王阳明哲学的精神》，第226页。
② 王守仁：《答舒国用》，《王阳明全集》，吴光等编校，第212—213页。

是戒惧，戒惧不息就能复本体，本体流行则和融莹彻、从心所欲不逾矩，此即是真洒落（自然）。总之，洒落（自然）是本体，敬畏或戒惧是工夫，用工夫即得本体，二者并不矛盾或紧张。而且阳明的敬畏或戒惧之功是本体上工夫，并非程朱的后天主敬工夫，故其工夫也是"出乎心体之自然"，超越了经验意识中的各种紧张。

在阳明后学中，有重本体之洒落（自然）者，如王畿、王艮，有重工夫之警惕或戒惧者，如季本。东廓则守中道，忠实继承阳明而不偏。首先，东廓认为先天本体中就蕴含了戒惧之功，他有时称本体为"戒惧真体"，故戒惧是"自戒自惧"。如他说：

> 凡我同志，各从独知之神，自戒自惧，正目倾耳，顾諟明命，日用三千三百，无非明哲之流贯。[1]
>
> 吾辈果能从灵明不昧自戒自惧，日用人伦庶物，无众寡大小，罔敢瞒过，更无歇手处，亦无换手处，不患不笃实光辉。[2]

就是说，戒惧之功本身就出自良知本体（"灵明不昧""独知之神"都是指本体）的自戒自惧。据张卫红统计，东廓文集中"自戒自惧"的说法有十五处之多。[3]东廓所谓"自戒自惧"，就是阳明所说的敬畏"出乎其心体之自然"，所以东廓的戒惧之功本身不存在紧张问题。

其次，东廓认为，如果真正用戒惧之功，必然使本体自然流行。所以他批评季本的"龙惕说"是"贵主宰（即戒惧或警惕）而恶自然"[4]，指出他的警惕是"强探力索，终与圣门明睿所照不同"[5]。就是说，季本过于强调工夫上的警惕（即"强探力索"），而不是本体的"自戒自惧"（即"明睿所照"）；"强探力索"带有后天的经验意识，所以难免拘谨、不自然。而王畿、王艮及其后学又过于强调本体之自然流行，或"而以戒惧为窒于自然"[6]，东廓对此也是不满意的。

对于警惕（戒惧）与自然的关系，东廓的看法是中道或辩证的。他说：

---

① 邹守益：《白鹭书院讲义》，《邹守益集》，董平编校整理，第754页。
② 邹守益：《简贺义卿》（五），《邹守益集》，董平编校整理，第635—636页。
③ 张卫红：《敦于实行：邹东廓的讲学、教化与良知学思想》，第170页。
④ 黄宗羲：《知府季彭山先生本》，《明儒学案》（修订本），沈芝盈点校，第271页。
⑤ 邹守益：《简复聂双江》，《邹守益集》，董平编校整理，第541页。
⑥ 徐阶：《文庄邹公神道碑铭》，邹守益：《邹守益集》，董平编校整理，第1380页。

兹天德也，不显亦临，无射亦保，非文王之警惕乎？不识不知，顺帝之则，非文王之自然乎？故不已之功，与於穆同运。自然而不警惕，其失也荡；警惕而不自然，其失也滞。[1]

就是说，时时用警惕（戒惧）之功，即得本体自然流行之境（"与於穆同运"），故即戒惧即自然。如果一味主本体之自然流行，而不加警惕（戒惧）之功，其流弊是工夫之虚荡；如果一味主警惕（戒惧）之功而不使本体自然流行，其流弊是本体之滞碍。这里虽然是针对季本而言，其实前者是对王畿、王艮辈的批评，后者才是对季本的批评。

（6）戒惧与默识

嘉靖三十年（1551）夏，东廓开始揭"默识之旨"，并以此为教语。这是东廓晚年重要的工夫论。何谓"默识之旨"？默识与戒惧有何关系？

默识一词，出自《论语·述而》："子曰：'默而识之，学而不厌，诲人不倦，何有于我哉？'"朱熹释曰："识，记也。默识，谓不言而存诸心也。"[2]阳明曰："（孔子）曰'识而识之'，是故必有所识也，终日不违如愚者也……故善默者莫如颜子：'暗然而日章'，默之积也。'不言而信'，而默之道成矣。'天何言哉！四时行焉，万物生焉。'而默之道至矣。"[3]默识的本义如朱熹所释，即不尚言说而用心之意，后引申为对道体（本体）的体认，如王阳明所解。东廓的默识之旨也大体包含这两个意思，并进一步丰富，从而形成一种工夫论，其内涵大体有三：

其一，默识不尚言说，强调一种无言之境。邹德涵说："予大父（即东廓）尝授涵默识之旨，戒毋以言传。"[4]东廓曰："《中庸》一书，正是发明默字脉络。'默'之一字，圣人只在'天何言哉'数句见之。"[5]"天何言哉"数句，出自《论语·阳货》："子曰：'予欲无言。'子贡曰：'子如不言，则小何述焉？'子曰：'天何言哉？

---

① 邹守益：《心龙说赠彭山季侯》，《邹守益集》，董平编校整理，第457页。
② 朱熹：《四书章句集注》，第93页。
③ 王守仁：《梁仲用默斋说》，《王阳明全集》，吴光等编校，第288页。
④ 邹德涵：《书文庄府君要语首》，邹守益：《邹守益集》，董平编校整理，第1355页。
⑤ 邹守益：《答洪生谦亨论学》，《邹守益集》，董平编校整理，第777页。

四时行焉，百物生焉，天何言哉？'"东廓以"天何言哉"数句释"默识"之"默"，就是说默识作为一种工夫，不在言说、思维，而是"不动而敬，不言而信，内省不疚，以慎于人之所不见，其君子思默之功乎"①。东廓又指出，"默"是一种对治在言语上求道的工夫。他说："默而识之，吾不得而见矣，得见思默者，斯可矣。吾圣人无隐之教，若天道粲然，而群弟子犹求之言语之间，无言之戒，所以药其病也。"②

其二，戒惧就是默识的体证工夫，而默识是戒惧之功的圆熟之境。东廓曰：

> 子思戒慎不睹，恐惧不闻，正是默识工夫。不睹不闻，非无睹无闻也，即视之而不见，听之而不闻，莫见莫显，即体物而不遗，故曰"微之显"。"微"字从唐虞相传"道心惟微"来。末章"上天之载，无声无臭"，正发此默识极则。《诗》曰"维天之命，於穆不已"，於穆是天之默处；曰"穆穆文王"，穆穆是文王默处。学而不厌者，以此为学；诲人不倦者，以此为诲。非别有所学、有所诲者。③

默识作为一种工夫，就是直接体证本体。如何体证本体？东廓认为，戒惧就是默识的工夫，默识就是在不睹不闻的良知本体上戒慎恐惧而直证之，其终极处就是对"上天之载，无声无臭"的形上道体（本体）的彻底证悟。这里的问题是，为什么东廓提出"默识"作为一种新的教法？笔者认为，默识是戒惧之功的圆熟之境，强调直契本体，工夫与本体融为一体，戒惧即本体，本体即戒惧，直是肫肫、渊渊、浩浩之流行，以至于进入"上天之载，无声无臭"之极境。而"戒惧说"，则有生熟之分，当其生时，重在工夫，即以戒惧之功来复本体，工夫与本体有一定距离；当其熟时，重在本体，即直契本体，戒惧即本体，本体即戒惧，本体与工夫合一而毫无距离，此时即是默识之功。此外，从直契本体来说，"默识"一词更易使人意会。"默识之旨"的提出，是东廓晚年工夫进入圆熟之境的体现，正如阳明晚年"居越以后，所操益熟，所得益化，时时知是知非，时时无是

---

① 邹守益：《思默子说》，《邹守益集》，董平编校整理，第445页。
② 邹守益：《思默子说》，《邹守益集》，董平编校整理，第444—445页。
③ 邹守益：《答洪生谦亨论学》，《邹守益集》，董平编校整理，第777页。

无非，开口即得本心，更无假借凑泊，如赤日当空而万象毕照"①。可以说，东廓晚年的"默识之旨"已接近王畿的"四无说"。

其三，默识重对万物一体之境的体证、证悟。默识作为直契本体的工夫，其对"上天之载，无声无臭"道体的透悟，呈现的是一种万物一体的境界。邹德涵说："先祖（即东廓）尝揭默识之旨为入德之门，揭万物一体、天运川流以尽其蕴。"②就是说，默识之功的彻悟之境，就是"万物一体、天运川流"的境界。东廓自云：

> 年来玩《易》名山，始觉得从古学脉，仰观俯察，上律下袭，天地万物，呼吸一体，弥纶融液，同神而并化。以言乎配天配地，则历宇宙而无疆；以言乎不见不动，则泯声臭而有成。此大同默识宗旨也。③

所谓"大同"，就是万物一体；所谓"大同默识"，就是在本体上体证、证悟到了万物一体的境界。东廓晚年自云对本体的证悟觉有进步处，此处对万物一体之境的描绘，应是他默识、体证本体的悟后语。

4. 宗教性意蕴

关于儒家（儒教）是不是一种宗教，近一百年来存在较大的争议。有否定者，有肯定者；肯定者中，有认为儒家（儒教）是完整的宗教的，有认为是"准宗教"的，还有认为是"人文的宗教"或"道德的宗教"的。④笔者对此不作探讨，而是认为儒家（儒教）至少具有宗教性，即具有超越性的终极追求、终极信仰，同时也不排斥儒家（儒教）是带有人格神宗教特色的看法。本文在探讨邹东廓哲学思想的宗教性意蕴时二者兼顾，不作严格区分。

现代学者最早论及东廓思想的宗教性的是容肇祖，他说："他（即东廓）主张的戒慎恐惧的态度，很有宗教家的精神。"⑤任文利认为，"邹守益堪称儒教士大夫的典型"，"其所彰显者在于儒教之宗教维度，

---

① 黄宗羲：《文成王阳明先生守仁》，《明儒学案》（修订本），沈芝盈点校，第180页。
② 邹德涵：《文庄府君行略》，邹守益：《邹守益集》，董平编校整理，第1366页。
③ 邹守益：《序大老岳游卷》，《邹守益集》，董平编校整理，第209页。
④ 郭齐勇：《中国儒学之精神》，复旦大学出版社2009年版，第237页。
⑤ 容肇祖：《明代思想史》，《民国丛书》（第2编第7册），第127页。

或者说，在宋明理学的话语系统内彰显儒教之宗教维度，其本人亦有很强烈的宗教情怀"①。张卫红则不同意任文利的看法，认为"以'上帝''帝规帝矩'等话语形式的'宗教'意味来论其思想实质的宗教性，结论过于匆忙"，而认为东廓表达的"上帝"并不是最高主宰、人格神，而是"良知的代名词"，"帝规帝矩""昭事上帝"的言说方式，并非彰显东廓的宗教情怀。②笔者认为，东廓的"上帝"是否就是最高主宰、人格神，有待讨论，但将东廓的"上帝"观完全心学化，彻底消解其宗教性内涵，也同样"过于匆忙"。笔者大体认同容肇祖和任文利的看法，但容肇祖只是提出了观点，几乎未展开论述，任文利则主要论述了东廓的精神世界的宗教色彩以及其治道的宗教维度，本文不取此视角，而是主要集中论述其哲学思想的宗教性意蕴。

儒家学者长期生活在宗法性宗教、民间宗教的氛围中。他们（如朱熹）相信有神灵之存在，这是儒家传统之信仰。③他们（如明儒）常常要参与宗法性宗教活动，如祭祀、丧葬等；其他民间宗教活动，他们有时也会参与，如为祈福、求雨、建桥等作告神文，并亲自参加活动。可谓耳濡目染，浸淫其中，很难说他们没有宗教情结、宗教情怀。对于上述所列举的这些宗教活动，东廓也都参与过，如他写过一些告神文，文中之神即人格神，如《告城隍兼济二神文》曰："惟神默运玄化，大彰感应，俾病者早愈，无致滋蔓……亦望神明体亮，特与斡旋。"④又如《告坦陂桥神文》曰："神其默干玄机，约束水族，永树丕基，懋锡明贶，以垂于百世。"⑤他甚至在乡村治理中也运用宗教、鬼神的观念，在为民立里社坛、乡厉坛及乡约中，大谈鬼神及其力量。《立里社乡厉及乡约》曰：

> 谨以告于宗族乡间，于庙前修里社之坛，春秋二社，敬行祈报，以安其神；于水口立乡厉之坛，清明中元，仿俗致祭，以安其鬼；祭毕会饮读誓，文参以牌谕乡约，章善纠恶，以安其人……呜呼！为善之人，宗族爱之，乡党敬之，鬼神且相之，

---

① 任文利：《从邹守益看儒教士大夫精神世界之所托》，《治道的历史之维——明代政治世界中的儒家》，中央编译出版社2014年版，第188、189页。
② 张卫红：《敦于实行：邹东廓的讲学、教化与良知学思想》，第162、164页。
③ 陈荣捷：《朱学论集》，华东师范大学出版社2007年版，第122页。
④ 邹守益：《邹守益集》，董平编校整理，第952页。
⑤ 邹守益：《邹守益集》，董平编校整理，第954页。

义声光于祖宗，余休及于子孙，如荡荡大路，举足皆安。为恶之人，宗族恶之，乡党怨之，国法加之，鬼神且殛之，如火坑水窟，举足皆焚溺之苦。①

东廓甚至在丈田事中因得罪既得利益者而受人诬陷时，发《丈量告邑中父老文》对鬼神起誓，说自己如果为了一己之私，"将上得罪于皇天，下得罪于后土，中得罪于城隍，其为不详莫大焉！"而诬告者出于二三人之私，"亦将得罪于皇天，得罪于后土，得罪于城隍，其为不祥，亦莫大焉！"②我们不能说东廓只是利用宗教观念以治民、化民，而自己毫不信仰。我们相信，东廓等儒者对于鬼神的观念，与一般民众并无大异。因此，东廓哲学思想带有宗教性意蕴或内涵，一方面是因他内心本具一定的宗教观念，一方面是出于思想传播的需要。如果再考虑到，16 世纪儒学已出现宗教化的重要转向③，其哲学思想的宗教性意蕴就更易理解了。当然，其哲学中的宗教内涵一些是带有人格神特色的纯宗教性质，一些是仅具超越性的精神追求的"人文教"性质，不过二者有时很难完全分清。

邹东廓哲学思想的宗教性意蕴主要体现在三个层面，一是本体上，即本体之来源上；二是工夫上，即用功时有如上帝在临而顺从上帝的旨意；三是境界上，即天地人神共处或天人合一的位育境界。对于东廓的哲学思想，耿定向概述：

> 盖其矩也，降衷自帝，尧舜至孔子，莫之能逾也。先生（即东廓）自受学文成后，即绲此符章，凛凛兢兢者，四十年余矣。（余）尝诵其言曰："圣门志学，是志不逾矩之学。讲学修德，而日用逾矩，处乃以小过安之，何以协一？秉彝之良，必有所不安，自戒自惧，顾諟明命而顺帝则，下学上达，准四海，俟百圣，合德、合明、合序、合吉凶，惟是一矩。"繄斯言也，彻上彻下，极显极微矣。④

---

① 邹守益：《邹守益集》，董平编校整理，第790—791页。
② 邹守益：《邹守益集》，董平编校整理，第870页。
③ 余英时：《现代儒学论》，上海人民出版社2010年版，第91—92页。
④ 耿定向：《邹文庄公年谱序》，邹守益：《邹守益集》，第1356页。

这段话大体可以概括东廓哲学思想（良知学）的宗教性意蕴或内涵："盖其矩也，降衷自帝"，矩即良知（良知就是我们心中的矩，故以矩指良知），此言良知本体"降衷自帝"，即本源于上帝，这是其宗教性的第一个层面；"自戒自惧，顾误明命而顺帝则"，"帝则"指良知或良知本体，而良知来自上帝，故称"帝则"（上帝的律令），此言说用戒惧之功致良知，如看着天（上帝）的明白旨意而顺从天的律令，这是其宗教性的第二个层面；"合德、合明、合序、合吉凶"，即《周易·乾·文言》的"夫大人者，与天地合其德，与日月合其明，与四时合其序，与鬼神合其吉凶"，此言戒惧工夫所至之境，即天地人神共处之境，这是其宗教性的第三个层面。此为大略，下面展开详细论述。

儒家的道德不纯是世俗性道德，它还有一个天道的向度，天人之间的往还、回旋即构成儒家道德实践的逻辑结构，道德实践的依据来源于天，道德实践的完成证成了天。这一道德实践的逻辑结构典型地体现在《中庸》中，《中庸》开篇是"天命之谓性，率性之谓道，修道之谓教"，道德实践的本体是性，性来自天之所命，所以率性、修道的道德实践有一个绝对的天在作超越的终极根源。李泽厚说："Kant（即康德）和一切宗教，也包括中国的儒家传统，都完全相信并竭力论证存在着一种不仅超越人类个体而且也超越人类总体的天意、上帝或理性，正是它们制定了人类所必须服从的道德律令或伦理规则。"[①] 就是说，承认有一个超越的实体（天或上帝）作道德实践的根源，儒家与一切宗教无异。但儒家有一个天人之间的往还、回旋（即天—人—天）的结构，即儒家最后要回到天、证成天，这是西方宗教所没有的。在《中庸》中，全文以"天命之性"始，第一节结尾以"致中和，天地位育，万物育焉"终，全文结尾以"'上天之载，无声无臭'，至矣"终，即《中庸》以"天"始，以"天"终，其道德实践的终极境界是与天合德或天人合一，即回到天、证成天。只是这一超越的根源——天，是主宰之天，还是义理之天，不同的儒家学者有不同的理解。如果是前者，其道德实践的宗教性色彩较浓；如果是后者，宗教性色彩较淡。

东廓哲学思想的建构是以《中庸》为中心的，其哲学的宗教性

---

① 李泽厚：《人类学历史本体论》，天津社会科学院出版社2010年版，第94页。

意蕴也是通过《中庸》的内容和结构体现出来的。他说："天命谓性，指降衷也；戒慎不睹，恐惧不闻，指实功也。自矩之大公曰中，自矩之顺应曰和，自大公顺应之，裁成辅相，发育而峻极曰位育。"①这几句话大体体现了东廓的整个哲学思想体系：降衷、性、矩即良知本体，戒惧指工夫，工夫所至即得中和（体用），中和之至境就是位育。其哲学的宗教性意蕴也大体可通过这一思想体系透显出来。

首先，在良知本体的终极根源上，东廓常将"天"置换为"帝"或"上帝"。虽然他有时也用"天"表示本体的终极根源，但更多是用"帝"或"上帝"来表示。上所引文的"降衷"来自《尚书·汤诰》："惟皇上帝，降衷于下民。""衷"，即是善或福；"降衷"，即降善或降福。东廓释"衷"为良知本体（性），"降衷"是指上帝降落良知（动宾结构），或是指上帝所降落的良知（偏正结构）。上所引东廓文还没有出现"上帝"一词，我们再来看其带"上帝"或"帝"的表达：

> 天命之谓性，提出圣门真命真性脉络。上帝所降曰命，烝民所受曰性。②
>
> 良知良能，上帝所降，恒性必善，犹水必下，本非逆也。③
>
> 上帝降衷，蒸民受之，其灵明纯粹，皎如日月。④
>
> 曰真也者，其帝降之良乎！复真也者，其慎独之学乎！⑤

以上引文中，"性""良知良能""衷""真"，都是良知（或良知本体）的代名词，是随不同语境而表达者，而良知则是"上帝"之所降、所命者。这样，东廓在良知本体之上安立了一个上帝，上帝才是道德实践的终极根源。何谓上帝？在上古是指最高主宰之人格神，到了宋明，这一意思也没有发生根本性的改变。程颐说："以形体言之谓之天，以主宰言之谓之帝，以功用言之谓之鬼神，以妙用言之谓之神，以性情言之谓之乾。"⑥东廓也曰："统体曰天，主

---

① 邹守益：《复古书院赠言》，《邹守益集》，董平编校整理，第98页。

② 邹守益：《答汪周潭中丞问学》，《邹守益集》，董平编校整理，第775页。

③ 邹守益：《临川县改修儒学记》，《邹守益集》，董平编校整理，第362页。

④ 邹守益：《青原文明亭记》，《邹守益集》，董平编校整理，第426页。

⑤ 邹守益：《乐安钱街余氏族谱序》，《邹守益集》，董平编校整理，第300页。

⑥ 程颢、程颐：《二程集》，王孝鱼点校，第288页。

宰曰帝，功用曰鬼神，命于人曰性，率性曰道，修道曰教，善养曰
浩然之气。"①张卫红认为 "（东廓的）上帝并不是一般宗教中所
指的赏善罚恶的最高主宰、人格，而是良知的代名词"②，此结论下
得"过于匆忙"。其实，东廓文本中，没有一处"上帝"是直指良
知的，但东廓常用"帝"或"帝降"来作良知本体的修饰词，如"帝
规帝矩""帝衷""帝则""帝降之衷""帝降之良""帝降真体"等。
显然，"帝"（"上帝"）不是良知的代名词，而是良知的修饰语
或良知的降落者。东廓用"帝"或"帝降"来修饰各种表示良知的词，
其意在强调良知的本源性或根源性。

现在的问题是，东廓以上帝作为道德实践的最终根源，仅仅是
作为一个形上的道体依据而具一般的超越性意义，还是为了凸显人
格神色彩的宗教性意义？如果仅仅为了说明道德实践的形上依据，
东廓完全可以直承阳明。阳明说："无声无臭独知时，此是乾坤万
有基。"③良知本体就是道德实践的最终依据，甚至是一切存在的最
终依据。在阳明看来，良知就是天理，良知就是道体，良知与天、
与道为一，不必再寻一个道德实践的根源。东廓显然与阳明不同，
在良知之上还安放了一个上帝。东廓"上帝降衷"的意义是套在《中庸》
的"天命之谓性"的结构上讲的，"上帝降衷"就是"天命之谓性"，
"上帝"即"天"，"降"即"命"，"衷"即"性"。那么，"上帝"
与"天"的意义完全一样吗？如果二者完全一样，东廓的表达完全
可以顺着《中庸》的表达，使用"天规天矩""天则"之类的词来
表示良知本体的超越性根源即可。虽然东廓也偶尔用"天规天矩""天
则"之类的词，但大量使用的是"帝规帝矩""帝则"之类的词，
"天"淹没在大量"帝"中而不显。上文已述《中庸》之"天"是
道德实践的超越性根源，其"天"的意思不明朗，可指主宰性之天，
也可指义理之天，所以《中庸》的宗教性色彩并不豁显。东廓以"上
帝"或"帝"置换或替代《中庸》之"天"，直指主宰性的人格神，
正好豁显"天"的主宰义或人格神义。

下面我们再来看降自上帝之良知本身的宗教色彩：

---

① 邹守益：《枝江县文昌精舍记》，《邹守益集》，董平编校整理，第359页。
② 张卫红：《敦于实行：邹东廓的讲学、教化与良知学思想》，第162页。
③ 王守仁：《咏良知四首示诸生》，《王阳明全集》，吴光等编校，第870页。

上帝降衷，而烝民受之，良知良能，虚明真纯，若耳提面命，嘘吸一体，无智愚贤不肖，举具是矩，患在于逾之耳。洙泗之兴，忘食忘忧，老至不知，亦曰祖述宪章，上律下袭，全生而全归之。故立者，以言其定也；不惑者，以言其纯也。不怨不尤，知我其天，则与天为一，而帝则在我矣。帝之则，其神乎！明目不睹其形，倾耳不闻其声，而范围曲成，千变万化，充周不穷其用。①

东廓的良知来自上帝，但他并没有将上帝推出去，与人隔离，而是将上帝收归于心，所谓"帝则在我"。虽"帝则在我"，但上帝并没有完全被心学化，依然有宗教色彩。如帝则（良知）呈现时，"若（上帝）耳提面命"，若上帝般无所不在，"嘘吸一体"。又如上帝般无形无声，"明目不睹其形，倾耳不闻其声"，但又在起作用，"范围曲成，千变万化，充周不穷其用"，故东廓大为感叹："帝之则，其神乎！"此"神"虽是指功用之神妙不测、变化无穷而言，不是指人格神，但仍具有一定的神秘主义和宗教色彩，类似《中庸》"鬼神之为德，其盛矣乎！视之而弗见，听之而弗闻，体物而不可遗"。这里对帝则（良知）的描述不是真正的"上帝临汝"，而是仅仅形容好像"上帝临汝"；但是如果我们联系古代儒者常参与各种宗教祭祀，有切身的宗教体验，东廓如此描述，容易使他们联想其宗教体验来理解、把握良知，故显然带有宗教色彩。

可以说，东廓在良知之上安放一个"上帝"或"帝"而不是"天"，并常用"帝"（或帝降）而不是"天"来作各种良知的代名词的修饰语，意在凸显其哲学思想的宗教性意蕴，其宗教的超越性意义比《中庸》更豁显。相比阳明而言，东廓哲学具有更为明显的宗教色彩。如果我们再联系上文所述东廓内心本来具有一定的宗教观念，并且喜欢运用宗教、鬼神对民众教化、治理，那么东廓在本体的终极根源的表达上几乎用"上帝"或"帝"替代了"天"，并常用"帝"（或"帝降"）作良知本体的修饰语，不是如张卫红所说的东廓喜用"上帝"形容良知本体与他古雅的文风有关②，而应该说是东廓"有意"或"特意"的思想表达，有深远的宗教意蕴或内涵。

---

① 邹守益：《水西精舍记》，《邹守益集》，董平编校整理，第430—431页。
② 张卫红：《敦于实行：邹东廓的讲学、教化与良知学思想》，第164页。

其次，在工夫上，东廓的戒惧之功时有"上帝临汝"的宗教感受。这是《中庸》所言"戒慎恐惧"没有的。东廓常用"帝规帝矩""帝则"表示良知本体，其字面义，是上帝的律则、律令之意，就是说良知就如上帝的律则、律令，具有绝对性、主宰性、不可抗拒性，或者说良知就是心中的上帝，如此就将良知神圣化了。其他用词如"帝降之衷""帝降真体""帝衷"等也蕴含此意。因此，当用戒惧之功致良知时，就犹如上帝在临，须听从其绝对命令。东廓对此有不少描述：

> 学术苦易偏，忘助交为累。屋漏有妙诀，赫然临上帝。①
> 果能戒慎恐惧，须臾勿离，求全天命之性，日用人伦庶物，毅然以舜为师而不忍失身于跖，则参前倚衡，无往非上帝之临，方是自昭明德功课，始可谓之深晓。②
> 知相聚切磋直求帝降真体，古人昧爽丕显，顾误明命，小心翼翼，昭事上帝，正是学术正脉络。③

综合以上引文言之，当用戒惧之功致良知时，无论是个人独处（"屋漏"），还是站立、坐车（"参前倚衡"），都如"临上帝"或"上帝之临"，必须"小心翼翼，昭事上帝"，听从他的律令。如果用功稍有松懈，"直是获罪上帝，无可躲闪"④，所谓"一念不敢，则与上帝陟降；一念而敢，则与夷貊禽鸟伍"⑤。这是以宗教的身心在致良知。

何谓宗教的身心？就是身心与上帝、神明的交感，这在宗教祭祀时最易体现。宗教祭祀时，斋明盛服，执玉捧盈，战战兢兢，小心翼翼，如此才能通神明、事上帝。故东廓曰：

> 非斋明以恂栗，盛服以威仪，瑟僩赫咺者，不可以通神明；非在官在庙，亦临亦保，小心翼翼者，不可以昭事上帝。⑥

---

① 邹守益：《松黪程侯创复古书院勉同志》（三），《邹守益集》，董平编校整理，第1127—1128页。
② 邹守益：《简蔡白石》，《邹守益集》，董平编校整理，第556页。
③ 邹守益：《简洪觉山》，《邹守益集》，董平编校整理，第619页。
④ 邹守益：《简刘晴川》，《邹守益集》，董平编校整理，第590页。
⑤ 邹守益：《复初亭说》，《邹守益集》，董平编校整理，第448页。
⑥ 邹守益：《复古答刘让甫问四条》，《邹守益集》，董平编校整理，第766页。

宗教的态度，从心的方面说是斋明，从身的方面说是盛服，东廓曰："自其内尽于己而恂栗不摇焉，谓之斋明；自其外备于物而威仪不违焉，谓之盛服。"① "斋明盛服"来自《中庸》"（鬼神）使天下之人，齐（斋）明盛服，以承祭祀。洋洋乎！如在其上，如在其左右"，正是对祭祀时身心的描绘，只有斋明盛服，才能感格鬼神"如在其上，如在其左右"。东廓以恂栗、威仪释"斋明盛服"，来自《大学》。《大学》引《诗》"瑟兮僩兮，赫兮喧兮"，然后自注曰："瑟兮僩兮者，恂栗也；赫兮喧兮者，威仪也。"② 依朱熹注，瑟僩是严密、武毅貌，恂栗是内心战惧（即敬畏）之意；赫喧是宣著、盛大貌，威仪是外在的威容；恂栗、威仪，言其德容表里之盛。东廓以《大学》恂栗、威仪释《中庸》斋明盛服，将恂栗、威仪也纳入对宗教心态的描述中。

东廓又以恂栗、威仪释"戒惧"之功："戒惧不离，炯然灵明，视于无形，听于无声，三千三百，无往非真体之贯彻。以言乎戒惧之瑟僩，谓之恂栗；以言乎戒惧之赫喧，谓之威仪。"③ 如此，用戒惧之功致良知时，就如祭祀时感格上帝、鬼神："戒惧之瑟僩"，就是恂栗、斋明，如祭祀时内心之敬畏；"戒惧之赫喧"，就是威仪、盛服，如祭祀时外在之威容。当"炯然灵明"（即良知本体）呈现时无形无声，就如上帝或鬼神之"视于无形，听于无声"，但良知又落实于所有的日常行为（"三千三百"），无往不流行，就如上帝或鬼神所无不在一样。所以东廓认为，戒惧以致良知与祭祀时感格上帝、鬼神并无二致。他说：

> 为学大要，在戒慎恐惧，常精常明，不使自私用智得以障吾本体。故曰：'上帝临汝，毋贰尔心'，战战兢兢，如临深履薄。古人事天事亲之功，更无两个涂辙。④

就是说，事天（即上帝）时身心是"上帝临汝，毋贰尔心，战战兢兢，如临深履薄"，事亲用戒惧之功时身心也是"上帝临汝，

① 邹守益：《潮州林氏祠堂记》，《邹守益集》，董平编校整理，第428页。
② 朱熹：《四书章句集注》，第6页。
③ 邹守益：《赠永丰凌侯考绩序》，《邹守益集》，董平编校整理，第238—239页。
④ 邹守益：《寄龙光书院诸友》，《邹守益集》，董平编校整理，第803页。

毋贰尔心，战战兢兢，如临深履薄"，二者并无区别。东廓尤其强调这种以宗教的身心去做工夫的踏实。他说：

> 圣门切磋琢磨，瑟僴赫喧，是何等切实，何等慎密！故夔夔恂栗，更无渗漏；棣棣威仪，更无疏放。三千三百，发育峻极，不是枝节点检，不是悬空担当，方是肫肫皓皓天德王道之学。故不能斋戒而谓神明其德，不能小心翼翼而谓昭事上帝，皆梦说也。①

东廓以戒惧之功以致良知时，视良知的呈现如"上帝临汝"，故以宗教的身心去对待，小心翼翼，战战兢兢，"以顾明命而顺帝则"②，故工夫最易上身，这是东廓工夫的得力处。东廓通过《中庸》的"戒慎乎其所不睹，恐惧乎其所不闻"提炼出戒惧工夫，并赋予了其宗教性内涵。

再次，在工夫所至的境界上，东廓充实了《中庸》位育之境的宗教性意蕴。东廓言境界是以《中庸》的位育之境为中心而展开的。《中庸》曰："致中和，天地位焉，万物育焉。"就是说，致中和就可以达到天地万物位育之境。朱熹注曰："位者，安其所也。育者，遂其生也……盖天地万物本吾一体，吾之心正，则天地之心亦正矣，吾之气顺，则天地之气亦顺矣。故其效验至于如此。"③朱熹是从效验言天地位育，指出天地万物一体，且人能参赞、化育天地万物。东廓也从认同朱熹的效验义。他说："中以言乎体也，和以言乎用也，戒惧以言乎功也，位育以言乎变化也。"④又说："故自其性之大公，命之曰中；自其性之顺应，命之曰和；自其大公顺应之裁成辅相，命之曰位育。"⑤所谓"变化""裁成辅相"，就是致中和所至之效验。但是效验所至，必呈天人合一之境，故东廓曰："所望日懋戒惧以致中和。古之人亦临亦保，亦式亦入，故不大声色，而万邦作孚，直与上天之载无声无臭同神而并化。"⑥《中庸》以"上天之载，无

---

① 邹守益：《简湛甘泉先生》（二），《邹守益集》，董平编校整理，第611页。
② 邹守益：《与兰以信》，《邹守益集》，董平编校整理，第682页。
③ 朱熹：《四书章句集注》，第18页。
④ 邹守益：《诸儒理学语要序》，《邹守益集》，董平编校整理，第80页。
⑤ 邹守益：《后乐亭说》，《邹守益集》，董平编校整理，第475页。
⑥ 邹守益：《简霍渭厓宗伯》，《邹守益集》，董平编校整理，第527页。

声无臭，至矣"作结，就是表达一种天人合一之位育化境，此所谓"直与上天之载无声无臭同神而并化"即是此意。东廓此类表达还有不少，再举二例：

> 古之人戒慎恐惧以建中和之极，视于无形，听于无声，过化存神，与贞观贞明同运而并照，乃为浩浩渊渊焉有所倚之学。①
>
> 古之君子，戒慎不睹，恐惧不闻，执玉捧盈，临深履薄，不忍以一刻自限于跲，故礼仪三百，威仪三千，无往非纯粹至善之流行……将贞观贞明，与天地日月同神而并化，是谓希圣希天、全生全归之学。②

以上所谓"与贞观贞明同运而并照""与天地日月同神而并化"，都是天人合一的位育之境的描绘语。

"天人合一"之境是中国哲学超越性的一个重要体现，这是宋明儒所喜言的，程颢言之，张载言之，阳明言之，东廓亦言之，但其宗教性意蕴并不特别明显，故我们也可只当作审美境界来理解。东廓特别之处在于，除了顺着《中庸》对位育之境作描绘外，他还在"天人"之中增加了"上帝""鬼神"，形成了"天地人神"共处的位育境界，从而豁显了其宗教性意蕴。他说：

> 戒慎恐惧，无繁简，无内外，无须臾之离，以求复其性，是去智与私而大公顺应者也，命之曰动而无动，静而无静。动静定而中和备矣，中和备而礼乐兴矣，是以郊焉而天神格，社焉而地祇升，庙焉而人鬼享，远焉而四夷柔，迩焉而百司恪，庶士用章，兆民咸殖，夫是之谓位育之学。③

戒惧以致中和，"中和备而礼乐兴"，礼乐典型地体现在祭祀中（祭祀中必用礼乐），在祭祀中感格天神（上帝）、地祇（地上之神）、人鬼（祖先神）在临，"是以郊焉而天神格，社焉而地祇升，庙焉而人鬼享"，如此就形成了天地人神共处的位育之境。这里对"位

① 邹守益：《永丰六一书院记》，《邹守益集》，董平编校整理，第356页。
② 邹守益：《书水西同志粲讲会约》，《邹守益集》，董平编校整理，第738页。
③ 邹守益：《南京礼部主客司题名记》，《邹守益集》，董平编校整理，第324页。

育之学"的阐释，仍是建立在《中庸》的框架内，其关键的变化，在于"礼乐"的加入，有了礼乐才有对上帝、鬼神的感格而使之在临之感。东廓常以礼乐与中和互释，如曰："礼乐者，中和之矩"①，"中和者，礼乐之则也"②。就是说，中和的呈现是礼乐，礼乐的本质是中和。东廓正是通过"礼乐"以充实"中和"，使其戒惧以致中和之功至于天地人神共处的境界，从而突显了其哲学的宗教性意蕴。其实，东廓是在礼乐祭祀中，真切感受到了宗教氛围、宗教境界，从而将礼乐祭祀中的真切感受融入到致良知之学中。

当然，不是说东廓在表达其位育之境时，在行文中一定要出现"礼乐"这样的词语或置于宗教祭祀的语境去谈，而关键在于融进宗教精神。如果融进了这种精神，则其工夫所至的天地人神共处的境界就会出现，如：

> 於穆不已，天之诚也。乾，天也；乾乾者，对越在天，弗以日夕息焉，思诚之学也。天岂远乎哉？昊天曰明，及而出王，昊天曰旦，及尔游衍，无往而非天也。无往而非天，则无往而非上帝，故曰："上帝临汝，毋贰尔心。"无往而非上帝，则无往而非鬼神，故曰："神之格思，不可度思，矧可射思。"呜呼！道之不可须臾离也，若是其严也！故忠信笃敬之功，至于立参于前、舆倚于衡，然后与天为一，无愧于日惺之学。③

诚者，是天之道，诚之者，是人之道，亦即是思诚。乾即天，乾乾就是诚之、思诚之学，亦是主敬、戒惧之功的表达。"乾乾者，对越在天"，直接接通天道，天即是统体的自然之天，也是上帝之天，也是鬼神之天，所以说"无往而非天"，"无往而非上帝"，"无往而非鬼神"，这样乾乾或忠信笃敬之功所至的"与天为一"之境，就是天地人神共处的位育之境。

总之，《中庸》的超越性或宗教性向度体现在天人往还、回旋（即天—人—天）的结构中，这也是儒家最常见的超越性结构；而东廓将"天"转换为"上帝"，从而在其良知学中形成上帝与人的往还、

---

① 邹守益：《简刘内重》（二），《邹守益集》，董平编校整理，第662页。
② 邹守益：《赠宗伯西玄马子北上序》，《邹守益集》，董平编校整理，第148页。
③ 邹守益：《日惺斋说》，《邹守益集》，董平编校整理，第439页。

回旋（即上帝—人—上帝）的结构：上帝是良知本体之源，本体论的建构基于上帝；当人以戒惧致良知（中和）时，如上帝在临；最后工夫所至之境是天地人神共处，即人与上帝同在，彻底回到了上帝。可以说，东廓在《中庸》基础上形成的上帝与人的往还、回旋的结构及其内涵，比《中庸》更具超越性宗教意蕴，其哲学思想也比大多数儒者如朱熹、王阳明等更具宗教性色彩。

总体而言，东廓为阳明的"宗子""嫡派"，工夫笃实，中行而不偏，属于正统派、修证派。黄宗羲评价说："其时双江从寂处、体处用工夫，以感应、运用处为效验。先生言其'倚于内，是裂心体而二之也'。彭山恶自然而标警惕，先生言其'滞而不化，非行所无事也'。夫子之后，源远而流分。阳明之没不失其传者，不得不以先生为宗子也。"[①] 刘宗周甚至认为东廓于阳明"卓然守圣矩，无少畔援"[②]；牟宗三也认为东廓"大体守师说而无逾越""最为纯正"[③]。以上说法大体不错，但是东廓在哲学思想上是否完全同于阳明呢？通过以上论述可知，显然不是，东廓无论是关于本体论，还是工夫论，都有丰富、发展阳明的地方：如其本体论创造了许多关于"良知本体"的概念表达，有自己独特的体证为依据；再如其工夫论戒惧以"致中和"，将中和纳入良知的体用中，深化了阳明的戒惧以"致良知"的工夫论，体现了自己的用功特色。尤其有别于阳明的地方，一是在致良知之上还安放了一个"全生全归"的总体框架，一是其哲学思想的宗教性意蕴更为豁显，此二者显然都不同于阳明，而彰显了其思想特色。

---

① 黄宗羲：《文庄邹东廓先生守益》，《明儒学案》（修订本），沈芝盈点校，第332页。
② 刘宗周：《邹东廓守益》，邹守益：《邹守益集》，董平编校整理，第1358页。
③ 牟宗三：《从陆象山到刘蕺山》，第189页。

第三章

安福阳明亲传弟子论（下）

第三节　刘文敏论

一、刘文敏的生平、学履

刘文敏（1490—1572）[①]，字宜充，号两峰，安福南乡三舍人。自幼凝重端庄，不妄言笑，饮食出入，必禀命于父母。比就塾，竟日攻读，无少嬉惰。弱冠，补廪生，已有文章之誉，江西提学周广（号玉岩）贤之，聘其为子师。正德壬申[②]（1512），与族弟刘邦采共学，思所以自立于天地间，或至夜分不能就枕。一夕，语邦采曰："学苟小成，犹不学也。"于是学益坚，志益励。[③]

正德九年（1514），从子刘晓赴南京受学于王阳明，以父病归家，阳明赠以诗，有"还谁一语悟真机"之句。两峰见之，爽然曰："吾学非欤？"又得刘晓所录阳明论学语数条，其中"格物致知"与宋儒所解不同，展转思之，恍然有悟曰："此反身自知之学也。"及读《传习录》，遂坚信不疑，躬践默证。之后仍觉动静未能贯通、合一，乃曰："非亲承师授不可。"嘉靖元年（1522），与邦采买舟入越谒阳明。[④]阳明问曰："不远千里来，何为？"两峰对曰："为性命来也。"二人遂纳贽称弟子。嘉靖三年（1524）正月，二人再次赴越，参与阳明在稽山书院举办的讲学。[⑤]后又率其弟文快，从弟文协、文恺、文悌，族弟子和、继汉，族子勮、祐入越受学，"一门九刘"，

---

① 生卒年出自《刘文敏传》，《三舍刘氏七续族谱》卷九《可存房世系》。

② 王时槐《两峰刘先生志铭》云："岁壬午，先生年二十有三，则与其族弟师泉先生共学。"岁壬午为嘉靖元年（1522），此时刘文敏33岁；黄宗羲《明儒学案·处士刘两峰先生文敏》云："年二十三，与师泉共学。"故两峰与师泉共学之年应为正德壬申（1512），此时两峰23岁，《两峰刘先生志铭》中"壬午"应是"壬申"之误。

③ 王时槐：《两峰刘先生志铭》，《王时槐集》，钱明、程海霞编校，第476页。

④ 《三舍刘氏七续族谱》卷三四《家传八·刘邦采》提到刘邦采"偕两峰入越，谒阳明，称弟子"；又85岁所作《自记》云："三十而始知拜师，漫然真切者二十四年……又三十年。"从《自记》行文看，其所言者为实岁，刘邦采出生年为1592年，则30岁拜师时为嘉靖元年（1522）。又按：束景南《王阳明年谱长编》（第1083页）考证、推测刘文敏于正德十三年（1518）在赣州拜阳明为师，笔者参阅了几乎所有刘文敏传记资料（包括束氏所引用者），都没有提到刘文敏在赣州拜阳明为师，束氏推测有误。

⑤ 钱德洪：《年谱三》，王守仁：《王阳明全集》，吴光等编校，第1423—1424页。

颇得阳明称许。从学阳明后，两峰虽廪食需贡有期，文名蔚起，然不复应举。有人以不妨学为劝，两峰曰："安得许多闲精神，担阁一生，吾计决矣。"从此，一生以问学、讲学为业，并参与各种讲会，传播、弘扬阳明学。时安福训导朱勋（号逊泉）赠两峰诗曰："豪杰谁知君力量，圣贤原是我精神。"对其力攻圣学甚为推许。①

嘉靖十五年（1536），徐阶任江西提学副使，时任宁州学正的朱勋向徐阶举荐两峰曰："（某）原任安福，深知刘某养深学粹，见大志远，才堪甲科之选，身任斯道之重。不才犹叨升斗，斯人莫效尺寸，敢辞芸他人之田，而不惜天下之宝。"于是徐阶先檄其取应试，然后召之入贡，两峰竟辞之。何迁（号吉阳）以抚台移檄嘉奖，且手书曰："亲炙阳明公，所得精邃，故印可之。"②时人对其推重如此！嘉靖二十三年（1544），设馆于吉安府城西之西塔寺。陈嘉谟、王时槐、贺泾等先后执贽称弟子，向其学习圣贤之学。③三人后来均成为阳明二传重要弟子。嘉靖二十六年（1547），聂豹因诬告被逮于家，时两峰正坐馆于其家，见其身心不为所动，叹曰："未发之中，可以蒙大难而决死生也如此夫！"于是尽祛逐外之见，专力致虚守寂，于居所数百步外另筑一斋，环堵萧然，布衣蔬食，晏如也。④两峰原来持论与聂豹不相入达二十年，后来认可了聂豹的"归寂说"，一日忽自省曰："公（指聂豹）之言是也。"⑤故其思想受到了聂豹的一定影响，但与其仍有不小的差别。后尝七宿吉水松原，与罗洪先极论"寂感不二"之旨，始未能一，而终契合。既别，罗洪先赠诗云："叹息卓尔域，千古能几谐？目击中有存，意会言无乖。"⑥对其人其学甚为钦佩、认同。

隆庆三年（1569），年八十，犹登安福南乡三峰之巅，静坐百余日。六年（1572）暮春，往吉安郡城附近神冈、西原施教，王时槐、陈嘉谟、贺泾等侍左右者十日。别之夕，两峰对弟子曰："知体本虚，虚乃生生，虚者天地万物之原也。吾道以虚为宗，汝曹念哉！与后学言，即涂

---

① 《刘文敏传》，《安福县志》卷三《人物·理学》，康熙五十二年刊本，第7—8页。
② 《刘两峰先生列传》，王吉等编：《安成复真书院志》卷三，第5页。
③ 王时槐：《王塘南先生自考录》，《王时槐集》，钱明、程海霞编校，第642页。
④ 聂豹：《两峰刘公七十寿序》，《聂豹集》，吴可为编校整理，第528—529页。
⑤ 罗洪先：《刘两峰六十序》，《罗洪先集》，徐儒宗编校整理，凤凰出版社2007年版，第612页。
⑥ 《刘文敏传》，《安福县志》卷三《人物·理学》，康熙五十二年刊本，第9页。

辙不一，慎勿违吾宗可耳。"①"以虚为宗"可谓其学术的"最后定论"。其思想应早已形成，只是到临死前两个月，才向弟子正式揭出或特别强调。五月，当诞辰，诸子姓上寿毕，两峰退居一室，称微疾。一日，忽语其子刘昭谅（也是阳明学者）曰："吾了当而归矣。"遂于次日即逝。②面对生死坦然，可谓得道者。卒后，江西督学宪使邵梦麟檄下有司助葬，其文曰："故处士刘某迹奋儒林，力探圣域，赤子之心未失，白首之志愈坚，无愧考终，有神名教云。"③认为其人虽为布衣，但其为学求圣人之道，有益于社会教化。卒后逾月，吉安知府雷以仁（号欲吾）以为两峰还健在，移文称其"褆躬幅行，敦同古谊"，派人下县延访。④

两峰一生优游林下，一意圣贤之学，对于其人格、精神，时人多所称赞。聂豹曰："海内真布衣，惟两峰一人而已。"刘阳曰："两峰笃于修而恬于世趣，勇于早而勤于晚暮，行常敏而言或讷，华不足而实有余，悦于众而无合于污，穷于深而无混于异途，守于约而无不足于酬物。"⑤对于其人在江右王门中的地位，黄宗羲曰："姚江之学，惟江右为得其传，东廓、念庵、两峰、双江其选也。"⑥认为两峰传承了阳明的真精神，是江右王门的几个代表性人物之一。两峰不喜著述，仅著有《论学要语》百余条，现存96条，收录于康熙三十二年刻本《安成复真书院志》中（当代学者论其学几乎未使用这些材料），加上《明儒学案》所载未见该志之语录7条，共约9千字。应该说，两峰的传世文献大体保留下来了。

二、刘文敏的主要哲学思想

1. 由"以致知为宗"至"以虚为宗"

刘文敏思想的变化不是很明显，但大体上可以追踪其基本线索，即早期"以致知为宗"，晚期"以虚为宗"。从传记资料看，嘉靖

---

① 王时槐：《两峰刘先生志铭》，《王时槐集》，钱明、程海霞编校，第478页。
② 《刘两峰先生列传》，王吉等编：《安成复真书院志》卷三，第7页。
③ 《刘文敏传》，《安福县志》卷三《人物·理学》，康熙五十二年刊本，第9页。
④ 王时槐：《两峰刘先生志铭》，《王时槐集》，钱明、程海霞编校，第477页。
⑤ 《刘文敏传》，《安福县志》卷三《人物·理学》，康熙五十二年刊本，第8、9页。
⑥ 黄宗羲：《江右王门学案一》，《明儒学案》（修订本），沈芝盈点校，第331页。

二十六年（1547）两峰受聂豹被逮而身心不为所动的触发后，有专力"致虚守寂"的用功过程，然后对聂豹的"归寂说"有所肯定，但是直至临死前一年才在弟子面前揭出"以虚为宗"的为学宗旨。"以致知为宗"基本上守阳明之说，并无自己的发明，而"以虚为宗"则有自己的学术特色，但仍在阳明的思想框架之内，前后没有本质上的变化。总体而言，两峰是用身心在真正践行阳明学，重在证悟自己的心性本体，其所言是其身心体证、践履后的圣证之言，而并不着意建构自己的思想体系，所以其思想在阳明后学中并不特别彰显，但"以虚为宗"仍有其特色。

从嘉靖初年（大约在1522至1525年间）前后三次赴越向阳明学习，之后两峰就不再应试，专力向学、传道。其标举"以致知为宗"的学术宗旨，应是在此后。黄宗羲曰："（两峰）乃入越而禀学焉。自此一以致良知为鹄。"[1] 两峰曰：

> 学以致知为宗，而不自欺焉，则在我之权衡，当下具足，不假外求。知其蔽之当切磋琢磨，则切磋琢磨之密而不以为劳；知其功之当人一己百，则人一己百之勤而不以为苦。积累可以日升，检束可以日强，良知之蔽日去，良知之体日明，德崇业广，而至诚可几。此困勉者，及其知之，及其成功，一也。[2]

在此，两峰指出良知当下具足，不假外求，只要祛除良知本体上所受之蔽，良知就会当下呈现，如此不断切磋琢磨、日用其功，那么良知本体就会越来越显明。两峰指出，致知之宗关键在于"致"，其中"切磋琢磨之密而不以为劳""人一己百之勤而不以为苦"，都是"致"字工夫。他又说：

> 先师谓学者看"致"字太轻，故多不得力。圣贤千言万语，皆从"致"字上发挥工夫条理，非能于良知之体增益毫末也。生、学、困勉，皆"致"字工夫等级，非良知少有异焉者也。[3]

---

[1] 黄宗羲：《处士刘两峰先生文敏》，《明儒学案》（修订本），沈芝盈点校，第430页。按：但由于资料的缺乏，无法具体断定哪一年提出的。
[2] 刘文敏：《两峰先生论学要语》，王吉等编：《安成复真书院志》卷四，第50页。
[3] 刘文敏：《两峰先生论学要语》，王吉等编：《安成复真书院志》卷四，第50—51页。

他认为圣贤言语，都是讲"致"的具体工夫，如《中庸》讲"或生而知之，或学而知之，或困而知之"，其中"生""学""困"，是指"致"的不同工夫和等级，都是致知之功。又认为，致知、格物、诚意、正心、修身是一体。他说：

> 致吾心之是是非非、善善恶恶之良知于事事物物之间，而莫非顺帝之则，是之谓物格知致，下学上达，而诚意、正心、修身之功皆一以贯之矣。①

可以说，两峰早期讲学，是紧贴阳明的"致良知"而守其说，所以他说："良知之学，真先师发千古之秘，吾人虽根器利钝大小不齐，而皆可勉勉循循以进焉者也。"②也就是说，只要依"致良知"用功就可以进入圣贤之域。王时槐也认为"其（即两峰）学一以致知为宗，而殚精毕志，操存克治，一瞬一息，不少懈逸，语默作止，事无巨细，必蹈准绳"③，就是说，两峰完全依照阳明"致良知"而以身心切实用功——"致"，而不仅仅是宣说其师宗旨而已。

两峰在卒前两个月，在弟子王时槐等面前揭出"知体本虚，虚乃生生，虚者天地万物之原也。吾道以虚为宗"④；又曾说："耳目口鼻，皆以虚为用，况心为统摄众形之本，宰制万灵之根，而可壅之以私乎？故《易》戒憧憧而贵虚受。虚者，万善之府。"⑤这是在"以致知为宗"的基础上加入自己的用功特色而成，认为良知本体（即心体）乃虚，虚乃生生，且知体或虚体是"天地万物之原""万善之府"。这既是宇宙论，又是道德论。所谓"以虚为宗"，不仅致良知之功在于证悟良知虚体，而且整个生命的追求也是为了证悟良知虚体，从而获得生命的终极意义。这一学术宗旨，是受到聂豹"归寂说"的触发而生，同时又有对阳明思想的进一步发挥。阳明曰"心之虚灵明觉，即所谓本然之良知也"⑥，指出心的虚明状态就是良知

---

① 刘文敏：《两峰先生论学要语》，王吉等编：《安成复真书院志》卷四，第51页。
② 刘文敏：《两峰先生论学要语》，王吉等编：《安成复真书院志》卷四，第50页。
③ 王时槐：《两峰刘先生志铭》，《王时槐集》，钱明、程海霞编校，第476页。
④ 王时槐：《两峰刘先生志铭》，《王时槐集》，钱明、程海霞编校，第478页。
⑤ 刘文敏：《两峰先生论学要语》，王吉等编：《安成复真书院志》卷四，第69页。
⑥ 王阳明撰，邓艾民注：《传习录注疏》，第104页。

本体；又曰"无声无臭独知时，此是乾坤万有基"①，即把良知（独知）作为天地万物之原。但是，揭出"以虚为宗"，则是两峰的发展和独创。如果说"以致知为宗"是重在"致"字工夫，那么"以虚为宗"则重在对良知虚体的证悟，后者可以说是前者的自然而必然的进展、跃进。其实后者包括了前者，因为证悟知体的过程必然包括了"致"字工夫。

虽然"以虚为宗"是两峰在卒前两个月才揭出的，但在此前其思想早已形成，可以说他此前已证悟到了良知虚体，而且也倡言良知虚体和致虚之功。王时槐曰：

> （两峰）每与学者言知体虚明，皎如赤日，但依此知，自照自察，以祛习气，涤凡情，纤瑕勿留，意念感应，生生化化，务协天则，云销日朗，垢尽鉴明，天全而性复矣。其教人大指如此。②

在两峰看来，知体虚明，如心中的太阳，自能照察心中的习气、情识，并能消除之，使意念之感应、生化顺从良知而行。等到所有的心中习气、情识一扫而空，如此心中都是良知虚体的全幅呈现，即彻底证得本体（所谓"天全而性复"）。所以，两峰的工夫首先是要去证悟良知虚体，即致虚，致虚才能通感。这与聂豹的"归寂说"有相同处，但也有不同处。

聂豹提出"归寂以通感，执体以应用"③，只在未发上用功，而格物（已发）上无工夫。就是说，聂豹将"致良知"转化为"致虚守寂"，其工夫只在证悟超越的、隔离的中体或未发之体，证得本体后，当运用于日用间时只是随良知本体的发用而已，故在格物上无工夫。其格物无工夫，其实是致良知的圆熟之境或圣人之境，即当人彻底证悟良知、通体是圣人之身后，即无工夫可言，阳明、王畿等都有此境。从理论上说，所有阳明学者的工夫都可以进至此境，但聂豹因不信现成良知，故不重视日用践履的工夫，即不在已发上用功。

两峰对聂豹的认同、肯定，是对本体（虚体或寂体）的证悟，或者说以致虚作为重要工夫。他说："涵养本原，愈精愈一，愈一

---

① 王守仁：《咏良知四首示诸生》，《王阳明全集》，吴光等编校，第870页。
② 王时槐：《两峰刘先生志铭》，《王时槐集》，钱明、程海霞编校，第476—477页。
③ 黄宗羲：《贞襄聂双江先生豹》，《明儒学案》（修订本），沈芝盈点校，第370页。

愈精，始是心事合一。"①所谓"涵养本原"就是证悟良知本体（即致虚），只有证悟本体后，才能心事合一、体用一如。又说：

> 默坐澄心，返观内照，庶几外好日少，知慧日著，生理亦生生不已，所谓集义也。义集则至刚至大之气充塞乎天地之间，又何常变顺逆之累？②

所谓"默坐澄心，返观内照"就是致虚的重要工夫，证得虚体后才能使良知生生不已。而且从工夫顺序上说，"知体本虚，虚乃生生"，虚在前，生生在后，这与聂豹的"归寂以通感"确实有某种程度的相似性。所以黄宗羲谓两峰"与双江（即聂豹）相视莫逆，故人谓双江得先生而不伤孤另者"③，应该是指他们两人都以证虚体或寂体（即致虚）作为学术宗旨，并且都主张致虚而后通感（即产生效用）。

但是，黄宗羲也认为两峰"未必尽同于双江"④，此言是矣。因为两峰并不认同聂豹只在"致虚"或未发上用功，而格物（已发）无工夫，亦即并不认为致虚之后，就无工夫可言。他说：

> 迁善改过之功无时可已，若谓吾性一见，病症自去，如太阳一出，魍魉自消。此则玩光景，逐影响，欲速助长之为害也，须力究而精辩之始可。⑤

两峰并不认为，一悟到或体证到良知本体（即致虚）后，就等于彻底证得了本体，人的私欲等各种病症就可以一起消除。其实之后还有较长的日用间的渐修工夫，所以两峰仍重视日用已发上的工夫，即证悟良知虚体（致虚）后，仍需要回到日用间用渐修之功。他说："自性能生万法云云，是悟在天地之先，然其实落，则在庸言庸行之际而无漏。"⑥只有这样才能最终真正做到体用一原，所谓

---

① 刘文敏：《两峰先生论学要语》，王吉等编：《安成复真书院志》卷四，第68页。
② 刘文敏：《两峰先生论学要语》，王吉等编：《安成复真书院志》卷四，第65页。
③ 黄宗羲：《处士刘两峰先生文敏》，《明儒学案》（修订本），沈芝盈点校，第430页。
④ 黄宗羲：《处士刘两峰先生文敏》，《明儒学案》（修订本），沈芝盈点校，第431页。
⑤ 刘文敏：《两峰先生论学要语》，王吉等编：《安成复真书院志》卷四，第58页。
⑥ 刘文敏：《两峰先生论学要语》，王吉等编：《安成复真书院志》卷四，第52页。

"主宰（体）即流行（用）之主宰，流行即主宰之流行"①。

2. 何谓知体（虚体、寂体）

对良知本体的证悟是阳明学共同的终极追求，由于各人的体证总有微妙的不同，故各人言说或描绘的良知本体也就有所不同。两峰特别指出"知体本虚"，意谓其体证到的良知本体的最大特点是虚或（虚）寂。他说："知体常虚，则真明常止。"②黄宗羲也指出："先生（即两峰）之虚，乃常止之真明，即所谓良知也。"③虚即直指良知，故知体可称作虚体；而虚则止，虚中含止，而止也即寂，故知体、心体（真明）又可称作寂体。两峰的本体论大体是从"虚"和"寂"两个方面来展开的。他说：

> 老氏言虚，佛氏言寂，而非吾儒之虚寂也。吾儒虚即太虚，寂即寂然，《中庸》所谓不睹不闻也。夫虚为太虚，则太虚之中无物不生且成，而虚无改也；寂为寂然，则寂然之中无感不通且速，而寂无改也。……此之谓主静立人极，安有境界可分、光景可认哉？分境界、认光景，乃人心自私其心，自作障蔽，自助枝叶，不善学者也。④

两峰指出儒家之虚、寂，不同于老、佛之虚、寂：老、佛之虚、寂导向无、空，而儒家的虚、寂虽在境界上同于老、佛，都是指其无滞性，但虚体或寂体都是实有，故能生生、感通，即虚体生生，或寂体感通。本体虽具生生和感通的功能，但其本身是永恒的、不变的，即"虚无改""寂无改"。正因为本体生生、感通，通达于万事万物，如果能真正证悟本体（"主静立人极"），就没有一个隔离的、悬浮的、虚幻的境界或光景可认（这是静坐者或"致虚守寂"者易产生的病症）。

何谓"虚"或"虚体"？首先，两峰认为，"虚即太虚"，但并不意谓太虚是本体，太虚实际上是知体的比喻义，所谓"夫虚为

---

① 刘文敏：《两峰先生论学要语》，王吉等编：《安成复真书院志》卷四，第56页。
② 刘文敏：《两峰先生论学要语》，王吉等编：《安成复真书院志》卷四，第68页。
③ 黄宗羲：《处士刘两峰先生文敏》，《明儒学案》（修订本），沈芝盈点校，第431页。
④ 刘文敏：《两峰先生论学要语》，王吉等编：《安成复真书院志》卷四，第53页。

太虚，则太虚之中无物不生且成，而虚无改也"，是说"虚乃生生"，即良知虚体能创生万事万物和各种道德行为（即具创生性），而本身却是永恒不变、绝对的，正如"太虚之中无物不生且成，而虚无改"。两峰又说："良知粹然至善，无分于有事无事，譬之风云雷雨交错于太虚，而太虚之体无增损也。"① 此处则明显把太虚作为比喻义，就是说良知本体粹然至善（是绝对的），不管有事还是无事时，都如太虚之体一样是毫无增损的。故良知作为虚体，是心体，并不是宇宙道体——太虚之体，其"太虚"义是从比喻上说的。而黄宗羲认为两峰"依然张子（即张载）之学"②，则是误解了两峰，因为张载认为太虚能生气，太虚是气的本体，即宇宙道体，这是从宇宙论来论太虚本体的，而两峰显然与张载不同。

其次，虚乃无方体、无形相。两峰说：

> 仁者见之谓之仁，有其仁也；知者见之谓之知，有其知也。均之非太虚无我之学也，惟颜子几于此，故曰屡空。空者，虚也，无方体，无形相也。③

所谓"无方体，无形相"，就是不着相，恶不着，善（仁、知）也不着，有阳明"无善无恶心之体"之意，是指良知本体之无挂碍。因为一着相，就有自私、自大之病，"均之非太虚无我之学"。不着相，就是独，两峰曰："独也者，尊而无对之谓也。有对则属意象，有方体而可睹闻矣。而独未尝变也，非不变也，神无方，易无体，独本无独也，是故无对也。"④ 独就是无对，所谓"无对"，就是良知虚体无固定的对象，而体现于万事万物和一切道德行为中，故无方体，不可睹闻；即使是独，也不可作为一物去执持，故独本无独。

再次，虚为虚明义。两峰说：

> 知体虚明，皎如白日，无少自欺，即权度在我，无微不照。⑤

---

① 刘文敏：《两峰先生论学要语》，王吉等编：《安成复真书院志》卷四，第73页。
② 黄宗羲：《处士刘两峰先生文敏》，《明儒学案》（修订本），沈芝盈点校，第431页。
③ 刘文敏：《两峰先生论学要语》，王吉等编：《安成复真书院志》卷四，第70页。
④ 刘文敏：《两峰先生论学要语》，王吉等编：《安成复真书院志》卷四，第53页。
⑤ 邓元锡：《刘文敏列传》，《皇明书列传》，周骏富辑：《明代传记丛刊》（第73册），第1785页。

良知本体如日丽天，无微不照。吾辈时时惊策，凡一毫非念之干，无所藏伏，方是内自讼之学。①

就是说，良知作为虚明之体，其特点是因虚而明（明即呈现），如太阳般光明，故能照察人隐微的、藏伏的私心、欲望等病症。

何谓"寂"或"寂体"？两峰曰："寂为寂然，则寂然之中无感不通且速，而寂无改也。"此意来自《周易·系辞》："易，无思也，无为也，寂然不动，感而遂通天下之故。"就是说，寂是寂然之意，但寂体不是静止之体，而是"寂然不动，感而遂通天下之故"，即"无感不通且速"。两峰又曰：

吾心之体，本止本寂，参之以意念，饰之以道理，侑之以闻见，遂以感通为心之体，而不知吾心虽千酬万应，纷纭变化之无已，而其体本自常止常寂。彼以静病云者，似涉静景，非为物不贰、生物不测之体之静也。②

在两峰看来，心体（即良知本体）从本原上说是止和寂的，即寂体是先天未发之体。这与聂豹所说的寂体有所不同，虽都指先天的未发之体，但聂豹的寂体是隔离的未发之体，一旦呈现在发用中就不是先天寂体，而是已发的觉知（他认为此觉知非真良知）；两峰的寂体是贯通未发、已发，"其体本自常止常寂"是未发，"吾心虽千酬万应，纷纭变化之无已"是已发，故当下呈现的良知也是寂体。两峰认为，"发与未发，非判然二也，能致其知，则寂感一矣"③。就是说，只要能致良知，良知就能打通未发、已发，如此就是寂感一如。故两峰的寂体即寂即感，即体即用，体用不二。他说："其常止之体，即是主宰，其常止之照，即是流行，为物不二者也。"④就是说，寂体的主宰即是体，寂体的流行即是用，体用不二（为物不二），可谓"动静无间，体用一原"⑤。如果仅仅将未发寂体作隔

① 刘文敏：《两峰先生论学要语》，王吉等编：《安成复真书院志》卷四，第66页。
② 黄宗羲：《处士刘两峰先生文敏》，《明儒学案》（修订本），沈芝盈点校，第430页。
③ 《刘文敏传》，《安福县志》卷三《人物·理学》，康熙五十二年刊本，第8—9页。
④ 黄宗羲：《处士刘两峰先生文敏》，《明儒学案》（修订本），沈芝盈点校，第431页。
⑤ 黄宗羲：《处士刘两峰先生文敏》，《明儒学案》（修订本），沈芝盈点校，第433页。

离的、静态的观照、体证，反而会产生静病，"非为物不贰、生物不测之体之静也"。其实，不管作为虚体还是寂体，都是即体即用的，虚体之生生也具即体即用之意。所以两峰曰："体中有用，用中有体，合下具足，粹然一源。圣人穷理尽性以至于命，一了百当，非有先后可言。"①所谓"合下具足，粹然一源"是指知体当下具足，即体即用，以至"穷理尽性以至于命"都在知体的贯通中，无先后顺序之可言。

综上所述，两峰的知体（虚体、寂体），即是心体；而其心体亦即性体，其曰"仁人心也，天命之性也"②，又曰"性命之不易者为体"③，即心（体）、性（体）是一，可以说在良知的贯通下，"穷理尽性以至于命，一了百当"，故并未将心性分言。所以两峰之学仍未脱离阳明学的藩篱。而牟宗三认为，"自两峰师泉以至王塘南则归于以道体性命为首出，以之范域良知，由此，遂显向刘蕺山之'以心著性，归显于密'之路而趋之趋势"④；这一判断并不完全准确，曰师泉（刘邦采）、塘南（王时槐）可，曰两峰不可。其实，由于牟氏未见到两峰传世的所有文献，仅根据《明儒学案》有限的资料而作出判断，特别是根据两峰的"知体本虚，虚乃生生。虚者天地万物之原也"，而得出他有"对于道体之存有论的体悟"⑤，遂认为两峰"以道体性命为首出"。其实，两峰的虚体并不是与心分设的、首出之道体，而是心体（心体即道体），所以他并不"以道体性命为首出"；其心体与性体完全合一，并未心、性分言，故不可能有走向"以心著性，归显于密"的趋势。

3. 如何证知体、致良知

上文第一小节论两峰的为学宗旨，已略涉及其工夫论，此部分再详论之。两峰晚年提出"以虚为宗"，意在证悟良知虚体，并以此为个体生命之归宿。他又说："净洗尘习以完虚体，不惟吾辈衰老所宜汲汲，虽少壮精力亦须及时警敕。盖年光瓶水，万世一时，

---

① 刘文敏：《两峰先生论学要语》，王吉等编：《安成复真书院志》卷四，第52页。
② 刘文敏：《两峰先生论学要语》，王吉等编：《安成复真书院志》卷四，第54页。
③ 黄宗羲：《处士刘两峰先生文敏》，《明儒学案》（修订本），沈芝盈点校，第432页。
④ 牟宗三：《从陆象山到刘蕺山》，第256页。
⑤ 牟宗三：《从陆象山到刘蕺山》，第257页。

分寸之阴，皆致知缉熙之地，无顷刻可违也。"① 此意谓证悟虚体是每个人的生命追求，且时时刻刻都要着意于此。那么如何证悟、证得良知虚体？他说：

> 一息万年，虽瘖痹呼吸，同天地之混沌阖辟，形气不能拘，阴阳不能贼者。是可以立辩，可以顿修，人自弗之思耳。诚能内省于心，于道器有无之几而默识其故焉，斯立辩矣；体验于人伦庶物，于道器有无之几而会通其要焉，斯顿修矣。②

这段话大体可以作为两峰工夫论的总体框架。"一息万年"是指当下一念（即"一息"）之良知就是良知本体，它具有绝对性、永恒性，关键在"内省于心，于道器有无之几而默识"之，即透悟到知体在心，从而挺立自己的道德良知，以此作主；然后还要"体验于人伦庶物"，在日用工夫中进一步修证而使其通体透显而彻底证得知体。这里包括两种工夫，即"立辩"（即马上领悟到，此为解悟）和"顿修"（此词颇费解，应是在渐修中得顿悟之意），悟、修都是致良知的工夫，而且往往悟中有修，修中有悟。

那么，如何悟或顿悟呢？首先，是静坐观心。两峰曰："默坐澄心，返观内照，庶几外好日少，知慧日著，生理亦生生不已。"③他把静坐观心作为证悟虚体（即致虚）的重要工夫，阳明刚开始授徒讲学，也是把"默坐澄心"作为收放心的工夫。静坐观心是在静中观照自己的本心、知体，从而肯认之。因为人平时汩没在欲望、习气中，其本体（即本心）容易走失，故通过静坐，在静中本体容易呈现而被体悟或证悟到。这一工夫不仅是两峰的入门工夫，也是其日用之常功之一。两峰在参与讲会时，除有人请问，以一二语答之外，常是"终日危坐，貌肃而神凝"④。甚至在 80 岁时，还在三峰之巅静坐百余日。当然，静坐时观照、体悟本体也含有修，因为当本体呈现时就能照察自己的欲望、习气，从而有可能消除之。但是，静功也容易产生耽空守寂之静病，即沉浸在空境中享受"禅悦"而

---

① 刘文敏：《两峰先生论学要语》，王吉等编：《安成复真书院志》卷四，第71页。
② 刘文敏：《两峰先生论学要语》，王吉等编：《安成复真书院志》卷四，第63页。
③ 刘文敏：《两峰先生论学要语》，王吉等编：《安成复真书院志》卷四，第65页。
④ 《刘文敏传》，《安福县志》卷三《人物·理学》，康熙五十二年刊本，第8页。

无法落到实处，故两峰指出："学以静入，亦以静病云者，似涉静景，而非为物不贰、生物不测之体之静也。"① 又说："务博索玄，厌苦求静，皆欲根未净。"② 即如果一味耽于静境，则无法做到虚乃生生、寂感一体，且静中仍包藏着欲根（因为不到现实世界，人欲可能不会出现），不是真正的"静而不静"之真体。所以静坐不是唯一的工夫，需要动静结合，需要在静功的基础上，进一步回到日用人伦中用功。

其次，悟是不是只有静坐才能做到呢？两峰对此持反对意见，他相信现成良知，认为可以从当下呈现的良知中直悟本体。他说：

> 即此一念之悔，乃善根萌动之端，能自信而固守之、扩充之，则吾心良知能自病自知，自知自医，知其有所未尽而不敢自以为是，知其广大无际而不敢小用其量，知其合下具足而不假于外之闻见知识以自凑泊。如此则过日寡，善日迁，日进于无疆矣。③

"此一念之悔"，即当下呈现的良知，不管静中还是动中都有可能出现，抓住此一念，即把握到了良知本体而"自信"（即肯认）之，即悟到了良知本体，从而"固守之、扩充之""日进于无疆"（即有一个渐修的过程）。总之，两峰之悟本体主要是通过反观内照而体证自己的良知，亦可于一念良知之光闪现时抓住而肯认之，其实都可以贯通动静、寂感。

知体本虚本寂，是先天存在的，似乎只要一悟就能成圣，何必渐修呢？这是因为人有种种私欲、情识等欲根或意根的干扰。聂豹以为归寂就可以彻底证得良知本体，之后通用、照物就可以，故格物无工夫。其实，即使通过归寂（致虚）证得了本体，但是回到现世间后仍有私欲、情识等的干扰，未必真能做到归寂而通用。两峰对此保持高度的警惕，认为欲根或意根是成圣成贤的根本大敌，也是他主张悟后渐修的根本原因。两峰曰："意根风波，一尘蔽天，豪杰之士往往为其所误。"④ 上文还提到"务博索玄，厌苦求静，皆

---

① 刘文敏：《两峰先生论学要语》，王吉等编：《安成复真书院志》卷四，第56页。
② 邓元锡：《刘文敏列传》，《皇明书列传》，周骏富辑：《明代传记丛刊》（第73册），第1787页。
③ 刘文敏：《两峰先生论学要语》，王吉等编：《安成复真书院志》卷四，第66页。
④ 刘文敏：《两峰先生论学要语》，王吉等编：《安成复真书院志》卷四，第70页。

欲根未净"。所谓意根、欲根，是指人的"气质之性"，从"根"字看，可谓与生俱来的，故两峰说"功利、世情透入骨髓"[①]。所谓功利、世情就是人的气质中的各种杂质，即使是豪杰之士，一旦意根中的欲波泛起，就会被一尘蔽天，为其所误；即使在博览、求玄、求静中，也还是欲根未净。两峰说其"透入骨髓"，可谓深为警省！因此，强调要识得病症。他说：

> 学问工夫最怕不识病，不识病则包藏障蔽，往往略而不觉。象山尝言善识病，亦其经历之验；先师致知之教，自谓滴骨血。此今日识病症大头脑处。[②]

如何从"情天欲海"中超拔出来，第一步当然是悟得良知本体。两峰说："世情如海水之波，迷则万劫不了，悟则彼岸立跻。"[③]不悟"则自沦于机巧习染之中，一切天下事，作千样万样看，故精神眩惑，终身劳苦"[④]。如果悟到了知体，则知体虚明，如日中天，能照察自己的种种病症。两峰曰："学者苟能切己反观，大体中透，悟端绪扩充而识得仁体，则自私、自是、自泥、自肆之障脱然无藏伏处矣。"[⑤]悟就是灵根反照，而知体、仁体得以呈显，如此各种病障就无处隐藏。但这仅仅是初步工夫，而一般学者往往停留于此悟境中，故两峰批评曰：

> 功利之习，沦肌浃髓，苟非出世之志，鞭辟近里之学，常见无动之过，则一时感发之明，不足以胜隐微深痼之蔽。故虽高明，率喜顿悟而厌积渐，任超脱而畏检束，谈玄妙而鄙浅近，肆然无忌而犹以为无可无不可，任情恣意，遂以去病为第二义，而不知自家身心尚荡然无所归也。[⑥]

两峰指出，仅仅"一时的感发之明"（即偶然之领悟或顿悟），

---

① 刘文敏：《两峰先生论学要语》，王吉等编：《安成复真书院志》卷四，第58页。
② 刘文敏：《两峰先生论学要语》，王吉等编：《安成复真书院志》卷四，第55页。
③ 刘文敏：《两峰先生论学要语》，王吉等编：《安成复真书院志》卷四，第64页。
④ 黄宗羲：《处士刘两峰先生文敏》，《明儒学案》（修订本），沈芝盈点校，第433页。
⑤ 刘文敏：《两峰先生论学要语》，王吉等编：《安成复真书院志》卷四，第55页。
⑥ 刘文敏：《两峰先生论学要语》，王吉等编：《安成复真书院志》卷四，第73页。

还不足以消除"隐微深痼之蔽",而一般学者止于此,"喜顿悟而厌积渐",即不肯用悟后的渐修之功,反而任情识而行,甚至视情识为良知,"以去病为第二义"。这是阳明后学中出现的一种弊病,两峰对此加以批评。所以两峰尤其强调悟后的不断渐修。他说:

> 学者当循本心之明,时见己过,刮磨砥砺,以融气禀、绝外诱,征诸伦理事物之实,无一不慊于心,而后为圣门正学,非困勉不能入也。高谈虚悟,炫本离末,非德之贼乎?①
>
> 意念每治每然,吾则每然每治,其用力须至于己百己千皆困知勉行者。本等职分不可欲速,不可中止。②
>
> 时时实致其知,如登太行之山,步步踏地,步步凌空,愈进而愈觉无尽。③

两峰认为,只有依照知体之明,用困勉之功,不断"刮磨砥砺"欲根,这是一个"每然每治"的过程,"不可欲速,不可中止","时时实致其知",踏实用功,才能进于"无尽"之境。只有彻底根除了欲根或意根,才算是完全证悟到本体。他说:

> 良知真体,万古一日,万变一致,益精益动益虚而不惰,则染处渐消,逐时渐寡,渣滓浑化,则主宰即流行之主宰,流行即主宰之流行,安得许多分别疑虑?④

就是说,只有不断精进用功,才能使良知真体越来越虚明,人气质中的渣滓越来越少,最后彻底铲除欲根或意根,浑化于无形,如此才可谓"主宰即流行之主宰,流行即主宰之流行",真正做到即体即用,即寂即感,体用一如,寂感一如。

这种渐修,是要实落到生活的大熔炉中去磨炼的。两峰曰:

> 世情为障,此处正好勤励猛省。本见日益真切,则世情日

---

① 刘良楷纂修:《三舍刘氏七续族谱》卷三四《家传八·刘文敏》。
② 刘文敏:《两峰先生论学要语》,王吉等编:《安成复真书院志》卷四,第55页。
③ 刘文敏:《两峰先生论学要语》,王吉等编:《安成复真书院志》卷四,第68页。
④ 邓元锡:《刘文敏列传》,《皇明书列传》,周骏富辑:《明代传记丛刊》(第73册),第1786页。

益薄去；世情日益薄去，则仁体日益昭融而充塞也。曾点无世情，但克念处少勤，故颜子独得其宗。要之未勤处，亦世情也。①

就是说，只有到世间人情中去勘磨、锤炼，才能让自己的各种病根暴露出来，从而彻底洗去之，使"仁体日益昭融而充塞"，否则即使如曾点般洒脱而欲根仍有可能潜伏，必如颜回般非礼勿视听言动，在生活中时时刻刻、在在处处用功，才能彻底证得知体。所以两峰又曰：

横逆拂郁，正君子坚志熟仁之基，精义养气之地，有志者不可轻易错过，磨砻到处能发光辉，始是学之得力处，亦有用力处。故君子处暌则以同而异，处蹇则反身修德，处咸则虚以受人。此圣贤振耀千古之心法也。②

横逆拂郁，处暌、处蹇、处咸，正是人性的大考验之时，良知本体在此种种大考验中经受磨炼后，最后才会虚明如赤日无瑕，散发出万丈光辉。所以两峰认为这是"圣贤振耀千古之心法"，亦即渐修的根本大法。

总之，两峰主张悟修兼用，悟修一体，其悟和修指向的都是知体。他说：

能修而不能悟，能悟而不能修，此皆因缘气质，造化不在手也。若直信本心，自作主宰，则修者修此者也而不着于修，悟者悟此者也而不着于悟，极之天地位、万物育，粹然具足。今时学者从皮肤上洗涤，便谓之修，从见解上凑泊，便谓之悟，其无得于真体一也。③

此本心、真体亦即知体，悟和修都在此体上用功，所谓"悟者悟此者""修者修此者"；那些"能修而不能悟"或"能悟而不能修"者，都是因为没有把握到此本心、知体而造成的，所谓"造化（即知体）

<hr>
① 刘文敏：《两峰先生论学要语》，王吉等编：《安成复真书院志》卷四，第58页。
② 刘文敏：《两峰先生论学要语》，王吉等编：《安成复真书院志》卷四，第59页。
③ 刘文敏：《两峰先生论学要语》，王吉等编：《安成复真书院志》卷四，第56—57页。

不在手也"。当然,两峰尤其重悟后之渐修,即致虚之后仍需不断用功,其工夫相当踏实、真切而无弊病。

从学术来源上说,两峰的工夫论融合了阳明的"致良知"和濂溪的"无欲说":其悟后渐修、悟修兼用是"致良知"的具体展开;其工夫的最终归宿和境界,则是"无欲故静"(此"静"是"静而无静"的贯通动静的本体)即彻证虚体、寂体,进入圆熟之境。

总之,两峰之学"以虚为宗",但此"虚"是"虚乃生生"之儒家之虚(虚中含实),而不是佛道的空无之虚,其工夫是悟修兼用,悟修一体,其学仍相当笃实,体现了阳明学的力行精神。因此,黄宗羲认为,两峰"得其(阳明)传"[1],乃江右王门的代表性人物。

---

[1] 黄宗羲:《江右王门学案一》,《明儒学案》(修订本),沈芝盈点校,第331页。

第四节　刘邦采论

一、刘邦采的生平、学履

刘邦采（1492—1577）[①]，字君亮，号狮泉（又作"师泉"），安福南乡三舍人，刘文敏族弟。初为诸生，即厌举业，锐然以希圣为志，曰："学在求诸心，科举非吾事也。"嘉靖元年（1522），与文敏入越谒阳明，称弟子，阳明与之语，称之曰："君亮会得容易。"狮泉有一诺千金之许，阳明大称赏之。学者来质疑，必曰："问君亮。"三年（1524）正月，二人再次赴越，参与阳明在稽山书院举办的讲会。[②]狮泉资既颖敏，而行复峻拔。居父丧，蔬水庐墓，哀诚笃至。丧服除，不复应试，而声名鹊起。七年（1528）秋，当乡试，督学宪使赵渊檄下安福县曰："刘某行修义端，宜劝起赴试。"在县令袁轩辕的一再催促下，才勉强赴试。至南昌，拜见赵渊，曰："荆闱故事，令诸生脱巾露体而入，非待士礼，某不愿入也。"于此可见狮泉作为士人之气节。于是巡按御史储良材令全省十三府诸生一并以常服进入考场，免其检察。揭榜，得中举，储氏批其卷曰"江右人望"。[③]七年十一月二十九日（1529年1月9日）阳明卒于江西南安，狮泉赴南安，与同门王大用、周积一起处理后事。[④]十三年（1534），任福建寿宁县教谕，[⑤]以正学迪士，多所兴起。后因举荐得内召，升浙江嘉兴府同知，不久弃官归。

归田后，狮泉专力为学、兴学、讲学，参与各种讲会。先是在家乡参与由刘晓创办的惜阴会，后参与本县复古书院等举办的讲会，

① 生卒年据《三舍刘氏七续族谱》卷十二《可诚房世系》、卷三四《家传八·刘邦采》。
② 关于刘邦采赴越拜师、参与讲会的时间，参见上一节刘文敏的生平。
③ 王时槐：《狮泉刘先生邦采传》，焦竑编：《国朝献征录》，周骏富辑：《明代传记丛刊》（第113册），第193页；邓元锡：《刘邦采列传》，《皇明书列传》，周骏富辑：《明代传记丛刊》（第73册），第1789页。
④ 束景南：《王阳明年谱长编》，第2050页。
⑤ 邹守益：《寿宁政教说》，《邹守益集》，董平编校整理，第480页。按：此文提到狮泉任寿宁教谕的时间。

又赴本郡青原讲会以及庐陵、泰和、吉水等地之会，甚且赴浙江、湖广等地之会。嘉靖二十四年（1545）四月，与邹守益一起设讲于万安县梅陂书院。夜宿书院，与刘良溪、汝庄二人夜话，其"悟性修命"之思想已具雏形，呼之欲出，只是未直接揭出此命题。良溪最后曰："先生（即狮泉）今夕之教，泄天地之秘藏。"①次年，才真正证悟并提出了这一思想。三十三年（1554）六月十九、二十日，与邹守益、王畿、罗洪先等在吉水县玄潭雪浪阁举办讲会，此日讲会的核心是讨论狮泉的"悟性修命"说及其与王畿在"现成良知"说上的分歧，狮泉、王畿先后发言，最后由罗洪先作出评断。②在此次讲会中，通过与王畿的辨论及罗洪先的评断，更显现了其思想特色。三十七年（1558），与邹守益、刘阳、刘晓等联合安福南乡士民，创建复真书院，成为其讲学的重要据点。狮泉思苦而造微，其讲学、释疑，片言即能开人凤昔沉锢，令人豁然有省，聂豹尝言："师泉力大而说辩，排阖之严，四座咸屈，人皆避席而让舍，莫敢有撄其锋。"③又在家乡，修族谱，兴乡约，立义仓，乡族尤赖之。

八十六岁时忽染疾，知不可起，诸生环侍榻前，犹论学不辍，神闲气定。疾作，弟子朱调问："先生此际视平时何如？"答曰："夫形岂累性哉！今吾不动者，自若也，第形如槁木耳。"少顷遂卒。里中人士入哭，皆尽哀。狮泉病时，若有所遇，颇涉奇秘而不言。及将殁，身体仍温，久之才散（此类佛教徒临终之境），此亦其善养盛而气完之验证。④狮泉工夫紧切、踏实，其临终体现的道德、生命境界，可见其工夫之得力；其"悟性修命"之功，既证得了道德心性本体，也在道德修养中包含着肉身（气）的修炼，所谓大德者必得其寿。

关于狮泉的为学历程，其八十五岁所作《自记》有一段自我陈述：

> 予赖二亲，罔极之恩，承天地开辟之会，三十而始知拜师，漫然真切者二十四年。一旦神会于鲁叟志学之脉络，惜其志不

① 刘邦采：《梅陂书院夜话》，王吉等编：《安成复真书院志》卷四，第113页。
② 罗洪先：《甲寅夏游记》，《罗洪先集》，徐儒宗编校整理，第85—86页。
③ 王时槐：《狮泉刘先生邦采传》，焦竑编：《国朝献征录》，周骏富辑：《明代传记丛刊》（第113册），第193页。
④ 王时槐：《狮泉刘先生邦采传》，焦竑编：《国朝献征录》，周骏富辑：《明代传记丛刊》（第113册），第193页。

胜气，修不尽悟，乃发愤于渣滓之浑化，又三十年。天命之休，
假年不死，以濯以暴，庶几于闻而知之。[①]

又，邓元锡曰：

（狮泉）始学时，每竟夕不寐，以思有造矣。已诣越从王
文成学……已恍然冰解于混一不二之体，悟良知充满，无不足、
不得也，曰："满地黄金，顾将作铁使乎？"自此忘亏成是非，
独与天倪俱。久之，内省受命驳而气习之滓未有汰也，则深悟
于主宰之真静者性也，流行之凝精者命也，主宰流行之变化者
意也。主宰常一，所以尽性；流行常精，所以修命。学之为主宰、
流行之交致者，终不可混也。[②]

综合二文看，狮泉于嘉靖元年（1522，实岁30）师从阳明，此
后深信阳明之说，"悟良知充满，无不足、不得也"，即相信良知
现成（所谓"满地黄金"）。于是依此用功24年，但仍觉体用未融，
"志不胜气，修不尽悟"，即生命中的渣滓未能融汰。嘉靖二十五
年（1546，实岁54），终于证悟到"悟（尽）性修命"之说，于是
不信现成良知，将体用（即性命）分为二，主张性命兼修。这一思
想遂成为其学说的核心。王时槐说："先生（即狮泉）之学以性命
并致其力，敬义博约，兼体而德不孤，为圣学之彀率……此其立教
之大指也。"[③]此后，狮泉依此用功30年（至最后一年实为31年），
"发愤于渣滓之浑化"，最后臻于化境，体用融而为一。

狮泉所著有《易蕴》《易蕴外篇》《紧语存人录》等（均已佚），
其佚文主要保存在康熙三十二年刻本《安成复真书院志》中，17000
多字。狮泉在当时有较高的学术地位，黄宗羲认为他是阳明后学四
家最盛者之一："阳明殁，诸弟子纷纷互讲良知之学，其最盛者山
阴王汝中（王畿）、泰州王汝止（王艮）、安福刘君亮、永丰聂文

① 刘良楷纂修：《三舍刘氏七续族谱》卷三四《家传八·刘邦采》。按：文中所言年岁为实岁。
② 邓元锡：《刘邦采列传》，《皇明书列传》，周骏富辑：《明代传记丛刊》（第73册），第1789—
1790页。
③ 王时槐：《松岩朱君学语摘录序》，《王时槐集》，钱明、程海霞编校，第56页。

蔚（聂豹），四家各有疏说，骎骎立为门户。"①

二、刘邦采的主要哲学思想

1. 悟性修命（性命兼修）

狮泉"悟性修命"或"性命兼修"之说的提出，一方面乃受刘晓的影响②且为自己长期用功体悟的结果，另一方面尤其是针对阳明后学之弊而发。王时槐曰："自阳明王公倡道东南，学者承袭口吻，浸失其真。先生（即狮泉）有忧之，极言痛斥'以揣摩为妙悟，纵恣为乐地，情爱为仁体，因循为自然，混同为归一'之非。"③所谓"以揣摩为妙悟，纵恣为乐地，情爱为仁体，因循为自然，混同为归一"，是阳明后学之弊的各种表现："以揣摩为妙悟"是悬想、揣摩玄妙的本体，"（以）纵恣为乐地"是把个人欲望之乐作为本体之乐，"（以）情爱为仁体"是把情识当作仁体（本体），"（以）因循为自然"是把因循当下之念（即现成良知）作为本体自然流行，"（以）混同为归一"是把已发的欲望、情识混同良知本体作为体用合一。总之，都是未真正证悟到本体，亦未真正贯通于流行（用）。其中的关键是对"（以）因循为自然"的反对，即不相信现成良知，于是狮泉提出"悟性修命"或"性命兼修"说：

> 心之体曰主宰，贵知止以造于惟一；心之用曰流行，贵见过以极于惟精。是谓博约并进，敬义不孤。性命兼修之学，如车轮鸟翼，不可偏废。④
>
> 心之为体也虚，其为用也实。义质、礼行、逊出、信成，致其实也；无意、无必、无固、无我，致其虚也。虚以通天下之志，实以成天下之务，虚实相生，则德不孤。是故常无我，以观其体，心普万物而无心也；常无欲，以观其用，情顺万事

---

① 黄宗羲：《教谕胡今山先生瀚》，《明儒学案》（修订本），沈芝盈点校，第329—330页。

② 耿宁：《人生第一等事——王阳明及其后学论"致良知"》，倪梁康译，第985页。另参看第二章第一节第二部分第三小节。

③ 王时槐：《狮泉刘先生邦采传》，焦竑编：《国朝献征录》，周骏富辑：《明代传记丛刊》（第113册），第193页。

④ 王时槐：《狮泉刘先生邦采传》，焦竑编：《国朝献征录》，周骏富辑：《明代传记丛刊》（第113册），第193页。

而无情也。①

夫人之生，有性有命，性妙于无为，命杂于有质，故必兼修而后可以为学。盖吾心主宰谓之性，性无为者也，故须首出庶物，以立其体；吾心流行谓之命，命有质者也，故须随时运化，以致其用。常知不落念，是吾立体之功；常过不成念，是吾致用之功，二者不可相杂。常知常止，而愈常微也。是说也，吾为见在良知所误，极探而得之。②

夫学何为者也？悟性、修命、知天地之化育者也。往来交错，庶物露生，寂者无失其一也；冲廓无为，渊穆其容，赜者无失其精也。惟悟也，故能成天地之大；惟修也，故能体天地之塞。悟实者，非修性，阳而弗驳也；修达者，非悟命，阴而弗窒也。性隐于命，精储于魄，是故命也有性焉，君子不渚诸命也；性也有命焉，君子不伏诸性也。原始反终，知之至也。③

"悟性修命"或"性命兼修"说，大体而言属于工夫论，但其中也包含着本体论（即心性论）。所谓悟性、修命是建立在将心作体用二分的基础上，心之体是性，是主宰者，心之用是命，是流行者。"性妙于无为"，是虚，是寂，这里的无为、虚寂不是指空无，而是指"无意、无必、无固、无我"，即本体着不得一物，所以是绝对的"一"；"命杂于有质"，命相当于气或气质之性，也是指具体的生命体而言，其中有欲望、杂质，是待运化者，是实（即心之工夫的具体表现者）。性与命不可相混，但二者也不是绝对分开的，"性隐于命"，"命也有性""性也有命"，就是说性在命中（体在用中），在命中呈现或表现性，无性则命无主宰者，无命则性无流行或表现者。可以说，狮泉的体用观借用了朱熹的理气二分、"心统性情"的义理间架，而不是陆王"心即理"的义理间架。但是其工夫论，大体仍是良知学的思路。

所谓"悟性"，就是"首出庶物，以立其体"，"首出庶物"

① 邓元锡：《刘邦采列传》，《皇明书列传》，周骏富辑：《明代传记丛刊》（第73册），第1793—1794页。
② 黄宗羲：《同知刘师泉先生邦采》，《明儒学案》（修订本），沈芝盈点校，第437页。
③ 黄宗羲：《同知刘师泉先生邦采》，《明儒学案》（修订本），沈芝盈点校，第439页。

出自《周易·乾·象》，是说"圣人在上，高出于物"①，此处借用此言，是说"性"在上，性为万物之主宰，以性立（作为）心之体。如何立体？曰"常知不落念，是吾立体之功"，就是良知呈现而作主，从意念中超拔而出，不落于意念之中，即以良知来立体；以良知作主，就能止息意念之流，以造于"惟一"之境，故曰"贵知止以造于惟一"，所谓"知止"就是止于良知，以良知作主。所谓"修命"，就是"须随时运化，以致其用"，即随时用良知运化意念，以致其用。如何致用？曰"常运不成念，是吾致用之功"，就是常常用良知运化意念而使其没有杂念，即以良知清除意念中的不善之物；又曰"贵见过以极于惟精"，就是良知能知（即反照）意念之过，从而清除以"极于惟精"（精即不杂意念）之境。那么，悟性修命所凭依的是什么？是知（良知）。狮泉曰："常定而明，常运而照，知也。"②"常定而明"，即是知止，就是立体（悟性），"常运而照"，即是致用（修命），二者所凭依的都是知（良知）。如此，良知贯通于悟性修命，贯通于体用，"良知本体"（注意：不是"现成良知"，后面会重点讨论）其实就是心之体，就是性，且达于用。所以说，其工夫论大体仍是良知学的思路，只是将致良知分为两个部分，一是悟性，一是修命。

狮泉认为"性命兼修之学，如车轮鸟翼，不可偏废"，但所谓"性命兼修"又是何指呢？是否如黄宗羲所说"然工夫终是两用，两用则支离，未免有顾彼失此之病，非纯一之学也"③？

先说"悟性"，悟性是狮泉工夫论的关键，是第一步，如果没有悟性，人永恒沉沦于世情中，或只是在世间做个好人而无生命的觉醒。在狮泉看来，圣学是生命"重生"之事，是"脱胎换骨"之学。他说：

> 须于此处掀天揭地一番，庶得脱胎换骨，精神直与天地鬼神相为流通，以承千圣之一脉，可也。④
>
> 欲修人道于天地间者，须鼎天立地，虽起炉作灶，不□手脚。

① 朱熹：《周易本义》，廖名春点校，中华书局2009年版，第33页。
② 黄宗羲：《同知刘师泉先生邦采》，《明儒学案》（修订本），沈芝盈点校，第438页。
③ 黄宗羲：《同知刘师泉先生邦采》，《明儒学案》（修订本），沈芝盈点校，第438页。
④ 刘邦采：《复婿朱以信》，王吉等编：《安成复真书院志》卷四，第96页。

曾见太虚中雷雨不作而能生物者乎？曾见雷动风行而为太虚之障碍者乎？于此信得极，则凡躯壳之知且能者，皆归根伏命，充之践形矣。①

就是说，悟性是"掀天揭地"，是"鼎天立地"，是"起炉作灶"，这些用词都是比喻，是说将整个生命唤醒，这个唤醒就是将良知唤出，加以反照、体证、挺立，并将其作为生命的本体（性），如此才能脱胎换骨。没有悟性立体，正如太虚中雷雨不作而不能生物；只有先悟性立体，才能使"躯壳之知且能者，皆归根伏命"，才能"精神直与天地鬼神相为流通"。如果没有悟性，不自明心体，即使是出将入相，也还是凡夫俗子。故狮泉又曰：

　　明道先生曰："宁学圣人而未至，无宁以一善而成名。"所谓一善者，如忠孝廉节，表表于天地间者，皆是也。然不本于自明之学，亦不过质美暗合，虽行如司马文正，才如诸葛孔明，犹未免于行不著、习不察，非过论也。②

就是说，哪怕能以一善而成名，亦不过质美暗合，因为没有生命的觉醒（"自明"），即没有悟性立体，如此即使如司马光、诸葛亮犹未免行不著、习不察，故也还是"凡夫俗子"。

再说"修命"，前文已述修命是以良知运化意念，但此良知是本体之知，不是现成当下的良知。狮泉曰：

　　圣人之学，心学也；心之灵明不昧者，良知也。视听言动，固皆灵明之发用，然因其发用而遂循之，纵循得，是犹未免为逐外。此乃百姓日用之说之误也。夫既曰发用，则必有本原。今不从良知之本原上学，而从良知之发用上循，岂非舍本而事末乎？视听言动固未尝不灵明，然必有聪明睿知之精蕴为其本，故视听言动得以妙其用也。果能致其本原之精蕴，则发用之灵照愈不昧。③

---

① 刘邦采：《梅陂书院夜语》，王吉等编：《安成复真书院志》卷四，第113页。
② 刘邦采：《复宝庆段文岳》，王吉等编：《安成复真书院志》卷四，第107页。
③ 刘邦采：《朱汝治请书》，王吉等编：《安成复真书院志》卷四，第110页。

在狮泉看来，修命不能因当下良知的发用而"遂循之"，所谓"循之"就是只依当下已发的良知而流行，这种依循未免逐外。为什么会逐外？因为当下良知没有经过心的反照、确证、体认，会行不著、习不察，难免会跟着外物而走。如果"不从良知之本原上学"（即悟性立体之功），"而从良知之发用上循"（即依当下已发良知而流行），就是"舍本而事末"，故"必有聪明睿知之精蕴为其本，故视听言动得以妙其用也"，即必须先经过立体之功而后致用，才是真正的修命。

综上所述，所谓"性命兼修"，在逻辑上，先有悟性然后才有可能修命；在时间上，悟性在先，修命之后，都是先后关系。那么所谓"先悟后修"，是先悟一段时间后再去修，还是悟后当下即修？从理论上说，前者是可以成立的，如平时有一段静坐立体之功，然后再在日用践履中用功。但是后者也是可行的，而且狮泉也重视这种用功法。关于后者，狮泉曾在指点其女婿朱以信用功的困惑中豁显出来了。

朱以信的用功困惑是：

> 读《孟子》，因有致疑：如孺子之入井，孩提之爱敬，平旦之好恶，其对境功夫，不知在不忍之心、孩提之良、平旦之气上着力乎？抑不知在乍见之真、爱敬之知、好恶之近上亦须着力乎？其于纳交要誉，恶声之动，旦昼枯亡之为，达之天下之施，抑有须猛省充拓否乎？若谓只在一处用力，则感应天理，一切无学，可乎？将谓随有用力处，则学不免于随境而迁，可乎？必如先生（即狮泉）之素教，主宰、流行俱有用力斯得，但宗旨渊源，功难凑泊。请再指点，庶几分晓。[①]

就是说，其困惑是在具体情境中的工夫（即"对境功夫"）如何下手？在某一处用力，则"感应天理，一切无学"；随处用力，则又"不免于随境而迁"（此二者当然是因为没有悟性立体的结果）；而主宰（悟性）、流行（修命）俱用力，但又"功难凑泊"（即二者难以合为一体），难免支离。

针对朱以信的困惑，狮泉答曰：

> 凡此皆灵窍之流行也，随致其精，更无住念，学之为流行也。
> 试举孺子入井一节言之：不忍之心，其端也；乍见之真，其境也；
> 纳交要誉，其动也。虽危急之感，而不睹不闻之体自如，明照通脱，
> 念无容起。是当下皆有用力，各无渗漏，入窍出窍，运化通微，
> 条理分晓，而学无增减。犹之五色八音之杂陈，而耳目之视听，
> 自各致其聪明，而视听之窍未尝有增益也，寂然不动之体未尝
> 有出入也。凡此，在佛氏谓之幻相，在圣人则为实修；在后儒
> 谓之尽性，在圣人则为至命。……非惟主宰、流行，各有用力，
> 虽其流行之支节，亦各有用力处，然后能成天地之文，定天下
> 之象也。[1]

狮泉指出，朱氏所对境处皆可用力，"皆灵窍之流行"处，当下"随
致其精，更无住念"，就是流行（工夫）。如此说，仍是修命，所谓"随
致其精，更无住念"，就是"常运不成念"的致用之功。但"随致其精"
中，必有立体之功在，所以再举孺子入井之例来说明之："不忍之心，
其端也；乍见之真，其境也；纳交要誉，其动也。虽危急之感，而
不睹不闻之体自如，明照通脱，念无容起。"就是说，有不忍之心
发端，有乍见之真之境呈现，即使有纳交要誉的念头干扰，即使在
危急之中，但不睹不闻之心体当下即能跃起而立体，从而"念无容
起（干扰）"（即"常知不落念"）[2]，这就是立体悟性之功。如此，
对境的所有工夫都有用力处，进一步就是"入窍出窍，运化通微"，
即"常运不成念"，亦即以本体运化、消除杂念，这就是致用修命之功。
从具体用功而言，虽有先后之分，但几乎是同时发生的，就是立体
之后立刻致用，即悟后当下即修。但是狮泉仍然严分这两种工夫，"非
惟主宰、流行，各有用力，虽其流行之支节，亦各有用力处"，总之"条
理分晓"。现实的可能情况是随时立体，随时致用，交致其功。

———————

[1] 刘邦采：《复婿朱以信》，王吉等编：《安成复真书院志》卷四，第96—97页。
[2] 此"念无容起"，狮泉表达不甚通畅，所谓滞辞也。因为没有至圣人境界，不可能一立体，就
达到无杂念（即"念无容起"）之境，只能说"常知不落念"，即以良知本体超拔于杂念之上而不
落于杂念之中。故笔者以为，"念无容起"之"起"，不能作"起来"之意，而是"干扰"之意，
此言或可改为"念无容扰"，其意才畅达。

正因为狮泉严分悟性、修命两种工夫，所以黄宗羲说其"工夫
终是两用，两用则支离"，王畿也认为其工夫支离（见下面第二小节）。
两用这是不可否认的，但是其工夫支离吗？其实并不支离，因为立
体者是良知本体，致用者仍是良知本体，知体连贯体用，可谓"一
体两用"。其修命不是空头的致用，而是建立在已立之体的基础上，
无体则无法致用；而且悟性也不是只立体而不达于用，悟后必须要
达于修。狮泉曰：

> 承问"知及仁守"一章，乃圣学紧关修悟之全功。夫知及者，
> 动礼之入门；动礼者，知及之入室。非有功夫更换。自其开悟明透，
> 彻见心性之微，谓之知及；洗心研虑，消融其渣滓习气，谓之仁守；
> 显象肃雍，修容以立其俨然人望之身，谓之庄莅；威而不猛，
> 一出于自然之德容，谓之动礼。合内外之道也，如圣人之于师
> 冕是也。夫知及而不能仁守，悟而不事于真修者也，必失之罔；
> 仁守而不能庄莅，修而未达于践形者也，必失之简；庄莅而非
> 动礼，恭而未至于安也，不免于矜：皆不可以言物格而致知也。
> 故知至至之，知终终之，可与几而存义。圣门致知之学，多少
> 实落在，岂一悟可了耶？则未有不猖狂自恣。此庄、列之见弃
> 于名教，虽以曾点之舞雩风咏，圣人之所与，而卒不免于狂简，
> 失其所以自裁也。[1]

此处是借解释《论语·卫灵公》"知及仁守"一章[2]，来发挥其
"悟性修命"之旨。狮泉认为，仅仅悟性是远远不够的，"知及"（即
悟性）只是入门之功，后面还须修命。修命又包括仁守、庄莅、动礼，
步步递进，就是说修命不能仅限于仁守，仁守只是在心上消融渣滓
习气（前面所论修命之功其实只说到此），故还须落实到身、容（即
庄莅），即达于践形，此还不够，最后还须动礼，即一切行为出于
自然而又合乎礼，如此才是真正的工夫之流行，才是"入室"。即
使如曾点之乐，其工夫仍有未踏实处，未至"入室"。所以，狮泉
认为未可一悟即可了之，而要一步一步夯实于修命中，即悟要达于用。

---

① 刘邦采：《复密斋弟》，王吉等编：《安成复真书院志》卷四，第98页。
② 原文："子曰：'知及之，仁不能守之，虽得之，必失之。知及之，仁能守之，不庄以莅之，则
民不敬。知及之，仁能守之，庄以莅之，动之不以礼，未善也。'"

如此才是体用合一，工夫才不会支离。而且在工夫所至的圆熟之境中，狮泉明确表达出体用合一观："颜子不善未尝不知，知之未尝复行，主宰流行，明照俱至，犹之赤日当空，照四方而不落万象矣。"[①]所谓"主宰（体）流行（用），明（体）照（用）俱至"，就是体用当下即一而毫无间隔。黄宗羲之所以认为狮泉工夫支离，是因为他认为"（狮泉）所谓性命兼修，立体之功，即宋儒之涵养；致用之功，即宋儒之省察"[②]，宋儒的涵养是所谓"静时涵养"，而省察是所谓"动时省察"，其实狮泉的立体之功，并不仅仅是静时的涵养之功，动时也可立体，即使是静时立体，也必须落实到动时之致用中，况且其致用之功不仅仅是省察，而且包括仁守、庄莅、动礼。总之，狮泉工夫尽管"性命兼修"，悟性、修命二用，但实际上工夫并不支离，最后能达到体用合一。

2. 关于现成良知说：与王畿的争论

狮泉提出"悟性修命"或"性命兼修"之说，关键的原因在于不信现成良知。他说："是说也，吾为见在良知所误，极探而得之。"[③]就是说他用功曾为见在（即现成）良知所误，后自我反省，极深研几，从而提出此说。关于"性命兼修"说和"见在（现成）良知"说，狮泉与王畿有过两次争论。

第一次争论是嘉靖三十三年（1554）六月在吉水县玄潭雪浪阁举办的讲会上，主角是狮泉和王畿（龙溪），罗洪先担任评议员，记录了其内容。

《甲寅夏游记》载：

> 狮泉大意……（即"性命兼修"说之内容，也见《明儒学案》，前已引，此略）是说也，吾为见在良知所误，亟为而得之也。龙溪问："见在良知与圣人同异？"狮泉曰："不同。"曰："如何？"曰："赤子之心，孩提之知，愚夫愚妇之知能，譬之顽矿，未经锻炼，不可名金。其视无声无臭自然之明觉，何啻千里！是何也？为其纯阴无真阳也。复真阳者，更须开天

辟地，鼎立乾坤，乃能得之。以见在良知为主，决无入圣之期矣。"龙溪曰："指见在良知，便是圣人体段，诚不可；然指一隙之光，以为决非照临四表之光，亦所不可。"因指上天暧曃处曰："譬之今日之日，非本不光，却为云气掩映。指愚夫愚妇为纯阴者，何以异此？今言开天辟地，鼎立乾坤，未可别寻乾坤。惟归除云气，即成再造之功，依旧日光照临四表。"①

狮泉认为，常人的现成（见在）良知与圣人的良知不同，常人的现成良知譬如顽矿，未经过反照意识的锻炼，不可名金，即未经过自我确证、体认、证悟，还只是自然状态，是"纯阴无真阳"，故与圣人的良知或良知本体（"无声无臭自然之明觉"）相差千里。所以要复良知本体（即"复真阳"），就必须从生命的自然状态中跃出而反照、证知、锻炼良知，即"首出庶物，以立其体"，这就是所谓"开天辟地，鼎立乾坤"之功，如此才能得到真良知或良知本体。如果以现成的未经反照意识锤炼的良知为主，则"决无入圣之期"。王畿则认为，现成良知就是圣人的状态，诚然不可；但是常人当下的现成良知，与圣人的良知亦无本质的区别，正如一隙之光就是照临四表之光。愚夫愚妇为纯阴是因为其良知被遮蔽，正如今日之日，并非本来不光，是因为云气所掩盖。良知是永在的，不需要再寻找一个良知本体（"未可别寻乾坤"），只要扫除良知之蔽，就是再造乾坤之功。二人的根本区别在于，狮泉将良知分成了当下的现成良知（心）和经过反照意识锤炼后的真良知（即良知本体，即性），而王畿认为当下呈现的良知就是真良知（良知本体）。

《甲寅夏游记》继续载：

> 予（即罗洪先）曰："狮泉早年，为'见在良知便是全体'所误，故从自心察识立说，学者用功，决当如此。但分主宰、流行两行，工夫却难归一。龙溪指点极是透彻，却须体狮泉受用见在之说，从摄取进步，处处绵密，始是真悟，不尔，只成玩弄。始是去两短，取两长，不负今日切磋也。若愚夫愚妇与圣人同异一段，前《夏游记》中亦尝致疑，但不至如狮泉云云

① 罗洪先：《甲寅夏游记》，《罗洪先集》，徐儒宗编校整理，第85—86页。

大截然耳。千古圣贤汲汲诱引，只是要人从见在寻源头，不曾别将一心换却此心。且如兄言开天辟地，鼎立乾坤，以为吾自创业，不享见在，固是苦心语，不成悬空做得？只是时时不可无收摄保聚之功，使精神归一，常虚常定，日精日健，不可直任见在以为止足，此弟与二兄，实致力处耳。"①

罗洪先的评议有调和两人的意思，他首先肯定了狮泉的用功苦心，并承认自己也曾怀疑现成良知说［罗洪先曾提出"世间那（哪）有现成良知"②的著名观点］，但狮泉分悟性（主宰）、修命（流行）两个工夫，工夫难以归一。同时指出，王畿对现成良知的理解极为透彻，但是必须工夫处处绵密，才是真悟，否则就成了玩弄光景。他特别指出了狮泉的问题：就是用功必须从现成良知做起，如果不依凭当下呈现的良知，岂是"悬空做得"？这点中了狮泉的"穴位"。其实，狮泉有时也不得不承认现成良知，如他说：

不有形生之灵，其何能尽天命之性？譬诸适万里者，不有照身之引，其何能至所止之地乎？故曰："人能弘道。"当乘吾生以成吾性。③

苟能乘其一念清明，鞭辟奋志，用力于戒惧之功，不复蹈其旦昼之梏亡，则火然泉达，曲能有诚，扩而充之，将与圣贤同归矣。④

其中"形生之灵""一念清明"，就是指当下呈现的现成良知，不依现成良知就难以证悟良知本体（"尽天命之性"），而依现成良知就能进一步挺立并扩充此良知而与圣贤同归。所以，狮泉对现成良知的理解在逻辑上存在内在的矛盾（他自己可能没有意识到）。具体而言，就是说狮泉不相信现成良知，认为不能直任现成良知而流行于日用间，必须立体达本而后致用；但其立体的根据仍然只能是现成良知，必须信任此良知才能立体，否则无法立体。

① 罗洪先：《甲寅夏游记》，《罗洪先集》，徐儒宗编校整理，第86页。
② 罗洪先：《松原志晤》，《罗洪先集》，徐儒宗编校整理，第696页。
③ 刘邦采：《梅陂书院夜语》，王吉等编：《安成复真书院志》卷四，第113页。
④ 刘邦采：《复宝庆段文岳》，王吉等编：《安成复真书院志》卷四，第108页。

第二次争论是后来狮泉与王畿在庐陵又有一次对话[①]，重提此争论，内容大体相同，现将不同者列出：

> 先生（即王畿）曰："向在玄潭，念庵（即罗洪先）曾亦纪其涯略。先师提出良知二字，正指见在而言。……良知即是主宰，即是流行，良知原是性命合一之宗。故致知功夫，只有一处用。若说要出头运化，要不落念、不成念，如此分疏，即是二用，二即是支离，只成意象纷纷，到底不能归一，到底未有脱手之期。"
>
> 刘子（即狮泉）曰："近来亦觉破此病，但用得惯熟，以为得力，一时未忘得在。"先生曰："兄但忘却分别二见，工夫自然归一。只此便是脱手受用，更无等待也。"[②]

此次对话，应是王畿弟子记录的，狮泉几乎无争辩，好像只有听话的份；且狮泉的思辨水平显然没有王畿高，上次被罗洪先"点穴"后，几乎陷于"失语"状态，故也只有听话的份。但是，我们仍可从中看出一些问题：

其一，玄潭会后，狮泉并未改变其用功方法，自以为得力，但也意识到其内在的问题，想"破此病"。但"此病"到底何指？是具体用功之病，还是工夫"论"之病？笔者以为，狮泉具体用功无病，只是工夫"论"之病，即其工夫"论"存在内在的矛盾（上文已述）。如果作辩证分析，狮泉的具体用功思路在逻辑上还是成立的：即不让现成良知直接流行，因为未经反照意识确证过的现成良知，可能是假良知或与情识混杂的良知，而且即使是真良知，未经反照意识的确证、挺拔而出，依此而行，也只是做个好人，无法成为自我觉醒的圣贤；故必须进一步立体、致用，如此工夫才算紧切、踏实。所以狮泉只要辩证地说，即不笼统地说不相信现成良知，而是表达出不依现成良知直接流行，而依当下现成良知以立体致用，那么其工夫论就无矛盾，就能"破此病"。

其二，王畿的本体论思路是陆王"心即理"的思路，良知即本

---

① 具体时间无法确定。

② 王畿：《与狮泉刘子问答》，《王畿集》，吴震编校整理，第81页。

体即工夫，他认为只有如此用功才是"性命合一之宗"，才不会支离，而认为狮泉工夫二用，故支离而不能归一。狮泉的本体论则是朱熹理气二分、"心统性情"的思路，他之所以采取此思路，是因为他将良知分成了现成良知和经过反照意识锤炼后的真良知，这是狮泉整个本体论和工夫论的关键所在。其分设了性（心之体）与命（心之用），最后通过工夫仍能体用合一，即反照、确证后的良知贯通于体用中，性即良知之体，命即良知之用，体用为一。牟宗三说狮泉有向刘蕺山"以心著性、归显于密"之路（其前提是心性分设，最后合一）而趋的趋势，此论断大体不错。① 所以狮泉的工夫并不支离，但王畿，包括罗洪先，并未真切体会到狮泉工夫论的深意，故说其支离。其实，狮泉的工夫比王畿更为紧切而无弊，王畿的"现成良知"说反而易使后学混情识为良知，从而滋生弊端。《明史》曰："守仁之学，传山阴（即王畿）、泰州者，流弊靡所底极，惟江西多实践，安福则刘邦采，新建则魏良政兄弟，其最著云。"② 《明史》认为王畿流弊大，而狮泉则是江右践履实功最著名者之一，这不是没有道理的。但是，狮泉言说不畅，思辨一间未达，只笼统地说不相信现成良知，故而起争论。

3. 心意知物论：对阳明"四句教"的发挥

由王畿和钱德洪争论引起的"四句教"是阳明学的一大公案。钱德洪认同，最后被阳明作为"定本"确定下来的四句是："无善无恶是心之体，有善有恶是意之动，知善知恶是良知，为善去恶是格物。"③ 此被称为"四有句"或"四句教"。但王畿仍然坚持自己的看法："体用显微只是一机，心意知物只是一事。若悟得心是无善无恶之心，意即是无善无恶之意，知即是无善无恶之知，物即是无善无恶之物。盖无心之心则藏密，无意之意则应圆，无知之知则体寂，无物之物则用神。"④ 此被称为"四无句"。牟宗三认为，前者是渐教，工夫是从后天的意入手，有意之动才有先天良知的对治工夫；而后者是圆顿之教，"直悟本体，一悟全悟，良知本体一时顿现，其所感应的事与物

① 牟宗三：《从陆象山到刘蕺山》，第256页。
② 张廷玉等：《明史》（第24册），第7282页。
③ 王阳明撰，邓艾民注：《传习录注疏》，第258页。
④ 王畿：《天泉证道纪》，《王畿集》，吴震编校整理，第1页。

亦一时全现"。"四句教才是彻上彻下的教法，是实践之常则，因纵使上根人亦不能无对治，亦不能无世情嗜欲之杂"；"四无乃是实践对治所至之化境，似不可作一客观之教法"。①

对此公案，狮泉也有自己的说法，其《易蕴》曰：

> 有感无动，无感无静，心也；常感而通，常应而顺，意也；常往而来，常化而生，物也；常定而明，常运而照，知也。见闻之知，其糟粕也；象著之物，其凝沤也；念虑之意，其流渐也；动静之心，其游尘也。心不失无体之心，则心正矣；意不失无欲之意，则意诚矣；物不失无住之物，则物格矣；知不失无动之知，则知致矣。身、心、意、知、物者，工夫所用之条理；格、致、诚、正、修者，条理所用之工夫。知所先后者，始条理也，天序也。②

狮泉首先将心意知物分为两层，一是本体界，一是现象界。"有感无动，无感无静，心也；常感而通，常应而顺，意也；常往而来，常化而生，物也；常定而明，常运而照，知也。"这是本体界，是本体流行之境，心意知物一体流行。心是"有感无动，无感无静"，即动而无动，静而无静，动静一如，寂感一如；意是"常感而通，常应而顺"，即感应无碍，即感即通，即应即顺；物是"常往而来，常化而生"，即心感应之事事物物随感而化，毫无障隔；知是"常定而明，常运而照"，即良知挺立、呈现，常观照、运化各种念头。"见闻之知，其糟粕也；象著之物，其凝沤也；念虑之意，其流渐也；动静之心，其游尘也。"这是现象界，心意知物皆为染污之物，动静之心是游尘，念虑之意是流渐，象著之物是凝沤，见闻之知是糟粕，是本体界的心意知物的反面，是需要对治、克服、转化者。这样划分，显然是遵循其性命（体用）二分的本体论思路，前者是性（体），后者是命（用）。

那么，如何用功呢？狮泉曰："心不失无体之心，则心正矣；意不失无欲之意，则意诚矣；物不失无住之物，则物格矣；知不失

---

① 牟宗三：《从陆象山到刘蕺山》，第174、178—179页。
② 黄宗羲：《同知刘师泉先生邦采》，《明儒学案》（修订本），沈芝盈点校，第439页。

无动之知，则知致矣。"狮泉所谓工夫就是四个"不失"，"不失"
就是保持、保任之意，也就是让心意知物保持、保任其本体状态："无
体之心"，即"有感无动，无感无静"之心；"无欲之意"，即"常
感而通，常应而顺"之意；"无住之物"，即"常往而来，常化而
生"之物；"无动之知"，即"常定而明，常运而照"之知。如此，
所谓正心、诚意、致知、格物，并无具体工夫可言，也无先后次序
可分，所谓"身、心、意、知、物者，工夫所用之条理（即次序）；
格、致、诚、正、修者，条理所用之工夫。知所先后者，始条理也，
天序也"，在工夫上并无着落，皆是虚说。这与王畿的"四无"工
夫"盖无心之心则藏密，无意之意则应圆，无知之知则体寂，无物
之物则用神"，并无本质的区别，是圆顿之教，是无工夫之工夫。
故牟宗三认为，狮泉言无体之心、无欲之意、无住之物、无动之知，
即是龙溪四无之境。① 而黄宗羲说狮泉"心无体，意无欲，知无动，
物无住，则皆是有善无恶矣"②，并不确切，实际上无体、无欲、
无动、无住即是无善无恶之心意知物③。黄氏判狮泉"言心、意、知、
物，较四有四无之说，最为谛当"④，此论断其无据。狮泉之说近王
畿，只是在本体论上，狮泉是体用二分，王畿是一体平铺；狮泉与
王畿一样未开出具体的工夫，而阳明的"四句教"则工夫显明，上根、
中下根人都可以从此入手。

关于格物、致知、诚意、正心、修身的工夫和条理（次序），
狮泉在《易蕴外篇》中明确表达出来了。可以说，《易蕴外篇》是
对《易蕴》中心意知物说的进一步补充。该文载：

友问格、致、诚、正、修工夫先后。曰："修也者，吾身
之视听言貌各中其则者也。欲吾身之视听言貌各中其则，必主
宰常尊，而后身之运用有所统备，不病于饰外。故曰：'欲修
其身者，先正其心。'正也者，天君之端凝雍穆不随念虑者也。
欲天君之端凝雍穆不随念虑，必流行常慎，而后心之灵虚有所
承正，不病于枯内。故曰：'欲正其心者，先诚其意。'诚也者，

① 牟宗三：《从陆象山到刘蕺山》，第266页。
② 黄宗羲：《同知刘师泉先生邦采》，《明儒学案》（修订本），沈芝盈点校，第438页。
③ 牟宗三：《从陆象山到刘蕺山》，第266页。
④ 黄宗羲：《同知刘师泉先生邦采》，《明儒学案》（修订本），沈芝盈点校，第438页。

真机之活泼健顺不作好恶者也。欲真机之活泼健顺不作好恶，必明照常彻，而后意之真妄有所辩诚，不病于执见。故曰：'欲诚其意者，先致其知。'致知者，主宰之窍著察于中；格物者，感应之节同归于极。故曰：'致知在格物。'知致，则身、心、意、物皆复其不睹不闻之本体；物格，则修、正、诚、致举入于无内无外之实功。先后不紊，功夫俱到，非了此而及彼也。"[①]

此处工夫的下手处是致知格物，其实只是"致知"（即致良知），因为格物也不过是"感应之节同归于极"，即良知感应于事事物物，致知中必包含格物。致知是"主宰之窍著察于中"，即良知本体主宰整个身心。一致知，"则身、心、意、物皆复其不睹不闻之本体"，即身、心、意、物皆进入本体状态；一格物，"则修、正、诚、致举入于无内无外之实功"，即修、正、诚、致俱进入工夫状态，而无内外之分。这就是"先后不紊，功夫俱到"。所谓"先后不紊"，是说必先致知然后才有后面的功夫：依原文倒推，一致良知（格物已在其中），则良知常照，而"意之真妄有所辩诚，不病于执见"，如此则意诚；意诚，则"（意）必流行常慎，而后心之灵虚有所承正，不病于枯内"，如此则心正；心正，则"（心）必主宰常尊，而后身之运用有所统备，不病于饰外"，如此则身修。从致知到修身，从逻辑上说是"先后不紊"，但不是时间上的"了此而及彼"，所以说是"功夫俱到"。经过《易蕴外篇》的分疏，那么《易蕴》所说的"身、心、意、知、物者，工夫所用之条理；格、致、诚、正、修者，条理所用之工夫。知所先后者，始条理也，天序也"，才有明确的表达，而不是虚说。尽管狮泉将工夫下手归结到致知，但其实仍然是圆顿之教，属于工夫的圆熟之境，因为他说："知致，则身、心、意、物皆复其不睹不闻之本体；物格，则修、正、诚、致举入于无内无外之实功。"故与王畿的"四无说"并无本质的区别，与其所主张的"悟性修命"说也有较大的距离，或者只能说是"悟性修命"所至的圆熟之境。

总之，狮泉的整个哲学思想取得了较高的成就，（尽管其理论

---

① 刘邦采：《刘师泉先生语录》，王吉等编：《安成复真书院志》卷四，第90—91页。

在思辨上存在不圆满之处）在阳明后学中具有较高的地位，尤其是其"悟性修命"或"性命兼修"说影响较大。从工夫论看，其悟性立体，不信现成良知（其实是不依现成良知直接流行），工夫极为紧切，有利于纠正阳明后学之弊，且是由阳明学走向蕺山学派（包括东林学派）的重要环节。

第五节　刘阳论

一、刘阳的生平、学履和人格、精神

1. 生平、学履 [①]

刘阳（1496—1574），字一舒，初号三峰，后号三五，安福南乡福车人。弘治九年（1496）七月十一日辰时，三五于母归宁时出生外祖家。稍长，读书社学，慧敏不群。一日，侍立祖侧，祖曰："萨真人十二年一念不苟而二将降。"遂惊悟曰："一念之动，鬼神知之，而可忽耶？"年十三，放学归，祖母令其计债券生息之数，因闻生息亦能害人之说，反诘祖母曰："害人事可为而纪耶？"于是泣告祖母焚债券，祖母喜其善心，竟从其请。

后游县学，学举子业，然志存高远，淡然于举业之习。年二十，从本县彭簪、刘晓受学，两先生深器之。一日，读《性理大全》，忽有省，遂动希圣之志。正德十三年（1518）春，刘晓间示之王阳明语录，遂益发向往心性之学，并思亲自问学于阳明。时阳明巡抚虔（赣州），遂亲赴虔。至虔时，已是年关除夕，泊舟野水，风雪霏霏，手指麻木，不得屈伸。然他不畏风寒，心津津然自喜。次年正月初一日，执雉为贽，拜阳明为师。阳明见其修干疏眉，飘飘然世外之态，谓诸弟子曰："此子当享清福矣。"命之习静，每日两参，而阳明启迪甚殷。时与翼元亨等27人共学，互相稽切。越数月，告归，阳明不忍别，又留之数日。分别之日，阳明勉其曰："若能甘至贫至贱者，斯可为圣人矣。"后遇郡督学周玉崕，以理学课士，而与阳明持论不合，然三五申述师说，竟得首选。周氏赠其《上蔡语录》，且署其卷曰："自上吉州，仅见吾子一人而已。"继任者邵端峰对三五优礼尤至，授以魏庄渠《体仁说》。二督学皆以斯道之任期之。

嘉靖四年（1525），举乡试，中举人。二十年（1541），参加会试，不第；然此年以学优得选，拜砀山县令。三五勤于政事，一

心为民，三年间，砀山得到治理。上朝廷考绩，进阶文林郎。离任之日，士民遮道，哭泣若失慈母。去后，砀人创仁政祠、去思碑祀之。二十四年（1545）十二月，升任福建道监察御史。次年，世宗改万寿宫为永禧仙宫，百官表贺，群御史推三五为代表，三五独毅然曰："此当谏，不当贺。"任职不久，念祖殁未葬，连疏以病乞归；或云严嵩欲与其联姻，故托病乞归。家居数年，朝廷起用天下有才望者十人，唯三五不赴。后又以贵州道御史召，不久陪点光禄少卿，竟皆不赴。

自嘉靖二十五年（1546），三五辞官归隐后，未再出仕，息迹林下近三十年。始结庐于里之三峰，后常会复真书院，与邹守益、刘文敏、刘邦采等一起讲学。三五好山水之游，三十一年（1552）秋，与刘邦采、周怡等一起游南岳。直至次年正月上元日始返家，不久又独往南岳再游。夜半坐祝融峰，披羊裘观海日，残冰剩雪，柱杖铿尔。自南岳归后，弟子从游者日众。四十五年（1566），安福县令会集群士，请三五主讲于县学明伦堂。不久，三五联会水云书院。晚年辟云霞馆于三峰，又坐半云洞天，与诸同志讲道。在家，建祠堂，重祭祀，立家会，敦孝弟。居乡，联乡人为月会、社会、厉祭会，为乡约，遵《圣谕》，申仁让，说良知，风动安福南乡一带。又立义仓于二区，乡里赖之。三五谙达事体，善为乡人解纷批难，争曲直者，多不往官府申诉，而往三五之庐化解。总之，三五为官时间甚短（仅六年），一生主要隐居乡间，修炼身心，并以讲学弘道、化民成俗为志业。

万历二年（1574）五月六日，弟子朱汝昌病危，三五往视，染病。十三日，朱调、邹善、彭湘过访，三五仍论学不倦。六月七日，早起，正襟踞床而坐，惺惺不昧，撑持至申时，仰面弟子李挺等，拱手而逝。当其病危时，族、里人祷之，犹如疾之在己躬。卒后，族、里人如失慈父母，会哭于家者百数十人；弟子披麻执心丧者月余；郡邑缙绅大夫，奔走填门，至不能容，悲怆道路，世所罕闻。死后，弟子特建祠以祀之，四方之士仰之如泰山北斗。其友王学夔铭其墓志，称其"一时之望，百世之传"①。

三五所著有《三五刘先生集》（15卷本、5卷本）、《刘三五集》（4卷）、《三五刘先生文粹》、《吉州正气》（4卷）、《阳明先

---

① 王学夔：《明故柱史三五刘先生墓志铭》，刘阳：《刘三五集》，彭树欣整理编校，第149页。

生编年》（1卷）、《接善编》（1卷）、《乡社录》等，大多已亡佚，现存文献由笔者整理、编校为《刘三五集》，14余万字。①

2. 人格、精神

在江右王门中，三五不以思想风格见长，而以其人格、精神以及生命境界著称于世。故论三五首先应从后者入手。关于此，时人多有描绘、称颂。如周怡像赞："外柔内刚，貌素中黄。元晶炯炯，动静圆方。吸为秋霜，嘘为春阳。神龙威凤，几决行藏。"②再如邹德泳像赞曰："渊澄宇廓，冰朗春融。龙潜凤举，邈矣清风。"③此二像赞以龙凤比喻，绘其精神面貌，谓其儒道兼具，人格完备。又王学夔形容之："形神修洁，望之如神仙中人。"④此言其道家之人格。又彭惟成像赞曰："生平潜心正学，粹然醇儒……是可以为圣征，是可以为吾侪学人泰山北斗之宗。"⑤此说其儒者之人格，也有以儒家历史人物来比拟的，如王禅像赞曰："瑞日祥云，伯子之纯。冰壶秋月，延平之清。"⑥谓其得程颢、李侗（延平）之精神风貌。从这些时人的高度评价中，我们可知三五人格俊伟，修养有成（可谓儒道兼修），达到了较高的生命境界，在当时已成人们道德的典范、人格的榜样，以至"山谷樵竖无不知之"⑦。下面分别从清福、仁爱、道气、神秘四个方面来论述之：

（1）清福

王阳明巡抚赣州时，23岁的三五冒着风雪，忍着寒冷，以津津乐道之心态去求学。阳明见其修干疏眉，飘飘然有世外之态，谓其"当享清福"。又告诫之："若能甘至贫至贱者，斯可为圣人。"⑧所谓"清福"，就是生活清苦、内心清净，在清苦的生活中得精神之乐，即孔子的"饭蔬食饮水，曲肱而枕之，乐亦在其中矣"（《论语·述而》），颜回的"一箪食，一瓢饮，在陋巷，人不堪其忧，回也不

---

① 关于刘阳的著述情况，参见笔者《阳明弟子刘阳著述考及其孤本文献之发现》，《北京大学中国古文献研究中心集刊》（第十六辑），北京大学出版社2017年版。
② 周怡：《三五先生道像赞》（其一），刘阳：《刘三五集》，彭树欣整理编校，第173页。
③ 邹德泳：《三五先生道像赞》（其二），刘阳：《刘三五集》，彭树欣整理编校，第173页。
④ 王学夔：《明故柱史三五刘先生墓志铭》，刘阳：《刘三五集》，彭树欣整理编校，第149页。
⑤ 彭惟成：《宗师刘三五先生像赞》，刘阳：《刘三五集》，彭树欣整理编校，第174页。
⑥ 王禅：《三五先生道像赞》（其三），刘阳：《刘三五集》，彭树欣整理编校，第173页。
⑦ 陈嘉谟：《叙刻三五刘先生文粹》，刘阳：《刘三五集》，彭树欣整理编校，第178页。
⑧ 佚名：《理学传》，刘阳：《刘三五集》，彭树欣整理编校，第154页。

改其乐"（《论语·雍也》）。这也是宋明儒者（如周敦颐、二程、陈献章等）常乐道或追求的"孔颜之乐"。

自是以后，三五薄滋味，忍嗜欲，专心于学于道，坚持这种清修工夫，真正成了一个"享清福"之人。如任砀山县令期满，上京考绩，褪身如寒士，自裹俸金以行，不烦民一钱。在京城任监察御史时，官舍萧然如禅室，日恒蔬食，有人讽其太俭，三五曰："不闻青菜侍郎、长斋御史乎？"① 归隐三峰之后，在家食少肉，常蔬食，以致家人有不满者。在山中修炼时，更是如此，其友刘文敏访之，见其萧然如在世外。这在其诗歌也有所反映，如"寻得溪边苦菜肥，几回青带雨中归。道人自爱铛中味，日傍桥西入翠微"；"顶枝鹤径日延缘，又饭黄山苦菜眠。薄尽世间刚住此，乾坤付与道人权"②。总之，三五一生持守阳明初授之教，确实得孔颜之乐，故黄宗羲认为，"阳明所谓清福者，悬记之矣"③。三五授徒，也强调这种清修工夫，常述阳明语曰："人能甘至贫至贱者，斯可为大儒。义利之辨，最为学者大关头，吾辈不可不慎思此言。"④ 这种修养工夫，需要真正抗拒物质的诱惑，严守义利大关，如此方能成所谓"圣之清者"。

（2）仁爱

作为一个儒家学者，三五是一个仁者。仁者之精神体现为物我一体、人我一体；仁者也体现为爱，所谓"泛爱众而亲仁"（《论语·学而》）。关于三五的仁爱精神，刘邦采称曰："若先生，皆其良知之学充满流贯，浑然与物同体者也"⑤ 邓元锡赞曰："贞孤一节，而清和具体，倦倦训诱。故贤知愚不肖，毕归心焉。"⑥ 这种仁爱精神流贯于三五一生的为人中，侍亲如此，为官如此，乡居亦如此。

三五自幼侍奉祖父母、父母貌恭心诚，"可质神明"。其家僮贵祥深受其熏染，以至割股救母。有人问："何自苦如此？"贵祥泣曰："吾事吾主数十年，无一日不训我辈以孝。吾母得安，吾死何恤焉？"⑦ 三五刚任砀山县令，即慨然自任曰："是不可行吾一体

① 佚名：《理学传》，刘阳：《刘三五集》，彭树欣整理编校，第155页。
② 刘阳：《黄竹山中与朱汝治食苦菜》，《刘三五集》，彭树欣整理编校，第15页。
③ 黄宗羲：《御史刘三五先生阳》，刘阳：《刘三五集》，彭树欣整理编校，第165页。
④ 佚名：《刘阳传》，刘阳：《刘三五集》，彭树欣整理编校，第164页。
⑤ 刘邦采：《三五刘先生行状》，刘阳：《刘三五集》，彭树欣整理编校，第147页。
⑥ 邓元锡：《心学迹》，刘阳：《刘三五集》，彭树欣整理编校，第154页。
⑦ 刘邦采：《三五刘先生行状》，刘阳：《刘三五集》，彭树欣整理编校，第147页。

学乎？"于是敦礼教，表节孝，使民知所向；平赋均役，简供给，减靡费，澹然与民休息。不久又新文庙，严武备，修筑城隍，百废俱兴，而民乐从。暇则群士民，讲学于千佛阁，感而奋起者数百人。①同时，其待同僚有恩，煦煦然如兄弟，而僚佐亦以兄弟待阳。隐居家乡时，待弟子、乡人亲切仁和，奖掖善类，惓惓接引，不忍一人不为君子。故人称其："天性温良驯雅，自少至老，不能害物。与人交，仁经义纬，直致曲折，人人以先生亲己。其言徐徐浸浸，优游有余味，能使听者不逆于耳。"②正因为其仁德及人，当其病危时，族、里人祷之，犹如疾之在己躬。卒后，族、里人如失慈父母，会哭于家者百数十人；门弟子加麻执心丧者月余；郡邑缙绅大夫，奔走填门，至不能容，悲怆道路，世所罕闻。

（3）道气

三五为人行事，俨然是一个"兼济天下"的儒者，但其精神深处，藏着一颗道家、道教的心。虽然三五平时讲学、著书并不言道家、道教③，但实际上他归隐之后，除了在家乡讲学、弘扬儒家之道外，因身体方面的原因，大量时间是在三峰云霞馆修炼道教养生之术。在时人眼中，其人也有道骨仙风，所谓"体气清癯"④，"气清明，癯然海鹤"⑤。其死时神志清醒不昧，"拱手而逝"，也足见其道力的深厚。同时他又好山水之游，如"尝登泰山绝顶，游衡岳，夜半坐祝融峰，披羊裘，观海日，超然远览，薄视色界一切"⑥，且踏遍故乡之山山水水，留下了大量山水诗。其道家（道教）气息、气象在不少山水诗中不自觉地流露出来了。其弟子甘雨对此有所体会曰："先生诗祖江门（即陈献章）……读之者若奏钧天，若赓白雪，不觉其神之王而腋之欲仙也。"⑦我们试以其诗为例以窥其道气：

如诗咏入道后之洒脱、清闲：

无名公有道装吟，我亦申如道者巾。脱却人间官样子，不

---

① 胡直：《刘三五先生墓表》，刘阳：《刘三五集》，彭树欣整理编校，第150页。
② 佚名：《理学传》，刘阳：《刘三五集》，彭树欣整理编校，第155—156页。
③ 关于有关刘阳的传记中，提到其"讲道"，此"道"也是指儒家之道，并非道家或道教之意。
④ 过庭训：《刘阳传》，刘阳：《刘三五集》，彭树欣整理编校，第161页。
⑤ 佚名：《理学传》，刘阳：《刘三五集》，彭树欣整理编校，第155页。
⑥ 佚名：《理学传》，刘阳：《刘三五集》，彭树欣整理编校，第155页。
⑦ 甘雨：《三五刘先生文集序》，《刘三五集》，彭树欣整理编校，第180—181页。

妨疎野对嘉宾。

　　到处云山可结庐，书冈新寄道人居。莫将书卷堆山里，我病年来懒著书。①

又如诗咏读道书之幽静、自在：

　　望中云白与山青，亭下《黄庭》一卷经。分付道童供洒扫，不将鸡犬到山扄。

　　剔得松根兔子如，山家将尔护屏躯。夜来秋簟凉如水，月上疎桐展道书。②

再如诗咏求道之历程、得道之感受：

　　崎岖窈窕饱所经，酣来三复《归来辞》。君家自有神仙诀，左右陟降在帝阙。一瓢可贮杏坛春，千驷不直西山蕨。回头细语诸君子，须向太初超生死。

　　共我湖上翁，脩然遗世梦。元君赋灵骨，丹炉更策勋。儒家亦语修，精修愧未勤。③

　　三五常隐居山中修道，以致邹守益、王畿均批评其有消极避世的倾向。而三五则认为，他并非消极避世，只是自慊其心而已；且其修炼的主要是静心工夫（这是儒道共有者），此工夫并不会导致厌物、厌世。三五可谓儒道兼修、二家气象兼备。

　　（4）神秘

　　在宋明儒者，尤其是明儒那里，不少人有神秘主义倾向，如王阳明、罗汝芳④等（这反映了儒家的另一个面向，即其宗教性）。因为修炼道教等原因，在三五身上也体现了神秘主义的一面。

　　首先三五的出生，就带有一些神秘色彩，刘邦采《三五刘先生

———————

① 刘阳：《偶书》《寄南轩》，《刘三五集》，彭树欣整理编校，第91、133页。
② 刘阳：《东川君侯松云窝》《韩溪山中》，《刘三五集》，彭树欣整理编校，第17、140页。
③ 刘阳：《游箕峰酌会仙石遂憩古坛》《廖仙岩》，《刘三五集》，彭树欣整理编校，第136、75页。
④ 关于罗汝芳（近溪）的神秘主义，参见笔者《论罗近溪哲学的神秘主义倾向》，《阳明学研究》（第四辑），人民出版社2019年版。

行状》载:"先生降,神。先夕,外祖五河尹东山翁梦有赉黄恩至者,次辰而先生生,翁名之曰恩,志异也。"① 这种出生时的神秘现象,关于明儒(如王阳明、邹守益、刘元卿等)也有一些简略的记载。这也许是传说,但三五在行事中,偶尔也透露出神秘主义作风,却是实有其事。最典型的是,在砀山任县令时,民苦黄河堵塞,有二十七里土刚石繁,力无容施,三五于是率父老子弟,哭号祷告,逾月,河果自疏。《徐州府志》载之,以为异政。关于三五的各种传记,大多载有此事。三五本人也有《黄河祝》一文,并附记云:"邑尝河患,阳乃斋于黄河之滨。越七日,率邑人祷之,逾月而河果疏如所祷者,盖自疏者二十七里。感神惠,不敢忘也,敬识云。"② 还有一次,三五辞官归家,舟至瓜州,遭暴风,舟几倾覆,于是具冠服,焚香下拜,风徐以定。③ 可见三五在遭遇不可克服的自然力量时,常祈祷、默念神秘力量来助之。不管其结果是巧合,还是"精诚所至,金石为开"(当然从理性主义者看,这是不可能的),但三五的神秘主义态度反映了其精神的另一面貌。从宗教学的角度看,这种神秘主义并非有损三五的人格,反而使我们看到其心之精诚以及对自然或神秘力量之敬畏。此外,据笔者田野调查,在三五的家乡至今还流传着他得道之后同狗一起升天的传说。这也使其人笼罩着一层神秘的色彩。

二、刘阳的主要哲学思想

1. 对阳明后学弊端的批评

随着阳明学的传播和发展,其后学中产生了一些弊端。关于此,最有代表性的批评是刘宗周之说:"今天下争言良知矣,及其弊也,猖狂者参之以情识,而一是皆良;超洁者荡之以玄虚,而夷良于贼,亦用知者之过矣。"④ 牟宗三认为,此二弊,前者是指泰州学派以自然、快乐、活泼为主,而不免落于情识之混杂;后者是指王畿言良

---

① 刘邦采:《三五刘先生行状》,刘阳:《刘三五集》,彭树欣整理编校,第145页。
② 刘阳:《黄河祝》,《刘三五集》,彭树欣整理编校,第49页。
③ 刘邦采:《三五刘先生行状》,刘阳:《刘三五集》,彭树欣整理编校,第146页。
④ 刘宗周:《证学杂解》,吴光主编:《刘宗周全集》(第2册),浙江古籍出版社2007年版,第278页。

知与佛老无别，流于玄虚而荡之弊。① 这两种主要弊端，一是着情识（即情志、欲望、习气等）而混之为良知，一是着空无（即空灵玄妙、虚无枯寂）而认以为良知。其实，这不仅仅是王畿及其后学或泰州学派之弊，也是阳明后学中普遍存在的问题。对此，三五早有清醒的认识，王时槐云其："患后学谈玄空而遗伦物，言有余而行不副。每闻士人且说于窈冥而染情于世味，辄为蹙额疾首，叹惋而不已。"② 所谓"谈玄空而遗伦物"，是指着佛老之空无而遗弃人伦；所谓"说于窈冥而染情于世味"，是指表面谈玄虚而实际上染指情识而放荡。

三五尤其警惕、批评当时学者（包括阳明后学者）中普遍存在的只言不行、言行不一之弊，他说：

美尧舜之孝弟，而无称于乡党；小温公之诚实，而不践其然诺。言独言幽，乃无忌于可视可指；言著言察，乃未及乎行之习之。③

今世学者喜言不睹不闻，似密矣，然于可睹可闻者，顾疏脱而不检，其可乎？且喜言著察，似精矣，然于行与习者，竟恣肆而逾闲，其可乎？④

其弟子刘孟雷也深知其弊："自绍兴以此学开群蒙，天下之人类能言良知，其穷极玄妙，道说精蕴，多出于高明才哲之士。故静而叩之，若真有得，一涉色界，便落世尘。"⑤ 这些言论均深中当时学者之隐疾，指出他们喜言道德良知、言本体甚至言工夫者多，而实际上缺乏真正的工夫，甚至根本不修行。

三五弟子甘雨认为，其师救治了阳明后学之弊，对阳明学贡献甚大，他说："藉令末流学术，不得先生（指三五）障其颓波，吾惧新进少年争骛于禅定解脱，高者豪举，卑者恣睢，其不祸人心而贼世道也者几希！繇斯以谭，虽谓先生为东越（指王阳明）之素臣

---

① 牟宗三：《宋明儒学的问题与发展》，华东师范大学出版社2004年版，第125、143页。
② 王时槐：《三五刘先生文集序》，刘阳：《刘三五集》，彭树欣整理编校，第177页。
③ 沈佳：《刘阳传》，刘阳：《刘三五集》，彭树欣整理编校，第165页。按：此引文为沈佳所引刘阳之文。
④ 王时槐：《三五刘先生文集序》，刘阳：《刘三五集》，彭树欣整理编校，第177页。按：此引文为王时槐所引刘阳之文。
⑤ 刘孟雷：《刘三五先生文集序》，刘阳：《刘三五集》，彭树欣整理编校，第179页。

可也，何啻高第。"① 因此，三五的学说、工夫主要就是基于纠正阳明后学之弊而建立的。

2. "良知说"

三五学说的主体是其"良知说"。三五对于阳明的良知学可谓身体精研，自谓得阳明之旨；而当时讲席之盛，皆非其所深契，其尝谓刘邦采曰："海内讲学而实践者有人，足为人师者有人，而求得先师之学未一人见。"② 这表明他是以得阳明之旨自许的。其"良知说"一方面将阳明的良知学与《周易》思想融为一体，另一方面又将周敦颐的无欲说和良知学贯通起来，这在阳明后学中亦有其独到、深刻之处。

（1）良知"如日中天"——良知本体即易体、乾体

为避免将良知学玄虚化、禅学化（这是阳明后学中存在的严重问题，所谓"跻阳明而为禅"③），三五将阳明的良知学与《周易》之精蕴贯通起来，从而突显良知本体的乾元之性。此其长期读《易》、研《易》之结果。阳明思想的形成，有易学的影响，特别是龙场悟道尤得易学之力，但阳明良知学中的易学思想还未充分彰显出来。三五发掘阳明思想中潜藏的因子，将良知学明显易学化，从而呈现良知本体的宇宙精神、天地精神。三五曰："良知如日中天"，"易，心之体也"④，"刚健中正，纯粹精，无一毫发歉，而后［无］一毫发非乾体"⑤。综合言之，心体即良知本体，也即易体、乾体，为道德创生之实体。总括三五的本体论，其所谓易体、乾体，主要具有如下四个方面的内涵：

其一，良知本体的先天性。易具有先天性，三五曰：

> 河未图，易森然也；偶图矣，易森然也。图而秘焉，易固易哉！⑥

---

① 甘雨：《三五刘先生文集序》，刘阳：《刘三五集》，彭树欣整理编校，第180页。

② 黄宗羲：《御史刘三五先生阳》，刘阳：《刘三五集》，彭树欣整理编校，第164—165页。

③ 黄宗羲：《泰州学案一》，《明儒学案》（修订本），沈芝盈点校，第703页。

④ 刘邦采：《三五刘先生行状》，刘阳：《刘三五集》，彭树欣整理编校，第147、148页。按：此二引文为刘邦采所引刘阳之文。

⑤ 刘阳：《晚程记》，《刘三五集》，彭树欣整理编校，第129页。

⑥ 刘邦采：《三五刘先生行状》，刘阳：《刘三五集》，彭树欣整理编校，第148页。按：此引文为刘邦采所引刘阳之文。

因三五已体悟到良知本体即易体，故此言也可以说是在讲良知本体：不管人是否发现、表现良知本体，其先天地森然、固在。

其二，良知本体的运动性。所谓运动性，即良知之生生不息。三五曰：

> 昼夜者，时；无昼夜者，易。易，不已也。①
>
> 夜半蒙而睡，睡初觉，目未开。当此之时，人曰天地鬼神临之而若影响，惟我良知昭焉，即天地，即鬼神也。昨寐时不息，今寤时不息，几也，微也，神者也。②

就是说，易体昼夜不息，生生不已，具有奔涌不息的生命力。

其三，良知本体的自主自发性。三五认为，良知本体具有自知之明，能自作主宰，自知几知微，自知善知不善。他说：

> 良知如日中天，常自知几，即是致，即是格物。颜子之有不善，未尝不知，未尝复行。③
>
> 知者，心之神明也。知善，知不善，必为，必不为，止至善者也，天之明命也，故曰良。④

这就是阳明所说的良知自然会知，自然会发动。三五认为，这是天所赋予的（"天之明命"），"如日中天"，毫无障碍，自主自发，这就是致良知，就是格物。这也就是牟宗三所谓的"智的直觉"。

其四，良知本体的阳刚性（或曰乾健性）。前面所引"刚健中正，纯粹精"，"乾体"，"良知如日中天"，均可形容其阳刚性。三五又曰：

① 刘邦采：《三五刘先生行状》，刘阳：《刘三五集》，彭树欣整理编校，第148页。按：此引文为刘邦采所引刘阳之文。
② 胡直：《刘三五先生墓表》，刘阳：《刘三五集》，彭树欣整理编校，第151页。按：此引文为胡直所引刘阳之文。
③ 刘邦采：《三五刘先生行状》，刘阳：《刘三五集》，彭树欣整理编校，第148页。按：此引文为刘邦采所引刘阳之文。
④ 刘邦采：《三五刘先生行状》，刘阳：《刘三五集》，彭树欣整理编校，第147页。按：此二引文为刘邦采所引刘阳之文。

独知之明，大明悬象，照临天下者似之。盖观于《晋》。①

所谓"大明悬象，照临天下"，也是形容良知之阳刚性。这是一种纯阳无阴、刚健有力的宇宙本性、生命本性。

综合言之，此四性就是指良知本体具有易、乾之特点，具有宇宙精神、天地精神，具有穿透生命、超越境遇的力量。三五对此有深刻的体会，故认为"境寂我寂，已落一层"②。因为良知本体能从当下境遇中，自作主宰，奋力跃出，健行不息；如果境寂我寂，则良知还未作主宰而跃出。故刘两峰评价道："此彻骨语也。"③此彻骨之语，正是三五融合、体证良知学和易学的结果。

虽然良知本体具有易、乾之宇宙本性，但并不意味不需要用致良知之功，因为人有后天感性、欲望之杂，本体有受蒙蔽之时，有遏其生生之几之时。故三五又强调"致"之之功。他说：

> 致，言学也；致者力而后天者完，故曰"明明德"，曰"顾谍天之明命"。五常百行，明焉、察焉，圣学无遗蕴矣。④

也就是说，必须用致良知之功，才能使后天的生命得以完备、充实；所谓"明明德""顾谍天之明命""五常百行，明焉、察焉"，均是讲致良知之功。三五所谓"致"，主要是指在良知本体上"致"，即阳明所谓以良知为舵、为把柄，抓住之，不断地用力，这就是本体工夫。三五曰："只是在知上了落"⑤，"其归在知，知则无弗了矣"⑥。如此"致"良知，则"身心意知物，一时具足；格致诚正修，一时一事"⑦。又曰："主宰是心，流行是意，主宰之精明是致知，

---

① 邓元锡：《心学迹》，刘阳：《刘三五集》，彭树欣整理编校，第153页。按：此引文为邓元锡所引刘阳之文。

② 刘阳：《晚程记》，《刘三五集》，彭树欣整理编校，第129页。

③ 黄宗羲：《御史刘三五先生阳》，刘阳：《刘三五集》，彭树欣整理编校，第164页。

④ 刘邦采：《三五刘先生行状》，刘阳：《刘三五集》，彭树欣整理编校，第147—148页。按：此引文为刘邦采所引刘阳之文。

⑤ 刘邦采：《三五刘先生行状》，刘阳：《刘三五集》，彭树欣整理编校，第147页。按：此引文为刘邦采所引刘阳之文。

⑥ 胡直：《刘三五先生墓表》，刘阳：《刘三五集》，彭树欣整理编校，第151页。按：此引文为胡直所引刘阳之文。

⑦ 刘邦采：《三五刘先生行状》，刘阳：《刘三五集》，彭树欣整理编校，第147页。按：此引文为刘邦采所引刘阳之文。

流行之中节是格物，于此不遗，具见真体。"①也就是说，抓住了良知本体，于此用力，一任其流行事事物物，则致知之功成。如此身心意知物，指向的都是良知本体，可谓"一时具足"；格致诚正修，指向的都是"致"，可谓"一时一事"。

总之，三五一方面突显良知本体的易、乾之性，一方面又强调工夫之实，可谓本体与工夫合一。所以他说："君子之道……其知如天，其履如地。"②"知如天"是指本体的易、乾之性，"履如地"指工夫之实。又说："知惟良故致，致故能满其良之体，假令言知不必良，言良知不必致，是将使情欲为君，性灵尽荡，夫岂先师立教之本旨乎?"③三五认为，既需讲本体之纯粹精良，又需讲致之之功，如此才符合阳明立教之本旨，否则良知被遮蔽，而情欲为人之主。可以说，三五对良知本体内涵的阐释，丰富了阳明的良知学，而其"致"良知之功，亦得阳明真传。其对良知本体之理解因融入了《周易》思想，彰显了良知本体的乾健、阳刚、创生、不息之宇宙精神、活力，与王畿强调良知本体的虚明、空灵和聂豹、罗洪先等强调良知本体的虚寂、静谧，有明显的区别。故其"良知说"，既避免了王畿为代表的"超洁者荡之以玄虚，而夷良于贼"之弊（即蹈空而玩弄光景、播弄精神之病），又无聂豹、罗洪先等归寂派偏"静寂"之病，从而在某种程度上纠正了阳明后学之弊。

（2）养知（良知）莫善于寡欲

良知本体虽"如日中天"、乾行不息，但落于经验界，未必能彻底呈现，因为人有自然感性之杂。如果看不到这一点，就会陷入泰州学派之弊，即混情识为良知。故三五对于人的自然感性——欲（人欲、私欲）有相当的警惕，所谓"人心（此指人欲）惟危，险阻之谓也……君子盖无时而不惧夫危也"④。其释"欲"云：

> 《记》曰："人生而静，天之性。感物而动，性之欲。"
> 盖诸情先欲，诸不善之端欲为之。故食之爽也，欲之；服之华也，

---

① 刘邦采：《三五刘先生行状》，刘阳：《刘三五集》，彭树欣整理编校，第147页。按：此引文为刘邦采所引刘阳之文。
② 刘阳：《絮斋说》，《刘三五集》，彭树欣整理编校，第131页。
③ 甘雨：《三五刘先生文集序》，刘阳：《刘三五集》，彭树欣整理编校，第180页。按：此引文为甘雨所引刘阳之文。
④ 刘阳：《三五先生洞语》，《刘三五集》，彭树欣整理编校，第128页。

欲之；宫室之美也，欲之。故曰："不能反躬，天理灭矣。"①

诸情先欲，诸不善起于欲。欲逐则侈，欲满则骄，欲拂则怨，欲丧则戚，欲阻则摧，欲急则躁，欲争则忮，欲深则婪，欲苟则污，欲牵则迷，欲穷则乱。欲者，不善之端也，小则过，大则轻生祸伦，灭天理而纵之。②

三五指出诸不善之端皆起于欲，并具体分析了各种欲及其危害。他又以诗的形式嘲笑世人沉迷于欲，其《感兴》云："猩猩但能言，竟从嗜欲使。人亦笑猩猩，笑者仍未已。翩翩述圣经，操孤追良史。几谁见枢机，反将思其耻。"③人笑猩猩，其实自己也像猩猩一样嗜欲不止而不知耻。

三五认为，人欲导致人遮蔽、遏制其良知本体。他说："有达其性之生机，有遏其性之生机。遏其生机，赖之以并育，难矣。故自私自利者害仁。"④所谓"遏其性之生机"者正是自私自利之欲，也就是说，人欲遏制性（良知本体）的生生之机，使之无法发育、流行。因此，三五提出"养知莫善于寡欲"⑤，寡欲乃至无欲才能恢复、呈现良知本体。他说："故欲消而俱消，欲淡俱淡。欲至于无，情之顺也，性之静也，天地之真也。"⑥此所谓"性之静也，天地之真也"，就是指良知本体在无欲之后所恢复的本来状态。正因为如此，他服膺周敦颐的"无欲说"。他说：

周元公（即周敦颐）主静，则以一言并包之……学元公，人极立矣……昔者圣人以天下之大相授受，而独语精语一。元公以一为要，盖圣人之相传者，故曰学元公。⑦

---

① 刘阳：《别周三泉序》，《刘三五集》，彭树欣整理编校，第105—106页。

② 邓元锡：《心学迹》，刘阳：《刘三五集》，彭树欣整理编校，第153页。按：此引文为邓元锡所引刘阳之文。

③ 刘阳：《刘三五集》，彭树欣整理编校，第29页。

④ 刘元卿：《书三五先师文集后》，刘阳：《刘三五集》，彭树欣整理编校，第181页。此引文为刘元卿所引刘阳之文。

⑤ 刘阳：《三五先生洞语》，《刘三五集》，彭树欣整理编校，第127页。按：这一句话最早出自程颐，他说："致知在所养，养知莫善于寡欲二字。"（陈荣捷《近思录详注集评》，华东师范大学出版社2007年版，第170页）程颐的"知"是指知识，而刘阳的"知"是指良知。

⑥ 邓元锡：《心学迹》，刘阳：《刘三五集》，彭树欣整理编校，第153页。按：此引文为邓元锡所引刘阳之文。

⑦ 刘阳：《别周三泉序》，《刘三五集》，彭树欣整理编校，第105—106页。

周敦颐"无欲说"云：

> 圣可学乎？曰："可。"曰："有要乎？"曰："有。""请
> 问焉。"曰："一为要。一者无欲也。无欲则静虚、动直。静
> 虚则明，明则通；动直则公，公则溥。明通公溥，庶矣乎！"[1]

周氏认为，学圣的关键在于无欲，无欲则能达到心之静虚、正
直状态，如此则明通公溥，于事理无碍。此已蕴含无欲则能恢复心
之本体之意，三五继承这一思想，认为无欲主静则"人极（即良知
本体）立"；又说"静，知（即良知）之无欲者也"[2]，即无欲主静
就是良知的本体状态。于是进一步提出"养知莫善于寡欲"的主张，
认为保养、保任良知的工夫在于寡欲、无欲。如果说，前文所论的
三五的"致"良知是从积极面说，强调的是本体工夫，即直接从良
知本体上用功；那么此处则从消极面说，即保养良知是从寡欲、无
欲着手的，这是以寡欲、无欲之工夫来复良知本体。这样，三五将
濂溪的"无欲说"和阳明的"良知说"贯通起来，从而将前者收归
于后者。应该说，这两种工夫在三五那里是相资为用的：寡欲、无欲，
则良知本体易呈现；而在本体上用功，则人欲也渐渐退听，自然会
寡欲，乃至无欲。而寡欲则是三五生命的底色，其生活简朴，为官
清廉，是一个典型的清心寡欲者，阳明谓其"享清福"者正得力于此。

三五提出"养知莫善于寡欲"，在于警惕欲之种种危害及其遮
蔽良知本体之弊，在某种程度上是针对泰州学派"猖狂者参之以情
识，而一是皆良"（即将良知混同情识、欲望，气机鼓荡，猖狂而肆）
之弊而发的，更是针对一般阳明后学者表面上谈良知，实际上染指
世情、行为放荡而发的。

3. 践履实功和工夫论

（1）践履实功

虽然三五的"良知说"也有自己的特色，但其学问的宗旨主要
不在建立学说，而是重视实证工夫。三五乃以践履实功著称于世，
是江右王门修证派（或实修派）之大家，是真正的修证者、修行者。

---

[1] 周敦颐：《通书》，《周敦颐集》，陈克明点校，第31页。
[2] 刘阳：《三五先生洞语》，《刘三五集》，彭树欣整理编校，第128页。

在江右王门中，虽其学说可能无法与邹守益、刘邦采、聂豹等相提并论，但其实修工夫与他们相比或有过之而无不及。所以三五在江右王门中依然享有崇高的地位，自领军人物邹守益殁后，其俨然已成为一代宗师。如邓元锡曰："自东廓公（即邹守益）殁，学者师尊之如公。"①黄宗羲亦曰："自东廓没，江右学者皆以先生为归。"②

三五为学最鲜明的特色就是重践履实功："学本良知，而求端于躬行"③，"为学务实践，不尚虚寂"④，"与人言，依于践履"⑤。其一生用功精进不息，也每每告诫学者要像孔子一样用功："孔子之学，率十年一进。藉令其寿加乎七十，又当有进于从心所欲不逾矩者。"其实这正是三五本人的写照，故王时槐曰："即是语推之，先生（指三五）所以孜孜不懈而求勉其所未臻者，盖尚未有涯也。"⑥在江右王门中，三五以践履实功独步一时，并得到友朋弟子的普遍称许，下面列举几则评价以证之：

> 邹德泳称其："良知宗契，密证真功。根心生色，导和履中"⑦
>
> 周案曰："当是时，阳明之学遍海内，独先生（指三五）笃实，讷言敏行。"⑧
>
> 刘孟雷曰："其（指三五）精悟敏修，同志咸赖以为赤帜……若先生所就，其殆善师绍兴而有功于世教者欤！"⑨
>
> 王时槐曰："若三五刘先生，则真所谓躬行而有得焉者矣……是以先生力崇身范而不袭浮谈，为令而惠泽旁流，立朝而奉身勇退，特召而坚卧不起，居乡而挽俗还淳。至辞受严于一介，嚬笑谨于细微，言讷若不出诸口，守正而不懈于独，使后学望之肃然生敬，就之翕然诚服，咸知学在慎修，无敢弛焉自溃其防者，

---

① 邓元锡：《心学迹》，刘阳：《刘三五集》，彭树欣整理编校，第154页。
② 黄宗羲：《御史刘三五先生阳》，刘阳：《刘三五集》，彭树欣整理编校，第164页。
③ 刘元卿：《理学传》，刘阳：《刘三五集》，彭树欣整理编校，第156页。
④ 和珅等：《刘阳传》，刘阳：《刘三五集》，彭树欣整理编校，第161页。
⑤ 沈佳：《刘阳传》，刘阳：《刘三五集》，彭树欣整理编校，第165页。按：此为另一篇《刘阳传》。
⑥ 王时槐：《理学传》，刘阳：《刘三五集》，彭树欣整理编校，第155页。按：此为另一篇《理学传》。
⑦ 邹德泳：《三五先生道像赞》（其二），刘阳：《刘三五集》，彭树欣整理编校，173页。
⑧ 周案：《师友小传》，刘阳：《刘三五集》，彭树欣整理编校，第167页。
⑨ 刘孟雷：《刘三五先生文集序》，刘阳：《刘三五集》，彭树欣整理编校，第179页。

则先生卫道之功甚大矣。"①

邓元锡曰："绎其志严，察其辞惧，约其行俭，质其操廉，栗栗乎惧泥滓之污，得毫毛入其心，昭昭乎志揭日月而行之也。严险阻之几，故辞危而惧；窒易从之欲，故行节而俭；秉不磷之坚，故操贞而一。"②

这些时人的评价指出了三五践履工夫之实、之精、之密、之谨及其人格魅力，以及对阳明学实修工夫之维持和贡献。江右学者尊之如邹守益，视其为精神领袖之一，在某种程度上说，正因其修持、践履之实功以及其人格魅力之影响。

（2）工夫论

关于三五的工夫论，前文论其"致"良知之功和寡欲、无欲之功均属于此内容，此处再论之。其实，三五并没有形成系统的工夫论，从某种程度上来说，这乃是理论家之事。故其工夫论主要是在具体指点学者的用功中呈现出来的，主要强调三个方面：

一是"身"体力行，实"致"其功。工夫是身上工夫，是身体的实践，一定要将工夫进到自己的身体、生命里（所谓工夫上身），才算真正得力。所以三五不重讲说，尤重在"身"上下工夫。《晚程记》载："潜谷邓子（即邓元锡）儒释之辨数千言，诸友有求其说者，子（指三五）谓之曰：'只格物致知，日以身辨之矣。'"③邓元锡之论辩洋洋洒洒数千言，而三五则指出，格物致知是以"身"辨而不是以口辨，即格物致知是在"身"上用功，而不是在理论上讲说。刘孟雷云三五："虽于良知之旨透玄入微，然绝口不悬空向人谭吐。有问及者，辄曰：'先师言具在，第力行之足矣。'"④在三五看来，阳明"良知学"说不在于口说，而在于"身体力行"，实际用功。三五又尝指导学者用功云："收敛到謇讷，不能出口，方是大进。"⑤就是说，收敛不能出诸口，全凭"身"体验之、实证之，一片神行，方是工夫大进之时。

---

① 王时槐：《三五刘先生文集序》，刘阳：《刘三五集》，彭树欣整理编校，第177页。

② 邓元锡：《三五刘先生洞稿序》，刘阳：《刘三五集》，彭树欣整理编校，第182页。

③ 刘阳：《晚程记》，《刘三五集》，彭树欣整理编校，第129页。

④ 刘孟雷：《刘三五先生文集序》，刘阳：《刘三五集》，彭树欣整理编校，第179页。

⑤ 王学夔：《明故柱史三五刘先生墓志铭》，刘阳：《刘三五集》，彭树欣整理编校，第149页。此引文为王学夔所引刘阳之文。

二是瞬存息养，工夫紧密。所谓工夫，在三五看来，就是时时用功，乾乾不息。其论存养之功云：

> 先辈有言，取舍之分明，而后存养之功密；予独谓存养之功密，而后取舍之分明。盖必终食不违，必造次不违，必于颠沛亦不违，然后唯道之徇，而能不去、不处也。①

三五认为，只有存养之功密，才能终食、造次、颠沛不违于仁。这就是孔子所说的"君子无终食之间违仁，造次必于是，颠沛必于是"（《论语·里仁》）的不息之功。这种不息之功正是良知乾体所发，良知乾体之用。所谓体用一如，工夫自然紧密。三五认为重视工夫之紧密，正是孔子教学的重要特色。他说：

> 盖性（此指人之习性，而非本体之性）之原，刚柔善恶，其有所弗齐者，盖当有易之之功也，人一能知，或十百而后能。是故言砥言砺，其言乎修之不已，以竭其才也哉！孔子之为教也，如仲、如绰，如庄、如求，苟不文之以礼乐，皆不足以许其成；好仁好知，好信好直，苟不成之以好学，皆可得以指其蔽。此学之不可以已。②

所谓"十百而后能""修之不已""学之不可以已"正指出了工夫之紧密、精进。刘孟雷认为其师正用此功："不以良知之醒醒不昧者为足恃，而以致知之乾乾不息者所当勉。"③邓元锡也称三五工夫"瞬存息养，知乃不昧。庶几夙夜，以无祗悔"④。

三是悟修兼备，体用合一。三五的工夫论当然不是仅仅重工夫，而是本体与工夫、悟修并重。刘孟雷指出："孰知先生（即三五）之于道，其修与悟者固自兼之哉！"⑤三五批评二者分离之弊："为学而不修行，恐无救于高虚而无实，非学也；修行而不研几，恐无

---

① 刘阳：《辅仁会录再刻序》，《刘三五集》，彭树欣整理编校，第110页。
② 刘阳：《砥德砺材说》，《刘三五集》，彭树欣整理编校，第34页。
③ 刘孟雷：《刘三五先生文集序》，刘阳：《刘三五集》，彭树欣整理编校，第179页。
④ 邓元锡：《祭刘三五先生文》，刘阳：《刘三五集》，彭树欣整理编校，第169页。
⑤ 刘孟雷：《刘三五先生文集序》，刘阳：《刘三五集》，彭树欣整理编校，第179页。

救于冥行而罔觉，非行也。"① 尤其批评只重本体而轻工夫者："知
如天，礼如地，合崇与卑，天地之理得矣。穷高极幽而不知其实，
知之过者也，盖异于孔子之教。"② 也就是说，如果穷高极幽，只追
求本体之玄虚，而轻视践履之实功，则非孔子之教，只有知（本体）
与礼（工夫）合一，才合天地教化之理。他认为，圣人正是知（本体）
与能（工夫）之合一者："著焉、察焉，无或遗焉者，圣人之无不知；
践焉、履焉，无不胜焉者，圣人之无不能。"③ 也就是说，圣人著察
则见本体（知），践履则见工夫（能）。所以三五认为，"根株（即
本体）花实（即工夫），学脉贯通"④，就是说，只有悟修兼备、体
用合一，才能学脉贯通而流行于日用。

从当时学者（包括阳明学者）中普遍存在的言行不一之弊看，
三五的践履实功及其工夫论可谓此弊的大克星。他正是通过实际的
践履工夫，真正地践行圣贤之学，才成就了自己的精神生命、德性
生命，成就了这一个"人"——圣贤人格，以至成为"学人泰山北
斗之宗"⑤，并以此影响、化导亲友弟子及乡间大众，而这正是阳明
学的一大特色和贡献（阳明学本质上是实践哲学、工夫哲学，阳明"知
行合一""致良知"的核心在于"行"和"致"）。可以说，没有
实际的践履工夫以及由此而来的人格成就，就没有真正的阳明学。
从这一角度来说，三五代表了阳明学之正传，也取得了较高的成就。
这也正是江右王门（包括阳明学）的最大特色和贡献，黄宗羲谓"阳
明一生精神，俱在江右"⑥，也应主要指此；而其谓江右王门使"阳
明之道赖以不坠"⑦，在某种程度上说亦正得力于此。

最后，以三五家乡三峰山上其所作的对联为其学作结，以见其
学问、工夫、境界。联云："云收雾卷开天眼；水尽山穷到地头。"⑧

<hr>

① 刘邦采：《三五刘先生行状》，刘阳：《刘三五集》，彭树欣整理编校，第148页。此引文为刘
邦采所引刘阳之文。
② 刘元卿：《书三五先师文集后》，刘阳：《刘三五集》，彭树欣整理编校，第181页。此引文为
刘元卿所引刘阳之文。
③ 刘阳：《三五先生洞语》，《刘三五集》，彭树欣整理编校，第128页。
④ 刘元卿：《书三五先师文集后》，刘阳：《刘三五集》，彭树欣整理编校，第181页。此引文为
刘元卿所引刘阳之文。
⑤ 彭惟成：《宗师刘三五先生像赞》，刘阳：《刘三五集》，彭树欣整理编校，第174页。
⑥ 黄宗羲：《江右王门学案一》《明儒学案》（修订本），沈芝盈点校，第331页。
⑦ 黄宗羲：《江右王门学案一》《明儒学案》（修订本），沈芝盈点校，第331页。
⑧ 《刘三五先生列传》，刘阳：《刘三五集》，彭树欣整理编校，第159页。

上联说本体，比喻人的情识、欲望一扫而光（"云收雾卷"），而良知本体呈现（"开天眼"）；下联说工夫，比喻历经艰难、精进之工夫（"水尽山穷"），从而臻于道德、生命之至境（"到地头"）。三五可谓是本体与工夫合一的精神人格的典型，此联可谓其写照。总之，三五之学不以理论见长（虽亦有所特色），但充分体现了阳明学的力行精神，他是阳明学中真正的践履派、修证派，以生命践履传承阳明学。

第六节　王钊论

一、王钊的生平、学履

王钊（？[①]—1555），字子懋，号柳川，安福南乡金田钦村人。年十六，入邑庠。补诸生，后弃去，而喜栖于山巅水涯、寂寞之乡，以求身心性命之学。初，与刘阳等受学于刘晓，相率敦实行，用功不懈。正德十四年（1519）或十五年（1520），偕同志者及弟王铸往南昌谒阳明，拜其为师，受其"格致"（即"致良知"）之说，欣然而归。[②] 最后，卒业于邹守益之门。柳川于阳明学，闻而辄信，信而辄学，学而辄不已，辄欲及人，愿人人学也，可谓不辱师门之学也。[③]

其时阳明学讲会正在兴起，柳川闻四方举惜阴会，辄往参会，相质正于友朋之间。于会中，见人有善，则每每赞扬；见人有过，如痛在己身，直规之。有一友闻其规劝不能受，视之为攻击。柳川曰："学求自真而已矣，人之攻击与否，苟一计焉，则人在怀中坐矣。大舜之所以过人者，只是取诸人以为善，无顺无逆，皆其所取也。苟顺于尔心者取之，其逆于尔心者拒焉，是不能取诸人。"其友最终体谅其相成之德而心服之。人称柳川讲学不空谈而务笃实，人均受其益。[④]

嘉靖六年（1527），安福阳明学者（包括柳川）举惜阴会，并致信向阳明请教。阳明回信，其中有专对柳川所问作答，指点其工夫曰："王子茂（即子懋）寄问数条，亦皆明切。中间所疑，在子茂亦是更须诚切用功。到融化时，并其所疑亦释然沛然，不复有相

---

① 其弟王镜1495年生（见第七章第一节《王镜》），王钊大约在此前几年。

② 《安成复真书院志》卷三《王柳川先生列传》载："又数年，偕诸同志及弟铸往南浦（此地在南昌），受王文成'格致'之说，欣然而归。"结合阳明生平，王钊师从阳明之年，大约在正德十四年（1519）或十五年（1520）。

③ 《王柳川先生列传》，王吉等编：《安成复真书院志》卷三，第12—13页；刘阳：《柳川先生墓志铭》，《刘三五集》，彭树欣整理编校，第56—57页。

④ 《王柳川先生列传》，王吉等编：《安成复真书院志》卷三，第13页；刘阳：《柳川先生墓志铭》，《刘三五集》，彭树欣整理编校，第57页。

阻碍，然后为真得也。凡工夫只是要简易真切。愈真切，愈简易；愈简易，愈真切。"①是年十月，阳明入广，过吉安，柳川与彭簪、刘阳、欧阳瑜等三百余人，迎其于螺川驿中，阳明当场讲学，曰："尧、舜生知安行的圣人，犹兢兢业业，用困勉的工夫。吾侪以困勉的资质，而悠悠荡荡，坐享生知安行的成功，岂不误己误人？"又曰："良知之妙，真是周流六虚，变通不居。若假以文过饰非，为害大矣。"临别，再次指出工夫要简易真切。②阳明对工夫的具体指点（主要是指出良知学的真切简易，并需用诚切、困勉的工夫，才有真得），对柳川应有相当的影响。此次往谒阳明，其弟王镜、王铸亦在其中。③

嘉靖二十年（1541），刘阳任南直隶砀山县令，请柳川于官舍教其子，为时三年。不仅课刘阳之子，而且对刘阳的修身、为学，甚至为政也多有规劝。④当然，两人实为互相取益。又与永新甘公亮（号莲坪）交，与之论《易》，甚见契合，一日曰："予得《易》旨矣。"于是两人往复论学无虚岁。二十五年（1546），族人进士王士俊开始倡家族东山祠家会，请柳川主其事。会后，刊刻《东山祠家会录》。后又合族中家长为"九老"会。柳川于是成为其家族讲会的灵魂人物或精神领袖。⑤

其家兄弟，一门和煦，共同求学向道。兄弟四人，依序为王钧、王钊、王镜、王铸，后三人均为阳明弟子。柳川在家，事兄如父，有命不敢违；于二弟，兼切悌之义。邹守益比其兄弟为"陆象山兄弟"，称王钊、王铸为"道侔二陆"（即比之陆九龄、陆九渊兄弟），且谓钦村为"小邹鲁"。⑥由此可见，柳川及其兄弟在邹守益心中的地位。

嘉靖三十四年（1555）四月三日，柳川卒于家。临终时，未闻有虑后之语。刘邦采、刘阳等前来探视，均祝曰："柳川子修短有数，无忘此学。"则皆"唯唯"而应。病益笃，弟王镜、王铸问遗言，

① 王守仁：《寄安福诸同志》，《王阳明全集》，吴光等编校，第248页。
② 钱德洪：《年谱三》，守仁：《王阳明全集》，吴光等编校，第1445页。
③ 王时槐：《诏授冠带潜轩先生王公墓志铭》，《金黉王氏族谱》卷六《艺文志·墓铭》。
④ 刘阳：《柳川先生墓志铭》，《刘三五集》，彭树欣整理编校，第57页；彭树欣：《前言》，刘阳：《刘三五集》，第2页。
⑤ 《金黉王氏族谱》卷四《仕宦志·王士俊传》；《王柳川先生列传》，王吉等编：《安成复真书院志》卷三，第14页。
⑥ 刘阳：《柳川先生墓志铭》，《刘三五集》，彭树欣整理编校，第57页；王时槐：《诏授冠带潜轩先生王公墓志铭》，《金黉王氏族谱》卷六《艺文志·墓铭》；《同治安福县志》（点校本），第224页。

连声呼曰："琢磨琢磨。"其子泣以请，答曰："读我书，学我所学。"
言毕，瞑目而逝。从其临终表现看，其心心念念系于学，是真正的
阳明学躬行者、实证者。总之，柳川自受学阳明以来，三十多年间，
于阳明之学"未尝一日不勤恳于心"，故于学问、修身均有成。①

　　柳川一生以讲学为主，不事著述。卒后，刘阳搜集其讲学语录
若干，编成《王柳川先生学语》。万历元年（1573），其子王汝会
持《学语》谒黔中大儒、阳明再传弟子李渭于广东韶州，李渭读后，
大为惊讶，以为与己同调，曰："何其学之与渭同也！又何其语之
与渭同也！"遂于韶州刊刻《学语》以传世。②今《学语》一书已佚，
但其内容大体保存在康熙三十二年刊本《安成复真书院志》中，约
六七千字。③

二、王钊的主要哲学思想

1. "灵根说"

　　灵根，本义是指神木之根，在道教则喻指先天的真阳之气。阳
明用之来比喻良知，他说："人孰无根，良知即是天植灵根，自生
生不息。"④王畿也在这个意义上使用之，他说："良知者，性之灵
根，所谓本体也。"⑤用灵根言说良知，是指良知的本根性、本体性。
阳明和王畿偶尔用这个词来说良知（阳明文献中仅一见，王畿文献
中仅二三见）；而柳川则将"灵根"上升为一个哲学词语，直接用
"灵根"（有时还用"灵窍"）来指称良知，几乎成了良知的代名词，
在其话语中反复出现。柳川涉及"灵根"的相关论说，大体可从"根"
和"灵"两个角度来理解。

　　从"根"的角度而言，柳川所谓"灵根"，同于阳明和王畿之义，
主要是从本根性、本体性来表达良知。关于其本根性之义，柳川曰：

---

①《王柳川先生列传》，王吉等编：《安成复真书院志》卷三，第14页；刘阳：《柳川先生墓志铭》，
《刘三五集》，彭树欣整理编校，第56—57页。

② 刘阳：《柳川先生墓志铭》，《刘三五集》，彭树欣整理编校，第57页；李渭：《王柳川先生学
语序》，《金黎王氏族谱》卷六《艺文志》。

③ 笔者整理、点校为《江右王门王钊文献辑佚》，发表于《阳明学研究》（第六辑），人民出版
社2021年版。

④ 王阳明撰，邓艾民注：《传习录注疏》，第210页。

⑤ 王畿：《书同心册卷》，《王畿集》，吴震编校整理，第121页。

人只有此灵根，视听言动，皆此主宰，皆此生息。生息便是主宰，主宰便是生息。欲视则视，欲听则听，欲言则言，欲动则动。视听言动，耳目四体之司也；欲则，灵根之运动也。这是一个发窍，则千万矣。如今工夫，这是灵根不坏，随处发见，千条万绪，不可得而指。①

就是说，良知作为德性生命之根，不仅是道德行为的主宰者，而且是道德行为的发窍或根柢，即一切道德行为都从良知这里发出或生出。故良知犹如根或灵根，即良知具有本根性或本源性，且具有永恒性（所谓"灵根不坏"）。柳川之意，大体是承阳明的"良知即是天植灵根，自生生不息"而来。关于其本体性之义，柳川曰：

拟心与性，言可分别，而义无两端，欲其中指点安顿，便是粘皮着骨，不知心性之体矣……岂知灵根是心，灵根是性，无所沾染。②

柳川认为，心性不可分，心性是一，心性之本体就是灵根（良知），当心性无所沾染时，就回到了其本体状态，即"灵根是心"（亦即灵根是心之体），"灵根是性"（亦即灵根是性之体）。王畿明确指出，良知是"性之灵根"，即本体，其实王畿的心性是一体，故亦可说良知是"心之灵根"。柳川是直接用"灵根"代替"良知"，故虽未如王畿那样直接说良知（灵根）是本体，但其内涵与王畿所言并无二致。"灵根"之"根"，具有"本体"之义，是由"本根"之义进一步引申而出的。

从"灵"的角度而言，所谓"灵根"，主要是指良知的自主性、感知性。在这个意义上，柳川有时还用"灵窍"一词。关于其自主性之义，柳川曰：

吾之灵窍不外于天地万物、古今事变也，自照自悟，不容思量。③

---

① 王钊：《学语》，王吉等编：《安成复真书院志》卷五，第13页。
② 王钊：《学语》，王吉等编：《安成复真书院志》卷五，第13页。
③ 王钊：《学语》，王吉等编：《安成复真书院志》卷五，第14页。

学之见处是悟，悟之实处是学，学悟非二物，安得有先
后？……所可着力处，只是奋发、严密，一任此灵根，自通自达，
神化之极，待其自熟。①

上引文所说灵窍的"自照自悟"、灵根的"自通自达"，是指
良知（灵根或灵窍）的自主性而言，说明致良知是主体自主的行为，
属于自律道德。这一意思是从"灵"字有灵魂、神灵之意引申而来。
关于其感知性之义，其一是指无不感知。柳川曰：

灵窍分明无不周知……自知，此知也；知人，此知也；知
古今宇宙，此知也；知物理事情，此知也。②

就是说，良知之感知，不仅自知，而且知人；不仅知古今宇宙，
而且知物理事情。其二是指良知时时在感应、感知中，万事万物随
来随知。柳川曰：

我辈学问，不如一无所知，只精此灵根，随来随知而已。
一来知一，二来知二，十百千万来知十百千万，即《易》所谓
极天下之至精，其受命如响，无远近，无幽深，遂知来物。是
所存也神，所过也化。③

柳川认为，学问（德性的学问）不在于求外在的知识，对于外
在的知识而言，不如一无所知，只要精磨良知（灵根）就可以，万
事万物之来，都可以在良知的时时观照之下而知其是非善恶。这一
感知意是从"灵"字有灵感、灵验之义引申而来。阳明对柳川等人
所开示的"良知之妙，真是周流六虚，变通不居"，即蕴含良知有"灵"
之义，所以柳川用"灵根"或"灵窍"来指代良知，也是对阳明这
一意思的提炼。

正是灵根之"灵"无不感应、感知，其精神命脉无所不贯，达
于古今天地、家国天下，所以在这个意义上，柳川又称灵根（良知）

---

① 王钊：《学语》，王吉等编：《安成复真书院志》卷五，第7页。
② 王钊：《学语》，王吉等编：《安成复真书院志》卷五，第8页。
③ 王钊：《学语》，王吉等编：《安成复真书院志》卷五，第5页。

为至善。他说：

> 是故观天地时，此灵根之精神命脉贯乎天地矣；考古今人情物理时，此灵根之精神命脉贯乎古今人物事变矣。[①]
>
> 明德、亲民，其归宿只在止至善。有善有恶者，意念也。本来面目，只此灵根而已，无善无恶，故曰至善。以此而事亲，则精神命脉与亲无障隔；以此而事长，则精神命脉与长无障隔。达之天下国家，精神命脉无不贯彻，非亲民乎？反观此心，广大配天地，高明配日月，非明德乎？然则至善者，学者之止宿也。[②]

柳川认为，明德、亲民的归宿处在止于至善，而至善就是灵根（良知），灵根即本体（"本来面目"）；就是说，明明德、亲民最终是回到良知的"灵知"（即无不感应、贯通）本体状态：亲民是灵根感应、贯通于亲长、天下国家，明明德是灵根感应、贯通于天地、日月、古今人物。所以，明明德、亲民，其实都是致良知，致良知是致而复归其"灵"，即至于良知无不感应、无不贯通，这就是"至善"（灵根）。

总之，从"根"而言，主要是指体；从"灵"而言，主要是指用。"灵根"包含了良知的体用义。柳川喜用、常用"灵根"（还包括"灵窍"）来言说"良知"，在阳明后学中是很少见的，在其中蕴含丰富的内涵，他没有通过阐释"灵根"二字直接表达出来，而是在具体的语境中以"灵根"替代"良知"而呈现出来。可以说，"灵根"是柳川学术的标志性的哲学词语。当然，这是由阳明发展而来，阳明除了用"灵根"，还偶有"精灵""灵明"来表达良知，这些都是柳川"灵根"说所依托的学术资源。

2. 良知自然流行

良知自然流行的看法，发端于阳明。阳明曰："七情顺其自然之流行，皆是良知之用，不可分别善恶，但不可有所着。七情有着，俱谓之欲，俱为良知之蔽。"[③]阳明这里还只是说七情的自然流行，

---

① 王钊：《学语》，王吉等编：《安成复真书院志》卷五，第4页。
② 王钊：《学语》，王吉等编：《安成复真书院志》卷五，第5—6页。
③ 王阳明撰，邓艾民注：《传习录注疏》，第240页。

不过七情的自然流行，其实就是良知的自然流行，因为七情是良知之用。到了泰州学派，才强调良知（或良知本体）自然流行，不假安排。如王艮曰："良知之体，与鸢飞鱼跃同一活泼泼地。当思则思，思通则已。……何尝缠绕？要之自然天则，不着人力安排。"①这一看法，是泰州学派重要的工夫论观点。柳川也持这样的主张。但依据现有文献，无法找到柳川受泰州学派的影响，只能说是"英雄所见略同"，这是江右王门（或安福阳明学）中值得关注的现象。后来黔中大儒李渭对柳川心心相惜，可能主要是因此思想而起，因为李渭受到了泰州学派罗汝芳的影响，且其提出的工夫论——"毋意"论与柳川此工夫论有相通之处。

关于良知自然流行，不假安排、思虑，柳川有不少论述，不过其中与泰州学派仍有所区别。首先，他说：

> 明道曰："以明觉为自然。"白沙曰："学以自然为宗。"真法藏眼，良知流行，虽穷天竭地，只是自然。思虑一起，便生劳扰。所恶于智，为其凿也，思虑正是凿智。古今难事有过于禹之治水者，谓之行所无事者，只是率自然之性，故中心妥贴。中节是率性，故乐须如文王于后妃，哀须如孔子于颜渊，自是不伤不淫。②

柳川将工夫论上的自然论追溯到程颢（明道）、陈献章（白沙），不过他们都没有直接说良知自然流行，这当然是阳明学的讨论范围。柳川认为，良知流行，是自然而然、不假思索的事，是由良知本体自然产生的；而纳交要誉之类的思虑是后起的，此类思虑一起，就会干扰良知的自然流行。而良知自然流行，也就是率性（自然之性）；率性，情之发就自然中节。

对于良知为什么能自然流行，柳川作了本体论上的论证。他说：

> "诚者，天之道也"，曰天者，言自然也。"不思而得"，自然而知也；"不勉而中"，自然而能也。此正指出天道是本

---

① 王艮：《王心斋全集》，陈祝生等校点，江苏教育出版社2001年版，第11页。
② 王钊：《学语》，王吉等编：《安成复真书院志》卷五，第1页。

来面目，无所思，无所为，其得其中，一任自然而已矣，焉往不诚？今日之学，只是思此诚，亦只是任自然，复本来之诚而已矣。本来所得者，不容于思，今日不可思量，任其自然而知；本来所中者，不勉而能，今日不可勉强，任其自然而能。是自然处，完全具足，无所用力。①

柳川从阐释《中庸》"诚者，天之道；诚之者，人之道"和《孟子》"诚者，天之道也；思诚者，人之道也"出发，认为天道之诚，是无所思，无所为，一任自然（天即自然），而人道之诚（即诚之或思诚）即天道之诚，或者说是复天道之诚，故"亦只是任自然"，故良知自然流行就是天道之诚的体现。泰州学派将良知自然流行在本体上归之为良知现成，而柳川则将其归之为天道自然。

主张良知自然流行，在工夫论上必然走向"本体即工夫"，泰州学派（还有王畿）都是如此，柳川也不例外。他说：

本体即工夫，便是圣；本体离工夫，谓之众。日往月来，寒往暑来，天之本体；尺蠖之屈以求伸，龙蛇之蛰以安身，物之本体；喜则笑，怒则啼，孩提之童之本体。天机自动，何思何虑？是故无思无虑，则本体精，即所谓工夫。噫！安得天下之人皆无思无虑？②

柳川认为，"本体即工夫"，就是说，良知本体处于自然流行、无思无虑的状态，就是本体精明的状态，能保持这种状态就是工夫，就是圣人；良知本体离开这种状态（工夫），就是众人。

但是，主张良知自然流行或"本体即工夫"，很容易导致对工夫的取消，或者混后天情识为良知，这是泰州学派后期存在的重要弊端。柳川对此有所警惕，故其中仍有具体工夫可言，而不仅仅只说一个让良知自然流行即可。他说：

良知常知也，须臾离不得。故时有昏塞，则离也；无昏塞处，

---

① 王钊：《学语》，王吉等编：《安成复真书院志》卷五，第10页。
② 王钊：《学语》，王吉等编：《安成复真书院志》卷五，第11页。

便是工夫。思索可离也，生灭相因，自不能常，后儒以此为工夫，岂知可离者非道也？心体流行，真机活泼，犹源头活水，无盈时，亦无涸时。若安排，思虑昏塞，犹黄潦之水，可立而盈，可立而退。①

今谓之天，非人力所能为，皆出于自然矣。生生不息，故流行即性。率此性，则生生之妙，超然于形气之上，无罣无碍。所谓"何天之衢"，非道乎？修道，谓性落形体，不免牵滞，修也者，非有所增减，运化气禀，脱落世情，此勉强以率性也，罣碍处超出来，不谓之教乎？②

柳川认为，要使良知自然流行，必须使良知处于常知状态，使之须臾不可离。如何使之须臾不可离？一是要使良知无昏塞，即保持良知的警觉状态，而使之无昏塞，这是积极的工夫；二是要防止后起的纳交要誉之类的思虑或思索的干扰，使良知流行有间断，故需去掉此类思虑或思索，这是消极的工夫。所以良知的自然流行、真机活泼是有条件的，即有后天的工夫作为保证。当然，当良知真正自然流行时，昏塞、思索可一化而尽，这是圆熟之境；但未至此境时，依然需要凭借后天的工夫来作保证。柳川又认为，依《中庸》之说，有率性（即良知自然流行）之功，也有修道之功。如果仅说前者，使人容易忽略后天的世情之染，甚至混情识为良知；兼说后者，就让人明白需要先修道才能最后有真正的率性，所谓修道，就是要"运化气禀，脱落世情"，即洗刷心体之蔽。只要心体上还有沾染，就不能真正率性（即良知自然流行）。柳川曰："一毫沾染处洗刷不尽，则推之事为，便落一边。"③所谓"推之事为，便落一边"，就是良知不能自然流行。正是因为柳川也重视良知自然流行背后的后天工夫，使其与泰州学派区别开来了，这也正反映了江右王门（或安福阳明学）工夫之扎实。

3. 学悟一体

悟是阳明学或阳明后学的一个重要工夫，学者在求学、求道的过程中，往往会出现一味求悟而蹈空不实的弊端。针对此，柳川主

---

① 王钊：《学语》，王吉等编：《安成复真书院志》卷五，第1—2页。
② 王钊：《学语》，王吉等编：《安成复真书院志》卷五，第11—12页。
③ 王钊：《学语》，王吉等编：《安成复真书院志》卷五，第3页。

张将悟与学结合起来，认为学悟一体。

首先，学是悟的基础，真悟积于学。柳川曰：

> 有真悟，有虚悟，真悟根于天命之灵窍，虚悟生于资禀之聪慧。且要肯学，肯学纵未能尽悟，只凭见在悟处实落用工，则根脚日实，悟窍日通。故尝曰："学力充一分，则悟窍长一分；学力充到十分，则悟窍长到十分。"然悟处终是不齐，虽充到十分处，只要满自己分量。是故观天地时，此灵根之精神命脉贯乎天地矣；考古今人情物理时，此灵根之精神命脉贯乎古今人物事变矣。今人观天文，便要在天上讨消息；察地理，便要在地理上讨消息。只是想过一场，毕竟何益？①

柳川认为，悟有真悟和虚悟，真悟是根于良知（即"天命之灵窍"），而虚悟则生于认知或见解（"资禀之聪慧"）。真悟的境界就是良知（灵根）之精神命脉贯通于天地、古今人物事变，即天人合一之境。这种悟境不是由知识上的认知得来的（即不是由认知天文、地理得来的），而是由"学"（此"学"是指修养之学，不是知识之学）得来的。因为只要肯学（学即致良知），就会"根脚日实，悟窍日通"，到得良知满自己分量时，就是天人合一之境。所以真悟是不断学的结果，即不断致良知的结果，所谓真悟根于良知（灵窍），即是此意。

其次，学、悟本质上是一，在时间上无先后之分。刘子和认为"悟在先，学在后"，而柳川回答曰："悟是悟个甚？学是学个甚？灵窍虚空，自知自悟，此学此悟，只是一个，乌得言先后？"②柳川认为，学、悟只是一件事或者一个工夫，"学之见处是悟，悟之实处是学，学悟非二物"③。所以学、悟在时间上无先后顺序，二者几乎是同时发生的。柳川曰："学问精一番，则悟窍通一番；学问精到极处，则悟窍通到极处。此为实悟实学，不落虚见。"④当然，在逻辑上仍有先后，即有学然后有悟，其实则是学悟一体，此为"实悟实学"。

---

① 王钊：《学语》，王吉等编：《安成复真书院志》卷五，第4—5页。
② 王钊：《学语》，王吉等编：《安成复真书院志》卷五，第6页。
③ 王钊：《学语》，王吉等编：《安成复真书院志》卷五，第7页。
④ 王钊：《学语》，王吉等编：《安成复真书院志》卷五，第6页。

但如果强调"悟在先，学在后"，那么"悟为影响，学为支离"。①
也就是说，如果将悟与学分离，悟落不到实处（即具体工夫处），
就是"影响"；学没有悟作为理论指导，就是"支离"。

再次，学、悟是一个自然进步的过程，最后才能臻于神化之境（即
真悟之境）。柳川曰：

> 学有生熟，则悟有精粗。由生入熟，由粗入精，此自然之势也，
> 岂能躐等？所可着力处，只是奋发、严密，一任此灵根，自通
> 自达，神化之极，待其自熟。然亦生有生之神化，熟有熟之神化，
> 不可想象，不可点检，想象、点检不化不神。②

柳川认为，学有生熟，悟有精粗，由生入熟，由粗入精，是一
个自然（即循序渐进）的过程，不可一蹴而就。在工夫上，只可奋发、
严密，一任良知自通自达，最后至于神化之极、神化之境。这一境界（真
悟之境）是不可想象、不可检测的，就算是神化之境，也仍有生熟之别，
这只能由个人工夫日久而自得之。也就是说，柳川认为悟决非一朝
一夕之事，真悟是由长期的工夫（包括学、悟）积累而成的。

总之，柳川的思想以"灵根说"为核心，"良知自然流行"和"学
悟一体"说则是前者的进一步展开。作为一介布衣，他凭自己的实
修实证和哲学思想成为江右王门的代表性人物之一，虽其学问无法
与吉安府邹守益、聂豹、罗洪先、刘邦采等相提并论，但也有自己
的特色——"灵根说"可谓其思想的标志，而其"良知自然流行"
说与泰州学派相通，而又无其弊病，这是安福阳明学（也是江右王门）
第一代学人中值得注意的现象。

---

① 王钊：《学语》，王吉等编：《安成复真书院志》卷五，第6页。
② 王钊：《学语》，王吉等编：《安成复真书院志》卷五，第7页。

第四章

安福阳明再传弟子论

第一节　王时槐论

一、王时槐的生平、学履

1. 生平概略 [①]

王时槐（1522—1605），字子植，世居安福县南乡金田（又名金黎或金溪）下塘南村，故号塘南。嘉靖初年，家宅毁于火，其父王一善携全家迁居于吉安郡城南街 [②]，然其家在故地仍有祖基和田产，塘南曾对其子称"金田系是吾家根本之地" [③]，故他与家乡仍保持着紧密的联系。金田王氏是安福世家大族，也是重要的王学家族，其中塘南、王钊都是安福阳明学的重要人物，此外还有王铸、王镜、王时松（塘南从兄）、王时椿（塘南兄）、王岭、王士俊、王士任、王而绂、王尚贤、王文焕、王吉卿等一批阳明学者及同道者。（参见第七章）

嘉靖元年（1522）七月二日，塘南出生于湖广湘阴县界头。[④] 七岁就塾，即好读书。十岁，归吉郡城南街，继续攻读。十六岁，入府学为附学生。十八岁，府学教授黄大廉召诸生亲试经义文字，置塘南为第一。十九岁，为廪生。二十三岁，府学教授赵祖元课试诸生，拔塘南为首，并教以博览勤习。

嘉靖二十三年（1544），拜刘文敏为师。二十五年（1546）秋，

---

① 此部分主要据《王塘南先生自考录》（王时槐：《王时槐集》，钱明、程海霞编校，第638—674页）、唐鹤征《塘南王先生传》（王时槐：《王时槐集》，钱明、程海霞编校，第812—822页）而成，除特别引用处，不再加注，据他文则注之。又按：陈仪《王塘南思想研究》和程海霞《良知学的调适：王塘南与中晚明王学》两大专著对塘南生平都未有介绍。

② 王时槐《诚心堂助建录序》载塘南率族人于万历乙未（1595）冬在家宅遗址上建诚心堂，次年落成；又提到"众居毁于火，先考偕诸弟徙郡城……迄今七十余年"（王时槐：《王时槐集》，钱明、程海霞编校，第55页）。据此推算，其家徙居郡城的时间大约是嘉靖初年（嘉靖元年为1522年）或正德末年，准确时间无法推断，姑定于嘉靖初年。

③ 王时槐：《增刊塘南先生教子手卷》，《王时槐集》，钱明、程海霞编校，第684页。

④ 塘南父王一善虽徙家于吉安郡城，但其主要时间在湘阴界头经商，因嫡妻屡生子不育而再娶湘阴长乐人姜氏，生塘南。参见王时槐：《王塘南先生自考录》，《王时槐集》，钱明、程海霞编校，第638页。

以《诗经》中乡试第二十名。次年春，以廷试二甲二十二名中进士；夏，观政于礼部；八月，授南京兵部车驾司主事。二十七年（1548），父丧，回家丁忧。是年，邹守益、王畿、钱德洪等在吉安青原山举办讲会，往听教；并与郡中同志友，每月举讲会于庐陵神冈山。二十九年（1550）服丧期满，仍补南京兵部车驾主事。三十二年（1553）三月，升该部职方司员外郎；四月升南京礼部主客司郎中。次年，陆光祖来任该部祠祭司主事，二人一见倾心，常在一起论学。三十四年（1555），升福建按察司佥事，整饬兵备，兼分巡漳南道，驻扎汀州上杭县。次年，平定上杭县溪南盗，遂筑城设馆，馆傍设社学，盗风渐息。塘南题其馆柱曰："皆吾赤子也，宜痛痒之相关；其惟至诚乎，虽豚鱼而可化。"题社学堂扁曰"教以人伦"。①三十八年（1559）正月，因执法太严，摧抑豪右，不避权贵，受人弹劾而被免职；去职后，汀人立生祠于上杭。是年夏，生母姜氏卒，丁忧期间，常习静于郡城近郊金牛寺。

嘉靖四十一年（1562）三月，复职，任四川按察司佥事，分巡下川南。四十三年（1564）三月，升尚宝司少卿。时万廷言、徐用检俱在郎署，与二人共论学、讲学。次年春，徐阶倡集百官，大会于灵济宫，举办学术讲会，塘南与会，羡以为盛事；九月，升太仆寺少卿，奉敕提督寄养马政，从严整饬马政。四十五年（1566），因人弹劾其持法太苛，三月降为光禄寺少卿。隆庆元年（1567），嫡母刘氏卒，归家丁忧，又与陈嘉谟偕郡城同志举讲会于城西之能仁寺。四年（1570）六月，复任光禄寺少卿。五年（1571）四月，升陕西布政司右参政，分守关西道；关西事甚简，边境无虞，宗藩安静，塘南自念年已近衰，而学道无闻，仕途亦多阻，遂有挂冠归隐之意，八月偶有感触，归志勃然，遂杜门称病，十月奉旨致仕。

隆庆六年（1572）春，抵家，时已五十一岁，从此一心向学、传道，不再为官。万历元年（1573），与兄时椿开始举办家会，每月以望日，集兄弟子侄会于家，一以孝悌慈劝勉。二年（1574），李材、胡直举讲会于庐陵神冈山，塘南与郡城同志赴会。是年，始倡金田两祠王氏族人与南乡大桥朱调族人，以每年冬举两姓联会于金田元阳观，一般为期三日，有时亦达十日或一个月之久，"于是元阳遂为揖让

① 王时槐：《王塘南先生自考录》，《王时槐集》，钱明、程海霞编校，第649页。

弦歌之地、人文炳朗之区矣"①，成为塘南在安福讲学的一个重要据点。自是年以后，又每年习静于金牛寺。七年（1579），将金牛寺扩建为惜阴会馆，作为会讲之地，此是塘南在郡城讲学的最早之所。②十二年（1584）春，于郡城西智度庵之旁筑一小室，名三益轩，每月逢二日，与邹光祖、刘学朱会于轩中论学，同志诸友亦常于此集会，自是每年习静之所由金牛寺改于三益轩；十年后，又于三益轩之东南建敬业堂。此二室是塘南晚年修道、讲学的重要据点。十二年（1584）冬，吉安知府余之祯聘塘南与刘元卿、罗大纮同修《吉安府志》。十四年（1586），弟子贺沚等议倡集九邑同门弟子，每年九月举办西原大会。次年，在郡城西能仁寺法堂之左建体仁堂，先前陈嘉谟已在佛殿之左建求益堂，因室小无法容众，塘南与诸友、弟子再特建体仁堂为讲会之所，总名西原会馆，并置田供会。体仁堂建成后，每年集同志士友讲学于其中，每月为小会三日，而每年九月专集九邑及门人弟子，为大会五日，于是西原会馆成为塘南晚年讲学最重要的据点。十六年（1588），庐陵知县钱一本倡集县诸生，每月会于城北阳明祠，请塘南主讲，举会三日，置会田，后因祠会不举，将会田并入西原讲会。

万历十九年（1591）九月，起任贵州参政；十月，升南京鸿胪寺卿，俱未赴任。次年正月，升南京太常寺卿，亦未赴任，以新衔致仕。二十三年（1595）十一月，于金田祖屋遗址建诚心堂。因塘南每年必回乡展祠墓，并集诸同志讲学于元阳观，族中及门人弟子遂倡议建堂于遗址之上，作为讲学之所，吉安知府张鸣鹗、安福知县杨廷筠特捐俸以为众倡，门人弟子翕然响应而乐捐，塘南则自捐百金。次年堂成，题堂柱曰："子臣弟友四未能学期慥慥；格致诚正一以贯德乃明明。"③于是诚心堂成为塘南在安福讲学的又一重要据点以及王氏家族的讲学之所。二十九年（1601）正月初，赴西原会；

---

① 王时槐：《元阳观重修殿阁记》，《王时槐集》，钱明、程海霞编校，第113页；王时槐：《王塘南先生自考录》，《王时槐集》，钱明、程海霞编校，第661页。
② 王时槐：《惜阴会馆记》，《王时槐集》，钱明、程海霞编校，第102—103页。按：该文提到"自嘉靖己未（1559）迄今二十年矣"，可推知塘南于万历七年（1579）建惜阴会馆，但如果计算为虚年，即为万历六年建，今姑以实年计算，系于万历七年。又按：万历十二年（1584）在城西智度庵建三益轩（后又建敬业堂），十五年（1587）在城西能仁寺建西原会馆，这两大讲学之所建成后，塘南主要在此两地讲学。
③ 建诚心堂事见王时槐：《王塘南先生自考录》，《王时槐集》，钱明、程海霞编校，第666页；王时槐：《诚心堂助建录序》，《王时槐集》，钱明、程海霞编校，第55—56页。

二月初，订智度庵敬业堂小会，每月三日，接续西原会期，自是无
一会一日不赴；冬，同门弟子订伏（夏）腊（冬）十日会于敬业堂。
三十一年（1603）春，巡按御史吴达可至吉安府，问学于塘南，又
集九邑士夫、诸生大会于白鹭洲书院，专迎塘南主讲。是年，同门
士在西原会馆为塘南讲学再建敬止堂，将原来的求益堂、体仁堂连
成一片，次年落成，西原会馆成为"郡中一大儒宫胜地"①。

塘南归田后，除在郡城惜阴会馆、智度庵（三益轩、敬业堂）、
西原会馆和安福金田的元阳观、诚心堂主讲外，还赴各地讲会，如，
郡城青原之会，安福复古、复真、复礼、道东之会，庐陵宣化、永
福二乡之会，吉水龙华、玄潭之会，泰和萃和之会，万安云兴之会，
永丰一峰书院之会，永新明新书院之会，等等。对于其讲学之风化，
吉安知府吴士奇曰："上士悟，下士笑，鄙吝者消其蓬心，执拗者
融其习见。野叟不解而第首肯，童子无心而自为舞蹈，此非独以言
感也，先生（指塘南）固有不言而躬行者矣。"② 也就是说，塘南讲
学对人的感化，不仅仅表现在言语上，还在于其整个身心、人格对
人之无形熏染上："先生（指塘南）不吐不茹，初就之油油如玉之温，
如热中而饮人以冰，以为长者也。徐之目不睫，坐不欹，言笑不苟，
抑以为庄者。久而扣之则洪钟一振，四座辟易，谭利弊若胪列，辩
材品若别黑白。"③

万历三十三年（1605）九月十七日，赴西原会馆举同门会，十八日，
塘南主讲，"喜见于容，精神透露，言词敷畅"，至午忽病，遂不
能言。十九日还家，弟子环而侍之，无间日夜，常举"寂定无碍本性，
原超形气，平生学力，受用在此"为塘南言，则笑而颔之。或语有
当意者，连首肯，微应之，"两目炯然，神志凝定"。十月初八日卒。④
从其临终之表现看，可谓已证悟本体而得道者。

塘南所著有《友庆堂存稿》《友庆堂合稿》《广仁类编》等，钱明、
程海霞整理编校为《王时槐集》。

① 王时槐：《曾友廷王功在西原小诗述赠》，《王时槐集》，第275页。
② 吴士奇：《明理学太常寺卿王塘南先生传》，王时槐：《王时槐集》，钱明、程海霞编校，第676页。
③ 吴士奇：《明理学太常寺卿王塘南先生传》，王时槐：《王时槐集》，钱明、程海霞编校，第675页。
④ 王时槐：《王塘南先生自考录》，《王时槐集》，钱明、程海霞编校，第674—675页。

2. 学思历程

塘南学思历程以五十一岁归田为界①，大体可以分为前后两个时期，前期是以转益多师为主，后期则靠自悟自证。

塘南七岁初读《三字经》，即诵习甚易，继读《大学》而遂通之。其父大奇之，对其期许甚高，题其堂柱曰："立志非万仞高，不可以为人；读书无一字用，不可以言学。"②又时时举孝悌忠信事例以教之，又挂程颢、程颐、司马光、赵抃像于堂壁，使其瞻仰。十一岁，读《性理大全》，开始初步接触宋代理学。十四岁，其父恐其不悉古人事亲事长、立身行己之道，命其读朱熹《小学》。

嘉靖二十三年（1544），刘文敏设馆于郡城西之西塔寺，好友陈嘉谟往师之，受以圣学，归告塘南，塘南亦往师之。文敏示其以阳明立志、"致良知"之说，遂开始接触阳明学，但无所入，文敏又示以程朱"居敬穷理"之功。塘南退而潜思，以为程朱"居敬穷理"似为稳实，而对"致良知"产生怀疑，且认为阳明指本心为良知，似不及孔门指本心为仁、程门指本心为天理更为亲切，与陈嘉谟反复辩论，意见不合。又读程朱论学语和罗钦顺《困知记》，依其说，体诸心而行之，久之竟窒碍无所得。③

嘉靖二十六年（1547），一日偶过道士房，见杨简（陆九渊弟子）《慈湖遗书》，读之，觉洒然有省，默体诸心，又践履于日用动静之间，不起意而天机自畅，遂尊信不疑。闻父病，告假归，途次起居应酬，遵杨简"不起意"之学而行。见轿夫遇路之高下险夷，前者呼，后者诺，恍若有悟，曰："此即不起意之学也。彼呼者不以自矜，诺者不以为耻，两无心焉。"④次年至家，父已卒，则朝夕哭踊，哀毁骨立，至情所发，不假安排，自以为"不起意"之学颇为得力。是时刘邦采讲学于庐陵永和青都观，从兄王时松往听讲，邦采问其弟最近用何功，以"不起意"对，邦采以为此固好，但仍包裹世情。守孝四十九日毕，即往请教邦采，于是尽舍往日"不起意"

---

① 塘南在提及自己的学术历程时，以50岁为界，笼统这样说也对，但严格考证时间，实际上他50岁时十一月离任，次年春（51岁）才到家，故本文以51岁为界。
② 唐鹤征：《塘南王先生传》，王时槐：《王时槐集》，钱明、程海霞编校，第812页。
③ 唐鹤征：《塘南王先生传》，王时槐：《王时槐集》，钱明、程海霞编校，第815—816页；王时槐：《王塘南先生自考录》，《王时槐集》，钱明、程海霞编校，第642页。按：《自考录》未提到两峰示以立志、"致良知"之说，故此处综合此两种资料而成。
④ 王时槐：《王塘南先生自考录》，《王时槐集》，钱明、程海霞编校，第644页。

之学，悉心听教，邦采教以不得享用现成良知。遂每日静坐以研摩自心，初如入暗室，冥无所见，久之，似开一隙，心体始露微明。

嘉靖二十八年（1549），一日陪侍钱德洪于山中，方丈问曰："何谓心无内外？"时僧在殿叩钟，德洪曰："今闻钟时，我不往彼，钟不来此，而声闻无间，心无内外可知矣。"塘南犹未释然。后请教刘文敏："何谓心无内外？"文敏答曰："汝谓心有内外乎？且道汝心所管至界到何处而止？若心所管摄无至界，无止处，则此心廓然无际，何内外之有？"于是"豁然有省"，对心体又有所悟。[①]三十三年（1554），与陆光祖一见如故，陆氏好佛，与其谈生死轮回、西方净土之说，并偕其往鹫峰寺检阅大藏经，塘南虽未顷信，然自此渐发疑端，密密参寻，期待究明生死一事。三十八年（1559），母丧，向罗洪求墓志铭，并以生死之说向其讨教，洪先曰："汝但自求自试，久当自得。"[②]

嘉靖四十四年（1565）春，参与灵济宫大会，晚与罗汝芳同宿，近溪问其工夫，塘南曰："吾惟直透本心耳。"汝芳诘问本心，塘南不答，向其请示，答曰："难言也……真难言哉！"塘南曰："岂无方便可指似处？"汝芳答曰："莫如乐，但从乐而入可也。"[③]四十五年（1566），从万廷言处闻"艮背"之说，每日在光禄寺静坐内观，从事"艮背"之学，久之颇觉有效。所谓艮背之说，来自《周易·艮卦》"艮其背，不获其身"，背是人所止之处，止于背，才能静，宋明儒者借此卦，发展为一种静功。

总之，塘南前期转益多师，对朱学、陆学、王学及佛学都有所用功，虽时有所得，但并没有真正证悟自己的心性，未发展出自己的学说。于是下决心辞官，一意专力向学，自证自悟，最后学问大成，证悟到性体（本体），并发展出自己的本体论和工夫论。

对于后期的工夫过程和进境，《塘南居士自撰墓志铭》有一个简要的自我描述：

及退休，大惧齿衰，惕然渐悚，则悉屏绝外纷，反躬密体，

---

① 王时槐：《王塘南先生自考录》，《王时槐集》，钱明、程海霞编校，第645—646页。
② 王时槐：《王塘南先生自考录》，《王时槐集》，钱明、程海霞编校，第653页。
③ 王时槐：《王塘南先生自考录》，《王时槐集》，钱明、程海霞编校，第656页。按：13年后，塘南拜谒近溪，见其神态超然，迥出尘表，自愧不如，以为自己受益有得之于言语之外者。

瞬息自励。如是者三年,若有见于空寂之体。又十年,渐悟于生几微密,不涉有无之宗,以为孔门求仁之旨诚在于此。盖始者由释氏以入,浸渍耽嗜,如醒初醒,已乃稍稍疑之,试归究六经,实证于心,则如备尝海错而后知稻粱之不可易,以自迷自反,屡疑屡悟,仅仅渐通,非袭人唇吻而得。故卒之真若憬然有窥于孔子之道之为大中,遵信而不忍少悖。①

《王塘南先生自考录》则有一个稍为详细的自我描述:

> 年及五十,道犹未明,乃身自惭愤,弃官而归,志益精专,功无作辍,逾年稍有所窥。始焉自觉本性空寂,了无一物,超然首出,不受尘滓,颇似得力,举以语人,同志亦多见信者,如是者垂十年。已而复自觉体用未融,一切应感似于本性不无毫发之判,密密生疑,密密体认。久之,乃自觉性虽空寂,而实常运不息。其运也,非色相;其寂也,非顽空;即寂而运存焉,运非在寂外也;即运而寂存焉,寂非在运外也。虽寂运两名,而实寂运双泯,有无绝待,不容拟议。此理充塞宇宙,绵亘古今,刻刻如是,万劫如是,天地人物,原无分别。孔子川上之叹,正描画此理真面目;《易》所谓"继之者善",《中庸》所谓"於穆不已",皆逼真语也。此理无可操执,无可趋向,才一措心,便觉为二,惟可默契而已。戒慎恐惧,保任乎此,非有所加也。学者但退藏收敛,知识不用,以还混沌未凿之初,庶为近之。至大休大歇,机忘而性复,在养盛自致,非人力所及也。惟着空着相,堕落二边,后学通患,乃不得已姑提"生几"二字,与及门之士共商之,且以请正于四方有道者。②

上二文内容详略有别,且稍有差异,尤其是前文提到始由佛教以入。现综合二文,稍作阐述:其工夫过程是透悟性体的过程,从隆庆六年(1572)开始,塘南屏绝外纷,由静坐工夫以入,反躬密体,逾年稍有所窥,自觉本性空寂,了无一物,如此用功三年,于万历

---

① 王时槐:《塘南居士自撰墓志铭》,《王时槐集》,钱明、程海霞编校,第157页。
② 王时槐:《王塘南先生自考录》,《王时槐集》,钱明、程海霞编校,第668—669页。

二年（1574）体证到"空寂之体"。① 这种"空寂之体"显然是佛教
的境界。于是继续用功十年，在用功中渐觉体用未融，于是"密密
生疑，密密体认"，于万历十二年（1584）终于证得生生真几（"生
几"）之体。② 当塘南证得生生真几之体，即彻底从佛教走出，返归
于儒家仁学：此生生真几，即孔子川上"逝者如斯夫"之叹，即《周
易》所谓"继之者善"，即《中庸》所谓"於穆不已"。此性体不
是佛教超越世间的空寂之体，而是融于世间的生生之体，"虽空寂，
而实常运不息"，即寂即运，即运即寂，而又寂运双泯、有无绝待，
即不着寂运、空有两边；此性体又是永存的，"充塞宇宙，绵亘古今，
刻刻如是，万劫如是"。其工夫首先由静坐收敛以入③，之后又须戒
惧、保任，悟修兼用，即悟即修，研几透性。

　　塘南虽已于六十三岁证得性体，但此后仍精进不息，在不断悟
修体证中，进入圆熟之境。临终前夕，在西原会馆讲学，"极论人
在生理中，犹鱼之在水中，由中彻外，无之非是"④。此论表明其工
夫已至圆熟之境：人的整个生命融化在生生之性体中，彻底透显，
即体即用，触处皆是，如鱼在水中一样自然。所以，高攀龙曰："塘
南之学，八十年磨勘至此。"可谓洞彻心境者矣。⑤ 邹元标曰："（塘
南）五十挂冠，八十四而化。精凝神一，何深不极，何几不研？"⑥
二人均称许塘南晚年工夫所至之化境。

二、王时槐的主要哲学思想

　　塘南是安福阳明再传弟子中的代表性人物和精神领袖，也是江

---

① 《自考录》曰"逾年稍有所窥"，未言三年见空寂之体，而《墓志铭》则曰"反躬密体……如
是者三年，若有见于空寂之体"。又据《自考录》，万历二年著《山馆笔存》87条（已佚），此前
二年并无著述，此文显然是证得"空寂之体"后的记录。如此，从隆庆六年（1572）开始"反躬
密体"到万历二年（1574）见"空寂之体"，正好虚年三年。
② 据《自考录》，塘南于万历十二年著《三益轩会语》，这是他思想成熟后的第一个论学语录，
故可将塘南证道成熟之年定于此年，从证得空寂之体到证得生生真几之体，正好十周年。
③ 此静坐收敛之功，主要来自佛教，另外也受到陈献章的影响，唐鹤征《塘南王先生传》载：
"（塘南）乃读《白沙先生集》，尤觉有契于心，以为后学但遵白沙之学而入，庶乎其不差矣。"
（《王时槐集》，钱明、程海霞编校，第821页）此外，塘南论学也时有提及白沙之学。
④ 王时槐：《王塘南先生自考录》，《王时槐集》，钱明、程海霞编校，第674页。
⑤ 黄宗羲：《太常王塘南先生时槐》，《明儒学案》（修订本），沈芝盈点校，第468页。
⑥ 邹元标：《友庆堂合稿序》，王时槐：《王时槐集》，钱明、程海霞编校，第336页。按："化"
字具双关义，一是指去世，一是指生命所至之化境。

右王门中非常具有理论创造性的思想家，从理论的创造性而言，或许已超过邹守益（但其影响力没有邹氏大）。张学智说："他的学说，涵摄面广而具体概念的分析精，在深刻与全面方面超过江右余子。他的学说对刘宗周产生了较大的影响。王时槐是王门学者中富有理论创造、能光大王学的人物。他的独特学说，是王学发展中一个不可忽视的环节。"①

1. 基本概念及本体论

塘南是阳明后学中非常具有形上思辨头脑的思想家，有着丰富的概念体系，他通过阐释这些概念的内涵以及它们之间的辩证关系，来建构其本体论。他对于心、性、知、意、念的概念的详细分疏、辨析，在阳明后学中是少见的。其本体论总体上采用心性分设、不一，以心著性，工夫心性仍可合一的思路，其中性是首出的概念。其本体论在结构上类朱子，而实质上乃属于阳明学，是融合二者的结果，并有向刘宗周（蕺山）"以心著性，归显于密"之路而趋之趋势。②

（1）性

塘南之学"以性为宗"③，或"以透性为宗"④，其生命、道德的终极追求就是证悟性体，超越生死，实现个体生命的价值，故性是其最核心的概念。但是，他屡言性不容言，而是要去透性、悟性、证性：

> 本性不容言，若强而言之，则虞廷曰"道心惟微"，孔子曰"未发之中"，曰"所以行之者一"，曰"形而上"，曰"不睹闻"，周子曰"无极"，程子曰"人生而静以上"，皆即所谓密也，无思为也，总之一性之别名也。学者真能透悟此体，则横说竖说，只是此理，一切文字语言俱属描画，不必执泥。……

---

① 张学智：《明代哲学史》（修订版），第211页。

② 牟宗三认为，王塘南以道体性命为首出，有向刘蕺山"以心著性，归显于密"之路而趋之趋势，但通过分析，最终又认为塘南较近朱子，远离良知教，亦不能走上"以心著性"之路（牟宗三：《从陆象山到刘蕺山》，第256、268、274页）。笔者并不认同牟氏的最终看法，在下面的具体论述也有所涉及。关于牟氏对塘南的看法，台湾学者陈仪有专门的讨论，也不认同牟氏的看法，认为塘南虽非属于阳明良知学，但可归于五峰、蕺山一系中（陈仪：《王塘南思想研究》，第214—246页）。笔者的看法与陈仪略有不同，认为塘南之学虽有走向五峰、蕺山之路的趋势，但仍可归于阳明学的范围，是对阳明学的发展和丰富。

③ 王应礼：《刻广仁类信后序》，王时槐：《王时槐集》，钱明、程海霞编校，第701页。

④ 黄宗羲：《太常王塘南先生时槐》，《明儒学案》（修订本），沈芝盈点校，第467页。

性之体本广大高明，性之用自精微中庸，今只患不能直透本性，勿疑透性者或堕于外道他歧，而预立一法以防之也。此理非猜想讲说可明，直须精神心思打并归一，凡经书言语，一字勿留于胸中，必密密体认父母未生以前毕竟是如何，透到水穷山尽处，当有豁然大彻时，然后知此理遍满宇宙，浑沦充塞，即用即体，即末即本，即洒扫应对，便是尽性至命，一了百了，更无精粗、隐显、内外、大小之可言矣。①

塘南认为，"本性不容言"是说性或性体无法通过语言、人的思维去直接把握，即语言、思维无法直达性的本质，只有通过体认、证悟，才能"直透本性"。透性需要脱落一切语言文字、思维念虑，到真正证悟性体时，一切的言说如"精粗、隐显、内外、大小"均无可言。但是，塘南对性又在不断地"强而言之"，或借用前贤之言，如"道心惟微""未发之中""形而上""不睹闻""无极"等言之，或用自己的话语言之，其表达性的概念还有"性体""心体""生生之理""生理"等，其阐述可谓不厌其详，似乎自相矛盾。其实，这些言说不是塘南思辨的结果，而是其长期的工夫证悟性体之后的圣证之言，其言说意在引导学者借此去透性、悟性、证性，故又不得不言之。现今我们不借塘南之言去做工夫，而是论述其"性"之逻辑体系，这是当今学术的一大吊诡。笔者也不能免俗，兹姑依塘南之言，将其性或性体之主要内涵分疏如下：

性是一个较为抽象的概念，中国历代思想家由于各自思辨、体证不同，故各有各的说法，构建了洋洋大观的性论思想库。塘南的性论有自己的内涵和特色，丰富了此思想宝库。那么，其性论到底包括哪些具体内涵？综合塘南言性的文献，其性论大体可从存有论、创生论、价值论三个方面来分疏之：

其一，性是绝对的存有而又内在于万有（此为存有论）。

塘南体证到整个宇宙充满性，性是一个绝对的存有，是一个超越时空的存在，而又为一切存在的事、物（包括人）所共有。他说：

盈宇宙间一性也，凡形形色色，皆无声无臭，不可思议，

① 王时槐：《答岭北道龚修默公》，《王时槐集》，钱明、程海霞编校，第439—440页。

皆性也。①

夫性无边际，无古今。性该万行，而执一矩步、一事功，以为性专在是，未可也。性彻万微，而守一意见、一径路，以为性专在是，未可也。夫宇宙万古无穷，而圣人尽性亦万古无穷。②

盈宇宙间一生理而已，万古此宇宙，万古此生理，推之于前而不见其始，引之于后不见其终，测之于上下四方而不知其边际。无声臭，绝睹闻，而非枯槁也；神变化，鼓万物，而非缘虑也，是之谓性。是性也，天地人物所公共之理，非有我之得私也。③

塘南认为，性充盈整个宇宙，无所不在，凡是形形色色（即万有）之物中都有性，其中"无声无臭，不可思议"者即是性。性从空间看，无有边际，"测之上下四方而不知其边际"；从时间看，无有古今，"推之于前而不见其始，引之于后不见其终"。此性虽是超越时空的绝对存在，但是又体现于万事万物中，即"性该万行"，"性彻万微"，"为天地人物所公共之理"，亦即性既超越而又内在于万物，内在于万事（即人的一切行为）中。总之，此性"弥宇宙，贯古今，无一处不遍，无一物不具，无一息不然"。④

因为性是一个超越时空的存在，所以每个人的性都是如此。塘南曰："盖此性本自遍满宇宙，无论圣人，即愚夫愚妇之性，亦各各遍满宇宙。"⑤不仅每个人的性之存有如此，而且性之发（活动）也是如此。塘南曰：

性无边际，故发之为目视，为耳听，为心思，为身觉，一一皆无边际；性万古不息，故视听思觉亦万古不息。⑥

性遍满宇宙，无有边际。发而为念，则念念遍满宇宙，无有边际；见而为事，则事事遍满宇宙，无有边际。故吾人扬眉瞬目，启齿容声，呼吸运为，举手投足，无论纤细，一一皆遍

① 王时槐：《〈病笔〉又七条》，《王时槐集》，钱明、程海霞编校，第535页。
② 王时槐：《答钱启新道长》，《王时槐集》，钱明、程海霞编校，第411页。
③ 王时槐：《仰慈肤见》，《王时槐集》，钱明、程海霞编校，第537页。
④ 王时槐：《潜思札记》，《王时槐集》，钱明、程海霞编校，第517页。
⑤ 王时槐：《〈病笔〉又七条》，《王时槐集》，钱明、程海霞编校，第535页。
⑥ 王时槐：《潜思札记》，《王时槐集》，钱明、程海霞编校，第520页。

满宇宙，无有边际，性本如是，不可得而剂量也。①

如此，将人内在的性以及性之活动上升为一种永恒的神性的存在，上升为一种宇宙的力量，从而彰显了人性的高度和价值。

在塘南看来，性是一个绝对的存有，是绝对的一，不得而分。他说：

> 性一也，横无边际，竖无古今，不可得而分合，不可得而增减焉者也。故在圣非有余，在凡非不足，至于鸟兽、草木、瓦石皆然，非偏全之谓也。②

就是说，性不能分合、增减，永远是一个"一"的状态，一切人、物都具有、自足，不是分有其中一部分（如柏拉图的理念，物物分有这个理念）。这正如"月映千江而未尝分也，千江一月而未尝合也"，故"各具而此性无欠也，统体而此性无剩也"③，虽然人、物各具此性而又不得执之为私有，虽然此性是一个统体而又不得离之为外物。这意味着性只能作为一个绝对的"一"去把握、体证，证性即证得整个宇宙，即证到"万物一体"。

塘南又认为，这个"一"是性（理）与气合一之"一"。他说：

> 此至真之气，本无终始，不可以先后天言，故曰"一阴一阳之谓道"。若谓"别有先天在形气之外"，不知此理安顿何处？盖佛氏以气为幻，不得不以理为妄，世儒分理气为二，而求理于气之先，遂堕佛氏障中。④

此言理（性）与气不可分为二，性是内在于气的，是一体的，

---

① 王时槐：《〈病笔〉又七条》，《王时槐集》，钱明、程海霞编校，第535页。
② 王时槐：《三益轩会语》，《王时槐集》，钱明、程海霞编校，480页。按：当然，这只是从本体界（理想状态）来说，实际上人是一个有限的存在，人一存在，就落入气中，"气昏质浊有厚薄，故蔽有浅深"（《三益轩会语》，《王时槐集》，钱明、程海霞编校，第480页），但是"性本至大，故吾人志愿不得不大；性无穷尽，故吾人志愿亦无穷尽"[《〈病笔〉又七条》，《王时槐集》，钱明、程海霞编校，第535]，所以人必须立志，用功夫，才能真正复归此性。
③ 王时槐：《三益轩会语》，《王时槐集》，钱明、程海霞编校，第481页。
④ 黄宗羲：《太常王塘南先生时槐》，《明儒学案》（修订本），沈芝盈点校，第468页。

甚至不可以先天、后天分。当然，从形上、形下看，理（性）是先天，气是后天，但塘南此处所言先天、后天，是从时间上而言，即不是先有理（性）然后产生气，二者几乎是同时存在的，都是永恒的，这不同于朱熹的理，朱熹认为即使宇宙（气）毁灭了，但理还在。但是，塘南对理（性）气的关系的看法，又是辩证的，并不将理（性）气完全混同。他说："性能生气，非以二物而合也。然气生而性未尝离，又未尝混也。离则性气为两矣，混则性化为物矣。"① 就是说，二者的关系是未尝离而又未尝混，离则性气就成为二，混则性又完成等同于气。二者是不可混的，因为气属于现象界，当然有染污，而性落于现象界而又超越现象界，是纯粹至善的。（关于此，后文再论）

性是本体，但学者往往将其作为一个独存的"实体"去把捉，"以意识卜度，依傍和会，才见影响，便谓有悟"②，将其执持为"实体"，以为把捉了这个"实体"就是悟。为了打破这一执着，塘南提出"夫性无体也，以无边法界为体"③之说，即性体不是一个独存的"实体"，它以整个宇宙万有作为自己的体，虽遍布宇宙万有，但又不是一个"实体"。这显然受佛教空宗的影响。《心经》曰"五蕴皆空""色即是空，空即是色。受想行识，亦复如是"。此说整个宇宙界（色）、精神界（受想行识）都具有空性，而空性显然不是一个"实体"，空宗说"空"正要破此"实体"。塘南始由佛教入以证性，最初就是证到了"空寂之体"，此体当然不是"实体"。只是塘南未停留在此体中，而是从佛教中走出，进一步证悟了"生生之体"，但是性空寂无体的思想仍保留在其思想体系中。

其二，性是生生之体（此为创生论）。

在塘南的性论体系中，性不仅是一切存在物内在而超越的形上根据，同时是天地万物创生的根源，且就是创生本身，是即存有即活动的。塘南认为，儒佛之体都是空寂无体之体，不过儒家之体还是生生之体，而佛教之体则是空寂而偏枯的。他常用"生生之理""生理""仁体""易"等来表示性或性体，以表达其创生或生生义，如：

---

① 王时槐：《三益轩会语》，《王时槐集》，钱明、程海霞编校，第512页。
② 王时槐：《静摄寤言》，《王时槐集》，钱明、程海霞编校，第549页。
③ 王时槐：《静摄寤言》，《王时槐集》，钱明、程海霞编校，第550页。

盈天地间只一生生之理，是之谓性。①

天地之大德曰生，盈宇宙间一生理而已。生理浑成，无声臭，绝睹闻，而非枯槁空寂，实天地人物所从出之原也，故命之曰生理。人人具足，物物均禀，是之谓性，孔门所谓仁者此也。②

孔门言仁，先儒有桃仁杏仁之譬。盖桃仁杏仁，生理完具，固非枯槁，而朕兆未露，亦非色相……此之谓仁体。③

凡物之枯槁窒塞者，则不生。不生，则顽然滞碍，不得谓之易矣。惟此理灵彻融通，故常生，常生者，密运不息，是之谓易。④

这几个词语或概念本身就蕴含"生生"之义："生生之理"或"生理"，本身就有"生生"或"生"字；"仁体"之"仁"，本义是桃仁、杏仁等果核之仁，桃仁、杏仁，内含生之机、生之理；"易"是"易经"之"易"，易者，有"变易"义，意指"密运（即生生）不息"。

性或性体作为生生之体，它创生了天地万物（包括人）。塘南曰："太极者性也，天地万物皆从性中流出，一切人畜、草木、瓦石，均禀受焉者也。故曰：性者万物之一原，非有我之得私。"⑤即天地万物都是由性创生而出的，性为天地万物的根源，故性不仅是存有论的，而且是宇宙生化论的。这个创生过程是性生气的过程，是先天生后天的过程：

太极者性也，动而生阳，才动即属气矣。动之一字，乃天地万物之所从出也。动极而静，静极而动，一呼一吸，一屈一伸，息息如是，无始无终，无少间断，所谓生生之易也。固未有太极而不生者，亦非先有太极而后有生，故理气更无先后，但谓理为气根则可耳。⑥

太极者性也，先天也；动而生阳以下即属气，后天也。性能生气，而性非在气外，然不悟性，则无以融化形气之渣滓，

① 王时槐：《寄贺汝定》，《王时槐集》，钱明、程海霞编校，第374页。
② 王时槐：《求仁说》，《王时槐集》，钱明、程海霞编校，第557页。
③ 王时槐：《仰慈肤见》，《王时槐集》，钱明、程海霞编校，第543页。
④ 王时槐：《池舍易训序》，《王时槐集》，钱明、程海霞编校，第455页。
⑤ 王时槐：《三益轩会语》，《王时槐集》，钱明、程海霞编校，第480页。
⑥ 王时槐：《三益轩会语》，《王时槐集》，钱明、程海霞编校，第486页。

故必悟先天以修后天，是之谓圣学。①

作为性（太极），一定能生，生生是其固有之性；"动而生阳"，才"动"就是生，一生就属于气，气出则天地万物就诞生了，这个生的过程周而复始、无始无终。性一生气，性就在气中，这个过程在时间上无有先后可分。所谓先天、后天，只是从形上、形下而言，因为性（理）毕竟是气之根，性在逻辑上具有绝对的优先性，在功能上（即通过工夫）能融化气生之后的渣滓。

在塘南看来，性作为一个生生之体，无有停息。他说：

> 此理塞天地，亘宇宙，无微可间，无时可息，本性空寂，而非冥顽，其中自有这段生生不容已之机，弥满充周，活泼圆融，孔子所谓"逝者如斯"，《诗》所咏"於穆不已"者是也。②

所谓"此理"，即生生之理（体），"本性"就是"此理（体）"，此体自有生生不容已之机，自然要如流水般运动不息。此体无有停息，不是作为一个超越而隔离之体而自转，而是贯通于气中的运动（即"塞天地、亘宇宙"），所以其不息，就是创生过程的不息，性不断地创生，气就不断地产生，所以气也是生生不息的。塘南曰：

> 孔子言"生生之谓易"，"一阴一阳之谓道"，至明切矣。若指其呈露遍满者而言，则自一息、一念、一举动、一语默、一刻、一时、一日、一月、一年、一纪，以至元会运世之始终，皆生生也，皆变易也。③

所谓"呈露遍满者"，就是气，就是整个天地万物（包括人），它们都在生生不息中。

性何以能生生？当然是性中含生机故生生，但塘南所指不仅如此，他认为能生的大本在于本体之虚、寂，虚、寂之体中含生机，故能生生。这显然是继承了其师刘文敏的思想，文敏卒前两个月向

---

① 王时槐：《三益轩会语》，《王时槐集》，钱明、程海霞编校，第489页。
② 王时槐：《王塘南先生自考录》，《王时槐集》，钱明、程海霞编校，第674页。
③ 王时槐：《答陈蒙山年丈》，《王时槐集》，钱明、程海霞编校，第383页。

塘南揭出："知体本虚，虚乃生生，虚者天地万物之原也。吾道以虚为宗。"[①] 塘南在此基础上，指出性体本虚，亦本寂，故能常生。他说：

> 惟此体充塞天地，至虚而常生者也。虚而生，故不沉不寂；生而虚，故不滞迹。[②]
>
> 夫天地万物生于寂，寂者，天下之大本也。此体广大无际，六合一沤，万古一息，宇宙生生，起灭千状，而寂自若也。[③]

虚、寂是指性体的本然状态，天地万物皆从虚、寂中而生，此乃天下之大本。虚，如太虚，广阔无垠，包六合而无外，"大抵吾人自性，原如太虚，本无一物"[④]。所谓"本无一物"，并非真正的空无，反而中含生生之机，"一片太虚弥宇宙，中涵不息自真机"[⑤]，故宇宙万物能从虚中而生。寂，是静寂、空寂，直指性之未发。塘南曰："未发之中，性也。性本空寂，故曰未发。"[⑥] 寂不是断灭，不是空无。塘南曰："天地万物，一切色相，其体本寂，寂非断灭之谓，盖至真无妄之理也。"[⑦] 寂看似空无，实则至真无妄，是真实的存在，故能生天地万物。将本体视作虚、寂之体，是江右王门归寂派或接近归寂派的共识，聂豹、罗洪先、刘文敏等均是如此，此主要由静坐工夫而得，塘南继承了这一学脉。虚而生生，寂而生生，也大体是他们的共识，而塘南尤其彰显出来了。在塘南看来，只有虚、寂之体才能常生，虽在生生之中而其本体自如，未尝改变；对于万物（包括人）而言，只有回归其虚、寂之体，才是本真的存在，故学需致虚归寂。

其三，性是至善的（此为价值论）。

将性作为绝对的存有和生生之体，是分别就存有论和宇宙生化

---

① 王时槐：《两峰刘先生志铭》，《王时槐集》，钱明、程海霞编校，第478页。
② 王时槐：《答李潜庵》，《王时槐集》，钱明、程海霞编校，第348页。
③ 王时槐：《与郭华南》，《王时槐集》，钱明、程海霞编校，第341页。
④ 王时槐：《答钱启新邑侯二首》，《王时槐集》，钱明、程海霞编校，第355页。
⑤ 王时槐：《庵中与客静对漫呈六首》，《王时槐集》，钱明、程海霞编校，第627页。
⑥ 王时槐：《潜思札记》，《王时槐集》，钱明、程海霞编校，第517页。
⑦ 王时槐：《潜思札记》，《王时槐集》，钱明、程海霞编校，第525页。

论而言的，涉及的是实然问题，而不是价值问题。[①] 但是，在中国哲学家那里，存有论、宇宙论往往和价值论是不可分的，塘南也是如此。他说：

> 夫性者，天地万物所从出之原，是纯粹至善之理，本无声臭，不可得而名状者也。所谓"大哉乾元，万物资始"者，此也。及天开地辟，人物化生，此理各各具足，所谓乾道变化，各正性命也。夫乾元资始之初，本无父子、夫妇、长幼等名，则所谓亲、义、序、别、信云云，亦寂然不可得而见矣。虽寂然不可见，而此理非无本也。及有父子、夫妇、长幼等五伦，乃其至善之性自发之，为亲、义、序、别、信，不容自已。虽发之不容已，而此理非始有也。惟其资始之初，纯粹至善，而天真具足，及其各正之后，形生神发，而人伪以滋。则有志于学者，惟当默识乾元之本性，纯乎天而勿杂以人，斯可矣。[②]

在塘南看来，性作为天地万物之原，必定是纯粹至善的，不然性就会生出一个恶的或善恶混杂的世界，如此恶也是世界的本质，这是塘南所不认同的。他认为，性是至善的，性创生了天地万物，天地万物就都具备了此至善之性，人作为万物之灵是此性之发窍，是其实际的呈现者。当"乾元资始之初"，性未发时，其中"本无父子、夫妇、长幼等名"，亦无"亲义序别信"，但至善之理在，故发为人之性时自然表现为"亲义序别信"，自然发之不容已。那么，恶从何而来，是人形生神发之后，从后天人伪而起，故不是人的本质，可用证体工夫去消除之。塘南此论，是由宇宙论而价值论，二者交融在一起，但重在价值论的阐发。

至善之性落实到人，就是人性本善，圣凡同具，从其本然状态而言，人人都是发之不容已的。塘南曰：

> 夫人性本善，日用之间，种种呈露，见父则孝心自生，见长则弟心自生，如其不然，则此心便自愧怍，必改之而后快，

---

① 陈仪：《王塘南思想研究》，第65页。
② 王时槐：《答宪使修默龚公》，《王时槐集》，钱明、程海霞编校，第424—425页。

此在众人皆然。……颜子曰"欲罢不能"，盖真见此性之不容已。学者果知自性之良，则知虽在愚夫愚妇，同具此性者，皆欲罢而不能，非独颜子为然也。①

就是说，即使是愚夫愚妇，也同具此至善之性，故能与颜回一样，欲罢不能，见父孝心自然而生，见长弟心自然而生。不能如此者，只是由于现实中的人有习气之染污，遮蔽了此至善之性。

对于阳明的"无善无恶心之体"和"无善无恶，是为至善"，一些学者从存有论和道德论去理解，故多有误解，以为是性中没有善恶。一次塘南看《大乘止观》云："性空如镜，妍来妍见，媸来媸见。"因省曰："然则性亦空寂，随物善恶乎？此说大害道。乃知孟子性善之说，终是稳当。向使性中本无仁义，则恻隐、羞恶从何处出来？"②即塘南省悟佛教之弊，认为性一定是善的，其中必含仁义，不然无法产生恻隐、羞恶，他因此反对性中无善恶之说。那么对于阳明之说如何理解呢？塘南曰：

> 阳明先生言"无善无恶，是为至善"，盖性中本无恶，即善亦无声臭，不得以有善名之也。善不可名，乃为至善，先儒谓孟子性善之说不与恶对，是矣。性善而曰无善，即太极本无极之旨。③

塘南认为，阳明的性无恶，是指性中本无恶；性无善，是指善无声臭（"太极本无极"之"无极"即无声臭之意），故善不可名，此即是至善。又曰：

> 至善者，性也，性不容言，以其为天地万物所从出之原，极纯无杂，而了无声臭可得，强而名之曰"至善"。④

此说得更明白了，至善是就性之本原而言，其意是极纯无杂，

---

① 王时槐：《答友人》，《王时槐集》，钱明、程海霞编校，第341—342页。
② 黄宗羲：《太常王塘南先生时槐》，《明儒学案》（修订本），沈芝盈点校，第468页。
③ 王时槐：《潜思札记》，《王时槐集》，钱明、程海霞编校，第522页。
④ 王时槐：《石经大学略义》，《王时槐集》，钱明、程海霞编校，第570页。

无有无声臭，即是从境界论来理解，得阳明真意。

塘南还认为，性至善之见能遮拨视性为"有"或"无"之执持。他说：

> 夫至善者，性之别名。……不可以有无言，是至善也。彼离弃伦物，舍五者（即仁敬孝慈信）之常道以趋空，是见性于无也；矫饰枝节，徇五者之弥文以矜行，是执性于有也。皆自戕其性，非所谓至善之止矣。[1]

就是说，有人舍弃人伦五常之道以趋空，是将性视为"无"；有人仅仅注重日常行为的繁文缛节而不知性体，是将性视为具体的行为（"有"）。二者皆背离至善之性，学者能真见此性，则能破将性视为"有"或"无"之执。这显然也是从境界论来破对"有"或"无"之执的。

（2）心及心性关系

塘南言心处甚多，所用概念有"心""此心""本心""道心""人心""心体""心之体"等，其内涵较为丰富，甚至有些复杂，加上"心"所指不一，故对塘南的心学概念、体系需要仔细辨析、梳理，才能真正弄清。

先说"心"的基本含义。塘南在使用"心"这个词时，并不是指一个内涵固定的概念，随语境不同，其所指有变化，其内涵大体有二：一是指心体（亦即性体），二是指内含性的发用之心。对于第一个含义，塘南曰："夫盈宇宙一生理而已，统名曰'心'。"[2]此生理是指性之生理，即性体，如此"心"就是性体。又曰："圣人心弥宇宙，故欲与天下之人同归于善；心贯古今，故欲与万世之人同归于善。"[3]此心之弥宇宙、贯古今，与性之弥宇宙、贯古今，完全一样，如此"心"就是性。又曰："夫心体本虚。生生者，虚之用也。"[4]心体虚而生生，与性体虚而生生，所指等同，如此"心体"就是性体。总之，"心"的第一含义，就是心体，心体就是性体。

---

① 王时槐：《知止堂记》，《王时槐集》，钱明、程海霞编校，第108页。
② 王时槐：《玉阳会纪序》，《王时槐集》，钱明、程海霞编校，第457页。
③ 王时槐：《三益轩会语》，《王时槐集》，钱明、程海霞编校，第486页。
④ 王时槐：《答萧敬之》，《王时槐集》，钱明、程海霞编校，第353页。

对于心的第二个含义，塘南曰：

> 大率性者，先天之理也，心则兼属后天之气而言，理在气中，
> 故性非在心外，亦非截然二物，性无边际，而心亦无限量也。
> 若强而言之，则性体而心用也，性无为而心有觉也。[1]

就是说，"性"是体，是先天之理；"心"则是用，是后天之气，
但因为"理在气中"，故"心"中必含有性，那么就兼有"先天之
理"，所谓"心则兼属后天之气"，逆推之，也可谓兼属"先天之理"，
所以"心"就兼有先后天，兼有理气，是指内含性的发用之心。性
作为先天之理，是客观的存有者，如果没有心，性就不会呈现、发用，
性必须凭借心才能承体起用，所以心是性的形著者、发用者。故心
性分设，以心著性，正是塘南心性观的逻辑思路。如此，塘南之"心"
的两个含义似乎互相矛盾：依第一个含义，塘南心论与陆王"心即
理"毫无二致；依第二个含义，则是刘宗周"以心著性"的理路。
这是由于塘南对"心"没有严格的概念意识，其使用随语境不一致
造成的。[2] 其实，第一个含义的"心"只是"心体"的代名词，不能
混同于塘南真正意义的"心"，第二个含义的"心"才是理解其"心"
的关键所在。

依"心"之第二个含义，塘南所说的"心体"不是心即理和心
即性之体，"心"本身不是体，"心体"是指"心之体"，即心内
在的自体，心以性为其体，故性才是"心之体"；所谓"性体"，
是指"性即理"之体，性本身就是体，且能作为心之体。如此，性
体即心体（心之体），心体（心之体）亦即性体。但在词法结构上，
"心体"（心之体）是偏正结构，"心"是"体"的限定者、修饰者；
"性体"是并列结构，"性""体"并列，且内涵重合。塘南在言
说中，有时使用"心体"（包括"心之体"、第一含义的"心""道
心"），有时使用"性体"（包括"性"），有时二者并用，二者
所指的内涵几乎是一致的。但是，有时二者仍有微妙的差异，"心体"

---

① 王时槐：《答钱启新邑侯六首》（其一），《王时槐集》，钱明、程海霞编校，第356页。
② 根本原因在于宋明理学是心性修证之学，而不是逻辑思辨之学，其言说是为了指导人用功修
证，故不重概念、逻辑，不仅不同思想家所用同一个概念内涵不同，即使同一个思想家使用同一
个概念也往往随具体语境而有所不同。这也导致种种争论产生。

主要是就着人说，"性体"是就着天地万物（也包括人）说，前者带有一定的主观性，后者则带有客观性。如塘南曰："性者，天地人物同体，非有我之得私也。其在于人，此心太虚无际，而中含真机，息息不停，有无难名，善恶未分，恍惚杳冥，其中有精。"① 在此，"性"即性体，是就着天地万物说，且具有客观性，"非有我之得私"；"此心"指心体（"太虚无际"是指"心体"而言），这是就落于人（"其在于人"）说，故具有一定的主观性。

再说"心"的几个层面。大体而言，塘南之"心"有三个层面的内涵：一是指心之体，二是指心之用，三是指体用之间。

关于心之体用，塘南认为，心之体，就是道心，心之用，就是人心。他说：

> 心有体有用，虞廷所谓道心者，以体言也；所谓人心者，以用言也。以体言，则慈湖所谓心体本正，文成公所谓属未发边者是也。此处诚无可着力，惟在默悟而已。若心之用，则有可致力，孔子所谓操则存者是也。②
>
> 道心体也，故无改易；人心用也，故有去来。孔子所谓操存舍亡，出入无时，莫知其乡，亦是指人心而言。若道心，为万古天地人物之根，岂有存亡出入之可言？③

所谓"道心""人心"，出自《尚书·大禹谟》："人心惟危，道心惟微；惟精惟一，允执厥中。"被宋明学者视为虞廷（或圣学）"十六字心传"，但各家解说并不相同。塘南将"心"放在这一圣学心传上说，认为心有体有用，可分为道心、人心：道心是心之体，体上无处着力，唯在悟；人心是心之用，可以操存致力。

以上引文中，塘南说，道心为"天地人物之根"，即道心就是性（性体），那么人心就是情，所以塘南又曰：

> 友人问性与心有辨乎？曰：道心性也，性无声臭，故微；人心情也，情有善恶，故危。惟精者，治其情也；惟一者，复

---

① 王时槐：《友箅漫语》，《王时槐集》，钱明、程海霞编校，第547页。
② 王时槐：《答王儆所》，《王时槐集》，钱明、程海霞编校，第415页。
③ 王时槐：《三益轩会语》，《王时槐集》，钱明、程海霞编校，第482页。

于性也。情与性一，则体用隐显，融镕无二，故曰中。①

夫心弥宇宙者也，而有所谓道与人者何哉？道心者性也，性先天而统万物，非有我之得私，故强名之曰"道"。道则冲乎寂乎，莫知其端倪，可谓"微"矣。人心者情也，性动为情，形生神发，乃属于人，故直名之曰"人"。人则涉形气而纯驳分，由薰习而理欲判，可谓"危"矣。精一者，摄情复性之功也。研几以造于极深，洗心以入于藏密，是谓"惟精"。精则垢尽天全，情归性初，致一不二，是谓"惟一"。一则中矣，凡分寂感、岐内外、见生灭，皆二也。二则有对而为偏，不二则无寂感、内外、生灭之相，一也。一则无对而为中。执之云者，贞夫一之谓执，而曰允，言非造作矜持以为执，而适得其性之本然也。②

塘南认为，道心就是性（性体），属于先天，为天地万物之根；性发为情，就是性落于人心为情，情即人心，情属于后天，所以有纯驳、善恶。此中的逻辑关系似朱熹的心、性、情三分以及"心统性情"的逻辑构架，即心分道心和人心，道心是性，人心是情，心统括（包括）性和情，但其实际内涵又与朱熹有本质的区别。朱熹曰："心主于身，其所以为体者，性也；所以为用者，情也，是以贯乎动静而无不在焉。"③朱子认为，性是心之体，情是心之用，心则是赅括体用的总和，三者的关系就是"心统性情"。其中，心是思维活动总体的范畴，其内在的道德本质是性，性是心这一系统的原理、本质，具体的情感念虑为情，情是此系统的作用。④这样看来，朱熹的"心"与"性"和"情"有严格的区分，虽然性是心之体，情是心之用，但性与心、心与情并不构成体用关系，性和情才是体用关系。反观塘南可知，既然人心（情）是性所发，那么其中必然内含性，如此人心其实是兼有先后天或理气之心，就是前文所说的第二含义的"心"（即内含性的发用之心）。所以此处看似心、性（道心）、情（人心）三分，实则还是心、性二分，即心内含的性是心之体（性

① 王时槐：《三益轩会语》，《王时槐集》，钱明、程海霞编校，第481页。
② 王时槐：《道心堂记》，《王时槐集》，钱明、程海霞编校，第463页。
③ 转引陈来：《宋明理学》（第二版），第134页。
④ 陈来：《宋明理学》（第二版），第135页。

即性体，即心体，即道心），心本身是用（用即人心，即情），如此心与性的关系就是前文所说的"性体心用"。因为心（人心）有纯驳、善恶，所以需用惟精、惟一之功以"摄情复性"。惟精，则"垢尽天全，情归性初"，即心（情）中之染污被清除，从而回到心的本体状态（性）；惟一，则是心完全回到其本体状态（性），心（情）与性彻底合一；一则体用无间，性即心（情），心（情）即性，不再有"寂感、内外、生灭之相"。如此，虽然开始心性分设，心性不一，但通过工夫，以心著性，最后心性仍一，即心即性，心即理，于是又回到了陆王的"心即理"之路，故塘南之学形式上似朱子学，而本质上仍是阳明学，当然更近五峰（胡宏）、蕺山（刘宗周）之学。故牟宗三认为塘南"较近于朱子，而走不上'以心著性'之路"①，并不谛当。

塘南又将性呈露、发用为心而心又不落入形气（或习气）的状态，称为"本心"或"心"，这是他因体悟而得的独特的认识。他说：

> 太虚之中，万古一息，绵绵不绝，非善非不善，原无应感与不应感之分。何也？识得此理，则时时应感，虽瞑目独坐亦应感也，何有分为两截之患乎？时时是应感，即时时是动也，常动即常静也。一切有相即无相，山河、大地、草木、丛林皆无相也。真性本无杳冥，时时呈露，即有相也。相与无相，了不可得，言思路绝，强名之曰"本心"，透悟到此，则本心犹是强名，习气何所栖泊，中节与不中节，总为剩语矣。②

塘南认为，性作为生生之体，是在不停地运转中，无所谓感应、不感应，但作为人则有感应、不感应问题。如果人能"识得"（即体证而识）此生生之理，则时时在感应中，而感应无有感应之相。这种状态，具体而言，就是性时时呈露、发用为心，呈露、发用为心，本有相，但又能不着相，"相与无相，了不可得"，故不落入习气之中。这就是"本心"。

"心"的这种状态，是在体用之间（即"体用不二"）、有无之间，

---

① 牟宗三：《从陆象山到刘蕺山》，第268页。
② 王时槐：《答欧克敬》，《王时槐集》，钱明、程海霞编校，第384页。

这就是"几"，就是"独"。塘南曰：

> 寂然不动者诚，感而遂通者神，动而未形、有无之间者几，此是描写本心最亲切处。夫心一也，寂其体，感其用，几者，体用不二之端倪也。当知几前无别体，几后无别用，只几之一字尽之。①
>
> 不睹不闻，隐且微矣，而又莫见莫显，有无之间，不可致诘，故曰独，谓其无对也。此是子思描画此心以示人处。②

所谓"寂然不动者诚"，是描写性，"感而遂通者神"，是描写性发用为心。性一旦发用为心，有两种结果：一是心落入形气中被染污，形成纯驳、善恶混杂之状；一是性虽发用为心，但心又还没有形成念头（念是完全后天的，下小节再论），而完全落入后天的形气中，这就是"动而未形"，在体用之间（体用不二）、有无之间，这就是"几"，就是"独"，就是"本心"或"心"。就体用关系而言，所谓体用之间或体用不二，是指此时之"心"（即"几"）就是体，即性发为心的当下就已呈现了体（性），此是隐微之体，是寂体、独体，故不必"几前"再别求一个体（性）；亦即是用，已感发当然是用，故不必"几后"再别求一个用。所谓"动而未形、有无之间"（即体用之间），其实就是即体即用，即寂即感，体用不二。这是"本心"或"心"的一种微妙、隐微状态，是"不睹不闻""而又莫见莫显"的。这种状态的"心"会在两种情况下呈现出来：一是用功时的片刻感受，如果不持续用功以保任此种"心"，则很快落入形气中被染污；一是彻底证悟性体后的圆熟之境，性持续不断地发用为心，而心照体独立而永不落入形气中被染污。

（3）知、意、念

以上所言的这种体用之间的"心"，更准确地言之，或者说更具体的呈现，就是知或意。性发用为心，其具体内涵是发用为知，发用为意，而意又发为念，知、意、念都属于心的范围，其中知、意属体用之间的"心"，念则属纯粹后天之"心"（即"人心"）。

① 王时槐：《书卷赠王林二生还琼州三条》，《王时槐集》，钱明、程海霞编校，第586页。
② 王时槐：《三益轩会语》，《王时槐集》，钱明、程海霞编校，第484页。

何谓知？知不是思维、思虑、感觉上的认知或觉知，而是"性灵之真知"（即良知），塘南区别了这两种"知"：

> 识察照了分别者，意与形之灵也，亦性之末流也。性灵之真知，非动作计虑以知，故无生灭。意与形之灵，必动作计虑以缘外境，则有生灭。性灵之真知无欲，意与形之灵则有欲矣。今人以识察照了分别为性灵之真知，是以奴为主也。①

塘南认为，有两种"知"：一种是"识察、照了、分别"，这是一种思维、思虑、感觉之知，必须以外在的事物（即外境）作为认知、计虑、感知的对象，有生灭，也有欲念；一种是"性灵之真知"，这种"知"不需要缘虑外境，即无固定的认知对象，无生灭，也无欲念，这种"知"就是良知，"不知所谓良知者，正指仁义礼智之知，而非知觉运动之知，是性灵而非情识也"②。塘南认为不能将前者视为后者，良知才是"真知"，才是知之"主"。这种"知"是性所发用之知，是性的表现者。塘南曰：

> 性不容言，知者性之灵也。知非识察照了分别之谓也。是性之虚圆莹彻，清通净妙，不落有无，能为天地万物之根，弥六合，亘万古，而炳然独存者也。性不可得而分合增减，知亦不可得而分合增减也。而圣凡与禽兽草木异者，惟在明与蔽耳。③

所谓"知者性之灵"，即良知是性之表现者。前文论性已言，塘南认为，性是天地万物的根源，是天地万物的创生者；此又认为，知作为性的表现者，也能作为天地万物的根源，此承阳明而来，阳明说"无声无臭独知时，此是乾坤万有基"④。在本体论上，知具备了性的本质，除了作为天地万物之根外，还是超越时空的永恒的存有者。于是，塘南不信现成良知，反对把当下的知善知恶当作真正的良知。他说：

---

① 王时槐：《三益轩会语》，《王时槐集》，钱明、程海霞编校，第481页。
② 王时槐：《三益轩会语》，《王时槐集》，钱明、程海霞编校，第491页。
③ 王时槐：《三益轩会语》，《王时槐集》，钱明、程海霞编校，第481页。
④ 王守仁：《咏良知四首示诸生》，《王阳明全集》，吴光等编校，第870页。

阳明先生谓"知善知恶是良知",亦姑就初学所及而言之。若于此彻悟,便是彻上彻下之道,若未彻悟,徒执知善知恶分别照了为究竟,即恐落于情识,其去真性何啻千里。[①]

在塘南看来,当下的知善知恶是后天的,"盖皆指乾知大始之末照而言之"[②],属于情,如以此为真知,恐怕落于情识之中,因此阳明所说的"知善知恶是良知",只是姑就初学者而言,需要于此彻悟,回归真知之良知。

从上面所论可知,塘南之"知"是性的发用的表现者,那么应属于后天;但是他又认为知不属于情,知也是天地万物之根和永恒的存有者,那么就应属于先天。为了解决这一看似矛盾的问题,塘南提出,知是"先天之子、后天之母"。他说:

夫知者,先天之发窍也,谓之发窍,则已属后天矣。虽属后天,而形气不足以干之。故"知"之一字,内不倚于空寂,外不堕于形气,此孔门之所谓中也。末世学者,往往以堕于形气之灵识为知,此圣学之所以滋晦也。[③]

夫充塞宇宙,了无声臭,不可名言,所谓先天也。思虑运用,万象呈露,所谓后天也。混沌之中,一灵卓尔,既非顽空,亦非情识,是谓良知,此即先天。若于此知之外求先天,便是着空,此即是后天。若于此知之外求后天,即是着相,故不得已而强言之曰:是先天之子后天之母也。非谓此上有先天,此下有后天,此良知又为先后天之间,则是裂一而为三,殊不可也。[④]

塘南认为,知(良知)是混沌之中出现的独立的灵光,即先天之性的发用、呈露、觉知("发窍")者,是"先天之子",具有先天的特性,故后天的形气不足以染污、干扰它;但"谓之发窍",就已属于后天,但它又是后天的具体道德行为的产生者,所以是"后天之母"。正如张学智所说,知作为发窍,是另一个在层次上高于

① 王时槐:《潜思札记》,《王时槐集》,钱明、程海霞编校,第521—522页。
② 王时槐:《潜思札记》,《王时槐集》,钱明、程海霞编校,第522页。
③ 王时槐:《答朱易庵》,《王时槐集》,钱明、程海霞编校,第344页。
④ 王时槐:《再答萧勿庵》,《王时槐集》,钱明、程海霞编校,第393页。

它的性的表现，故为子；但它作为人的一切善行的根据，他又是产生者，故为母。① 故知既是体（先天），又是用（后天），"此知正在体用之间"②，正是体用之间的"心"的具体表现。这样，就不必在知之外（前）更求先天，因为知对性的觉知、呈现就具备了先天性，"若于此知之外求先天，便是着空"，即陷入佛教的空寂之中；也不必在此知之外（后）更求后天，因为此知就是后天，"若于此之外更求后天，即是着相"，即落入情识思虑或具体事物之中。总之，此知"内不倚于空寂，外不堕于形气"，这就是孔门之"中"。塘南又特别指出，不是良知之上有一个先天，良知之下有一个后天，而"良知又为先后天之间"，如此就"裂一而为三"。其实，正是良知即体即用，即先天即后天，在良知上用功，"合下一齐俱了，更无二功"③。

上文言良知是"后天之母"，形气不足以染污、干扰之，但是良知毕竟带有后天性，毕竟要进入后天的经验界，发用为具体的行为，不然何以致良知于事事物物？进入后天的经验界，良知就有可能被遮蔽，故塘南曰："一性之灵，充塞宇宙，所谓乾知大始也，是真知也。一涉形气，则此知为形气所局而不能无蔽，是之谓形气也。"④就是说，良知一涉及形气，就可能为形气所局限而被遮蔽，而所遮蔽者就是"形灵"；所谓"形灵"，就是上文所说的思维、思虑、感觉上的认知或觉知。但是，良知毕竟是"先天之子"，形气只能遮蔽它，而不足以染污、干扰它，只要良知反照，它就能够超越于形气之上，并贯注于"形灵"中，成为"形灵"的主宰者，如此"形灵"也成为真知，"形灵亦真知之流注也。四肢之痛痒，吾能知之，是形灵也，若果悟此形灵，亦是真知之流注，则虽谓知痛痒为真知亦可也"⑤。所以塘南所说的两种"知"也不是绝然对立的，只要良知作主，"形灵"之知就能成为良知之用，转化为真知。

前文已言塘南不信现成良知，反对把知善知恶之知当作真正的良知，也反对罗洪先（包括聂豹）在良知之上更求未发。他说：

---

① 张学智：《明代哲学史》（修订版），第205页。
② 王时槐：《答萧勿庵》，《王时槐集》，钱明、程海霞编校，第393页。
③ 王时槐：《答萧勿庵》，《王时槐集》，钱明、程海霞编校，第393页。
④ 王时槐：《答钱启新邑侯六首》（其二），《王时槐集》，钱明、程海霞编校，第356页。
⑤ 王时槐：《答钱启新邑侯六首》（其二），《王时槐集》，钱明、程海霞编校，第356页。

致良知一语，是阳明先生直示心髓，惜先生发此语于晚年，未及与学者深究其旨。先生没后，学者大率以情识为良知，是以见诸行事，殊不得力。念庵（即罗洪先）先生乃举未发以究其弊，然似未免于头上安头。[①]

所谓"学者大率以情识为良知"，就是完全信现成良知（即对当下的良知没有反照而依之自然流行）所导致的结果，所以聂豹、罗洪先提出不信现成良知而以未发之寂体为真良知（罗洪先晚年还是相信了现成良知），但在塘南看来"未免于头上安头"。而塘南良知之说，既避免了现成良知之弊（因现成良知有可能混同于情识），即着相染污之弊，又避免了所谓"头上安头"之弊，即着空趋寂之弊。依塘南之说，对当下知善知恶的良知，还需反观独照，让其脱离情识的干扰而不混同于后天之气，此一照，就是性之发用、呈露（接近刘邦采的悟性立体），既是后天，也是先天，故不必再去求未发，当下一照就是未发，也是已发。当然，需要良知时时刻刻保持、保任这种工夫，使其不落于形气之中。（此工夫论部分再论）

塘南的这种良知论，是其长期修炼后的独特体悟之结果，具有浓厚的体证色彩，而又具有相当强的辩证性（这种辩证性受到佛教中道观的影响[②]），在阳明后学中，可谓独树一帜，对阳明学来说，是一种较大的发展、推进、突破，甚至超越，可谓自成一套体系。

何谓"意"？意也是性之发用。塘南曰："此心之生理本无声臭，而非枯槁，实为天地万物所从出之原，所谓性也。生理之呈露，脉脉不息，亦本无声臭，所谓意也。"[③]就是说，意是先天之性的不断发用、呈现，意也是体用之"心"的具体表现，与知（良知）的发用、呈现并无区别。塘南曰："意非念虑起灭之谓也，是生几之动而未形、有无之间也。独即意之入微，非有二也，以其无对谓之独。"[④]又曰："独是先天之子，后天之母，出无入有之枢机。"[⑤]所谓"动而未形，有无之间"，就是指性发用为意，但意又还没有形成念而落入形气中，

① 王时槐：《三益轩会语》，《王时槐集》，钱明、程海霞编校，第498页。
② 侯外庐等主编：《宋明理学史》（下册），第348—349页。
③ 王时槐：《又（答贺汝定）》，《王时槐集》，钱明、程海霞编校，第376页。
④ 王时槐：《与贺汝定》，《王时槐集》，钱明、程海霞编校，第371页。
⑤ 王时槐：《答郭存甫》，《王时槐集》，钱明、程海霞编校，第449页。

是在先后天之间、体用之间（即"有无之间"，"无"指先天或体，"有"指后天或用）；这种隐微、微妙状态就是独，独即"先天之子，后天之母"，亦即良知。这样，意就基本上等同于知（良知）。

但是，塘南对知和意还是作了一定的区分："知者意之体"[①]，"意者知之默运，非与知对立而为二也"[②]。就是说，首先二者不是对立为二，而是一体的，但又有所区别，即知是意之体，意是知之用（"默运"）。这与阳明有所区别，阳明也说"意之本体是知"[③]，但阳明不说意是知之用，因为阳明之"意"有善有恶，意有时是知之用，有时是不知之用，而塘南的"意"未落入形气，是纯善的。塘南的知、意大体相当于孟子的"良知良能"，如做区分，则知是良知（即道德感知、道德判断），意是良能（即道德能力、道德意志）；如不做区分，知、意都属于"良知"的范畴。塘南又用乾元、坤元来表示这一意思，他说："知，乾元也；意，坤元也。坤必从乾，故诚意必先致知。"[④]又说："乾元称大，坤元称至，乾称易知，坤称简能。"[⑤]从不区分看，乾元是良知，乾元中包含坤元，坤元也是良知；从区分看，乾元（知）是体（"大""易"都有"体"的意思），坤元（意）是用（"至""能"都有"用"的意思），用（坤）必从体（乾），故诚意必先致知。其实，塘南所谓"诚意必先致知"只是逻辑上有先后顺序，从具体的工夫看，其致知、诚意只是一个工夫，即良知的承体起用。故塘南对知与意之区分，只是概念上的，在工夫上无二。

何谓"念"？念是心中的念头、执念，是意之所发者。塘南曰：

意发为念，则开张而成变化。[⑥]

一念之动即物也，凡事为之著，皆一念之形见也。[⑦]

未发者性也，性非顽空，故常生。其在于人，一窍初辟而灵启焉，而意萌焉，而念动焉，而出之为万事。[⑧]

① 王时槐：《三益轩会语》，《工时槐集》，钱明、程海霞编校，第483页。
② 王时槐：《答萧勿庵》，《王时槐集》，钱明、程海霞编校，第393页。
③ 陈荣捷：《王阳明〈传习录〉详注集评》，第29页。
④ 王时槐《三益轩会语》，《王时槐集》，钱明、程海霞编校，第504页。
⑤ 王时槐《三益轩会语》，《王时槐集》，钱明、程海霞编校，第505页。
⑥ 王时槐：《三益轩会语》，《王时槐集》，钱明、程海霞编校，第505页。
⑦ 王时槐：《三益轩会语》，《王时槐集》，钱明、程海霞编校，第488页。
⑧ 王时槐：《潜思札记》，《王时槐集》，钱明、程海霞编校，第518页。

综合三引文言之，未发之性发用、呈露为知（"灵启"），知启就意发（即道德感知后马上产生道德能力和道德意志），意发则为念，念之发就形著为具体的事、物，念完全落入后天的世界，与事、物混同在一起，属于已发。塘南认为，念不仅发用、表现为事或物，甚至"一念之动即物"，"不息之念即事"①，因为念要逐物，逐物就着相，着相就有迹，有迹就是物，就是事。就是说念必有执（即使是执空亦是执），这个执念就是事、物，又与具体的事、物混在一起，成为后天已发者。哪怕是"澄然无念"，塘南也认为这是已发。他说：

> 夫澄然无念，是谓一念，非无念也，乃念之至微。至微者也，此正所谓生生之真几，所谓动之微，吉之先见者也。此几更无一息之停，正所谓发也。……此澄然无念，譬之澄潭之水也，非不流也，乃流之至平至细者也……故曰今人将发字看得粗，故以澄然无念为未发，不知澄然无念正是发也。②

在塘南看来，"人心更无无念时"③，即使是"澄然无念"时，也不是没有念，而是念之至微者，正如澄潭之水，非不流，而是流之至平至细者，只是人有时感觉不到而已，所以即使是"澄然无念"，也是已发，也是后天。

关于意与念的关系，唐君毅认为，"其（即塘南）虽不以意为念，又谓意必化为念，则于意与念，亦斩截得不分明"④。其实，塘南严分了意与念。他说：

> 意非念虑起灭之谓也，是生几之动而未形、有无之间也。⑤
> 意与念有辨，至于念则纯驳分焉。⑥
> 且意亦不可以动静言也，动静者，念也，非意也。意者生生之密机，有性则常生而为意，有意则渐著而为念……天下未

① 王时槐：《答曾德卿》，《王时槐集》，钱明、程海霞编校，第385页。
② 王时槐：《答钱启新邑侯》，《王时槐集》，钱明、程海霞编校，第363—364页。
③ 王时槐：《三益轩会语》，《王时槐集》，钱明、程海霞编校，第492页。
④ 唐君毅：《中国哲学原论·原教篇》，第308页。
⑤ 王时槐：《与贺汝定》，《王时槐集》，钱明、程海霞编校，第371页。
⑥ 王时槐：《石经大学略义》，《王时槐集》，钱明、程海霞编校，第571页。

有性而不意者，性而不意，则为顽空；亦未有意而不念者，意
而不念，则为滞机。①

综合三引文言之，意是性之所发，不是念虑起灭者，是体用、
有无之间的"先天之子，后天之母"，故能超越于形气之上而无动
静之态；而念是意之所发，念发则是有起灭，有动静，有纯驳、善恶，
是完全后天的。唐君毅的问题是既然意必化为念，则意与念就没有
本质的区别。其实，虽然意必化为念，并由念而形著为具体的事为，
否则意为滞机，但是意化为念之后，念就完全陷入了后天的经验界，
会受到后天的染污、干扰，必然有动静、纯驳、善恶之分，能由意
作主的念就是静、纯、善的，意被遮蔽、不能由意作主的念就是动、驳、
恶的。只有完全证得性体、进入圆熟之境后，性发为意，意发为念，
念而无念，念念归根，如此意和念才没有本质的区别。

2. 工夫论

（1）透性为宗

前文论性部分，已略涉及此一内容，此专论之。如前文所述，
性是塘南之学中最高的本体，是一个绝对的存有，既是一切存在物
的根基，又是宇宙万有的生生者，而人（人心）则是性的开显者、
呈露者。所以，透性、尽性就是其整个为学的宗旨，亦即其工夫论
的宗旨，塘南标示"学以透性为宗"②"学以尽性为宗"③。他说：

大抵吾人为学，须以直透真性，亘万古而无生灭者，此是
千圣相传正宗，若不透此，总非究竟。故有志之士，终日终身，
绵绵密密，暗然自体，不求人知，盖其真精神、真血脉，点点滴滴，
务在归根复命，不暇向外，诚恐一念向外，便是堕落，枉过一
生也。④

① 王时槐：《答杨晋山》，《王时槐集》，钱明、程海霞编校，第420页。
② 王时槐：《静摄寤言》，《王时槐集》，钱明、程海霞编校，第550页。
③ 王时槐：《寿朱松岩丈七十序》，《王时槐集》，钱明、程海霞编校，第30页。按：尽性就是透性，
塘南曰："直透其本然之明，是之谓尽性。"（王时槐：《三益轩会语》，《王时槐集》，钱明、程海
霞编校，第480页）
④ 王时槐：《答王肯斋》，《王时槐集》，钱明、程海霞编校，第381页。

就是说，吾人为学或做工夫，必须"直透真性"，此是千圣相传的宗旨。如果未透性，就未至生命的终极境界。所以有志之士终日终身都在透悟此性，整个生命都贯注于此，无暇外求，如一念向外，就堕落于情识世界中，枉过了一生。塘南认为透性不仅是自己为学的宗旨，而且能接通千圣相传的学脉。透性、尽性贯穿着一种宗教性的终极追求，因为性为宇宙本体，是一个超越时空的无所不在的存在，所以在透性、尽性中能安顿个体的生命，从而获得存在的意义。

何谓"透性"？性是人人之所固有的，但人生活在后天的经验世界中，人心固有之性往往陷落于后天的情识尘网中而被遮蔽，透性就是让此固有之性彻底透显出来，从而彻悟、彻证性体。塘南曰：

> 学不透体，即往往冒认习气为本性，然透体岂易能哉？必兢兢业业，操炼研摩，刊落渣滓，以入精实，如剥笋然，枝叶落尽，灵根始见。①
>
> 窃谓"透彻本体"一语，必圣人而后足以当之，岂可易言哉？凡聪明颖悟，闻见测识，皆本体之障。今后学以障为悟者多矣，若欲到圣人透彻境界，必一切剥落净尽，不挂丝毫，庶几得之。甚矣，透彻之难也！②

在塘南看来，所谓"透性"，就是剥落或刊落了人身上的一切习气、渣滓，如剥笋一样，一层层都剥落了，最后"枝叶落尽"，"一丝不挂"，如此性体才彻底透显出来。只有到了透彻境界（即彻悟、彻证性体），习气才算是剥落殆尽，故塘南感叹"透彻之难"，而一般人往往"冒认习气为本性"，或以"聪明颖悟""闻见测识"为悟，或者以虚见为本体，"若乍有少见，便惊诧张皇，玩弄矜伐，夸示于人，即为罔念作狂，将流入无忌惮小人之归，此徒恃虚见之为害也"③。

透性后，就是心体或性体的一体流行状态，就是无所着之境，既不着相，也不着空，"不知此无倚靠处，乃是万古稳坐之道场，大安乐之乡也。"④故塘南曰："言空则有空相，言觉则有觉相，言

---

① 王时槐：《答按院吴安节公》，《王时槐集》，钱明、程海霞编校，第436页。
② 王时槐：《答钱启新邑侯六首》（其三），《王时槐集》，钱明、程海霞编校，第357页。
③ 王时槐：《偶书所见》，《王时槐集》，钱明、程海霞编校，第531—532页。
④ 王时槐：《三益轩会语》，《王时槐集》，钱明、程海霞编校，第497页。

无边际则有无边际之相，盖意识之为也。"[1] 反言之，就是透性后消除了一切的后天经验意识，即使有觉知之感，如觉知空无，觉知无边际，觉知自身，都仍有后天的经验意识，惟是一体的自然流行，才是真正的透性，才是真正彻悟、彻证了性体。此是无执之境，但又不是佛教的性超于天地万物之外的空无之境，而是虚乃生生、性贯于天地万物之中的即体即用之境。塘南认为，此时"惟见此理（即性）弥满宇宙，贯彻古今，大廓于无外，细入于无间，无一处不该，无一息不运，身心世界浑成一片，虽欲顷刻离之而不可得"[2]。此时，心即性，心与性彻一无二，身心与世界融为一体，生命成为超越时空的永恒存在。

如此，证性、透性，就是了悟、超越了生死，达到了生命的终极境界，上升到了宗教的层面，实现了为学或做工夫的根本宗旨。塘南曰：

> 夫本性真觉，原无灵明一点之相，此性遍满十方，贯彻古今。盖觉本无觉，是谓无生，既云无生，安有死乎？……若有一点灵明不化，即是识神。……识神既不用事，则浑然先天境界，非思议所及也。果能悟此，则形骸本非有无，沉疴自脱然矣。即今果能大休歇，一丝不挂，复归混沌之初，亦无天地万物，亦无世界，亦无形骸，亦无古今，其庶几乎！[3]

> 知生知死者，非谓硬作主张，固守灵识，以俟去路不迷之谓也。盖直透真性，本非生死，乃为真解脱耳。不然，则我相未忘，便落阴界，非通昼夜之知也。[4]

在塘南看来，超越生死，并不是灵魂（即识神或灵识，相当于佛教第七识末那识）的轮回，使其在轮回时不迷失自我，而是放下识神，不让其做主用事，从而透悟真性，回归先天境界。因为性体是超越时空的存在，本无生死可言，如果证悟、透悟了性体，就得到了真正的解脱。这种解脱的境界，就是"亦无天地万物，亦无世界，

---

[1] 王时槐：《潜思札记》，《王时槐集》，钱明、程海霞编校，第523页。

[2] 王时槐：《偶书所见》，《王时槐集》，钱明、程海霞编校，第531页。

[3] 王时槐：《答邹子予》，《王时槐集》，钱明、程海霞编校，第438页。

[4] 王时槐：《答王养卿五条》，《王时槐集》，钱明、程海霞编校，第402页。

亦无形骸，亦无古今"，即超越时空的永恒存在。所以，塘南的"透性"之教颇具宗教色彩，从其临终的表现看，他也确实证悟了生死，达到了宗教的超越生死的境界。

透性也就是复性。塘南曰：

> 大率学者之通病，在心思扰扰，适足以蔽其本心之明，若当下澄然，即本性自在。至于七情之发，皆从太虚中流出，其不中节者亦鲜矣。则当其未应事时，浑然冲漠，固未发也，及其应事时，过化不留，亦未发也，是之谓复性。①

就是说，当心思扰扰时，性被遮蔽而未透显，一旦当下澄然，习气顿消，因本性自在，马上就自己透显出来，所以透性也就是复性，复归人心固有之性；复性后，不管无事，还是有事时，都是未发，即都是本体状态，都是一体流行状态。复性并不能对性体本身增加一毫。塘南曰：

> 心体本来洁净，无可洗者，只为染著世情，故所洗者只洗世情而已，岂能于心体上加得一毫洁净乎？譬如白衣，原来洁净，只为染著垢污，故所洗者只洗垢污而已，岂能于白衣上加得一毫洁净乎？②

就是说，心体（即性体）本来就是洁净的，只是被世情（习气）染污，所以需要清洗的只是世情，清洗后就复归到其本体状态，故复性并没有在性体上增加一毫洁净。这里所说的染污，是指性体被习气所遮蔽了，则只见习气，好像蒙上一层污垢一般。其实，性体在本质上是不可能被染污的，只能被遮蔽，刊落习气即见真性，这就是复性，这就是透性。

那么，如何透性呢？塘南有一个总纲性论述：

> 未悟之先，非冥行而漫作也。第所见未彻，姑就其见之所及，

---

① 王时槐：《再答宪使修默龚公》，《王时槐集》，钱明、程海霞编校，第427页。
② 王时槐：《答钱启新邑侯六首》（其六），《王时槐集》，钱明、程海霞编校，第359页。

操持而力诣之。盖始也，见一路可入，遵而行之，既久自觉隔碍，则不得已更寻方便，密参显证，于无路处觅路，质问师友，复自己切实钻研，一以透性为宗，尤未能顿彻，则不得不屡离住场，一切刊落，以求实际。此正古人择善之功，必如是坚志苦修，决不退转，出万死之力，必期自得其本性而后已。硬着脊梁，谨着步趋，到得智穷力竭之日，必有悟矣。①

塘南认为，悟（即透性）前有一个修证、探索的过程，在未悟之前，必须对修养理论和工夫有所认识，但所见未透彻，姑就其所见之及而用力，不然就是"冥行而漫作"。刚开始从某一路入而遵行之，久之自觉有障碍，不得已再寻找方便之门，密参显证，于无路处寻路，质师问友，复又自己钻研、实证，一定要达到透性为止。如果到此还未能"顿彻"（即顿悟），就不得不常用静坐、静修之功（所谓"屡离住场"就是常离家去静坐、静修），"到得智穷力竭之日，必有悟"。当然，刚开始之悟，只能是顿悟，甚至只是解悟，解悟、顿悟后，还要继续用渐修之功，到最后"决不退转"时，才是彻悟、透悟，即透性。这段话是塘南一生修养过程的夫子自道，不过这只是其大概，至于具体的修养工夫，下面详论之。

（2）静坐收敛

静坐是许多宋明儒者（尤其是陆王学者）的日用工夫，如程颢、朱熹、陆九渊、陈献章、王阳明、王畿、聂豹、罗洪先等都用这种工夫，塘南更是如此。据《王塘南先生自考录》记载，塘南在三十八岁丁母忧时，就常习静（主要是静坐）于金牛寺，直到四十一岁丁忧结束再赴任时；五十三岁时归田在家，又开始每年习静于金牛寺；六十三岁时改为每年习静于三益轩。这是塘南每年专门抽出一定时间去静坐或静修的两处道场。有时他还到其他地方习静，如吉水仰慈山、庐陵瑞华山等；在病中亦常静坐。可见，静坐是塘南日用之常课，也是他透性、证性的基本工夫。如其自述曰："及退休，大惧齿衰，惕然渐悚，则悉屏绝外纷，反躬密体，瞬息自励。如是者三年，若有见于空寂之体。"②所谓"悉屏绝外纷，反躬密体"，就

---

① 王时槐：《静摄寤言》，《王时槐集》，钱明、程海霞编校，第549页。
② 王时槐：《塘南居士自撰墓志铭》，《王时槐集》，钱明、程海霞编校，第157页。

是通过静坐以证悟性体，刚开始证悟了"空寂之体"。又自述曰："辛卯（1591年）夏，掩关仰慈山中，昼夜默坐，密体自心，凡再阅月（即过两个月），外虑都绝。久之，若有迫于中而不能自已者。"① 这是通过静坐，密体自心，久之觉"生生之体"不自觉地从心中呈露出来，即证悟到"生生之体"。可以说，塘南透性刚开始主要是由静坐而得的。

塘南认为，静坐是学者的初下手工夫。他说：

> 夫学无分于动静者也，特以初学之士纷扰日久，本心真机尽汩没蒙蔽于尘埃中，是以先觉立教，欲人于初下手时，暂省外事，稍息尘缘，于静坐中默识自心真面目，久之，邪障彻而灵光露，静固如是，动亦如是。到此时，终日应事接物，周旋于人情事变中而不舍，随处尽伦，随处尽分，总与蒲团上工夫一体无二。此定静之所以先于能虑，而逢原之所以后于居安也。岂谓终身灭伦绝物，块然枯坐，徒守顽空冷静以为究竟哉？②

在塘南看来，为学本来无分动静，但是初学者心中纷扰，心体（性体）长期被遮蔽于形气中，所以先由静坐下手，于静坐中体认（默识）自心本来面目，久之良知（灵光）就会呈露。到良知容易呈露后，则动静自如，在人情事变中也可用功。在塘南看来，要真正地透性，刚开始必须由静坐而入，此前种种工夫都不是本质的工夫，即使偶有灵光闪现，但随闪随灭，并不能真正、持续做主，故他说"大率此道……惟静退者可入"③，即必借由静坐才能使良知容易呈露，才能真正体证到本体，静坐才是本质的入门工夫，亦即透性的初下手工夫。

塘南还认为，静坐不仅是初下手之功，而且也是进一步"入微"之功。他说：

> 夫学当无间于动静，然始焉立基，终焉入微，必由静得；虽有志为学，不久静，恐以意气承当，以影响为究竟，于真体

---

① 王时槐：《仰慈肤见》，《王时槐集》，钱明、程海霞编校，第546页。
② 王时槐：《答周守甫》，《王时槐集》，钱明、程海霞编校，第345—346页。
③ 王时槐：《答友人》，《王时槐集》，钱明、程海霞编校，第429页。

亲切处，未能彻底，故贵静也。①

（蕴卿）所云"大成者，未有不以静专为主"，诚然诚然。盖此理虽不分动静，然不专一则不能直遂，不翕聚则不能发散，天地且不能违，而况于人乎？②

所谓"始焉立基"是指初下手之功，而"终焉入微"，则是指只有通过长期的专一、翕聚的静坐之功，才能体证到心体之几微，即所谓体用之间、有无之间的"几"（此下小节再论），体认、体证到此"几"，才能最后真正证悟到性体（即所谓"大成"）。虽动时之功也可证性，但往往无法"入微"，更多的是保持、保任静时所证的性体。这也是为什么塘南每年都要抽出一定的时间（有时达两月之久）专门来静坐。

那么到底如何静坐以透性？静坐有各种法门，其中之一就是由调息而入，但作为呼吸之"息"是后天之气，由之如何能证先天之性呢？塘南由此提出"真息"之说。他说：

"静坐从调息入"，此是王龙溪先生语也。但龙溪先生所指息字亦甚微，若只以呼吸出入为息，则恐未尽。盖真息原无呼吸出入之相，故曰真息本无息。所谓无息者，非顽空断灭之谓也，乃息之至微至细不可以象求而可以神会者也。若呼吸出入之息，乃是真息之末流耳。龙溪先生所谓调者，亦欲人由粗而入细耳。真息即是真心，得此机括入手，则万事万化之原时时在吾掌握，动亦定，静亦定，即此是本体，即此是工夫，时时入微而非把捉也，时时默运而非息弛也，即此便是戒慎恐惧，即此便是不睹不闻，所谓得一而万事毕矣。③

王畿（龙溪）曾提出静坐从调息入，塘南认为王畿之"息"有微意，不仅仅指后天的呼吸之"息"，应该还有"真息"之意。何谓"真息"呢？就是"息之至微至细不可以象求而可以神会者"，就是真心（即先天之性），此真息"盖天地一元默运不容已之机，不可以呼吸言，

---

① 王时槐：《仰慈肤见》，《王时槐集》，钱明、程海霞编校，第545—546页。
② 王时槐：《答族侄蕴卿》，《王时槐集》，钱明、程海霞编校，第418页。
③ 王时槐：《答曾德卿》，《王时槐集》，钱明、程海霞编校，第390页。

而实为呼吸之根也"①。这样所谓"调息",就是"由粗而入细",即由呼吸之"息"进至"真息",即由息之"末流"进至息之"根"(性),"到得大透,则息即性,性即息,亦无二也"②,即息与真息(性)合一,最后彻悟、彻证性体。当证到息与真息合一时,则动静一如,即本体即工夫。

学者在开始静坐时,往往杂念纷飞而难以静,有人对塘南说"动中觉无纷纭,而静中往来不胜"③,又有人"以识为性,宜其静坐而念愈多,又以识去念,则愈去而愈烦难矣"④,即把后天的识(即意识)当作性,以识来去掉念,而越去越多。塘南认为,"下手工夫,贵收敛退藏于密,到得静久,渐入自然,了无安排,而身心尽忘,宇宙混成一片,庶几可以言复性矣"⑤。就是说,静坐的下手工夫又在于收敛,收敛就可以入静,静久则渐入自然,身心尽忘,而后可复性。

那么,如何收敛呢?塘南曰:

> 此性充塞宇宙,然测之愈离,惟一切放下,当体自在,故收敛者,乃绝驰求,息万缘,潜神于渊,以凝道之功也。⑥
>
> 弟以病卧三年,自分不起,觉往年见解多系扭捏,全靠不着,乃一味休歇,不但世缘尽弃,即道理思索一切放下,久之似觉神气归根,身心渐忘,病亦随愈。⑦
>
> 收敛归根亲切处,难以口授,惟潜心至极,大休大歇,久自得之,乃天然真止,非造作也。若着意扭捏,执方安顿,则远之远矣。⑧

综合上三引文言之,所谓"收敛",并不是着意去把捉、臆测性体,而是一切放下,尽弃世缘(或息灭万缘),即将道理、思索等一切放下,大休大歇,久之神气归根,身心渐忘,性体自然呈露。

---

① 王时槐:《答周时卿》,《王时槐集》,钱明、程海霞编校,第405页。
② 王时槐:《答王养卿》,《王时槐集》,钱明、程海霞编校,第410页。
③ 王时槐:《答萧敬之》,《王时槐集》,钱明、程海霞编校,第353页。
④ 王时槐:《答王球石》,《王时槐集》,钱明、程海霞编校,第407页。
⑤ 王时槐:《答谢居敬》,《王时槐集》,钱明、程海霞编校,第405页。
⑥ 王时槐:《支笫漫语》,《王时槐集》,钱明、程海霞编校,第548页。
⑦ 王时槐:《答陈蒙山年丈》,《王时槐集》,钱明、程海霞编校,第423—424页。
⑧ 王时槐:《支笫漫语》,《王时槐集》,钱明、程海霞编校,第548页。

接着，收敛什么呢？塘南曰：

> 未发之中，性也，有谓必收敛凝聚以归未发之体者，恐未然。
> 夫未发之性，不容拟议，不容凑泊，可以默会，而不可以强执者也。
> 在情识则可以收敛，可凝聚，若本性无可措手，何以施收敛凝聚
> 之功？收敛凝聚以为未发，恐未免执见为障，其去未发也益远。[①]
>
> 性无为者也，性之用为神，神密密常生谓之意。意一也，
> 以其灵谓之识，以其动谓之念。灵识意念，名三而实一，总谓
> 之神也。神贵凝，收敛归根以凝神也。神凝之极，於穆不已，
> 而一于性，则潜见跃飞，无方无迹，是谓圣不可知之神，非思
> 议所及也。[②]

塘南认为，性先天的未发者，只可默会（即体悟），无法施以
收敛凝聚之功，因为收敛是后天的工夫，如果去收敛性体，"恐未
免执见为障，其去未发也益远"。在情识上，可以言收敛；也可以
言收敛神〔即精神，包括意、灵识（即良知）、念〕。情识、念属于
后天，而意、知是介于体用之间的"先天之子、后天之母"，都可
以着后天的工夫。塘南将意、灵识（良知）、念都视为一，即都是
神（精神）；这里的"念"不是善恶混杂之"念"，而是意之所发
而无染污者（即纯善之念），故与意、良知在内容或本质上是一。
塘南所说的"收敛"，是指收敛精神（即意、知、念）；而在情识
上的收敛，并不是指收敛情识本身，而是指在情识状态下收敛精神。

因为意、知，兼具先后天性，那么作为工夫的收敛，就不仅仅
涉及后天，也涉及先天。塘南曰：

> 夫性不可以敛散言，而其用不得不敛散者也。散之则天地
> 日月山河大地庶物露生，敛之则藏于无朕，泯于无迹。此屈伸
> 阖辟之常理也。然不屈则不能伸，不阖则不能辟，故敛者常为
> 造化之根矣。夫敛常为造化之根者，何也？以性本未发也。性
> 惟未发，故性之发用，伸者必屈，辟者必阖。盖万化必归其根，

---

① 王时槐：《三益轩会语》，《王时槐集》，钱明、程海霞编校，第510—511页。
② 王时槐：《潜思札记》，《王时槐集》，钱明、程海霞编校，第524页。

亦不得不然矣。①

　　塘南认为，性本身不可用敛散来说明，其用才可用敛散来说明，散（发散）是天地万物的一切呈现（属后天），敛（收敛）则是天地万物呈现后的无朕无迹、无形无相（进入先天）。收敛最初用功涉及的是后天的经验界，最后则抵达超越的先天界（所谓"藏于无朕，泯于无迹"），这样"其指涉对象已从经验性对象，转化为超越性的本体"②，故塘南曰"敛者常为造化之根"（即抵达本体界）。他又说"独即意之入微"，"收敛即为慎独"③，又说"知止即慎独"④。那么，收敛就是知止，"敛"即"止"，而"止"作为工夫，也涉及先后天性。塘南曰：

　　　　夫止之云者，真机之凝然隐于无朕，而非空也；跃然妙乎万有，而非作也。止之云者，非把捉束缚以为止也，亦非冥顽绝物以为止也。真机本妙应而常止，吾惟还其本然之止也。⑤

　　就是说，"止"作为工夫，既是"跃然妙乎万有"，这涉及后天的经验界，又是"真机之凝然隐于无朕"，这涉及超越的先天界。所谓"妙应而常止"，则是既后天又先天的。这在工夫论上显示了相当的辩证性。

　　收敛精神主要是一种静功，但是当其至圆熟之时，静可收敛，动亦可收敛。塘南曰："若到矜持浑化之日，则应酬与打坐无二矣。收敛到浑化之日，则此理凝然在宇宙间，独立而不改。"⑥即收敛到浑化（即圆熟）之时，动（应酬）静（打坐）一如，惟见性体（此理）流行于宇宙间。

　　（3）研几为要

　　"研几"是塘南工夫论中最重要的概念，也是其最根本的工夫。

① 王时槐：《汤生君敛字说》，《王时槐集》，钱明、程海霞编校，第253页。
② 陈仪：《王塘南思想研究》，第152页。
③ 王时槐：《与贺汝定》，《王时槐集》，钱明、程海霞编校，第371页。
④ 王时槐：《答谢居敬》，《王时槐集》，钱明、程海霞编校，第389页。
⑤ 王时槐：《答谢居敬》，《王时槐集》，钱明、程海霞编校，第389页。
⑥ 王时槐：《答族侄蕴卿》，《王时槐集》，钱明、程海霞编校，第418页。

塘南曰："圣学以研几为宗。"① 又曰："希圣者终日乾乾,惟研几为要矣。"② 黄宗羲则指出塘南之学"以透性为宗,研几为要"③,即透性是塘南为学的根本宗旨,而研几则是透性的重要工夫。

"研几"一词,出自《周易·系辞》:"夫易,圣人之所以极深而研几也。"《系辞》又曰:"几者动之微,吉之先见者也","君子见几而作,不俟终日"。在《系辞》中,"几"为事物(包括思虑、意念)最初的极细微状态,"研几"就是深入地体察事物,研究事物的细微的苗头和征兆。④ 周敦颐对"几"又作了新的阐释,他说:"诚,无为,几,善恶","动而未形、有无之间者,几也"⑤。他将"几"完全纳入道德领域,"几"是人心之微,介于动而未形、有无之间,是善恶之间临界点,善恶由此而分。塘南在此基础上,形成了自己对"几"和"研几"的独特理解,并将"研几"发展为一种独具特色的工夫论。

何谓"几"?塘南曰:

> 夫所谓几者,盖此体空寂之中脉脉呈露处,乃无中生有,自然不容已,无一刻间断,非谓念头发动时,亦非谓泯然未发也。⑥
>
> 周子谓"动而未形,有无之间为几"。盖本心常生常寂,不可以有无言,强而名之曰几。几者,微也,言其无声臭而非断灭也。今人以念头初起为几,即未免落第二义,非圣门之所谓几矣。⑦
>
> 惟生几者,天地万物之所从出,不属有无,不分体用。此几以前,更无未发;此几以后,更无已发。若谓生几以前更有无生之本体,便落二见。……知者意之体,非意之外有知也。物者意之用,非意之外有物也。但举意之一字,则寂感体用悉具矣。意非念虑起灭之谓也,是生几之动而未形、有无之间也。

① 王时槐:《瑞华剩语》,《王时槐集》,钱明、程海霞编校,第514页。
② 王时槐:《书卷赠王林二生还琼州三条》,《王时槐集》,钱明、程海霞编校,第586页。
③ 黄宗羲:《太常王塘南先生时槐》,《明儒学案》(修订本),沈芝盈点校,第467页。
④ 张学智:《明代哲学史》(修订版),第208页。
⑤ 周敦颐:《周敦颐集》,第17页。
⑥ 王时槐:《答周时卿》,《王时槐集》,钱明、程海霞编校,第422页。
⑦ 王时槐:《三益轩会语》,《王时槐集》,钱明、程海霞编校,第511页。

独即意之入微，非有二也，以其无对谓之独。^①

塘南认为，几是性体的呈现者、发用者，性体"由无生有"，就是性体呈现、发用为几，所以是"先天之子"；而几又是"天地万物之所从出"者，天地万物（包括人）都是几所生者，这个"生"既是宇宙论之生，又是道德论之生（即道德行为的发出者），所以又是"后天之母"。几不是后天经验意识的已发念头，如果"以念头初起为几"，就"落第二义"，但亦非"泯然未发"者，因为它是性体所发者。如此，几就介于体用、有无、寂感之间，兼具先后天性。"几"字其实是一个描状词，其具体之状为"微"，即无声无臭、了无朕迹而又非断灭之状（即先天之状）；"生几"（即"生生之几"）、"不容已"，即不断生生发用、呈露之状（即后天之状）；"动而未形，有无之间"，即性体已发用、呈现，但又未形成念、落入形气中而介于有无、体用间之状（即先后天之状）。用另一个描状词来表达就是"独"，"独"字强调几的无对，是指真几独立于形气之上，而无有相对者，而"独是先天之子，后天之母"^②，故独就是几。至于几的具体内涵，就是心、知、意，即性之所呈现、发用者，具体而言，心是指体用之间的心，而此心的具体发用、呈现即知或意。前面已述心（体用之间的心）、知、意都具有先后天性，而其状态都是"几"，上引文也表达了这一意思，兹不再赘述。

这样，心（体用之间的心）、知、意、几、独，虽概念不同，但其所指的是心的同一种状态。但是，塘南为什么还要特别发明"几"字义以及提出研几之功？因为心学中常用的"心""知""意""独"字都无法表达"几"的独特含义，即"动而未形，有无之间"之意，这个时候（其实是瞬间）如"一阳初动处，万物未生时"^③，是在亥子、坤复、晦朔、动静之间，这个"之间"正是"真几"所在。^④这个"之间"的几是性与心的通孔，性发用、呈现为心是通过这一通孔，心复归为性亦是通过这一通孔。可以说，几突显了心（体用之间的心）、知、

---

① 王时槐：《与贺汝定》，《王时槐集》，钱明、程海霞编校，第371页。
② 王时槐：《答郭存甫》，《王时槐集》，钱明、程海霞编校，第449页。
③ 王时槐：《潜思札记》，《王时槐集》，钱明、程海霞编校，第519页。
④ 王时槐《答曾德卿》曰："手翰所问'亥子中间'，即所谓坤复之间、晦朔之间、一动一静之间之说也。举要言之，正所谓动而未形，有无之间，吾心之真几，圣门所谓独也。"（《王时槐集》，钱明、程海霞编校，第408页）

意的特点，可贯通性、心、知、意、念。塘南认为，在几上着力或下手（即研几）才能得真。他说："白沙先生所谓'亥子中间得最真'，殆谓是欤！"①所以，塘南特别标举"圣学以研几为宗"。在塘南的话语体系中，致知（致良知）、诚意、慎独，其实际内涵都是指研几，只是随语境变化的不同表达而已。

何谓"研几"？塘南曰：

> 研几者，非于念头萌动辨别邪正之谓也。此几生而无生，至微至密，非有非无，惟绵绵若存，退藏于密，庶其近之矣。白沙先生云："至无有至动，至近至神焉。发用兹不穷，缄藏极渊泉。"旨哉言乎！②

> 夫此心常生者也，默默运行，生而无生，此所谓思之睿也。此思不着于有，不落于无，是生生之本然也。日间默默体认乎此，即是圣人研机（几）之学。③

> 性廓然无际，生几者，性之呈露处也；性无可致力，善学者，惟研几入于极深，其庶矣乎！④

塘南认为，研几不是在念头发动时辨别善恶（然后为善去恶），因为念是后天的经验意识，不能在纯粹的后天上用功；也无法直接在性体上着力，因为性体是纯粹先天的，无有可着力处。故只能在体用之间的"几"上用功，因为几是性体之呈现，呈现了而又未成为念而落于后天的形气中。研几就是收敛归根（即"退藏于密"），让几（知或意）呈现出来，然后"默默体认"此几，所谓"体认"，就是体证、肯认。这里有两步功法，即先收敛，后体认，即研几包括了上小节所讲的收敛。所以塘南对于收敛归根（即"退藏于密"），用"庶其近之"说明，即已经接近研几。

关于收敛与研几的关系，塘南曰：

> 此性充塞宇宙，然测之愈离，惟一切放下，当体自在，故

① 王时槐：《潜思札记》，《王时槐集》，钱明、程海霞编校，第519页。
② 王时槐：《静摄寤言》，《王时槐集》，钱明、程海霞编校，第553页。
③ 王时槐：《答曾德卿》，《王时槐集》，钱明、程海霞编校，第392页。
④ 王时槐：《静摄寤言》，《王时槐集》，钱明、程海霞编校，第553页。

收敛者，乃绝驰求，息万缘，潜神于渊，以凝道之功也。……收敛归根，是握几凝道之方也。[①]

《大学》贵知止，而《易象》之言止曰："君子思不出其位。"惟思不出位，则入微而得其本然之止，非强为也。思不出位，其极深以研几之指诀乎！[②]

塘南认为，"收敛归根，是握几（研几）凝道之方"，又说"思不出位"是"研几之指诀"，其中"思不出位"即知止，而知止，上小节已述即是收敛。收敛，则一切放下，万缘皆息，性体自然呈现出来而成为几，几现，则体认、体证之。所谓收敛是研几之方，严格意义上是说收敛只是呈现几之方，并不完全等同研几的全部方法，只是其前期的工夫，故塘南曰："惟是收敛沉潜，退藏于密，则研几底于极深，所谓渊渊其渊，立天下之大本也。"[③]就是说，惟有先收敛归根，然后才能"研几底于极深"。于是又回到前文所说，收敛是研几的第一步（即先收敛后体认），包含在研几过程中。当然，当收敛至于圆熟之时，几现之后，不再落入形气之中，而是立刻回归性体，与性体融而为一，如此是用即体，即体即用。此时，研几不再有工夫，收敛就是研几。

几本是生生不容已，无一刻间断，时时会呈现。既然会时时呈现，当下即可研几，当下即可致良知，何必待收敛后才研几？塘南曰：

独几一萌，便属后天，后天不能无习气之隐伏。[④]

性虽本善，而灵窍一开，渐涉形气，则外染得以乘之，将习气浸渍潜伏于意识之根而不自觉。[⑤]

就是说，几毕竟带有后天性，"独几一萌，便属后天"，既属后天，就有可能落入后天的形气或习气中，受到后者的染污、遮蔽，或者后天的形气潜伏于意根之中而不自觉。在这种善恶混杂的状态

---

① 王时槐：《支笋漫语》，《王时槐集》，钱明、程海霞编校，第548页。
② 王时槐：《瑞华剩语》，《王时槐集》，钱明、程海霞编校，514页。
③ 王时槐：《答周时卿》，《王时槐集》，钱明、程海霞编校，第422页。
④ 王时槐：《石经大学略义》，《王时槐集》，钱明、程海霞编校，第573页。
⑤ 王时槐：《书卷赠王林二生还琼州三条》，《王时槐集》，钱明、程海霞编校，第586页。

中，呈现的所谓"几"，有可能是情识，是假良知，于是有人以情识为良知，至于放荡而不自知。这就是泰州学派和王畿后学之弊，为了避免这种弊端，故塘南认为研几必先收敛，收敛后刊落一切习气，呈现的就是"真几"，于此研几才是真工夫。所以塘南认为，"研几者，非于念头萌动辨别邪正之谓也"①，即不在善恶混杂的完全后天的状态下"研几"。塘南曰："若于此用觉照及拔去人为之私，即涉于造作，反害其自然呈露之几矣。惟是收敛沉潜，退藏于密，则研几底于极深。"②就是说，此时如果良知反照，并用它去拔除私欲，那么因为它此时未能完全作主，会淹没在种种私欲中，反而有害其自然的呈现。所以此时唯有用收敛之功，待几自然呈现而后"研"（体认）之。

作为研几工夫，在收敛之后，几（意或知）圆圆呈现，"凝然在无边空寂之中，独立而无侣"③，那么此时如何"默默体认"，并研几以"底于极深"？塘南曰：

> 辱手翰（来自王梦峰）云："识得生几，自火然泉达，自稳当，自显著，安用人为？"诚至言也。但鄙意谓真识生几者，则必兢兢业业。故孔子所谓"不足，不敢不勉。有余，不敢尽"，方是实学。盖圣人真识生几，则常有不敢之心。今后学亦有自谓能识生几者，往往玩弄光景，以为了悟，荡无检束，则涉于无忌惮之中庸矣。故稳当显著，虽非人为，正圣门所谓为之不厌也。④

> 惟鄙人近来自觉此心之生理本无声臭，而非枯槁，实为天地万物所从出之原，所谓性也。生理之呈露，脉脉不息，亦本无声臭，所谓意也。凡有声臭可睹闻，皆形气也。形气云者，非血肉粗质之谓。凡一切光景闪烁，变换不常，滞碍不化者，皆可睹闻，即形气也。形气无时无之，不可着，亦不可厌也。不着不厌，亦无能不着不厌之体。若外不着不厌，而内更有能不着不厌之体，则此体亦属声臭，亦为形气矣。于此有契，则

① 王时槐：《静摄寤言》，《王时槐集》，钱明、程海霞编校，第553页。
② 王时槐：《答周时卿》，《王时槐集》，钱明、程海霞编校，第422页。
③ 王时槐：《潜思札记》，《王时槐集》，钱明、程海霞编校，第519页。
④ 王时槐：《答王梦峰》，《王时槐集》，钱明、程海霞编校，第372页。

终日无分动静，皆真性用事，不随境转，而习气自销。①

王梦峰认为，既然识得（即体认到）几（即意或知），几自然会火然泉达般流行，不必再用工夫。塘南则认为，即使几已自然呈现，并体认到几，但后天的形气②不可能消失，几仍有可能落入后天的形气中被染污、遮蔽，于是需要时时保持、保任此几，兢兢业业，常有不敢不勉之心。如果几处于保任状态而不被染污、遮蔽，这样发为念，才是真念、善念；发为事，才是"真性用事"。在对几的体认、保任中，对于形气，要既不着，也不厌，不随境转，而是一任几之流行，这样自己的习气会慢慢地消失。在研几中容易出现的一个毛病，就是"玩弄光景"，就是把几（知或意）当作一个"实体"去把捉、执持，从而在心中形成一个虚幻的光景（即光影），以为性体在此，以为自己已了悟，故平时行为荡无检束。所以塘南认为，不仅对于形气要不着不厌，对这个"不着不厌之体"亦不可执，因为一执着这个"几体"，就成为"滞碍不化"而可睹闻者（即心中之光影），此亦是"形气"——心中之物，如此就成为后天，丧失了其先天性、超越性。研几不仅仅在静功中进行，更要到事上磨练（即用动功），在事上研几，即让它去用事，但又不被事（亦是形气）所干扰而保持其超越性。如此，静时体认、保任，动时亦体认、保任，时时在体认、保任之中，时时兢兢业业、不敢不勉，最后才会"研几底于极深"，从而彻证性体（即透性）。因此，日本学者冈田武彦将塘南视为归寂派③，并不是很准确。其实，塘南并不是绝对的归寂派，他虽重静坐收敛之功，但根本工夫——研几实际上是贯通动静的。

（4）克治习气

习气是道德修养之敌，每个宋明理学家都会面临克治习气的问题，这是他们共同的问题意识。梁启超认为，古人修身大体有两种学问，即存养和克治，"存养者，积极的学问也；克治者，消极的学问也"④。存养，是存养本体；克治，是克治习气。不过，两者仍

---

① 王时槐：《答贺汝定二首》，《王时槐集》，钱明、程海霞编校，第376页。
② 形气与习气略有别，形气是指后天的经验世界（包括天地万物以及人的念头），习气则是指私欲、情识、情绪、意见、杂念等人之习性，习气属于形气的一部分。形气（除习气之外的形气）可以转化为性体之用，而习气则必须清除。关于习气，下小节再论。
③ 冈田武彦：《王阳明与明末儒学》，吴光等译，第217页。
④ 梁启超编著：《德育鉴》，《梁启超修身三书》，彭树欣整理，第84页。

有内在的联系，一般而言，存养比克治在时间上和逻辑上具有优先性，即须先存养本体而后才能克治习气。但各家所论，各有偏重，如孟子重存养，荀子重克治，宋明理学家主要继承孟子，多以存养为主，但也兼及克治（以此为辅）。塘南也大抵如此，前面所论静坐、收敛、研几均可大体归入存养本体的范围，兹再论克治习气。

何谓习气？习气是如何形成的？塘南曰：

> 性本至善，自受形之后，情为物引，渐与性违，习久内熏，脉脉潜注，如种投地，难以遽拔，是谓习气。夫习气云者，谓由积习而得，非性本有也。此在大贤以下，皆不能无，但纤翳之与重障，则有辨矣。如大贤学已深造，粗垢俱脱，惟善微有迹，见未顿融，即其德犹可名，亦为习未尽化；下此则学力各有浅深，习垢不无厚薄，未易具论；其又下焉者，则学力既疏，宿染浓厚，种种忿欲，积成内痼，虽沸浪暂已停歇，而潜症终未涤除，此则隐慝在中特甚者矣。夫隐慝在中，触境始露，而当其未露，寂焉若无，自非洞察致精，往往冒认无过。[1]
>
> 盖理原于性，是有根者也；欲生于染，是无根者也。惟理有根，故虽戕贼之久，而竟不可泯；惟欲无根，故虽习染之深，而竟不能灭性也。使欲果有根，则是欲亦原于天性，人力岂能克去之哉？此是学问大关键处，不可不明辨也。[2]

塘南认为，性本至善，性体中无习气（无恶），习气是形生神发之后才产生的，由于情为外物所引，渐与本性相违，积习内熏，"浸渍潜伏于意识之根而不自觉"[3]，"如种投地，难以遽拔"，所以谓之习气。至于习气由哪些东西构成，塘南没有明言，大体包括人的私欲、情识、情绪、意见、杂念等，几乎是纯恶或负面的。但是，塘南将大贤的"善微有迹"也视为习气，认为是"习未尽化"，其实这是形气。他曾说："凡有声臭可睹闻，即形气也。"[4] 此"善微有迹"，是有所着相之意，着相就有所睹闻（内心的自睹自闻），

---

① 王时槐：《仰慈肤见》，《王时槐集》，钱明、程海霞编校，第544—545页。

② 王时槐：《答钱启新邑侯二首》，《王时槐集》，钱明、程海霞编校，第355—356页。

③ 王时槐：《书卷赠王林二生还琼州三条》，《王时槐集》，钱明、程海霞编校，第586页。

④ 王时槐：《答贺汝定二首》，《王时槐集》，钱明、程海霞编校，第376页。

有所睹闻即形气。这只能算是广义上的习气，塘南此处是随语境而发，故未将二者作严格区分，因为这也是必须要"尽化"的（见下文）。由于习气是由后天的杂染积习而成，所以是无根的（即没有本体）。因为无根，即使是习染之深，也不能灭性，反而可以被克治。习气，除了圣人，都有不同程度的沾染，只是习气厚薄不同而已，尤其是"其又下焉者，则学力既疏，宿染浓厚，种种恣欲，积成内痼"。习气未发时，可能潜藏很深，只有在触境才发，故有人往往冒认无过，这是塘南特别提出要警惕的。

所以，塘南认为，"性本至善，圣凡同具者也。惟形生神发，不能无习气之染污，故必加省察克治之功，而后吾性可完矣。"① 又说："今人动称本性自然，不假修习，殊不知性虽本善，而习气潜伏，不能无蔽，故必剥而后复。且习气不惟难克，亦且难知。"② 就是说，他批评当时流行的以为本性自然而无需修证之说（即"无修无证"之说③），尤其指出习气不仅难克，而且难知，所以必须加以省察克治之功，才能消除习气而复性、完性。那么，如何克治习气呢？塘南曰：

> 学贵销慝于未萌，故必内省于潜伏，若一涉浮漫，则习气乘之，犹不自觉，竟至认妄为真，可不谨欤！惟既云习气，本由外染，实无根株，而自性贞明，原未坏灭，有志者深信真性之可恃，即此贞明彻照，便如烈日销冰，所贵果确无难，未可自生退屈矣。盖销磨习气，正尽性之实功，阴尽阳纯，乃臻圣境。④
>
> 吾辈无一刻无习气，但以觉性为主，时时照察之，则习气之面目亦无一刻不自见得，既能时时刻刻见得习气，则必不为习气所夺。⑤

塘南认为，要消除习气，重在其未发作时用功，在未发作时照察隐微的习气。如何照察？必须"深信真性之可恃"，以良知（贞明、

① 王时槐：《警学说》，《王时槐集》，钱明、程海霞编校，第553—554页。
② 王时槐：《与刘文光》，《王时槐集》，钱明、程海霞编校，第395页。
③ 王时槐《答王儆所》云："今世剿窃告子之绪余，参入禅宗之影响者，往往以无修无证为言，视圣门规矩准绳一切以为未悟而排斥之，遂至于恣情败行，大坏名教，荡然无所底止，此真以学术杀天下者。"（《王时槐集》，钱明、程海霞编校，第417页）
④ 王时槐：《仰慈肤见》，《王时槐集》，钱明、程海霞编校，第545页。
⑤ 王时槐：《答钱启新邑侯六首》（其四），《王时槐集》，钱明、程海霞编校，第358页。

觉性）作主，时时照察之，使其无法隐藏，时时刻刻能见得习气，不为之所夺，如此才能"如烈日销冰"，从而消除习气。而销磨习气，正是透性（尽性）之实功。这里销磨习气，有一个前提条件，即以良知作主。如何能以良知作主，这就需要回到前面所论的收敛、研几之功，必须通过收敛、研几使良知（几）呈现、得到保任，而不落入形气中，才能真正作主。故必须先有收敛、研几的积极之功，才有对治习气的消极之功。同时，在收敛、研几中就蕴含着习气自然退听的过程。

塘南认为，只有销尽习气，才能最后彻悟、彻证性体。他说："至于习气销尽，而后为悟之实际，故真修乃所以成其悟。"[①] 所以销磨习气，需要"时时戒慎恐惧，彻底入微，直到水穷山尽之处"，才有"廓清之期也"[②]。只有到"优入圣域，习气乃尽，如孔子之江汉濯，秋阳暴，而皓皓莫尚是已"[③]，才算是彻悟、彻证性体。其实，销尽习气与彻证性体是一体两面，即销尽习气，就彻证了性体（前面论透性已涉及这一内容）；而彻证性体，自然销尽了一切习气。

最后，以塘南的一首诗作结：

真性本澄圆，起心成大错。所嗟无始来，习气障寥廓。习气甚细微，积阴疑冲漠。误认以为心，遂受群魔缚。云何名习气，纤翳在隐约。驱除转烦闷，觉即无染着。亦无能觉者，阴魔自销落。心境顿忘情，翛然本无作。此理惭晚闻，迟暮将安托。鞭策矢余年，前修视淇澳。[④]

此诗大体总结了塘南的克治习气之功，可视为其要诀。在此还需说明的是，即销磨习气，虽需以良知作主、照察（因为"觉即无染着"），但不必又执持此良知而着相，从而成为广义上的习气（即形气），即要"亦无能觉者""翛然本无作"，即心与性彻底合一，自然流行，这才是彻悟、彻证之境。

---

① 王时槐：《石经大学略义》，《王时槐集》，钱明、程海霞编校，第573页。
② 王时槐：《与刘文光》，《王时槐集》，钱明、程海霞编校，第395页。
③ 王时槐：《仰慈肤见》，《王时槐集》，钱明、程海霞编校，第545页。
④ 王时槐：《仰慈山中二首》（其二），《王时槐集》，钱明、程海霞编校，第619—620页。

（5）悟修互融

悟、修是塘南工夫论中一对重要的概念，前面所论，透性属于悟，而静坐、收敛、研几、克治则属于修，塘南认为悟与修虽有区别，但也不是截然分开的，而是互相关联的。对于当时学界存在的悟、修分离的现象及其弊端，塘南首先进行了批评。他说：

> 谈性者云："一悟便了，何必修为"，然或凭虚见，荡然恣放，而以习气为天机，则于道也斯悖矣。谈修者云"念念隄防，事事检束"，然或执名相，局焉徇迹，而昧天真之本然，则于道也未彻矣。①

> 儒者之学，有造其理者，有践其事者。夫理之造也期于悟，事之践也笃于修。是二者要皆足以入道。至其弊也，期悟者堕空寂，探幽眇以为最极，而斥修者之有为。笃修者滞名相，循度数以为典实，而疑悟者之无据。②

就是说，谈性（或期悟）者，以为一悟便了，不必修证，往往以虚见为悟，而堕入空寂、幽眇的虚境之中，又把习气的发作当成性体的自然流行；谈修（或笃修）者，往往在念头的善恶上用功，提防恶念的产生，并且注意、检点日常行事，但往往有过重具体的繁文缛节。前者指责修者为刻意造作，后者怀疑悟者缺乏真修实行。其实，前者已背离了实践之道，而后者则对本体没有了悟。总之，二者割裂了悟、修，在工夫上都存在偏差，不是真正的悟或修。

那么，悟、修各自的对象是什么？何谓真悟？何谓真修？其关系如何？

关于悟、修各自的对象，塘南曰：

> 性，先天也，无可状，无可名，存乎悟而已。性之生生为气，后天也。气运而物形，则有无状之状，无名之名，故可得而修焉。③

> "性"之一字，本不容言，无可致力，知觉意念，总是性之呈露，皆命也，似不可以知为性而意为命也。若强而言之，

---

① 王时槐：《书卷赠王林二生还琼州三条》，《王时槐集》，钱明、程海霞编校，第587页。
② 王时槐：《寿郭一崖丈七十序》，《王时槐集》，钱明、程海霞编校，第24页。
③ 王时槐：《病笔》，《王时槐集》，钱明、程海霞编校，第532页。

只云悟性修命可也。盖性不假修，只可云悟而已。命则性之呈露，不无习气隐伏其中，此则有可修矣。①

塘南认为，悟和修是分别针对性和命（气）而言：性是先天的，无有可着力处，只可悟；而命（气）则是性的呈现者，是后天的，故可以修。所以，只可言"悟性修命"。这显然是受到了刘邦采的影响，但两人仍有区别：刘邦采是主张性命兼修，性和命上都可分别着力（修）；而塘南则认为只可在命（即几、知、意）上着力（修）。

关于真修，塘南曰：

所谓修者，非念念而堤防之、事事而安排之之谓也。盖性本寂然，充塞宇宙，浑然至善者也。性之用为神，神动而不知返，于是乎有恶矣。善学者，息息归寂，以还吾至善之本性，是之谓真修。②

就是说，所谓修或真修，不是念头、事为上堤防或安排，而是在性之呈露处——神（即知或意）上用功，即收敛、研几，最后复归于性（即透性）。这种修是"称性而修"，即在性之呈露处用功，最后又复归于性，所以是真修。

关于真悟，塘南曰：

未发之性，先天也。此理本自圆成，非假人力。一涉拟议凑泊，即与性隔矣，其惟贵悟乎！真悟者，则灵识意念自融，习气尽销，浑然一先天矣。③

就是说，所谓真悟是灵识意念都已融化而与性合一，且习气尽销，纯是一片先天境界，真悟即透性。所以，真修所至（复归于性）就是真悟，或者说"实修（即真修）之极，乃为真悟"④。如此，悟与修是密不可分的。

上文言真修所至就是真悟，那么，修前是否还有悟呢？塘南曰：

① 王时槐：《答萧勿庵》，《王时槐集》，钱明、程海霞编校，第392页。
② 王时槐：《病笔》，《王时槐集》，钱明、程海霞编校，第533页。
③ 王时槐：《潜思札记》，《王时槐集》，钱明、程海霞编校，第518页。
④ 王时槐：《吴心淮问学手书四条酬之》，《王时槐集》，钱明、程海霞编校，第599页。

太极者性也，先天也；动而生阳以下即属气，后天也。性
能生气，而性非在气外，然不悟性，则无以融化形气之渣滓，
故必悟先天以修后天，是之谓圣学。①

就是说，修前仍有所悟，即必先悟先天的性体，然后才能修治、
融化后天的形气。此"悟"，显然不是"真悟"，而是"解悟"。
解悟，于塘南而言，简言之，就是领悟性是先天的，但性会呈露于心，
于是在此心之"几"上用功（即研几）。虽然塘南说"由真修而悟
者，实际也；由见解而悟者，影响也"②，但是如果没有解悟，就会
茫无所主，不知从何处着手。塘南一生讲学、为文亦无非让人先解
悟，然后就此着手用功，因为"真悟难与人言，所谓哑子吃苦瓜是已。
凡可与后学言者，惟指其入悟之方，非能直吐其所悟也"③，故其
所指示的"入悟之方"，其实也只是解悟之方。故解悟是必不可少的，
只是不能停留于解悟，否则就是"影响"，而是要进一步真修。

所谓真修所至就是真悟，换言之，就是真悟是建立在真修的基
础上的，"悟由修得"。塘南曰：

学者率喜谈悟，予窃谓：自古未有不修而能悟者。修之云者，
切己砥策，操持精研，以求透性之功也。修之之极，究到水穷
山尽处，智所不能入，力所不能加，无可凑泊，恍然自信，始
有悟焉。悟后更无他为，只一味默默称性而修而已。故修之一字，
自始学至入圣，彻始彻终，无有止息之期，故曰学而不厌也。④

学明本心，必密密体认，研精入微，久之，而后有得。夫
体认入微，即谓真修，是悟由修得也。既云有悟，岂遂废修哉？
必就业保任，造次颠沛不违，以至于子臣弟友，惕惕相顾，是
修之无尽，即谓悟之无尽也。彼以影响之见为有悟，且以切己
之修为下乘，遂未免袭奇僻而越准绳，将导人于侈焉无忌惮之归，
其流弊可胜言哉！⑤

① 王时槐：《三益轩会语》，《王时槐集》，钱明、程海霞编校，第489页。
② 王时槐：《静摄寱言》，《王时槐集》，钱明、程海霞编校，第550页。
③ 王时槐：《静摄寱言》，《王时槐集》，钱明、程海霞编校，第551页。
④ 王时槐：《静摄寱言》，《王时槐集》，钱明、程海霞编校，第548页。
⑤ 王时槐：《吴安节先生日省编序》，《王时槐集》，钱明、程海霞编校，第461页。

塘南认为，自古未有不修能悟者，悟必由修得，"修者，入悟之方也"①。修者，密密体认，研精入微，修之之极，穷究至水尽山穷之处，有一天会豁然贯通，恍然而悟。此时之"悟"，是顿悟，虽不是解悟，但此后如果不继续用功，只是一时的光彩，算不得"真悟"，因为顿悟后，并没有完全销尽人之习气，只有习气尽销，纯是一片先天境界，心与性完全合一，即心即性、即性即心时，才是真悟、彻悟。所以，悟后需要"兢业保任"，"一味默默称性而修"。这个过程，在某种程度上说，是无穷尽的，因为除非是圣人②，没有谁敢说自己习气已完全销尽，故塘南认为"修之无尽"，这个"修之无尽"，亦即"悟之无尽"。当然，从理论上说，最后会达到真悟、彻悟，即销尽习气，成为圣人（在佛教来说就是成佛）。

综上所述，塘南的悟分为解悟、顿悟、真悟（彻悟），悟修的过程和关系可概括为：先悟（解悟）后修，修后顿悟，悟后再修，修之无尽，悟之无尽，最终彻悟（真悟）。从实际用功而言，解悟是修的理论的指导，修或真修是工夫过程，顿悟、真悟是修的结果，其实只是一事，故可谓悟修互融（或曰"悟修双融"③）。

总之，塘南的整个本体论和工夫论，是建立在对良知的独特体悟和认识的基础上的，他认为良知是"先天之子、后天之母"，其特点就是"有无之间"或"先后天之间"的"几"，并用"几"贯通性、心、知、意、念，由此建立了较为独特的本体论和工夫论，自成一套自己的良知学思想体系，在理论上具有较大的独创性。其思想虽在本体论上借用了朱子的构架，并有向刘宗周"以心著性"而趋之趋势，且对东林学派也有一定的影响④，但本质上仍是阳明学。因此，对于阳明学有较大的发展、丰富和推进，在明代思想史上具有较为重要的地位。

---

① 王时槐：《答按院吴安节公》，《王时槐集》，钱明、程海霞编校，第436页。
② 圣人其实是理想人格，没有现实的圣人，如孔子，也只是后天推尊为圣人，孔子从不敢自居为圣人，只称自己学而不厌、诲人不倦。
③ 《明朝理学王时槐传》曰："（塘南）悟性于修，修悟双融。"（王时槐：《王时槐集》，钱明、程海霞编校，第826页）
④ 如东林学派的领袖之一钱一本就深受塘南的影响。参见李伏明：《江右王门学派研究：以吉安地区为中心》，第386页。

第二节　邹善论

一、邹善的生平、学履[①]

邹善（1521—1601）[②]，字继甫，号颖泉，邹守益第三子，安福北乡澈源人。自幼受父之宠爱，但仍奋力向学。及弱冠，斤斤服庭训，不敢违背，又侍父四处讲学。守益谓"继我志者必是儿"。嘉靖三十年（1551）夏，与兄邹义、邹美等侍父避暑、讲学于武功山百余日，期间守益发明"默识"之旨。[③]

嘉靖三十四年（1555），中乡举。次年（1556），成进士。不久，授刑部河南司主事，精心研究律令，判决公允，为刑部尚书郑晓所器重。出公门，则与阳明学者耿定向、罗汝芳、胡直一起究切心性之学，虚心以听，与三人为心友。又与罗、胡一起，时号"江西三子"。[④]暇日，偕好友寻静刹，子夜孤灯相对；或访寻名僧，穷探心性之秘。邹守益闻其以讲学为志，屡寄书以相勖励，并指点其用功。[⑤]又与同僚李先芳、高岱等结诗社，所作诗有开元、大历之风。权臣严嵩曾打击邹守益，故两次有意提拔颖泉，以表见其德，但颖泉不肯屈首以求，以故不成。不久，晋升本部广西司署员外郎事主事。三十七年（1558）三月[⑥]，吴时来、张翀、董传策上疏弹劾严嵩，下诏狱，人多引避，独颖泉数次入狱相慰劳。四十年（1561），奉命谳狱湖广，便道归省父。[⑦]在家，朝夕侍父侧，守益质疑问难，察知其学进，心

---

① 此部分主要依邹德溥《先考中奉大夫太常卿颖泉府君行状》（《邹太史文集》卷七，明末安成绍恩堂刻本）和曾同亨《明故太常卿颖泉邹公墓志铭》（《澈源邹氏七修族谱》卷八《状铭》）而成，除特别引证处外，不再加注，据他文则注之。

② 邹善卒于万历二十八年（1600）十二月三日，查寿星天文历，为公元1601年1月6日。卒年作1600年则误。

③ 张卫红：《邹东廓年谱》，第352—353页。

④ 王樵：《西曹记》，《明文海》卷三百四十五，《文渊阁四库全书》（第1457册），第44页。

⑤ 《邹守益集》（第659—661页）有《寄季子善》五章，从内容看，应是颖泉初为官时邹守益所寄书。

⑥ 《明世宗实录》卷四百五十七"嘉靖三十七年三月"事，台湾"中央研究院历史语言所"校印本1962年版。

⑦ 宋仪望：《文小庄邹东廓先生行状》，邹守益：《邹守益集》，董平编校整理，第1371页。

甚喜。临行，告之曰："若知永叔（即欧阳修）求生之意乎？广上德，验学力，在兹行矣。"颖泉抵湖广，殚心力，按狱牍，所平反昭雪者甚众。不久，转任本部陕西司署郎中事主事。

嘉靖四十一年（1562）十一月，邹守益卒[①]，回家丁忧。四十四年（1565），服阕，将复职，仲兄邹美卒[②]，经营其丧葬。随后北上，经秣陵（属南京），时耿定向督学南都，延请颖泉与诸学人士论学，遂在南直隶的太平府、宁国府讲学，逾月乃就道。抵京师，时内阁首辅徐阶、吏部尚书胡松皆嗜学，因此带动京师之讲会，台省、郎署各为会，会辄邀颖泉，使之居首座。不久，补刑部山东司郎中。四十五年（1566），伯兄邹义卒于京，经理其丧事。同年十月，升山东按察司副使，督学政，颖泉喜曰："变齐变鲁之机，其在我乎！"[③]至则颁示教条数十则，皆以劝学修行为本。每教士毕，即集诸生讲心性之学，其大旨在"密参性宗，而显证于人伦庶物"。又聚诸才俊于湖南书院讲学，并改名为"至道书院"，以示其志。于是山东之士津津向学，如朱鸿谟、王汝训、房守士、孟一脉、孟秋等，为其门下最著名者，后多为名士或阳明学者，如孟秋就是北方王门的代表人物。

隆庆三年（1569），升湖广布政司参政，分守湖北兼抚苗、常、武当、沅、靖。[④]再升福建按察司按察使。万历元年（1573）冬，入觐，次子德溥以赴会试随行[⑤]，过山东，诸生遮道迎，以数百计。至京师，与左使万思谦悉心品骘诸属吏，或与铨台意见不合，力为辩论，不稍屈。故是岁官员考核，独福建号称精当。时张居正方禁学，而颖泉与耿定向谈学不辍。长子德涵正在京任刑部主事，日联诸参与会试的举人为会，颖泉数临讲会，娓娓督诲。二年（1574）正月，擢广东布政司右布政使。三年（1575），傅应祯上疏，忤张居正，被贬戍边。四年（1576），刘台上疏弹劾张居正，下诏狱。傅应祯、

---

① 邹德涵：《文庄府君传》，邹守益：《邹守益集》，董平编校整理，第1365页。

② 邹德泳：《昌泉府君墓志铭》，《澈源邹氏七修族谱》卷八《状铭》。

③ 《明世宗实录》卷五百六十三"嘉靖四十五年十月"事；邹德溥：《先考中奉大夫太常卿颖泉府君行状》，《邹太史文集》卷七。

④ 邹德溥：《伯兄汝海行状》，《澈源邹氏族谱》卷八《状铭》；邹德溥：《先考中奉大夫太常卿颖泉府君行状》，《邹太史文集》卷七。

⑤ 邹德溥于万历元年秋中举，冬入京参与次年的会试；又邹德溥《先考中奉大夫太常卿颖泉府君行状》云"已入觐，不肖（即德溥）适以计偕从"。故入觐之时为万历元年冬。

刘台都是安福人，又与邹德涵为同年进士，谗者谓刘台疏实为德涵所草，因贬德涵为河南按察司金事，随后被罢免，颖泉也因此事被罢官。①

罢归后，与欧阳瑜、王时槐、朱调等切劘学问。尝笑曰："归所得，孰与仕进多？"另筑别馆，环以竹树，左图右史，时引诸故交谈道论心，无间寒暑。又喜吟诗，触感所至辄吟；晚嗜陶渊明，诸所为古诗，大率以"谢（谢灵运）体"发"陶（陶渊明）趣"。万历七年（1579），张居正诏毁天下书院，②复古书院在其中。颖泉与县令倪冻商量，将书院改为社学和三先生祠，书院得以不毁，院产以"输金承佃"的形式得到保护。十年（1582），张居正卒，复古书院复旧。十二年（1584）六月，工科给事中曲迁乔上疏荐颖泉复官，上准起用。十八年（1590），授四川右布政使，强起，行至衡阳，称疾以辞。十九年（1591）正月，以太常卿致仕。③

乡居，以觉士为己任，专力与本县士人随时随地讲学不辍。他县讲会，邀必赴，即使有病，也必强行。大约万历二十年（1592）④，率北乡士人建宗孔书院，置院田，岁为会，集乡士人会讲其中。其门人又为其建任仁讲舍，师弟朝夕讲习、印证其中。常念学术多歧，取先儒语录，择其要者辑为《理学粹言》，以教学者。颖泉讲学要旨，大体在发明其父之学，以体仁为教，百行经纬，要归于博厚。除讲学外，颖泉多关心地方公共事务，热心慈善事业。泸水河横穿安福县城，原编舟为浮桥以渡，春夏水涨，则以小船渡河，每岁常有覆舟溺死者。颖泉与县令谋建石桥（即凤林桥），捐金为倡，并亲至各大姓劝募捐，最后建设石桥，于民为便。捐资置义田，以膳族人，岁时周济其不给者。又建庐室，以安置族之无居者。岁饥，辄率子孙及戚友赈济。平常条画县中诸利弊，从容为当道者言之。即使是税赋不当之事，

---

① 夏燮：《明通鉴》（第6册），沈仲九标点，中华书局2013年版，第2644、2648页；邹德溥：《伯兄汝海行状》，《澈源邹氏七修族谱》卷八《状铭》；邹德溥：《先考中奉大夫太常卿颖泉府君行状》，《邹太史文集》卷七。按：邹善、邹德涵罢官的具体时间，上述资料未明言，笔者推测，应是万历四年，最晚为万历五年。

② 夏燮：《明通鉴》（第6册），沈仲九标点，第2674页。

③ 《明神宗实录》卷一百五十"万历十二年六月"事，台湾"中央研究院历史语言所"校印本1962年版；邹德溥：《先考中奉大夫太常卿颖泉府君行状》，《邹太史文集》卷七；《明神宗实录》卷二百三十一"万历十九年正月"事。

④ 张艺曦：《阳明学的乡里实践：以明中晚期江西吉水、安福两县为例》，北京大学出版社2013年版，第143页。

一有百姓言之，辄告之于官以解决。以上皆为阳明实学之体现。

颖泉性好静，谙摄生，晚年于灯下犹能作蝇头小字。卒之先月，犹讲学于宗孔书院，阐发先天、后天之旨。病七日，于万历二十八年十二月三日（1601年1月6日），忽谓次子德溥曰："吾可以逝矣。"语毕，遂瞑目而逝。既逝，"手犹拳若握固然"。这往往是安详而逝或得道、证道的一个表现。卒后，祀郡县乡贤祠。弟子奉祀于任仁讲舍，岁集而讲习师说以为常。

颖泉重践行，不事著述，除编有《理学粹言》（已佚）外，仅有《颖泉先生要语》（1卷）及少量散佚诗文（共1万余字）传世。[①]其中《要语》存邹袞编《邹氏学脉》中，《明儒学案》中《颖泉先生语录》除一则外均来自《要语》。

二、邹善的主要哲学思想

颖泉之学的核心思想是仁学，他在阳明心学的基础上发挥、充实从孔孟至宋明的仁学而形成自己的思想。其学首先直接来自其父邹守益，继承了后者的体仁之学。邹德溥曰："盖自我大父（即守益）揭体仁为教，先君（即颖泉）承其传，百行经纬，要归于博厚，故题其讲舍曰任仁，堂曰继志。学故多自得，然要于发明大父宗旨，语未尝不称'先君'也。"[②]曾同亨亦曰："先生（即颖泉）之学，一本于文庄公（即守益）。文庄公虽渊源姚江，晚岁所自得，独以体仁为主。先生为诸生时，每从公赴讲，所得于辨论之际者深矣。至是益服膺不敢失。"[③]邹、曾都认为，颖泉之学本自或得于邹守益的体仁之学，而大要在发明其父之旨。其实，守益之学的核心是"戒惧说"，包括对良知本体的阐述和对戒惧工夫的提倡，其体仁之说是在这一脉络下展开的，故并不以"体仁"为其学的核心（参见第二章第二节）。真正以"体仁"之学为核心的恰恰是颖泉，其对仁学的阐述要比其父丰富，但吸收了其父的仁学及其他思想。

---

① 邹善的行状、墓志铭等相关传记资料，均未提到其著述情况。
② 邹德溥：《先考中奉大夫太常卿颖泉府君行状》，《邹太史文集》卷七。
③ 曾同亨：《明故太常卿颖泉邹公墓志铭》，《澸源邹氏七修族谱》卷八《状铭》。

1. 仁学本体论：论仁体

关于颖泉的本体（仁体）论，陈来《仁学本体论》略有论述，尤其指出其"仁体时时流贯于日用之间"，是一个仁学本体论的重要观点。[①]陈来对颖泉的本体论研究有开创之功，但由于其所论甚简，只有两三百字，故需要进一步展开详细阐述。

仁学思想最早可以追溯到孔子，但孔子还未将仁当作本体或仁体来看待，即未对仁作本体论式的言说，他主要是在工夫上指点弟子如何行仁。到了程颢才将仁上升为本体（仁体），他说学者要"识得仁体"[②]，既讲本体也说工夫，其《识仁篇》指出，仁与天地万物浑然一体，又指出"识得此理，以诚敬存之而已"[③]之工夫。邹守益的求仁之学是建立阳明学的基础上的，他指出，"心也，性也，仁也，良知也，一也"[④]，即直接点明仁就是良知，仁体即良知本体。又说："仁者以天地万物为一体，莫非己也。故亲无弗亲，民无弗仁，物无弗爱，自腹心手足至于齿发爪甲，无弗在所养者，是之谓仁体。"[⑤]就是说，仁体即天地万物一体之整体，此即程颢之仁体。

颖泉论仁，遥接孔子、孟子，直承程颢、邹守益而来，又有自己的发挥和丰富。他说：

> 学莫要于识仁。仁，人心也。吾人天与之初，纯是一团天理，后来种种嗜欲，种种思虑，杂而坏之。须是默坐澄心，久久体认，方能自见头面。[⑥]
>
> 孔门之学，只有个求仁是矣；又曰：求仁之方，只在求放心。似犹二之也。仁，人心也。求仁，亦即求此心而已矣；求放心，即此心不放而已矣。然心未易识，而求之之功亦未易尽也。天与吾以至虚至灵之体，本无欲也，后来日染月坏，念虑纷纷然妄矣。惟默坐澄心，净扫一切妄念，而自认其原来之真体，真

① 陈来：《仁学本体论》，生活·读书·新知三联书店2014年版，第189—190页。
② 黄宗羲：《明道学案上》，《宋元学案》，全祖望补修，陈金生、梁运华点校，中华书局1986年版，第561页。
③ 黄宗羲：《明道学案上》，《宋元学案》，全祖望补修，陈金生、梁运华点校，第540页。
④ 邹守益：《答同志》，《邹守益集》，董平编校整理，第784页。
⑤ 邹守益：《克复堂记》，《邹守益集》，董平编校整理，第365页。
⑥ 邹善：《颖泉先生要语》，《邹氏学脉》卷二，清初刻本，第2页。

体既露，时时操存，事事操存，意味绵邈，自有不可须臾舍者。①

颖泉将孟子的"仁，人心也"（《孟子·告子上》）融进其仁学思想中，指出仁即心，仁体即心体，上引文中"头面""至虚至灵之体""真体"，就是指心体，也即仁体，颖泉有时也直接使用"仁体"一词，如"浑然仁体""仁体时时流贯"②。这个仁体或心体，"纯是一团天理"，"本无欲"，是绝对纯净无杂的，是先天的；而种种嗜欲、思虑则是因后天日染月坏而起的，会遮蔽仁体（心体）。这个"天理"是指阳明所说的"良知之天理"，而不是朱熹所说的外在的天理。程颢《识仁篇》已蕴含仁体即心体之意，但还没有直接说出来，邹守益则直接点明心、性、仁、良知是一，颖泉则通过孟子思想来丰富其父之说，其中也融进了阳明思想。

程颢言"仁者，浑然与物同体"③，几乎是宋明理学家的共识，上所引守益之言亦是此意。阳明也说："仁者以万物为体。"④颖泉也认同此意。他说："格致之功，乃曾子发明一贯之传。天下万事万物，莫不原于吾之一心，此处停妥，不致参差，即是大公之体。"⑤就是说，心与天下万事万物一贯，此为大公之体，即心体，亦即仁体。不过，颖泉更强调仁（仁体）与日用人伦庶物之不可分、不可离，这吸收了泰州学派"日用即道"的思想。他说：

> 学莫切于敦行，仁岂是一个虚理？礼仪三百，威仪三千，无一而非仁也。知事外无仁，仁体时时流贯，则日用之间，大而人伦不敢以不察，小而庶物不敢以不明。人何尝一息离却伦物，则安可一息离却体仁之功？一息离便非仁，便不可以语人矣。⑥

颖泉认为，仁（仁体）并非一个虚理，而是时时流贯于日用之间，大而人伦，小而庶物，一息都不可离却仁。就是说，仁（仁体）贯通于人的日常行为或日用人伦中，如果人一息离开仁，"便不可

---

① 邹善：《颖泉先生要语》，第13页。
② 邹善：《颖泉先生要语》，第16、第3页。
③ 黄宗羲：《明道学案上》，《宋元学案》，全祖望补修，陈金生、梁运华点校，第540页。
④ 王阳明撰，邓艾民注：《传习录注疏》，第237页。
⑤ 邹善：《颖泉先生要语》，第9页。
⑥ 邹善：《颖泉先生要语》，第2—3页。

以语人矣"，即失却人之为人之本质。此处强调的是仁与万事一体，即"事外无仁"。这就是陈来认为的颖泉仁学本体论的重要观点。

颖泉关于仁体的更为鲜明的思想，是认为当下一念之真，即是浑然仁体，仁体就呈现在当下一念的良知中，当下即具足。他说：

> 夫仁何物也？心也。心安在乎？吾一时无心，不可以为人，则心在吾，与生俱生者也。求吾之与生俱生者，安可以时日限？试自验之。吾一念真切，惟求复吾之真体，则此欲仁一念，已浑然仁体矣，何有于妄？何处觅矜？无妄无矜，非仁体而何？至于用力之熟，消融之尽，则不能不假以岁月耳。今高明既信我夫子欲仁仁至之语，则即此处求之足矣，不必更于古人身上生疑，斯善求仁矣。①

颖泉认为，心即仁（仁体），此心是与生俱生者，即本体之心（亦即心体）。那么仁体或心体如何存在呢？颖泉没有另外设置一个超越的本体，而是认为当下"一念真切"或"欲仁一念"（亦即当下呈现的良知），就是"浑然仁体"，此时心中无妄无矜，即是仁体。这是对孔子所说的"我欲仁，斯仁至矣"（《论语·述而》）的形上提升，也融合了佛教所说的"一即一切，一切即一"以及王畿所言当下现成良知即良知本体之意。此一念之真即可承体起用，他说："一念之真，天日可鉴，将察情行政，因地制宜，妙用种种，自有不言而喻者矣。"②陈来认为，"这种说法容易导致以意念为心体，其于性体已经脱离，所说'一念便是浑然仁体'，何其轻易，其于仁体，则更远了"③。颖泉曾致书王时槐曰"惟一灵光（即一念真切之灵光）是真宰（即本体）"，时槐答书对此存在疑问："但'灵光'二字，不知兄认取如何，此处倘未亲切，则虽号为灵光，而实非真宰。"④

其实，颖泉提出此说，是有现实针对性的。他说：

> 阳明先生指出良知之真体。而谈真体者，或失则易，以为

---

① 邹善：《颖泉先生要语》，第16页。
② 邹善：《颖泉先生要语》，第10页。
③ 陈来：《仁学本体论》，第190页。
④ 王时槐：《答邹颖泉》，《王时槐集》，钱明、程海霞编校，第350页。

太阳当空，仰窥随在，而目迁善改过为第二义，是知原天而忽承天之实功也，自憗谈真体之易也。或失则难，以为云雾四塞，阳光隐蔽，而欲直求何思何虑之体，非过高欤？是知疚人而忘天锡之真机也。①

颖泉看到，有人谈真体（即仁体或心体）失之或难，即认为真体被遮蔽，故欲直求一个超越的"何思何虑之体"，颖泉认为这是过高之求，因为在他看来，一念灵光就是真体，这是当下就会呈现的，不必远求一个超越的本体。所以颖泉说："'乾以易知，坤以简能。'何等明白直截！极深研几者，求所以复吾易简之体也。若厌易简而别事深研，恐未免有妙契疾书之弊。"②就是说，所谓极深研几，就是复易简之体（一念真切即仁体，此体当然是易简之体），不必另外深研、琢磨一个玄妙之体。又有人失之或易，即认为良知真体一呈现就如太阳当空，随时随地都在，而在陈来看来颖泉也失之易。颖泉似乎也看到了自己此说或会导致此弊，故提出迁善改过，即警惕一念之真随时可能被嗜欲、思虑所遮蔽；又说"至于用力之熟，消融之尽，则不能不假以岁月耳"③，就是说仁体要真正全体呈现，就必须消融所有的嗜欲、思虑之杂（这需要时间和工夫）。所以颖泉又说：

> 欲尽则一之体复，而静虚动直、明通公溥，举在其中矣。故不从无欲而学，终不足以达肫肫皓皓之脉。④

就是说，只有销尽一切欲望，才会复或达肫肫皓皓之体（即仁体）。总之，颖泉一方面提出，一念之真即是仁体；另一方面又提出，必须用力消融一切嗜欲、思虑，只有"欲尽体复"才会"浑然仁体"。故须综合此两方面观之，其仁体论（本体论）才无弊。

---

① 邹善：《颖泉先生要语》，第7—8页。
② 邹善：《颖泉先生要语》，第19页。按：妙契疾书，意思是中夜妙合于此心，取烛速记其所得。
③ 邹善：《颖泉先生要语》，第16页。
④ 邹善：《颖泉先生要语》，第19页。

2. 仁学工夫论

颖泉与程颢一样，既论仁体，也指出或指点工夫，其工夫论主要是通过对程颢的"学者先须识仁……识得此理，以诚敬存之而已"①的发挥来建立的，主要包括识仁、存仁两种重要工夫，而存仁又与明伦察物相关，所以颖泉的工夫论包括识仁、存仁、明伦察物三种工夫，而在其中融入了阳明工夫论的内容，实质是以阳明学来消化、融合、发挥程颢之学。

（1）识仁（识仁体）

程颢提出"学者先须识仁"，其所谓识仁，就是识得"仁者，浑然与物同体，义、礼、智、信皆仁也"之理，即"识得此理"，②亦即主要是一种理性认识，其实并未指出在具体工夫上如何识仁或体仁，而颖泉对此有较为详细的工夫上的指点。他说：

> 学莫要于识仁。仁，人心也。……须是默坐澄心，久久体认，方能自见头面。子曰："默而识之。"识是识何物？谓之默，则不靠闻见，不倚知识，不藉讲论，不涉想象，方是孔门宗旨，方能不厌不倦。是故必识此体，而后操存涵养始有着落。③
>
> 心未易识，而求之之功亦未易尽也。……惟默坐澄心，净扫一切妄念，而自认其原来之真体，真体既露，时时操存，事事操存，意味绵邈，自有不可须臾舍者。故独居研求，此心、此学也；群居切劘，此心、此学也；簿书奔走，此心、此学也。此即夫子所谓造次、颠沛必于是，学不厌而教不倦者也，然未有不自默识入而能不厌不倦者。④

颖泉认为，所谓识仁，就是默识、体认（或体证）仁体或心体，其具体方法是"默坐澄心，净扫一切妄念"，"久久体认"，当妄念消除之后，心体就会自然呈现，这是阳明初教学者的方法，所

---

① 黄宗羲：《明道学案上》，《宋元学案》，全祖望补修，陈金生、梁运华点校，第540页。按：颖泉在引用此言时，直接将"此理"改为"此体"，可看出他对默识、体认"仁体"的强调。
② 黄宗羲：《明道学案上》，《宋元学案》，全祖望补修，陈金生、梁运华点校，第540页。
③ 邹善：《颖泉先生要语》，第2页。
④ 邹善：《颖泉先生要语》，第13页。

谓"以默坐澄心为学的"①。颖泉指出默识、体认不是一种认知或想像，即不是把仁体或心体当作一个客观的对象去把握，这不是一个客观的认识过程，而是主体的体证过程。识仁是工夫的第一步，只有识得仁体或心体之后，才有后面的操存工夫，才有日常生活中的不厌不倦。其实这就是如何致良知的问题，因为要致良知必须先体认、识得良知本体（也即仁体或心体），否则有可能错把情识、欲念当作良知，产生泰州学派的"猖狂者参之以情识"之弊。颖泉这一工夫的提出，得自于邹守益晚年提出的"默识之旨"（默识就是对良知本体的体证）。

上文言只有默坐澄心才能识仁，其中的关键在于此时心静。所以颖泉又认为，要识心（亦即识仁）首先在于静。他说：

> 识心莫先于静……所谓静亦有二：有以时言者，则动亦定、静亦定之动静是也；有以体言者，则不对动说，寂以宰感，翕聚以宰发散，无时不凝结，亦无时不融释，所谓无欲故静，即程门之定是也。②
>
> 先儒谓："学成于静。"此因人驰于纷扰，而欲其收敛之意。若究其极，则所谓不睹不闻。主静之静，乃吾心之真，本不对动而言也，即周子所谓"一"，程子所谓"定"。时有动静，而心无动静，乃真静也。③

颖泉认为，只有在静中才能识见心体（仁体），即静能使人收敛身心，使心体呈现而识之、体之，故静是识心（识仁）的首要条件。但颖泉所说的"静"，不是指时间上的静，即动静之静；而是指本体上之静，即"程门之定"或"主静之静"。本体上之静才是"真静"，而本体上之静就是无欲。如果无欲，则无论静时还是动时都能做到真正的心静，使心"无时不凝结，亦无时不融释"，如此心体才能时时呈现而体认之。从这一角度而言，默坐澄心只是识仁的方便法门（或入门之法），而无欲才是识仁的终究法门。

---

① 黄宗羲：《文成王阳明先生守仁》，《明儒学案》（修订本），沈芝盈点校，第181页。
② 邹善：《颖泉先生要语》，第12页。
③ 邹善：《颖泉先生要语》，第4页。

（2）存仁（操存之功）

识仁之后，程颢认为需"以诚敬存之"；颖泉亦是此意，他说"真体既露，时时操存，事事操存"①。不过，程颢《识仁篇》是为了建立为学之大头脑（即识仁之理），重点不在工夫论上。刘宗周曰："程子首言识仁……先与识个大头脑所在，便好容易下功夫。识得后，只须用葆任法，曰'诚敬存之而已'。"②而颖泉则既重识仁之功，又重操存之功，且看到了后者工夫之不易，故强调其工夫之紧切，故曰"时时"操存，"事事"操存，即重视时习之功。他说：

> 然非时习，终不可以尽此学。吾夫子食于少施氏而饱，即饮食习也，而穀蒸之间，末矣。章甫逢掖袭诸地，即衣服习也，而缊袍之诵，止矣。使摈执圭勃如躩如，即出入起居习也，而郊劳致馆之慎，徒文矣。故事无小大，时无动静，遇无顺逆，而一以是习之将，学永而愿遂不期悦而自悦，而皓皓之真体完矣。③

颖泉认为，孔子就是时习之功的典型，在日常生活中，"事无小大，时无动静，遇无顺逆"，都用时习之功，如此才能真正证得"皓皓之真体"，实现自己生命的价值。

正是看到了其中工夫之不易，颖泉还认为，真正的操存之功，不仅仅是以"诚敬"存此仁体（即葆任之功）而已，还包括惩窒、迁改之功，即需要积极和消极两种工夫并用。他说：

> 程子曰："学者先须识仁。识得此体，以诚敬存之而已。"存以诚而不使之间，存以敬而不使之息。此似不用功而实煞用功，乃疑其专务此体，其然耶？周子曰："君子乾乾不息于诚，然必惩忿窒欲、迁善改过而后至。"能实致其力于惩窒、迁改，而后刚健之体在我。此似于落枝节而实不离根本，乃疑其功靡协一，其然耶？由前言之，大禹之治水，行其所无事也，顺水之性而非略也。由后言之，大禹之疏凿决排，而竭胼胝之劳者，

---

① 邹善：《颖泉先生要语》，第13页。
② 黄宗羲：《明道学案上》，《宋元学案》，全祖望补修，陈金生、梁运华点校，第541页。
③ 邹善：《颖泉先生要语》，第18页。

亦顺水之性，导之流而非拂也。善乎曾子之拟夫子曰："江汉以濯之，秋阳以暴之，皓皓乎不可尚已。"是真机真切，合一无间。①

在颍泉看来，操存之功，"似不用功而实煞用功"，因为操存此体不使之间，不使之息，即上所言须用时习之功。而且，还需"实致其力于惩窒、迁改"，此看似在枝叶上用功，实际上仍不离本体，因为其目的乃是复本体。颍泉认为，前者之功，如大禹治水之"行其所无事"，其实这也是程颢所说的"未尝致纤毫之力"②，这是"顺水之性"（即依本体而行）；后者之功，则如大禹治水之"疏凿决排"，其中充满艰辛（所谓"竭胼胝之劳"），但也是"顺水之性"，此似是程颢所忽略的，而颍泉则看到了其中工夫之艰难（其本体论也谈到嗜欲、念虑对本体之遮蔽，故强调惩窒、迁改之功也是对其本体论的呼应）。总之，需要积极、消极两种工夫并用，才能真正达到"真机真切，合一无间"。

（3）明伦察物（格物）

对于存心（存仁），上引文提到有人"疑其专务此体"，为了消除此疑，颍泉提出：

> 存心者，握其至神至灵，以应天下之感者也。苟认定吾灵明之相，而未尽吾真体之全，即不免在内在外之疑。苟分存心与应务为二时，即不能免静时凝结，动时费力之疑。③

他认为，存心（存仁）打通内外、动静，存心与应感（或应务）一体，即存心不是专于内，而是通于天下之务、感于天下之物。（这也与其在本体论上认为心体或仁体与人伦庶物之不可分离是呼应的）故颍泉又特别提出明伦察物之功，而其在山东督学政时，教士之大指就是"密参性宗（即性体、心体），而显证予人伦庶物"④。

颍泉的明伦察物之功，就是将心或心体落实于伦物中，从人伦

---

① 邹善：《颍泉先生要语》，第8页。
② 黄宗羲：《明道学案上》，《宋元学案》，全祖望补修，陈金生、梁运华点校，第540页。
③ 邹善：《颍泉先生要语》，第12—13页。
④ 邹德溥：《先考中奉大夫太常卿颍泉府君行状》，《邹太史文集》卷七。

庶物处用功，也就是阳明之格物。他说：

> 舜大圣人也，其用功紧要处，只在明庶物、察人伦二句。
> 吾人日用间，何尝一刻离得伦物？常尽吾明察之功，兢兢不敢
> 放过，即此是明明德，是格物实功。①

阳明的格物是致知、格物一体的，格物就是致良知于事事物物
而事事物物得其正，即良知必感应、通达于物。颖泉的明察之功亦
即此意，他认为明伦察物即是明明德（此处"明明德"亦即识仁体
或良知本体，也即致知），即是格物，如此明明德（致知）、格物
一体。颖泉明察之功的提出，是针对阳明后学中存在的忽视格物（或
明伦察物）之弊而发的。他说：

> 文成夫子格致之功，千古圣学的脉。今世之谈学者语知而
> 非良，语良知而不肯实用致知之功，稍知致知为宗而离却格物。
> 是以于天则所在、至善所止，反以为碍而惟从佛氏求悟。夫悟
> 非从修来，终非下学上达之旨。②

颖泉认为，阳明后学中存在不知何谓良知、不肯实用致知之功
的情况，尤其存在离却格物言致知，反而从佛教中去求悟，而不知
悟从实修（即格物中）中来，故离却格物（下学）无法达到悟（上达）。
颖泉的明伦察物之功，也符合阳明"知行合一"的精神。他说：

> 学不明诸心，则行为支；明不见诸行，则明为虚。明者，
> 明其所行也；行者，行其所明也。故欲明孝德，非超悟乎孝之
> 理已也，真竭吾之所以事父者，而后孝之德以明。欲明弟德，
> 非超悟乎弟之理已也，真尽吾之所以事兄者，而后弟之德以明。
> 舜为古今大圣，亦惟曰："明于庶物，察于人伦。"舍人伦庶
> 物，无所用其明察矣。若本吾之真心以陈说经史，即此陈说，
> 即行其所明也，安可以为逐物？本吾之真心以习礼、讲小学，

---

① 邹善：《颖泉先生要语》，第18页。
② 邹善：《颖泉先生要语》，第11页。

即此讲习，即行其所明也，安可以为末艺？然今世所谓明心者，不过悟其影响，解其字义耳。果超果神者谁欤？若能神解超识，则自不离日用常行矣。故下学上达，原非二时，分之即不可以语达，即不可以语学。①

这里所说的"明"，即明察，也即知，所谓"明者，明其所行也；行者，行其所明也"，也就是明（知）行合一，如明孝德必至竭力事父，明弟德必至尽力事兄。而明伦察物则包含明（知）行合一之意，因为"舍人伦庶物，无所用其明察"，只要依真心而行（即心体落实于伦物之中），所有的行为都是明伦察物而不是逐物追末。颖泉批评当时的所谓明心者只是"悟其影响，解其字义"，即脱离了伦物，而真正的"神解超识"（即彻底明心）必然不离日用常行（即日用伦物），故明伦察物就是下学上达，就是知行合一。

综上所述，颖泉的本体论和工夫论主要是建立在程颢的阐释框架下，以阳明学充实其核心内容，从而大体建立了自己的仁学思想体系，并对其父的体仁之学有较大的推进。由于颖泉重践履，不重理论建构，故其学术成就并不高，但其仁学思想体系仍有一定特色，对阳明学也有一定程度的发展。

① 邹善：《颖泉先生要语》，第14页。

第三节 朱叔相论

一、朱叔相的生平、学履

朱叔相（1511—1581），字汝治，号松岩，[①]安福南乡槎江人。槎江朱氏是安福世家大族，也是有名的王学家族，自松岩起，三代传承阳明学，从弟朱叔圣、子朱章、侄朱意、孙朱世宾和朱世守都是当时安福较有影响的阳明学者（参见第七章），惜其家所传文献甚少，故后来名声渐被淹没。

松岩儿时即秀颖，五岁能以木条排字为戏，其父朱夏奇之。及就外傅，授书习字，不烦而能。稍长，攻举业，治《春秋》，已有声名于庠序。久之，叹曰："科名，一生荣耳，不足传世也。其惟古作乎？"于是弃举业，从张鳌山学诗[②]。特筑一室，周围植奇花异卉，置假山怪石，室内布列图史器玩，每日吟诗弹琴其中，津津有味于楚骚、唐律，神与之驰。不久，复叹曰："词艺身外技耳，不足语道也。其惟养生乎？"遂又弃去，而专攻养生：搜访丹经，招延方士，披阅钻研，洞晓内外丹诀；于室内设旌阳、纯阳位，晨夕瞻礼，欣欣然如有所遇。嘉靖十二年（1533）七月，邹守益在吉安青原山召集、举办第一次青原讲会，[③]松岩抱着试试看的心态往听，但不以为然。[④]后与里人朱以信静对灵峰、武功之间，因朱以信论"良知即阳性""格物即消阴"，遂幡然悟曰："吾今乃知圣学足以兼仙矣。"于是受业守益之门，返归儒家。二十八年（1549），江浙阳明学者在龙虎山举办讲会，松岩往听，在会上闻刘邦采论学不袭陈言而剖析精微，遂又亲炙之。可谓"为学三变"也。松岩自从学守益后，终其身无日不以研磨性命、会友讲学为事，可谓在阳明学中找到了终极的生

---

① "叔相"有时又写作"淑相"，"松岩"有时又写作"松嵓"或"松嵒"。
② 张鳌山也是阳明弟子，但其主要成就在诗歌，有诗集《南松堂稿》七卷，并不以阳明思想显，故松岩向他学的是诗，而不是阳明学。
③ 张卫红：《邹东廓年谱》，第146页。
④ 王时槐《松岩朱君墓志铭》（《王时槐集》，钱明、程海霞编校，第140页）提到邹东廓"倡圣学于青原"，而松岩"试往听之"，故此事应在嘉靖十二年七月。

命追求，从而实现了个体的生命价值。[①]

　　松岩平生好为山水之游，在山水中涵养性情或性灵。常与好友朱调登武功山，宿泸山绝顶，日啖苦菜，梦异人授以三十六字；又陟南乡三峰，与朱调、刘阳连岁静处，不间寒暑，出山充然有得。[②]嘉靖三十一年（1552）秋，与刘邦采、刘阳、周怡等一起游南岳，论及气质偏处难化，松岩反思曰："逸豫，吾之痼疾也。"[③]于是感到长期的山水之游也易助长自己"厌喧耽寂"之病，故转而通过具体事务来磨炼心性。如书院轮值会事，本县清理税册，均为琐碎之事，松岩皆任之不辞。又倡家会、族（家族）会[④]、乡会，朔望家一会，月族一会，季乡一会。会之事，皆亲自督促。[⑤]万历二年（1574），松岩主办家会（实为家族会），"以良知之学讲于家，家之父子兄弟欣欣而向往也，无异志焉。乃为定守，月有会，会有籍，籍有章"，"一时在会者闻而兴起，兢兢服其教"。会后刊刻会籍，刘邦采为之作《槎江家会序》。[⑥]又参与各种阳明学讲会，与当时著名阳明学者，如钱德洪、罗洪先、王时槐等都有交往。

　　松岩性孝友。嘉靖十九年（1540），其父朱夏卒；三十七年（1558），其母卒。皆执丧哀戚，蔬食庐墓，一仿古礼。邹守益贻书，力赞其与刘邦采等复古礼。松岩服丧毕，守益又举酒赠诗，表彰其孝。其兄病瘘，不能移动，时时就榻问所欲；遇园花开，令仆人抬至园中，为兄举酒尽欢。[⑦]松岩虽为一介布衣，但关心地方利弊，台察大吏及县官尝至其家请教。县令倪冻闻其高义，特表其门曰"昭代逸民"。又与布衣朱调齐名于当时，被誉为"南来二朱"。[⑧]

　　万历九年（1581）二月十日松岩卒。卒之前一日，视古松涧，

① 朱叔相：《病间记》，王吉等编：《安成复真书院志》卷五，第53页。王时槐：《松岜朱君墓志铭》，《王时槐集》，钱明、程海霞编校，第141页。

② 《朱松崑先生列传》，王吉等编：《安成复真书院志》卷三，第18页。

③ 彭树欣：《前言》，刘阳：《刘三五集》，彭树欣整理编校，第2页；《朱松崑先生列传》，王吉等编：《安成复真书院志》卷三，第18—19页。

④ 家会有广义和狭义之分，广义上是指家族会（即族会），狭义上则仅指一家之会。

⑤ 《朱松崑先生列传》，王吉等编：《安成复真书院志》卷三，第19页；萧近高：《春圃公行状》，《槎江朱氏族谱》，第四次续修本，2000年，第176页。

⑥ 刘邦采：《槎江家会序》，《槎江朱氏族谱》，第41—42页；曾同亨：《春圃公墓志铭》，《槎江朱氏族谱》，第142页。

⑦ 胡直：《南窗公偕元配王孺人合葬墓表》，《槎江朱氏族谱》，第174页；邹守益：《简松岩》，《槎江朱氏族谱》，第209页；刘元卿：《朱松岩先生传》，《刘元卿集》，彭树欣编校，第265页。

⑧ 《朱松崑先生列传》，王吉等编：《安成复真书院志》卷三，第18页；曾同亨：《春圃公墓志铭》，《槎江朱氏族谱》，第141页。

牡丹不开，指示其侄朱意，意谓此乃其将逝之兆。是夕，其子问："手足尚能举动否？"松岩曰："恋此何为哉？"而神志凝然明定如平时。[①]其视生死如平常，可证其得道而获得生命的超越。所著有《松岩先生集》《易训》《武功志》[②]，均佚；康熙三十二年刊本《安成复真书院志》存其语录五千多字，此外《槎江朱氏族谱》存其少量诗文。

从精神人格看，松岩虽为儒家学者，但精神气质上更近道家。王时槐、刘元卿、周怡对其评价，均有此意。王时槐称曰："（松岩）丰骨清逸，神气驯雅，翛然有出尘之态。"刘元卿亦曰："（松岩）丰骨清古，神气健雅，望之知为世外逸品。"周怡论曰："（松岩）论学精洁，有蝉蜕世味意，风神清俊，志趣超绝，学力不懈，吾之所愿友也。"[③]其实，这也反映了阳明学的儒道（包括佛）融合的倾向。邹德泳对其子朱章的评价正体现了这一倾向："亦仙亦儒，且和且清。名利不入其胸次，孝弟可通于神明。收点瑟回琴之趣，会知水仁山之精。以真修实悟为功课，以父子兄弟为友生。"[④]这一评价用在松岩身上也是合适的。

二、朱叔相的主要哲学思想

1."虚灵说"

阳明的良知本体论，受到佛道思想的影响，具有一种"无的特征"[⑤]，并展现出有无之间的辩证性。故阳明常以"无""虚""太虚""虚灵""虚灵知觉"等来言说良知本体。对阳明这一思想的认同，是许多阳明弟子的共识，其中王畿、聂豹、刘文敏等都喜在此点上论说[⑥]，文敏甚至提出"以虚为宗"。由于个人的体证、思考

---

① 王时槐：《松畾朱君墓志铭》，《王时槐集》，钱明、程海霞编校，第140—141页。
② 《同治安福县志》（点校本），第218页；陈邦瞻：《松岩先生文集序》，《槎江朱氏族谱》，第47页。
③ 王时槐：《松畾朱君墓志铭》，《王时槐集》，钱明、程海霞编校，第140页；刘元卿：《朱松岩先生传》，《刘元卿集》，彭树欣编校，第264页；周怡：《跂南窗公铭挽卷》，《槎江朱氏族谱》，第206页。
④ 邹德泳：《春圃公态松春意图赞》，《槎江朱氏族谱》，第208页。按：春圃为朱章之号。
⑤ 吴震：《聂豹、罗洪先评传》，第88页。
⑥ 在理解良知本体的"虚灵知觉"上，王畿等（包括邹守益、欧阳德）与聂豹存在较大的分歧：前者认为虚灵、知觉是即寂即感、寂感一体的；而后者认为虚灵是寂，知觉是感，先有寂后有感，存在寂感或体用割裂的问题。不过，在认为良知本体虚灵、虚寂上，并无不同。参见吴震《聂豹、罗洪先评传》。

不同，在具体论述上，各有偏重，如王畿重"无"（主"四无说"），聂豹重"寂"（主"归寂说"），文敏重"虚"（提出"以虚为宗"）。松岩明显受这一思想的影响，而重在"虚灵"。可以说，"虚灵说"是松岩的主要学术宗旨。他说："虚故灵，灵故常精常明、常寂常运。"① 王时槐常称其"独悟虚灵""精研而远诣"。② 刘元卿也说："吾观公（即松岩）勇习师授，蚤逸晚勤，条习细务，机神爽豁。盖所得于虚灵者深乎！"③

"虚灵"（包括"虚灵知觉""虚灵不昧"），一般是用来形容心的状态。如朱熹曰："心之虚灵知觉，一而已矣。"④ 又曰："明德者，人之所得乎天，而虚灵不昧，以具众理而应万事者也。"⑤ 此处"明德"，以其"具众理而应万事者"来看，也是指心之明德。而阳明则直接用"心之虚灵明觉"指良知本体。他说："心之虚灵明觉，即所谓本然之良知也。"⑥ 这里"本然之良知"，即良知本体。松岩直承阳明之意而来，不过他只用"虚灵"二字来描述良知本体，而"明觉"之意蕴含在"虚灵"之中。他说：

> 天壤间一知也，圆灵昱窍，赫昭不爽，至虚而灵，至神而化，帝则之形而上者，良知也。⑦
>
> 夫天下之物，成矣，曷免于毁乎？始矣，曷免于终乎？惟无始故无终，无成故无毁。无成无毁，无始无终，故太虚。虚故灵，灵故常精常明、常寂常运。融乎浩乎，其机莫可遏，其化莫可窥乎？⑧

松岩用"虚灵"来指良知本体，所谓"圆灵昱窍，赫昭不爽，至虚而灵，至神而化，帝则之形而上者"。但如果严分之，其中仍包含体用两个方面："虚"（或"太虚"）是指良知之体，如"无

---

① 王时槐：《松岊朱君墓志铭》，《王时槐集》，钱明、程海霞编校，第140页。
② 王时槐：《松岊朱君墓志铭》，《王时槐集》，钱明、程海霞编校，第142、140页。
③ 刘元卿：《朱松岩先生传》，《刘元卿集》，彭树欣编校，第266页。
④ 朱熹：《四书章句集注》，第14页。
⑤ 朱熹：《四书章句集注》，第3页。
⑥ 王阳明撰，邓艾民注：《传习录注疏》，第104页。
⑦ 朱叔相：《致良知说赠郑时斋》，王吉等编：《安成复真书院志》卷五，第50页。
⑧ 朱叔相：《学语》，王吉等编：《安成复真书院志》卷五，第38页。

成无毁，无始无终"精""寂""化"是指体（"虚"）而言；"灵"
则是指良知之用，如"神""明""运"是指用（"灵"）而言。
实则体用不分、体用一如："至虚而灵""常精常明""常寂常运"，
是即体而用；"至神而化"，"其机莫可遏，其化莫可窥"，是即
用而体。所以松岩的"虚灵"实则就是阳明的"虚灵明觉"之意，
其"灵"字即具阳明的"明觉"（即用）之意，故松岩不兼说"明
觉"，直接用"虚灵"代替"虚灵明觉"。这与聂豹有很大的不同，
聂豹严分虚灵与知觉（即明觉），前者为体，后者为用。他说："心
之虚灵知觉，均之为良知也。然虚灵言其体，知觉言其用。"① 但是
二者的根本区别还不在此，聂豹虽然也承认"体用一原"，但由于
他不相信现成良知，故只强调"立体以达其用""体立而用自生"②，
而不能说"即用而体"，故其工夫只在"归寂"，因而存在体用割
裂的问题。而松岩则认为，当下的正念就是良知本体，当下就可以
即体而用、即用而体，故不必再寻一个寂体。他说："正念见在，
心之理也，至虚而灵，至微而显，通寂感，兼费隐，建中和之极，
合内外之道。"③ 所以，松岩对于聂豹只在未发之寂体上用功，是持
怀疑态度的。他说："双江（即聂豹）公功夫只在未发之中上用，
所谓感应，不出本体之外是矣。而谓学不在感应之中，疑未是。"④
这与王畿、邹守益等对聂豹的批评是一致的。

　　要真正完全理解松岩的"虚灵说"，关键在于弄清"虚"之内
涵到底何指。上引文曰"无成无毁，无始无终，故太虚"，只指出
了太虚的永恒性，即良知本体的永恒性。除此外，上二引文对于
"虚"的内涵没有更多的揭示，我们需要联系松岩的其他论说来理
解。他说：

　　　　知止者脱然情景，浑无系恋，无声无臭，无人无我，无方所，
　　无节候，无昼夜，无生死，长是此知而未尝无所知也。⑤

---

① 聂豹：《答松江吴节推》，《聂豹集》，吴可为编校整理，第277页。
② 聂豹：《答松江吴节推》，《聂豹集》，吴可为编校整理，第277页。
③ 朱叔相：《书贻孝册》，王吉等编：《安成复真书院志》卷五，第51页。
④ 朱叔相：《学语》，王吉等编：《安成复真书院志》卷五，第42页。
⑤ 朱叔相：《学语》，王吉等编：《安成复真书院志》卷五，第41页。

这里虽是言"止",其实亦即"虚",是说良知本体:除了表示其永恒性之外,还表示其绝对的超越性、独立性、无滞性,并彻底打破了人我、物我的界限,通向了庄子的"逍遥"之境、《心经》的"空无"境。可以是说,松岩此所言的本体之境——"虚"境,是三教共通的终极境界。正因为体悟到了三教在终极境界上的共通性,松岩并不排斥佛道。他说:

> 彼仙家以修命为极,佛家以见性为宗。宗于见性者,非遗命也,因性之见以化命也;极于修命者,非遗性也,因命之修以复性也。比之吾儒各正性命、保合太和之道,虽有不同,其原委会归,皆所以柱立乾坤,匪但托诸空玄已也。①

就是说,佛道与儒家一样都是有体有用的,且其原委会归,都可以鼎立乾坤——证悟本体、立体达用。从松岩对佛道的态度以及"虚"通三教之境看,其"虚灵说"在一定程度上受到了佛道的影响,尤其是"虚"之内涵(即终极境界)融合了佛道。

2. 默识之功

默识是松岩最重要的工夫,有人说"其(即松岩)学主良知,以默识为工"②。这一工夫,承自其师邹守益。守益晚年揭默识之旨,将戒惧与默识结合起来,成为其工夫的圆熟之境(参见第二章第二节)。松岩这一工夫,虽是直承邹守益,但也是自己长期体认、体证所得,与其"虚灵说"有内在的联系。

所谓默识,简言之,就是直证、默契良知本体。松岩曰:

> 默而识之,是圣人发明作用大头脑处。如寂然不动,不学不虑,自然之明觉者,默识之谓也。故学以成己不厌,此默识也;教以成人不倦,此默识也。就此成己成人,亦浑然未见我有个不厌不倦在也。若我自见得,见有我矣;我不见我,即默识亦不见矣。故曰:"何有于我哉!"③

---

① 朱叔相:《奉柳川公》,王吉等编:《安成复真书院志》卷五,第42—43页。
② 《朱松崕先生列传》,王吉等编:《安成复真书院志》卷三,第18页。
③ 朱叔相:《学语》,王吉等编:《安成复真书院志》卷五,第38页。

松岩认为，默识就是圣人的根本工夫，是指体证、契入良知本体状态："寂然不动，不学不虑，自然之明觉。"学以成己、教以成人，至不厌不倦，都是默识之功；其终极之境，是连不厌不倦，连默识，连我也不见了，即进入无我之境，这就是"虚灵"之"虚"境，也即工夫所至的圆熟之境。松岩特别强调辨识此境。他说：

> 学者大患，气质与问学常混作一块，无所辩别。有言长保此知不昏散、不奔逸便是，予谓能保得，亦须能辩得。有明照不散逸者，有常明常照不散逸者，又有无明无照亦不散逸者。[①]

这里辨别了工夫的三层境界，一是"明照不散逸者"，应是指良知偶尔呈现作主而不散逸；二是"常明常照不散逸者"，即良知常常呈现作主而不散逸；三是"无明无照亦不散逸者"，即良知呈现作主而无明照之象，即自然流行、不着痕迹而不散逸，这就是默识工夫的圆熟之境。

以上所言，问题在于，偶尔体证、默契本体，当下或可至此境，但如何保持、保任此境？也可以说，这是悟后起修的问题。首先，松岩提出立志、工夫不懈。他说：

> "三月不违仁"，是此志常立得定，功夫不懈，出头干办，无一毫倚着。所以夫子说个其心"日月至焉"，便脱不得自家得力受用处，如子路之勇、子贡之达、冉求之艺之类，故曰"其余"，曰"而已矣"。圣即弗能已矣。[②]
> 好仁恶不仁，此个好恶，指精一不杂，即克己复礼、修己以敬，工夫无间，无一毫意气参搭，故夫子叹为未见。孔子言弗畔，是学不支离意。[③]

松岩认为，颜回能做到"其心三月不违仁"（亦可谓已默识、默证本体），在于立定志向，工夫不懈而"弗能已"；而其他孔子

---

① 朱叔相：《学语》，王吉等编：《安成复真书院志》卷五，第39页。
② 朱叔相：《学语》，王吉等编：《安成复真书院志》卷五，第40页。
③ 朱叔相：《学语》，王吉等编：《安成复真书院志》卷五，第39页。

子弟（如子路等）则不能如此，所以只能"日月至焉"。只有工夫不懈（或无间），才能使本体"精一不杂"，"无一毫意气参搭"，即保持纯本体状态。

其次，要在去日用伦物上落实、印证。从松岩的为学历程看，先是主要在山水中涵养性灵（即默识、体证本体），然后又在日常事务中磨炼心性。故日用之功不可少。松岩曰：

> 学不离人伦庶物上印证。如饭糗茹草、完廪捐阶时，与袗衣鼓琴、瞽瞍底豫时，其情景遭际，殆天渊之隔，而大舜当前后，无纤毫加减。如此才是尽性至命。①
>
> 日用全在把持得定，不定即性逐事，靡情随景迁，失却良知用事。良知用事，内忘其心，外忘其形，其气浩然，物莫能干，明道所谓"澄然无事"者也。②

松岩认为，舜的工夫就体现在日用伦物间，不管自身处穷，还是处达，都能使本体"无纤毫加减"，如此才是"尽性至命"。而日用工夫在于良知能作主（"把持得定"），而不被淹没在具体的事务中。而当良知能真正作主用事时，就能"内忘其心，外忘其形"，即进入无我之境，亦即进入工夫的圆熟之境。所以默识之功，不是死守一个本体，而是立体达用，体用一贯。松岩曰："性凝定处，须明得尽，明得尽才是尽性；命条理处，须融得尽，融得尽才是至命。两无亏欠，才是一贯之学。"③ 就是说，尽性是指体上工夫而言，至命是指用上工夫而言，尽性至命，体用一贯，这才是真正的彻底的默识之功。这其实也是其"虚灵说"在工夫论上的体现。

以上所言工夫论，在松岩看来，其实就是"致良知"。松岩曰：

> 天壤间一知也，圆灵昱窍，赫昭不爽，至虚而灵，至神而化，帝则之形而上者，良知也。笃志时习，透悟真修，工夫条理，湛然区别，彻上下而无间者，致良知也。昭一代务学之肯綮，肇千古作圣之根基，赖我阳明扫截群阴。盛矣哉！"致良知"

---

① 朱叔相：《学语》，王吉等编：《安成复真书院志》卷五，第40页。
② 朱叔相：《学语》，王吉等编：《安成复真书院志》卷五，第41页。
③ 朱叔相：《学语》，王吉等编：《安成复真书院志》卷五，第39页。

三字，工用证印，经纬相属，三字脱一字不得。三字即精一博约，统贯于格致诚正、修齐治平之实学。①

可以说，松岩将其本人的工夫论以及虞廷的"十六字心传"工夫论和《大学》之工夫论都收摄于"致良知"三字之中。其中所谓"笃志时习，透悟真修"，其实就是指默识之功，默识之功就是致良知的具体工夫。

总之，松岩作为一介布衣学者，一生都在实修实证中，属于修证派或实修派。其哲学思想以阳明学为主而又融合了佛道的思想，具有"三教合一"的发展趋势，是安福阳明三传弟子邹德溥"三教合一"论的前导，体现了阳明学的一个发展路向。

---

① 朱叔相：《致良知说赠郑时斋》，王吉等编：《安成复真书院志》卷五，第50页。

第四节　朱调论

一、朱调的生平、学履[①]

　　朱调（1512—1596），字以相，号易庵，安福南乡大桥人。幼而端重，不喜玩耍，识者知其非凡儿。年甫壮，为邑庠生，勤治经义。尝读史书，至"焚香（表示恭敬）奏帝"，悚然有警于心。一日，江西学政至吉安府督学，易庵与诸生就试，一紫衣人执其衣袂曰："子非藉此立名者，何自苦乃尔？"说完，即不见。易庵于是思考后认为举业并非人生终极意义之所在，唯有归依圣人之学才能实现个体生命的价值。于是告祖庙，焚旧业。[②]王时槐所记载的紫衣人之告，也许是易庵自己杜撰出来的，以对父母家人有所交待而已，实则是自己认清了人生的追求方向。他先是师从邹守益，闻其戒惧、慎独之训，默体显证，用功不懈，后又闻刘邦采"性命兼修"之说，有会于心，即往师之，得之于刘邦采者尤多。王时槐称易庵得邹、刘二先生之"真传密印"，为"高第弟子"。[③]

　　易庵常在山水自然中修养心性之学。嘉靖三十二（1553）至三十五年（1556），与朱叔相、王曒于武功九龙山静修，并留下"棋石"石刻。其文曰："调与朱叔相、王曒学道兹山，经三载矣。纪其略云：'天地神化，吾人性命。至命乃化，尽性乃神。德合天地，亘古亘今。'嘉靖丙辰（1556）孟夏朱调书。"[④]易庵等三人在此所修者，为儒家天人合一之学。又外出求友商学，远陟吴楚、新安诸郡，经年忘归。归则侍刘阳，与其一起结庐于南乡三峰之巅修炼。易庵喜素食，刘阳有诗赞曰："居士清斋岂甚廉，冻蔬新蕨味长兼。盆中有蛤还须放，

---

① 此部分主要据王时槐《易庵朱先生墓志铭记》（《王时槐集》，钱明，程海霞编校，第148—151页）、《朱易庵先生列传》（《安成复真书院志》卷三，第19—21页）。按：此《传》亦大体依王氏《墓志铭》而成，略有异。除特别引用处外，不再加注，据他文则注之。
② 王时槐：《易庵朱先生墓志铭》，《王时槐集》，钱明、程海霞编校，第149页。
③ 王时槐：《易庵朱先生墓志铭》，《王时槐集》，钱明、程海霞编校，第148页。
④ 王兴才：《武功山文化遗存》，中国文化出版社2020年版，第175—176页。按：今石刻犹存。

剩有怀伤似子瞻。"①

每年青原山、复古书院、复真书院都举办讲会，即使严寒暑雨，易庵也必杖履而往。如嘉靖四十二年除夕（1564），与南乡阳明学者刘阳、刘文敏、刘邦采以及四方客人共23人，于复真书院举除夕会。②又在家乡联族会。万历二年（1574）冬，开始与王时槐等合两姓族人（即大桥朱氏、金田王氏）每月于金田元阳观举会，三日而罢。③易庵平居貌恭而容粹，神敛而志凝，静坐终日，不事言说。而环席侧侍者，钦其素履之端，挹其清莹之度，测其蕴藉之渊源，莫不颙颙然涤诚以瞻向也。时有请问者，则随机开示，简切疏朗，不袭陈言，不陟险语，学者亦洒然有醒。于是远近学者闻风而至，几无虚日，致室不能容。因此门人专辟梅溪馆，以为易庵讲学之所，题其所曰"求仁所"。易庵晚年揭"敛气观心，忍欲成行"八字，以示来学者，欲令其由此练习，以为入道之基。

易庵性至孝友：早失双亲，追痛永慕；奉养庶母，情逾所生；推让家业于庶弟，抚育孤侄。其厚伦笃爱，真意流贯，传说其家有"连理生于圃、甘露降庭柏"之祥，人以为和气所感。因其在当地的影响，历任县令往往至其家问政，易庵必悉陈民间疾苦而无讳言。又尝恭请其督理土地丈量册、表正乡约，易庵任之，秉直持平，事终而舆情咸服。

万历二十四年（1596）六月七日卒。卒之先日，有问学者，答之曰："吾学吾，汝学汝，何二之有？"此语颇有神机，意谓学在自求自悟，无有二样学问。随后，口占一诗，有"翩翩吹入紫云层"之句。可谓超然而化，超越生死。

对于其人其学，王时槐评之曰："（易庵）天禀真醇，而志趋颙切，世味泊如，而静研幽奥。其体于衷也，瞬息不懈；其检于身也，屋漏不欺。其正于家也，厚伦常而以顺处逆；其措于事也，出诚信而敛退晦藏。"④易庵不事著述，仅有《梅山语录》（1卷），今佚；其中《安成复真书院志》存四千余字，此外王时槐所撰《墓志铭》中存一二言。

① 刘阳：《易庵喜食素》，《刘三五集》，彭树欣整理编校，第32页。
② 刘阳：《除夕记》，转引李才栋《江西古代书院研究》，第329页。
③ 王时槐：《王塘南先生自考录》，《王时槐集》，钱明、程海霞编校，第661页。
④ 王时槐：《梅山语录序》，《王时槐集》，钱明、程海霞编校，第45—46页。

二、朱调的主要哲学思想

易庵是实修实证者,既不重视思想体系的建构,也不特别标举自己的用功方法,其在世时所留下的文献甚少且为零散的语录(现所存者更少),故其学颇不易论定,现只能略论之。

1. 心性、知、意之辨

我们先看王时槐对易庵之学的总结,他引易庵之言并论之曰:

> 先生(即易庵)尝曰:"人之生也,阴阳合德而刚柔有体,故学者必开辟阴阳,然后学有门径。孰为主乎阳也而名吾之心性,孰为主乎阴也而名吾之意气?尊乎心性,使智崇如天,不容混乎后天之意;沉乎意气,使礼卑如地,必须奉乎先天之心。庶几日新日进,德崇业广,天地可配矣。"先生涵养邃奥,未易窥测,而其大指要在于是。[1]
>
> 其(即易庵)学之大指,原本于师泉先生,故于心性意气之辨致详焉。然析而不支,合而不淆,要其所自得者为多矣。[2]

王时槐认为,易庵之学主要在于躬行,其人"涵养邃奥",而其学"未易窥测",然其大指在于分辨心性与意气,并依此用功。在易庵看来,人是一个阴阳合德的刚柔之体:心性属于阳,是先天者;意气属于阴,是后天者。而所谓工夫,就是尊乎心性,使其不混于后天之意;就是沉乎意气,使其听从先天之心性。这一工夫论模式,其实就是刘邦采"悟性修命"的二分模式:易庵之"心性",如邦采之"性";易庵之"意"或"意气",如邦采之"命"。但是,易庵又认为心与意也不是截然分开的。他说:

> 学须开辟,而又自混沌不得。心乃意之本原,意乃心之运用。今夫天高下济,未尝离乎地,而又何尝沾乎下?今夫地博厚上行,未尝外乎天,而亦何尝越乎上?[3]

---

[1] 王时槐:《易庵朱先生墓志铭》,《王时槐集》,钱明、程海霞编校,第149页。
[2] 王时槐:《梅山语录序》,《王时槐集》,钱明、程海霞编校,第46页。
[3] 朱调:《朱易庵先生语录》,王吉等编:《安成复真书院志》卷五,第26页。

就是说，心意一体，心是意之本原，意是心之运用，但是二者虽不可分而仍有所不同，如天地不能分而终有别一样。所谓"心乃意之本原"，是指本体之心是意之指导者、规定者；所谓"意乃心之运用"，是指本体之心，发动为意，心落于后天就是意，心之用即意。

易庵又分辨知（良知）与意（意气）。其《语录》载：

> 问："颜子'知之未尝复行'，原宪之'克伐怨欲不行'。夫不行一也，孔子许颜子好学，未许原宪为仁。何也？"曰："颜子之学，是乾道为主，明不混入意中。故有不善，自不能瞒昧其知，'知之未尝复行'，意气听命于知，不使行其所便也。其不善无名目可定，受命之未纯，习气之未化，皆不善也。若原宪未免知入意中，是坤道为主，故克伐怨欲必待萌露而后照得，但工夫细密，微发而止之，不使著见而成面目耳。盖不行于克伐怨欲，其习气潜藏之微，受命偏重之原，自有所不尽知也。"[①]

此处，易庵以乾坤来说明知（良知）、意（意气）：良知为乾道，属于先天；意为坤道，属于后天。比较颜回与原宪的工夫，颜回"知之未尝复行"，能够使意气完全为良知所主宰；而原宪未免使良知入于意气之中，不能完全主宰、消除意气，虽然克伐怨欲萌露时能够照见之而暂止之，不使之明显呈现，但潜藏之意气或习气仍未能完全消除。

从上文看，知（良知）与心性应该属于同一个层面，即都属于本体层，但从下文看，易庵之学似乎有所演进。他说：

> 无声无臭，心之原也，即性也；灵妙发微，心之生也，融萃而为意。不睹不闻，意之本也；运用周流，意之用也。自知其当可与否，心意之良知也。良知不混于生生运行，譬诸相道立而天下一矣；心原、意本不混于良知，譬诸君道立而天下定矣。夫能于统同之中而脉络不混，庶乎心意之本，无失其为敦化之体；生生运行，无失其为川流之用。大学之道，庶几其不悖矣乎！[②]

① 朱调：《朱易庵先生语录》，王吉等编：《安成复真书院志》卷五，第26—27页。
② 朱调：《朱易庵先生语录》，王吉等编：《安成复真书院志》卷五，第26页。

易庵以上所言似有滞迟，但大体思想还是可以分辨出来。从心之层面看，心之原（体）是性，心之生（用）是意；从意之层面看，又有意之本（即体），意之用，又前引文言"心乃意之本原，意乃心之运用"，即心为意之本（体），意为心之用。这里颇不易分疏，其实，易庵所言之心有两个含义，一是本体之心，一是用之心。从本体之心看，心性是一，故可说"心（此心为本体之心，即性）乃意之本原，意乃心之运用"；从用之心看，心意是一，故心原（心之原）就是意本（意之本），即性，心之用就是意之用。从本体之心而言，心性是同一个东西；但当心呈现为意（"融萃而为意"）时，此心已不再是本体之心，而是现象界的已染污的心，即意了。如此，心性与意分属两层，就是前文所说的心性是先天，意是后天。此外，心原与意本是一，还可从"心原、意本不混于良知，譬诸君道立而天下定矣"中看出，即心原、意本被譬之曰"君道"，亦就是性（体）。

上引文中，还有良知一层，良知如何理解与定位？易庵曰："自知其当可与否，心意之良知也。良知不混于生生运行，譬诸相道立而天下一矣。"就是说，良知在心意中，而又不"混于"后天的意之用（"生生运行"）中，具有超越性，但还不是"君道"（即先天之性），而是"相道"（即具后天性）。如此理解，易庵之"良知"已非常接近王时槐所说的"先天之子、后天之母"，即良知既在先天之心（即本体之心）中，又在后天之意之中，故曰"心意之良知"。这样，易庵似将心性、知（良知）、意分成了三个层面，但从体用关系看，仍是两层："庶乎心意之本，无失其为敦化之体；生生运行，无失其为川流之用。"具体而言，就是在体上，良知藏于心性（体）中；在用上，良知指导、规范意之用。从以上分析可以看出，王时槐所引文未为定论，上引文乃为"易庵定论"，《复真书院志》编纂者将该语录置于《易庵语录》之首，颇具慧眼（而王时槐所引者却未收录该《志》中）。

2. 格物说

以上为易庵思想的主要内容，此再略论其格物说。"格物说"是宋明理学尤其是阳明学的一大公案，可谓众说纷纭，其中最具代表性的有三家：朱熹认为格物是"即物而穷其理"，阳明认为格物是"正念头"（及念头所及之事），王艮认为格物"知修身为本"。①
易庵对此也有独到的理解，只是所论甚简，但大体思想已透出。其"格
物"之义大体有二：

一是格去物欲。他说："欲净则知显，知显则欲净。故《大学》
曰：'物格而后知至'，'致知在格物'。"②易庵将知（良知）与
欲（物欲）视为绝对对立的两个方面，"欲净则知显，知显则欲净"，
而工夫在于格物、致知。"物格而后知至"，就是格去物欲，然后
良知彰显，所谓"欲净则知显"；"致知在格物"，就是说要致知（使
良知彰显）必须格去物欲，即"知显"在于"欲净"。

二是格去心中之物，使心无一物。易庵曰："齐治均平之意，
未尝不是一也。适留注，虽善亦私，未必能齐治均平也。故君子惟
无意然后能诚意，无物然后能格物。"③就是说，即使能做到齐治均
平，但着意于此，亦是私意，即心中有"物"，这样的话，反而未
必真能做到齐治均平。所以"无意然后能诚意，无物然后能格物"，
反过来说，诚意就是格去心中之意而使心无意，格物就是格去心中
之物而使心无物，诚意、格物是同一个工夫。易庵又曰："吾侪于
身家事，胸中有推不去者，其病在于爱身恋家……故忘身忘家，而
后能处身处家，其要只在致知。"④此说忘身忘家，才能真正处身处
家，"其要只在致知"，其实依文意还可加一句"致知在格物"，
因为格去心中之物而使心无一物，即能忘身忘家。

总而言之，易庵的"格物"可以归结一个意思——格去心中之物，
因为物欲也是心中之物。只有格去心中之物，才能做到忘身忘家，
从而能真正地处身处家，而至修齐治平之境。易庵的格物之论，与
邹德泳的"格物说"较为接近，但前者只是一个简要发端，而后者
则内涵丰富且有体系（参见第六章第五节），前者当然无法与后者
相提并论。

综上所述，易庵作为与朱叔相齐名的布衣学者，也是一生在实
修实证中，属于修证派或实修派，可谓一生都在用生命实践阳明学，

① 张学智：《明代哲学史》（修订版），第242页。
② 朱调：《朱易庵先生语录》，王吉等编：《安成复真书院志》卷五，第28页。
③ 朱调：《朱易庵先生语录》，王吉等编：《安成复真书院志》卷五，第28页。
④ 朱调：《朱易庵先生语录》，王吉等编：《安成复真书院志》卷五，第29页。

因不重著述，所留文字甚少，故其学不彰，但其心性、知、意之辨和格物说，仍有自己的独到之见，对阳明学也有所丰富。

第五章

安福阳明三传弟子论（上）

第一节　邹德涵论 ①

一、邹德涵的生平、学履

1. 生平概略 ②

邹德涵（1538—1581），字汝海，号聚所，邹守益孙，邹善长子，安福北乡澈源人。嘉靖十七年（1538）五月二日生，其母陈氏为阳明弟子陈九川之女。聚所生而俊爽，拓落绝群儿，为祖父所钟爱。十五岁，补县生员。随后与其父一起攻举子业，又与邑中诸名士游。嘉靖三十五年（1556），邹善成进士，随后授刑部主事，聚所侍父于京。邹善仕宦之暇，与耿定向、罗汝芳、胡直相与讲学，聚所亦参与其中，脉脉嗜学，并纳贽受学于耿定向 ③。

嘉靖三十七年（1558），从京城归，以《春秋》中乡试；邹守益心喜，赋诗十余首。次年，赴会试不第，卒业于太学。时才名渐起，耿定力等士人多从其结社、修博士业，聚所对其涵煦诱掖，尤以艺文结友，相与敦切交谊。四十一年（1562），还家侍祖疾，亲汤药；及祖卒，与诸父一同料理丧事。四十五年（1566），时耿定向正督学南京，寄书召之往，遂携家往南京依定向，再受其学，且与耿定理、焦竑、杨希淳等一同向学，日夜用功，从悟而入，务彻性体，学问大成于此年。同年十月，其父邹善任山东按察司副使，督学政。隆庆元年（1567），聚所被父召至历下（今济南），④ 遂与仲弟德溥朝夕相参，一出入，一饮食，必证诸学，嘐嘐而尚友千古，自宋儒以下不愿为也。又辅助邹善兴起山东教育，请父择文行优者聚会攻举

---

① 本节主体部分曾以《明儒邹德涵简论》为题发表于《孔子研究》（2014年第5期），本节在此文的基础上进一步丰富、扩充、深入。此节成，该文可废。
② 此部分主要据刘元卿《邹聚所先生言行录》、邹德溥《伯兄汝海行状》、耿定向《明故奉议大夫河南按察司金事邹伯子墓志铭》而成，据此三文一般不再加注，间据其他资料则注之。三文见《邹聚所先生外集》，《四库全书存目丛书·集部》（第157册），齐鲁书社1997年版，第435—448页。
③ 受学于耿定向时为嘉靖三十五年或三十六年，具体哪一年不能确定，很有可能是嘉靖三十五年。
④ 焦竑：《世德作求尚友千古册》，《邹聚所先生外集》，第422页。

业。聚所遂昼夜与诸友生谈说心性，务令心开。一时山东学道之士蜂起，其主功当在其父，而聚所亦有辅助之功。三年（1569），邹善升湖广布政司参政，聚所偕德溥则自山东回到安福。归则汲汲聚诸友商学，若求亡子，而动称尧舜可为，被人目为狂生。聚所曰："吾诚狂，顾孰与为乡愿耶？"然士人亦稍稍来附，如伍惟忠、刘元卿、刘以中等始岳岳自树，耽心向道。又偕弟德溥入吉安青原山主持讲会，并捐金二十两买田供会事。自二兄弟入山讲学，青原原戏谑之风为之一变，但闻弦歌之声。在聚所的推动下，安福掀起以阳明二传、三传弟子为主体的第二波学术和讲学高峰期（第一波为其祖邹守益晚年居乡时期）。

隆庆五年（1571），再赴会试，试策问"英雄豪杰"，聚所直信自心，直抒所志，陈说独立不惧、遁世无闷之说，竟得内翰王锡爵激赏，荐为高等；廷试，二甲赐进士出身，观政工部。王锡爵益器重之，时引参订学旨，相与究析，不以门下士待之。同年秋，奉使广陵，后便道归家。[1] 适年友李忱为安福县令，乃访求民间疾苦陈之，竭力襄助其为政。万历元年（1573）秋，以进士分校顺天府试事。同年十一月，言官建言阳明从祀孔庙，从祀议起，遂上《新建伯从祀疏》，极言阳明功德，宜从祀。[2]《新建伯从祀疏》论阳明曰：

> 臣尝粗睹守仁之迹，盖亦可疑：其直契本心似禅，其辩驳先儒之言似讪，其汲汲觉世、真若天下之饥溺似激，其惜爱同类似党，其惓惓接引、漫无拣择似愚，其在军旅中聚徒讲学似迂。夫此数者，信可疑矣，然原其心，则欲明明德于天下，冀以正天下之人心也。盖其心在天下，视天下之人心未正，若疾痛在身，不愈不已。故不得不以兴起斯文为任，欲兴起斯文而不自人心之本明者觉之，则或从事于见闻行之间以为是，而人心终不可正也。故不得不挈良知以示之趋。[3]

① 李登：《别言赠邹聚所奉使广陵》，《邹聚所先生外集》，第421页。
② 《明神宗实录》卷十九，"万历元年十一月"事，刘元卿：《邹聚所先生言行录》，《邹聚所先生外集》，第437页。
③ 邹德涵：《新建伯从祀疏》，《邹聚所先生文集》卷二，《四库全书存目丛书·集部》（第157册），齐鲁书社1997年版，第273页。

此疏词气正直，一时士人争相传写，以为确论；然其后为时所沮斥，亦酝于此事。

万历二年（1574），授刑部山西司主事。日夜精心治狱，务归于平允；体贴囚犯，禁狱吏害苦囚。已而刑部尚书嘉其才，使其在本部治刑事，尽心披阅本部奏章，所平反者甚众。时耿定向在京，常侍师左右，并招引四方豪杰纳于师门。于定向，正如孔子所谓"自吾得回也，门人益亲"。定向离京后，又与周思敬、耿定力倡率为会。新榜诸君有来附者，则竭力启迪鼓舞，人人各自以为有得。时张居正秉政，禁讲学，士人多隐迹潜修，而聚所挺立不避，居正遂憎之。时同县傅应祯、刘台先后弹劾张居正，而刘台之疏尤触怒之，谗者谓刘疏实为聚所草拟，居正益恨之。四年（1576），遂稍迁为本部员外郎；越数日，外调为河南按察司佥事。至河南，殚心职事，于屯田、驿传、盐法，具悉心筹度，务使百姓受益。于时士民称颂其德。然直指使张某受张居正指使，弹劾之，得降调，而聚所辄解官飘然而归。归则时时游山麓间，习静适志，布衣蔬食自适，不以为意。九年（1581）九月二十九日，病卒于家，年仅四十四岁。[①]十九年（1591），崇祀府学乡贤祠。

聚所性刚，不与人款曲，非其人，即素交淡若无情者；然至遇同志者，则欢契如家人父子。又友爱族里，其父捐俸资买义田百余石赡族子，而聚所亦捐田百石以佐之。总之，聚所一生学问有成，人格俊伟，时贤多所推崇。张元忭曰："吾兄其担荷之勇，将上接姚江之绪，而造诣之深，盖近承三世之传。其气温然如玉之润，而韵宇出尘，又如冲霄之鹤，凌千仞而翩翩。"[②]詹思谦曰："君资颖异，发以肫诚溯渊源于祖武，禀诗礼于趋庭。其居也，敦叙典常，庶几称一家之唐虞，而无添于实践；其出也，表章正学，谓宜续百代之彝鼎，而匪意乎徇名。"[③]可谓得一时之高评。

聚所去世一二十年后，其著述经过友人刘元卿，弟德溥、德泳和德济，子邹衮和邹裒整理、刊刻，绝大部分保存下来了，现存文献有《邹聚所先生文集》（6卷）、《邹聚所先生语录》（3卷）、《易

① 黄宗羲《明儒学案》（第333页）言其五十六岁，误。据刘元卿《邹聚所先生言行录》、耿定向《明故奉议大夫河南按察司佥事邹伯子墓志铭》等，均可知其年龄为四十四岁。
② 张元忭：《同年张阳和先生祭文》，《邹聚所先生外集》，第429页。
③ 詹思谦：《同会詹洞源先生祭文》，《邹聚所先生外集》，第430页。

教》（1 卷）、《邹聚所先生外集》（1 卷）等，约 20 万字。

2. 学思历程

聚所哲学思想的形成，首先受到家学的熏染、影响。焦竑说他"早闻家学，挺持有大志"①。聚所自幼便得到乃祖邹守益的喜爱，受其熏陶。嘉靖三十五年（1556），十九岁的他又受钱德洪的器重，守益寄书以勉之曰：

> 绪山（即钱德洪）诸公览尔立志之悔，以负天负祖自奋，皆为我欢喜。果能培养此念，时省日新，不敢须臾自欺自画，则古人事天光前德业，何远不可到？若一时奋发，复为世情所挠，则欢喜者又可忧惧矣！夙兴夜寐，自成自道，立人极以自超于凡民，古之人岂四目二口耶？勉之勉之！②

在此，邹守益肯定聚所立志之念，并希望他时省日新，即时时戒惧之，如此才能立人极而超凡民。三十七年（1558），聚所中举，其祖赋诗相勖励，勉以谦抑仁厚，尚友千古。③次年入京参与会试时，其祖又贻书深辨"知止"之说：

> 所言"知止"之说，须识得"止"字本体即工夫，始有归宿。至善也者，心之本体也。自无声无臭而言，曰不睹不闻；自体物不遗而言，曰莫见莫显。其曰止仁止敬，止孝止慈，皆至善之别名也。戒惧勿离，时时操存，时时呈露，若须臾不存，便失所止。故《大学》《中庸》论有详略，而慎独一脉，炯然无异。④

在此，邹守益对聚所讲本体、工夫之学，强调至善为心之本体，而工夫就是在本体上用戒惧、操存之功，即戒惧于本体，这是其祖最重要的工夫论。此外，聚所又尝接受其祖默识之旨。⑤所谓默识，即体悟、体证本体（参见第二章第二节）。

------

① 焦竑：《明故奉议大夫河南按察司佥事聚所邹君墓表》，《邹聚所先生外集》，第449页。
② 邹守益：《寄孙德涵》，《邹守益集》，董平编校整理，第661页。
③ 刘元卿：《邹聚所先生言行录》，《邹聚所先生外集》，第436页。
④ 邹守益：《文庄府君书》，《邹聚所先生外集》，第396页。
⑤ 邹德涵：《书文庄府君要语首》，《邹聚所先生文集》卷六，第383页。

其父邹善，传家学。聚所早年曾与父共学，其弟德溥曰：

> 时家大人犹在诸生中，挟之下帷治经史，家大人悟所至，伯兄亦辄悟。……闽中有丘生者，来禀学先大父，其人博士业，解上乘，持论甚高。独家大人津津味其说，众莫之省也，惟伯兄亦雅嗜之。①

其时二人所共学者，乃科举之业，但也当有与心性之学相关者，故聚所之学也受到其父之影响。其后又在京师随父参与讲会，在山东辅助其父督学政，均受其父潜移默化之熏染。从邹善致聚所之书中，亦可见前者对后者之影响，如：

> 吾近与诸友研究，真觉此学惟在于心，而心则惟止于敬，程门谓主一无适之谓敬，而后儒又不达其旨。于此究竟得分明，则日用三千三百不致空过矣。②
>
> 除却人情事变更无学，此中生厌生息，更何言学？勿于此又生见解，谓吾能薄功名，此皆自己出脱为方便门。惟随所居，随所遇，时时处处常是敬，不敢怠，方可进步。③

上二书均强调主敬之功，即在日用中时时处处用主敬之功，如此学问才有长进。此乃邹氏家学之嫡传。

除承家学外，聚所又受到师友之启发、点拨、锤炼。其自云："吾昔未知学，赖近溪公逼之，天台师熏之，焦从吾氏点之，故幸有闻。"④此三人皆为泰州学派人物，其中，罗汝芳（近溪）、耿定向（天台）为师辈，焦竑（从吾）为友辈，尤以耿定向的影响为最大。不过，聚所学有所成，根本乃在得力于悟。黄宗羲曰"先生（即聚所）以悟为入门"⑤。章太炎亦曰："汝海本由自悟，不尽依文成师法。"⑥其实，其学是在家学的熏陶下，师友的夹持下，最终以自己的体悟

---

① 邹德溥：《伯兄汝海行状》，《邹聚所先生外集》，第442页。
② 邹善：《太常府君书》，《邹聚所先生外集》，第397页。
③ 邹善：《又（太常府君书）》，《邹聚所先生外集》，第400页。
④ 刘元卿：《邹聚所先生言行录》，《邹聚所先生外集》，第436页。
⑤ 黄宗羲：《文庄邹东廓先生守益》，《明儒学案》（修订本），沈芝盈点校，第333页。
⑥ 章太炎：《章太炎全集》（五），上海人民出版社1985年版，第116页。

而成。其过程有似禅宗渐修—顿悟之经历。刘元卿、邹德溥、耿定向对此均有记载。

刘元卿《邹聚所先生言行录》载：

> 及先生（即耿定向）督南畿学政，以道督倡士子，则乃招君（即聚所）处于南畿。君时于学未有悟入，因近溪公法语斥君，用是昼夜钻研，大肆力于学闻。天台先生以识仁为宗，遂闭门静坐一月，犹不得，则与诸友人究析辨难。一夕梦文庄公试以万物一体论，醒而若有悟。自是稍稍契会天台先生之旨。
>
> 君之从楚侹氏（即耿定理）游也，尚未有领入，则时时质证楚侹氏，尝五问而五不答，乃始愤曰："循循善诱者，固当如是耶？"因闭门静坐求之，既而悔其非是，则又折节与友人辩析，务求了悟。其事焦从吾氏，若童蒙之侍其师，蚤夕执经，句问而章询之。①

邹德溥《伯兄汝海行状》载：

> 丙寅（即嘉靖四十五年），先生（即耿定向）方督学南畿，贻书招伯兄，伯兄遂携家之南畿依先生。时伯兄犹缘名理自摄，先生微激动之，于是慨然思参彻性源矣。间问之耿仲子定理，仲子默不答，则愈自奋曰："吾独不能心参，而向人求乎？"归而杜门静坐者逾月。久之，未有解，愈自刻厉，至忘寝餐。忽一日，见先生，先生睹其貌癯甚，顾反宽，譬之则属杨子希淳、焦子竑与之微语，语大抵令自信本心，不假凑泊，不烦矫揉，即显即微，即夷即玄。伯兄始而哂，继而疑，既而豁然自彻。时于众座中发一言半辞，则二子大赏曰："吾子可谓一夕觉矣。"晋而质于先生，先生谓："既有所悟入，政须学耳。"而伯兄则心以自得，愉快甚。②

耿定向《明故奉议大夫河南按察司金事邹伯子墓志铭》载：

---

① 刘元卿：《邹聚所先生言行录》，《邹聚所先生外集》，第436、439页。
② 邹德溥：《伯兄汝海行状》，《邹聚所先生外集》，第442—443页。

越丙寅，余典学南畿，寓书招之至，适余仲理（即耿定理）亦来省余。伯子（即聚所）时学犹缘名理自摄，余时提激之，慨然思参彻性源。间以疑质余仲，仲不答，则大奋曰："吾独不能心参，而向人求乎？"归邸，键一室静求者，逾时未有解，愈自刻厉，至忘寝餐。一日来见余，余视其貌癯甚，知为学愤也，渐启之。复属杨生希淳、焦生竑与居，昕夕商订。一夕，霅然忽若天牖洞彻，本真自信，不假凑泊，不烦矫揉，即显即微，即夷即玄。自是其气盎然，其文蔚然，其与人为善之机益勃勃然，盖昔人所谓此理已显矣。[①]

三人记载略有异，但基本史实和主要内容是一样的。综合三人记载可知，聚所之学成于嘉靖四十五年（1566），由原来的"缘名理自摄"，进而"思参彻性源"，最后豁然自悟，契会耿定向识仁之旨，从而证悟本体（即心体或良知本体）："不假凑泊，不烦矫揉，即显即微，即夷即玄。"其"以悟为入门"（或"以悟为宗"），主要来自耿定向之教，[②] 最终彻证本体，主要得力于悟；同时，其悟又启自其潜意识中之家学（如邹守益的"万物一体论""默识之旨"），也与杨希淳、焦竑之切磋有关，而尤其受到耿定理之有意不理而益奋力自求而得之。

聚所自证悟本体之后，学问从此大进，其后则是进一步体悟、实证、完善并传播其学，如焦竑曰："君独得其本心，自是志意勃发，壹以立人达人为己任。"[③] 这主要体现在侍父于山东时期。其时与仲弟德溥进一步商学，并传道。刘元卿曰："方伯公（即邹善）督学山东，召君（即聚所）至署中。睹其学念方浓，又于道有解也，则大喜，督率益勤。因早夕与仲氏汝光（即德溥）讲明辩析，疑而信，信而复疑，盖及期年，乃始相契。于是一出入，一食饮，必证诸学，嘐嘐而尚友千古，务臻圣境，自大贤以下，弗愿当也。"[④] 耿定向亦曰：

① 耿定向：《明故奉议大夫河南按察司金事邹伯子墓志铭》，《邹聚所先生外集》，第447页。
② "以悟为宗"应是耿天台重要之教法。焦竑说："自先生（即耿天台）开示学之津筏，士始知以悟为宗，日用之间，悬解朝彻，如静中震霆，冥外朗日，无不洗然，自以为得也。而君（即聚所）尤师门所属望，藉令君不死，必能更相绳绎，以益推明先生之道于无穷。"见焦竑：《明故奉议大夫河南按察司金事聚所邹君墓表》，《邹聚所先生外集》，第449页。
③ 焦竑：《明故奉议大夫河南按察司金事聚所邹君墓表》，《邹聚所先生外集》，第449页。
④ 刘元卿：《邹聚所先生言行录》，《邹聚所先生外集》，第436页。

"会颖泉公督学齐鲁，伯子（即聚所）往省，值仲溥在宦邸，相与密参显证，仲亦大省。于时嘤嘤然，直当孔氏正脉，宋儒以下弗顾已。颖泉公乃简齐鲁髦士与盍簪，伯子因以孔氏求仁之旨肫肫诱掖，诸髦士由是彬彬兴起。"① 从山东归家后，又在安福、青原山一带大力弘扬其学。

二、邹德涵的主要哲学思想

邹德涵是江右王门中后期重要人物之一，但其哲学思想几乎无人研究，唯张学智《明代哲学史》和李伏明《江右王门学派研究：以吉安地区为中心》对其思想分别用 500 余字和 1000 多字作了简要的论述。那么，是否其人在哲学史或理学史上无关紧要，而不入当代学人之法眼呢？然而，近代学人章太炎却独具慧眼，其《王文成全书题辞》云："余论文成之徒，以罗达夫（洪先）、王子植（时槐）、万思默（廷言）、邹汝海（德涵）为过其师。"② 从章太炎对聚所的推重来看，其思想必有过人之处。

1. 以悟（即悟本体）为宗

前文已述，聚所之学得力于悟，并提出"以悟为宗"。黄宗羲曰其"以悟为入门" ③，《明史》认为其"专以悟为宗" ④，可见悟是聚所之学的关键所在。那么，如何理解其"以悟为宗"？这里包括两个层面的内容，一是悟什么，一是如何悟。

（1）悟良知本体之空

聚所"以悟为宗"，到底悟什么？其实就是悟空——悟良知本体之空。当弟子艾而康向其问学，聚所提出"不要怕空，果能空得，自然有会悟处"。而艾而康怀疑如此恐怕流于佛道，于是聚所提出有三种"空"，即"一等闲人的空""异教家的空"和"吾儒的空"。他说：

---

① 耿定向：《明故奉议大夫议河南按察司佥事邹伯子墓志铭》，《邹聚所先生外集》，第447页。
② 章太炎：《章太炎全集》（五），第116页。
③ 黄宗羲：《文庄邹东廓先生守益》，《明儒学案》（修订本），沈芝盈点校，第333页。
④ 张廷玉等：《明史》（第23册），第7271页。

空亦不同。有一等闲人的空，他这空，是昏昏懵懵，胸中全没主宰，才遇事来，便被推倒，如醉如梦，虚度一生。有异教家的空，是有心去做空，事物之来，都是碍他空的，一切置此心于空虚无用之地。有吾儒的空，如太虚一般，日、月、风、雷、山、川、民、物，凡有形色象貌，俱在太虚中发用流行，千变万化，主宰常定，都碍他不得的，即无即有，即虚即实，不与二者相似。①

聚所认为，"一等闲人的空"，是无所事事、昏昏懵懵、如醉如梦的空；"异教家的空"，即佛道之空，是离却、放弃现实世界的空，将世间一切置于空虚无用之地。这两种"空"本质上都是消极的"空"。而"吾儒的空"，如太虚一般，一切俱在太虚的发用流行中，是即无即有，即虚即实，也就是说，这种空不是放弃现实世界的空，而是超世又入世的空，可谓积极的"空"，亦是境界之空。这种说法，显然是由阳明之说转化而来的。阳明曰：

良知之虚便是天之太虚，良知之无便是太虚之无形，日、月、风、雷、山、川、民、物，凡有貌象形色，皆在太虚无形中发用流行，未尝作得天的障碍。圣人只是顺其良知之发用，天地万物俱在我良知的发用流行中，何尝又有一物超于良知之外能作得障碍？②

可以说，聚所的"吾儒之空"就是阳明的"良知之虚"，故"吾儒之空"也就是良知本体之空，聚所所悟者正在于此。

聚所尤其区别了"异教家的空"和"吾儒的空"，认为二者之"空"有本质的区别。他说：

夫无为有二：有绝物者，有因物者。绝物者，以其身出于浮世之上，无所事事，其神始不挠；因物者，以其身涵于浮世之中，以事处事，其神自不挠。庄生外天下治天下，尧舜以天

---

① 邹德涵：《邹聚所先生语录》卷中，《四库全书存目丛书·集部》（第157册），齐鲁书社1997年版，第498页。
② 王阳明撰，邓艾民注：《传习录注疏》，第227页。

下治天下；庄生捐天下而不与，尧舜有天下而不与。不与，一
也；有天下、捐天下，异焉。大哉尧舜！此其所以为道之中欤！
夫为而无为者，深矣深矣！"①

彼（即庄子）之弃天下于不可，奈何而委其心于无何有之乡，
则乱益滋矣。圣人者不以言强天下，未尝不以心通天下，故其
精神、心术日流贯于八荒四表之中，而天下之会极、归极者，
盖荡荡不可名矣。②

上引文所谓"无为"，也就是"空"。佛道（此指庄子）是属
于绝物者，栖心于无何有之乡，超然世外，虽然能达到至高的精神
境界（其神不挠），但毕竟放弃了天下国家；而儒家是属于因物者，"其
身溷于浮世之中"，与天下之事事物物打交道，其精神流贯于天下
国家之中，但又能为而不有（不与），"为而无为"，故能精神超
越，这显示了儒家的中正之道。其实道家也主张"无为而无不为"，
也有有为之一面，此外佛禅也有有为的一面，但毕竟无为是其根本，
其本体是"无"或"空"；而儒家根本在于有为，其本体是"有"（存
有之"有"）。聚所实际上在批评佛道的同时，也融进了其思想，
即在本体论上将"无"或"空"融进"有"中（即吸收了佛道境界
论上之无或空而又保留了儒家存有论上之有），成为"为而不有""为
而无为"，亦即聚所开悟时所体证到的"不假凑泊，不烦矫揉，即
显即微，即夷即玄"③。于是其本体呈现出有无融合的中道色彩，从
而也具有了境界论的意义。故"异教家的空"是真空，而"吾儒的空"
并非真空，是有无融合之"空"。聚所的这种本体论，是对阳明本
体论的进一步深化，与王畿的本体论较为接近。

这种有无融合的本体之"空"的特点，聚所在论仁体（即良知本体）
时，也有所体现。有人问："仁体最大，近已识得此体，但静时与
动时不同，似不能不息。"④聚所回答说这不是真正的仁体，然后对
仁与非仁进行了详细的辨析。他说：

① 邹德涵：《书一枝窝卷》，《邹聚所先生文集》卷六，第387页。
② 邹德涵：《圣人神道设教而天下服》，《邹聚所先生文集》卷三，第310—311页。
③ 耿定向：《明故奉议大夫河南按察司佥事邹伯子墓志铭》，《邹聚所先生外集》，第447页。
④ 邹德涵：《邹聚所先生语录》卷中，第507页。

不假想像而自见者仁也，必俟想像而后见者非仁矣；不待
安排布置而自定者仁也，必俟安排布置而后定者非仁矣；无所
为而为者仁也，有所为而为者非仁矣；不知为不知者仁也，强
不知以为知者非仁矣；与吾身不能离者仁也，可合可离非仁矣；
不妨职业而可为者仁也，必弃职业而后可为者非仁矣；时时不
可息者仁也，有一刻可息非仁矣；处处皆可体者仁也，有一处
不可体者非仁矣；人皆可能者仁也，有一人不可能者非仁矣。……
欲识仁者，毋求其有相之物，惟反求其无相者而识之，斯可矣。①

聚所认为，仁体（良知本体）是现成的，不假想象、安排而先
天自有的（这一内容后文再论）；是无所为而为的，不知而知的；
是时时刻刻、在在处处不能离的；是人人具有的。最后他提出"欲
识仁者，毋求其有相之物，惟反求其无相者而识之"，即从本体之"空"
（无相者）处去识仁，也就是说要"悟空"（体悟、悟证本体之"空"）
才能真正地识仁。

这种"吾儒的空"（或良知本体之"空"），在聚所看来，本
质上就是"无欲"。他说：

予自为儿时，先祖（即东廓）即训之学圣，每揭元公"无欲"
二字面命之。始而戛戛不能入，中信疑各半，迩者反身体认，
始信此二字果足以尽学圣之要而无疑。程子曰："心有所向，
便是欲。"善乎！其发元公之蕴也。人皆知声色货利之为欲，
而不知意必固我之欲殆有甚焉。愚不肖者溺于物，贤知者溺于见，
高下不同，其为欲则一也。孔之空空，颜之屡空，乃同天之学，
声臭俱无。元公所命寻乐，寻此者也；程伯子所体天理，体此
者也。②

聚所认为，孔、颜之"空"（即"吾儒的空"或良知本体之"空"），
其实就是周敦颐的"无欲"，而无欲又包括无声色货利之物欲和无

---

① 邹德涵：《邹聚所先生语录》卷中，第507页。
② 邹德涵：《无欲说》，《邹聚所先生文集》卷二，第298页。

意必固我 ① 之欲。在聚所看来，声色货利之欲还只是欲之粗迹，一般人你指点给他，还易放下；而读书人又添了一个意见或理障（即意必固我），只要心有所向（即有意必固我之一种）就是欲，就失去了良知本体，但这种意必固我之欲更难摆脱，所以聚所尤其强调"绝其意必固我之私者，方算得无欲之学" ②。故如能做到无欲，就能即有而无（声臭俱无），从而达到超越性的同天境界。周敦颐命二程所寻之乐，程颢所体认之天理，就在此，而聚所所悟之本体亦在此。

（2）如何悟本体

如何悟，即涉及工夫问题。聚所提出了悟的具体工夫，包括静坐、放下（舍）、默识、顿悟等。先说静坐。当聚所问艾而康近日如何用功时，艾回答说存养，聚所问如何存养？艾答曰："时时想着个天理。"聚所曰：

> 此是人理，不是天理。天理，天然自有之理，容一毫思想不得。所以阳明先生说良知是不虑而知的；《易》曰"何思何虑"。颜渊曰"如有所立卓尔"，说如有，非真有一件物在前。本无方体，如何可以方体求得？……你只静坐，把念头一齐放下，如青天一般，绝无一点云雾作障，方有会悟处。若一心想个天理，便受他缠缚，非惟无益，而反害之。③

聚所认为，天理（即良知之天理，亦即良知本体）是无形的，不可作为一个客观的对象去认知或思想。因此需要借助静坐工夫，将一切念头（即思虑、认知）放下，心体如青天一般，毫无蔽障，如此才有可能体悟、证悟到本体。如果去认知、思想天理（本体），就把天理抛出去，成为一个外在的本体，便受其缠缚，如此就无法体悟、证悟到本体之"空"。

但是，聚所又认为，静坐或守静只是方便法门。他说：

---

① 此出自《论语·子罕》，其文曰："子绝四：毋意、毋必、毋固、毋我。"朱熹释意、必、固、我曰："意，私意也；必，期必也；固，执滞也；我，私己也。……盖意常在事前，固我常在事后，至于我又生意，则物欲牵引，循环不穷。"朱熹《四书章句集注》（第109—110页）主要是从物欲的角度来解意、必、固、我，而聚所则认为意、必、固、我属于意见或理障的范围。
② 邹德涵：《邹聚所先生语录》卷下，第508页。
③ 邹德涵：《邹聚所先生语录》卷中，第497页。

摄心守静亦是方便法门，借方便门以入道则可守，是方便以为究竟则不可。佛家以闭眼默照谓之魂不散底死人，亦唤作黑山下鬼家活计，无有透脱之期。涅盘会上，广额屠儿放下屠刀，立地成佛，岂是做静中工夫来？渠岂不是初机？……汉子刹那放下，刹那了悟，静时便是闹时底，闹时便是静时底，语时便是默时底，默时便是语时底，日用二六时中，唯用自心，变化无穷。①

聚所认为，静坐或守静只可作为入门的工夫，即通过静坐或守静来放下自己的念头；但这不是究竟的工夫，究竟的工夫在于"刹那放下，刹那了悟"，所谓"放下屠刀，立地成佛"，如能"放下"，动静、语默都是同一个工夫。如果仅仅陷在静中，就是佛教所说的"闭眼默照谓之魂不散底死人"或"黑山下鬼家活计"。所以聚所指出："迩来学者多谈虚寂，此是学问中一大病症。"②因为陷在守静或虚寂中，就忽视了活泼泼的现实世界，走向了"异教家的空"，而不是"吾儒的空"。

所谓"放下"，就是舍，所以聚所又提出"舍"字法门。他对友人张阳和说：

往年所呈"舍"字法门，不知近来用得否？窃谓舍有三种，有小、有中、有大：一切烦恼、恶业尽行浣濯，是谓小舍；一切知见、能所尽行断绝，是谓中舍；空相俱泯，凡圣情忘，言语道断，心行处灭，是谓大舍。③

聚所提出"舍"字法门有三种，一是小舍，即舍去一切烦恼、恶业（即情绪、物欲等）；二是中舍，即断绝一切知见、认知（即意必固我之欲）；三是大舍，是"空相俱泯，凡圣情忘，言语道断，心行处灭"，即舍之境界本身也要舍去，即佛教所谓"空空"，到此地步，才是彻底的"悟空"。这一"舍"字法门，聚所受之于朱

---

① 邹德涵：《与张名川》，《邹聚所先生文集》卷四，第330—331页。
② 邹德涵：《寄刘克所》，《邹聚所先生文集》卷四，第330页。
③ 邹德涵：《与张阳和年丈》，《邹聚所先生文集》卷四，第331页。

调（易庵），朱调认为"'舍'之一字"，"足以括圣门之纲领"①。

不过，所谓放下或舍，也不是纯然如木石之人，与自己的心毫无关系，或毫无所思。聚所对艾而康说：

> 心之官则思，思则得之。又曰慎思之。又曰近思。只要你慎思、近思，非是全不要思。思而外于天理，便不是慎思、近思；天理本是慎的、近的。凡古人言语是古人底，不与你相干。且如阳明先生说"致良知"，岂是漫然说的？由他在龙场三年，不带一本书，在自家心上理会得灵灵透透，方说出这般正学出来。汝须是反身灵识，见得古人言语宛然是自家体认出来的，这里明白了，就是一贯之学，天下道理无一不明得去。②

这里所说的慎思、近思，显然不是认知上的思想或思虑，不然与前面所说的放下一切念头是矛盾的。这种思是对天理（良知本体）之思，即"反身灵识"，在自家心体上体认，阳明的龙场悟道的工夫就是这种思——体认、体证，当体证到灵灵透透时，就是悟。这种思，是思而不思的，因为当你将天理或本体当作一个对象去思时，即陷入认知上的思（思虑、思想），故对本体之思（体证）是思而不思的。这种思（体证），其实就是邹守益所传之家学——默识③。聚所尝为诸生示此学曰：

> 孔门之教，以仁为宗，然必先识此体，而后可以着其力。后世以防检穷索为学，不知从事于识仁宗旨，渐失孔门之传。子曰："默而识之。"谓之默，则不靠于闻见，不倚于知识，不俟于想象。以此为学，便谓之善学；以此为教，便谓之善教。而诸生尚友孔子，当先发愤为默识之学。④

聚所认为，要先识仁体（良知本体），而后方可着力，而识仁

---

① 邹德涵：《又（复朱易庵先生）》，《邹聚所先生文集》卷四，第342页。
② 邹德涵：《邹聚所先生语录》卷中，第498页。
③ 邹德涵《书文庄府君要语首》（《邹聚所先生文集》卷六，第383页）曰："予大父（即守益）尝授涵（即德涵）默识之旨，戒毋以言传。"
④ 邹德涵：《示诸生三条》，《邹聚所先生文集》卷六，第370页。

体就是默识；所谓默识是"不靠于闻见，不倚于知识，不俟于想象"，而是要"反身灵识"，在自家心体上体认、体证。

关于悟，禅宗有顿悟、渐悟之分，南宗慧能主顿悟，北宗神秀主渐悟。此外，孔子的"仁远乎哉？我欲仁，斯仁至矣"（《论语·述而》），也蕴含顿悟之意。聚所吸收了慧能和孔子的思想，在对良知本体的证悟上，主顿悟说（具体而言是主顿悟渐修说）。关于此，他与艾而康有一段对话：

> 先生（即聚所）问康曰："'菩提本无树，明镜亦非台。本来无一物，何处惹尘埃。'信得过否？"康对曰："即周子所谓'无极而太极'，阳明先生所谓'无善无恶性之体'是也。一点良知，本是无声无臭，虽至愚下贱，一提便省，如何惹得尘埃？"先生曰："尔真信得良知不惹尘埃否？"康对曰："然。"先生良久，曰："此却又费注解，是又有一物矣。却不在见解，只要常用心去参，必要无所住底心去参始得，不是要你思想极索出来。凡见一物，行一事，只心存时，当下便悟，才是真悟。"又曰："悟却当下便悟，到却当下到不得。如孔子'吾十有五而志于学'，到七十岁才复得本来面目。"[1]

在此，聚所用慧能的四句偈向艾而康发问，显然欣赏慧能的顿悟说。艾氏也是聪慧之人，一下就能将慧能的四句偈融入阳明的良知学中，认为一点良知，无声无臭，不惹尘埃。而聚所则认为这点良知也是要破除的，否则还是有一物，故需要用《金刚经》的"无所住而生其心"去参悟（也即需要用前文所说的"大舍"之功）。而悟则是"当下便悟"（顿悟），"凡见一物，行一事，只心存时"即是顿悟，即是真悟。所谓"心存"就是默识，是"思而不思"式的体证。同时聚所还认为，"欲仁仁至之训，孰不诵焉，而信之者亦鲜矣"[2]，其实仁"当下便是"。这也可谓儒家的顿悟说。但是，聚所又说："悟却当下便悟，到却当下到不得。"就是说，能顿悟，而不能彻悟、透悟（即完全证悟本体），就如孔子十五志于学（即

---

① 邹德涵：《邹聚所先生语录》卷中，第503—504页。
② 邹德涵：《赠张海峰》，《邹聚所先生文集》卷六，第375页。

顿悟），最后至七十才从心所欲，复得本来本面，才是完全证悟本体。所以聚所实际上是主顿悟而渐修的。这种工夫聚所在与艾而康论"空"时也表达过，当艾氏领悟到"吾儒的空"，但又觉得当下空不来（即不能一下彻底证空，仍有念虑在）。聚所于是回答曰："这等功夫，原急不得，今日减得些，明日又减得些，后日又减得些，渐渐减得去，自有私意净尽，必如太虚。"① 这显然是悟后渐修的工夫。

此外，聚所实际上是主张悟修一体的，即悟中有修，修中有悟。他对友人汪敬庵说：

> 实践非他，解悟是已；解悟非他，实践是已。外解悟无实践，外实践无解悟。外解悟言实践者，知识也；外实践言解悟者，亦知识也：均非帝之则，均非戒惧之旨。丈到自己融通处，到受得师友真益处，到无分别处，到不可言说处，到不可思量处，便是真解悟，亦便是真实践。②

此处"实践"即修，聚所认为，解悟与实践是不可分离的，是一体的，"外解悟言实践者"或"外实践言解悟者"，都是知识（认知），不是真正的工夫，到真正体证、体悟到本体之空时（即"到无分别处，到不可言说处，到不可思量处"），才是真解悟、真实践。

关于聚所的思想走向，黄宗羲说："颖泉（即邹善）论学，于文庄（即邹守益）之教，无所走作，入妙通玄，都成幻障，而先生（即聚所）以悟为入门，于家学又一转手矣。"③《明史》亦言："德涵从耿定理游，定理不答。发愤湛思，自觉有得，由是专以悟为宗，于祖父所传，始一变矣。"④ 这就是说，聚所"以悟为宗"，并改变了邹氏家风。这一论断大体是不错的，但仍要作一定辨析。邹守益之学直承阳明之良知学，在义理上于师门无所走作，虽然守益也有较为丰富的本体论，但其为学重点还是主要落在工夫上（即如何"致"良知），丰富了阳明的"致"字工夫。所谓其学"得力于敬"⑤，"以

---

① 邹德涵：《邹聚所先生语录》卷中，第498页。
② 邹德涵：《复汪敬庵》，《邹聚所先生文集》卷四，第333页。
③ 黄宗羲：《文庄邹东廓先生守益》，《明儒学案》（修订本），沈芝盈点校，第333页。
④ 张廷玉等：《明史》（第23册），第7271页。
⑤ 黄宗羲：《文庄邹东廓先生守益》，《明儒学案》（修订本），沈芝盈点校，第332页。

戒惧为宗旨"①，主要是指以主敬或戒惧作为"致"良知的工夫。守益属于阳明后学的修证派或实证派，强调的是由工夫去复本体，但其后期提出默识之旨，也指向对本体之直契，不过这一思想没有得到充分展开。而聚所"以悟为宗"，重点则落在本体上（即悟本体之空以及如何悟本体），此学虽受之耿定向，实际上也来自禅宗，同时融进了守益的默识之旨。可以说，就"以悟为宗"而言，聚所在总体上改变了邹氏家风；但从另一个的角度而言，是在一定程度上发展了家风，即发展了邹氏家风中未充分展开的一面（即默识之旨）。

2. 泰州学风

聚所不仅"以悟为宗"，而且其学总体上都改变了家风，大体上走向了泰州学派（不过在一定程度上仍保留了家风）。他曾自叙其学云："吾昔未知学，赖近溪公逼之，天台师熏之，焦从吾氏点之，故幸有闻。"②此处提到罗汝芳（近溪）、耿定向（天台）、焦竑（从吾）都是泰州学人。张学智说："邹德涵之学，确有泰州家风。"③这是很有见地之言。可以说，聚所受泰州学派的影响最大，以至超过了家学。其泰州学风主要表现在两个方面，一是百姓日用即道，二是当下即工夫即本体。当然"以悟为宗"也有泰州学派的影子，上已述及，兹不再论。

（1）百姓日用即道

"百姓日用即道"，是王艮提出的一个重要的哲学观点，主要有两个意思：一是道极平常，不用思索，当下即是；二是道的内容不外乎百姓的日常生活，离此而别寻道，则为异端。④这两个方面的内容都来自王阳明⑤，即阳明思想中已蕴含"日用即道"的思想，只是阳明还没有鲜明地将此标举出来。自王艮标举此口号后，这一思想遂成为泰州学派的一个重要标志。这在聚所思想中也是较为明显的，如《邹聚所先生语录》载：

---

① 张学智：《明代哲学史》（修订版），第156页。
② 刘元卿：《邹聚所先生言行录》，《邹聚所先生外集》，第436页。
③ 张学智：《明代哲学史》（修订版），第165页。
④ 张学智：《明代哲学史》（修订版），第266页。
⑤ 张学智：《明代哲学史》（修订版），第237页。

先生（即聚所）谓康曰："为学不可执着，才有执着，便不是道。如'仁者见之谓之仁，知者见之谓之知'，仁、知岂不是好的，缘他有了意见，便在仁、知上住脚了。百姓却日用此道，但不知是道；仁、知虽愈于百姓之不知，其为不知道均也。所以说：'君子之道鲜矣。'"①

一友持功太严，静坐不语。先生（即聚所）觉之曰："'仁者见之谓之仁，智者见之谓之智。'有所见便不是道。百姓日用而不知，日用却是道，他却不知是道。道本中庸，非过高难行底，只要不执意见，顺其良知之发用流行，便是道。"②

聚所认为，百姓日用之事即道，道本是中庸的，并非高难行者，只要顺良知的发用流行就是道（也就是说，良知的自然流行即是道）。但"仁者见之谓之仁，知者见之谓之知"，"仁知"者有执见（即非本体之"空"），且往往追求高难者，便偏离日用之道，失却道的本体。而百姓日用即道，但他们不知道。故"百姓日用即道"，其实是个反思性命题，即百姓必须反照或体悟到自己的日用之道，才是真正的"日用即道"，否则就是"日用而不知"。所以聚所一方面认为百姓日用即道，另一方面又反复强调百姓不知道，否则百姓与圣人无异，会导致彻底取消工夫。

"百姓日用即道"的两个主要内容，在聚所的思想中也都体现出来了。关于第一个内容（道极平常，当下即是），他用王艮和阳明的两个生动例子来阐述之。他说：

往年有一友问心斋（即王艮）先生云："如何是无思而无不通？"先生呼其仆，即应，命之取茶，即捧茶至。其友复问，先生曰："才此仆未尝先有期我呼他的心，我一呼之便应，这便是无思无不通。"是友曰："如此，则满天下都是圣人了。"先生曰："却是日用而不知，有时懒困着了，或作诈不应，便不是此时的心。"阳明先生一日与门人讲大公顺应，不悟。忽同门人游田间，见耕者之妻送饭，其夫受之食，食毕与之持去。

---

① 邹德涵：《邹聚所先生语录》卷中，第507页。
② 邹德涵：《邹聚所先生语录》卷下，第509页。

先生曰:"这便是大公顺应。"门人疑之,先生曰:"他却是日用不知的。若有事恼起来,便失这心体。"所以大人者,不失其赤子之心。赤子是个真圣人,真正大公顺应,与天地合德,日月合明,四时合序,鬼神合吉凶底。①

王艮说童子捧茶,一呼便应,就是"无思而无不通",这就是说道极平常,不用思索,当下即是;阳明说农夫耕田,其妻送饭,农夫受之,食毕与之持去,便是"大公顺应",亦即此意。聚所认为这就是赤子之心,赤子之心即是本体之心(或赤子即真圣人),故"与天地合德,日月合明,四时合序,鬼神合吉凶"。故当下即是工夫、即是本体(此内容下文再详论)。这里正体现了上文所言的"百姓日用即道"是个反思性命题。王艮说"有时懒困着了,或作诈不应,便不是此时的心",阳明说"若有事恼起来,便失这心体",就是说,百姓没有反照或体悟到自己的日用之道,故有时会失却其本心,失去日用之道。不过,聚所将赤子直接当作真圣人,也蕴含着内在的矛盾,因为赤子也是无反思者,有时也会失却赤子之心,故不能将赤子和赤子之心画等号。

关于第二个内容(道的内容不外乎百姓的日常生活),聚所所论主要包括日用之道即日用伦常之道、日用之道即中庸之道、百姓之道即圣人之道三个方面。

"百姓日用即道",与禅宗(尤其是马祖道一的洪州宗)的"平常心是道"有较大的相似性。后者谓行住坐卧都是道,"饥来吃饭,困来眠"就是道,也是将道或禅安放于日常生活中。聚所受到禅宗的一定影响,他有时将二者加以类比,以阐明日用之道。如有人问如何是道,聚所曰:

> 道者,路也。一人可行,而众人不可行,不得谓之路;可以暂行,而不可以常行,不得谓之路。孔子说君臣、父子、兄弟、夫妇、朋友,为天下之达道,真是放勋传来一派的脉。异教家有云:"欲得见真道,行止即是道。"若除却行处别见有道,恰似架

①邹德涵:《邹聚所先生语录》卷中,第502页。

天桥走路，恐不免为异教家所笑。①

聚所认为，人人日用常行者才是道，这正如禅宗的"行止即是道"，所谓行止也即日用常行。但是，二者还是有区别的：禅宗的日用之道是体现在行住坐卧、"饥来吃饭，困来眠"的日常生活细节中，并不具有伦理性；而儒家的日用之道，则指向了日用间的伦常之道，即君臣、父子、兄弟、夫妇、朋友之道，此五伦才是"天下之达道"，这是儒家从放勋（尧）以来传下来的学脉。聚所虽没有明辨二者之异，但明确指出后者才是真正的日用之道。聚所曰：

> 所求乎子以事父未能，所求乎臣以事君未能，所求乎弟以事兄未能，所求乎朋友先施之未能。日用之间，那曾离得这四样？人既不能离这四样，人又何能离得这四样的道？然只是庸言庸行，没有甚么异行。他只是要信些、谨些就是了，言便要顾行，行便要顾言，有所不足，不敢不勉，有余不敢尽，生怕成不得人。这就是道。②

在此，聚所明确指出日用间具体的伦常行为，即子以事父、臣以事君、弟以事兄、朋友先施四种行为就是道。人离不开这四种行为，亦即离不开这四种行为之道，只要信此、谨此，言行一致，勉力而行，就是道。

这种日用伦常之道，在聚所看来，就是终极之道。他说：

> 世之言太极，以为昏昏默默、潜立于无穷之地而无所寄者，则二氏之说也。吾圣人所谓太极者，则不然，在父子而亲，在君臣而敬，在宾主而恭，在贤否而别，即日用应酬者有心之所不得不然，协其人之所不得不然而不知其所以然而然者，是即所谓太极也。……舍彝伦日用之外而曰如何而为太极，吾不知力之不竭而所谓孝之极安在？身之不致而所谓忠之极安在？见大宾而不敬而所谓礼之极安在？见贤而不思齐而所谓智之极安

---

① 邹德涵：《邹聚所先生语录》卷中，第506页。
② 邹德涵：《邹聚所先生语录》卷中，第506页。

在？以是言极，不犹海市之观乎？[①]

聚所认为，佛道的终极之道（即太极）是脱离现实世界的超越之道，是没有根基的海市蜃楼；而儒家则不然，是体现在彝伦日用之中的，即在"在父子而亲，在君臣而敬，在宾主而恭，在贤否而别"中体现终极之道（即"所不得不然而不知其所以然而然者"），舍此而求，就落入佛道之海市蜃楼，成为脱离日常伦理生活的无本之学。

同时，聚所又认为，日用之道即中庸之道。关于此，聚所对艾而康说：

> "仁者见之谓之仁，智者见之谓之智"，有所见，便不是道。百姓之愚，没有这见，却常用着他，只不知是道。所以夫子曰："中庸不可能也。"中是无所倚着，庸是平常底道理。故孟子言孝，未尝以割股庐墓底，却曰："孩提之童，无不知爱其亲。"言弟则曰："徐行后长者谓之弟。"今人要做忠臣的，倚着在忠上，便不中了；为此惊世骇俗之事，便不庸了。自圣人看来，他还是索隐行怪，纵后世有述，圣人必不肯为。[②]

所谓中庸，聚所释之曰："中是无所倚着，庸是平常底道理。"所以"仁者见之谓之仁，智者见之谓之智"是有所见（即倚着、执持），如有人一定要去做忠臣，便是有所倚着、执持，如此便不是"中"；而孝子（或孝妇）割股庐墓的行为，忠臣的惊世骇俗之事，其实是高难行者，都不是"庸"，"庸"只是孟子所讲的"孩提之童，无不知爱其亲""徐行后长者谓之弟"，即人人能行者。而不中便导致不庸，不庸即是行"索隐行怪"之事，而"纵后世有述，圣人必不肯为"。对于割股庐墓（尤其是割股疗亲），宋明儒者（包括阳明学者）常常为文褒扬之，以使之流芳千古，而聚所则明确反对，未见他写过这类褒扬之文，这也是其思想较为别具一格的地方，甚至可以说，在某种程度上闪现了"五四"以来所谓的"反封建"或"人道主义"思想的光辉。

---

① 邹德涵：《君子无所不用其极》，《邹聚所先生文集》卷三，第319—320页。
② 邹德涵：《邹聚所先生语录》卷中，第501—502页。

聚所还认为，百姓之道即圣人之道。在阳明思想中，有"满街都是圣人"的命题，这当然是从本体论的角度说的，即人人都具有本然之良知。从人人都具有良知而言，每个人都是潜在的圣人或未成道的圣人。这与佛教的人人具有佛性或人人都是佛的道理是相通的。这样就给予了每个人成圣或成佛的机会，同时也导向了人人平等或众生平等的生命观、人道观。后来泰州学派，进一步发展、丰富这一命题，使精英文化走向了平民文化。聚所也受此影响，从"赤子之心"的角度阐述了这一思想。他说：

> 盖赤子之心，本自不识不知，本自空空。即此是善，即此是仁；为者为此也，识者识此也，不失者不失乎此也；文王此学也，孔子亦此学也，外此而学，便是戚戚境界矣，何有于乐，矧可为最耶？康衢之谣曰："立我烝民，莫匪尔极。"盖不但尧有此极，尧之民皆有此极也。又曰："不识不知，顺帝之则。"盖不但尧顺此则，尧之民皆顺此则也。夫帝则云者，天然之本体也；顺之云者，自然之工夫也。盖不学而能者，不肖之夫妇皆可以与能；不虑而知者，至愚之夫妇皆可以与知。知尧之学与黎民同，则知文王、孔子之无别学矣。使文王、孔子而知人之所不能知，行人之所不能行，是不免为索隐行怪者流，又何足为文王、孔子也哉！世之人不信自心与圣人同，故卑者溺于物欲，高者溺于意见。[1]

聚所认为，赤子之心，"本自不识不知"，即不学而能、不虑而知者，这是先天具有的；又"本自空空"，是无欲（包括物欲和意必固我之欲）的。这个赤子之心，其实就是本心，就是阳明的良知或良知本体。从本体上说，"即此是善，即此是仁"，是"天然之本体"，文王、孔子有此本体，百姓亦有此本体；从工夫上说，"为者为此也，识者识此也，不失者不失乎此也"，是"自然之工夫"，文王、孔子顺此工夫，百姓亦顺此工夫。故百姓日用之道即是圣人之道，假如文王、孔子知人（即百姓）之所不能知，行人（即百姓）之所不能行，则不免为索隐行怪之外道，"又何足为文王、孔子也哉！"

---

[1] 邹德涵：《答友人论学书》，《邹聚所先生文集》卷四，第338页。

（2）当下即工夫即本体

上文已论及道极平常，不用思索，当下即是，聚所依此得出当下即工夫即本体之说。此进一步详论之。

所谓当下即是，就是"见在工夫"，因良知现成，故工夫即在此当下直接呈现之，直接把握之，而不需要另外的工夫，而当下工夫，即得本体。有疑于"当下便是"之说者，乃举孟子之"扩充"为问。聚所曰：

> 千年万年，只是一个当下。信得此个当下，便信得千个万个。常如此际，何有不仁不义、无礼无智之失？孟子所谓扩充，即子思致中和之致，乃是无时不然，不可须臾离意思，非是从本心外要加添些子。加添些子便非本心，恐不免有画蛇添足之病。[①]

聚所认为，良知当下呈现就是工夫，千年万年，只有一个当下工夫，孟子所谓扩充工夫，不是扩充自己的良知，而只是时时刻刻致中和，"无时不然，不可须臾离"，即时时刻刻在当下的工夫中。这显然与阳明所说的"今日良知见在如此，只随今日所知扩充到底，明日良知又有开悟，便从明日所知扩充到底"[②] 不同。这否定了致良知是一个不断扩充、不断磨洗的过程，而与其顿悟说相联系，当下顿悟，顿悟之后的渐修也只是时时保持这一工夫状态而已。有人问："如何是本心？"聚所答曰："即此便是。"又问："如何存养？"曰："常能如此便是。"[③] 这里是问本心（亦即本体），聚所认为当下就是本心（本体）。那么，如何存养这一本体？常能如此就得本体，亦即当下即工夫即本体。故在聚所的"当下便是"中，工夫、本体是合而为一的。聚所的当下即工夫即本体与王畿"即本体便是工夫"，虽都是当下本体与工夫即合一，但仍有所不同，前者重在工夫，后者重在本体，故聚所并不是本体派，而仍属工夫派。

这种当下即工夫即本体的主张，使聚所把"良知"当作"致良知"。他说：

---

① 邹德涵：《邹聚所先生语录》卷下，第516页。
② 王阳明撰，邓艾民注：《传习录注疏》，第197页。
③ 邹德涵：《赠张海峰》，《邹聚所先生文集》卷六，第375页。

这点良知，彻头彻尾，无始无终，更无有恶念发而不自知者。今人错解良知作善念，不知此念善是良知，知此念恶亦是良知，知此无善念、无恶念也是良知。常知，便是必有事焉。①

聚所认为，良知不是善念，其本质是"知"，即阳明所说的"知善知恶是良知"②，但聚所不主张"致"（即推致、扩充）良知，而是"常知"。所谓"常知，便是必有事焉"，即时时处于自知、自明的状态，而阳明解"必有事焉"恰恰是"致"良知。如此，聚所实际上是将"良知"自知当成了"致良知"。

当下即是（即工夫即本体），很容易导致一意顺适当下，从而导致工夫的流荡之弊。这在王艮和罗汝芳的工夫中还不明显，因为他们的工夫属于王学的圆熟之境：当一切私欲退听，只有先天的道德良知时，当然就是"无极而太极"（王艮），当然只要"顺适当下"（罗汝芳），其他一切工夫都不需要了。但如果未达此境，所谓顺适当下，有可能出现取消一切工夫，甚至错把当下情识当作良知，从而情识荡肆，良知泯灭。这是泰州学派后期出现的严重弊端。邹守益对此深有警惕，故主张用主敬或戒惧工夫以保持良知之精明。在此方面，聚所传承了家风，从而强调工夫之紧切。

聚所认识到良知毕竟有受蒙蔽之时，这是由于志气昏惰。他说："其不知者，非是你良知不知，却是你志气昏惰了。"③虽然良知自然会知，但如果志气昏惰，此时的"当下"，可能就是混同情识或只有情识的"当下"，如果此时一意顺适当下，就会情识荡肆而却不自知，从而成为"狂禅"。如何保持"千年万年，只是一个当下"之"当下"，是良知做主的当下，而不是混同情识或只有情识的"当下"？为此，聚所提出立志的工夫。他说：

古人有曰："清明在躬，志气如神。"岂有不自知的？只缘清明不在躬耳。你只去责志，如一毫私欲之萌，只责此志不立，则私欲便退听。所以阳明先生责志之说最妙。④

---

① 邹德涵：《邹聚所先生语录》卷中，第499页。
② 王阳明撰，邓艾民注：《传习录注疏》，第257页。
③ 邹德涵：《邹聚所先生语录》卷中，第499页。
④ 邹德涵：《邹聚所先生语录》卷中，第499—500页。

聚所认为，此关键在于立志，志一立，私欲自然会消失，如此良知作主，当下即是工夫即是本体。所谓立志，就是挺立良知本体，就是孟子所谓"先立乎其大者，则其小者弗能夺矣"（《孟子·告子上》）。所以聚所反对一意顺适自然之说，而尤其强调阳明的"立志说"。一友言："功夫只要顺其自然。"聚所曰：

> 孔子到得七十岁，才"从心所欲不逾矩"，不是十五时便如此。你看他十五志于学时，是甚么工夫，用十五年才到得立，又用十年才到得不惑。我辈视孔子何如？初做学问，如何便说要"从心所欲不逾矩"？阳明先生"立志说"，如猫捕鼠，如鸡覆卵，此是何等工夫！若要顺其自然，却恐误人。①

聚所认为，顺适自然或"从心所欲不逾矩"，是工夫的圆熟之境，即孔子晚年之化境。初用工夫时，不可如此，必须如孔子的十五立志，尤其如阳明的立志，"如猫捕鼠，如鸡覆卵"，即必须时时提撕、时时警觉，不让私欲、情识"喧宾夺主"，而让良知时时刻刻呈现于当下，这是一种紧切之功。

此外，聚所反对舍工夫而空求本体。《邹聚所先生语录》载：

> 先生（即聚所）曰："言思忠，事思敬，只此便是学。"一友曰："还要本体。"曰："又有甚么本体？忠敬便是本体，若无忠敬，本体在何处见得？吾辈学问，只要紧切，空空说个本体，有何用？所以孟子曰：'无为其所不为，无欲其所不欲。'如此而已矣，更有甚？人人有个不为不欲的，人只要寻究自家那件是不为不欲的，便不为不欲，他便了。"②

聚所认为，"言思忠，事思敬"，就是整个问学，而其友却要另求一个本体，聚所于是告诉他："忠敬便是本体"，即本体就在忠敬之工夫中，若无忠敬之功则无处见本体；"无为其所不为，无欲其所不欲"，这个就是本体（这是人人都具有的），不必别求一

---

① 邹德涵：《邹聚所先生语录》卷下，第513页。
② 邹德涵：《邹聚所先生语录》卷下，第508页。

个本体。如此即工夫即本体，本体就在工夫中。此中忠敬，也是一种紧切之功，这大体同于邹守益的主敬或戒惧之功。

总之，聚所的哲学思想总体上兼具有禅风和泰州学风，于乃祖之学"有所走作"或"转手"，虽保持甚至发展了某些家风，但总体思想走向已改变家风。这不仅是邹氏家学内部的一个较大的转变，而且也是安福阳明学中后期的一个重要转变。如王时槐染有一定程度的禅风，他重透悟本体，以静坐收敛为初下手工夫；[①] 邹德溥兼容儒释道三家，也带有一些禅风；刘元卿、刘孔当等均师从耿天台，也都或多或少沾染了泰州学风。

①王时槐虽属第二代阳明弟子，但成学比聚所晚。

第二节　刘元卿论

一、刘元卿的生平、学履

1. 生平概略 [①]

刘元卿（1544—1609），字调父（又作"调甫"），初号旋宇，后号泸潇（学者多称"泸潇先生"），因朝廷征召为官，又被称为"征君"或"聘君"，安福西乡南溪（今属莲花县）人。其家族南溪刘氏是西乡大族，也是重要的王学家族，伯父一龙、从兄仁卿和名卿、胞弟上卿和贵卿、从弟功卿、子吉兆、侄尔惠等均为阳明学者或同道者；此外，鱼石刘氏属于南溪刘氏的一个分支，其家族也有一些阳明学者，如刘孔当等。泸潇先师刘阳，再师徐用检，最后师耿定向，可算是阳明再传弟子（即刘阳弟子），但出于本书的特殊考虑，将其列入三传弟子（即徐用检、耿定向弟子）中来讨论（详见第七章第三节）。

泸潇自幼聪慧，六岁入塾，题其座曰："静坐周公寨，勤观孔子书。"周公寨为里中山名。人皆异之。[②] 嘉靖三十二年（1553），其父刘升于私塾侧置义仓，泸潇题联曰："春意满腔，庭草方知周茂叔（即周敦颐）；秋收数斛，乡民仰给范希文（即范仲淹）。"[③] 此亦可体现其自幼具有远大的志向。三十五年（1556），从赵利川学举子业，赵氏认为泸潇非凡器，训督极严，期以远大。四十三年（1564），补县生员。次年，与仲弟上卿从北乡荷溪伍惟忠受举业。伍氏师从邹守益、刘阳。泸潇在伍门六年，道德和举业均得其锻锤，益奋励向学。不过，伍惟忠还只是泸潇的举业师，而不是学术之师。

隆庆三年（1569），邹德涵、德溥自山东归，倡学里中，且讲学于吉安青原山，泸潇结交邹氏兄弟，始用力于心性之学。四年（1570），将赴乡试，吉安知府周之屏群试诸士，见泸潇之论，以

---

① 此部分主要据笔者编纂的《刘元卿年谱》（江西教育出版社2021年版）。
② 洪云蒸、颜欲章：《刘征君年谱》，刘元卿：《刘元卿集》，彭树欣编校，第1520页。
③ 洪云蒸、颜欲章：《刘征君年谱》，刘元卿：《刘元卿集》，彭树欣编校，第1520页。

为真儒再出；秋，举江西乡试，名列第五，同中举者还有业师伍惟忠等。考试前，泸潇并不专心举业，而是与邹德溥、仲弟刘上卿等于省城举办讲会。揭榜后，又与南昌章潢等一起讲学。五年（1571），参加会试，考官王锡爵拟列首荐，但因其文中之五策多中时忌，主考官张居正斥之，不予录取，并谋置之法，后幸脱祸，而声誉由此日隆。是年冬，向刘阳求为父撰墓志铭，遂拜其为师。同年，湖广茶陵州谭希思等前来纳贽拜师，弟子始进，泸潇遂讲学于里中之顶泉寺，从此开启授徒、讲学之历程。六年（1572），偕好友赵师孔等至里中各姓讲学，并联西乡24姓于书林村创办复礼书院。次年，书院落成，从此复礼书院成为西乡传播王学、演习礼仪的重要阵地，也是泸潇一生讲学、传礼最重要的道场；每年在此举办各种讲会，王时槐、罗大纮、邹德溥等硕儒亦曾来此讲学。

万历二年（1574），再赴会试不第，遂绝意科举，以求道、讲学为务。是年春，在京初识耿定向，听其讲学大有省。三年（1575），与罗大纮、郭赉臣送徐用检从江西回浙江兰溪，并同受学于徐氏。四年（1576），与好友冯梦熊、贺宗孔等至湖广黄安，访耿定向于天窝山中，向其问学。是年，在湖广攸县主盟讲会，向泸潇问学者数十人。七年（1579），张居正毁天下书院，改复礼书院为五谷神祠，依然相聚讲学如故。八年（1580），因江西安福、永新、萍乡与湖广茶陵、攸县两省五县（州）边境常年患盗，与安福冯梦熊、茶陵刘应峰、攸县令徐希明等，联合江西、湖广两省力量剿灭聚集于茶陵尧水峒之巨盗。从此，五县（州）边境得以安宁，允称乐土。十年（1582），与王时槐、赵师孔、冯梦熊等一起赴浙江兰溪，拜访徐用检；至杭州，拜访陆光祖、沈莲池、沈淮。十一年（1583），邹元标向朝廷举荐泸潇，称其"负迈俗之志节，蕴济世之经纶"[1]。之后又得赵用贤、朱鸿谟、王以通、秦大夔等人先后列荐。是年，吉安知府余之祯聘王时槐、刘元卿、罗大纮编纂《吉安府志》，其中人物传记多出自泸潇之手。

万历十四年（1586），会讲于茶陵州之茶乡；后又曾会讲于该州辅仁书院。十六年（1588），谒徐用检于淮安；过南直隶邳州，州守延请其讲学于半谷公署。十七年（1589），南京、贵州道监察御史王以通举荐邓元锡、刘元卿为元子老师；吏部覆按起用二人，并

① 施闰章：《刘聘君泸潇传》，刘元卿：《刘元卿集》，彭树欣编校，第1550页。

命安福县令吴应明至泸潇家敦请赴任，而泸潇以病辞。十八年（1590），来学者日众，泸潇于家附近建章南馆以居之。十九年（1591），与郭赍臣、周一濂，送徐用检自吉安回兰溪，归，自浙过黄安，纳贽耿定向，正式拜其为师。是年，与刘孔当、周惟中等在西乡东江建识仁书院。二十一年（1593）正月，吏部征召泸潇，并授国子监博士，泸潇上疏称疾辞任，不获批准，遂于十二月北上赴任。次年四月到任，寻升礼部主客司主事。二十四年（1596），弟子周梦麟、邹匡明等举联会于京城射所，请泸潇主盟，与会者还有邹德溥、耿定力等。二十五年（1597）五月，以礼部主事考满，父刘升得赠礼部主事，母彭氏赠安人，妻陈氏封安人；秋，告病辞官归。在任上，曾接见朝鲜贡使入觐、奉差吴楚诸地督催药材等，并上《请举朝讲疏》《增祀四儒疏》《节制贡夷疏》等。

万历二十六年（1598），参与识仁书院大会，与会者还有邹德泳、周惟中、李挺等。是年，王、严、张、谢四姓于西乡岭背建一德会馆（会馆亦即书院），此会馆受泸潇教化而建，并以其为灵魂，一般也视为泸潇之书院。里人谢心驰为会馆捐租百桶供会费，泸潇作《会规引》。二十七年（1599），主持建造南溪始祖祠，并联同族兄弟九人建社仓。二十八年（1600），建近圣会馆于县城西。三十一年（1603），与赵思庵、郁达甫等在西乡杨宅建中道会馆，该会馆规模宏伟为西乡诸书院之最。三十二年（1604），受永新县令庄祖诰之邀，主讲于明新书院志学堂。是年，复古书院重修竣工，并增置学田，同时举办大会，泸潇为之作记，并咏诗。三十三年（1605），王时槐在庐陵西原会馆举办同门会，特邀泸潇与会。三十四年（1606），与朱世守等会讲于识仁书院，答诸弟子、友人问学。是年，于所居宅之水口建涣文阁，作为游息之所。三十七年（1609），约弟子洪云蒸、江尔海议建吴楚书院于攸县东凤山（后未成）。是年七月十九日，卒于家，闻者相率于各书院为位而哭，相吊哲人其萎，邑士邹衮、姚启春各为文执贽，称门人于神位，易元亨、旷一元闻风愿称弟子。好友邹元标为撰《墓志铭》，弟子祀于近圣馆，友人、弟子私谥曰"正学先生"。泸潇后期"道日益隆，誉日益广，海内学者仰之如泰山北斗。以故千里负笈，屡满户外"①。

泸潇著述甚丰，自著及编纂之作达40余种，现存近10种，包括《刘

---

① 施闰章：《刘聘君泸潇传》，刘元卿：《刘元卿集》，彭树欣编校，第1551页。

聘君全集》《大学新编》《诸儒学案》等，笔者整理编校为《刘元卿集》，近 100 万字。

2. 学思历程

泸潇初习举业，于嘉靖四十一年（1562），得奇疾欲死，病中自省生平多过，祈天延日月，得迁改，死无憾。后竟病愈，于是书壁自誓：励志、躬行、敦伦。① 并开始读王阳明《传习录》（此书很可能得自其伯父刘一龙，因为一龙为阳明学者，师从邹守益），求所谓心体。② 隆庆三年（1569），邹德涵、德溥自山东归家，"汲汲萃诸友商学，若求亡子，而动称尧舜可为"。泸潇"予始闻而骇，中而信"③。于是"归而陈诸宋儒语录，堆案盈几，玩而三思焉"④。泸潇真正用力向学，首先受到邹氏兄弟之影响。五年（1571），拜阳明弟子刘阳为师，刘阳授以阳明"立志说"和"拔本塞源论"。不过，对于阳明的"拔本塞源论"（其核心思想是论万物一体之仁，意在使人恢复万物一体之本心、本体），泸潇此时并未深契。

万历二年（1574）春，在京城参加会试，时从事守心之说，久乃觉胸常炯炯，自谓有得，然证诸孔孟无当，心疑之。一日，参与京师细瓦厂举办的讲会，有学者陈说存虚工夫。耿定向告之曰：

> 余十年前亦曾作此工夫，一起居，一语默，惟欲完得此虚体。然见目前举动，大都是狂荡疏放，殊有傲心。一日忽觉曰："此乃是碍塞虚体者，正名为实，不名为虚。要虚，须如舜之若决江河，颜之问寡、问不能，乃真虚云。"⑤

泸潇从旁自省，若为己言者，自是渐觉旧日工夫之非，而稍稍摆脱先时窠臼。但又疑其无霸柄，因质之于定向之弟定力，定力曰："此霸柄亦是碍塞虚体者，无之而后可。"⑥ 于是益豁然。就是说，泸潇受到耿氏兄弟（尤其是定向）的启发后，从空守心体中走出，

---

① 洪云蒸、颜欲章：《刘征君年谱》，刘元卿：《刘元卿集》，彭树欣编校，第1520页。
② 刘元卿：《又（简刘养旦先生）》，《刘元卿集》，彭树欣编校，第23页。
③ 刘元卿：《河南宪金聚所邹君行状》，《刘元卿集》，彭树欣编校，第287页。
④ 邹元标：《明诏征承德郎礼部主客司主事泸潇刘公墓志铭》，刘元卿：《刘元卿集》，彭树欣编校，第1541页。
⑤ 刘元卿：《阙党》，《刘元卿集》，彭树欣编校，第500页。
⑥ 刘元卿：《阙党》，《刘元卿集》，彭树欣编校，第500页。

体会到真虚体并非空无之体，而是儒家之仁体，不需要刻意去心上把捉一个"本体"。

三年（1575），受学于浙中王门钱绪山弟子徐用检。徐氏采用启发式教学，以学书法为例点拨之，泸潇领悟到"学书须法二王，学道须法孔子"①，于是舍弃世儒窠臼，以圣人之道为己任。泸潇在徐氏处还领悟到了"不已之学"。徐氏语诸生曰："颜子亦足以发；发，生发也。故门人日亲。"泸潇豁然醒悟曰："生发者，不已之性也。学求尽性而先窒之，吾几枉一生矣。"②后来他认为，"先生之功，在明'不已之学'于圣路蓁塞之日。'不已之学'明，则人皆知吾心本自生生，人人自尧舜、自孔子，而其所以愿学尧、舜、孔子者，亦吾心之自不能已也。"③所谓"不已之学"，即"不容已之学"，是指人的本心中自有一种"不容自已"的道德力量，即本心具有道德创生能力，只要不遏止之，让其自然生发出来，就会产生道德德行为。

四年（1576），泸潇至黄安，访耿定向，定向授以"三关四证"之学：

> 三关者，即心、即道、即事。即心又须辨大人之事、小人之事。四证者，行一不义，杀一不辜，得天下不为，此圣人根本；为法天下，可传后世，此圣人愿欲；发愤忘食，乐以忘忧，此圣人工夫；欲立立人，欲达达人，此圣人作用。④

所谓"三关四证"，"三关"主要是从思想层面讲，"四证"主要从实践层面讲。重点是"三关"之学，此为定向哲学思想的核心，包括三个互相关联的部分："即心即道"，是说从心上发出者就是道（天理），心即道（天理），也就是阳明所说的"良知即天理"；"即事即心"，是说在百姓日用之事中用心、体道，亦即泰州学派的宗旨——"百姓日用即道"，故需在百姓日用之事中去用心——致良知；"辨大人之事、小人之事"是在即事即心的基础上分辨大人与小人之事，从而为大人之事，用他的另一个表达就是"慎术"或"择术"，

---

① 洪云蒸、颜钦章：《刘征君年谱》，刘元卿：《刘元卿集》，彭树欣编校，第1525页。
② 刘元卿：《天命篇奉寿鲁原徐老师荣跻七帙序》，《刘元卿集》，彭树欣编校，第182页。
③ 刘元卿：《天命篇奉寿鲁原徐老师荣跻七帙序》，《刘元卿集》，彭树欣编校，第182页。
④ 洪云蒸、颜钦章：《刘征君年谱》，刘元卿：《刘元卿集》，彭树欣编校，第1525页。

即慎择心术（仁术）。泸潇受到了"三关"之学的一定影响。

十九年（1591），泸潇再至黄安访耿定向，正式拜其为师。定向此时以"不容已""尚友"深化"三关"之学，并以此授泸潇曰：

> 余往语子"三关"，其曰"即心即道"者，即此不容已之心是已，非彼执空寂，为无上妙道也；其曰"即事即心"者，即此尚友之心是已，非彼惟了生死，为一大事也；所谓"择术"者，择此耳。①

此前，泸潇通过徐用检，对"不容已"之学已有相当的领悟，此时由耿定向启发而进一步领悟之，遂由此契入孟子"四端充达"之旨。对此，黄宗羲说：

> （泸潇）闻天台（即耿定向）"生生不容已"之旨，欣然自信曰："孟子不云乎，四端充之，足保四海。吾方幸泉不流也而故遏之，火不然也而故灭之。彼灭与遏者，二氏之流，吾所不忍。"②

也就是说，泸潇由此直信孟子"四端充之""火然泉达"之旨，并以此判佛道之非。同时，在耿定向之启发下，悟入了孔子"精一求仁"之学，"其宗旨全在身上发挥，真所谓心行处灭，命根断绝也"③。

其后，泸潇又在突然之间升起疑情，由疑王时槐、耿定向，至疑整个宋明儒学。其夫子自道：

> 予之疑问者凡三：疑朝闻臆说，疑大事译。总之，辨儒佛也；至鹭院之疑，抑又大异，并后儒学之学疑之矣。嗟夫！辨儒佛易，辨孔孟与后儒之学难。亦姑为海内开此端耳，终当有继予志而解予之疑者。④

---

① 耿定向：《别刘调甫》，《耿天台先生文集》卷十九，万历二十六年刘元卿刊本，第23—24页。
② 黄宗羲：《征君刘泸潇先生元卿》，《明儒学案》（修订本），沈芝盈点校，第497页。
③ 刘元卿：《与邹汝光内翰》，《刘元卿集》，彭树欣编校，第45页。
④ 刘元卿：《思问录后序》，《刘元卿集》，彭树欣编校，第94页。

对王时槐《朝闻臆说》之疑，主要是对时槐之生死观偏重对超越本体之追求的不满；对耿定向的《大事译》之疑，是全面的儒佛之辨，主要是对定向援佛入儒的不满。总之，对二者之疑，关键是严辨儒佛，疑他们偏重本体，可能存在形上与形下割裂之弊。"鹭院之疑"是万历三十三年（1605）之事，有《与王太常先生鹭院答问十条》（已佚①），主要内容可推测为孔孟与后儒之辨，即进一步对整个宋明儒者援佛入儒、混佛为儒而重本体一面的不满。可以说，致力于形上与形下、本体与工夫的合一（即体用合一）是泸潇晚年致思的根本方向。

儒佛之辨、孔孟与后儒之辨的结果是，泸潇最后彻底回归先秦儒家，归依孔孟之学，尤其是在工夫论上回到孟子，其标志是，万历三十四年（1606）编纂《七九同符》，发明孟子学，进一步丰富、深化孟子的工夫论"四端充达说"。其作于生命最后一年（1609）元旦的一首诗，可以说是对其晚年思想倾向的一个总结：

> 曾忆儿时己酉年，束书垂首塾师边。平生最喜亲三益，到老方知读《七篇》（即《孟子》七篇）。无欲恐非觉后语，识仁疑见梦中天。人人自有中和在，不必深求未发前。②

这首诗表明泸潇既不满宋儒"无欲""识仁"诸说，也不满明儒（主要是阳明后学）的求未发之性，而认同孔孟儒学。

总之，泸潇主要接受了江右王学、浙中王学、泰州学派三种思想资源的影响，其中受泰州学派耿定向的影响最大，最后回归孔孟之学，从而形成了自己独特的思想体系（其思想以体用合一论为总纲），且以其纯正儒学的立场，在当时独树一帜，并对佛教、阳明后学之弊有严厉的批评。

泸潇与吴与弼、邓元锡、章潢并称为明代"江右四君子"，是江右王门及安福阳明学后期的精神领袖之一，也是安福阳明学继邹守益、王时槐之后的灵魂人物。邹元标曰："安成自文庄公（即邹守益）以学鸣海宇，数十年所称心行双清、起绍述者，吾友征君泸

---

① 邹德泳《刘正学先生私谥议》提到此文，现已亡佚。

② 洪云蒸、颜欲章：《刘征君年谱》，刘元卿：《刘元卿集》，彭树欣编校，第1539页。

潇是已。"① 罗大纮曰：吉安郡"自王太常（王时槐）没，郡人士颓然以斯文属望先生（泸潇），先生登坛挥麈，以先王之道诏来学，盖翕然宗先生矣"；其学"粹然一出于正，而为当代之君子儒"。② 邹德泳曰："精一之学，昉于尧舜，大明于孔子，而孟子为正传；致良知之学，昉于文成（阳明），大明于文庄（东廓），而先生（泸潇）为正传。以先生配孟子，窃谓非阿所好者，请谥曰正学先生。"③ 吴云曰："江西理学亦甚有辨。豫章一家也，草庐一家也，金溪一家也，近溪一家也。吉安理学亦甚有辨：整庵一家也，念庵一家也，东廓一家也，泸潇一家也。"④ 于此四人之论中，可见泸潇之学术地位。

二、刘元卿的主要哲学思想

1. 对阳明后学、佛教和后儒的批评

泸潇思想的产生、建构是建立在对阳明后学、佛教和后儒（指宋明儒）弊端的不满、批评的基础上的，这是其思想建构的重要学术背景，也是进入其思想的一把钥匙。

（1）对阳明后学弊端的批评

泸潇处于阳明学发展的后期，其时阳明后学产生了种种弊端，在江右（包括安福）都存在这些问题。对此，他有清醒的认识，并进行了严厉的批评。

对于当时流行于安福的良知学，泸潇认为，其末流存在六种情形：

> 我安成先哲在正、嘉间，传姚江心印者满家，逮其末流，愈远而愈失之。（1）⑤ 有谓良知闪电之光，而双揭日月以行天者；（2）有谓世无现成良知，而取日虞渊以为功者；（3）有谓良知本在内，于方寸焉守之；（4）有谓良知本不动，于寂静焉摄之；（5）有谓真知不属内外动静，而斟酌于有无之际；（6）有直

---

① 邹元标：《明诏征承德郎礼部主客司主事泸潇刘公墓志铭》，刘元卿：《刘元卿集》，彭树欣编校，第1540页。
② 罗大纮：《祭刘征君调甫先生》，《紫原文集》卷十二，《四库禁毁书丛刊·集部》（第140册），北京出版社1997年版，第141页。
③ 邹德泳：《刘正学先生私谥议》，刘元卿：《刘元卿集》，彭树欣编校，第1564页。
④ 吴云：《江西理学言行编序》，《同治安福县志》（点校本），第426—427页。
⑤ 序号为笔者所加，下同。

谓了不可得为向上第一机，而栖神于是非双泯之乡。蜂起云生，层见叠出，要为凿余姚之学而深之，驾致知之说而上之。①

这六种良知学，具体而言，第 1 种是说抓住当下突然闪念之良知而用功，难以确指何人何派；第 2 种指罗洪先、刘邦采的"良知无现成"说；第 3 种是说固守方寸之本心，难以确指为何人何派；第 4 种是指聂豹的"归寂"说；第 5 种大体是指王时槐的"研几"说；第 6 种应是指王畿的"虚无"说。泸潇对于这些学说或其末流均为不满，其弊"要为凿余姚之学而深之，驾致知之说而上之"，即违背了阳明致良知的本意。这主要是以学派为批评对象。

总体而言，阳明后学之病大体有两种，即刘宗周所概括的：一是"猖狂者参之以情识，而一是皆良"；二是"超洁者荡之以玄虚，而夷良于贼"。② 前者是混情识为良知本体，后者是耽空守寂。前者是对良知本体认识不清，混情识为良知，即有时依情识而行而也自以为是良知，实质是离体求用，大体是指泰州学派；后者掺入佛老，脱离现实人生，乃是离用求体，大体是指王畿及其后学。泸潇的批评其实也主要是针对此两者，其中对后者的批评尤多、尤严。而后者又有两种表现：一是求未发之性，二是观心守寂，这大体属归寂派或主静派之病。下面先从后者说起。

所谓"求未发之性"，是认为经验界所呈现的心（良知）已落入情识夹杂之中，并非真正的良知本体，故需求于未发前之性（性体）。这是归寂派的重要观点。泸潇认为，这种求性于未发之前，相当于佛教的求未生前本来面目。泸潇追问：求性于未生之前，该如何求呢？他说：

> 夫曰未生矣，则安用完之？而又安所致力？譬之木石有火，方其未然，何能施睹闻哉？以是不得不托之思想。及思想之不可继，则不归咎于所学之非，而辄自歉其功不审。③

就是说，这种性（性体），最终其实也是依于"思想"而成者，

① 刘元卿：《鸿磐述序》，《刘元卿集》，彭树欣编校，第103页。
② 刘宗周：《证学杂解》，吴光主编：《刘宗周全集》（第2册），第278页。
③ 刘元卿：《与王中石翁论无生述略》，《刘元卿集》，彭树欣编校，第545页。

是无生命、无实在的思辨本体。泸潇认为，这是头上安头、屋上架屋。他讽刺这种学风为"索隐"：

> 然谬谓今之学者，半为索隐。夫既名曰隐，则索之即有，求之非真。索之即有，则愈索，谓其如是乎无穷也；求之非真，则愈求，谓其如是乎难得也。愈索愈求，如在穴中周旋行走。自以为千里，而不知明明乾坤固不在是也。①

就是说，执着这种"求未发之性"，已陷入似有非真的封闭之体中而不能自拔。据泸潇观察，不仅寻常学人，"即大豪杰（即大学者）亦多落坠其中"②。

所谓"观心守寂"，是将心体隔离于经验界，从而存守之。这就是牟宗三所说的"超越的逆觉体证"③。这种用功方法，很容易导致把捉心体，成为"玩弄光景"者，这是主静坐工夫者易患的毛病。泸潇看到当时学人多受此病："大抵入手时，便将两眼着向内边，谓之返照。念起即觉，有差即改，自以为极功。"④或者"则识此体而诚敬存之，终日想像照管，要使常在目前，若所谓归寂，所谓存守，所谓养出端倪"⑤。他认为，这是玩弄光景，其实虚妄不实。他说：

> 认光景者，以存存为研几，其证果处，则常止常化是已。如彼迷人，妄执灯影，以为天光，忽见灯暗，便云天灭。即令灯灯相续，终生只在暗室，其实未曾见天。⑥

在泸潇看来，所谓"存存"，其实就是执定意见或知见："就意生个必定心，因必起个固执心，缘固成个人我心，终身封固……知见横生，牢不可破。"⑦故其所存者，不是真正的良知本体。但

---

① 刘元卿：《简甘应南》，《刘元卿集》，彭树欣编校，第30页。
② 刘元卿：《简甘应南》，《刘元卿集》，彭树欣编校，第30页。
③ 牟宗三：《从陆象山到刘蕺山》，第146页。按：牟宗三将逆觉体证分为两种：一是"内在的逆觉体证"，此体证是心体在日常生活中随时呈露而体证；二是"超越的逆觉体证"，此体证是将心体隔离于日常生活而体证。牟氏认为，前者是儒家实践的定然之则，后者则是一时之权机。
④ 刘元卿：《复赵德父》，《刘元卿集》，彭树欣编校，第66页。
⑤ 刘元卿：《七九同符序》，《刘元卿集》，彭树欣编校，第87页。
⑥ 刘元卿：《复刘尚吾》，《刘元卿集》，彭树欣编校，第67页。
⑦ 刘元卿：《复刘尚吾》，《刘元卿集》，彭树欣编校，第67页。

即使有人认为"存体固所以为应事之本也"（亦即聂豹所谓的归寂以达用），而在泸潇看来，"然察其微隐，终眷心清寂，而日用寻常不算作希圣实功（即其日用工夫不能真正地承体起用）"①。对于归寂或主静者，泸潇都是不满的，不要说聂豹、刘文敏，即使是陈献章，认为他也还是心与事为二。

对于耽空守寂的这两种表现，泸潇认为，前者偏空，后者偏内，其实是一病而二痛，本质是一样的，即离用求体。但是，当时学者以求诸空寂所得者为真性，以为这是无上妙道。泸潇讽刺曰：

> 贤智者用此知寻无上妙道，味空寂为玄酒者也。②
> 近学者瞑目而思，凝神而想，恋清净之光景而以为定性，执虚明之气象而以为真常。诘之，则曰此至妙至妙者也。③

泸潇认为，这是入门便拣个小路径，是偏守一门，从而拔除了生生之根，不明伦察物，不亲师取友，脱离生生不息的宇宙天地、现实人生，无关乎家国天下，而"征诸家邦，睊睊胥逸，病证居然显现"④。总之，"致虚于心内，则内实而不可以来天下之益；操空于先天，则情淡而不足以通天下志"⑤。

此外，对于混情识为良知之病，泸潇也有所批评。他说：

> 或又谓心体不净不垢，则削规破矩以大之，而生生之则淆。⑥
> 若夫初机乍解，偶窥生生之妙，并谓恣情纵欲无非天机，是又不知生生之性之止于至善也。⑦

泸潇认为，良知本体具有生生之机，即具有道德创生的功能，但泰州学派一些学人误将情识混同良知，认为"心体不净不垢"，故一窥生生之机，即依此混浊之体行事，从而恣情纵欲，削规破矩，

---

① 刘元卿：《又（简刘养旦先生）》，《刘元卿集》，彭树欣编校，第24页。
② 刘元卿：《与章斗津丈论鲜能知味》，《刘元卿集》，彭树欣编校，第549页。
③ 刘元卿：《心斋说》，《刘元卿集》，彭树欣编校，第378页。
④ 刘元卿：《简鲁源徐老师》，《刘元卿集》，彭树欣编校，第73页。
⑤ 刘元卿：《赵时卿传》，《刘元卿集》，彭树欣编校，第269页。
⑥ 刘元卿：《天命篇奉寿鲁原徐老师荣跻七秩序》，《刘元卿集》，彭树欣编校，第181—182页。
⑦ 刘元卿：《识仁书院记》，《刘元卿集》，彭树欣编校，第220页。

还以为生生者无非天机，其实是远离了至善之性。致良知，乃依良知本体之生生，而非依情识之生生，泸潇认为泰州学派混淆了这两种"生生"，误将情识之生生当作良知本体之生生。

（2）严辨儒佛、力辟佛教

阳明后学耽空守寂之病的形成有多方面的原因。泸潇认为，其主要原因是受到了佛教的影响，探其病，寻其源，佛教之害不言而喻。明中后期佛教中兴，其中江西，禅宗盛行。吉安府城郊外的青原山静居寺，是禅宗七祖青原行思的道场，一直道风不衰，故吉安府作为禅宗的核心区，其禅风尤盛。初，阳明学讲会常在静居寺举行，后在其旁建九邑会馆（亦称青原会馆）作为讲会之所，故吉安府阳明学者自然更易受禅宗的熏染。泸潇描述当时禅宗盛行之状曰：

> 迩日禅锋炽燃，横被江右，谈者辄以了不可得为妙义。[1]
>
> 敝郡庐陵、泰和之间，倏化为夷俗。至有明斥孔子为钝根，谓五伦皆假合。推此风，不至趋于乱不止。[2]

他甚至认为，"方今中外痞隔，国脉不畅；儒禅争道，学脉未明"[3]。这样下去，儒家将会受到极大的冲击，从而被弱化。故泸潇起而捍卫儒家正道，严辨儒佛，力辟佛教，意在"恢复孔孟之正印，息冷禅释之流风"[4]。

关于儒佛（禅）之辨，王阳明指出，圣学和禅学"求尽其心"是一致的，但"圣人之学无人己，无内外，一天地万物以为心；而禅之学起于自私自利，而未免于内外之分；斯其所以为异也"[5]。阳明认为儒禅有同有异，而刘元卿尤其强调异，将阳明所指的异的一面从不同角度进行了更为详细的辨析。大体而言，可分为三个方面。

一是根本追求不同。即佛教在求出离生死，而儒家在求经世求仁。有人问泸潇儒之知与佛之觉是否一致，他说："圣人之所谓知，即佛氏之所谓觉，只是主意有辨，大抵圣人意在经世，佛氏意在出

---

① 刘元卿：《简鲁源徐老师》，《刘元卿集》，彭树欣编校，第73页。
② 刘元卿：《又（简张克念）》，《刘元卿集》，彭树欣编校，第59页。
③ 刘元卿：《复刘晋轩中丞》，《刘元卿集》，彭树欣编校，第55页。
④ 刘元卿：《报沈少林太史》，《刘元卿集》，彭树欣编校，第28页。
⑤ 王守仁：《重修山阴县学记》，《王阳明全集》，吴光等编校，第287页。

离生死。"① 也就是说，儒佛在觉知是非之本觉上是一致的，但根本追求（"主意"）不同。这种根本性的东西，就如同种子，二者的种子不同：

> 佛氏以出离为种，种之于太空者也。孔氏以仁为种，种之于天下万世之土者也。种出离之种于太空，则其曰修曰证，修证此出离者也。即令见声色果如泥沙瓦砾，闻毁誉果如鸟噪泉鸣，临刀锯果如割水研空，吾犹以为于性未悟也。种仁之种于天下万世之土，则其曰修曰证，修证此仁也。虽好合而如鼓琴瑟，遇毁而忧心悄悄，避难而微服以免，吾犹以为可以知仁已。②

泸潇认为，佛教意在出离生死，将种子撒在了太空，不管如何修证，即使有种种神奇之处，也不能真正悟性；而儒家则是求仁于世间，将种子播在了人间，即使有种种难免之情，也可以知仁。有人反问泸潇，佛教普度众生也是经世。泸潇答曰：

> 他的普度，度出世之宗也。教他普度孔孟明伦世法，他便不耐烦了。经世亦是经他西方世界的作用，然要为以出世法经之者。若孔子，正在世界中经纶其大经耳。③

就是说，佛教不管如何普度众生，即其终极追求还是在出世，其所谓"经世"实际上是普度众生出世，而孔子才是真正的经世——"正在世界中经纶其大经"。

二是用功方法不同。在根本工夫上，虽同是用心，但佛教守心，儒家尽心。佛教求出离生死，只能在内证于心，守心（如止观）是其最基本、也是最重要的工夫。泸潇认为，佛教（尤其是小乘佛教）往往"守其心而违其事"，导致"玩弄光景"：

> 小乘者流……而独栖心于寂，定神于静，以求所谓真常。及夫内照之久，此心之灵无从发泄，澄为妙观，顾时有。然

---

① 刘元卿：《王孝廉问答记》，《刘元卿集》，彭树欣编校，第400页。
② 刘元卿：《云游赠语引》，《刘元卿集》，彭树欣编校，第374页。
③ 刘元卿：《王孝廉问答记》，《刘元卿集》，彭树欣编校，第402页。

如日入地中，反景内映，要其照临万物之用，终不能（无）壅郁。①

就是说，小乘者自以为有得，其实舍离世间，遗弃伦物，束之于一腔之内，已陷于枯寂之病，而不能将心运用于世间。实际上，阳明后学耽空守寂之病即主要受此影响。而儒家工夫在尽心，在日用伦常中尽恻隐羞恶之心，尽不容已之心，即事即心；同时又即心即道，尽心知性，上达天德，匹夫匹妇之道须臾不可离，而圣人、君子没世由之而无尽，察之而无穷，尧舜尽其心以安天下，孔子尽其心以安万世。泸潇认为，是否由恻隐羞恶之心、不容已之心而言性，是否尽此心而知性，是圣学与禅学的重要区别之一。

三是生命最终归宿不同。有人问泸潇：在究竟处（即生命的最终归宿），圣人与佛是否相同。他回答说：

> 主意既不同，究竟亦自不同。吾儒经世，原是要了我不容自已之心，故仁以为己仁，死而后已，是圣人证果处。佛氏谓生灭灭已，寂灭为乐，其证果总在出离生死耳。②

泸潇认为，儒家生命的最终归宿是依不容已之心去尽人伦之性，不断人文化成，以建构一个道德、人文的世界，不断努力，死而后已；而佛教意在彻底超越世间，最终归化于一个涅槃寂灭的彼岸世界，其终究也不过就是出离生死。这两种不同的生命归宿，也导致不同的生活态度：儒家孜孜以求，努力去建立人间德业，肯定现实世界和人生；而佛教则断绝情缘，不着一切相，否定现实世界和人生。对此，泸潇曰：

> 窃谓不着诸相，不拒诸相，二句总是一句，盖其意重在不着相也。若不拒诸相，则既生人世，谁能拒之，此不待言耳。尧之巍乎成功，焕乎文章，其劳心焦思，岂是不着相者所能乎？孔之无所不学，未尝无诲，其不厌不倦，又岂是不着相者所能

---

① 刘元卿：《行满禅者墓记》，《刘元卿集》，彭树欣编校，第247页。按：泸潇批评的其实是人病，而不是法病。真正的佛教大师也是要破光景的，只有一般的学佛者难免犯此病。
② 刘元卿：《王孝廉问答记》，《刘元卿集》，彭树欣编校，第400页。

乎？……然则尧孔、老释之分，正在于此。①

泸潇认为，佛教（含老）虽谓不着相，亦不非诸相，但毕竟重在不着相，故终极归宿或证果处必然在"出离生死"；而儒家在世间孜孜以求，劳心焦思，不厌不倦，故终极归宿或证果处必然在"仁以为己仁，死而后已"。

关于儒佛之别，泸潇还有一近乎调侃的说法，即"了心"与"了手"之别：

> 了心者终无所了；而了手者穷劫受用，有不能尽：此为利一。了心者情缘不断，顺事惟艰；而了手者以心况幻，以情况缚，寂灭为乐，得大自在：此为利二。了心者明物察伦，不尽分处时时有之；而了手者一悟永得，实际理地不受一尘：此为利三。了心者谓人情不远，称讥有因，不怨不尤，反己自咎；而了手者破除毁誉，乃显真机，一切世法诋谓有为：此为利四。了心者欲根难拔，独境易欺；而了手者生死念重，尘虑斯清，勤行精进，翻觉胜之：此为利五。夫彼法有五利，而吾道具此五难。②

泸潇认为，佛教的"了手"，在了世超世，一了百了，易获实利；而儒家的"了心"，在尽心用世，难免心烦，存在困难。这就是为什么"慧利之士"往往舍儒就佛。这是写给刘孔当的信，对其喜佛不无调侃之意。其实，这也是针对一般学佛之士的调侃。然而，一出世，一经世，判然而别："总来彼家要了手，故须超；吾家要了心，故须尽。超则虽不舍一法，毕竟是要超；尽则虽不起一意，毕竟是要尽。"③

（3）孔孟与后儒之辨

前文"学思历程"中提到，泸潇由儒佛之辨，进一步深入到孔孟与后儒之辨，并感叹"辨儒佛易，辨孔孟与后儒之学难"④。这里的后儒，是指宋明儒（尤指宋儒）。关于孔孟与后儒之辨，泸潇曰：

---

① 刘元卿：《又（复尹介卿）》，《刘元卿集》，彭树欣编校，第70页。
② 刘元卿：《复喜闻》，《刘元卿集》，彭树欣编校，第57页。
③ 刘元卿：《又（复尹介卿）》，《刘元卿集》，彭树欣编校，第69页。
④ 刘元卿：《思问录后序》，《刘元卿集》，彭树欣编校，第94页。

予尝侍耿先生，先生语予曰："宋儒之学精深，然而有穷尽；孔孟之学粗浅，然而无穷尽。"予问曰："宋儒求为孔孟者，乃与孔孟异乎？"先生曰："其所采术微异耳，譬诸灯，置之案下则光近，置诸案上则光远，悬而置诸堂之中则益远，又传而为众灯，则相续无穷。非灯有近远，所操异也。"予聆已，作而叹曰："宋儒篝灯者也，尧舜悬灯者也，孔子传其灯者乎！"斯孟氏所以贤孔子于尧舜，而发慎术之说。盖自是而后，知有儒圣之辨。间读宋儒书，虽《定性》《识仁》等章，世所推为眇论者，心然之而不尽然，以其未离于见，而未若孔孟之不远于人也。未离于见，则深而易穷；不远于人，则显而无尽。[①]

这里所说的"儒圣之辨"，即宋儒与孔孟之辨。泸潇受耿定向的启发，认为宋儒如"篝灯者"（即置灯于笼中），其学虽精深，实则仍"未离于见"，此"见"即佛教的"见性"，即宋儒主要局限在对内在心性本体的追求之中，未能真正将其落实于日用人伦之中，故"深而易穷"；而孔孟如"传灯者"，主张求仁（义）、行仁（义），将其学落实于日用人伦之中，人人相传，代代相传，故"显而无尽"。

对于孔孟与后儒（宋明儒）之别，泸潇进一步详细论之曰：

昔者孔子罕言性，门弟子至以为不可得而闻。偶一言之，第谓性相近而习相远。乃辑《鲁论》者，首曰"学"，曰"时习"，意殆以"学而时习"为尽性耶。呜呼！何其显也！下逮战国，言性者纷纷矣。孟子独道性善。顾其言性也，言乎恻隐、羞恶、辞让、是非之心，而且明言"尽其心者"为知性。抑又何其显也！

孔孟而后，溺其旨矣。窃有积惑于斯，累结而未尝汰者，尝试妄述之以证诸有道。今夫性非可见，奚以后之言性者散散焉？惟恐其弗可见也者。性非可得闻，奚以后之言性者呶呶焉？务令为可闻也者。有则称主静矣。夫人生而静，安所加一"主"为？有则称识仁矣。夫仁者，人也，何处着一"识"为？其他言定性，言涵养，推此类求之，愈凿愈深。则又有言自聪自明、本心具足者，

① 刘元卿：《宋儒传略序》，《刘元卿集》，彭树欣编校，第93页。

乃当时或疑其堕于禅，于是外索之穷理矣。穷理之学尊而信于域中者，盖三百有余年。乃后稍虞其失之支也，复反而冥契于内。安知他日不又以为堕于枯也，将且更索之外乎？然则是穴中之斗，终无已时耶！

乃今而知孔孟之学之大也乎。夫不必言性，不必不言性，言外未尝非内，即言内又未尝非外。斯或圣与儒之所由歧者耶？①

泸潇认为，孔孟之性很显明，《论语》以"学而时习"为尽性，孟子明言性善，以尽四端之心为知性。而后儒（宋明儒）从不同角度言性、求性，如周敦颐"主静"、程颢"识仁""定性"、程颐"涵养"、陆九渊"求本心"、朱熹"穷理"、陈献章"静中养出端倪"，或"冥契于内"（如周、陈等），或"失之支"（如朱熹）。总之，宋明儒存在内外分离之弊，尤其是存在"冥契于内"（即偏重在心性本体上用功）之弊；而孔孟之学不必言性，而性在其中，"言外未尝非内，即言内又未尝非外"，即内外一体。

泸潇认为，后儒之弊问题的关键在于，其已杂染了佛禅，已经不是纯正的儒学。他说：

> 故吾以为自汉以下，孟子之学不传，而所传者皆禅释之绪也。夫矫后儒之非，要以明孟子之学；明孟子之学，要以见吾儒之学本足以经世，而后儒自失之，非儒学固然也。儒学明，而后天下见吾道之大中至正。②

在泸潇看来，汉以后纯正的儒学（孟学）已不传了，所传的皆是佛禅之学（或杂染佛禅之儒学）。后儒之学杂染佛禅的本体论，偏重心性本体（即内），故失去了孔孟儒家经世之学的精神，未能真正体现其大中至正之道。正因为如此，所以泸潇认为宋儒只知颜（回）而不知孟（子）。他说：

> 宋以下学术，与孟氏似另一蹊径。宋儒知颜不知孟，其品

---

① 刘元卿：《诸儒学案序》，《刘元卿集》，彭树欣编校，第725—726页。
② 刘元卿：《七九同符序》，《刘元卿集》，彭树欣编校，第87页。

题颜、孟，只以其涵养浅深论之，不知舍脉路而论涵养，不但不知孟，且不知颜。[1]

就是说，宋儒重在讲本体，讲境界，讲自身生命之受用（即孔颜之乐），故重颜学，而失去了孟学的真脉络——重日用人伦之道，重经世致用之学，即失去了孔孟儒学"外"之一面，其实颜学亦内含此脉络，故宋儒也不能真正地知颜。其实，宋儒之学也并非完全失去了"外"（即经世之学）之一面，完全同于佛禅，只是没有充分发展这一面，而重在"内"（即心性之学）之一面上，故泸潇的批评从总体而言还是切中其弊的。当然，从整个儒学的发展来说，宋明儒正因为融合佛禅（包括道）而深化了儒学，从而发展出宋明理学，使儒学（理学）具有深厚的本体论根基，然对其经世致用的一面确实重视不够，虽也有经世实学思想，但未能发展出成熟的政治儒学（理学）、经世儒学（理学）。泸潇已意识到了这一问题，但他本人也未能完成此一课题，不过他在哲学思想上强调体用合一，强调内外之融合，并且注重将儒学（阳明学）推向大众、推向民间，对此问题的解决有所推进。

2. 主要学说[2]

（1）一气说

"一气说"是泸潇的本体论。其"一气说"的提出，是为了建立万物一体、内外一体的本体论根基。万物一体思想是儒家的通义，宋明儒者对此多有阐发，如张载的"民吾同胞，物吾与也"[3]，程颢的"仁者，浑然与物同体"[4]，而王阳明《传习录》中的"拔本塞源论"和《大学问》的相关内容，对于圣人（大人）与天地万物为一体的论述尤为详细。那么，万物一体的本体论根基何在？张载、程颢、王阳明主要从人心之感应处说。泸潇则转变方向，将气作为其最终之根基，认为万物一体在于万物一气，如此完成了万物一体的本体宇宙论的论证。他说：

---

① 刘元卿：《又（简耿叔台）》，《刘元卿集》，彭树欣编校，第79页。
② 本节第二、第三小节的主体内容以《体用合一论：刘元卿的儒学立场与特色》为题发表于《江西社会科学》（2018年第8期），在此，内容有所修改、增加。
③ 张载：《乾称篇》，《张载集》，章锡琛点校，第62页。
④ 程颢：《识仁篇》，《二程集》，王孝鱼点校，第16页。

　　宇宙之内，一气而已。气凝而为天地，气凝而为草木鸟兽，气凝而为人。人之一身，皆气也。目非气弗视，耳非气弗听，口非气弗言，四肢非气弗动，而其所以视听言动者，一气也。故时视，则气注于视，即夫听与言动之气也；时听，则气注于听，又即夫视与言动之气也；时言动，则气注于言动，又即夫视与听之气也。非夫视有视之气，听有听之气，言动有言动之气，而町然不相通也。但自夫此气之流行而於穆不已者，名之曰天命。由是而析焉，曰心、曰性、曰意、曰知，名虽不同，总之不外乎一气也。岂唯吾身，即群百十人于此，当听焉，无不倾耳也。是百十人之耳，一气也。当视焉，无不正目也。是百十人之目，一气也。当言动焉，无不叹息、舞蹈也。是百十人之口之体，一气也。岂惟人哉？夫物则亦有然者：雉见共而作，鸥鉴虑而去，燕呢喃而语，鸢戾天而飞，其视听言动之气，无弗同也。岂惟物哉？天地则亦有然者：视以日月，听以虚谷，言以雷霆，动以转斗，其视听言动之气，亦无弗同也。古之圣人仰观俯察，有以得其故而审其同。是以一物失所，怅然含悽；风雨不调，恻然改颜。譬诸同体而分百骸，一指蒙刺，遍体为之不宁；譬诸一水而散众泡，一泡受击众泡为之惊摇。然则由饥由溺，若挞若沟，非作意为之，识大则任大，任大则忧大，其心盖有所不能自已也。[①]

　　在此，气是本原性物质和功能，是万物起源和生存的基础；气能流行、感通、贯通，故人一身之气通贯为一体，百十人之气通贯为一体，甚至宇宙万物之气也通贯为一体，"天下万世，皆一气之所贯"[②]。不仅物质性的东西之本体是气，而且精神的本源、本体也是气，故"曰心、曰性、曰意、曰知，名虽不同，总之不外乎一气也"。如此，物质与精神、外与内都是一气所贯通，其本体皆为气，故万物一体的存在论依据，就是万物一气。

　　当然，泸潇"一气说"也有所本。《庄子·知北游》云：

---

① 刘元卿：《一气说》，《刘元卿集》，彭树欣编校，第384—385页。
② 刘元卿：《邹氏学脉引》，《刘元卿集》，彭树欣编校，第375页。

> 人之生，气之聚也。聚则为生，散则为死。若死生为徒，
> 吾又何患！故万物一也。是其所美者为神奇，其所恶者为臭腐；
> 臭腐复化为神奇，神奇复化为臭腐，故曰"通天下一气耳"。

这是中国哲学最早提出的"一气说"：人之生死、事物的变化不过是气的聚散而已，天下万物同此一气。不过庄子（或其后学）在此不是要建立气本论，而是要说明事物的相对性；而庄子的本体是道，气是道与万物的中间环节。张载是重要的气论者，提出气聚为万物，万物散而为太虚。但他并非气本论者，因为他认为太虚是气之本体，故其本体是太虚而非气，气只是太虚的变化、表现。[①]王廷相亦是重要的气论者，他认为气为造化之本，万物从元气而化，但也不是真正的气本论者，因为他在气（元气）之上还安放了一个道体，道体中包含元气实体和气化流行两个方面。

真正气本论的建立者是吴廷翰。他说：

> 天地之初，一气而已矣，非有所谓道者别为一物，以并出
> 乎其间也。气之浑沦，为天地万物之祖，至尊而无上，至极而
> 无以加，则谓之太极。
> 盖人之有生，一气而已。朕兆之初，天地灵秀之气孕于无形，
> 乃性之本；其后以渐而凝，则形色、象貌、精神、魂魄莫非性生，
> 而心为大。[②]

吴廷翰认为，气为万物的本源、本体（所谓"天地万物之祖""太极"）；人为一气所生，具体而言，气始孕育于无形（此为性之根本），渐变而生形色、象貌、精神、魂魄、心等。从思想史的逻辑发展来看，泸潇好像受到了吴氏的影响。两人虽生活在同一时代，但没有任何交集，[③]吴氏也非阳明学者，故泸潇几乎不可能直接受到他的影响。不过，与吴氏几乎同年岁的邹守益，在其思想中也有气本论的身影。

---

① 侯外庐等《宋明理学史》（上册，第95页）认为张载的气是宇宙本体，实误。关于张载的气的本体为太虚的论述，参见蔡仁厚：《宋明理学·北宋篇》，吉林出版集团有限责任公司2009年版，第86—87页。
② 吴廷翰：《吉斋漫录》，《吴廷翰集》，容肇祖点校，中华书局1984年版，第5、27—28页。
③ 吴为南直隶无为州（今属安徽）人，大刘54岁（吴死时刘才16岁），未在江西做过官，致仕后家居三十余年。刘元卿现有文献没有一处提到吴廷翰。

他说：

> 盈宇宙间，一气耳。统体曰天，主宰曰帝，功用曰鬼神，命于人曰性，率性曰道，修道曰教，善养曰浩然之气。[①]

邹守益没有更多气本论的论证，此种思想只是偶尔流露。泸潇作为守益之孙德涵、德溥的好友，对其文献和思想应该是比较熟悉的。故其气本论有可能直接来自邹守益，当然也可能并未见邹氏文献，而是自己体悟出来的。但是我们更关注思想史的逻辑传承，即关注吴、刘的关联与差异。比较二人的气本论，同中有异，吴氏注重气的本原性和生成性，以建立其心性的本体论依据，而泸潇则注重气的运动性（即流行、感通、贯通的特点），从而建立万物一体的本体论根据。

总之，从思想史的逻辑发展而言，泸潇"一气说"实际上是万物一体论和气论两者融合的结果。其"一气说"完成了万物一体的气本论建构，从而建立了其哲学思想的本体宇宙论，这是泸潇整个哲学思想的根基。可以说，尽管其"气"包容了"心"的内容（如认为心、性、意、知都属于气），故其本体论仍是心物一元论（只是以气作为本源或本体），但在安福阳明学内部（包括邹守益的"一气说"）已开启了由心本论向气本论的转向。这种带有唯物论色彩的气本论使泸潇更重视实学、实事（即外），从而走向更广阔的日常生活世界而觉民行道。泸潇的"一气说"可谓王夫之"唯气论"的前导，熊十力曾指出王夫之的"唯气论"由阳明学派导其先，但他认为这可能是来自唐鹤征（凝庵）。[②] 惜乎熊氏未见泸潇之论，不然应会提及之。王夫之之学与安福阳明学有所关联，其父王朝聘师从邹德溥（参见第六章第四节第一部分），而邹德溥为泸潇好友，

---

① 邹守益：《枝江县文昌精舍记》，《邹守益集》，董平编校整理，第359页。
② 熊十力说："船山……乃直立气为元，而云'神者气之灵，理者气之理'，则不须别立'清虚一大'之天……灵是气之灵，理是气之理……船山之唯气论，实涵有泛神论之意义者也。……船山之论，实由阳明派下导其先。从来谈王学者，未发现及此，可见理学家之混沌。《明儒学案》有唐荆川及其子凝庵学案。荆川与罗念庵同私淑阳明。凝庵少承家学，从阳明转手，而以气言乾元。船山是否曾闻凝庵之说，不可知，要其以气为乾元，则遥相契耳。"（熊十力：《论中国文化与中国哲学》，《中国现代学术经典·熊十力卷》，河北教育出版社1996年版，第525—526页）。按：阳明后学中，提倡气本论者，除刘元卿、唐鹤征之外，还有蒋信、杨东明等。

王朝聘可能对泸潇之学有所了解，也许知其"一气说"（如读其书）并授其子，从而对其有直接的影响，至少从思想史的内在逻辑发展来看是有所关联的。

（2）求仁之学

泸潇认为，儒家与佛教的根本不同在于是否经世求仁，而宋明儒之弊在于经世一脉之不足。于是他回归先秦儒家，特揭孔子仁学并丰富之，且以为此乃儒家的根本宗旨。有人认为，"其学以求仁择术为要……而二氏之说，辟而绝之，不遗余力"①。这大体指出了泸潇思想的主旨。认为孔门宗旨在于求仁，乃宋明儒之通义，其区别在于具体内涵的不同。泸潇求仁之学，主要受耿定向的影响，同时有自己的独创，主要表现在三个方面。

一是仁之体用问题。仁是孔子思想的核心概念，其在《论语》中提到"仁"字109次，但他不探讨仁的体用问题，只是在具体语境中呈现仁的意义，指点弟子如何行仁。至北宋儒者才开始探讨仁的体用问题，但偏重言仁体，特别是仁的存有论、境界论。泸潇不满宋明儒离用求体之弊，如对程颢《识仁篇》就颇有微词，认为其偏在"识仁体"，即偏重对仁本体的认知、体悟。故泸潇重在阐释、发挥仁的体用一贯。他说：

> 今夫仁何为者也？是天地人之生生者也。天地人之所以生生者，不可得名，而独就其生者，强名为仁。夫仁也，自无生而之生生，盖无之为橐籥也；自生生而之无所不生，盖有之为真宰也。大哉仁乎！其大道之权舆，人心之发窍乎！此其说虽不始孔子，孔子独宗之，谓其高不入隐玄，卑不涉功利。所谓中道而立，天地万物莫之能违者也。夫惟其生生者本无生，是以圣人罕言之，非秘也，不可得而言也。夫惟其生生者无所不生，是以圣人数言之，非渎也，无之而非仁也。……分而言之，则道器为偶；合而言之，则形性不二。察于此，而知仁即人也，求仁而远人者非也。言学而曰"依于仁"者，非有异于老氏失道、失德之指也。或迹有而溯诸无，惧天下之暗于本；或原无而实诸有，惧天下之索于玄。察于此，又知仁即道也，求仁于道外

---

① 佚名：《刘元卿传》，刘元卿集：《刘元卿集》，彭树欣编校，第1557页。

者亦非也。夫仁不离人，则即隐即费；仁不离道，则即费即隐。[1]

与宋儒一样，泸潇也首先将仁上升为本体，认为仁是"天地人之生生者"；依其气本论而言，所谓"天地人之生生者"，其实就是气，仁体即气；同时认为仁是用，"自生生而无所不生"，即仁（气）无不流贯。然后从不同方面详细展开仁之体用合一的论述，包括：其一，有无相生、有无一体："夫仁也，自无生而之生生，盖无之为橐籥也；自生生而之无所不生，盖有之为真宰也。""无生"是指无所造作、自然流行之气（仁）本体，"生生"是指宇宙天地的创造或道德的创生，"无所不生"则是指整个宇宙的生成或整个道德、人文世界的创建、活动。其二，天人（或人己）一体、古今一息："其大道之权舆，人心之发窍乎！"大道指天，人心即人。又说："天也，人也，仁也，一也"；[2]"说个'仁'字，真是天地。此仁万物，此仁吾身，此仁原无自他可分，亦无今古可间"[3]。其三，道器一体、形性一体："分而言之，则道器为偶；合而言之，则形性不二。"此二句为互文，分言道（性）、器（形）为二，合言则为一体。其四，费隐一体："夫仁不离人，则即隐即费；仁不离道，则即费即隐。"费即用之广，隐即体之微，二者一体。如此，泸潇建构了一个体与用、内与外、形上与形下、本体与工夫一体的仁本论体系。如此详细的仁学体用合一体的分疏，在宋明儒者中是较少见的。

二是仁之"不容已"（即生生不已）。泸潇认为，"仁根于心"，即仁之发窍在人心；而人心自"不容已"：

> （仁）根于心，故其见亲也，其色怡然，其容盎然，其手舞足蹈不自知其然。[4]
> 人心之必恻隐、必羞恶、必辞让、必是非，父子之必亲，君臣之必敬，夫妇、长幼、朋友之必别、必序、必信，譬诸日

---

[1] 刘元卿：《拟试策一道》，《刘元卿集》，彭树欣编校，第18—19页。
[2] 刘元卿：《识仁书院记》，《刘元卿集》，彭树欣编校，第220页。
[3] 刘元卿：《复赵德父》，《刘元卿集》，彭树欣编校，第66页。
[4] 刘元卿：《君子所性》，《刘元卿集》，彭树欣编校，第502页。

之必照，火之必然，水之必达也。①

不容已之心，即不容已之性，即不容已之仁。泸潇这一思想来自其师耿定向，"真机不容已"是其师的重要思想。但是，两人仍有所不同，耿氏重仁体（仁根）之"虚"，他说："此不容已之仁根，原自虚无中来。"②此"虚"，不是存有之虚，而是人生境界之虚，强调的是用功过程中本心的无思无为、无所造作的精神状态。泸潇虽有时也言仁体之虚，但更侧重仁（人心）之"生生"之性。他说：

> 道不已，故天地之化育不已，人心之生生亦不已。③
> 天行自健，故常运旋而不已；人心自强，故通昼夜而不息。
> 君子者，独能默识吾心之不容已，即天命之不已耳。④

这一思想也有朱熹的影响，朱熹认为仁体是万物生生的本性⑤。其实，泸潇将《周易》乾道之生生不息精神融进其仁学中，强调仁体（心体）的道德创生性，即它自有一种不断去化成道德、人文世界的冲创力量。

三是孔子仁术之巧。这里涉及的其实是师道的教学方法问题。泸潇认为，师道的仁术高于、巧于君道的仁术，其命题就是"孔子贤于尧舜"。他说：

> 盖尧舜特修君臣之道，而君臣之道著；孔子特修朋友之道，而朋友之道光。尧舜为天下，得禹、皋、稷、契而天下治；孔子为万世，得回、参、冉、闵而万世平。尧舜求贤以治天下，贤之得不得关于天；孔子育贤以开万世，贤之成不成由于己。尧舜得位而行，有天下而仁天下；孔子素位而行，无天下而仁天下。尧舜之道传之为君者，故其泽有时而熄；孔子之道传之为人者，故其传无时而绝。是故可仕则仕，仕无以异于藏也；

---

① 刘元卿：《行满禅者墓记》，《刘元卿集》，彭树欣编校，第247页。
② 耿定向：《与焦弱侯》，《耿天台先生文集》卷三，第32页。
③ 刘元卿：《川上》，《刘元卿集》，彭树欣编校，第498页。
④ 刘元卿：《大象观》，《刘元卿集》，彭树欣编校，第691页。
⑤ 陈来：《仁学本体论》，第183页。

可止则止，止无以异于行也。执化育之大权，握万古之正邱，是则所谓孔子之道，特殊于夷、尹，不但殊于夷、尹，抑远贤于尧舜。①

孔子代表师道，尧舜代表君道，为什么孔子贤于尧舜？因为尧舜行仁需借助行政手段，需要各种条件，如权位、贤臣，且只能仁泽一世；而孔子乃靠教化，不需要这些条件，其权只操诸己，且可仁流万世。而二者的本质区别在于，为仁之方的不同：尧舜是博施济众，而孔子则是己立立人、己达达人。结果则是："以一人施天下，则用力甚劳，而其施不得不竭，此尧舜所以病；以天下立达天下，则操术甚逸，而其济不得不博，此孔子所以不病。"②所以孔子乃得仁术之巧者。所谓立达，就是"夫欲立则思立人，欲达则思达人，此人之本心也，吾如是，人亦如是"③。也就是说，不仅自己尽不容已之心、生生之心，而且通过教化推之天下万世，使"人各得其真心，则天下平，斯至易至简之术也，斯孔子操之以开万世太平者也"④。所以泸潇认为，"古之得续命真丹者，独有孔子"⑤。即孔子真正开启了人之本心，并以此觉人、化人，人心生生，万世无尽，这是师道的核心价值。这一思想，是泸潇在耿定向"择术（仁术）说"的基础上，对《论语》中弟子认为"孔子贤于尧舜"命题的详细阐述，使孔子仁术（师道之术）之巧的内涵得以丰富、彰显，从而突显了师道的价值和尊严。其隐含的意思其实是说教育家、文化人高于帝王将相，前者所从事的事业也优于或高于后者。这是对教育、文化价值的高度肯定，也是对权位、权力的委婉批评。这也是泸潇对自我人生价值的高度肯定。

（3）四端充达说

泸潇在万历三十四年（1606），在工夫论上回归、发挥孟子学说，提出"四端充达说"，是其求仁之学在工夫论上的体现。他说自己"到老方知读《七篇》（即《孟子》七篇）"，故此说可谓其工夫论的"晚

---

① 刘元卿：《拟试策一道》，《刘元卿集》，彭树欣编校，第20页。
② 刘元卿：《同仁书院记》，《刘元卿集》，彭树欣编校，第230页。
③ 刘元卿：《同仁书院记》，《刘元卿集》，彭树欣编校，第230页。
④ 刘元卿：《拟试策一道》，《刘元卿集》，彭树欣编校，第21页。
⑤ 刘元卿：《赠少原余父母内召序》，《刘元卿集》，彭树欣编校，第142页。

年定论"。邹德泳说："盖征君之学，以孔孟为的，以日用伦物为实际，以四端扩充为真功，而要归于戒慎一脉（即邹守益之学）。"① 此语大体总结了泸潇之学的主要特点，尤其指出了"以四端扩充为真功"。

孟子四端之心，是指"恻隐之心，仁之端也；羞恶之心，义之端也；辞让之心，礼之端也；是非之心，智之端也"（《孟子·公孙丑上》）；而四端之心可扩充，"凡有四端于我者，知皆扩而充之矣，若火之始然，泉之始达。苟能充之，足以保四海；苟不充之，不足以事父母"（《孟子·公孙丑上》）。孟子又另云"达"："人皆有所不忍，达之于其所忍，仁也；人皆有所不为，达之于其所为，义也。"（《孟子·尽心章下》）孟子已初步提出了依四端之心而扩充、充达之工夫论。牟宗三指出，"孟子以仁、义、礼、智四德言心，即已能表示道德的真实心之具体创发性与泛应曲当性，而当然之理又不只是那一般的抽象的当然（义），而是由仁、义、礼、智之心之感应于一一事变之曲当而为具体而特殊之表现"② 也就是说，孟子以仁义礼智四德言心，已蕴含了工夫论指向。泸潇在此基础上，融合王阳明的致良知、耿定向的"三关说"，从而建立了自己独到的工夫论，即"四端充达说"。他说：

> 若吾孟氏之学，则指恻隐羞恶，以为性之端；指充之四海，达之天下，以为性之尽；推老老幼幼之恩，明井田、学校之政，严出处去就、辞受取予之节，以为充之达之之事。夫知恻隐羞恶为性之端，则知求性于仁义之外者之为荡；知充之四海、达之天下为性之尽，则知虚无寂灭、寄命于空者之为非；知本仁行政、躬义树防为尽性之事，则知离仁外义、任放自恣者之为邪。斯吾以为必明孟子之学，而后乃可以辟佛也。孟子之言曰"经正则庶民兴"，盖其言庸其事实，征之庶民，斯足以兴矣。……是道也，孔子传之孟轲，轲之死，不得其传。③

所谓"恻隐羞恶"，即恻隐、羞恶、辞让、是非四端之心的省称。此四端之心中已蕴含着工夫。牟宗三说："孟子以仁、义、礼、

---

① 邹德泳：《贺氏三田记》，《湛源续集》卷五，万历三十二年刻本，第6页。
② 牟宗三：《从陆象山到刘蕺山》，第167页。
③ 刘元卿：《七九同符序》，《刘元卿集》，彭树欣编校，第86页。

智四德言心,即已能表示道德的真实心之具体创发性与泛应曲当性,而当然之理又不只是那一般的抽象的当然(义),而是由仁、义、礼、智之心之感应于一一事变之曲当而为具体而特殊之表现。"①以此"四端"为性之生发,就是工夫的开始。此心,即性,也即道(本体),将此心性扩充下去,"充之四海,达之天下",就是尽心、尽性,也就是充达的工夫。"推老老幼幼之恩,明井田、学校之政,严出处去就、辞受取予之节,以为充之达之之事",就是充达的具体指向,即儒家所从事的仁政以及在此过程中严于自处、自律。

此工夫论中已包括耿定向的"三关说"(即心即道、即事即心、择术)的内容,但没有耿定向的明显的层次性(三关即三个层次)之分,而是将此四端之心不断充达下去即可,可谓心、性、道、事一体而化。这在工夫上可谓简易,近乎阳明的致良知,几乎是致(推致)良知于事事物物的另一种表达。但与致良知仍有细微的区别,体现泸潇的良苦用心。首先,阳明后学中已产生有将良知混同于情识的弊端,也就是说在具体用功中情识有可能被当做良知,故泸潇将良知圈定为四端之心,四端之心清晰可辨,不可能混同为情识。本来阳明将四端之心收归于良知,但由于良知易于误认,故泸潇又将良知回归于孟子的四端之心。其次,阳明后学已出现耽空守寂之病,将心体(良知)认定为未发,又将"致"良知理解为"守"良知;而四端之心,显然是已发,但在已发中包含未发,故即情即性,其工夫就是将此不断地充达、扩充下去,并指向具体的行政事务(即仁政),故无守内之弊。故泸潇认为,发明孟子此学既可以辟佛,也可以矫后儒(含阳明后学)之弊,因为二者同为守内之病。泸潇自认为其遥接孟子血脉而发明之,实则其工夫论仍有王阳明、耿定向的影响,其中对定向有超越,对阳明后学有救弊。

同时,泸潇将"四端充达说"与"不容已之学"融合起来,认为充达四端之心即心之不容已。他说:

> 故父母在而不远游,充其不忍离之心以事其生;为庐其墓
> 以永其思,充其不忍离之心以事其死:皆天也,不容已者也,

---

① 牟宗三:《从陆象山到刘蕺山》,第167页。

非所以要誉于乡党朋友也。①

这里泸潇乃就不忍离之心（即孝心）而言，其实就是四端之心的具体表现，充达此心，乃心之不容已，乃先天必具有者（此已上升到本体论的高度而言）。惜乎"四端充达说"发之泸潇晚年，对此融合之路，论述甚少。

此外，泸潇又将"四端充达说"与《中庸》"致中和说"相贯通，认为"致中和"也可以在这一工夫论中得到理解。有友人问《中庸》致中和与孟子扩充之说是否相同。他说：

> 人乍见孺子，皆有怵惕恻隐之心，是发而皆中节，谓之和也。其寂然不动者，便是未发之中。方见孺子时，人人中和，即如齐宣王见牛而以羊易之，亦正是中和之妙用。及到兴甲兵，危士臣，构怨于诸侯，却是不能致中和。故扩而充之，足以保四海，便是致中和而天地位、万物育。②

就是说，致中和起初是以四端之心（如"怵惕恻隐之心"）为性之发端，即充达工夫的开始，是人人皆能的。但往往"兴甲兵，危士臣，构怨于诸侯"，乃是不能继续致中和之故。如能继续致之，就是将四端之心充达天下，最终能保四海、达到天地位育的境界。如此，致中和就是四端充达，二者在工夫进路上其实是一致的。这反映泸潇晚年试图用"四端充达说"来涵括"致中和说"，使两者相贯通，从而丰富前者的内涵。

（4）理欲之辨

宋明理学的核心话题之一是"理欲之辨"（即天理、人欲之辨），自从二程提出"存天理，灭人欲"，理欲的二元对立就成为宋明理学的主流观点；但也有反其道而行之者，即主张理欲合一，如李贽、陈确就公开提出人欲即天理。泸潇独辟蹊径，提出了自己独特的理欲论。他是在"性即理"的宋明儒之共识下讨论这一问题，理欲问

---

① 刘元卿：《书罗以良庐墓册》，《刘元卿集》，彭树欣编校，第472页。
② 刘元卿：《丙午识仁问答记》，《刘元卿集》，彭树欣编校，第407—408页。

题亦即性欲问题，其内容主要包括三个方面：

一是性（理）与欲关系的探讨。对此问题，阳明也有所认识。他说："七情顺其自然之流行，皆是良知之用，不可分别善恶，但不可有所着。七情有着，俱谓之欲，俱为良知之蔽。"① 就是说，七情不着就是良知之用，有所着才是欲，才是良知之蔽。在此，七情本身与良知（天理）无矛盾，但人欲与天理（即良知）存在着矛盾，故阳明也主张"存天理，去人欲"②。泸潇在阳明认识的基础上，对于性（理）与欲的关系有更深入且相当辩证的认识。他说谓欲声欲色非性，不可。因为"欲声欲色者，无生之真机也"③。也就是说，从欲之本然、自然看，欲乃真机之不容已，欲即性、即理，故天下无离欲之性（理）。故他认为欲不可断，不可强行遏制。这是对"存天理，灭（或去）人欲"观的否定。同时，他认为，谓欲声欲色即性也，亦不可。因为欲会失其度，过度之欲则非性、非理。故不可混欲为性，以为一切情识、欲望皆是性。他说：

> 近论性者，多执见以论性，而漫谓一切皆是，譬则据所见皆水，谓无非水者，任其漂荡横流，泛滥中国，即犯害民物而不为之所，是古圣人所大不忍也。④

这是对阳明后学混情识为良知之弊的批判，锋芒指向李贽等人。

二是对不同之欲的辨析。对于欲之种类，泸潇从不同角度进行分辨。首先他认为，欲有小欲和大欲之分。小欲是指欲声欲色的肉体之欲；大欲是指"欲明明德"的道德之欲，如"公刘欲四境之有积仓裹粮也"，"太王欲四境之无怨女旷夫也"，"乃孔子则又有大焉，己欲立而立人，己欲达而达人，终其身不厌不倦，发愤无已"⑤。泸潇认为，大欲立，则小欲自然消除。接着，他进一步辨析，认为欲有"不容不然"之欲和"心所沉溺"之欲之分。他说：

---

①王阳明撰，邓艾民注：《传习录注疏》，第240页。

②钱德洪：《年谱一》，王守仁：《王阳明全集》，吴光等编校，第1364页。

③刘元卿：《与王中石翁论无生述略》，《刘元卿集》，彭树欣编校，第545页。

④刘元卿：《贤奕编》，《刘元卿集》，彭树欣编校，第1412页。

⑤刘元卿：《汝防字说》，《刘元卿集》，彭树欣编校，第389页。

自不容不然之欲而言，无论欲明明德之欲不可去，即声色臭味之欲何可一日无？何也？皆天也。自心所沉溺而言，无论声色臭味之欲不可不去，即行仁义之欲亦不可一日有。何也？皆障天者也。先儒曰："有所向，便是欲；涉人为，便是伪。"向也，伪也，皆是足以牿天也。[①]

就是说，前一种欲乃天然、天理，不可去之；而后一种欲乃人为（伪），违背天然、天理，即使是"行仁义之欲"（如"心有所沉溺"，即带有功利性），也必须去之。

三是性（理）欲矛盾的消解。这是泸潇着重要解决的问题。在此问题上他融进了"不容已说"和"万物一体论"，于是矛盾迎然而解。首先，从心之不容已看，"欲声欲色者，无生之真机也。欲之失其度而其中若有不自安者，亦无生之真机也"，"虑夫欲之失其度而学以求吾之所大欲者，亦无生之真性（机）也"[②]。所谓"无生之真机"，即心之不容已，即性（理）。泸潇认为，人的自然欲望是心之不容已；欲之失度而心不安亦是心之不容已，心不自安，必然要拔其所不安者而去之；而求大欲（道德之欲）亦心之不容已，欲求心之大安，则必满其心量而发，如此欲色欲声之欲，皆转而趋心之大欲，故求大欲更是心之不容已者。这样，就消除、化解了性（理）欲的矛盾、对立、紧张：不仅肯定人的自然欲望的合理性，而且指出人克制自然欲望而认同道德行为，不是由于外在理法的约束、控制，而是心之不容已，故欲自然发生转化，即由自然之欲化为道德之欲（此欲即理），如此理欲之矛盾消于无形。其次，从万物一体看，"但将好色等欲直穷到根蒂处，原是人我一原。故充之以与民同好，即欲即理，于王天下乎何有？此便是明明德于天下，便是尽其性以尽人之性"[③]。在体用论上，性（理）为欲之体，欲为性（理）之用，只是在经验界，欲之表现未必尽性（理）之用，因为欲有表现失度之一面。如果将欲穷到根蒂处（即上升到本体论），原是天人一体、人我一体，己之性即人之性，性（理）之用为欲，实现自己的欲，同时推广到实现他人的欲，所谓充之与民同好。如此，欲即性（理），

① 刘元卿：《去欲说（上）》，《刘元卿集》，彭树欣编校，第542—543页。
② 刘元卿：《与王中石翁论无生述略》，《刘元卿集》，彭树欣编校，第545、546页。
③ 刘元卿：《去欲说（下）》，《刘元卿集》，彭树欣编校，第544页。

不可去，只要充之与民同好即可。这样，就从"万物一体论"上完成了从小欲到大欲（即理）的过渡，从而消除了理欲的紧张。依此思路，理欲之对立一体而化：

> 由斯而谈性，安有先天，安有后天，安有有无，安有微显，安有体用，安有理欲。彼以为有先天后天，有有无、隐显、体用、理欲者，诸子之陋也。①

泸潇对于性（理）欲矛盾的消解，在后世熊十力那里得到了一定程度的回应。②

可以说，泸潇将理学史上"理欲之辨"这一核心话题进行了较为合理的阐述，使其得到较为圆满的解决，既化解了天理、人欲的严重对立，又使二者的混同得以厘清，从而超越了各种主流和非主流观点，在宋明理学史上具有较为重要的价值。

（5）格物新说

"格物"一词，是《大学》的术语，宋明儒者借对此词的阐释，形成了种种关于工夫论的"格物说"，可谓众说纷纭。尤其是明代儒者，更是"纷如聚讼"，至明末，据刘宗周统计，格物之说古今聚讼便有七十二家之多。③其中以朱熹、王阳明、王艮之说影响最大。泸潇主要受王艮"淮南格物说"的影响，而又有自己独有的思想内涵。

何为格物？朱熹作"即物而穷其理"，阳明作"正念头"及念头所及之事，王艮作"知修身为本"。④泸潇认同王艮，从《大学》的语境"物有本末，事有终始"出发来释之："格物者，格究夫物

---

① 刘元卿：《与王中石翁论无生述略》，《刘元卿集》，彭树欣编校，第546页。
② 熊十力说："吾六经之言治，未尝主绝欲也。然要在反识性真。性真者，谓吾人与万物所同具之本体也。……夫人受于道而成性，以有生。既生，则不能无欲，欲与生俱，而生原于性，则欲不可绝，甚明。惟见性，则有主于中，斯欲无泛滥之患。……夫欲之所可当理者，唯见性而后能耳。性者，生之本然，纯粹至善者也，通天地万物而一焉者也。欲与生俱，生则成形，而有分。故俗每滞于分形，而昧其至一。滞分形而昧至一，即成乎不善。故欲不必顺其生之本然也。唯见性，而后邪欲不得乘权，即欲皆当理，而欲亦即性。"（熊十力：《熊十力全集·读经示要》，湖北教育出版社2001年版，第586页）。按：泸潇上述之论见《复礼会语》，该《会语》来自笔者在民间发现的孤本文献《复礼会录》，可以肯定熊十力未见过此书，如果熊氏看过此书，其说法当会更有转进。对性欲矛盾的消解，泸潇的理解似乎比熊十力更为圆融。
③ 林月惠：《良知学的转折：聂双江与罗念庵思想之研究》，台湾大学出版中心2005年版，第549页。
④ 张学智：《明代哲学史》（修订版），第242页。

之本而立之"，"知修身为天下国家之本，谓之格物，谓之知之至"。^①他与王艮都认为，身为本，天下国家为末，格物就是知修身为本。不过，泸潇是通过《大学》和《中庸》互释，并以后者来丰富前者，从而建立"格物说"的本体论，因而其内涵与王艮之说仍有较大的不同，主要表现在两个方面。

一是"本"之具体内涵不同。王艮引入"安身"概念，修身是为了安身，故"知修身"为本实为"知安身"为本，安身才能实现齐家治国平天下的最终目标。故"安身"才是王艮"淮南格物"之"真本"。而泸潇则认为"知修身"为本即诚意，并通过对诚意的阐释来追溯格物最终之"真本"。他说"修身，诚意而已"，这是《大学》的工夫进路；并用《中庸》"诚"义释《大学》"诚意"："诚者天道，善之至者也。动以天，则意诚。以言乎心，谓之正；以言乎身，谓之修；以言乎家国天下，谓之齐治均平。"如此，"诚"就成为格物之本："故诚也者，一以贯乎天下国家之善物也。格此者，为格物；知此者，为知至。"^②"诚"在《中庸》中已有本体的意味，所谓"诚者，天之道也"，泸潇顺此进一步确立其本体地位："《中庸》言至诚，一也。诚，天载也，无声无臭，至也"，"诚者，天之道也，人之真心也。……盖吾人之心本自虚明，无有作好，无有作恶。所谓明德也，即诚也"^③。这里，"诚"是天道、真心、明德，也即诚体。

同时，泸潇依《大学》语境来释"诚意"，将格物之本落在"慎独"之"独"上："然观《传》（即《大学》传文）诚意者，但言'慎独'，则知'独'即物之本也，'慎独'即务本也。格物之本而务之，则知至。此外别无格致之功。"^④而对"慎独"的解释，则将《中庸》"慎独"与"致中和"贯通：

> 读《中庸》者，又皆言"慎独"与"致中和"功夫有粗细。然观末章，但言君子之所不可及者，其惟人之所不可见乎？则知"独"即无声无臭，"慎独"即不大声色、笃恭而天下平。

① 刘元卿：《大学新编》，《刘元卿集》，彭树欣编校，第583、573页。
② 刘元卿：《大学新编》，《刘元卿集》，彭树欣编校，第573页。
③ 刘元卿：《大学新编》，《刘元卿集》，彭树欣编校，第573、584页。
④ 刘元卿：《纪梦》，《刘元卿集》，彭树欣编校，第517页。

此外别无"致中和"之功。①

　　君子率其性之本中、本和者，以位天地、育万物。夫是之谓慎独。独即性也，性无对，故谓之独。②

　　如此，"独"为"无声无臭"者，为"无对"者，即独体，即性（性体）；慎独就不仅仅独善其身，而是致中和的具体工夫，"无对"才可通达于天地万物（"位天地、育万物"）。

　　经过以上两条脉络的阐释，泸潇建立了"格物说"的本体论，即确立了格物之"本"为诚体或独体，两者即性体，即心体，实为一体。于是格物为诚意或慎独，简言之，不过是依本性、本心而行之家国天下而已。如此其"格物说"虽与阳明的理解不同，但根本思路仍是阳明"致良知于事事物物"的思路。

　　二是对"格"字的理解不同。王艮曰："'格'如'格式'之格，即后'絜矩'之谓。吾身是个'矩'，天下国家是个'方'。絜矩则知方之不正，由矩之不正也，是以只去正矩，却不在方上求。"③王艮之"格"是要正自身之"矩"，即在自身上"格"，而不在"方"（天下国家）上求，强调的是工夫的把柄或方向。泸潇则曰："格之云彻也。彻，本末而一以贯之之谓也。"④强调的是身与天下国家的本末一贯、内外打通："立其本（身），则天下国家无不理，齐治均平无不贯。"⑤

　　在此问题上，泸潇乃通过阐释《中庸》之"诚"来打通《大学》的"物有本末"，使本末一贯：

　　诚，天道也，索之了无一物可得，而用之则万物咸备。在《大学》，谓之"物有本末"，在《中庸》，谓之"不睹不闻"。而莫见莫显，斯即察乎天地之费而隐也，斯即质诸鬼神之微而显也，斯即考诸三王之不见而章也。本诸身，征诸庶民，始于人之所不可见，而终于家齐国治，笃恭而天下平。⑥

---

① 刘元卿：《纪梦》，《刘元卿集》，彭树欣编校，第517页。
② 刘元卿：《复礼测言》，《刘元卿集》，彭树欣编校，第556页。
③ 王艮：《王心斋全集》，陈祝生等校点，第34页。
④ 刘元卿：《大学新编》，《刘元卿集》，彭树欣编校，第573页。
⑤ 刘元卿：《大学新编》，《刘元卿集》，彭树欣编校，第583页。
⑥ 刘元卿：《大学新编》，《刘元卿集》，彭树欣编校，第614页。

在此，诚体成为本与末的一以贯之者，即本而末，即内而外，即形上而形下，即本体而工夫，可谓一体而化。于是，"格物说"的本体论建构又得以进一步完善。

3. 体用合一论——泸潇哲学思想的总纲

所谓体用问题，在不同的语境中有不同的表达，如体与用、形上与形下、本体与工夫、天与人、道与器、性与形、本与末、内与外等。泸潇整个哲学思想追求体用之合一，可以说，"体用合一论"是其整个哲学思想的总纲。弟子周一灂称其学为"其心事彻一之宗、下学上达无两之旨"[①]；又有人（弟子）言："夫密参之，由显溯微，因粗穷精；显证之，即用即礼（体），即费即隐。斯亦先生一贯之谱乎！"[②] 其实，这正是泸潇哲学思想的成熟标志和理论特色。

泸潇这一思想的形成、建构，其背后有强烈的现实指向，即佛教和后儒（包括阳明后学）存在严重的体用分离现象。前文第一小节已论述泸潇批评佛教和后儒（包括阳明后学）存在体用割裂的弊病，此处再略申论之。泸潇对当时学者体用分离的现象有许多批评，指出他们或者离用求体，或者离体求用，如：

> 方今谭学者满家，薄饬励者要于求心。求心之说，岂不甚美？顾所为求者，有辨也。归寂者以空空言心，持觉者以惺惺言心，寻乐者以泼泼言心，主敬者以竞竞言心。此以见为心也，非心之本真也。惩玄虚者要于践履，践履之说，又岂不甚美？顾所为践履者，有辨也。硁硁者不亦信果？悻悻者不亦节概？冥冥者不亦高蹈？磊磊者不亦功业？然以意为行也，非践履之极则也。[③]

> 盖世之重践履者，人人谭修身矣，然拘形滞气以为修，命曰无本之末，为剪彩已尔。世之重性宗者，亦人人谭止善矣，然耽无溺虚以为善，命曰无末之本，为枯荄已尔。"[④]

① 周一灂：《复礼会语跋》，刘元卿：《刘元卿集》，彭树欣编校，第1567页。
② 刘元卿：《路溪刘氏族谱序》，《刘元卿集》，彭树欣编校，第172页。
③ 刘元卿：《复王徽所丈》，《刘元卿集》，彭树欣编校，第41页。
④ 刘元卿：《见罗先生书要序》，《刘元卿集》，彭树欣编校，第113页。

就是说，求心体者或重性宗者是离用（经验界）而求体，故体非真体，或以"见"（虚见）为体，或以"虚无"为体，均非真正的本体，乃是无末之本；重践履者是离体求用（工夫），故用非真用（真正的工夫），或"以意为行"，或"拘形滞气以为修"，乃无本之末。

针对这种体用、本末、内外的分离现象或弊病，泸潇主张回归孔子的"一以贯之"之道：

> 理一而已。学者，学所以一之也。……孟子曰："孔子之谓集大成。"非赞之也，言孔子之学，固如此尔。三月治鲁，何其功也！浮云富贵，又何其清修退素也！勿欺而犯，何气节也！删《诗》《书》，定礼赞《易》，作《春秋》，抑何绘藻也！故曰："吾道一以贯之。"[1]

孔子打通了德性、事功、著述，一以贯之，这正是泸潇所要回归者，故他宣称"道无上下，一以贯之"[2]，这显然是对孔子的归依。何谓"一以贯之"？泸潇曰："圣人之所谓一贯者，正合显微、通精粗、彻内外而一贯。"[3]换言之，即体用合一。泸潇的这一思想总纲，也有阳明的一定影响。阳明所说的良知，是本体和工夫的浑一之体，良知在作为自身工夫的同时，经常不断地超越自身的心体，所以他认为本体即工夫，工夫即本体。[4]

可以说，孔子"一以贯之"之道中已蕴含"体用合一论"之雏形，而阳明具体从本心、良知上说体用合一（包括心物合一、心理合一、知行合一等），泸潇则进一步丰富、完善了这一思想，从而形成了自己的哲学思想体系，具体表现于其思想的方方面面，如第二部分所述的"一气说""求仁之学""四端充达说""理欲之辨""格物说"均渗透、贯穿着"体用合一（或一体）论"。如"一气说"认为，气为万物之本体，不仅天地万物之运动，而且人之视听言动、心性意知都是气之用。故气与天地人物为一体；同时心性亦为气，精神

---

① 刘元卿：《名贤编后序》，《刘元卿集》，彭树欣编校，第1279—1280页。
② 刘元卿：《泷江讲义序》，《刘元卿集》，彭树欣编校，第105页。
③ 刘元卿：《勿亭姚翁七帙序》，《刘元卿集》，彭树欣编校，第188页。
④ 冈田武彦：《王阳明与明末儒学》，吴光等译，第55—56页。

与物质为一体。"求仁之学"认为，仁既是体（天地人之生生者），又是用（自生生而无所不生），是体用一体，详言之如天人一体、有无一体、道器一体、形性一体、费隐一体等皆是仁之体用论的表现。"四端充达说"认为，四端之心即性即体，将此充达之工夫即用，心性（体）与工夫（用）一体。"理欲之辨"认为，性（理）为欲之体，欲为性（理）之用，然欲有偏离性（理）之一面，如果将小欲转化为大欲，欲即性（理），如此欲与性（理）一体。"格物说"认为，格物之"本"为诚体或独体，格物即格此，也即诚意或慎独（即用），此为体用一体；自《大学》修齐治平而言，格物即修身，此是本（体），而齐家治国平天下是末（用），此又为体用一体。

此外，泸潇还从其他多个方面体现了这一思想总纲，如：宗源与力践合一，见与事合一，明德、亲民、至善合一，道、德性、礼、学问合一，身、心、性、天合一，下面再申论之。

其一，宗源与力践合一。泸潇认为当时阳明学不外两派，一曰"宗源"（本体派），一曰"力践"（工夫派），而提出"悟宗在当下，力践亦在当下"。[1] 这一说法接近泰州学派的良知现成说（即认为良知与生俱来，并当下呈现于日用人伦中）。但是泰州后学在肯认当下良知时，出现混情识为良知，一任情识流行而荡之弊。泸潇对此有过批评，提出防止此弊的具体方法是力践与悟宗在当下合一。他举例说：

> 所谓力践者，只以今日目前论之。群士大会，众咸听法。若于座中瞻视不常，听闻不专，交头私语，出入无时，此便是视听言动不由于礼，便谓之己，即当克之。若一时大众各反精灵，识惟明命是顾，专心致志，惟善言为听，不语时事，惟谈心咨性，静坐肃规，不东行西走北复，是非礼勿视听言动，便是一日克己复礼。
>
> 试看此时雍雍肃肃，人心谁不欣悦？即便是天下归仁。[2]

就是说，由"当下力践"，然后"肯由此更透一步，深思此礼

---

① 刘元卿：《病中与大会诸公论克己复礼》，《刘元卿集》，彭树欣编校，第547页。
② 刘元卿：《病中与大会诸公论克己复礼》，《刘元卿集》，彭树欣编校，第547—548页。

在天地间，由之则安、不由则不安是何缘故？直穷到不可思议处，却恐宗源亦在其中矣"①。也就是说，先力践当下（工夫），然后亦由当下透悟宗源（本体），如此即工夫即本体，工夫与本体合为一体，从而克服了泰州后学之弊。

其二，见与事合一。关于见与事，泸潇指出，有人"袭陈迹而矫步，住于事者也；住于事，则以指为月"②，就是说"住于事者"，是把指（工夫）当作"月"（本体）；又有人"取自心而离伦，住于见者也；住于见，则以月为指"③，就是说"住于见者"，是把"月"（本体）当作指（工夫）。而圣贤则是见（本体）与事（工夫）合一。他说：

> 盖始者曾子求诸事矣，圣人以一示之，曾子得一而明之以忠恕；明之以忠恕，则不倚于见，而还证之事，斯真见者也。……颜子抱穷天极地之见，其卒也，约之以礼；孟子来高美登天之惑，其称引尧舜也，要之于徐行；陆子负攀斗倚辰之识，其晚年教人也，归之切己自反、改过迁善。彼诸大圣贤岂其深明之？而姑粗言之，亦彻悟此道之一贯耳。盖习事而求见，则其事乃诚；旋见而就事，则其见乃实。④

就是说，曾子、颜渊、孟子、陆九渊诸圣贤都能彻悟"道之一贯"："习事而求见，则其事乃诚；旋见而就事，则其见乃实。"亦即见与事一体，或本体与工夫一体。

其三，明德、亲民、至善合一。《大学》首句曰："大学之道，在明明德，在亲民，在止于至善。"泸潇释之曰：

> 至善者，性也，不容言者也。自其炯然而灵晰也，命之曰"明德"；自其熏然而仁爱也，命之曰"亲民"。要之，至善其本也。言明德，不要诸至善，无乃依名理以为矩操，虽密不足以入神；言亲民，不要诸至善，无乃倚才技以为用泽，虽流不足以达化。

---

① 刘元卿：《病中与大会诸公论克己复礼》，《刘元卿集》，彭树欣编校，第548页。
② 刘元卿：《路溪刘氏族谱序》，《刘元卿集》，彭树欣编校，第172页。
③ 刘元卿：《路溪刘氏族谱序》，《刘元卿集》，彭树欣编校，第172页。
④ 刘元卿：《路溪刘氏族谱序》，《刘元卿集》，彭树欣编校，第172页。

若然者，宁不亦殚尔力哉，顾巧弗逮耳。①

就是说，至善是性，为本体；明德是至善的德性（"炯然而灵晰"），言明德必归诸至善；亲民是至善的流贯（"熏然而仁爱"），言亲民亦必归诸至善。实则三者一贯，合为一体。《大学》接着又言知止而后有定、静、安、虑、得。泸潇认为，"知止"就是"知止于至善"，故曰：

> 故《大学》必自知止始，知止故能性性，性性故神，夫乃谓不显之德；知止故能物物，物物故化，夫乃谓不大声色之治。天载之至微，是安归乎？②

就是说，"知止"（即知止于至善），就能实现至善本体而为明德（"性性"），而本体之实现就是形上（明德）之幽深玄远（"神""不显之德"）；"知止"，亦能使天下万物（主要是民）实现（"物物"），而天下万物实现就是形下（亲民）之化而无痕迹（"不大声色"）。故"知止""性性""物物"乃为一体，亦即至善、明德、亲民为一体。这是以《中庸》末章的"不显惟德""不大声以色"之形上义来使《大学》首章义形上化，从而完成了明德、亲民、至善一体的本体论的论证。

其四，道、德性、礼、学问合一。《中庸》曰："故君子尊德性而道问学，致广大而尽精微，极高明而道中庸。温故而知新，敦厚以崇礼。"泸潇释之曰：

> 圣人之道，高明博厚，发育万物，察乎天地；卑乃贯于三千三百之礼。三千三百，礼所生也，是之谓德性。此德性在我，本自广大，而又未尝不精微；本自高明，而又未尝不中庸；本自现成，而又未尝不自新。惟君子能尊之，尊之之功，只在敦厚而以崇礼。礼卑法地，如地之博厚，大大小小无不入，高高下下无不到，君子于此而问焉；若无若虚，若决江河，于此而学焉。察言观色，虑以下人，居上为下，处治处乱，一秉于礼

---

① 刘元卿：《大学宗释序》，《刘元卿集》，彭树欣编校，第106页。
② 刘元卿：《大学宗释序》，《刘元卿集》，彭树欣编校，第106页。

以行之。明哲煌煌，旁烛无疆，保其身以保四海，天地位，万
物育，又焉往不宜哉？故惟礼崇则德尊，德尊则道凝，是之谓
致广大而尽精微，是之谓极高明而道中庸，是之谓温故而知新，
一崇礼则已矣。①

泸潇认为，道乃超越的本体，但又呈现于天地万物、人事（如礼）
中。德性乃道之下贯于人，本自广大，本自高明，本自现成，这是
本体（道）的呈现。但德性又可进一步下贯而落实于礼中，所谓"尊
之之功，只在敦厚而以崇礼"，而崇礼则需要学问之功；而德性一
旦落实到礼或学问（工夫）中，未尝不精微，未尝不中庸，未尝不自新，
这是本体的进一步呈现，即落实于工夫中。"礼崇则德尊"，是说
通过崇礼或学问（工夫）实现德性；"德尊则道凝"，是说德性实现，
即是本体（道）的呈现。于是本体与工夫合一："是之谓致广大而
尽精微，是之谓极高明而道中庸，是之谓温故而知新。"合一的实
现，只需"一崇礼则已矣"，就是说，通过崇礼就能使道、德性、礼、
学问通贯为一体。

其五，身、心、性、天合一。《孟子·尽心上》曰："尽其心者，
知其性也。知其性，则知天矣。存其心，养其性，所以事天也。夭
寿不贰，修身以俟之，所以立命也。"泸潇释之曰：

此孟子发明天人一原之理。意谓人之有身，非形骸之谓，
有所以为身者，心是也；有心，非血肉之谓，有所以为心者，
天命之性是也。身也、心也、性也、天也，一而已。人能自尽
其心者，是真知性者也；知性，知天矣。人能自尽其心者，是
心存也；心存，则性得其养，即所以事天已。是之谓夭寿不贰，
修身以俟死。盖夭寿，命也。有夭有寿者，形骸血肉之谓也；
修其形骸血肉之身，则命在天。夭寿不贰者，通极于性天者也；
修其无夭无寿之身，则命在我。是故不离乎尽心而言性天，则
高之不落空寂；通极于性天而言修身，则卑之不涉俗学。学至此，
乃知我即天，天即我。曰知天，曰事天，曰立命，举不外于心
身之间而得之。苟非达天德，则所以存其心者，一腔之小耳；

---

① 刘元卿：《复礼测言》，《刘元卿集》，彭树欣编校，第559页。

所以修其身者，七尺之躯耳。故曰："思知人，不可以不知天。"①

在此，泸潇言孟子尽心工夫"天人一原"之理："身也、心也、性也、天也，一而已。"这里理解的关键是心，心主宰身，而心之主宰者又在天命之性。修身工夫即尽心、存心（心在泸潇那里是指四端之心、不容已之心，而非空寂之心），而尽心即知性、知天，存心即养性、事天，于是尽心、知性、知天与存心、养性、事天实为一体，此即修身，与修身亦为一体，"是故不离乎尽心而言性天，则高之不落空寂；通极于性天而言修身，则卑之不涉俗学"。此外，生命的本质不在形骸之躯（有夭有寿者），而在于人之性天（夭寿不贰者，即不朽者）；而求不朽者性天，不过尽心而已。知此，即"我即天，天即我"，故知天、事天、立命，不外乎尽心，而心上通乎天，下通乎身，于是身、心、性、天融为一体，亦即本体与工夫合一。

总之，出于对佛教和后儒（包括阳明后学）内外、体用分离之弊的不满，泸潇回归孔孟，并以孔子"一以贯之"之道为基础，且吸收阳明的体用合一的思维模式，建构了全面而系统的体用合一论，并成为其哲学思想的核心和灵魂，从而使其哲学体系呈现出中道、圆融的风格。事实上，泸潇越到晚年，思想越趋于中道、圆融，体用合一论随处流贯，体现了其纯正儒学的立场、特色。在阳明后学中，泸潇是以纯儒面目（"正学先生"）出现的，在儒家四面受敌的生存环境中挺身而出，捍卫儒学的纯正性。正是其思想的圆融性、纯正性以及卫道立场的坚定，使其成为江右王门后期之大家，成为江右继邹守益之后又一位王门纯儒。他在明代儒学史或阳明学史上最主要的贡献是，在孔子、阳明思想的基础上进一步发展、丰富、完善了儒家的"体用合一论"。

---

① 刘元卿：《复礼测言》，《刘元卿集》，彭树欣编校，第567页。

第三节　刘孔当论

一、刘孔当的生平、学履

1. 生平概略[①]

刘孔当（1557—1605），字任之，号喜闻，刘元卿族侄，安福西乡社下人。其家族属于南溪刘氏的分支鱼石刘氏，其父名公选，字应宾，号简可，诸生，以《易》教授里中。喜闻幼而慧。年方八岁，即有"黄龙开口饮清泉"之语。幼时与群儿嬉戏里中，其父过而责之曰："书生嬉固当？"随声应曰："为儿嬉戏，陈俎豆者非耶？"不顾而游戏如故。此二事，其父均奇之。及长，攻举业。

隆庆六年（1572），其父卒，时年方十六，家徒四壁，几废学。久之，从妻兄伍惟善学《春秋》。为文辞，俊爽有奇气。万历六年（1578），应童子试，县令倪冻取为第一。因倪冻之请，从邹德溥学举业。德溥持文格颇峻严，众闻多不解，喜闻独深解，以为法当如是，心益开，遂斐然以文名于当世。十三年（1585），举于乡。十五年（1587），其母刘孺人卒，哀毁襄事，持丧礼甚谨。时读《礼》，手自裁订，为《家礼集说》（今佚）。服阙，益肆力于问学。间赴复礼书院，与刘元卿讨求学问。又赴吉安郡城，纳贽受学于王时槐。十九年（1591），与刘元卿、周惟中等在西乡九都东江创建识仁书院，是该书院创建的三位核心人物之一。从此，百里内外来书院问学者众，有西河、稷下之风。

万历二十年（1592）春，中会试第三名，殿试第五名，改翰林庶吉士。是年会试，邹德溥为考试官之一，得喜闻卷，以示同考官，咸奇之，杨起元（属泰州学派）庆曰："君他日开示至道，此子当易入。"及拆卷，为之愕然。因其有德、有学、有文，名震京师，

---

① 此部分主要据下面资料而成。刘元卿：《喜闻太史行状》，《刘元卿集》，彭树欣编校，第310—315页；邹德溥：《翰林院编修喜闻刘公墓志铭》，《邹太史文集》卷六，明末安成绍恩堂刻本；《刘喜闻先生传》，《识仁讲院志》卷七《志贤传》；刘孔当：《明赠文林郎翰林院编修显考简可府君墓志铭》，《刘喜闻先生集》卷五，万历三十九年刻本，第6—7页。以下不再加注。

人称"三妙学士"。次年，其妻携其子女入京师，以疾卒于舟中，喜闻甚哀之。诸贵人愿以女议婚，逊却之。媒人或许以千金，终不顾，曰："吾岂以姬姜忘憔悴乎？且稚子弱息，悬命于继母，一不得当，此千金者徒以胎祸。"从此终身不复正娶，仅有一妾随侍。是年，请假归里葬妻，居家三年。在家，聚家族为讲会，立家会条规，并以俗语作家约数章，使人人易晓。会年荒，贫者多不能举火，喜闻从富人处贷金买粟，视族中最贫者救济之，余则仿效西汉时常平法，收散以时，遂为永利。

万历二十四年（1596），假满还京，授翰林院编修。时与刘元卿、邹德溥、焦竑、耿定力、潘士藻等一起举办讲会，商谈心性之学。次年，邹德溥因罪罢官，平时受知者怕受牵连，不与德溥交往，而喜闻朝夕问候如常。待京察时，果有人密告，喜闻嚣然曰："吾以行义得斥，有余荣矣。"后亦无事。二十六年（1598），任会试官，与同考官革除诸相沿俗套，人人称便。二十八年（1600），奉召册封荆州藩王，荆王赐宴，为其进讲古贤王事，以感动荆王事君，荆王敬服之，赐百金为谢，不受。便道归里，时大旱，与里中诸父老议修陂，请于官府，得分社谷助费，遂为永利。又与刘元卿合议建南溪刘氏郡祠，共修族谱，皆竭心力为之。复命于京，进呈续治安之策，拟安边定关之论。三十三年（1605）六月，偶病，医者误用药，病遂加深。妾史氏及诸从弟、侄问遗言，仅曰："修行甚难。"遂卒，年仅49岁。在朝大臣多痛惜之，棺至本县，乡族人士迎于江上，多泣失声。

喜闻为官清廉，十余年来，未买一田，未创一室，在朝每月评议有"明月清风"之评。为人德量至大，凡犯而不校。在京有小民三犯之，始溅油而污其衣，次遗粪而秽其裳，三推车而折其左臂，不问且戒随行吏仆勿呵斥。为学勤勤恳恳，以精研、传播圣学（阳明学）为务。所著有《刘喜闻先生集》（12卷），另有字书《翰林重考字义韵律大板海篇心镜》（20卷）。

2. 学思历程

从阳明学的学术传承上看，喜闻所师从的第一位老师是王时槐，虽拜师邹德溥早于王时槐，但从师于邹德溥开始是学举业，故喜闻可算是阳明三传弟子。^①后喜闻又受学于耿定向^②、李贽^③，又与刘元卿关系密切（最早从其处接触阳明学），常受其锤炼、敲打^④。此外，喜闻喜读罗汝芳语录，受益匪浅。总体而言，喜闻所从之师，虽与王时槐最为密切，但实际上受泰州学派的影响更大，耿定向、李贽、罗汝芳都属该学派，而刘元卿、邹德溥亦师从耿定向，故其最终形成的学术思想颇具泰州学派的特色。下面简述喜闻的主要学思历程。

万历十四年（1586），喜闻因其友周惟中的介绍，受学于王时槐。^⑤后又与周惟中（时卿）、刘继华（学古）数次谒见王时槐。喜闻自述曰：

> 先生（即王时槐）时为称见独之旨，以为动而未形、有无之间，彼是莫得其偶，曰独。得此道者，可以保身，可以全生，可以尽年，可以经世。余闻之，未深省也。^⑥

所谓"见独之旨"之"独"即是"几"，也即"先天之子，后天之母"的知或意，喜闻并未真正理会、体悟到王时槐的慎独或研

---

① 邹德溥于刘喜闻而言，兼有举业师和学术师双重身份（喜闻中进士后，两人又有学术上的往来，此时就不仅仅是举业师，也有学术师的意味），但不是其学术上的第一位老师，喜闻学术上的第一位老师是王时槐，故将其视为阳明三传弟子，而不是四传弟子。

② 刘孔当《贺焦太史二尊人申锡诰命序》说道："弱侯（即焦竑）与余同受学耿先生（即耿定向）。"（《刘喜闻先生集》卷一，第6页）但是，师从耿定向的时间不可考。

③ 刘孔当《题心宗要语》说道："予于乡，师王塘南（时槐）先生、师邹四山（德溥）先生；于邂逅，师李卓吾（即李贽）先生。"（《刘喜闻先生集》卷十，第12页）但师从李贽的时间也不可考。

④ 如刘元卿《又（柬刘喜闻）》曰："书中每每自歉，不曰无新得，则曰少长进。此虽若亡若虚之诚，然因是微窥足下（即喜闻）所见，尚落脱空窠曰。古人为学，只在辨志。人苟逼真有明明德于天下之志，则精神归着一处，时时研磨孔孟学脉，步步踏着孔孟路径，不须零碎推求，自然直达圣关。若令下所志尚，未能摆脱俗怀，尚友千古，如瞑眩之药，决浓溃血，虽复时有新得，要为解悟时有长进，亦属支撑耳。足下试于此自考何如？更不必别求新得，别求长进也。"参见刘元卿：《刘元卿集》，彭树欣编校，第46—47页。

⑤ 刘孔当《贺学古刘先生七帙序》云："自余在公车，因余友周时卿（即惟中）氏受学于塘南王（即时槐）先生之门。"（《刘喜闻先生集》卷二，第6页）喜闻从万历十三年（1585）中举后，直到万历二十年（1592）成进士，其中三上公车（即赴会试），受学于王时槐应在第一次上公车时（1586），因为该文又提到"然时先生年且六十"，1586年时槐已65岁，如果是第二次（1589）或第三次（1592）上公车时受学王时槐，则王时槐已近70岁或过70岁。

⑥ 刘孔当：《贺学古刘先生七帙序》，《刘喜闻先生集》卷二，第6页。

几之旨，对其学无所入。①

万历二十四年（1596），喜闻与刘元卿、邹德溥等一起举讲会，商谈性命之学。此年，喜闻废寝忘食，苦思力参，究极性原，然后恍然有悟，从此大体确立了自己的为学方向。对此，邹德溥、刘元卿均有所记载：

> 于时潘公士藻、焦公竑、耿公定力及调甫，与予（即德溥）为学社，数相从，究极性原。君（即喜闻）始闻，若素解，已乃茫若有失也，默自绎，至忘寝食，面如土灰者。久之，或为名理语开君。君曰："信然，然无当于我。"越月余，恍有独解，尝谓予曰："今乃知世所称为己者，犹属为人。"予深领其言。②
>
> 予（即刘元卿）时在春曹，邹四山在官坊，耿叔台在银台，潘雪松在尚宝，时时为讲学会，谈摧性命，则君（即喜闻）茫然若有所失，盖食不味，寝不酣，面如土灰者。久之，间策马过予旅舍，相对辄悒悒无欢，如是者月余。忽心开，乃恍然曰："天地间，一气也。人与物，总之一圙爱情耳。慕父母，爱也；慕少艾、妻子，慕君，皆爱也。圣贤于其中，特提出一'义'字。然义亦爱也，义固爱之妙处。"自是所论，一发其独得，不向人言处言矣。③

综合上二引文言之，喜闻刚开始与人讲学，听他人讲，好像有所理解，但不久又茫然若失，于是更加用功，至忘寝食，面如土灰。他人以名理为其开解，仍无法解其惑，开其悟。于是悒悒不乐，如是者月余。有一天，忽然心开，恍然大悟：领会到天地人物之间充满了爱，慕父母、慕少女、慕妻儿、慕君主，都是爱，而"义"亦是爱，是爱之妙处。此处，所谓爱，就是情，合言之为爱情。此为喜闻之独得处。

---

① 十余年后，喜闻归家，再与周惟中一起向王时槐问学，时槐向喜闻授学仍是慎独、研几之学（还尤其提到收敛知止之功）。喜闻云："余始而骇，既而疑，既而豁然，若有省也。"（刘孔当《贺学古刘先生七帙序》，《刘喜闻先生集》卷二，第7页）。喜闻说自己豁然若有省悟，其实这只是在理论上的领悟，终其一生，喜闻并未真正进入王时槐之学（当然个别思想也有相同之处），而大体转向了泰州学派。
② 邹德溥：《翰林院编修喜闻刘公墓志铭》，《邹太史文集》卷六。
③ 刘元卿：《喜闻太史行状》，《刘元卿集》，彭树欣编校，第311页。

万历二十八年（1600），奉诏册封荆王，便道归里，然后返京，途中阅罗汝芳《盱江语录》，受该语录的启发，有了进一步的悟入，于是贻书老师邹德溥论及此事。[①] 该书曰：

> 当以提命日远，群疑满腹，无从质正，时取《盱江语录》披对，颇觉心开。祗缘录中提掇，脱洒径捷，事理双遗，能令人缚解县（悬）释，遂为初机之子所艳说。盖尝有病其未入细者，而当（即孔当）以为未入细者，乃所以真入细也，以细求细，其细乃粗。《中庸》首揭天命之性，而下即指出喜怒哀乐之为大本、达道。夫喜怒哀乐不既粗乎？而大本达道于斯焉在。在《中庸》，正欲即此以明道不远人，而后儒翻欲于未发上讨分晓，似非立言本意。《中庸》以喜怒哀乐统中和，而后乃以中和统喜怒哀乐。今夫此姝者子耳，未适人之谓处子，适人之谓子妇，曰处子，曰子妇，总之此姝者子耳。《中庸》之意，盖欲使人知姝子之即处子、子妇耳。是以圣人尽性祗在践形。孔颜授受，纤芥相投，舍非礼勿视听言动外，更无秘密，无显无微，无内无外，道固如此。此当近读盱江（即罗汝芳），而偶窥若此。[②]

喜闻认为，学者往往艳羡罗汝芳的"脱洒径捷，事理双遗"的本体境界，但又不满意其"日用即道"之说，认为其从日用处入道是"未入细者"；而在喜闻看来，这"未入细者"正是其"真入细"（"细"指本体之精微）之道，即日用（或日常）之粗处正是入"细"之道。于是喜闻从理解《中庸》出发，认为《中庸》虽首先揭示天命之性，但日常的喜怒哀乐（即爱或情）才是大本、达道，工夫只在喜怒哀乐处下手，故尽性之功就在践形中，践形就是从喜怒哀乐或视听言动处上下手。总之，日常之情才是工夫的下手处，在情上用功即可尽性，喜怒哀乐之中和即是天命之性，后天即先天，故无显无微、无内无外。这显然与其师王时槐的"透性研几"之学有一定的距离，也未达到其师的深度性和细密性。喜闻英年早逝，最后的遗言为"修行甚难"，也可见其还未真正证悟或彻悟到性体。不过其重情的学

---

① 邹德溥：《翰林院编修喜闻刘公墓志铭》，《邹太史文集》卷六。
② 刘孔当：《复邹四翁老师》，《刘喜闻先生集》卷九，第4—5页。

术理路，颇具泰州学派的风格，即将"百姓日用即道"之"百姓日用"圈定为日常之情，故在江右王门中是颇具特色的。

二、刘孔当的主要哲学思想

1. 心性论

心性问题是宋明理学的最根本的问题之一，大体而论，有两大派别及主张：程朱主心性为二，性为理，心为气；陆王主心性为一，心即性，心即理。喜闻融合了二者的思想，认为心性是一，而又非一，而通过工夫最终可合一。其实，这是继承了其师王时槐的心性分设，最后通过工夫合一的思路。他说：

> 心性诚无二也。虽然，既以有心性矣，心性不能无辨……请得以水譬之：夫水澄然静而已，而波生焉，谓波非水不可，谓波即水之性亦不可。今夫性，天之命也；天之命於穆而已，孰声臭而可即焉？孰色象而可肖焉？而自天者不能不人，气载理而行之，于是乎知觉出焉。而心乃名夫气，则无不之也；无不之，则无不乘也。①

喜闻认为，心性的关系正如波与水的关系，波如心，性如水，"谓波非水不可，谓波即水之性亦不可"。就是说，从本体看，波之质是水，即心之体是性，故二者是一；从现象看，波是水的具体呈现，波不是纯粹的水，即现象界的心不是本体界的性，二者不一。具体而言，性是理，属于先天；心则是知觉、是气，属于后天。但是，气中有理，心中有性。

于是喜闻认为，对于心与性，就应该分别有不同的工夫，即存心、养性。他说：

> 既以存养系心性矣，存养亦不能无辨。……犹是人也，而有得其本心焉，有失之者焉，有得而失、失而得者焉。以其得失之相踦也，故不可不存，然惟其有失，而后有存也。夫性且

---

① 刘孔当：《存心养性辨》，《刘喜闻先生集》卷七，第8—9页。

无声臭矣，无色象矣，彼恶乎失而又恶乎存之？盖自夫人之不察，猥谓性之可凿，猾猾乎而私，将营之而识，将扰之而性，乃害性，害故受之以养。养性之道，譬如养稼，勤而抚之，而以有心助之，不可；优而裕之，而以无心忘之，又不可。要在勿忘勿助，适于天而止。故心性诚一也，以养之之道事心，非不时有所顺适，然不善用之，虞于外引；以存之之道事性，非不时有所操持，然不善用之，虞于内攫。外引则病心，内攫则病性。夫非独偏病也，又且踦害。盖在《易》曰："艮其背，不见其身。"艮，止义也，吾取以证存心焉。《诗》有之曰："不识不知，顺帝之则。"吾取以证养性焉。此存养之大较也。然天下固未有不养性而能存心者，亦未有不存心而可语养性者。盖养者存之节度，而存者养之事功，其究一也，直所繇名异耳。学者知存养与养之异，而又知存与养之非异，其于心性之学几矣。①

这是对《孟子·尽心上》"存其心，养其性"的发挥。朱熹释"存"曰"存，谓操而不舍"，释"养"曰"养，谓顺而不害"。②喜闻大体沿着朱熹的这一解释进一步详言并深化之。喜闻认为，就心而言，有人得其本心（本心在此指性的呈现），有人失其本心，又有得而失、失而得者。正是因为对本心有得失，故需要操存不舍。如何操存？喜闻以《易》"艮其背，不见其身"来说明之，艮，就是止，也就是收敛，即存心需要用收敛之功。就性而言，性本无声臭、无色象，无所谓得失，但是有人以为性可以刻意去经营、把捉、玩弄，故反而害性。其实，性只可养（即顺而不害），即顺其自然，正如养庄稼，即不可助长之，亦不可忘了耕种，其要在"勿忘勿助"，"适于天而止"（即顺其自然）。这种工夫以《诗》释之，就是"不识不知，顺帝之则"，即不要刻意去操持、把捉性，而是要顺其自然。喜闻尤其指出，心性诚一，但不可错用工夫，即"以养之之道事心"（养心），"以存之之道事性"（存性）。如果用"养"心之功，即顺心而自然发展，有时也会顺适，但是不善用之，就会逐外，"外引则病心"；如果用"存"性之功，即操持、把捉性，虽非时时如此，但不善用之，则会内攫（即

---

① 刘孔当：《存心养性辨》，《刘喜闻先生集》卷七，第8—9页。
② 朱熹：《四书章句集注》，第349页。

执持于内），"内攫则病性"。喜闻又认为，存心、养性其实是紧密联系在一起的，即"天下固未有不养性而能存心者，亦未有不存心而可语养性者"。具体而言，"养者存之节度"，即养性是存心的指导或归宿；"而存者养之事功"，即存心是养性的工夫。所以，存心、养性"其究一也"，其本质上是在两个方面说同一个工夫而已，并且通过工夫，心与性最终完全是一。

对于性，喜闻还有进一步的论述，他认为性是平实无华的，但又无所不尽。他说：

> 夫真性者，故不缘饰而具也，焉用文之？而又焉用华之？是故知则曰夫妇之与知，不为隐僻而索也；能则曰夫妇之与能，不为瑰伟而标也。亦曰是与知与能者，吾性之良知良能也。凡今天下之物，形可得而形、色可得而色者，未有不归于尽，而惟性为无尽。性之所为无尽者，何也？彼形形色色者，此皆有所待，而彼皆有所傅，所待与所傅尽，则形色亦尽。夫性则无所待，而亦无所傅者也。故始之乎夫妇之与知，而圣人之所不能知者皆举之；始之乎夫妇之与能，而圣人之所不能尽者皆举之。夫始之乎知与能，而终之乎圣人之所不尽也，性之体也，非夫始之加少，而终之加多也。[①]

喜闻认为，性是质朴无华的，正如夫妇之知能，是每个人皆具吾性之良知良能，但性又是无所待、无所附着的，求其终极的境界，即使是圣人亦不能尽举之。所以君子之道（即性体）是"暗然而日章"的，正是其暗然（即质朴无华），所以才日章，即无待无附、无穷无尽。正因为如此，性不可去文饰，不可去雕琢。

同时，喜闻又认为性是澹泊的，不可去扰之。他说：

> 性故澹泊，而彼扰扰者皆外至也，非性体也。夫天下之经纬万端，畴非性用；酬酢万变，畴非性施；错综万应，畴非性术。将究极乎性，而先泪之，是犹攫水使淆，欲其镜须眉，必不几矣。[②]

---

① 刘孔当：《君子暗然日章论》，《刘喜闻先生集》卷七，第2—3页。
② 刘孔当：《澹泊明志论》，《刘喜闻先生集》卷七，第4页。

就是说，性本来是澹泊宁静的，故不可扰之、淆之，扰之、淆之则无以见性，只会汩没之。人之经纬万端、酬酢万变、错综万应，都不是性之用，恰恰是汩没了性，所以世间的各种追名逐利，纷纷扰扰，无休无止，都是丧失了本性。综合上文言之，性不可去文饰，不可去雕琢，不可去扰之，唯有以自然、平淡之心去养之。

2. 工夫论：于情上用功

前一节已揭示出喜闻重情，其工夫是从情上下手。这是喜闻工夫论的核心（上文所论及的存心养性之功还不是其根本工夫），此再详论之。

喜闻的核心工夫论虽得之自悟及受罗汝芳的启发，但其依据的解释文本主要在《中庸》首章。其首章曰：

> 天命之谓性，率性之谓道，修道之谓教。道也者，不可须臾离也，可离非道也。是故君子戒慎乎其所不睹，恐惧乎其所不闻。莫见乎隐，莫显乎微，故君子慎其独也。喜怒哀乐之未发谓之中，发而皆中节谓之和。中也者，天下之大本也；和也者，天下之达道也。致中和，天地位焉，万物育焉。

《中庸》一书具有较为浓厚的本体论色彩，尤其是开始的"天命之谓性"和结尾的"上天之载，无声无臭，至矣"，形成了一个本体论的前后呼应。当然，其中也有许多工夫论内容，喜闻独重该章中蕴含的工夫论内容，主要依据对这段文字的理解、阐释来提出其具有独特见解的工夫论。他说：

> 此道最粗处即至精，最庸处即最奇，原无高卑、深浅、有无之可折。子思以"中庸"名篇，大要为贤智之过而作。观其首揭天命之性，而下即点出喜怒哀乐，明喜怒哀乐即天命也。其云未发之谓中，发而中节之谓和，犹云此姝者子，未适人则谓之处女，如适人则谓之子妇，为处女、为子妇，名虽不同，其为姝无以异也。《中庸》之意重在喜怒哀乐，以明道之不远人。

而后世翻以未发之中为主，愈求愈远，大失立言之意。①

喜怒哀乐即是天命，致中、致和便是尽性。致命无显微，无体用，无内外，其可睹可闻者即其所不睹不闻者也，非谓睹闻之中又有不睹不闻者以为之真宰。作此见者，犹是二之。故修德者，只在喜怒哀乐上致力。②

喜闻认为，《中庸》的思想重在喜怒哀乐，喜怒哀乐之中和即是天命之性，也即中和之情就是性，致中和之情即尽性。故情与性，名虽不同，实则是一，"无显微，无体用，无内外"之别，可睹闻之情就是不可睹闻之性，后天即先天，并不是情（后天）之上又有一个性（先天）为其主宰。所以，喜闻主张工夫"只在喜怒哀乐上致力"（即在日常之情上用功），而反对在未发之中（性）上用力而玩弄光景。从此处看，情显然是指心而言，如此其心与性是一，并未分开，与其心性论是矛盾的。此外，喜闻强调在情上用功，与其心性论中存心、养性的工夫也不一样。所以，喜闻在工夫论上存在思辨或逻辑上的不足。

接着，喜闻又以孟子来进一步阐释子思（《中庸》），认为孟子也重情，其工夫也在情上用。他说：

善发子思之蕴者，毋如孟子。孟子曰："恻隐之心，仁也。"夫仁非性乎？恻隐之心非喜怒哀乐之谓乎？知皆扩而充之，致中和也；以保四海，天地位、万物育也。故曰："形色天性也，唯圣人为能践形。"言践形而外无尽性也。第入手工夫在参得透，见得圆耳。尝记焦漪老（即焦竑）有云："知皆扩而充之，非是由小充至大，盖四端原无边际，在人识取耳。"此真见道之言。汝（即喜闻子刘以诚）诚有志斯事，但于至浅至近处参求，即于至浅至近处着力。盖舍至浅至近处，亦更无着力处。③

喜闻认为，孟子的四端（即恻隐、羞恶、辞让、是非）之心，就是性，如"恻隐之心，仁也"，仁就是性，而四端之心（如恻隐

---

① 刘孔当：《家书》，《刘喜闻先生集》卷十二，第8页。
② 刘孔当：《家书》，《刘喜闻先生集》卷十二，第6页。
③ 刘孔当：《家书》，《刘喜闻先生集》卷十二，第8—9页。

之心）就是喜怒哀乐之情。如此，孟子所说的扩充四端之心，就是《中庸》的致中和之情；孟子所说的"以保四海"，就是《中庸》的天地位焉、万物育焉。喜闻又认为，孟子说形色就是天性，所谓"形色"就是情之外露，此情就能体现天性。如此，圣人工夫就在践形。所谓"践形"，就是在四端之心或喜怒哀乐之情上用功，践形就是尽性。所以喜闻指导其子用功，就是在至浅至近之情上参求、着力，舍此更无着力处。其实，喜闻在此，未区分"四端"与"七情"：前者是道德情感，是纯善的［可谓心（情）性为一］，后者是自然情感，有善有恶的［可谓心（情）不一］，他将两种情混而为一。

至于如何具体在情上用功，喜闻认为有积极面的扩充之功，也有消极面的克治之功。所谓扩充之功，就是在当下呈现的四端之心（即情）处，进一步扩而充之，以至于无穷。对此，喜闻有较为详细的论述。这是在"四端"上用功。他说：

> 其于人也亦然，乍见而怵惕也，呼蹴而不屑不顾也，过视之恻然而泚颡也，与夫孩提之知爱而稍长之知敬也，此皆其所谓不容不然者也。……顾天地、圣人，顺其顺者，至于变化，草木蕃；常人亦顺其顺，而其不著不察，即所谓怵惕数者已矣。是力学之士，见其顺之、不能安坐而享也，而又见夫顺之数恒少而逆之数恒多，乃翘然而叹曰："是区区者，列缺之光，其亡亦有中天之明，而后容光必照乎？"呜呼！其亦过矣。善乎子舆氏之论曰："人人有贵于己者，弗思耳。"夫所谓贵于己者，非前所云天爵也与哉？天爵也者，自然而然，顺之谓也，而恒以其不思失之。盖惟其思，则必穆然而深惟是孰逼之而起也，是孰触之而动也，是孰牖之而觉也。其原也，胡所来？其委也，胡所止？将必超然于声臭睹闻之外，而观乎其立命成性之真，触处而觉夫形形色色，无之非是，于有欲罢不能，愤乐相寻，不知老之将至矣。①

喜闻认为，每个人都有四端之心，如上引文所言"乍见而怵惕""过视之恻然而泚颡"是恻隐之心，"呼蹴而不屑不顾"是羞

---

① 刘孔当：《思顺堂记》，《刘喜闻先生集》卷三，第15—16页。

恶之心，"孩提之知爱而稍长之知敬"是恻隐、辞让之心，这是每个人都具备的。圣人当然能顺其四端之心而动，而推致于之天下；而常人所顺者则仅"怵惕数者"而已，不能进一步推而致之，而且常常是顺之者少而逆之者多。于是有学者认为此四端之心如"列缺"（即闪电）之光，并不能"容光必照"，因而是不可靠的。喜闻认为，这关键在于，人们未能真正反思此四端之心正是人之为人价值之所在，而且也是终极生命价值（即本体、本性）之所在。如果认识到此点，那么顺当下所发的四端之心而扩充之、推致之，则无处不是此四端之心的流行（所谓"触处而觉夫形形色色，无之非是"），而无有边际，于是工夫无有止境，"欲罢不能，愤乐相寻，不知老之将至矣"。喜闻的这一工夫论，与刘元卿的"四端充达说"几乎如出一辙，于此可见后者对前者的影响。

关于消极面的克治之功，喜闻以自己制怒的具体经验为例加以阐述，提出将负面之情转化为正面之情。这是在"七情"上用功。他说：

> 往师（即王时槐）尝语当以德性、血气用事之别，当私心疑之，见谓喜怒哀乐一耳，安所分别？即今而始有省也。当（即孔当）性少怒，然怒辄暴，当怒之日，便于平旦未应事，时觉胸中隐隐有不自禁处。虽勉强照察，遇物辄触，明知过当，而不能自主。常自以为一怒，神先告之矣，有开必先，虽惩之，可若何？近乃自咎，惟无知将怒；知将怒，顾为怒役，不几心为形役耶？每觉平坦有如前所云，即出就斋居，不与物接，默默搜寻发怒之根，一芟除之，是日即不怒。即嗣后亦间无先告之者，即先告之，亦能不为彼役。因思乡（向）者之怒，非所谓血气用事耶？以血气推之，安得云无德性用事耶？夫血气之用，人与异类等耳，孟氏所云"人之所以异于禽兽者几希，庶民去之"。如当（即孔当）向日见解，正堕庶民窠白，此与异类何别？言及此，汗浃重茧。是以君子之于学，有乐乎此也。盖德性与血气一耳，学即血气亦德性，不学即德性亦血气。[1]

① 刘孔当：《柬塘翁老师》，《刘喜闻先生集》卷九，第21—22页。

喜闻自述自己性情稍怒，且易暴怒，有时在清晨未应事时，也能隐隐感觉到怒气。虽然勉强照察之，但遇事则不能自主，还是无法控制自己的怒气。近来则自责：知己怒而不能克治，那么不是心为形役吗？于是在清晨独自斋居，不与物接，而"默默搜寻发怒之根"，从根本上芟除之，故此日即不怒。后来清晨感觉不到怒气，或者能感觉之，然能克治而不为其所役使。就是说，通过制怒之功，喜闻消除了消极的情绪，而全身充满中正之情，如此才不会心为形役而能主宰自己的精神。其师王时槐提出德性用事（即以先天之性作主、任事）、血气用事〔即以后天之血气（情）作主、任事〕之别，喜闻对此有疑问，认为都是在喜怒哀乐之情用事，怎么会有分别？通过自己的制怒之功，喜闻终于明白二者之别。这里的关键在于学（即工夫），通过学就能将负面之情转化为正面之情：如果以负面之情作主、任事，则是"血气用事"，等同于禽兽；如果将负面之情转化为正面之情（即中和之情），此情就是性（德性），如此以此情作主、任事其实就是"德性用事"。于是喜闻认为，"盖德性与血气一耳，学即血气亦德性，不学即德性亦血气"。就是说，如果用克治之功（"学"），血气（后天之情）就会转化为德性（先天之性），则"血气"即"德性"；如果不用功，"德性"就会被"血气"所掩盖，则"德性"亦如同"血气"。

综上所述，喜闻之"情"其实有二：一是"四端"，此情就是性（道德之情就是道德之性，二者无区别）；二是"七情"，此情不等同于性，但可转化为性。对于前者，需用扩充之功；对于后者，需用克治之功。但喜闻未将二者作严格区分，其实前者心（情）性是一，而后者心（情）性不一但通过工夫可一，所以喜闻在思辨或逻辑上存在一定的漏洞。

此外，喜闻不仅将其工夫着在情上，还进一步推向身体之气上。如果说前者还是心理上的"气"的话，那么后者则是身体上的带有物质性的气。他说：

> 当近以官舍似冰，每于将迎稍暇，因理老氏之旨，聊自葆摄。一夕，忽有省，恍然若告子、孟不动心之异。宋儒直谓告子强制其心，使不动。夫强制其心，使不动，不足为告子。告子学问尽高，殆《易》所谓"上下敌应，不相与也"一派，彼谓不得于言云云，直见言与心不相涉，与气又不相涉。犹人有鸡犬，不得于野外，则勿求之栖中，而不知栖中之鸡犬，即野外之鸡

犬也；不得于栖中，则勿求之野外，而不知野外之鸡犬，即栖
中之鸡犬也。当其不取空相，寂然止住，殊觉直截得力，然硬
持二见，胜以定力，此所谓揠苗。若孟子，则见得盈天埌总是
一气，志不过其气之灵处，非气则亦无志。犹之主帅之于卒伍，
虽有主役之不同，总之是人无二别。故舍养气，则无持志工夫，
此《易》所谓"动静不失其时，其道光明"。故其自言曰："孔子，
圣之时"，"乃所愿，则学孔子也"。夫学至于时则尚，何内外、
志气之别哉？盖告子惟恶气之动志，故遗气以持志；孟子正见
气之能动志，故养气以持志。[①]

喜闻认为，告子与孟子的根本区别在于：告子是将心与气分开，
心在内，气在外，故"遗气以持志"（即只专注于心或志），正所
谓揠苗助长；而孟子则认为心（志）与气一体，无内外之别，"志
不过其气之灵处，非气则亦无志"，故养气以持志，自然得力。在
喜闻看来，孟子的这一工夫是从后天的身体性的气下手，"舍养气，
则无持志工夫"。孟子的养浩然之气是其重要的功法，喜闻悟到这
一功法，是其工夫论的进一步推进。只是由于他英年早逝，未能将
此功法在其学术中充分透显出来，也未能在其生命中真正体现出来，
故在其《家书》中，对其子屡言的是在情上用功，而未提及养气之功。

3. 心学治道论

作为翰林院编修，皇帝的文学侍从官，喜闻还撰写了一些治国
理政的文章，其中一些涉及心学与治国理政的关系，如论人心与纲纪、
人心与国是的关系，其中充满对现实政治的忧虑以及收拾世道人心
的愿望，并提出相应的心学救治之道。这就是其心学治道论，即将
心学运用于现实的政治中，可谓之"政治心学"。阳明心学的提出，
就是为了救治"人心"，但阳明未将此深入到政治领域，并发展出
"政治心学"，而喜闻则已略开其端——将心学初步运用于政治中。
这是阳明心学中未被人注意的一个面向，值得关注。

喜闻认为，人心与纲纪、人心与国是密切相关的，尤其是在衰世，
人心对纲纪、国是的影响尤为重大，因而他提出人心是国家治理的
基础和根本。他说：

---

① 刘孔当：《柬泸潇潇先生》（其三），《刘喜闻先生集》卷九，第7—8页。

夫今天下之所赖以相维而不坏者，非纪纲、人心乎哉？然两者觭重而其势亦相因而成。世之盛也，以纪纲维持人心；而其衰也，以人心啮蠹其纪纲。故程法于承平之日，则纪纲重；而救弊于熟烂之世，则人心重。何则？人心者，纪纲之枢也。譬之作室然，纪纲，其垣墉也、其栋楹也；而人心，则所为垣墉、栋楹者也。饰垣墉、砮栋楹，而猥以朽壤、败木供之，不折必坏。[1]

臣闻国于天地必有与立，有变而不可殽者，人心也；有公而不可挠者，国是也。两者觭重，而其势亦相因以成。世之治也，以国是维持其人心；而其衰也，以人心摇动其国是。故程治于承平之日，则国是重；而救弊于坏乱之世，则人心重。何则？人心者，国是之所出也。[2]

喜闻认为，在盛世（或治世），人心还较为纯正、纯朴，故可以纪纲（即纲纪）、国是来维持人心；但是在衰世，人心则啮蚀纲纪、动摇国是。所以在盛世，以纲纪、国是为重；而在衰世，则以人心为重。但是，国家的治理，人心毕竟是基础，是根本，在衰世尤其如此。所以，喜闻提出"人心者，纪纲之枢也"，"人心者，国是之所出也"，就是说，人心的建设、道德的建设才是治国理政之本。

在喜闻看来，当时国家正处于衰世，人心已坏，其列举其中五大端曰：

嫉蛾眉之善淫，笑瑾瑜之有玷，过信拾尘之疑，攘臂掇蜂之迹，其为心也媚而多忌；捃摭谐语以肆雌黄，隟拾涂闻以为左验，使西施以善毁蔽妍，申椒以逐臭继芳，其为心也狡而失实；欲而如让，躁而如静，遵终南之径涂，修深源之故智，其为心也鄙而多饰；将有所毁也而伴誉之，将有所挤也而伴欢之，匿怨而论交，外合而中离，其为心也周而不淑；喜出位而生端，好尽言以拓过，借谬悠以自文，弃一掷而希后，其为心也直而不衷。[3]

<hr>

[1] 刘孔当：《问振纪纲、淑人心先后缓急之宜何如》，《刘喜闻先生集》卷七，第12—13页。
[2] 刘孔当：《拟正人心、定国是疏》，《刘喜闻先生集》卷八，第7页。
[3] 刘孔当：《问振纪纲、淑人心先后缓急之宜何如》，《刘喜闻先生集》卷七，第13—14页。按：《拟正人心、定国是疏》也列举了此五大端，个别地方有异。

就是说，当世社会人心之坏有五大端：其一，嫉妒、猜忌（"其为心也媚而多忌"）；其二，狡诈、无实（"其为心也狡而失实"）；其三，鄙陋、伪饰（"其为心也鄙而多饰"）；其四，口是心非、表里不一（"其为心也周而不淑"）；其五，哗众取宠、自我包装（"其为心也直而不衷"）。当然，这主要是指国家官员而言。喜闻认为，此五大人心之病腐蚀着社会和政治。他说：

> 夫此五者，至亡行也，至罔世也，而其人方自以为得计。世或未能尽察，至以其多端而才之，以其遗荣而高之，以其不避而壮之，而后生末学，师效成风。于是修士高贤，恃其精洁，更不能希世以自免；而无能之士在庭，愚污之吏处官矣。夫天下非无能、愚污之士所能办也。治天下而使若而人笔毂其间，彼必先自周而后国谋；其先自周而后国谋也，则必重咻于下；其重咻于下也，则不得不释法而心与之相循。故其始也，上犹以法徇下；比其既也，下习其所徇者以为常，因而从旁持之矣。其始徇二三人也，下犹虞法之莫必；比其久也，人人而徇之，而下遂以为当得固然之物矣。是故予之，不足以明恩，而微有所裁损，则见怨；纵而弗呵，不足以为惠，稍急而虏之，则遂圜视而起。盖人心之不正，而其弊亦至于此。①

就是说，此五大弊端，本是欺世盗名之举，而其人还以为得计，而世人也不尽察，以多才多能之士目之，故后生末学，师效成风。于是"无能之士在庭，愚污之吏处官"。而国家不是这些人能够治理的，这些人治国，往往先己后国，先自谋而后国谋，而在下位者也不得不迎合这些人。刚开始，还是少数人如此，后来相沿成风，大家习以为常，国家遂无法整治矣。如欲稍加整治，则众怨四起，甚至群起而自保。也就是说，最后人心啮蚀了纲纪、动摇了国是。

所以，欲重整纲纪，重理国是，就必须先从根本上拯救、改变人心。那么，如何拯救、改变人心呢？喜闻曰：

> 欲淑人心，则莫若镇之以静，而易之以耻。何则？彼人心

① 刘孔当：《问振纪纲、淑人心先后缓急之宜何如》，《刘喜闻先生集》卷七，第14页。

之诡也，其初亦未必不廪廪，虞底里之见窥，而故多方以盖之。自当事者不能无动，而其奸得售，其风遂扇于天下。今诚一以先王之法衡诸人心之公，是而持为准，使贤者不得游意于法之外，而不肖者亦不得欺于法之内。其梦梦诶诶如前数者，吾不亟与之争，徐为之涣其群，而惟日默默焉。简镇静者以风其陋，简惇大者以风其诈，简易直者以风其险。夫彼惟几幸于上之一动，而上之所持如此，其所简者又如彼；彼且伤其前事而耻过其行，冀其当上必且易虑、改向之为兢兢。①

喜闻认为，欲拯救人心，改变人心，使人心向善，在于"镇之以静，而易之以耻"，即要使为政者心静而知耻。如何使为政者心静而知耻？其要在最高统治者（皇上）以先王之政教大法（如《论语·为政》所言"道之以德，齐之以礼"）为准，以此制衡人心，并且挑选镇静者、惇大者、易直者（即正派士人）为官，以镇静者影响、风化鄙陋者，以惇大者影响、风化欺诈者，以易直者影响、风化险恶者。如此，为官者以皇上为马首是瞻，而正派的官员又主持朝政，其不正派者也不得不改正其恶。其实，这就是孔子所说的"君子之德风，小人之德草，草上之风必偃"（《论语·颜渊》）的为政思想，喜闻进一步从人心上说如何使君子影响小人，即如何通过转化人心来挽救现实政治的危机。不过，喜闻还未将阳明良知学的具体内容融进政治理论中，其所论还主要限于经验层面，理论性不强，并未开出真正的"政治心学"，故也只是发其端而已。

综上所述，喜闻的哲学思想在思辨或逻辑上存在一定的不足或漏洞，其心性论与工夫论存在内在的矛盾，表明了其思想的不成熟。但他主张在日常之情上用功，在江右王门（包括安福阳明学）中是一条独特的工夫论理路，颇具价值，因为阳明学毕竟是工夫之学、实践之学，即使理论略有瑕疵，也并不影响实际用功。此外，其心学治道论将心学运用于政治中，虽未开出真正的"政治心学"，但作为发端，指示了心学发展的一个新方向，这是值得关注的。

---

① 刘孔当：《问振纪纲、淑人心先后缓急之宜何如》，《刘喜闻先生集》卷七，第14—15页。

第六章

安福阳明三传弟子论（下）

第四节 邹德溥论

一、邹德溥的生平、学履

1. 生平概略 [①]

邹德溥（1549—1619），字汝光，初号完璞，后号泗山（又作"四山"），邹守益孙，邹善次子，王夫之父王朝聘之师 [②]，安福北乡澈源人。其母陈夫人为陈九川之女，是一个虔诚的佛教居士，临卒时"口喃喃颂弥陀不绝声，竟端坐而化" [③]。嘉靖四十一年（1562），十四岁的泗山补生员，才冠郡邑士。尝入青原山读书七年。[④]四十五年（1566），邹善升山东按察司副使，督学政，泗山随父入山东，后其兄德涵亦至。于是二人共学，同时又鼓动其兄网罗山东名学子（如朱鸿谟、孟秋等），招集至官邸，课艺讲业，即犯时禁也不顾。隆庆三年（1569），邹善升湖广布政司参政，两兄弟回到安福，在家吸引学子向学，又入吉安青原山举办讲会。隆庆四年（1570），参与乡试，并与刘元卿、刘以中等在省城谋举大会，并联小会，朝夕商证不倦，歌声彻于馆。[⑤]

万历元年（1573），再次参与乡试，遂中举。十一年（1583），中会试第二名，廷试二甲二十二名。是年选为庶吉士，而蔼然为之领袖。十三年（1585）闰九月，授翰林院编修。[⑥]不久，进阶文林郎。十六年（1588），三年考满，膺封，便归省。同年闰六月，充起居

---

① 此部分主要据邹德泳《先兄宫洗泗山老师行状》、叶向高《宫洗泗山公墓志铭》、邹元标《宫洗泗山公墓表》（均见《澈源邹氏七修族谱》卷八《状铭》）而成，据此三文除特别引用外一般不再加注，间据其他资料则注之。

② 王夫之（船山）自述云："先君少从乡大儒伍学父先生定相受业，中间道于邹泗山先生，承东廓之传，以真知实践为学。……自提诚意为省察密用，则不孝兄弟自有识以来日炙而莫窥其际者也。"（罗正钧纂：《船山师友记》，岳麓书社1982年版，第6页）王夫之首先受家学的影响，这说明其学或多或少有邹氏家学（或安福阳明学）的血脉，故从阳明学到船山学，邹氏家学（或安福阳明学）是一条不可忽视的线索；再如王夫之的"唯气论"与刘元卿的"一气说"或有某种关联（参见第五章第二节）。

③ 朱世守：《诰封夫人九十二龄陈氏太师母墓志铭》，《澈源邹氏七修族谱》卷八《状铭》。

④ 方以智编，张永义校注：《青原志略》，华夏出版社2012年版，第72页。

⑤ 洪云蒸、颜欲章：《刘征君年谱》，刘元卿：《刘元卿集》，彭树欣编校，第1522页。

⑥ 《明神宗实录》卷一百六十六"万历十三年闰九月"事。

馆编纂官；① 八月，充经筵展书官。② 二十二年（1594）正月，皇长子朱常洛（后立为太子）出阁，与唐文献、焦竑（此二人均为状元）等一同充讲读官。③ 侍讲时，必先三日茹淡辍饮，三熏沐而后入，务期格心，借意反复晓告。故最为朱常洛敬重，每罢讲，辄曰："邹先生讲好。"同年三月，朝廷纂修正史，充纂修官。④ 二十三年（1595），升右春坊右中允。⑤ 十七、二十、二十三年，三次分校会试，所取士多为名公卿。二十四年（1596）闰八月，升司经局洗马兼翰林院修撰，掌管司经局印。⑥ 同年冬，其子邹匡明等联会于京城射所，同刘元卿与会。⑦ 二十五年（1597）春，又与刘元卿、耿定力、焦竑、孙慎行等在射所、怀鹿堂等举小会或三五好友论学。⑧ 泗山居京时常与举会，"今日会演象所，明日会灵济宫"，尤其与刘元卿、焦竑、潘士藻交好，常与之论学。同年七月，以"隐匿官赃"之罪被革职。⑨ 昌泰元年（1620），即泗山卒后次年，官复原职，并予祭予荫。

泗山归田后二十余年间，安福县乃至吉安府正处于第二波讲学或讲会高峰期（第一波为东廓晚年居乡时期），如邹元标建斾于青原会馆，王时槐拥座于西原会馆，邹善竖帜于任仁讲舍，邹德泳主盟于复古书院，刘元卿振铎于复礼书院。而泗山往来其间，启钥发蒙，人人无不饱所欲而归，莫不曰"先生爱我"。其家亦常户屦常满，泗山畅其所自得以开示人，以为乐莫乐于共修此道也。其一生精神所在，唯以取友亲贤为急，见人一善，即喜谈乐道，唯恐不及。与其一同讲学者，除上提到者外，还有陈嘉谟、罗大纮等阳明学者。又致力于家族、乡村慈善事业。邹善设有义廪，岁膳乡族，泗山拓之至千人；又创设义馆，以训族之子弟失教者。县有大患害，辄当先致书当道，如请蠲、请赈，不遗余力。邹善尝于流经县城的泸水河两岸建凤林桥，三十年后近圮。泗山谋重建，为费不赀，橐尽捐产，

---

① 《明神宗实录》卷二百"万历十六年闰六月"事。
② 《明神宗实录》卷二百二"万历十六年八月"事。
③ 《明神宗实录》卷二百六十九"万历二十二年正月"事。
④ 《明神宗实录》卷二百七十一"万历二十二年三月"事。
⑤ 《明神宗实录》卷二百八十二"万历二十三年二月"事。
⑥ 《明神宗实录》卷三百一"万历二十四年闰八月"事。
⑦ 刘元卿：《居燕纪闻》，《刘元卿集》，彭树欣编校，第393页。
⑧ 刘元卿：《居燕纪闻》，《刘元卿集》，彭树欣编校，第393—397页。
⑨ 《明神宗实录》卷三百十二"万历二十五年七月"事。按：关于此事，有史料记载，但也有人认为泗山乃被人构陷，如邹元标曰："盖汝光侍直久，众所尊信，中者与忌者交斗捷，而汝光一意内修，不习世间行故，卒罹媒蘖耳。"（邹元标《官洗泗山先生全集序》，《邹太史文集》）

又公私奏请，日百数十书，手腕可脱，而不以为劳，曰："吾以成先人之志耳。"万历四十七年（1619），临终之日，无他语，唯呼董桥僧，叮咛嘱托，曰："毋令吾遗恨地下也。"① 又性最孝友。奉父母，日夕如婴儿，进不为先，退不为后，一起居，一謦咳，必密从侍者问状而后安。兄、弟先后离世，侍疾理丧，并竭其诚，如待父母之笃挚。

对于其学行、人格，邹德泳评价曰：

> 官服履屡之制，及丧祭冠婚之仪，动必师古，谓古礼故乐决无不可兴复者。含宏八九，云梦一切，毁誉是非，等若飘风落瓦，而一以度化为念，谓世间决无不可度化者。事苟自信，即率真径行，并简牍往来，不知有世态忌讳之习，谓天下决无不我谅者。生平无疾言，无遽色，一以君子长者待人，人或以好语谩之，不知也，即剚刃以中之，亦不逆也，谓天下决无有失心蔑理者。盛德而处以愚，大白而不屑于矫，独行而不蕲于名，普爱而不必于见德。兄没未逾月，而匡明馨橐中，至不克襄事，鬻产以佐之，则兄平日之学可知矣。予尝妄论吾兄，古人也，亦真人也，而人不尽知。②

邹德泳此论，可谓知己之论。他又认为，泗山可谥曰达道；达道者，达儒释道三家之道，达天地万物之道也。

泗山于学无所不窥，自星历、舆图、营屯、盐铁、茶马诸大政皆有考，而佛典、道经等书，犹极钻研。工古文，善诗词，文法欧、曾，诗近陶、孟；深研制举义，时人以为"教父"；传家学《春秋》经（属科举类），为《春秋》学大家，称"邹氏心印"；又攻《周易》，为明代中后期心学《易》的代表性人物之一。所著现存者有《邹太史文集》（8卷）、《易会》（8卷）、《春秋匡解》（8卷）、《新镌邹翰林麟经真传》（12卷）、《新锲台阁清讹补注孔子家语》（6卷）、《邹泗山稿》（2卷）、《刻太古遗踪海篇集韵大全》（31卷）等；广佚者有《邹德溥全集》（50卷）、《畏圣录》（2卷）、《大

---

① 叶向高：《官洗泗山公墓志铭》，《澉源邹氏七修族谱》卷八《状铭》。
② 邹德泳：《先兄官洗泗山老师行状》，《澉源邹氏七修族谱》卷八《状铭》。

学宗释》（1卷）、《中庸宗释》（1卷）、《雪山草》、《匍匐吟》、《南熏吟》等。在安福阳明学者中，其著述最为宏富，也是存世文献最多者。

2. 学思历程

泗山自幼聪慧，弱不好弄，长而嗜读，一目数行，再三过，不遗一字。邹守益于诸孙中，最为钟爱，曰："是必能嗣吾远大者。"故常手书诸大贤警语鞭策之，每试之不忘。[1]嘉靖三十八年（1559），其兄德涵入京参与会试，泗山随之，守益贻书二孙，论"知止"之说曰：

> 所言知止之说，须识得"止"字本体即工夫，始有归宿。至善也者，心之本体也。自无声无臭而言曰不睹不闻，自体物不遗而言曰莫见莫显。其曰止仁止敬，止孝止慈，皆至善之别名也。戒惧勿离，时时操存，时时呈露，若须臾不存，便失所止。故《大学》《中庸》论有详略，而慎独一脉，炯然无异。[2]

此书中关于本体、工夫之论，十一岁的泗山未必能真懂，但其自幼即受家学之熏陶、教导于此可见一斑。

嘉靖四十五年（1566）至隆庆三年（1569），泗山随父在山东，与其兄共研圣贤之学，并从其兄处接受泰州学派耿定向之学，于学初有所悟入。对此，泗山曰：

> 会家大人督学齐鲁，招伯兄历下，则溥实先从家大人历下。溥方缪自密参，庶几古人所云卓尔者，未省也。伯兄至，为微言所悟于先生（即耿天台）旨，溥恍若有解者。已复疑，已又复信，庚疑庚信，乃后于伯兄之教无违焉。当此时，伯兄与溥昕夕相参讨，一出入，一饮食，必证诸学，嘐嘐而友千古，自宋儒以下弗愿当也。[3]

---

[1] 邹德泳：《先兄宫洗泗山老师行状》，《潋源邹氏七修族谱》卷八《状铭》。
[2] 邹守益：《寄孙德涵德溥》，《邹守益集》，董平编校整理，第661—662页。按：《邹聚所先生外集》也收录此书，题名作《文庄府君书》。又按：此书作于嘉靖三十八年（1559）聚所进京参与会试时，参见第五章第一节《学思历程》。
[3] 邹德溥：《伯兄汝海行状》，《邹聚所先生外集》，第443页。

万历元年（1573），参与乡试并中举。考试结束后，与邹元标等至徐用检（钱德洪弟子）官署粮道听讲、问学，[①]遂对浙中王门之学有所了解。二年（1574），参与会试，不中。当时，其父、兄均在京任职，与耿定向一同讲学，泗山因之拜定向为师。[②]十二年（1584）至十五年（1587），耿定向在京任官，倡道都门。[③]此时泗山也正任京官，故当进一步受教于定向。对于其受教师门之情形及其获益，泗山自云："溥最不肖，辱夫子爱。每从问业，移日始退。"[④]又云："某也何知，辱教独至。我达我翼，恩深靡俪。步步趋趋，自惭不类。师顾缪可，惟尔予契。"[⑤]可见耿定向对其较为器重，而泗山亦能契耿氏之学。

万历十六年（1588），四十岁的泗山彻悟圣人之道。其自述曰：

> 余四十初度之夕，默自念孔子四十不惑，孟亦曰"四十不动心"，皆确然有以自信。予今漫无成，夙志谓何已？思孔称四十无闻，斯不足畏。夫君子遁世不见知不悔，不闻何病？君子所谓闻者，非闻于人之谓，谓闻道也；又非闻以耳之谓，谓夫心之彻也。学非践履之难，而彻悟之贵。孔盖称朝闻夕死，道不为生生，不为死死，于此解彻立，自际不生不死，夫然后可以死。余十九有醒已，反复疑似，垂廿年。今乃始心开，疑端浸释，诚无所异人，颇脱罣碍，妄谓庶几有闻。又思孔曰四十而见恶，其终也已。夫乡人不善者恶之，子方且取焉，岂其决恶于人者为终乎？无亦谓学道至此，犹见夫有可恶者，斯亦不足与有进也。余今幸有闻，窃觉所履皆坦途，不见境之有可恶也；所交者皆吉人，不见人之有可恶。[⑥]

上文提到，"余十九有醒已"，即隆庆元年（1567）泗山于道

---

① 罗大纮：《南太常卿徐贞学先生学行述》，《紫原文集》卷二，《四库禁毁书丛刊·集部》（第140册），第86页。

② 泗山拜耿定向为师的时间，相关文献没有具体记载，据邹德溥《先考中奉大夫太常卿颖泉府君行状》《伯兄汝海行状》和耿定向《观生纪》，可推定为此年。

③ 耿定向：《观生纪》，《耿定向集》，傅秋涛点校，华东师范大学出版社2015年版，第814—815页；叶向高：《宫洗泗山公墓志铭》，《澈源邹氏七修族谱》卷八《状铭》。

④ 邹德溥：《祭耿师母文》，《邹太史文集》卷八，明末安成绍恩堂刻本。

⑤ 邹德溥：《祭天台耿师文》，《邹太史文集》卷八。

⑥ 邹德溥：《四十省语》，《邹太史文集》卷五。

有所悟而无法真正、彻底悟证到（故"反复疑似"），正是其随父在山东的第二年与其兄共学时。经过二十一年的学习、从师、践履，泗山终于在四十岁"闻道"——"今乃始心开，疑端浸释，诚无所异人，颇脱罣碍，妄谓庶几有闻"，即彻悟孔孟之道，于是"觉所履皆坦途，不见境之有可恶也；所交者皆吉人，不见人之有可恶也"。

然泗山之学并非停留在儒家，而是于儒释道三家，取兼容态度：淳淳于儒家一体万物之旨，以修后进；得大乘密谛，则奉若师保（他对佛教的态度，或许自幼即受其母之熏染）；得真符大药则喜，谓真精诚决无不可成者；于长生无生之说（长生说为佛说，无生说为道说），亦皆有所默证，以为其精者不悖于吾儒。[①]总之，泗山之学虽受到邹氏家学（包括祖守益、兄德涵之学）、泰州学派甚至浙中王学的一定影响，但其堂庑甚大，尤其承继并发展了阳明的"三间共为一厅"[②]的三教合一观，比其兄德涵走得更远，于乃祖之学"走作"得更为严重。邹元标曰："文庄（即邹守益）宗余姚旨，发挥一本于庸德庸言，而公（即泗山）以别有究竟法门，有一人能窥最上乘者。"[③]

二、邹德溥的主要哲学思想

1. 三教合一论："大道何歧，函三为一"

儒释道三教（或三家）融合，是中国文化、哲学自魏晋以来的传统。这种融合或合一的趋势，在宋明导致新儒学（理学）的形成。宋明理学，"从本体论到工夫论的较完备的体系建构，无不深深地打上了儒、道、释融合创新的思想印记"[④]。如果说宋代理学家在吸收、融合佛道上，还有点遮遮掩掩的话，那么明代理学家则公开宣称三教融合或三教合一，如王阳明说"儒、佛、老庄皆吾之用，是之谓大道"[⑤]。这种融合的趋势，至晚明达到高潮，甚至出现了林兆恩创立的"三一教"。在阳明后学中，尤其是泰州学派，其三教的融合最为显著，像管志道、李贽、杨起元、周汝登、焦竑，他们都自由地援引佛教、

① 叶向高：《官洗泗山公墓志铭》，《潋源邹氏七修族谱》卷八《状铭》。
② 钱德洪：《年谱三》，王守仁：《王阳明全集》，吴光等编校，第1423页。
③ 邹元标：《官洗泗山公墓表》，《潋源邹氏七修族谱》卷八《状铭》。
④ 朱晓鹏：《儒道融合视域中的阳明心学建构》，商务印书馆2019年版，第5页。
⑤ 钱德洪：《年谱三》，王守仁：《王阳明全集》，吴光等编校，第1423页。

道教的资源去诠释儒家经典。①

作为泰州学派耿定向之徒、焦竑之友，泗山也公开主张三教合一。他不像大部分理学家，暗地里吸收、融合佛道，但又公开批评佛道；而是公然与释子、道流交往，延而纳之馆下，有人有告之曰："道不欲杂，杂则多，多则扰，此不可持世。"泗山答曰："彼杂吾一，吾何故自隘、隘世？"②所谓"吾一"，即是指三教合一。他虽为儒家学者，但对三家，几乎作平等观，不见对佛道的批评。

吉安府的阳明学者因其讲学中心在青原山，而青原山是禅宗七祖行思的道场，故有一些人受到佛禅的影响，如王时槐、朱叔相、邹德涵、邹元标等，泗山也是其中之一，且其母又为佛教居士。他常与僧人交往，为僧人之著作作序或题卷③，在其中直接谈佛法，体现了其佛学功底。如为明末高僧德清所著《观楞伽阿跋多罗宝经记》作序，揭示《楞伽经》大要曰：

> 夫众生本各具足如来藏性，然乃不免生死轮转者，则以不能了达自心，起种种妄想，乘是业因，赓生赓死。要之，妄想无性，如空华水月，豁然大觉，离一切名相言说，立证真如，更无阶级渐次。非谓可躐阶而跻，以如来藏本无可跻。故若乃如来说三乘诸法，祗为劣解众生，权机诱入。世顾执权迷实，闻说向上事，辄憎谓无当，横执法缚以为津梁。诸所为出生死计者，实乃自造生死根本，岂不悲哉！《楞伽》一经，首斥断百八句，义显寂灭一心，继阐五法、三自性、八识、二无我，总属唯心现量，以示一切本空，舍且不得，何况应取。④

《楞伽经》为法相唯识宗的基本经典，又是早期禅宗的印心之典。泗山认为《楞伽经》大要是：万法（包括物质和精神）唯心所现，所谓"五法、三自性、八识、二无我，总属唯心现量"，一切本空，唯有如来藏（或如来藏性）不生不灭，此即自心自性，这是成佛的根据。众生之所以不免生死轮转或自造生死根本者，在于不能了达

---

① 钱新祖：《焦竑与晚明新儒思想的重构》，宋家复译，东方出版社2017年版，第6页。
② 邹元标：《官洗泗山公墓表》，《澈源邹氏七修族谱》卷八《状铭》。
③ 《邹太史文集》收录此类文章三篇，即《观楞伽阿跋多罗宝经记序》《题碧云卷》《题宝鉴卷》。
④ 邹德溥：《观楞伽阿跋多罗宝经记序》，《邹太史文集》卷二。

自心，而妄执种种内外之境（即万法），视此为真性，其实此为妄想，妄想无性。如果顿悟自心，即立证真如（真性），并无渐进阶梯。此为顿教也。总之，《楞伽经》在于破执显实，即打破一切内外执着，从而显示如来藏自性清净心。这一思想影响了禅宗的发展（慧能提出"自心即佛"，即受此影响），也融入了泗山的心学体系中。

又，当时宝鉴和尚欲往普陀求见观音大士，泗山认为佛或观音即在心中，不必远求，且曰："汝心自光，汝心自经。自光即经，真常无变；自经即光，妙明不昧。……一切唯心造。"① 即认为自心即佛，自心是真常不变、妙明不昧的本体，万法唯心所现，心是一切存在的根源（也是成佛的依据）。泗山所言兼具楞伽和禅宗思想，从本体论而言，与阳明心学亦是相通的。泗山论阳明曰：

> 良知之说，似创而非也，自是孟轲氏无为不为、无欲不欲之宗旨也，彼其（即阳明）历试险夷，躬当盘错，磨砻练习，而后有以见夫宇宙之内，千变万化，皆出自吾心一点灵明，不过致其良知而足也，是以独标以为教也。②
> 自会稽王公（即阳明），百难万死中，豁然有悟于道之妙机，以为天下之道，取诸吾本心而足也。于是揭人心本然之明以为标，使人不离日用而造先天之秘，不出自治而握经世之枢，彼其随所施而屡建大勋，则亦由学之约而达也。③

在泗山看来，阳明之本心亦是本体之心，是一切价值甚至存在的来源，是成圣、成就事功的依据，与佛教的自心相当接近，如"夫宇宙之内，千变万化，皆出自吾心一点灵明"，即有万法唯心所现的色彩。

泗山又为当时一著名仙姑——云鹤仙姑作传，表彰其求道之精神。结尾以"邹生曰"加以评论：

> 古称涂人皆可为禹，余于仙亦云，顾用志何如耳。云鹤子

---

① 邹德溥：《题宝鉴卷》，《邹太史文集》卷五。
② 邹德溥：《王文成、陈白沙从祀议》，郭景昌、赖良鸣辑：《吉州人文纪略》卷十九，《四库全书存目丛书·史部》（第127册），齐鲁书社1996年版，第334—335页。
③ 邹德溥：《王文成、陈白沙从祀议》，《邹太史文集》卷一。

以一褰闺，身不惮万里跋涉，参师问道，潜身旅馆，炼大还。
志若斯，亦曷弗就哉？彼自龆龀，神启有解矣，抑何虚受不自
盈也！业宅心澹漠，遗体黜聪，乃且斤斤闺范自提，斯其与叔
世称引自然者径庭矣。嗟嗟！大道何歧，函三为一。余表是，
微独为元修风焉。①

泗山认为，云鹤仙姑作为一女子，能用志不分，不惮万里，一
心求道，即使已至"宅心澹漠，遗体黜聪"之境，仍不断自修，与
阳明后学现成派中一任自然流行而不用工夫者大相径庭。泗山之评
论，意味儒释道三教都是工夫之学，其道都要通过工夫而得，绝没
有仅享受现成者。故提出"大道何歧，函三为一"，也就是说，三
教在根本思想上（包括工夫论，也包括本体论）是相通的，是一致的，
故三教可融合为一。

对于儒者舍儒归佛，泗山也持宽容的态度。如儒生习孜之晚年
皈依佛门，"逝之日，悬佛像于前，以资观，忽光明满室，口念弥
陀以终"。即呈现了佛教徒临终之异象。泗山为其撰墓志铭，认为
他虽未彻底证悟佛法，但其生死境界远胜世儒中"名修迹检、懵懵
以卒者"，其铭比较二者曰："慨彼贤豪，孟浪生死。赫赫其闻，
瞆瞆其止。君独何基，皈心法尔。炯炯而瞑，殊光盈几。"他又认为，
儒家也有生死之道，不只是佛教才谈生死超越。他说："儒者憎佛法，
恶言生死，乃《易》所称原始返终，何说焉？不深惟圣人所以立命者，
奈何肤革之珍，裂其神髓以归释？余甚悼焉。"②就是说，《周易》
"原始返终"的生死之道，正是圣人立命之根本，何必放弃自家根
本而全归之于佛门？如果以其"大道何歧，函三为一"而论，生死
之道乃三家之共法，只是超越的具体途径、方法有所不同而已。

总之，泗山对儒释道三教（或三家）都有所深入，对三者持平
等观，并提出"彼杂吾一""大道何歧，函三为一"的三教合一的
主张。这一思想主张，大体偏离了邹氏家风，与乃祖守益差距较大，
而与泰州学派的焦竑、管志道等较为接近。

相比于以往的时代而言，晚明的三教合一（或宗教折衷）在力

---

① 邹德溥：《云鹤仙姑传》，《邹太史文集》卷七。
② 此段引文均见邹德溥：《明故鸿胪寺序班还真习公墓志铭》，《邹太史文集》卷六。

道与重要性上都是独一无二的，特别是就它将儒家建构为一套哲学的意涵而言。[①]泗山对三教的合一或融合，亦是如此，详言之，即不只是在某些具体的思想观念上的互释、融合，如主张良知即佛性等，而是在哲学的本体论和工夫论上均体现出三教合一或融合的趋势。

2. 本体论：有无圆融

有无是中国哲学的一对重要范畴，从总体而言，儒家代表有之一面，佛道代表无之一面。但这只是就总体倾向而言，其实儒家也有"无"之一面，如《中庸》的"'上天之载，无声无息'，至矣"；佛道也有"有"之一面，如禅宗的"行住坐卧皆是禅"，老子的"无，名天地之始；有，名万物之母。故常无，欲以观其妙；常有，欲以观其徼"（《老子》第一章）。故有无问题是三教合一的一个重要入口。陈来将有无问题具体化为"有我之境"与"无我之境"，并认为整个宋明理学发展的一个基本主题就是：如何在儒家有我之境的立场上消化吸收佛教（包括道家）的无我之境。全部宋明理学的心性论与工夫论，大半讨论的无非就是这个问题，只是具体表现各异而已。他又认为，宋儒已在实践上对"无"的境界加以吸收，但理论上并未解决有无之间的紧张，只有王阳明从理论到实践化解了这种紧张。[②]依陈来之见，阳明主要在"无我为本"（即无）和"仁者与我同体"（即有）两个方面化解了二者的紧张，使有无得以融合。[③]泗山虽受到了阳明及其后学（尤其是泰州学派）的影响，但主要吸收、改造佛教有宗（包括法相唯识宗和禅宗）及道家的有无模式，并融进心学思想中，从而在自身的思想体系中有无融合，达到二者的辩证统一。

前文已述，《楞伽经》（属有宗——法相唯识宗经典）认为，万法唯心所现，自心不生不灭，乃是有（即有自性），而万法生生灭灭，则是无（即无自性）。也就是说，有宗以本体为有，而现象为无。道家则以无为体，以有为用，老子之无是本体之无[④]，而庄子

---

① 钱新祖：《焦竑与晚明新儒思想的重构》，宋家复译，第5页。
② 陈来：《有无之境：王阳明哲学的精神》，第218、219、224页。
③ 陈来：《有无之境：王阳明哲学的精神》，第218—255页。
④ 但老子的无不是绝对的无，如《老子》（第二十一章）曰："道之为物，惟恍惟惚。惚兮恍兮，其中有象；恍兮惚兮，其中有物；窈兮冥兮，其中有精。"此为本体之无，现象之有。同时老子也有境界上之无，如《老子》（第四十一章）曰："大音希声，大象无形。"故说老子之无是本体之无，是相对（尤其是相对庄子）而言。

之无是境界之无。泗山主要吸收、改造有宗和庄子的模式而形成自己的心学模式，认为本体是有，同时呈现为境界之无，而现象则是有，即以境界之无贯通本体和现象之有，从而形成独特的有无圆融的心学模式。

我们来看泗山之论，他说：

> 道之精至于无象，而未尝不呈其机于庸行，君子自其机之可见者，一提揭之，而其精已跃然寓于其间。彼乌事乎穷高以为奇，而绎之固无穷也。道之微至于无形，而未始不泄其端于日用，君子自其端之可睹者，一揭示之，而其妙已恍然含于其内。[①]
>
> 夫道，率性者也；凡属矫揉者，非道也。性，天命者也；凡属人为者，非性也。修道云者，修其率性者也；凡致纤毫之力者，非修道也。夫道虽欲离之，弗得矣。凡睹闻所可及者，则有合有离；而道固视之不可睹，听之不可闻。……然是不可睹闻者，随睹闻而皆是，即见即隐，即显即微，所谓与物无对者也，独也。[②]

泗山认为，作为本体的性、道是实存的，是有；他说"性，天命者也"，"性，先天者也"[③]，既然性是天命者、先天者，当然是实存的、有的，同样道亦是实存的（本体之有是儒家的固有观念，几乎不用论证、说明）。性、道作为本体，是绝对的超越者，"所谓与物无对者也，独也"，此是实存者（独为本体之有）。但是，性、道如有宗的自心，虽实存，而又不是一个可以通过睹闻或思辨把握的客观对象，它"不倚思得，不倚守存"[④]，如把握之，即属人为，即非性，"致纤毫之力者，即非修道"（这是"性，天命者也"蕴含的另一层含义，即性是不加人为、自然而然的）。故曰"道之精至于无象""道之微至于无形"，又曰"道固视之不可睹，听之不可闻"。这显然又是无，不过这种无不是本体之无或空（即虚无），而是境界之无，即实存而又无法把握的玄妙之境（但可通过悟去体

---

① 邹德溥：《君子之言也存焉》，《邹泗山稿》，陈名夏编：《国朝大家制义》，明末陈氏石云居刻本。
② 邹德溥：《中庸义略》，《邹太史文集》卷五。
③ 邹德溥：《题杨孝廉寿亲册》，《邹太史文集》卷五。
④ 邹德溥：《贺詹献功擢水部郎中奉命视河张秋序》，《邹太史文集》卷三。

证到）。虽然此体（性、道）在境界上是无象无形，不可睹闻的，但毕竟在本体上是实存的，故又会呈现在现象中，不过这不是（认识论上）感觉或知觉到的，而是体悟、体证到的（关于悟，详见第三小节工夫论部分）：即"不可睹闻者，随睹闻而皆是"，"其精已跃然寓于其间""其妙已恍然含于其内"，这是见于现象之有。所以，泗山的本体论体现出有无之圆融之境。邹元标认为泗山"别有究竟法门"，"能窥最上乘者"，[①] 当指抵达了这种有无之圆融之境。

正是持这种有无圆融观，泗山力辟当时的虚无之说（本体、现象皆无之说）。他说：

> 虚无之说当辟也。世之矜言性宗者，以为天下之道起于无，反于无，而称归根复命矣。夫语中而归之未发，固也，然不离乎喜怒哀乐而言之也，举所谓三重九经者，而融之于不显，斯其为无声臭也已。今尽举一切之用遗之而归于无有，愚未睹夫太极之在五行外也。盖其说尝引"三十辐共一毂，当其无，有车之用"。夫车诚以其无为用，然使悉并所谓辐与毂者，而独以其无为车，可乎？使天下刍狗仁义，而骈拇礼乐者，必此说起之矣。愚故曰虚无之说当辟也。[②]

泗山认为，虚无之说，既在本体上归于无，也在现象上归于无。所谓"以为天下之道起于无，反于无，而称归根复命矣"，是在本体上归于无；所谓"尽举一切之用遗之而归于无有"，是在现象上归于无。泗山承认太极的存在（即有），而太极即体即用，必在现象中，故曰"未睹夫太极之在五行外"。他还认为，未发之中（即性）固有（即是本体之有），此性"不离乎喜怒哀乐"（即现象之有），但又"融之于不显"，呈现为无声无息之境（即境界之无）；而所谓"车诚以其无为用"，不能以无为车，必有辐与毂之存在，故"以无为用"体现出的是一种有无之间的辩证。

同时，泗山既批评执有者，又批评执无者。他说：

---

① 邹元标：《官洗泗山公墓表》，《澉源邹氏七修族谱》卷八《状铭》。
② 邹德溥：《崇圣学正士风议》，郭景昌、赖良鸣辑：《吉州人文纪略》卷十九，第331页。

夫天下之涉于有者，则未有无敝者也。即天地弗能违焉，而惟此道独无敝。何者？以其不涉于有也。夫道不可以睹睹，不可以闻闻。而世人局于睹闻之所及，则恒执有以病道。然所谓不涉于有者，非离有而言之也，有而未尝有也。故曰："常无欲以观其妙，常有欲以观其窍。"乃或不知即有之即无，则有欲并情识而减之者。夫情识曷尝非性，顾徇之为厉耳。而必欲减焉以复性，无论机之不可减，即此减之之心而固已涉于有矣，则有欲并名教而离之者。夫名教曷尝非性，胶之为锢耳。而必欲离焉以复性，无论矩之必不可离，即此离之之心，而固已涉有矣。是故执有有也，执无亦有也，其为病道均也。①

依泗山的有无观，道是实存的（有），但在境界上又呈现为无，故不可睹闻，同时道体现在现象（有）中。泗山认为，凡是现象界之物（即"天下之涉于有者"）都不能无敝，故不可执有，执有则病道，因为"道不可以睹睹，不可以闻闻"，是境界上之无。然道又是"有而未尝有""即有之即无"，即道是实存的，且体现于现象中（情识即性、名教即性），而只是在境界上体现为无（即"未尝有"），故不可将现象界之有扫去（即"并情识而减之""并名教而离之"），即不可执无（即执现象之无，儒者一般不执本体之无，故泗山未作批评），而且执无已涉于有，即执着无亦是一种执（执无就成一种观念上之"有"），故无法进入境界之无。所以，执有是有，执无亦是有，均病道，即均不能进入有无圆融、自由无碍之境。这里是通过既破执有，又破执无，来体现有无之辩证、圆融。这也正是泗山的"不得有无而生慈悲心"②之意。

3. 工夫论：悟和学

泗山的工夫论，吸收、融合了佛道的工夫论，也有三教融合的特点，其主张的两种主要工夫——悟和学，都是如此。

（1）悟

悟本主要是佛教（尤其是禅宗）的工夫。阳明吸收这一工夫，

---

① 邹德溥：《寿敬吾魏公六十序》，《邹太史文集》卷三。
② 刘孔当：《复邹四翁老师》，《刘喜闻先生集》卷九，第5页。按：刘孔当在此书信中提到其师泗山的"不得有无而生慈悲心"。

成为其修养的一个重要法门，其龙场悟道，对阳明学者的修炼具有某种风向标的意义，故后来有不少阳明学者都运用此工夫。泗山悟之工夫，直接来自其兄邹德涵和其师耿定向，而与僧人的交往及研读佛经更强化了这一工夫。他十九岁于道有所悟入，四十岁彻悟圣人之道，其学之成，可谓得之于悟。其关于悟之工夫论可谓深受佛禅的影响，但又将其融于儒家的工夫论体系中。

泗山虽未像其兄那样提出"以悟为入门"，但悟为其根本工夫当无疑。如他说："学非践履之难，而彻悟之贵。"[①] 彻悟者，彻悟道也。在泗山看来，道不是睹闻、言说、思维的对象，它是形而上的超越的本体。他说："夫道所称形而上者也，思虑之所不能及，言语之所不能加，是立乎二气五行之先，而宰天地万物者也。"[②] 又说："若夫所谓性与天道者，则超于象数之外而渊乎深矣，超于声臭之表而杳乎微矣。"[③] 所以无法通过睹闻、言说、思维去把握道，只有通过悟才能证道、得道，才能超越生死。他说："孔（子）盖称朝闻夕死，道不为生生，不为死死，于此解彻立，自际不生不死，夫然后可以死。"[④] 即只有彻悟道，才能臻至不生不死之境，因为道是永恒的存在；而证道、悟道是学问、生命的终极追求。故泗山重悟之工夫，也用一生的生命在践履这一工夫，从而实现个体的生命价值。

悟（悟道）是道德修养或精神修炼的实证工夫，其过程和体验往往难以真正地言说，但悟道者有时又不得已而言说之。泗山对于自己的悟道过程和体验亦略有描述，曾述及其"四十之悟"：

> 余十九有醒已，反复疑似，垂廿年。今乃始心开，疑端浸释，诚无所异人，颇脱罣碍，妄谓庶几有闻。又思孔曰四十而见恶，其终也已。夫乡人不善者恶之，子方且取焉，岂其决恶于人者为终乎？无亦谓学道至此，犹见夫有可恶者，斯亦不足与有进也。余今幸有闻，窃觉所履皆坦途，不见境之有可恶也；所交者皆吉人，不见人之有可恶也。[⑤]

① 邹德溥：《四十省语》，《邹太史文集》卷五。
② 邹德溥：《安福县重修学记》，《邹太史文集》卷四。
③ 邹德溥：《夫子之文章一节》，《邹泗山稿》，陈名夏编：《国朝大家制义》。
④ 邹德溥：《四十省语》，《邹太史文集》卷五。
⑤ 邹德溥：《四十省语》，《邹太史文集》卷五。

但是，其描述的悟道过程和体验甚简：十九岁略有所悟后，"反复疑似，垂廿年"，如今"始心开"，"颇脱窒碍"；悟道后的精神状态是，"窃觉所履皆坦途，不见境之有可恶也；所交者皆吉人，不见人之有可恶也"，即进入了境界之无——一无所滞、心无挂碍的自由之境。

泗山又曾作一科举文《如有所立卓尔》，在此文中描述、发挥了颜渊悟道的深蕴，其实也可作他自己的夫子自道。这是泗山现存文献中，仅有的对于悟道、见道的过程和体验的描述略微详细的文章。先列《论语·子罕》中的原文：

> 颜渊喟然叹曰："仰之弥高，钻之弥坚，瞻之在前，忽焉在后。夫子循循然善诱人，博我以文，约我以礼，欲罢不能。既竭吾才，如有所立卓尔。虽欲从之，末由也已。"

朱熹释之曰："此颜子自言其学之所至也。盖悦之深而力之尽，所见益亲，而又无所用其力也。"[1] 也就是说，朱熹认为这是颜渊述学之言，还未将其当作证道之言。而泗山认为，这是颜渊述悟道、见道之言，故对其发挥曰：

> 大贤自状其所以见道者，亦有得于圣教也。夫道固未易见也，而颜子有悟于卓尔焉，此非圣教启之而能然乎？颜子之意若曰夫道非可见者也，然而不见不足以入道，回也盖若窃有见焉。今以圣道之高坚无涯也，宜若不得而穷其际矣；其前后无方也，宜若不得而探其体矣。然自吾之受教于夫子而竭才焉，但见心与理凝，自着乎跃如之妙；道与神遇，自显夫活泼之机。竭才乎文之博也，恍然悟于意言象数之外，若时有所呈于吾前，而卓乎不可乱者，岂多识乎名物之颐，固有以启吾心之真明乎，而何见之益亲也。竭才乎礼之约也，宛然默于视听言动之表，若将有所参于吾前，而卓乎不可淆者，岂日游于轨物之中，固有以融吾心之真见乎，而何视之益明也。以为果有形也，而道固不可以为形；以为其无形也，而吾且见其有定形。天机动荡

---

① 朱熹：《四书章句集注》，第112页。

平心目之间，有不徒想象其近似者矣。向之所视以为高坚无涯者，何如也？而今固见至此哉！以为果有象也，而道固不可以为象；以为其无象也，而吾且见其有定象。至理昭著于顾误之顷，有不徒拟议其仿佛者矣。向之所视以为前后无方者，何如也？而今顾有是见哉！①

泗山认为，道作为形而上的超越之体，是不可见的，所谓"今以圣道之高坚无涯也，宜若不得而穷其际矣；其前后无方也，宜若不得而探其体矣"，即道无边无际、无形象方体，故无法把握到、见到。但道又似乎可见，"不见不足以入道"，而颜渊也确有所见："但见心与理凝，自着乎跃如之妙；道与神遇，自显夫活泼之机。"这是内见，即"心与理凝""道与神遇"，感觉到与道合为一体，从而生命充满跃如、活泼的生机。甚至还有外见："恍然悟于意言象数之外，若时有所呈于吾前，而卓乎不可乱"，"宛然默于视听言动之表，若将有所参于吾前，而卓乎不可淆"。即在恍然、宛然之间，好像见到道就卓然立于眼前。这显然是一种神秘主义的生命体验，但却是一种真实的证道体验。泗山所言，似乎是前后矛盾的。其实，从认识论的角度看，道无形无象，不是一个客观的对象，故不可认识、不可见；但从量论②的角度看，道又是可体证到、实证到、见到的。故泗山曰："以为果有形也，而道固不可以为形；以为其无形也，而吾且见其有定形。……以为果有象也，而道固不可以为象；以为其无象也，而吾且见其有定象。"所以，见道不能通过思想、思维而得之，从此得者，只是"想象其近似者""拟议其仿佛者"；而通过体悟、证悟而得之，才是真正的得道、见道，才从刚开始时"视以为高坚无涯者""视以为前后无方者"而无法把握，到最后"天机动荡乎心目之间""至理昭著于顾误之顷"而"固见至此哉""顾有是见哉"。

那么，如何去悟道？泗山认为，道在事事物物中，故将悟道的工夫落实于其中，而不是空守心体，从而陷入静坐或枯坐的寂静主义中。故泗山曰："岂多识乎名物之颐，固有以启吾心之真明乎，

---

① 邹德溥：《如有所立卓尔》，《邹泗山稿》，陈名夏编：《国朝大家制义》。
② 所谓"量论"，是对于"本体"的一种体证或契悟的方法论。见郭齐勇：《熊十力哲学研究》，人民出版社2011年版，第77页。

而何见之益亲也。……岂日游于轨物之中，固有以融吾心之真见乎，而何视之益明也。"① 即通过博文约礼的工夫去悟道，所谓"竭才乎文之博也，恍然悟于意言象数之外，若时有所呈于吾前。……竭才乎礼之约也，宛然默于视听言动之表，若将有所参于吾前。"② 正因为持这样的悟道观，泗山将"格物说"阐释为"悟道说"。其《格物解》曰：

> 或问："格物之义云何？"曰："格是参彻之意，物即所称庶物、万物之物，不得添一字，不得换一字。"曰："物乃在外，格之将不涉外乎？"曰："物岂在外，子作外见。"曰："格既作通彻看，何不言格性，乃曰格物。"曰："性岂在内，子作内见。子思提出一个格物，正以示夫物物现在，无之非是，于此参彻，时乃大觉法门。子试察夫目之所以视，耳之所以听，口之所以言，身之所以动，以至脏腑脉络、发肤关窍，那件不是这个？又试察夫天之所以为天，地之所以为地，日月之所以为日月，山河之所以为山河，以至飞潜动植诸凡形化气化之类，那件不是这个？彻大彻小，彻内彻外，彻上彻下，彻显彻微，离之不得，逃之不去，不须帮补，不须造作，只要人蓦地一觉。所以祇说个格字，于此参得彻，绝无丝发障隔、丝发疑似，夫然后为知之至。故曰：'致知在格物。'此正子思得圣学之宗处，《中庸》费隐章，即是一篇《格物讲疏》，会得此义，始知逝者如斯之旨，始知时行物生之旨，始知无行不与之旨。第此义难以言句解，亦难以言句传，要须默参神会，心心相印，乃可幸各自格之、格之。"③

泗山认为，"格是参彻之意"，参彻也就是悟（彻悟）；"物即所称庶物、万物之物"，但物不是客观的外物，物在外，亦在内，物中有性，故性在内，亦在外，性即道也。格物，就是"物物现在，无之非是，于此参彻，时乃大觉法门"，所谓"大觉法门"，就是悟道、证道的工夫。如此，泗山将"格物说"佛禅化了。具体而言，视听言动、

---

① 邹德溥：《如有所立卓尔》，《邹泗山稿》，陈名夏编：《国朝大家制义》。
② 邹德溥：《如有所立卓尔》，《邹泗山稿》，陈名夏编：《国朝大家制义》。
③ 邹德溥：《格物解》，《邹太史文集》卷五。

脏腑脉络、发肤关窍之所以活动，以及天地、日月、山河、飞潜动植诸凡形化气化之类之所以运转或生存，"那件不是这个（在做主）"，所谓"这个"，就是道（物中之道）；故"彻大彻小，彻内彻外，彻上彻下，彻显彻微，离之不得，逃之不去"（即一切都在道中），故"不须帮补，不须造作"，"只要人瞥地一觉"（即只要一悟就能体证到道）。当"此参得彻，绝无丝发障隔、丝发疑似，夫然后为知之至"，所谓"知之至"就是对道的彻悟。泗山将"格物说"参悟成"悟道说"，可谓大悟，故能会通《大学》《中庸》，乃至《论语》（逝者如斯、时行物生、无行不与之旨），并最后劝学者对此"须默参神会，心心相印"而"各自格之、格之"，亦即以"悟"对"格物说"作结。

（2）学

强调学，是儒家的传统，《论语·学而》开篇就是谈学："学而时习之，不亦说乎！"但学有知识性、技术性之学和关乎身心性命的修养之学。孔子未将二者严格区分开来，一面说"行有余力，则以学文"（《论语·学而》），此学指前者；一面又说"有颜回者好学，不迁怒，不贰过"（《论语·雍也》），此学指后者。但孔子之学，主要还是指后者，后世儒者论学大抵如孔子。泗山论学亦重后者，即将学作为一种身心性命之学，亦即一种工夫之学。他说：

> 吾辈终日谈学，只"学"之一字最为紧切，工作技艺莫不由学传，以师入，以规矩视，以模范习，以岁月日时造而入巧焉，则以精神得于精神，而其学始成。今世说性、说天，而不味于"学"之一字，诚为虚谈。①

泗山认为，"学"字最为紧切，是一种具体的工夫，不能仅仅谈学（如"说性、说天"），如果不味于"学"（即不能体会到学是一种"以精神得于精神"的践履工夫），则是虚谈。学是一种证道的工夫，他说："道固人所具足者也，然而致之存乎学，舍学则道安凝乎？"②即道是人人具有的，但舍学无以证道、得道，故不能

---

① 邹德泳：《训述》，《独耐轩杂笔》卷二，《邹德泳杂著》，万历三十二年至崇祯刻本，第17页。
按：这是邹德泳记录的泗山之语。
② 邹德溥：《畏圣录序》，《邹太史文集》卷二。

浮于虚谈。

那么，如何为学呢？首先，泗山提出"学莫先于义利之辨"。义利之辨，是宋明理学家的共同论题，大抵普遍认为，义是指道义、天理、公利，利是指利欲、人欲、私利。而陆九渊著名的"义利之辨"，主要是指辨志，志于义为君子，志于利则为小人。泗山对此论题非常重视，撰有两篇相关文章（一名《学莫先于义利之辨论》，一名《学莫先于义利之辨》），其义利之辨，对前人既有所继承，也有所深化。一方面，他从君子、小人之辨来展开义利之辨，这显然是对陆九渊的继承。他说：

> 夫学，所以学为圣贤也。今之学者众矣，而为圣贤者寡。此何说也？则于义利之辨，不早辨也。夫义之于利，隔若霄壤，而初仅毫芒，判若苍素，而端仅斯须，是以圣贤严之。盖观仲尼分别君子、小人，以比周、和同、骄泰、求诸己求诸人，数哉其言之矣。至于喻义、喻利之说，而后知君子、小人之心术，尽在是也。心乎义，则周，则和，则泰，则求诸己，而命之曰君子；心乎利，则比，则同，则骄，则求诸人，而命之曰小人。嗟乎！君子之于小人相去远，而自义利之辨始。故曰学莫先于义利之辨也。①

泗山认为，义与利看似隔若霄壤，但起初仅差若毫芒、判若苍素，故圣贤严辨之。义利之辨其实就是君子、小人之辨：君子之"心术"在义，"心乎义，则周，则和，则泰，则求诸己，而命之曰君子"；小人之"心术"在利，"心乎利，则比，则同，则骄，则求诸人，而命之曰小人"。如此，君子、小人之辨即"心术"之辨，"心术"之辨即"辨志"，故泗山此辨，大体同于陆九渊之辨。

另一方面，泗山又从彻性、尽性（即证道）的角度来展开义利之辨，这是对前人的发展、深化。他说：

> 若乃夫以学自命者，岂不称至义哉？亦或不免乎利之入，则吾甚惑焉。盖其所以自解脱者二：尚玄解者曰吾彻于性宗，

---

① 邹德溥：《学莫先于义利之辨》，郭景昌、赖良鸣辑：《吉州人文纪略》卷二十，第359页。

吾且蹄洴而视夫小廉者，是乌足烦吾修；尚经济者曰吾务以天
下戢宁，是乌可以小廉为也，吾将以就吾大耳。则吾请有以折之，
吾性之天，泊乎其不可以一物加，夫利何着焉？利之得以入其
心，吾不睹其能彻性也。吾诚置其心于不可染之地，则其灵也
莹。夫是以当几而立解泊利之心，又不睹其能理天下也。若是
而号于人曰学，是特托于学以自文耳，恶乎学哉？君子之学也，
其必介然先自辨曰：吾苟未离货贿之好，此其暌义也远甚，吾
诚耻弗为矣。即货贿弗殖，而凭借是以钓荣宠，是乃以其不可
利者为利。此亦义之蠹也，吾何屑焉？即拜与夫荣宠弗希也，
而将因是以沽名焉，则其迹义也，而其心利也。即拜与沽名之
心绝之矣，乃其中犹有不得已之心焉，此难以语于无所为而为也。
盖所谓义而利者也，吾又不为也。

夫所谓义者，何也？是吾心之天则也；少有违于心之天则者，
即利也。君子于其心之所安者而必为，如饥之于食也，如渴之
于饮也；于其心之所不安者而必不为，如饮之不可使鸩也，如
食之不可使野葛也。此学之务也。夫学以尽性也，性通天下国
家而一之者也。吾性有一之未复，非学也；天下国家有一之未
能理，非学也。则岂曰一辨义利而遂已也？然未有义利之不辨
而能复性，而能理天下国家者也。则学安得不先之也？今夫洁者，
妇之常也。妇则洁矣，而舅姑弗养，祭祀弗肃，中馈弗宜，诚
不足称能妇；一不洁，虽有诸美，弗齿矣。士人之不可溷于利也，
盖类此。①

泗山认为，为学在于彻性、尽性（即证道），而性上不可加一物，
不可着一利，如果利入其心，就不能彻性（尽性）。他细辨种种利，
利包括：（1）货贿之利；（2）荣宠之利，此以不求利而得到之利
（好处）；（3）沽名之利，此以不求利与荣宠而换取之利（名声）；
（4）为义之利，此乃有不得已之心在，即没有达到无所为而为之境，
心中仍有着物象，此还是利。此对利的辨析，不仅仅从私利、人欲
来说利，还从为义之利说利，乃是对前人的超越。而所谓义，则是"吾
心之天则"；所谓"天则"即天理，"吾心之天则"即良知之天理（良

① 邹德溥：《学莫先于义利之辨论》，《邹太史文集》卷一。

知即天理）。这是将义收摄于心，显然受阳明的影响。如果稍微违背心中的良知（天理），就是利；"君子于其心之所安者而必为"，"于其心之所不安者而必不为"，就是依心中的良知而行，就是义。所以泗山又认为，义利之辨就是辨之于心。他说：

> 于何辨之？辨之心而已。方寸之中，至灵至莹，一念无所为而为耶；吾知之，一念有所为而为耶，吾知之。如别白黑，如数一二，不待剖而析，此真心也。夫惟不昧所为此心者，而于义利之介洞然矣。嗟乎！此尤辨义利之要术也。[1]

就是说，义利之辨的关键（"要术"）在于心之一念之间辨之，其"一念无所为而为"，还是"一念有所为而为"，心之良知自知之。但是，义利之辨，还只是尽性（彻性）的第一步，其结果只是"置其心于不可染之地，则其灵也莹"（即心灵莹彻、一无所染）。但如果不能通于天下国家而理之，仍不是真正的学，不是尽性之学，因为"学以尽性也，性通天下国家而一之者也"。故泗山曰："吾性有一之未复，非学也；天下国家有一之未能理，非学也。则岂曰一辨义利而遂已也？"义利之辨，犹如妇女之守贞，仅仅守贞，不事他事，仍然不能被称为能妇（比喻尽性、彻性）；但一失贞，其他诸美均不足挂齿。所以，泗山只曰"学莫先于义利之辨"，而不是学仅为义利之辨。

泗山义利之辨的核心，在于为学先要除去心中一切挂碍（利），使心纯然无染，这是一个减的过程；但为学又毕竟是一个不断精进的工夫，这是一个加的过程。借用内容与形式的范畴，前者是内容之减，后者是形式之加。所以，为学就呈现为一个加减的辩证过程。对此，泗山曰：

> 盖惟学则神凝，神凝乃能独契；惟学则气寂，气寂乃能深入；惟学则心虚，心虚乃能博受。当其力学之境，方欲自见，一无所得而卒之渐渍融也，以底于成。盖其心若无所得者，乃其所以有真得也。善乎《学记》之论曰：学然后知不足，知不足然

---

[1] 邹德溥：《学莫先于义利之辨》，郭景昌、赖良鸣辑：《吉州人文纪略》卷二十，第360页。

后能自奋。以今观于孔子之所造何如哉？乃则曰"何有于我"，一则曰"我未能"，一何皇皇而不自宁也！此可以想其学之不厌矣。盖惟不惑而不已于学，是故其进于知命也；知命而不已于学，是故其进于耳顺也；耳顺而不已于学，是故进于从心不逾矩也。故曰："学至乎没而后止也。"……然老子曰"为学日益，为道日损"，则学与道二乎？曰日损者，乃其所为日益也。夫道不可有所倚也，而人常有所倚焉以病道，故务学以损之。损其所为情欲者，而游乎道之藩矣；损其所为见解者，而升乎道之堂矣；损其所为思议者，而得乎道之解矣。此日益之说也。不然而只求以自多，将愈多而愈以为道病，恶乎益？①

泗山认为，为学能使神凝、使气寂、使心虚，这显然不是指知识的增加，而是指消除心中一切挂碍（情欲、见解、思议等），使心一无所得，故曰"其心若无所得者，乃其所以有真得"。这是减的工夫（内容之减）。但是，泗山又引"《学记》之论曰：学然后知不足，知不足然后能自奋"，这里的"知不足"，也不是知识的不足，而是指学（用功）的不足，而未至于得道的境界，故需要自奋（努力）。而孔子所言"何有于我""我未能"，亦是此意，故学而不厌，至"四十而不惑"，仍不已于学，直至最后进入"七十从心不逾矩"之境。这是为学日益的工夫（形式之加）。作如是观，泗山就将老子"为学日益，为道日损"中本来意义上的为学与为道的对反，阐释为二者的合一。老子的"为学"本来是指对知识的追求，而泗山却将其理解为道德修养的工夫，故为学与为道合一。他说："日损者，乃其所为日益也。"即为道日损，正因为学之日益。日损者，损情欲、见解、思议，此三者皆足以病道（有所倚即病道），损此三者就能进入道之境。故为学以损之，这是减的工夫（内容之减），如此为学亦即为道，故曰"为道日损"。同时，日损的过程，又是不断精进以接近道的过程，这是加的工夫（形式之加），故曰"为学日益"；日益不是知识（内容）的增多，此愈多而愈病道。故日损而近道，正因为日益之功。如此，泗山在工夫论上，也呈现出有（加）无（减）之辩证。

---

① 邹德溥：《为学日益论》，《邹太史文集》卷一。

此外，泗山还提出，为学在于改过，改过也属于减的工夫。他说：

> 学之一事，出脚便在改过。孔子曰："过而不改，是谓过矣。"
> 夫人中智以下，谁能无过？全赖圣人开人改过之门，但人自改
> 过不力耳。就如释迦门中，如人平素贪财，一旦发愿忏悔，斩
> 除贪根，即前此贪财凤业立便消尽。人平素淫欲，一旦发愿忏悔，
> 斩除欲根，即前此淫欲凤业立便消尽。以至声、味、臭诸触沿染，
> 但能忏悔斩除，无业不消，无消不尽。从此猛斫一刀，欲窒忿惩，
> 超凡入圣，便得证果。①

泗山认为，中智以下之人不能无过，故为学"出脚便在改过"。
虽然孔子已开改过之门，但一般人改过不力。故改过须如佛门忏悔
法门，一旦发愿忏悔，就猛斫一刀，立刻斩除贪欲等诸染，如此贪财、
淫欲诸凤业立即消尽，"超凡入圣，便得证果"。泗山在此强调改
过须勇猛、坚决，一点不得含糊。

总之，泗山论学之工夫，重点在减之工夫（内容之减），而加
的工夫只是形式之加，故明显吸收、融合了佛道之工夫论，但如论
悟之工夫一样，仍是在儒家的工夫论体系中展开的，故两种工夫论
都体现了三教合一的特点。

（3）学与悟之关系

学与悟作为两种工夫，其实也不能截然分开，二者的关系，可
谓以学为基础，以悟为归宿，所谓"下学而上达（悟）"。泗山曰：

> 盖在传曰："君子学以致其道。"窃怪世之学者往往不知
> 所谓道，而猥以义学当之也。夫道所称形而上者也，思虑之所
> 不能及，言语之所不能加，是立乎二气五行之先，而宰天地万
> 物者也。以其不可得而凑泊也，故须学以致之。孔子盖曰"下
> 学而上达"，夫学者固将有所达也。学焉而不达乎道，此与百
> 工居肆，不知所事者何异？颜氏所为仰钻瞻忽，茫乎不可凑泊
> 者，盖参乎道之体也。故孔子即诸文礼而授所以致之者，以其

---

① 邹德泳：《训述》，《独耐轩杂笔》卷二，《邹德泳杂著》，第17页。按：这是邹德泳记录的泗山之语。

循而可入，故曰"循循善诱"云尔。而颜氏卒用是以得卓尔之见，要所得者本无所得，故曰"虽欲从之，末由也已"。……盖自既达者观之，文礼即道焉，固也。……均是物也，悟者见焉以为道，迷者见焉以为器。此上达下达之较也。①

泗山认为，道作为形而上的超越者，不能通过思虑、语言把握到，但通过学可以达（证悟）道。显然，泗山所谓学，不是知识之学，而是身心体证之学。学，从广义上说，包括下学和上达（悟）；从狭义上说，就是下学。下学即在博文约礼中学，在事事物物中学，但下学必须要"达乎道"，才是真正的身心之学，不然与百工居肆所事者无异；"达乎道"，即上达，即悟道、证道，颜渊"仰钻瞻忽"，最后"得卓尔之见"，即体道、悟道、证道的过程。下学而不上达（悟），是于物"迷者见焉以为器"；下学而上达（悟），是于物"悟者见焉以为道"。故下学和上达（或学与悟）是紧密联系在一起的，是不可分开的，即真正的学必须要走向悟，而悟必须以学为基础，合下学与悟就是广义的学。

此外，大体而言，学是渐修，悟是顿悟。泗山论学曰："夫学之益，非可以旦夕冀也。优而游之，使自得之；厌而饫之，使自悟之。如日之长，至浸延而不睹其增也；如水之润物，浸深而不睹其入也。"②此谓学是渐修，然后才有得，才有悟。其论悟曰："豁然大觉，离一切名相言说，立证真如，更无阶级渐次。"③此谓悟是顿悟，立证真如，无有次第可言。如此，泗山实际上是主张渐修顿悟，即学而后悟。

4. 易学思想：心学《易》

泗山精于《春秋》和《周易》，是《春秋》学和《易》学大家。《春秋》学著作有《春秋匡解》《麟经真传》，《易》学著作有《易会》。前者属于科举学的范围，思想性不强（故兹不论，但研究明代科举学，

---

① 邹德溥：《安福县重修学记》，《邹太史文集》卷四。
② 邹德溥：《为学日益论》，《邹太史文集》卷一。
③ 邹德溥：《观楞伽阿跋多罗宝经记序》，《邹太史文集》卷二。

其书当为重要著作①）；后者是学术性的，且具有较强的思想性或哲学性。

《易会》（8卷）成书于万历四十一年（1613），乃泗山晚年革职在家时殚五年之力而成者，可谓处困之作、证道之作。朱大夏曰："（泗山）先生自离玉堂而山林，阅尽盛衰倚伏之态，勘破进退存亡之道，殚五年精力，乃成是书。或采众说而录其长，或超诸家而发其蕴，要以不悖数圣人精意而止。"②郭一鹗曰："余郡安成邹泗山先生蚤通《麟经》，晚精《易》学，灵襟内朗，密参外证，力探苦心，细研旁晰，冥冥乎，矻矻乎，累岁月而后《易会》一书成。"③对于该书，当时学者评价较高。朱大夏曰："自汉以来，说《易》者宗理则黜象，主象则遗理，纷如射覆。至于今，惟程朱之说胶固人心，谁能期而折衷之，此泗山先生《易会》所为度越千古也。……先生之《易会》，其包纳群言而融贯之也，则如海；其黜边见而独定一宗也，则如都。故自《易会》出，而诸家之说可存而不论矣。"④此或过誉之论，但也可见其学术地位。郭一鹗曰："《易会》一书，当与穆棱焦（即焦竑）先生《易筌》并观。盖能发四圣人之精蕴，垂不朽云。"焦竑的《易筌》也是明代重要《易》学著作，郭一鹗将二者相提并论。

明代《易》学大体可分为理学《易》、心学《易》、佛学《易》、象数《易》四大主要学派，泗山《易》学属于心学《易》的范围。所谓"易会"，就是"以《易》会心，以心会道"⑤。"以《易》会心"，就是要通过《易》之象辞来证会心；"以心会道"，则要超越象辞以心进一步会通于道。其实，《易》、心、道一。故泗山曰：

> 《易》者，象也，八卦以象告，固矣。象、爻之辞，亦所谓观象而系之者也。辞以象生，必按象而后可绎其辞。不察象

---

① 焦竑称："余友宫洗公汝光复以《春秋》举南宫第二，所解《春秋》卓为左（《左传》）、胡（胡安国）翼，逢掖之士（即儒生）宗之。"［焦竑：《易会序》，邹德溥：《易会》，《四库全书存目丛书·经部》（第13册），齐鲁书社1997年版，第608页］邹元标称："公（即泗山）于科举义深心钻研，海内得一艺，以为教父。至《麟经》大旨，又一变，学者动相师向，曰：'此邹氏心印也。'其慕尚如此。"（邹元标：《宫洗泗山公墓表》，《澈源邹氏七修族谱》卷八《状铭》）
② 朱大夏：《易会叙》，邹德溥：《易会》，《四库全书存目丛书·经部》（第13册），第610页。
③ 郭一鹗：《易会序》，邹德溥：《易会》，《四库全书存目丛书·经部》（第13册），第609页。
④ 朱大夏：《易会叙》，邹德溥：《易会》，《四库全书存目丛书·经部》（第13册），第610页。
⑤ 焦竑：《易会序》，邹德溥：《易会》，《四库全书存目丛书·经部》（第13册），第608页。

而以臆说者，漫象也者。圣人之所立焉，以尽意者也。道不可言述，或言而不克尽者，夫故寓诸象。不察夫圣人精意之所存，徒斤斤于象与辞之辨者技。道一而已矣，卦之为六十四，爻之为三百八十四，而命曰《易》，盖变而通之以趋时，乃其所以为一也。①

所以泗山《易》学的阐释方法，是按象绎其辞，释象辞以通其道，最后会归一（即心、《易》、道一），其目的是证心、证道。象是对自然之《易》的象征，心是对自然之《易》的体证，故泗山又曰："《易》非四圣人之《易》，霄壤自然之《易》也；又非霄壤之《易》，而心之《易》也。"②如此，泗山既释自然之《易》，更释心《易》（其实二者不可分，因为自然之《易》即心《易》，只是阐释有时不得已而分之）。下面按照这一思路来阐述泗山的《易》学思想。

对于自然之《易》的阐释，泗山释《系辞上》"天尊地卑，乾坤定矣。卑高以陈，贵贱位矣。动静有常，刚柔断矣。方以类聚，物以群分，吉凶生矣。在天成象，在地成形，变化见矣。是故刚柔相摩，八卦相荡。鼓之以雷霆，润之以风雨。日月运行，一寒一暑，乾道成男，坤道成女"章曰：

> 此章总言造化本有自然之《易》，圣人特因而象之以设教，所以著作《易》之原也。盖观天地尊卑之象，而乾坤之先后定矣。观万类高卑之陈，而二五之贵贱位矣。观阳动阴静之有常，而奇耦之刚柔判矣。观类聚群分，不能无生得失，而比应攻取之吉凶兆矣。观成象成形，若日月之往来、星辰之显晦、山川之耸伏、潮汐人物之荣枯代谢，而阴阳老少之变化见矣。相磨相荡，以造化之几言，非言卦画也，故遂以雷霆风雨继之。盖太极初判，惟是乾刚坤柔，相为摩切而生六子，六子与乾坤，又互相推荡于亭毒之间，于是乎有雷霆风雨、日月寒暑之变，以化育万物于无穷。于中得乾道者成男，得坤道者成女，纷藉布濩于霄壤，而《易》象以森然备矣。③

---

① 邹德溥：《易会·自序》，《四库全书存目丛书·经部》（第13册），第611页。
② 邹德溥：《易会·自序》，《四库全书存目丛书·经部》（第13册），第611页。
③ 邹德溥：《易会》，《四库全书存目丛书·经部》（第14册），第59页。

　　泗山认为，自然之《易》以象来呈现，圣人因象而设教。如"观天地尊卑之象"，而乾坤之先后顺序得以定；"观万类高卑之陈"，而万物之贵贱得以位；"观阳动阴静之有常"，而事物之刚柔得以区分；"观类举群分，不能无生得失"，而事情的凶吉得以预兆；观自然现象的变化，而见阴阳老少之变化之道。又认为，太极、八卦是对自然之《易》的模拟或表达：宇宙（自然）太极初判，只有乾坤阴阳，然后生六子（震、艮、离、坎、兑、巽），最后化育为万物，其中得乾道者成男（阳性之物），得坤道者成女（阴性之物），于是宇宙万象（亦即《易》象）森然而备。总之，自然之《易》乃《周易》之本原。

　　对于自然之《易》，泗山往往以道家的视角观之，即认为自然不仅指天（自然界），也有"自然而然"、不加人为之意。他释《无妄》之《象》"天下雷行，物与无妄。先王以茂对时育万物"曰：

　　　　天下雷行，曷言乎物与无妄？以其震发生机，万物繇之，以各正性命故也。先王知物物各有自然之天，要惟茂对其时而育之，使各保太和以生以成，则所为赞化育之妙也。天与无妄，圣人亦育其无妄尔矣。或曰：飞潜动植，亦与无妄乎？曰：奚而不与也？知飞潜动植之皆无妄，乃真知无妄者也。曰：孰与之？曰：莫之与而与之，不得已强而名之曰天。[1]

　　泗山认为，"物物各有自然之天"，即万物都是自然而然的，只要让其自然生长发育就可以，而不要加以人为的干涉。所谓"无妄"就是自然（"动以天，则无妄矣"[2]），"物与无妄"就是"天与无妄"；而所谓"天与无妄"不是指有意志的天给予万物自然之性，而是"莫之与而与之"，即自然而然者，只是不得已强名曰天。而人作为自然之子，也是无妄的。故泗山释《无妄》六二"不耕获，不菑畬，则利有攸往"曰：

　　　　六二中正应五，本自利往，然其体《震》也，惧以躁动滋扰，

————————

① 邹德溥：《易会》，《四库全书存目丛书·经部》（第13册），第675页。
② 邹德溥：《易会》，《四库全书存目丛书·经部》（第13册），第674页。

故告之曰："不耕获，不菑畬，则利有攸往。"二田位，《震》为禾稼，有耕获、菑畬象，故借以喻造作之意。夫人作止语默，本无非天，横起妄见谬思，若何耕始，若何获成，若何反草，若何易耨，揖揖焉，日凿其天，故动而见窒。若捐智巧，去雕琢，任天而动，行所无事，安往而不利哉！何者？本自无妄故。①

泗山认为，"人作止语默，本无非天"，故不要横生种种"妄见谬思"，从而"日凿其天"，若人"捐智巧，去雕琢"，一任自然而行，何往而非利？

但是，人依自然而行，并不是不用工夫。他释《坤·文言》"直，其正也；方，其外也。君子敬以直内，义以方外，敬义立而德不孤。直方大，不习无不利，则不疑其所行也"曰：

> 夫人内蕴私而外多变，故行常疑，直以方，则任天而行，何疑之与有？曰敬、曰义，然乃曰不习。微哉！知敬义之为不习，则知德矣。②

就是说，"敬以直内，义以方外"，是真正的任天而行，敬、义的工夫就是不习（即自然而然的工夫），这就是"戒惧之为率性"。故泗山释《乾·象》"终日乾乾，反复道也"曰："反复贴终日义，谓终日乾乾非他，只反复乎道而已。知戒惧之为率性，则知此旨矣。"③如此，泗山在此问题上，显然是受到了其祖邹守益"戒惧说"的影响，认为戒惧即自然（率性），自然是惧之功所至之自然，从而批评所谓的"宗自然"者。他说："今世觅解脱者宗自然，语及问学，辄曰此为法缚耳，顾不识人世种种规矩范围，有欲离之而不能安者，此从何来？愚以为离却戒慎恐惧而言者，非率性之旨也。"④

其实，泗山所谓的自然（天、性），就是道，就是《易》，而《易》即心《易》。他说："苟心之一无所住，则心即《易》，《易》

① 邹德溥：《易会》，《四库全书存目丛书·经部》（第13册），第675页。
② 邹德溥：《易会》，《四库全书存目丛书·经部》（第13册），第623页。
③ 邹德溥：《易会》，《四库全书存目丛书·经部》（第13册），第615页。
④ 邹德溥：《读耿先生纪雩篇题后》，《邹太史文集》卷五。

即心。"①"一无所住"之心，就是上引文所言的不起"妄见谬思""捐智巧，去雕琢"之心，此心就是《易》，就是道。如此，所谓"任天而行"就是"任心而行"，如泗山释《乾·文言》"乐则行之，忧则违之，确乎其不可拔，潜龙也"曰：

> 违，非指定出处言。惟其心之所乐，则行也，即世见谓非而名不在焉，弗避也；惟其心之所忧，则违之，即世见谓是而名不在焉，弗避也。故曰：确乎其不可拔也。兹其人盖超然与天游而不为法缚者，殆柱下、漆园之流与？②

就是说，潜龙不顾世俗所谓的名声，直任心之忧乐（即良知之心）而行，超然与天同游而不为一切所束缚。如此，即心即天，心《易》即自然之《易》。

泗山认为，一无所住之心即本体之心，本体上不可着一物，故主张破执扫相。他在释《易》中不时发此意。如《大畜》九二"舆说輹"曰："说（即脱）輹亦不独以仕进言，举一切盛心英气、意识见解而悉说（脱）之之谓也。"③就是说，要脱去一切挂碍。又如释《损》之《象》"山下有泽，损。君子以惩忿窒欲"曰：

> 夫人之累德者，莫如忿与欲；日损之而有余者，亦莫如忿与欲。是故君子务惩而窒之，然必究至于无可容吾忿，而后忿可惩也；究至于无可容吾欲，而后欲可窒也。忿从我起，我象不立，恶乎忿？欲从我动，我象不立，恶乎欲？语曰："射人先射马，擒贼先擒王。"必忿起而后惩，欲动而后窒，晚矣。④

此认为，我象也能不立，我象也要扫除。因为忿、欲皆从我而起或动，我象不立，心一无所住，则忿、欲无从着，如此才能真正地惩忿窒欲。

泗山又认为，一无所住之心，即无心之心、至寂之心，亦即天

---

① 邹德溥：《易会·自序》，《四库全书存目丛书·经部》（第13册），第611页。
② 邹德溥：《易会》，《四库全书存目丛书·经部》（第13册），第616页。
③ 邹德溥：《易会》，《四库全书存目丛书·经部》（第13册），第677页。
④ 邹德溥：《易会》，《四库全书存目丛书·经部》（第14册），第2页。

地之心。他释《复》之《象》"复其见天地之心乎"曰：

> 天地之心，至寂也，曷言乎寂？心普万物而无心者也，无
> 心之心，寂之至也。至寂之寂，非与动对者也，寂固寂也，动
> 亦寂也。然而可以察其真者，莫如寂，何者？以其未涉于动，
> 则不动之真，易窥也，故曰"复其见天地之心"。吾之心，即
> 天地之心；知天地之心，则知吾心矣。①

　　一无所住之心，就是不着任何物象而毫无挂碍之心，这就是无
心之心，一无所住才能无所不住，故能"心普万物而无心"。无心
之心，就是至寂之心，亦即天地之心。但"至寂之寂"不是与"动"
相对的"寂"，而是"寂固寂也，动亦寂也"，也就是说，它是超
越动静的本体之寂，即本体不管动时还是静时，都如如不动。只是
在寂时更容易窥见不动之本体（"不动之真"），所以在"复"时（至
静的时刻）"见天地之心"，其实"吾之心，即天地之心"，见天
地之心即见吾之心。

　　泗山不时阐发这种贯通动静的至寂之寂（本体之寂）或至寂之心。
他释《咸》卦曰："不曰感，而曰咸者，以其出于无心也。无心之感，
时乃真感。"②所谓"无心之感"，是"感而未尝感"，而本体之心
至寂。其此卦之释辞多发此意：

> 心不能无感，固也，然其体本寂，感而应，寂自如也。天
> 德出宁，性性物物，则终日感而未尝感。（此九四之释辞）
> 夫四之贞吉，终日感而未尝感也，终日思而未尝思也，无
> 为而能无不为，兹故足贵也。（此九五之释辞）
> 察于心之无容感也，夫故感而未尝感，此探本之学也。虑
> 感之为害而绝之，志末焉尔矣。（此九五《象》之释辞）③

　　又释《艮》卦，亦是发此意。释"《艮》，艮其背，不获其身，
行其庭，不见其人，无咎"曰：

① 邹德溥：《易会》，《四库全书存目丛书·经部》（第13册），第672页。
② 邹德溥：《易会》，《四库全书存目丛书·经部》（第13册），第688页。
③ 邹德溥：《易会》，《四库全书存目丛书·经部》（第13册），第689页。

　　夫艮，非兀然不动之谓，谓休心息虑，意见不作，不为动动，不为静静。此其道所以亨也。背，体之止也，学固有摄心于不动者，则艮背之象也。今夫人栖心于背，则念自息。当其时，视身若遗也，虽人行其庭，弗之见矣，于人我无交涉，故无咎。然而止之止也，非不止之止也。圣人以无所止为止，而贤者止于止，"亨"与"无咎"所繇异也。①

　　泗山认为，艮不是"兀然不动"，而是"休心息虑，意见不作，不为动动，不为静静"，即无心之止，至寂之寂——贯通动静的至寂之寂（或不止之止）。如此，艮其背，只是摄心于不动，即栖心于背，而念自息，故视身若遗、人我两忘。但这只是贤者的"止于止"（即兀然不动），还不是圣人的"无所止为止"（即贯通动静的不止之止）。对于后者，泗山在释《艮》之《彖》"艮，止也。时止则止，时行则行，动静不失其时，其道光明。艮其止，止其所也。上下敌应，不相与也。是以不获其身，行其庭不见其人，无咎也"时，进一步发挥曰：

　　夫所谓止者，非与行对。言之止，时止则止，我无心于止，止固止也；时行则行，我无心于行，行亦止也。动静不失其时，则其道光明，故曰亨，何者？道本无方所也，若所谓艮其背者，则止其所也；止其所，则一于止而已矣，恶能动静不失其时哉？彼其心一于背，即视身与背若不相涉，视人与己滋若不相涉，则上下敌应之象也。曾谓不相与而能有成乎？故可以无咎尔矣。②

　　其"所谓止者"，即"不止之止"，亦即贯通动静（或行止）的无心之止："时止则止，我无心于止，止固止也；时行则行，我无心于行，行亦止也。"无心于止，也无心于行，心无挂碍，心如如不动，这才是真"止"。如果只是"艮其背"，"止其所"，则"一于止"，即停在静境中不出。这是佛教的小乘境界（出世之境），非大止，"大止者，止于无所止；止于无所止，则时行时止"③，所谓"止于无所止"，就是不管动时、静时而心都如如不动，这是佛

---

① 邹德溥：《易会》，《四库全书存目丛书·经部》（第14册），第28页。
② 邹德溥：《易会》，《四库全书存目丛书·经部》（第14册），第28页。
③ 邹德溥：《易会》，《四库全书存目丛书·经部》（第14册），第29页。按：此释《艮》六四之辞。

教的大乘境界（超越出世入世的圆融之境）。只有无所止之止，才能与道为一，因为"道本无方所"。故一无所住之心，即《易》，即道，心、《易》、道一。

所谓三者合一，申言之，作为本体之心，即天地之心，是一种永恒的存在，"心普万物而无心"（即心通贯于天地万物而又无有动静之分）；《易》体即永恒的太极，太极产生了天地万物而又遍布于天地万物（包括人）；道也是永恒的本体（亦即太极），道无所不在（正如太极遍布于天地万物）。如此，会心，即会《易》，即会道，心、《易》、道一。这里还体现了泗山本体论上的有无圆融之境：心、《易》、道是永恒的实存，此为有；心一无所住，《易》体（即太极）或道无形无象，此为境界之无；心通贯于天地万物，《易》体（即太极）或道遍布万物、无所不在，此为有。这是泗山《易会》之精义。

总之，泗山之学接续了其兄德涵"以悟为宗"的思想——重悟良知本体，并走向了"三教合一"的发展方向，无论其阳明学思想，还是《易》学思想都体现了"三教合一"的特色，在思想脉络上与其祖父弟子朱叔相有一定程度的呼应，对邹氏家学甚至整个安福阳明学都有较大的突破。他（还包括王时槐、朱叔相、邹德涵等）对佛道（尤其是佛）思想的吸收、融合，体现了安福阳明学内部的多元性和开放性，是其中后期值得关注的发展方向。

第五节　邹德泳论

一、邹德泳的生平、学履

1. 生平概略 [①]

邹德泳（1556—1633），字汝圣，号泸水，又被人称为"纯道先生"，邹守益孙，邹美之子，邹德涵、德溥从弟，安福北乡澈源人。泸水幼而英敏绝人，出外就塾，其祖手书"弗畔于道"，以勉励之。九岁，父卒，居丧守礼，事母甚孝。十岁，当道建邹守益特祠，陪县令成释菜礼，县令奇之，曰："此子必以忠孝世其家。"在家从德溥学举业，又随其外出讲学，章潢奇之，告之曰："孺子宜勉力。"于是津津有味于圣贤之学。其叔邹善任湖广布政司右参政，跟随身边受教，邹善为其加冠礼，赐《汝圣字说》，勉以"涵泳圣涯"。隆庆六年（1572）成婚，婚后一个月，入青原山读书，从刘以中 [②] 攻举业，通《春秋》之旨。[③] 时耿定力以使事至青原，奇之，曰："此我辈人。"中举前，与伍惟善、刘孔当、谢应祥等12人在安福东山寺举办讲会，捧盘而盟曰："必毋竿公事，必毋干谒贵人之门。他日有不如约者绝之。终身当未第之先。" [④]

万历十年（1582）中举。十二年（1584），上疏言王阳明、陈献章应从祀孔庙。[⑤] 十四年（1586），中会试第五名，成进士，授行人。十六年（1588）秋，分典顺天乡试，取王锡爵之子王衡为第一。次年春，奉差出使居湖广常德之荣藩，谢绝藩王馈赠，移文长使官，

---

① 此部分主要据蔡懋德《明止议大夫刑部右侍郎泸水邹公墓志铭》（见《澈源邹氏七修族谱》卷八《状铭》）等资料而成，除特别引用处外，据此文不再加注，间据他文则注之。
② 刘以中，字时用，号克所，安福人。万历四年（1576）举人，与刘元卿等交好。
③ 邹德泳：《亡妻赠宜人，再赠恭人吴氏、张氏、两彭氏志略》，《湛源续集》卷三，崇祯五年刻本，第15页；邹德泳《刘诚所七十寿序》，《湛源续集》卷四，第44页。
④ 邹德泳：《伍在吾年兄八十寿文》，《湛源续集》卷四，第42页。
⑤ 《明神宗实录》卷一百五十五"万历十二年十一月"事。

验收而去。① 十九年（1591）八月，授云南道监察御史。② 不到三月，即上《国本疏》，请册立皇长子为太子③，未报。当时，内阁大臣申时行迎合上意，缓立太子，礼科给事中罗大纮上疏，论申时行迎合上意以稳固其权位，中书舍人黄正宾继之，均被削籍为民。泸水上疏，弹劾申时行、许国渎职，并申救罗、黄二人。神宗怒，后迫于舆论压力，将申、许二人免职。二十年（1592）正月，礼科都给事李献可上疏请求豫教元子，神宗怒。泸水、孟养浩等上疏申救，因此被削籍为民。④ 归途中，至吉安，见王时槐于螺川驿，时槐慰之曰："吾吉先辈率得道于林泉之下，子勉之。"⑤

归家后，闭门读书、事母，于母周恭人审色听声，进不敢先，退不敢后。万历二十二年（1594），当道因其母守节，表彰于乡里。泸水遵母命，以建坊金创办义仓，赡养亲族之无告者。又外出讲学，泸水归田三十多年，主要以讲学为业，致力于弘扬家学。二十五年（1597），开始于安福城西西林寺举办惜阴讲会，相订每年举会三次，为会三日；又主持东山讲会。⑥ 任白鹭洲书院山长，与吉安府同道究商心性之学。二十九年（1601），朱常洛被册立为太子，泸水也因之恢复了官籍、需用。三十一年（1603），在巡按察院吴达可、县令潘溶等的支持下，主持修复复古书院，并新建同德祠、过化祠、退省轩。次年落成，并举大会。又增置学田，续修《复古书院志》，整顿院规。泸水在复古值年三年，在其努力下，复古讲学之风再次雄起，与会者有时达千人之众。⑦ 四十三年（1615），门人德㵸、邓英赴会试前，大集同门于泸水之新居湛源（晚年泸水已迁居至西乡

---

① 邹德泳：《亡妻赠宜人，再赠恭人吴氏、张氏、两彭氏志略》，《湛源续集》卷三，第17页。
② 《明神宗实录》卷二百三十九"万历二十年八月"事。
③ 国本之争，是指明神宗时册立太子的历史事件。由于皇后无子，当时大臣认为应尽早立皇长子朱常洛为太子，而神宗宠爱郑贵妃，欲立其子朱常洵为太子，故不断推迟册立皇长子之事。为此，神宗与群臣之间展开了长达15年之久的斗争，许多大臣被贬斥、廷杖。直到万历二十九年（1601），年已20的朱常洛才册立为太子。邹德泳在这一事件中被贬为民。
④ 谷应泰：《明史纪事本末》（第三册），中华书局1977年版，第1063—1064页；蔡懋德：《明正议大夫刑部右侍郎泸水邹公墓志铭》，《澈源邹氏七修族谱》卷八《状铭》。
⑤ 邹德泳：《复古书院志序》，《湛源续集》卷二，第1页。
⑥ 邹德泳：《同门三大会引语》，《湛源续集》卷二，第12页。
⑦ 邹德泳：《复古书院志序》，《湛源续集》卷二，第1—2页；王时槐：《重修复古书院记》，《王时槐集》，钱明、程海霞编校，第125—126页；刘元卿：《复古书院续置田记》，《刘元卿集》，彭树欣编校，第232页；蔡懋德：《明正议大夫刑部右侍郎泸水邹公墓志铭》，《澈源邹氏七修族谱》卷八《状铭》。

山背村，湛源为其居所）举讲会。①自从西林主讲以来，泸水弟子日进，诸人士彬然丕变，其精神感召，善气熏蒸，人人皆以为亲己而乐就之，故惰者兴起，疑者信，滞者释，有莫知其然而然者。

泰昌元年（1620），诏起为尚宝司少卿。天启元年（1621），始应召，并上《圣学疏》，大要在望皇上"本天心以化成天下，辨危微，严精一，凛天命，畏民意"。七月，升尚宝司卿；八月，主持任河南乡试；十月，升太常寺少卿。②四年（1624）正月，升左通政；三月升太常寺卿，摄少卿事。③是年，熹宗亲临辟雍，泸水陈《列朝讲筵芳规八条》。当时魏忠贤柄政，泸水感到难以有作为，遂于五年（1625）乞休，最后以刑部右侍郎致仕。在朝期间，还上有录忠、振弊、重宝、开言路、收人心、条议祖制等六疏，熹宗无不敕令褒奖。当魏忠贤生祠议起，抚臣檄下江西，令官员捐金，泸水涂毁其募籍，并书"羞恶之心尚存，请君从此中辍"。八月，魏氏诏毁天下书院，而泸水仍朝夕聚同志于复古书院讲学，讨论不辍，且曰："有一日世界，应有吾党一日精神，撑持得去，果而雾扫云开，天日睹复。"④泸水处政治逆流中而不为所动，这正是君子人格的体现。崇祯元年（1628），为新皇帝献《治安疏》，娓娓数千言，无一不中时病、关主德。二年（1629），诏起重用，不赴任。三年（1630）夏，应江西学政副使陈懋德（即蔡懋德）之邀，赴金牛寺（在吉安郡城近郊）主持讲会。⑤

泸水晚年"涵养日粹，醇之又醇，优入道域"⑥。崇祯六年（1633）七月三日临终时，神志翛然、嗒然。有人曰："此时正靠学问主张者。"泸水笑曰："吾岂无主张者耶？"三拱手而逝。其笑对生死，坦然处之，可谓真正"优入道域"者。

其所著现存文献有《湛源续集》（9卷）、《邹德泳杂著》（包括《复古纪事》等12种13卷）、《泸水先生要语》（1卷），亡佚文献有《湛源集》《易林说疑》《学庸归旨》《复古志》《复古纯书》

① 邹德泳：《正草·湛源会纪》，《邹德泳杂著》，第1页。
② 《明熹宗实录》卷十二"天启元年七月"事，台湾"中央研究院历史语言所"校印本1962年版；邹德泳：《拟程河南试录序》，《湛源续集》卷一，第1页；《明熹宗实录》卷十五"天启元年十月"事。
③ 《明熹宗实录》卷三十八"天启四年正月"事；《明熹宗实录》卷四十"天启四年三月"事。
④ 邓英：《邹老师湛源续集序》，《湛源集》，第1页。
⑤ 邹德泳：《陈云怡公祖往回论学志》，《邹德泳杂著》，第10页。
⑥ 蔡懋德：《明正议大夫刑部右侍郎泸水邹公墓志铭》，《澈源邹氏七修族谱》卷八《状铭》。

《应求微旨》《三朝拜恩疏》《西林庭课》等。

2. 学思历程

关于泸水的学思历程，现存文献只偶有涉及，仅有二则资料。其一曰：

> 某（即泸水）因忆辛卯在京，病后，一梦见王文成、陈白沙二先生，语良久，而酌饮以水，水甚苦。文成先生曰："吾向者唯多饮此水，故学乃有明，尔能饮几许乎？"予曰："即百瓯甘之。"文成曰："壮哉！"复亲酌饮予，曰："孺子当如此！"①

辛卯，即万历十九年（1591），泸水在京城任职。泸水梦见王阳明、陈白沙（献章），可谓日有所思，夜有所梦，表明其向往阳明、白沙之学。梦中饮苦水，喻为学之艰苦，即须苦学，学才有成。泸水梦中以"即百瓯甘之"答阳明，说明其为求学之成，对苦学能甘之如饴。这表明泸水有向学之大志、大力。

另一则，是泸水晚年的自述，其曰：

> 予从事于此学四十年矣，参求颇苦。然而先辈所论，反于心而不合者，十有七八，则窃自愤恨，以为头颅如许，尚不自虚，不虚则不受，是终弃此生也。然孟子曰："人皆可为尧舜。"颜渊曰："有为者亦若是。"予奈何舍圣贤可信之语，而蚕自作茧乎？于是每坐必求，每夜必思，务求吾与圣人同处，又求吾不得与圣人同处。予生平喜独卧，年来，至鸡鸣必惺，更不敢用心于他。每就惺时，即一点灵明通天达地处，细求印对，而每有跃然，及起而追忆之，又遂兔不可求矣。如是者一年，每以为恨。忽一夕，梦有人告曰："尔何不披衣起坐，遂书之，便以此自证，年月日时，进益其可乎？"予因念帝出乎震，以一阳初动，而吾之鸡鸣必惺，正一阳震动之会也，周公坐以待旦，学在此矣。遂如其言，每披衣起坐书之，存以自证焉。②

---

① 邹德泳：《复古纪事·鬼神》，《邹德泳杂著》，第32页。
② 邹德泳：《平旦手录自序》，《邹德泳杂著》，第1页。

此自述也表明泸水为学之苦，但他能极力参求。刚开始时，对先辈所论，反求于心，而多所不合。于是舍先辈之语，从圣贤之言参求，每晚于静坐中思考，"务求吾与圣人同处，又求吾（为何）不得与圣人同处"。鸡鸣时醒来，进一步用心参求，感觉一点灵明通天达地，于是细求圣贤之言以印对，每每跃然有得。但起床后追忆之，又一时忘其所得。如是者一年。后梦中有人告之（其实是其自我意识之反省）：何不披衣起坐，趁热书写下来，并作为日后自证之资。于是开始将醒时所得记录下来，这就是《平旦录》（1卷）。此卷书大体反映了泸水的主要思想（尤其是对"格物说"独有深悟），是其重要的思想文献。

从上文看，泸水之学贵在自得。不过，从其学术思想的来源看，他主要师承乃祖邹守益，并受到叔父邹善、从兄德溥的一定影响。泸水自言曰："我先公（即守益）戒惧一脉，真圣学彻上彻下法门，更有何说？顾由今论之，夫亦先公之学也。"①蔡懋德曰："（泸水）家居者三十余年，修明家学，羽翼圣经，启迪后人者，道在万世。盖自王文成公倡绝学于千载之后，不数传而脱略、防闲者有之，独邹文庄（即守益）兢兢戒惧之传，久而无弊。至先生（即泸水）而笃实光辉，不尚口耳，不希玄妙，一本于心所自得。"②泸水自言和蔡氏之言，大体道出了其学术来源和学术精神。泸水可谓安福阳明学的殿军，其卒（1633）后，安福阳明学已无重要人物，在思想上不再有发展，作为一种思想运动或一个地域学派从此几乎落下了帷幕，不再有较大的声响（当然，泸水卒后以及清代仍有阳明学活动，其学仍在传承，但不再出现有影响的重要人物）。

二、邹德泳的主要哲学思想

1. 对阳明后学之弊的批评

阳明学发展到后期，产生了种种弊端。作为后期的阳明学者，泸水对此深有体会，洞若观火。他主要对"无善无恶"说和谈悟、求悟而脱离实修不满，并提出严厉的批评，而其本体论和工夫论大

① 邹德泳：《同门三大会引语》，《湛源续集》卷二，第12页。
② 蔡懋德：《明正议大夫刑部右侍郎泸水邹公墓志铭》，《澈源邹氏七修族谱》卷八《状铭》。

抵是针对此二弊而建立的。这两种弊端，又往往交织在一起。泸水曰：

> 盖源清流洁，根固干坚，自然之理也。而论者高谈"无善无恶"，究之不得其说，又从而帮之曰"无善无恶，乃为至善"。今学士大夫且盛言之。盖阴已窜为释民之余裔，而阳不敢显为吾儒之叛臣。愚尝穷之，亦有其说。盖吾儒之论，曰庸德庸言耳，曰居仁由义耳，曰学不厌、诲不倦耳。虽夫人终身由之，不尽其理，而要以敷衍谈说，味头有尽。而一二才识出众之辈，又欲尽驾世间贤豪而笼之，故其说不得不出于此。必如此论，而后纵横拈弄，影响喝捧，足以骇人心胸，快人听闻；而日新日奇，总做不了义谛。故理道无穷，而驳辨亦无穷。能下一转语者，便为见性；能发一疑端者，便谓进机。慧者倡之，徇幻者借之，而瞀者亦妄祈向之，所以其说炽于天下。①

泸水认为，到了晚明，有些学者（主要是阳明后学者）倡言"无善无恶"，以及"无善无恶，乃为至善"之说，已经窜入佛禅思想和禅宗"影响喝捧"之机锋。于是学风演变为谈悟、谈禅之风，如"能下一转语者，便为见性；能发一疑端者，便谓进机"。儒家之学较为平实，其玄学思辨色彩显然不如佛禅，晚明许多学者舍儒向佛，但又"阳不敢显为吾儒之叛臣"，于是借"无善无恶"之说，混合儒佛。在泸水看来，此实质已是"吾儒之叛臣"而为"释民之余裔"，"其说炽于天下"，为害不小。下面为论述的方便，再分而论之。

其一，对"无善无恶"说的批评。"无善无恶"说来自阳明四句教的第一句"无善无恶是心之体"②，"无善无恶，乃为至善"则源于阳明的"无善无恶者，理之静；有善有恶者，气之动。不动于气，即无善无恶，是谓至善"③。前者从本体上说，后者是从工夫上说。陈来认为，阳明的"无善无恶"说，不是否定伦理的善恶之分，而是讨论一个与社会道德伦理不同面向的问题，指心本来具有纯粹的无执性，指心的这种对任何东西都不执着的本然状态是人实现理想

---

① 邹德泳：《正草·寄讯东林社》，《邹德泳杂著》，第38—39页。
② 王阳明撰，邓艾民注：《传习录注疏》，第257页。
③ 王阳明撰，邓艾民注：《传习录注疏》，66页。

的自在境界的内在根据。① 换句话说，阳明是从境界论来论心体的无滞性（即心不着善恶）。但是后来的学者大多误解了阳明之本意，多从存有论和道德论来理解这一命题，包括赞同者和反对者大都从这一角度来讨论之。如果从存有论和道德论来理解心体的"无善无恶"，是指心体（即性）中无有善，也无有恶，即无道德性或伦理性，这样就从本体上通向了佛教的"空"和道家的"无"，成为"释（包括道）氏之余裔"，这样就消解了儒学的道德性或伦理性。

泸水正是从这一视角来批评"无善无恶"说。他说：

> 孟子言性，只说得恻隐、羞恶、辞让、是非。而今必欲求一个未发以前，求太极以上，又求一寂然不动之体，又求一无善无恶为至善之体，曾不思戒慎恐惧，即已属人生以后。即《易》言洗心退密，亦既有心矣，有洗之、退之者矣；周子言"定之以中正仁义而主静，以立人极"，亦既有中正仁义矣，有定之、主之、立之者矣。今一概抹煞，而以为另有一层主脑在上。此不过为无声无臭、混沌一层，即今朝夕讲究，万分明畅，于学何益？②

泸水认为，本体之性就在四端之情中，体用是合一的，此性是善的（第二小节再论）。如果再求一个超越的未发的本体或"无善无恶为至善之体"，以为另有一个本体在上主宰，这样就消解了人的道德性，也割断了与生活世界的联系。因为无有善恶的本体是无法发出道德行为的，况且高高在上，更无法与道德行为直接发生联系。所以，即使朝夕讲说，万分明畅，于学（即道德之学）也是无益的。泸水认为，佛道的"空""无"说及"无善无恶"说，对世道人心有很大的破坏性。他说：

> 何世之谈空说无者之纷纷也？盖其说始于何晏、王衍诸人，以为天地万物，皆以无为本；无也者，开物成务，无往不存者也，故无之为用，无爵而贵。而朝廷士大夫相率祖尚，弛废职业，

---

① 陈来：《有无之境：王阳明哲学的精神》，第197页。
② 邹德泳：《平旦录·中和》，《邹德泳杂著》，第7—8页。

遂成浮诞之俗，流祸至今。又其甚者，艳心天竺之说，以为山河大地，无往非空，一切罪福，并涉浮幻，尽举修证而弁髦之。①

就是说，道家"无"和佛教"空"说之弊端，从根本（即本体）上否定人的一切善恶道德行为，从而产生了很大的社会危害。而"无善无恶"说从理论上与佛道之"空""无"说接近，也必然会导致这样的结果。当然，泸水的批评是对阳明的误解，但如果阳明后学中持"无善无恶"说者是从存有论和道德论来理解，那么泸水的批评就是有道理的。

其二，对谈悟、求悟而脱离日用实修的批评。泸水认为，当时安福学子已染上谈悟之风，他说：

> 盖吾邑讲学日久，剽窃成套。登坛说法者，率鄙薄学究之常谈；望风归往者，竞参辨宗下之超悟。以谈吐为妙诣，以想象为真功，即在班行坐列，而心已不胜其驰逐恍惚，况能有求于身心实际者乎？②

就是说，这种谈悟只是驰骋于口说和想象，无益于身心修养。泸水认为，"圣人日日提学，时时提习"，"决不似今时谈者，口口说悟：今日曰默识本来，明日曰洞彻本体；今日性体无边际，明日曰无善无恶乃为至善；今日曰悟即是修，明日曰真修乃为真悟"③。即这种谈悟之风远离了真正的儒家圣学。泸水对此提出严厉的批评，曰"不肖直不与悟者"，"此不肖所深耻"。④

这种空谈悟，使学者恍惚茫荡，不得要领，导致他们去空悟本体而不知实修。泸水曰："世之言求心者，只管去方寸把捉，劳苦无济。其过求者，又只管去耽空守寂，而民物庶务，漠然不相照。"⑤就是说，将悟当作就心体上去把捉，从而耽空守寂，而脱离日用实际。其本质就是追求一个抽象的、隔离的本体。泸水曰：

---

① 邹德泳：《三读易·易三原教》，《邹德泳杂著》，第10页。
② 邹德泳：《复古振玩录·敦行篇》，第7页。
③ 邹德泳：《又（柬周省予州守）》，《湛源续集》卷九，第42—43页。
④ 邹德泳：《又（柬周省予州守）》，《湛源续集》卷九，第42、43页。
⑤ 邹德泳：《正草·答问纪》，《邹德泳杂著》，第13页。

此学原无分寂感，无分巨细，只一良知通天达地，出幽入明；
而彼所谓寻未发气象，便已分寂分感，照得一边，却不免遗下
一边……若使偏寻未发气象，终日闭坐，只好成一痴汉，岂能
成经世大儒？亦岂得为大人之学耶？①

所谓"偏寻未发气象，终日闭坐"，其实就是追求一个抽象的、
隔离的本体，从而割裂了体用，遗弃了日用伦常，而不是如致良知
打通了体用。泸水认为，这种本体其实是不存在的，即不存在这样
一个挂空的本体。他说：

《中庸》言未发之谓中，即云发皆中节之谓和，未尝曰已发，
则知未发之中，即在发而中节之和，所以"致中和"三字紧联不分。
盖尝妄论之：太极生两仪，除却两仪，太极安在？就如混沌未
发以前，只好作一句理话，若使可分截而言时候，愚不知此际
太极想甚？就是人未生以前，亦只好作一句理话，若使可分截
而言时候，又不知此际太极想甚？②

泸水认为，未发的本体就在已发的用中，太极（体）就在两仪
（用）中，并不存在一个超越的、挂空的本体。如果有这种本体的话，
也只是一种语言或思维上的存在，并不是一种实存。如果要去悟这
样一个本体，只能是水中追月。

泸水认为，这种学风的形成主要是阳明学大家立说之偏造成的。
他说："近世每提'悟'字，而学者恍惚茫荡，卒不得其要领归宿之实。
则近年大宗师立的之偏，而不可尽为后进罪也。"③这里所谓"大宗师"，
似乎是指王时槐，因为他主张"以透性为宗"，尤其强调证悟本体，
但其证悟本体是悟修双融、贯通体用的，其本身的理论体系并无偏颇，
不过后学者理解或用功一偏，就会导致上述谈悟、求悟之弊端。此外，
其二从兄邹德涵、德溥也重悟，但也是有悟有修，二者兼顾，只是
如果一偏（偏悟）就会出问题。正是因为泸水看到了谈悟、求悟之弊，
所以他未走其二从兄之路。

---

① 邹德泳：《陈云怡公祖往回论学志·答陈公祖书第五条》，《邹德泳杂著》，第19页。
② 邹德泳：《平旦录·中和》，《邹德泳杂著》，第7页。
③ 邹德泳：《又（柬周省予州守）》，《湛源续集》卷九，第44页。

2. 本体论：性善论

泸水从存有论和道德论的角度批评"无善无恶"说，这使他主张性善论。性善论是其整个哲学思想体系的根基。从其思想的来源说，主要根于孟子的性善论以及《周易》《大学》的相关之论。泸水曰：

> 吾侪今日讲学，须只得从孟子"性善"二字寻究，何也？《易》言："一阴一阳之谓道，继之者善也，成之者性也。"又《大学》言"至善"，孟子"道性善"。盖所谓性学之祖也。①

同时，他融合了阳明的良知学，将性与良知打通。这与明末清初大儒陈确的性善论颇有相通之处。泸水性善论大体包括如下四个方面的内容：

（1）性与善性

泸水认为，天地万物（包括人）根源于性，皆具有性，性是天地万物存有的根基，此性是至善的。他说：

> 夫天地与人，一性也。阴阳变化，动静互根，而其中妙合浑沦、不容思议者，则三才之所自始，而强名之为性者也。是性也，蒙乎其未有色，芒乎其未有象，寐乎其未有朕，渺乎其未有兆，总乾坤之德，成阖辟之能，鼓大生之造，神各足之分，岂非天下之至善至善者欤？是故明于此体，即不必别有增设，而神而明之，默而成之，即尧舜在我，我即尧舜，岂有人而不可尧舜者哉？②

泸水认为，在宇宙的阴阳变化中，有一个"妙合浑沦、不容思议"的本体，这个本体无象、无朕、无兆，但又总具宇宙的本质，具有无限的能量，能创生万物，使万物各得其分，强名之就是性。天地（包括万物）与人，都始于性，都具有性，性是天地人三才存在的根源、根基。此性显然是宇宙论和存有论意义的性，而泸水又将性的创造性、生成性，视为具有道德论意义，即将宇宙论和存有论意义的性暗转

---

① 邹德泳：《平旦录·性善》，《邹德泳杂著》，第8页。
② 邹德泳：《论言必称尧舜》，《湛源续集》卷一，第9页。

为道德论意义的性，故称此性为"至善至善"，而人明白此性（"此体"），依此修养（"神而明之，默而成之"），就能成为圣人（尧舜）。

泸水认为性（本体）具有至善性，但并不意味天地万物具有道德性，其道德性只能是一种潜藏状态，唯有人最灵，才能开启此道德性。所以泸水认为，人独得此善性。他说：

> 吾辈但虚心研究其所以灵于万物，毕竟有个什么道理在形色之中而莫得其朕。《诗》曰："天生蒸民，有物有则。"孟子指出仁义礼智，非外铄我，而特于恻隐、羞恶、辞让、是非露其端倪。此恻隐、羞恶、辞让、是非，皆卒然感之，而不容不然者，故曰性善也。人于万物之中，独得此善根，以生于世，以秀出乎万物，其所当珍重何如？故人能由此四端，察所从出之善根，保任不失，浑然本心，用事而不令自私用智参和其间，则天以此予我，我以此完天，一息可以千古。①

泸水认为，人之所以灵于万物者，在于人独得了宇宙之善根（即善性）。也就是说，唯有人才能开启宇宙之善性，实现此善性，此善性是从恻隐、羞恶、辞让、是非四端之心（亦即情）开启的，即从此四端之心（情）中才能见此善性（善根）。泸水又认为，此善性是人人具备的。他说："此性之善，不以圣贤而有，不以庸众而无，不以帝王而丰，不以韦布而啬，不以隆古而加，不以衰季而损，一焉而已。"②从性之本原看，每个人都是尧舜，都具有善性。因此，唯有人体现了宇宙之性，打通了天地万物之性，故泸水曰"彼尧舜者，即天地之性即我之性，即我之性即宇宙民物之性"③。

综上所述，泸水所言之"性"就是善性或至善之性，用"体"的概念来表达就是性体，性体即善体或至善之体。

（2）性与情

从宇宙论或存有论的角度看，性是无所不在的，"所谓性地泱

---

① 邹德泳：《正草·答问纪》，《邹德泳杂著》，第15页。
② 邹德泳：《论言必称尧舜》，《湛源续集》卷一，第10—11页。
③ 邹德泳：《论言必称尧舜》，《湛源续集》卷一，第11页。

满宇宙，此亦其一观矣"①，而性落于人，发用于心，显现为情。在泸水看来，性与情是不能截然分开的，是一体的，并不存在一个独立存在的隔离的、超越的实体。他说：

> 若子思天命一层，与周子太极一论，总皆论其原（源）头之理耳。故知天命一层原不管事，即子思亦从发皆中节之和，照看出未发之中；孟子虽道性善，然亦以情可以为善，照看出性善。故知性体一层，只是论理。而近世儒者，常说性无边际，善体亦无边际，究竟与日用学问无相干涉。②

泸水认为，子思的天命之性、周敦颐的太极，是从性的源头说，是从理上说，所谓"性体"只是理（理论或思维）上的存在，并不是一个单独实存的本体，故没有功能（即"原不管事"）。这显然与他从存有论论性不同，从存有论看，性体具有创生一切的能力，是具有功能的。这说明其理论仍有不圆融处。在他看来，性只能实存于情中，即从已发之情中照看出未发之性，从可以为善的情中照看出善性。所以，性必发之于情，否则只是一个理上的存在。泸水曰："《中庸》以未发之中言性，而冠之以喜怒哀乐；孟子言性善，而必发于恻隐、羞恶、辞让、是非之端。则知曰性曰情，虽各立名，而无分段。故知莫见莫显，亦无非不睹不闻。"③就是说，未发之性必发之于喜怒哀乐之情，性善必发之于恻隐、羞恶、辞让、是非之情，所以"莫见莫显"之情就是"不睹不闻"之性，性与情虽各立名，实则不能分开（"无分段"）。泸水甚至认为，情就是性。他说："至善虽云性体，而既丽于人，则既有活动虚员之用矣。此活动虚员即性也。"④就是说，至善之性体落于人，不是成为一个死体，而是必然发为"活动虚员之用"（即情之用），而此情、此用就是性。又说：

> 善而日"继"，有一脉系续之义，而又曰"成之者性"，言成此善之一脉者性也。此直从人天将分未分之际，绲缊变化，

---

① 邹德泳：《正草·湛源会纪》，《邹德泳杂著》，第1页。
② 邹德泳：《平旦录·性善》，《邹德泳杂著》，第12页。
③ 邹德泳：《正草·湛源会纪》，《邹德泳杂著》，第2页。
④ 邹德泳：《平旦录·学道成痼》，《邹德泳杂著》，第19页。

隐隐跃跃，自然一段不容已生机而为言也，故曰中、曰独，皆无与为对之名也，此至善也。①

泸水认为，"从人天（即后天、先天）将分未分之际"发出的最初的情感，是不容自已冲创而出的，此情是绝对的、纯善无恶的，此情就是性；或者说，不断完成的一脉相续之情就是性或性体。

因此，泸水主张从已发之情中去见未发之性。他说：

> 夫人自有生以后，孰无喜怒哀乐？既云喜怒哀乐，又可以言未发否？子思子揭此一段，则又就游鱼吸水，可指而见者言也；又就木犀飘香，可把而闻者言也。欲人从喜怒哀乐究及本体也，故曰："喜怒哀乐之未发谓之中，发而皆中节谓之和。"欲人从发之中节处，而得未发之中也，故曰："中也者，天下之大本也；和也者，天下之达道也。"②

泸水认为，每个人自生以后，都有喜怒哀乐之情，这是显而易见、易闻的，如游鱼吸水，如木犀飘香，而性是难以见闻的。如此，只有从喜怒哀乐之情中究及本体（性），或从已发之中节处（情）中得未发之中（性）。这也是为什么泸水极力反对空悟一个超越一切的本体。但是，当性未发情时，性是否就不存在呢？泸水说，"当其未发，而喜怒哀乐之作用何尝不具？安得不谓之大本？"③就是说，当性未发为情时，喜怒哀乐之情仍在，情在，性当然亦在，只是处于沉寂状态，不然何以谓之天下之大本？不过，当情未呈现时，难以求见性，只有在情呈现时，才能实见性。

泸水虽云情就是性，但显然不是指所有的情都是性，而是指中和之情、正面之情才是性，人还有不中不和之情、负面之情，所以他提出将情收归于性。他说：

> 情而归之于性，则浑全天德用事。将有推之上下、前后、左右无不咸宜，家国天下尤不曲当；极之于礼乐、刑政、制度、

---

① 邹德泳：《平旦录·继善成性》，《邹德泳杂著》，第8页。
② 邹德泳：《邹司寇先生泮宫讲义·天命之谓性》，《邹德泳杂著》，第5—6页。
③ 邹德泳：《邹司寇先生泮宫讲义·天命之谓性》，《邹德泳杂著》，第6页。

文为，以及鬼神、祭享无不悉中其肯綮，安得不谓之达道？至于发皆中节，不失未发之体，大本达道，一以贯之，则为致中和矣。①

所谓"情而归之于性"，就是将所有情收归于性，即情之发指向至善之性，发皆中节而不偏，消除负面的情绪；如果时时刻刻、在在处处，所有情之发都合乎至善之性，如此情与性完全合一，情之发就是性之用，所谓"浑全天德（即至善之性）用事"。如果情彻底收归于性，当然所有行为无不恰当，即"有推之上下、前后、左右无不咸宜，家国天下无不曲当；极之于礼乐、刑政、制度、文为，以及鬼神、祭享无不悉中其肯綮"。情收归于性，当然是"发皆中节，不失未发之体"，体（大本）用（达道）一贯，或性情一如，这就是致中和。

（3）性与良知

泸水吸收阳明的良知学，将其融入其性善论中。首先，他认为良知是性的发用者，同于孟子的赤子之心、四端之心（情）。他说：

人生本具灵明性体，无所不晓，无所不通，无所不贯。试想一件便有一件摆布，思一事便有一事发落。此乃是灵明之性旁溢泛注，盖从赤子生下，知笑知言，即已完完全全具足。……《易》言"乾知大始"，子言"知德"，《大学》言"致知"，未有不从知发露者。而阳明先生见人徒以伶俐通晓谩任为知，至于以容悦事君，以沽誉欺世，以巧宦当官，以变械奢人，以为"知"之一字，贻误后学不浅。故特从不虑不学而知爱知敬者提出，言之而加一"良"字，盖曰"大人者，不失其赤子之心者也"。此与孟氏提乎见呼蹴、觉悟后学同旨。②

泸水认为，每个人生来就具有善体（"灵明性体"），完全具足，并能够发用（"旁溢泛注"）。此从何处发用（发露）？从知上发用。但有人视世俗巧知为真正的"知"，故阳明特从孟子"人之所不学

① 邹德泳：《邹司寇先生洋宫讲义·天命之谓性》，《邹德泳杂著》，第6页。
② 邹德泳：《壬申七月初三日密菉幄记》，《湛源续集》卷二，第24—25页。

而能者，其良能也；所不虑而知者，其良知也。孩提之童，无不知爱其亲者；及其长，无不敬其兄也"（《孟子·尽心上》）中提炼出"良知"，即在"知"上加一"良"字，表明良知才是真正的"知"。所以此良知，就是孟子所言的赤子之心、四端之心（情），即性之发用者。泸水又说：

> 《中庸》以未发之中言性，而冠之以喜怒哀乐；孟子言性善，而必发于恻隐、羞恶、辞让、是非之端。则知曰性曰情，虽各立名，而无分段。故知莫见莫显，亦无非不睹不闻……阳明先生洞见此旨，特提致知，而又恐人以意识为知，特点出一"良"字。盖以性为统理，而知则其灵明发端处。①

泸水视情为性之发用，情就是性，同时又认为阳明的良知亦即性之发用，即性只是从总体之理而言，而良知则是表现于性之灵明的发端处。也就是说，泸水已将阳明的良知等同于孟子的四端之心（情），而把良知作为性之发用，使人在本体和工夫上更容易把握，故曰"从良觅知，则知不离根（即善根、善性）；从致完良，则功不后时"②。

其次，顺着良知就是情（四端之心），情就是性的思路，那么良知就是性（性体）。泸水曰：

> 《易》曰："乾以易知。"盖自天地生人以来，即以此知赋人，原自灵明，原自平易，如孩童合下便知爱亲，稍长便知敬兄，即阳明夫子所示良知之指，是乾体也。③

泸水认为，良知就是爱亲敬兄之情，这就是性体（乾体）。泸水又曰"几希之发窍不外良知……良知即天命之性"④，亦是此意。这是从用上说：良知即性（性体）。这也就承认了良知现成说，即认为当下良知就是本体。泸水又认为，性（性体）即良知，这是从

---

① 邹德泳：《正草·湛源会纪》，《邹德泳杂著》，第2页。
② 邹德泳：《正草·湛源会纪》，《邹德泳杂著》，第2页。
③ 邹德泳：《赠李东起弟赴郴州卷》，《湛源续集》卷五，第14页。
④ 邹德泳：《壬申七月初三日密篆幄记》，《湛源续集》卷二，第26页。

体上说。他说："愚谓《中庸》'率性之谓道'，性即良知也，圣
人只是率性而已。良知无时不照，便是率性，便是与道为体。"① 就
是说，性就是良知，率性就是致良知，如此性（性体）、良知为一体，
亦即道体。于是性与良知是完全合一的，是即体即用的，良知是性（至
善之性）的最好表达者。这跟情与性的关系有所区别，因为情与性
的完全合一必须通过工夫才能达到，即将情收归于性，发皆中节
而无负面之情，此时才能完全合一；而良知与性则本来就是完全合
一的。

（4）性与欲

既然相信性体本善或至善，就必须面临欲（欲望）从何来以及
性与欲的关系的问题。首先，泸水认为欲是因后天之杂染而起的，
并不是先天本体所具有的。他说：

> 吾人所以日憧憧扰扰于嗜欲之场，纷纶而不自已者，岂无
> 固植于中而为之根者乎？盖声色货利，各随其窍入之，因以其
> 窍为托根之地，而蟠结牢固，坚不可拔。②

就是说，我们日日浸染于嗜欲之场中，欲望因此就进入我们的
色身之中，以七窍作为托根之地，于是"蟠结牢固，坚不可拔"。
但是，色身并不具有本体性，色身是空幻，故欲亦不具有本体性，
亦是空幻。泸水曰：

> 虽然，去根当如之何？夫凌空不可以着力，无其借也；天
> 籁莫知其所始，靡所缘也。今夫根之云者，唯有地可着也。地
> 之下不存，根于何有？色入视而后有目，吾乌知夫目之不与色
> 俱空也？声入听而后有耳，吾乌知夫耳之不与声俱幻也？推是，
> 皆无可有耳，而奈何执形体以为真乎？形体之为真，则视听言
> 动之用，宜无自主者。……然则视此形体以为真，而必唯其欲
> 之徇焉，又惑之惑矣！③

---

① 邹德泳：《陈云怡公祖往回论学志·答陈公祖书第一条》，《邹德泳杂著》，第16页。
② 邹德泳：《复古纪事·说去根法》，《邹德泳杂著》，第30页。
③ 邹德泳：《复古纪事·说去根法》，《邹德泳杂著》，第31页。

泸水认为，欲根依色身而存在，但色身从本体而言，是空、是幻，并不具有本真性（即本体性），如视色身为空，那么欲亦即空。这当然是接受了佛教的观点。① 但如果将色身作为生命的本体，那么必然就是唯其欲是徇，必然嗜欲流行。

其次，在泸水看来，性（至善之性）才是生命的本体，但是如果性体被遮蔽，人欲就出现，喧宾夺主，而性体便不能主宰生命。在泸水这里，天理（性）、人欲是绝然对立的。他说：

> 吾人本来性体，洁洁净净，原无不新，唯妖氛蔽天，岚雾翳日，尘情纷扰，而性体遂不用事。是爱心不如爱身也。②

> 人受天地灵明之秉以生，生下炯然，便自有不容昧者。如孩提落地，便知有啼叫，便知有温湿，渐次便有嬉笑，便有认识，此即其不容昧之秉也。从此保任，自然便是常明之体，所谓大人者，不失其赤子之心也。而无奈知识渐启，遂至昏蔽。如天体何等清明，一为云霾所掩，遂至黯惨；明镜一翳于尘，便无妍媸。故一失其明德，而学问遂无头脑矣。③

泸水认为，性体本来洁净，是至善的，人正是受此灵明之体（性体）以生。这才是人的生命的本体，是生命的真正主宰者。但是人"知识（指世俗之巧知）渐启"，又浸染于嗜欲之场中，渐渐遮蔽了至善之本体。本体一旦被遮蔽，那么就是"云霾所掩""尘情纷扰"（云霾、尘情都比喻欲望），就不能真正作主，即所谓"性体遂不用事"或"学问遂无头脑"。因此，性与欲是绝然对立的。泸水曰："夫人有性即有情，而徇情必至于违性。"④ 此处的情是指负面之情，即欲，徇欲即违性。从本体论而言，性是主，欲是客；性是先天的，欲是后天的。这大体是继承了程朱以来关于天理、人欲对立的基本看法。

---

① 但是，泸水的思想似乎也有内在的矛盾，因为性依情而在，或性情一体，情必然要在色身（如形色睹闻）上表现出来，所谓"形色即天性"，如此就不能完全空掉色身，只能转化色身，使色身为性所主宰。其原因在于泸水未能将佛教和儒家的思想有机地融合在一起。
② 邹德泳：《正草·示李生》，《邹德泳杂著》，第33页。
③ 邹德泳：《邹司寇先生泮宫讲义·大学之道》，《邹德泳杂著》，第1页。
④ 邹德泳：《邹司寇先生泮宫讲义·天命之谓性》，《邹德泳杂著》，第4页。

3. 工夫论

泸水非常重视工夫，关于工夫的指点处甚多，大致是在先儒尤其是先秦儒家言论的基础上，依自己的思想体系融合阳明学而成。大体而言，其工夫论较为平实，坚守纯正的儒家立场，风格较为接近乃祖邹守益，并接受了后者的某些思想（如"戒惧说"）。其工夫论的重要者，主要包括如下几个方面的内容：

（1）日用工夫说

泸水反对阳明后学中谈悟论玄、空悟本体而不着实地的不良学风，因此主张从日用伦常处下工夫。他说："如近时诸公性命之谈，自谓高玄，乃透晰如王（即王衍）、何（即何晏），竟亦安在？唯是未死一身，日用伦物，不可断离，就中而求其得味，不厌不倦，应酬其间，倘亦孔孟悯教万世之宗旨乎？"① 就是说，空谈性命之学无益，不如时时从日用伦物处着手，即用日用工夫，从中求得真味。泸水又曰：

> 夫旦旦菽粟，见肥甘而指必动；岁岁布帛，睹绮縠而意必摇。此人之情也。今夫人，理之常，本千万年不可易之经也，味之则不过家常茶饭，听之则不过絮答常谈。于是有一二好异者，一切空之，以号于人曰："吾将使汝饫于至味，而体被至采乎！"而人之入于其说者，进得任情徇己之便，退鲜绳尺规矩之束；前有幻妄可往之涂，后无百年顾忌之心。嗟乎！又何怪乎不移而趋之彼也？夫天下之势，惟无至于好异而失常；如使至于好异而失常，则天下大乱。故吾人之学，亦唯是兢兢据其常说而守之：喜怒哀乐，日点检焉，而不敢厌以为迹；子臣弟友，日黾勉焉，而不敢厌以为庸；视听言动，日收摄焉，而不敢厌以为粗；恻隐、羞恶、辞让、是非，日充拓焉，而不敢厌以为浅。天下有能深参而密研者，则无迹非心，无庸非至，无粗浅非神奇。即不能，然而人与人相安，家与家相宜，道亦未尝不在焉。②

泸水认为，人之常情，往往是好异而厌常，佛道之言往往是"异"，

---

① 邹德泳：《又（柬曾养全年兄）》，《湛源续集》卷九，第47页。
② 邹德泳：《复古纪事·道不远》，《邹德泳杂著》，第14—15页。

而儒家之言往往是"常",故人多好佛道之"异",而厌儒家之"常"。然天下之道,常道才是长久的,好异而失常,则必至天下大乱。所以泸水主张据守日用常道,从日用伦常处着功,如"喜怒哀乐,日点检焉","子臣弟友,日黾勉焉","视听言动,日收摄焉","恻隐、羞恶、辞让、是非,日充拓焉",并从日用工夫中体悟本体("深参而密研之"),如此在庸常、粗浅中可见至玄、神奇,即使不能做到这样,也能"人与人相安,家与家相宜,道亦未尝不在"。

泸水这一工夫论的核心思想,就是在日用工夫中就能见道(本体),不必另求本体。这也就是泰州学派主张的"百姓日用即道",但其所依据的思想来源没有直接指向泰州学派,而是主要远溯孔子的下学上达、孟子的扩充善端以及程颢的"洒扫应对便是形而上者",泸水依此三者阐释其日用工夫说。对于此三者,他发挥说:

> 盖夫子常叹"知我其天",而其自信处,但曰"下学而上达"。今试思学者何事?达者何物?何上非下?何下非上?是故颜子得之博约,可以见卓尔;曾氏得之忠恕,可以透一贯。学则为日用饮食之常,达则同天地万物之体。盖惟不学则不知达,不达又不知其所以学。善乎程氏之言曰:从洒扫应对,便可到圣人地。特在人信而察之耳已。[1]
>
> 昔儒云:"洒扫应对便是形而上者。"故当下得力,即是彼岸。教云:"每际拂郁,便能转念。"豁然若真正本体透朗,能于发几去处照而消之。推之他念,无不皆然。则圣学更有遗蕴,而又何彼岸之羡也?……至于见事不平,辄见声色,此即乍见怵惕、呼蹴弗受本心。若便从悔处照而融之,即孟氏所谓扩充善端之学,又何嫌焉?[2]

泸水认为,孔子虽有"知我其天"之叹,叹无人理解其性天之学,但其工夫的下手处,则是下学,下学就是从日用饮食之常处着手,而下学可上达天德(本体),贯通天地万物为一体。弟子中唯颜回和曾子得其真传,颜回从"博我以文,约我以礼"之日用常功中恍

---

① 邹德泳:《论语四大章解小叙》,《湛源续集》卷四,第14页。
② 邹德泳:《柬胡居兰》,《湛源续集》卷九,第20—21页。

然见"卓尔"之性，曾子则从平常的忠恕之道中透"一贯"之旨。孟子从四端之心（情）开始着功，引文"乍见怵惕"是恻隐之心，"呼蹴弗受"是羞恶之心（此外还有辞让之心、是非之心），扩充此四端之心，就能彻透本体，如此即心（情）即性，体用一贯。程颢所谓"洒扫应对，便是形而上者"，则可谓对孔孟之言的简要总括，即当下的"洒扫应对"得力，就能直接体证形上之性（本体），便到圣人境界。其实这种日用之功，在泸水看来，就是阳明的致良知。他说："今夫挟山超海，自是世间所不能勉强之事，即语人以易，而谁则信之？若以吾生来本等之知，随事顺应，何等平易。"[1] 也就是说，所谓日用之功，不过是依良知（"生来本等之知"）在日常生活中随事顺应而已。

所以，泸水劝学者不必谈高慕远，从当下日用处用功即可。他说：

> 弟（即泸水自称）正谓学者不必谈高慕远，但就近茶饭，便足翊举，所谓"神而明之，存乎其人；默而成之，存乎德行"。吾人一日十二时中，果无息非，心体流贯，则动容周旋，自然中礼经德，自然不回言语，自然必信，而一反即性，更何分别？特是工夫不能纯密，而精神稍放，仅同日月之至。所以古人恂栗、缉熙无间断，所难及者，正在此耳。[2]

泸水认为，日用工夫的下手并不难，只要一日十二时辰无非分之想，时时依四端之心或良知而行，心体流贯，自然言行自如而合乎道德。难的只是工夫不能纯密，不能时时无间断。

（2）时习与日新说

上文已述，泸水主张日用工夫，并认为从日用工夫着手并不难，难的是不能纯密而无间断。所以泸水又主张要用时习、日新之功。

"时习之功"的说法，是泸水对《论语》首章《学而》首节所蕴含的工夫论的发掘、提炼、丰富而成的。原文曰："子曰：'学而时习之，不亦说乎！有朋自远方来，不亦乐乎！人不知而不愠不亦君子乎！'"泸水依此阐发其时习之功。

---

[1] 邹德泳：《赠李东起弟赴郴州卷》，《湛源续集》卷五，第15页。
[2] 邹德泳：《柬冯少墟侍御》，《湛源续集》卷九，第25—26页。

对于第一句"学而时习之，不亦说乎"，泸水阐释、发挥说：

> 夫所愿学者，学孔子也。孔子劈头便说个"学"字，而曰"学而时习之，不亦说乎"，不知所云"时习"者如何用工也？今学者意兴，岂无一时勃发乍起乍仆，虑不无苦难中止者，又安得悦心之趣乎？此其消息，即饮食居室而在，夫子川上之叹，盖叹此也。①

> 圣人独用其觉于法天，其曰"学而时习之"，盖法天行之健，为自强不息之学也。阳明夫子曰："天道之运，无一息之或停；吾心良知之运，亦无一息之或停。良知即天道，谓之'亦'，则犹二之矣。"而圣人直以天自处。……云某习于某云，非仅如坐尸立斋之习也，则是浑然与天为体矣。学至此，安得不说？②

泸水认为，所谓"学"，不是知识的学习，而是指心性之学。不学，则人欲锢蔽了本来心体，至善之性全不出现，所以"圣人日日提学，时时提习，欲人炼磨用功，自求明白"③。何谓时习之功？大意就是工夫无间断。泸水以孔子的川上之叹"逝者如斯夫，不舍昼夜"以明之，又以《周易》的"天行健，君子以自强不息"和阳明的"惜阴说"（良知即天道，无一息之停）以明之。学至于与天道同体，岂能不悦？如果不能时习，虽一时意兴勃发，但乍起乍仆，难免畏难而中止，岂能得悦心之趣？

对于第二句"有朋自远方来，不亦乐乎"，泸水阐释、发挥曰：

> 而道器融贯，恐著察不无扞隔，故不能不赖于良朋之引也。故次即以朋来之乐继之。夫有朋来自远方，有何可乐？政为吾有欲为之事，而无可与共商量者。今人欲出商滇、广地方，得一经惯往来者，沿头指引，便自快乐。何况时习工夫，吾方处于甘苦之间，而声气应求有不远异方而来者乎？④

> 然能说诸心，不能通天下之志，则圣人之心犹以为取证无

---

① 邹德泳：《道东讲院愿学堂语》，《湛源续集》卷二，第28—29页。
② 邹德泳：《邹司寇先生泮宫讲义·学而时习之》，《邹德泳杂著》，第8—9页。
③ 邹德泳：《又（柬周省予州守）》，《湛源续集》卷九，第42页。
④ 邹德泳：《道东讲院愿学堂语》，《湛源续集》卷二，第29页。

地，必有欲然不快者。千百世之上有圣人焉，犹且悬思而求印焉，而况生同其时者乎？海内得一人焉，犹且有同堂比肩之喜，而况有自远方来者乎？一则以朋友讲习得丽泽之助，一则以声应气求快同志之孚，而此心之说又不畅而为乐者乎？①

泸水认为，个人时习，独学无友，一是难免有疑惑不通或工夫不得力之时，此时需要与朋友共同商学，得其引导；二是有时学有所得，但又不能完全自信，此时需要得朋友之印证。所以有朋自远方来，自然欢欣快乐！前者是讲习、共学之乐，后者是声应气求、心心相印之乐。

对于第三句"人不知而不愠，不亦君子乎"，泸水阐释、发挥曰：

以此言乐，乐更何如！然此特在己求之而已，与人无与也，而又何问乎人之知不知乎？第今之学者，虑不无近名之念，故又以"人不知"一条警之。盖曰"君子求诸己"，而稍以人知起念，则当下已涉于要誉恶声，参和用事。学之所以有起灭者，正坐此也。②

道有污隆，时有通塞，或修身而反困，或饬行而招尤。吾自信为无亏，而或指之曰此伪行以市名者，未可知也；吾自约以省愆，而人或污之曰此矫行以媚世者，未可知也。必于此学有得，方能视毁誉如浮云；必于此学有得，方能视进取如敝履。此非君子其人，而能有不愠者乎？盖所性既定，即大行不加，而何有于人之知？即穷居不损，而何有于人之不知？吾方时习之不暇，与朋友讲习之不足，而暇计于人之知与不知哉？③

泸水认为，学在"为己"，不在乎人知与不知；求人知就是想要他人称誉、承认，有好名之念在，此即学"为人"。如果学为人，"则当下涉于要誉恶声，参和用事"，故学有起灭，难以时习。如果真正学为己，即使是"修身而反困""或饬行而招尤"，也能做到不愠，如此才是君子。吾人沉浸在时习之中，何等快乐，哪有空闲计较他

① 邹德泳：《邹司寇先生泮官讲义·学而时习之》，《邹德泳杂著》，第9页。
② 邹德泳：《道东讲院愿学堂语》，《湛源续集》卷二，第29页。
③ 邹德泳：《邹司寇先生泮官讲义·学而时习之》，《邹德泳杂著》，第9—10页。

人的知与不知？故学至于君子，必然进入与天（天道不息）同体境界，这就是时习之功的效果。

最后，泸水总结曰："吾只纯其心于时习之功，而学日长日进，根心生色，即性而存心，心广体胖，皆自诚意得之。"[①] 就是说，时习之功本质上就是诚意，而诚意在泸水看来关键在于"毋自欺"[②]，日日毋自欺，则学问自然日日长进，而充实于整个生命之中。

用时习之功，则心体必然日新又新，所以泸水又提出"日新之功"的说法。相对于前者而言，后者主要从效用上说，强调工夫的进步、生命的进境，即包括工夫上的"日新"和境界上的"日新"。

对于工夫上的"日新"，泸水曰：

> 仲虺之告汤曰："德日新，万邦惟怀。"而汤受以铭盘，则曰："苟日新，日日新，又日新。"夫虺特以"日新"警汤，汤诚服膺。日新足矣，而曰日日新者，谓二日之新犹为暂也；又日新者，则又虞日日之新，或疏也。功何如密也！盖自天地生人，而赋以明德，朱子所谓"人之所得乎天而虚灵不昧，以具众理而应万事"，此其德也。而人乘以二五杂糅，情物多构，则迷乱昏昧之日多，而显露昭明之日少。故日新之功，于是为要。[③]

所谓"日新之功"，就是"苟日新，日日新，又日新"的简要表述，其中包含三层意思：说"日新"似乎足够了，但不断更新之意还不够显明；说"日日新"，表示一二日之新是暂时的，需每日都要"新"；说"又日新"，则是进一步强调，担心工夫或有疏放，故必须日日时时不断地"新"。所以泸水感叹曰："功何如密也！"为什么要用如此之功？在于我们的心体受后天情识的遮蔽，"迷乱昏昧之日多，而显露昭明之日少"。所以需要日日刮磨、时时洗刷。泸水曰：

> 日日刮磨，日日洁净，时时洗刷，时时光明，务令私欲净尽，天理统全，虞渊日出，横空普照。夫是乃谓日新之盛德，夫是

---

① 邹德泳：《道东讲院愿学堂语》，《湛源续集》卷二，第29页。
② 邹德泳：《陈云怡公祖往回论学志》，《邹德泳杂著》，第10页。
③ 邹德泳：《复古振玩录·日新篇》，《邹德泳杂著》，第26页。

乃成富有之大业，而吾辈今日学圣之心始克无负矣。[①]

就是说，用日新之功，使心体"日日洁净""时时光明"，最后一定要使心体"私欲净尽"，全为天理主宰，全为至善之性，如此才是"日新之盛德""富有之大业"，即成就了整个的德行生命和个体价值的圆满。

对于境界上的"日新"，《日新篇》载：

> 或曰："此不过明明德之吃紧语耳，既日新矣，更有进步乎？"曰："不然。孔子十五志学，而立，而不惑，而知命，而耳顺，而从心不逾，造此地位，日有新色，可不谓进步乎？孟子由善、信，而美，而大，而圣，而神，又不日有新色乎？子谓颜渊曰：'语之而不惰者，其回也钦！''吾见其进，未见其止也。'吾辈诚能不惰如回，则不患不常新矣。"[②]

泸水认为，孔子用日新之功，故其生命境界在不断进步、提升中，由十五岁的"志于学"，依次进入"三十而立，四十而不惑，五十而知天命，六十而耳顺"，直至最后"七十而从心所欲不逾矩"（《论语·为政》）；而孟子所说的"可欲之谓善，有诸己之谓信，充实之谓美，充实而有光辉之谓大，大而化之之谓圣，圣而不可知之之谓神"（《孟子·尽心下》），是由最初的"善"，依次进到"信""美""大""圣"，最后臻至"神"之境，也是指生命的日新之境；颜回用功不惰（日新），孔子称"吾见其进也，未见其止也"（《论语·子罕》），其生命境界也是在不断进步、提升中。

（3）识心、尽心说

上面所论的日用工夫说和时习与日新说，已涉及到心，但未集中论之，此专论之。其实心才是工夫的真正入手处，这几乎是宋明理学的共识。泸水提出了识心、尽心之功。

关于心，泸水大抵认为心性一体。他说："夫人之所以贵于天地间者，以此心也。维皇降衷，于此宅焉；民秉有彝，于此根焉。"[③]就是说，人作为一个生命体，之所以贵于天地间就在于有心，而性

---

① 邹德泳：《复古振玩录·日新篇》，《邹德泳杂著》，第27页。
② 邹德泳：《复古振玩录·日新篇》，《邹德泳杂著》，第27页。
③ 邹德泳：《复古振玩录·识心篇》，《邹德泳杂著》，第5页。

则落于心，以心为托身之所。又说："从至善之体言，则为性；从性之发窍言，则为心"①。就是说，性是体，心是性之用（发窍），其实心性是一体的。心对于每个人来说，都是至灵之物，能够通达天地万物。泸水曰：

> 此心不囿方寸，托体而灵；不涉色相，随缘便满。吾藐乎小耳，而大可以通天地之撰者何？吾明为人，而幽不隔于鬼神之情状者何？吾偶托于一瞬，而远之合千古百圣之符者何？吾于物特处其一，而凡世之形色相貌，夭乔灵蠢，无不有可以相通者又何？则昭旷之中，自有窾会因应之际，具足虚圆。②

泸水认为，心并不囿于方寸之间，也不受外在色相的干扰，满心而发，就是整个宇宙，能够贯通天地、鬼神、古今，其本体是圆满具足的。其大意与陆王之心说并无区别，即此心为本体之心。但是，人有气禀之杂，心往往为欲所蔽，于是就失其本心。泸水曰："而人特为气禀所拘，物欲所蔽，纷纷沦沦，憧憧扰扰，使灵明妙常之体，遂为昏沉忙昧之物，如梦如痴，如醉如病。"③心一旦沦为"昏沉忙昧之物"，就不知何谓心。于是泸水在工夫上提出"识心"。

那么，如何识心呢？泸水曰：

> 今吾侪既相期志于圣人之学，则必先求于心而识其面目。大氐人当斫丧之后，浑沦全体不可几得而见之久矣。兹欲识之，将何求乎？夫诚由致曲，动必有倪。如一本不得其心，当就其颡有泚、睨而不视识之；保民不得其心，当就不忍觳觫识之；恻隐不得其心，当就乍见怵惕识之；羞恶不得其心，当就呼蹴弗屑识之；强恕不得其心，当就不受尔汝识之；操存不得其心，当就平旦之所息识之；变化不得其心，当就孩提之知能识之。识取其心，从一线之觉充之，至于火然泉达之势；从须臾之悟扩之，至于日升月迈之境。无为其所不为，无欲其所不欲，私

---

① 邹德泳：《正草·答问纪》，《邹德泳杂著》，第19页。
② 邹德泳：《复古振玩录·识心篇》，《邹德泳杂著》，第5页。
③ 邹德泳：《复古振玩录·识心篇》，《邹德泳杂著》，第5页。

意净尽，天理流行。①

　　泸水认为，当人被斫丧之后，圆满具足的全体（本体）之心几乎是不可见的。那么如何着手用功呢？如果不知何谓心，不知心在何处体现，工夫就无处下手。所以工夫必须从识心始。那么如何识心？曰："诚由致曲，动必有倪。"就是说，哪怕人心被斫伤，但它也偶有发见之端倪。故可从其发见之端倪处而识之、致之，即识心包括识取而扩充之意。具体而言，就是从四端之心识取之，从平旦初露时之心识取之，从孩提赤子之心识取之；这几种情形下的心都是一线之明，从此一线之明而扩充之，则可至于"火然泉达之势""日升月迈之境"，最后"私意净尽，天理流行"。在泸水看来，当下呈现的微明之心（其实亦即情），在本质上就是圆满具足的全体之心（即至善之性），二者并无根本的区别（因为在本体论上，泸水认为情即性，此心即情即性），时时保任之，时时扩充之，就成为圆满具足的全体之心（即至善之性），如此最后心（情）性完全一体。

　　识取心而扩充之，充之之极就是尽心。在泸水看来，尽心，其实并不是一种下手工夫，只是工夫所至的圆熟之境。他说：

　　　　"尽"字非如尽职、尽分之尽。人心本有分量，而满足为难；不满足，则心为不尽。稍有不尽之心，岂是知性知天之学？吾人今欲体验尽心之尽，唯有"如好好色""如保赤子"二语，明白易见。此处浑身透体，凝聚融结，行思卧想，无非这个。故孔子再三提说："已矣乎！吾未见好德如好色者也。"而先儒有云："假使爱亲如爱子，世间人子尽曾参。"即此观之，可知人之于学，只是"尽心"二字为难觑手。②

　　泸水认为，"尽"并非尽职、尽分之意，而是满足、圆满之意。所谓"尽心"，就是心当下圆满具足，浑身透体都是至善之性，行思卧想所发都是至善的，"如好好色""如保赤子"，当下即是，不用思考，无须另用某种特定的工夫。因为尽心是工夫的圆熟之境，

① 邹德泳：《复古振玩录·识心篇》，《邹德泳杂著》，第6页。
② 邹德泳：《正草·答问纪》，《邹德泳杂著》，第19—20页。

所以说"'尽心'二字为难毂手"。

尽心必然就是知性，知性就是知天，即孟子所说："尽其心者，知其性也。知其性也，则知天矣。"（《孟子·尽心上》）泸水详言之曰：

> 若是尽其心者毂满自慊，毫无不尽去处，不必别讲知性学问。即此便见得不观不闻之地，融会贯通，至善行流，毫无所沾挂，岂不是知性了？既知性，则天又从那里躲着面目，又岂不是知天了？此节只预先提醒人要开眼，虑人不能识认即心即性，便将天为虚空一物，蛮蛮去做参天功夫，却是误事。[1]

泸水认为，尽心是心体融会贯通，至善之体自然流行，毫无沾挂。如此就是彻证性体（此时心体即性体），当然就知性了；知性即知天，因为天在这里不是指"虚空一物"，而是虚说，即将天收归于心性中，心地敞亮了，能"仰不愧于天"，心就是天，性就是天。

所以，泸水认为孟子所说的"存其心，养其性，所以事天也"（《孟子·尽心上》）中的"事天"，并不是宗教意义上的事天，而是尽心。他说：

> 然知天是泛泛说的，必事天而后为真知。事天"事"字，难道如奔走承顺、趋事服役之事？毕竟在尽心上着功。心恒尽便自不失，不失之谓存心；恒尽性便无害，无害之谓养。此处战兢惕励，亦临亦保，戒慎恐惧，上帝临之，所谓"洋洋乎如在其上，如在其左右"，岂不是事天工夫？工夫至此，尽矣。[2]

泸水认为，事天其实只是虚说，因为事天就是在尽心上着功。如何能做到尽心或使心尽？即在心体上戒惧。戒惧于心体时，"如"上帝在其上、在其左右，故"战兢惕励，亦临亦保，戒慎恐惧"，如此心才尽；但并不是真正的上帝在临，其实心就是心中的上帝，所以事天就是在尽心上着功。

---

[1] 邹德泳：《正草·答问纪》，《邹德泳杂著》，第20页。
[2] 邹德泳：《正草·答问纪》，《邹德泳杂著》，第20—21页。

对于孟子所说的"殀寿不贰，修身以俟之，所以立命也"（《孟子·尽心上》）中的"立命"，泸水认为，尽心就是立命的手段。他说：

> 末节又是兜底，把生死一关打破示人。今人看得生死殀寿，别有个主宰，往往别寻一功夫，去抵挡他。故此不免溺于仙佛异说，以为逃死脱生之计，毕竟于尽心功夫，未免摇惑。夫莫殀于朝菌、蟪蛄，而莫寿于大椿，人所明也，然总于太虚，不过一瞬。人顾强作二见，故于学问有头无尾。若是殀寿生死，不作二见，只是尽心功夫坚持到底，以俟其自尽，又岂不是命自我立手段？"修身"字下得好，殀寿是就有身而言，故此下一"身"字，切磋琢磨，俱是自修之功。以切磋琢磨之功，参浑然至善之体，则即身即心，即心即性，虽颜子之殀，安见不等于篯铿？岂不是立命的证左乎？[①]

泸水认为，今人从仙佛中去寻找解决生死终极问题的方法，所以未能坚定尽心工夫。其实，只要尽心就能了悟生死问题，因为只要尽心到底，就能证悟到身即心，心即性。证得了至善之性体，完善了自己的德行生命，即获得了生命的永恒存在，即使如颜子之短寿，也等于篯铿（即彭祖）之长寿；证得了至善之体，当下即是生命之圆满，即是生命之永恒，不必别求一个永恒。所以，尽心就是立命的手段，就是解决生死终极问题的根本方法。在泸水看来，寿命的长短不必挂念，从宇宙的角度看，都不过是短短的一瞬间，唯有证悟德行生命，使生命圆满，如此才是真正的"立命"，才具永恒的生命价值，所以尽心就具有了宗教般的超越意义。

（4）戒惧说

前文提到要做到尽心，需用戒惧于心体之功。戒惧于心体，其实就是邹守益提出的戒惧于本体之功，因为泸水的心体亦即性体、本体。泸水推崇其祖戒惧之功。他说："先文庄（即守益）畅其旨于戒惧，皆万苦千辛，点出至善面目，为入大学者指迷秘诀。"[②] 所谓"点出至善面目"，就是揭示在至善之体上戒惧。又说："我先

---

① 邹德泳：《正草·答问纪》，《邹德泳杂著》，第21页。
② 邹德泳：《邹司寇先生泮宫讲义·大学之道》，《邹德泳杂著》，第3页。

公（即守益）戒惧一脉，真圣学彻上彻下法门。"①泸水对戒惧之功的理解，主要通过对孔子的"君子有三畏：畏天命，畏大人，畏圣人之言"（《论语·季氏》）的阐释充分地体现出来。泸水认为"三畏"，就是戒惧之功，并认为"此是圣人揭示戒惧大头款"②。

对于"畏天命"，泸水释之曰：

> 一曰畏天命。《书》曰："天有显道，厥类惟彰。"盖言人类所以灵于万物，非徒以耳目聪明为能视且听也，又非徒以四肢强固为能持且行也，谓惟皇降衷，厥有恒性。故孩提知爱，稍长知敬，非由学习，天实命之，故曰"天命之谓性"也。是故为子则当思孝，为臣便当尽忠，为弟便当友恭，朋友便当尽先施之道。推此而一言一动，一瞬一息，上帝临汝，明命凛然。故曰："惠迪吉，从逆凶，惟影响。"又曰："作善降祥，作不善降殃。"古人见得极样明切，故尧兢兢日行其道，舜业业日致其功，成汤日新又新，文王亦式亦入，孔子有余不敢尽、不足不敢不勉。何等乾惕！何等祗畏！则时时戒慎，时时恐惧，所谓"顾諟天之明命"，而学问之大头脑，此其在矣。③

泸水认为，人之善性（"恒性"），是由天所命，故曰"天命之谓性"。故所谓"畏天命"，其实就是畏"天命之性"，即戒惧于至善之性（心体）。具体而言，就是为人（如为子、为臣、为弟、为朋友）之道或一切行为（"一言一动，一瞬一息"）都在心体上用戒惧之功，使之都体现为至善之性，"好像"上帝临汝，故兢兢业业，日新又新，时时戒慎，时时恐惧。这样，泸水就将"天"收摄于"性"，"畏天命"就是戒惧于性体（即心体）。

对于"畏大人"，泸水释之曰：

> 其二曰畏大人。大人不同：先立乎其大者，曰大人；正己而物正者，曰大人。而要以能先立乎其大者，即能正己而物正者也。此等大人，则己洞彻乎天命之从来，而体天以行道者，

---

① 邹德泳：《同门三大会引语》，《湛源续集》卷二，第12页。
② 邹德泳：《邹司寇先生洋宫讲义·君子有三畏》，《邹德泳杂著》，第11页。
③ 邹德泳：《邹司寇先生洋宫讲义·君子有三畏》，《邹德泳杂著》，第11页。

是则口代天言，身代天工。达而在上，则其道行而拯天下之饥
溺；穷而在下，则其道明而开天下之知觉。盖大以道，大以德，
而非以声势大，非爵名大者。故或闻其名而凛凛，或瞻其容而
肃肃，或行所不当为之事而惟恐得知，或为人指摘之及而引以
为耻。以此为畏，则不刑罚而严，不呵斥而戒，天理自有不敢逾，
利欲自有不敢徇，而刑辟自有不敢干者。此又其畏之一也。①

泸水认为，所谓"大人"，就是已洞彻"天命之性"者，是"体
天（即性）以行道者"，他达则能行道而兼济天下，穷则能明道而
觉悟天下。所谓"大"，不是指声势、爵名，而是指德行。故所谓
"大人"，其实就是证悟至善之性的人，即性的圆满体现者。所谓"畏
大人"，就是闻其名或见其人而心中产生敬畏、戒惧之情，从而使
人去恶向善而不敢为非作歹。

对于"畏圣人之言"，泸水释之曰：

其三曰畏圣人之言。盖"圣谟洋洋，嘉言孔彰"，所以教
天下后世，或单词片言而意有独至，或曲譬旁谕而旨有必归。
如子臣弟友，则必言行之顾；视听言动，则必非礼之防；仁义
礼智，则必扩充之力；仕止久速，则必审时之可。惟将圣人口语，
字字律令，句句蓍龟，而少有逾越，若身犯于八千之条，而求
援无救、售赦无期者，战战兢兢，临深履薄。如此方谓之能畏。②

泸水认为，所谓"圣人之言"，就是圣人（亦即"畏大人"之"大
人"）教化天下的至理名言；所谓"畏圣人之言"，就是将圣人（大人）
的话当作律令、蓍龟，唯恐逾越、违反，所以"战战兢兢，临深履薄"，
即戒惧。

最后，泸水认为"三畏"，本质上就是"一畏"，即"畏天命"。
他说：

要之，一归于天命之畏。盖天之明命一也，体而备之，则

---

① 邹德泳：《邹司寇先生泮宫讲义·君子有三畏》，《邹德泳杂著》，第11—12页。
② 邹德泳：《邹司寇先生泮宫讲义·君子有三畏》，《邹德泳杂著》，第12页。

为大人；宣而畅之，则为圣人之言。故不知圣言之当畏者，又何知有大人；不知大人之当畏者，必不知有天命。①

因为大人是天命之性的圆满体现者，而圣人（大人）之言又是大人之性在言语上的表现，故三者实为一体，故"三畏"即是"一畏"——畏天命之性。泸水又特别指出"天命之性"即是良知，故"畏天命"即是"畏良知"。他说：

今夫人生未有不受命于天者，自二五凝成，万物化醇，而人独得其秀而最灵者。以异于万物，其秀而灵者，即《大学》所谓明德，即阳明先生所谓良知也。今人说个天命，说个明德，或难通晓，但说良知，谁能躲得过？如好非其色，人莫或知，而良知自有不安者，何也？取非其有，人或不知，而良知自有不安者，何也？所行非所当为，人或不知，而良知自有不安者，又何也？则屋漏之严，甚于十指十目，而人特自瞒过耳。此处瞒过，则一遇大人，便将藐大人之说，借口而何有于大人？一诵圣言，便以古人糟粕看过，而又何有于圣言？……甚至蔑理斁伦，败风坏俗，犹且昂然，自以为宇内一人。②

前文"性善论"，已述良知即性（至善之性），此处特别指出，说"天命"或"明德"，或使人难通晓，而说"良知"，则使人无从躲闪，哪怕"屋漏之严"，良知也自在，良知就是"天"。所以，如果不在良知上戒惧，一遇大人，便会藐视大人之训诫；一诵圣人之言，便将圣人之言作糟粕看待，甚至蔑视伦理，伤风败俗。如此，泸水实际上是将"三畏"转化为"畏良知"，即戒惧于良知（良知本体），这样工夫就更为豁显。这显然是直承其祖邹守益，因为其祖戒惧于本体，就是戒惧于良知本体。

（5）格物说

前面第五章第二节《刘元卿论》（参见其中第二部分第三小节），已提到宋明儒者的格物说，可谓众说纷纭，其中以朱熹、王阳明、

---

① 邹德泳：《邹司寇先生泮宫讲义·君子有三畏》，《邹德泳杂著》，第12—13页。
② 邹德泳：《邹司寇先生泮宫讲义·君子有三畏》，《邹德泳杂著》，第13页。

王艮之说影响最大。而泸水格物说也别具新意，黄宗羲尤其推崇之，曰："（泸水）于格物则别有深悟。论者谓'淮南（即王艮）之格物，出阳明之上'，以先生之言较之，则淮南未为定论也。"① 黄氏言外之意，泸水的格物说才是阳明格物说之正解。

对于《大学》开显的工夫，阳明认为，修身、正心只是虚说，无从下手的工夫，至诚意始有工夫可言，故具体工夫只有诚意、致知、格物。而诚意、致知、格物不是三种不同的工夫，而是同一种工夫的三个说法。② 其中，阳明将致知（致良知）作为其整个工夫论的主脑。泸水也大体认同这种工夫论思路，但他略过了诚意，只在致知、格物两个方面来论《大学》之工夫（也是同一种工夫的不同说法），并且尤其豁显格物的意义，将格物作为工夫的最后完成。

要理解泸水的格物（包括致知、格物）说，必须先理解知（良知）、物的含义及其关系。他引入《周易》乾坤说，并从本体论的高度来阐释知、物及其关系。他说：

> 窃谓自有乾坤以来，应有此学矣。《大易》不云乎："乾知大始，坤作成物。"夫乾主乎知而大始云者，言乎始万物之理也。故曰"大哉乾元，万物资始"，则为物之理已具，而要非虚悬也。坤主乎作而成物云者，言乎成万物之能也。故曰"至哉坤元，万物资生"，则物生之相始成，而要非顽具也。乾非虚悬，坤因之以效其用；坤非顽具，乾托之以显其神。是故万物之生，莫不受质于坤；而所以生者，又莫不秉灵于乾。乾坤合而后有万物，昭昭明矣。人也者，又万物之最秀者也。当其生也，孰与之灵？孰赋之质？乾坤岂有偏焉？是故乾坤合体，而后不失为天地之肖子。③

泸水认为，知属于乾，为万物之理（即性）；物属于坤，即万物之质、能。万物之生，"受质于坤"，"秉灵于乾"，即乾坤合体，才有万物。人作为天地之最秀者，其生命的本体是乾坤合体（即人是天地之肖子，是乾坤合一的完美体现者）。当然，这是从本体界而言，

① 黄宗羲：《文庄邹东廓先生守益》，《明儒学案》（修订本），沈芝盈点校，第334页。
② 林月惠：《良知学的转折：聂双江与罗念庵思想之研究》，第555页。
③ 邹德泳：《复古振玩录·格物篇》，《邹德泳杂著》，第16—17页。

即从宇宙的理想状态而言；从现象界而言，人有后天的欲望之杂，不是纯粹的本体状态（前文《性与欲》部分已述），故需要工夫。

所谓"乾坤合体"，就是知、物一体，具体而言，就是：

> 盖物者，与生俱生；知者，与物俱贯。故必论知于物，则明察落实，是谓以坤而乘乾，而乾不涉空。物而曰格，则明察非迹，是谓以乾而点坤，而坤不着相。至此，则有无内外、上下、大小，浑合无迹。夫是乃谓乾坤合体，夫是乃谓克肖天地而完其为人。程子曰："质善者，明得尽，渣滓便浑化，却与天地同体。"此之谓也。①

就是说，物与知同时而生，二者贯为一体。于知而言，知必落实于物，所谓"以坤而乘乾，而乾不涉空"；于物而言，物不是滞于迹、着于相的死物，必须以知为其主宰，所谓"以乾而点坤，而坤不着相"。如此，才能"无内外、上下、大小，浑合无迹"，乾坤合体。于人而言，就是消除了一切欲望、渣滓，纯为至善之体，如此才是与天地同体或乾坤合体，至此也称为"物格"（即格去了一切物障、物欲）。

"物格"是指工夫的最后结果或所至之境界而言，而"格物"则是指具体工夫。何谓格物？先说"格"字，泸水释之曰：

> "格物"二字，不必训注以质于各说，亦何尝不通？试以质于"感格"之义，则神之格思，不可度矣；以质于"孚格"之义，则三旬苗格，无为成化矣；以质于"格正"之义，则大人格心正己，而物自正无作为矣；以质于"格式"之义，则有物有则，顺于不知矣；以质于"通彻"之义，则彻上彻下，无畛域矣；即以质于"废格"之义，一并归无有矣。②

此处，泸水从感格、孚格、格正、格式、通彻、废格六个方面释"格"字：感格指良知之感应不可思议；孚格是指感化他人而无

---

① 邹德泳：《复古振玩录·格物篇》，《邹德泳杂著》，第18页。
② 邹德泳：《正草·湛源会纪》，《邹德泳杂著》，第3页。

痕迹；格正是指正己或正心而物自正不再为障；格式是指行事有规则而又自然顺应良知（"顺于不知"，就是任良知自然而行）；通彻是指良知通贯天地万物而无界限；废格是指化去一切物欲、物障。这与阳明只释"格"为正或格正相比，显然具有更加丰富的内涵。阳明的"格物"是指正心之念头使之归于正，也指正意之所在之物而使之归于正；而泸水的"格物"，综合"物"和"格"之含义看，主要是指良知通彻于万物（包括万事），化去或融化一切物欲、物障，使物为知所主宰而自正，从而使知物一体（或乾坤合体），如此此时的知是纯自在之知，物是纯自在之物（即牟宗三所说的"物自体"之物），二者毫无距离、障隔，完全一体。其中，也包含了阳明之义，但泸水更将"格物"推向了极致，通向了天人合一之境。所以，黄宗羲说他"于格物则别有深悟"；泸水弟子邓英也说："（泸水先生）发格致精义，绍良知本体，不容一物，身心意知家国天下，种种隔碍，只为物障未除。破除之后，万物皆备，融化到此，目见耳闻，直通天载。"① 就是说，泸水格物乃格去一切物障，最后能达到万物皆备、直通天载（即天人合一）之境。

以上论格物实质已含致知之意，其实，致知、格物是同一个工夫的不同面向，从不同的角度来理解，乃有不同的内涵：一方面，从致知而言，致知体现于物之格，致知得力才能至"物格"之境。泸水曰：

> 夫大人之学，从天下国家而归本于身，又从身心意而求端于知，则"致知"二字可容易谈哉？当此之时，为好为恶，方有其倪；为欺为慊，正处其界。从善利而言之，是为舜、跖之关；从阴阳而言之，正在姤、复之际。所谓"几者，动之微，吉凶之先见"，独此知也。故于此而致不得力，则人欲日长，天理日消，于是喻为利，求为人，达为下。其于世也，为比为骄，为同为可，小知为难事易悦。而日流于禽兽之归，则致不得力，神为物役也。是谓物之不能格也。诚于此致得其力，则人欲净尽，天理流行，于是喻为义，求为己，达为上。其于世也，为周为泰，为和为可，大受为易事难悦。而日进于圣贤之地，则致得其力，

---

① 邓英：《邹老师湛源续集序》，《湛源续集》，第1页。

神为物宰。夫是乃谓之物格。是故物之格与不格，所以分明知之致与不致。[1]

泸水认为，致知（即致良知）就是从良知之发端（即"倪""几"）处用功。此时，从善（义）利而言，为舜、跖之关；从阴阳而言，正姤、复之际。如果此时致知不得力，则人欲日长，天理日消，而神（即知）为物所役，即不能格去物欲、物障；如果此时致知得力，则人欲净尽，天理流行，而神（即知）为物之主宰，此即是物格。所以，致知得不得力，体现在能否达到物格之境。这里，致知是工夫，物格（注意：不是格物）是结果。就是说，致知到一切物欲、物障被格去，才是真正的致知。其实，一切物欲、物障被格去之后，知就是纯善之知、自在之知，即知与物完全一体，所以致知就是格物（格物的结果名"物格"）。

另一方面，从格物而言，"致知在格物"，舍格物，致知无从着力，必格物才能至"知至"之境。泸水曰：

盖知从物起，则无虚非实；就物言格，则无实非虚。大凡人之不能通天地万物为一体者，总为物所碍。无论自私用智之病，即干当尽好，而兜底究竟难道忘己忘物。此知之所以障也。故不可语于致知也。致知在格物者，时时应感，时时融化，息息收摄，息息洁净，而意识见解一毫容着不住。程伯子所谓"廓然而大公，物来而顺应"，如此方与天地万物通一无二，如此方谓能明明德，如此方与大始同体，此所以谓物格而知至也。[2]

《大学》正心直曰正心，诚意直曰诚意，致知直曰致知，今于格物，独奈何必曰格其不正以归于正耶？吾以为圣人之学，尽于致知。而吾人从形生神发之后，方有此知，则亦属于物焉已。故必格物，而知乃化。故《大学》本文于此，独着一"在"字，非致知之外，别有一种格物工夫。《易》言"乾知大始"，即继以"坤作成物"，非物则知无所属，非知则物无非迹。[3]

---

① 邹德泳：《复古振玩录·格物篇》，《邹德泳杂著》，第17—18页。
② 邹德泳：《平旦录·物格致知》，《邹德泳杂著》，第4页。
③ 邹德泳：《正草·湛源会纪》，《邹德泳杂著》，第3页。

为什么说"致知在格物"，舍格物则致知无从着力？因为"知从物起"，知必连着物，"非物则知无所属"；不格物，则致知是虚的，故至格"物"，工夫始落到实处。从人的现实处境而言，人之所以"不能通天地万物为一体"，就是因为有物障，不仅自私用智是物障，而且即使是尽做好事，也毕竟未能忘己忘物（心中有物在，即是物障；有己在，己也是物，己在亦是物障），所以必须要用格物之功。所谓"致知在格物"，就是良知时时感应，时时融化物，消除一切物欲、物障，使良知本体洁洁净净，"意识见解（有意识见解即有物欲、物障）一毫容着不住"，如此才是格物的真工夫。格物的结果即"物格"，即万物一体、物与知合一，如此才是知至、知化。所以说，"必格物，而知乃化"，或者必"物格而后知至"。在泸水看来，在某种意义上说，知也是物，因为人形生神发之后，才有此知；此知已不是纯本体之知、自在之知，已蒙上了物欲、物障之尘，故也是经验界之物。所以必须用格物之功以消除物欲、物障之尘之后，才算是"知乃化"，或"知之分量始能完满"①，即成为纯善之知、本体之知。所谓"物格而后知至"，泸水释"至"字曰："'至'字，即《中庸》'上天之载，无声无臭，至矣'之'至'，故诚曰至诚，德曰至德，即善亦曰至善。"②即"知至"是知回到了其本体状态，完成了一个工夫上的回旋，由经验之"知"升华为本体之"知"。到此时，工夫才算彻底圆满。

但是，泸水所谓"致知在格物"，并不意味格物是工夫的起点。他说："谓舍格物则致知别无功夫则可，谓格物为入门功夫则不可。"③就是说，致知虽离不开格物，"舍格物更无致力"④，但格物并不是在致知前还有一个入门工夫，而是二者说一个工夫："就物言格，便是下学；从知化物，便是上达。"⑤就是说，就格物而言，物属现象界，故是下学；就致知而言，知属本体界（"从知化物"之"知"是本体之知），故是上达。下学上达，实质是一个工夫从两面说。不仅致知、格物是同一个工夫，而且《大学》所言格物、致知、诚意、

---

① 邹德泳：《正草·答问纪》，《邹德泳杂著》，第25页。
② 邹德泳：《平旦录·物格致知》，《邹德泳杂著》，第3页。
③ 邹德泳：《正草·答问纪》，《邹德泳杂著》，第27页。
④ 邹德泳：《正草·答问纪》，《邹德泳杂著》，第25页。
⑤ 邹德泳：《正草·答问纪》，《邹德泳杂著》，第27页。

修身、齐家、治国、平天下都是同一个工夫。泸水曰："必物格而后知至，'至'字下得又好，谓至此而诚正修齐治平，一齐了彻，更无遗事。"① 就是说，致知、诚意、修身、齐家、治国、平天下，都包含在格物之中，也就是说《大学》所言实际上只有一个工夫——格物，格物之功至，所有工夫就都同时完成了。从实际的具体的工夫而言，说格物也好，说致知也好，说其他工夫也好，其实就是阳明的致良知。泸水曰："此段功夫，彻上彻下，前无起手，后无结局，只在时时致其良知。"② 但是，泸水为什么还要特别阐发"格物"的含义？泸水曰："不肖妄尝谓，王门'致知'之旨未归至善，亦似阙违。"③ 就是说，只有阐发格物的含义，才能使致良知达到知物合体的至善之境，走向工夫的圆满境界，完成德行生命的终极追求。此外，如前文所述，在阳明后学中，存在谈悟、求悟本体之弊，如果只说"致知"或"致良知"就容易使人着在良知本体上，而不走向"物"，存在割裂知、物之弊，从而使工夫虚荡，所以泸水要特别阐发"格物"之深意。从以上意义上说，泸水格物说，是阳明致良知说（包括格物说）的进一步深化。所以黄宗羲说"以（泸水）先生之言较之，则淮南未为定论也"，因为王艮的"淮南格物"说是更端别起，不在阳明致良知的义理范围之内，而泸水的格物说则是其内在义理的发展。

可以说，格物说是泸水整个工夫论的归结：日用工夫说是从日用伦物处着手，"日用伦物"即"物"，故所谓"日用工夫"，其具体内涵就是格物；识心、尽心说是说识取心而扩充之，最后至尽心——心体圆满具足，而尽心其实就是格物的圆熟之境——物格；时习、日新说是说时时用功、日日进步，只有如此，最后才会至物格之境，故时习、日新之功就是格物的强化之功。此外，从思想史的发展脉络看，泸水的格物说与朱调的格物说（参见第四章第四节）大体较为接近，似乎受到了他的影响，但是没有相关文献证据表明前者受到后者的影响，故笔者在此只是作为一条思想史发展线索点出来，以引起人注意。

---

① 邹德泳：《正草·答问纪》，《邹德泳杂著》，第24页。
② 邹德泳：《正草·答问纪》，《邹德泳杂著》，第27页。
③ 邹德泳：《答刘石闾公》《湛源续集》卷九，第4页。

　　总体而言，泸水之学比较平实，无论是本体论，还是工夫论，都守纯正的儒学的立场，其思想风格接近其祖邹守益和叔父邹善，而与二从兄邹德涵、德溥有较大的不同。邹氏家学经过德涵、德溥以"悟"为主要宗旨或工夫，突破邹氏家风之后，到泸水，最后又回到了邹氏家学平实的家风——回归到乃祖，但其思想仍有所发展，如格物论，对阳明学仍有较大的丰富和发展。

第七章

安福阳明学者及同道者考述

　　安福县之所以兴起波澜壮阔的阳明学思潮，形成学人群或学术共同体，不仅在于前五章所论的十五个重要人物，还在于许多不太知名的学人，甚至默默无闻的普通士人和平民。所有这些大人物与小人物共同组成了安福阳明学的思想光谱。因此有必要全面考述整个安福阳明学者及同道者，以反映其历史的全貌。

　　本章将安福阳明学者分为亲传、再传、三传、四传弟子，从而相应地分为四节，另将阳明学同道（或同情）者列为第五节。考虑到有的学者转益多师，在分代时一般以所师之辈分高者为准，从而放入相应的节中，特殊情况做一定的调整（如刘元卿及其弟子）。本章对安福阳明学者及同道者的考述，重在他们对阳明学的接受、传播及其本身的学术思想，同时也兼顾其生平、经历、人格，力求体现其与阳明学的关联性，相关者重点论述，其他略述。本章据文献资料说话，目的在于尽量考证出所有安福阳明学者及同道者，即使资料匮乏者亦在其中。

　　此章共考证出安福阳明亲传弟子 34 人；再传弟子 64 人，主要为邹守益、刘阳、刘邦采、刘文敏弟子，其中邹守益弟子最多；三传弟子 33 人，除邹德涵等 4 人师从耿定向外，其他主要为王时槐弟子；四传弟子 44 人，主要为刘元卿、邹德泳弟子；安福阳明学同道（或同情）者（属广义的阳明学者）58 人，他们主要是阳明学者的朋友、亲人、后辈等。总计，安福阳明学者共 175 人，加上同道者共 233 人。当然，应还不止这个数，这只是根据掌握的现有文献所考证出的。

第一节　安福阳明亲传弟子

刘晓

刘晓（1481—1563），字伯光，号梅源，安福南乡三舍人。详见第二章第一节《刘晓论》。

彭一之

彭一之，安福人。正德八年（1513），与刘晓、王学益等同时中举。次年五月，与刘晓同赴南京，受学于王阳明，时同学者有徐爱、黄宗明、薛侃、马明衡、陆澄、季本等。阳明此时论学，只教学者"去人欲，存天理（即良知之天理）"为省察克治实功，一之当受此影响。一之后常参与惜阴会。曾任四川涪州太守。①一之和刘晓于正德九年同时拜阳明为师，是安福县乃至吉安府阳明最早的两位入室弟子。但由于他后来默默无闻，除笔者此处引用的两种资料提到其人外，不见任何记载，更没有任何著述及其传记资料传世，所以安福县乃至吉安府阳明第一个入室弟子的美誉就落到了刘晓头上，从而遗落了彭一之。②

邹守益

邹守益（1491—1562），字谦之，号东廓，谥文庄，安福北乡澈源人。详见第二章第二节《邹守益论》。

刘文敏

刘文敏（1490—1572），字宜充，号两峰，安福南乡三舍人。详见第三章第三节《刘文敏论》。

---

① 《安福县志》卷二《选举志·明乡举》，康熙五十二年刊本，第49页；钱德洪：《年谱一》，王守仁：《王阳明全集》，吴光等编校，第1364页。
② 按：三种清代《安福县志》都没有彭一之小传，只在《选举志·明乡举》中以小注云"从阳明先生学，勤会惜阴，官涪州守"。笔者查遍其他资料，也没有见到其小传，甚至单篇文献。

刘邦采

刘邦采（1492—1577），字君亮，号狮泉（又作"师泉"），安福南乡三舍人，刘文敏族弟。详见第三章第四节《刘邦采论》。

三舍"九刘"除刘文敏外之"八刘"

嘉靖初年，刘文敏率其弟文快，从弟文协、文恺、文悌，族弟子和、继汉，族子爀、祐入越受学于阳明，三舍"一门九刘"，雅为阳明所称许。对于除刘文敏之外的其余"八刘"，现依据《三舍刘氏七修族谱》提供的有限资料[①]，作一极为简要的介绍：

刘文快，字宜慎，号竹岗。惕省夜气，专事良知。

刘文恺，字宜修，号密斋。学求归一，心不苟安。

刘文协，字宜中，号勉斋。凝然敦静，志切存省。

刘文悌，字宜真，号西坞。髫年奋志，晚修不倦。

刘子和，字以节，号觉斋，贡生。抱病与刘文敏等往师阳明。还家，病愈重，犹日诵所得，以教诸子，伏枕浩歌，玩世若寄。疾作，端拱而逝。

刘继汉，字霖卿。功求戒惧，阳明亲书《致知说》授之。

刘爀，字应成，号退斋。好古明宗，勇于行义。

刘祐，字孟吉，号北山。敦恪好学，履蹈不轻。

刘醮

刘醮，字德芳，号南阳，安福南乡三舍人。弱冠有大志，随叔父刘邦采游绍兴，受业于阳明之门。后读佛书，游思于天地有无之外，观旷于籁蜕消殖之表。二十七岁得血疾。病作，无一语及家事，或问之，曰："骨肉之生，一时之会耳。"长啸而逝。学者称之为南阳子。刘醮后由阳明学转向了佛学。[②]

刘阳

刘阳（1496—1574），字一舒，初号三峰，后号三五，安福南

---

① 资料包括：《三舍刘氏七续族谱》卷三《叫中房世系》、卷九《可存房世系》、卷三四《家传八》。

② 刘良楷纂修：《三舍刘氏七续族谱》卷三四《家传五》，第16页。按：张卫红《敦于实行：邹东廓的讲学、教化与良知学思想》附表二《安福籍阳明学者暨邹东廓弟子一览表》（第284页）将刘醮父刘柏也列入阳明弟子，云其"师事阳明"，文献依据为《三舍刘氏七续族谱》卷三十《家传五》。但查原文献，根本未提及师事阳明事，纯为子虚乌有。

乡福车人。详见第三章第五节《刘阳论》。

王钊

王钊（？—1555），字子懋，号柳川，安福南乡金田钦村人。详见第三章第六节《王钊论》。

王镜

王镜（1495—1583），字子明，号潜轩，王钊叔弟。早年攻举子业，后弃去。嘉靖六年（1527）阳明过吉安，与其兄王钊、弟王铸往受教①，请事良知之学。复古、复真书院先后创办后，岁举讲会，潜轩必赴之。隆庆六年（1572）王时槐归田后，潜轩与其一起在金田村元阳观主办家（族）会，并创建家（族）约，达十二年之久。对于家会、家约的作用，潜轩曰："学明则士习正，约行则民风淳，是吾侪与族人同归于善之要务也。"举家会时，正容端坐，竟日无倦，简重寡言，而言必依"孝友仁让"之说。推行家约，行之数年，暴横之风渐息。可谓"秉德好修，悯俗而重教"。家族祭祀，必先日斋戒、沐浴，次日凌晨率子姓肃衣冠成礼，对越虔诚，有稍懈怠者，必正色呵斥。治家重德行，晚年析产于子，题其籍曰："广土田，不如修心田；广家业，不如修德业。"又作《四子名说》《义方图乘》，示范于家。②

王铸

王铸，字子成，号石泉，王钊季弟。邑庠生。先师事于王阳明，时间在正德十四年（1519）或十五年（1520），后卒业于邹守益。锐精毕力，必以希圣为学。邹守益称其为致远友，题其居之匾曰："道侔二陆。"即以王钊、王铸比之陆九龄、陆九渊兄弟。石泉往来于衡岳、石鼓、白鹿洞诸书院。归，则与复古、复真书院诸君子讲学不倦。同时也是金田家族东山祠家会的重要参与者。著有《语录》《诗草》（均已佚）。③

---

① 此前，王钊、王铸已从师于阳明，大约在正德十四年（1519）或十五年（1520），参见前面第三章第六节《王钊论》第一部分。
② 王时槐：《诏授冠带潜轩先生王公墓志铭》，《金黎王氏族谱》卷六《艺文志·墓铭》；王时槐：《世德堂纪序》，《王时槐集》，钱明、程海霞编校，第630—631页。
③ 《同治安福县志》（点校本），第224页；《金黎王氏族谱》卷六《艺文志·序》；邹守益：《王母甘孺人墓志铭》，《邹守益集》，董平编校整理，第1074页。

欧阳瑜

欧阳瑜，字汝重，号三溪，安福北乡东冈人。年少端悫，少嗜欲。正德十三年（1518），赴赣州，拜阳明为师[①]，阳明甚器重之，将别，请益，阳明曰："常见自己不足，此吾六字符也。"三溪奉命承教，终身力践之。嘉靖七年（1528），与刘邦采、伍思韶等一起举于乡，不赴会试，曰："有老亲在，王天下不与易也。"初授通州学正，集诸生讲学，及门之士多所成就。升南京国子监博士，与同门兼同僚祭酒程文德交，以所学授国子监学子，如在通州时。内召入京，授南京大理寺评事，莅任，释大冤十余起，晋本寺寺正。升云南佥事，丁忧。服阙，补广西佥事，清积牍，逐倡优，禁龙舟，捕盗贼，释冤狱二十余人。奉敕整饬左江道兵备，有功，升四川布政司参议，不久告归。归田后，与邹守益、刘邦采、伍思韶等一起讲学，以兴起后进。虽隆冬盛夏，无不赴会。其所开导，力守阳明之说，不为奇僻之语。至其谦虚受人，则后生末学，有所陈说，即称赏不容口，人人以为亲己。性宽厚，乡人或辱之，绝不计较。尹台称其："宦游廿载，恒产不及中士；年九十，守身恒如处子。"总之，三溪一生好学不倦，拳拳开示来学，言之唯恐不尽；视民如伤，于仕则泽被天下，于乡则仁流乡邦。三溪在安福县乃至吉安府阳明学界中享有较高的地位，死后从祀吉安府阳明王公祠（阳明配享弟子共12人，安福弟子6人，包括邹守益、刘阳、欧阳瑜、尹一仁、刘文敏、刘邦采），惜乎无任何文献传世。[②]

尹一仁

尹一仁（1496—?）[③]，字任之，号湖山，安福南乡厚村人。年十五，读书僧舍，以《大学》"致知格物"验于心，求之不合，每夜半起坐苦思。及为诸生，赴绍兴，受业于阳明，于前所不合者，稍稍洞然而释。嘉靖七年（1528），与刘邦采、欧阳瑜、伍思韶等同举于乡。初任浙江诸暨教谕，以所学谕诸士。因直指使推荐，擢

---

① 束景南：《王阳明年谱长编》，第1033页。
② 王时槐：《四川布政司参议欧阳公瑜传》，焦竑编：《国朝献征录》卷九十八，周骏富辑：《明代传记丛刊》（第114册），第31—32页；《安福县志》卷三《人物·儒行》，康熙五十二年刊本，第22—23页；王时槐：《请祀理学先哲呈》，《王时槐集》，钱明、程海霞编校，第245—246页。
③ 刘阳《除夕记》（见李才栋：《江西古代书院研究》，第329页）提到，嘉靖四十二年（1563），湖山68岁，据此可推知其生年为1496年。

虞衡司主事，迁都水郎。时兴土木，湖山一意综核节省，忤阉人，出任河南归德知府。嘉靖三十二年（1553）七月，师尚诏发动农民暴动，攻陷归德府；八月，湖山因之被革职。乡居，与邹守益、刘文敏、刘邦采、刘阳、欧阳瑜等一起讲学。嘉靖三十七年（1558），与邹守益、刘邦采、刘阳等于南乡创办复真书院。又于南乡自建南林书屋。于乡里，立保甲，置义仓，淳风俗，里人德之。湖山为人颖敏通达，意有所独会，直去绳削，超然物外，不受世之污垢。湖山在安福县乃至吉安府阳明学界中享有较高的地位，死后不仅祀复古、复真书院，而且从祀吉安府阳明王公祠（为阳明十二位配享弟子之一）。但湖山不事著述，无任何文献传世。[①]

张鳌山

张鳌山（1483—1556）[②]，字汝立，号石磐，安福西乡梅溪（又名杨梅）人。正德五年（1510）中举。次年，与邹守益同登进士第，选为翰林院庶吉士。会试时，阳明为同考试官，为其与守益座主。八年（1513），授浙江道监察御史。任御史期间，请建皇储，谏迎佛，屡上疏指摘权要，台中风裁自是一变。十年（1515），督学南都，黜奔竞，奖恬淡，鼓舞明信，士人归心。不久，丁母忧。十四年（1519），服除，将入京师，遇宁王宸濠叛乱，从王阳明勤王，军中檄奏文移，多其草创。乱平而后行，补河南道监察御史。不久被诬告（诬其当宸濠未反时与之有勾结），下诏狱，后释放。后叙平宸濠功，乃得以原职致仕。自下诏狱被释后，居林下三十余年。石磐初师从李宗栻，向其学孟子"求放心"之学，后再受业于阳明（应在平宸濠时）。早年从邹守益父邹贤学《春秋》，与守益相契，后又为同年，并同师阳明，其长子、次子行冠礼，皆礼守益为宾，且请其为二子取字、撰字说。阳明卒后，石磐绘阳明遗像及汇问学语、往来书信为《会稽师训》（1 卷），夙夜用以自范。晚年在西乡建兼山书屋，作为讲

---

① 《吉安府志》卷二十五《儒行》，第21—22页；《同治安福县志》（点校本），第84、124、219—220页；《明世宗实录》卷四〇一"嘉靖三十二年八月"事；王时槐：《请祀理学先哲呈》，《王时槐集》，钱明、程海霞编校，第245—246页。

② 罗洪先《明故文林郎监察御史致仕石磐张君墓志铭》无张鳌山的生卒年，仅言"年二十八举于乡"，查《同治安福县志》（点校本，第123页）可知其于正德五年（1510）中举，故推知其生年为1483年；又张鳌山《南松堂稿》卷七《绝笔二首》（万历刻本）注明"时丙辰四月六日"，即嘉靖三十五年（1556）卒，而《同治安福县志》（点校本，第172页）云其"卒年七十四"，亦可推知其生年为1483年。

学之所。石磐平生笃孝友,尚气节,于风教民彝尤切振厉,与诸士友谈道谊,以家法勉族里。尝曰:"比德思上德,不致于圣人不休。"①所著现存有《南松堂稿》(7卷),万历五年刻本,均为诗歌。

王学益

王学益,字虞卿,号大廓,安福东乡蒙冈人。正德八年(1513),与刘晓等同时中举。正德十三年(1518),阳明倡学于赣州,大廓往受学,并与薛侃、欧阳德、何廷仁、黄弘纲等聚讲不散,阳明时为诸人"发明《大学》本旨,指示入道之方"。大廓于东乡蒙冈山建蒙冈书屋,阳明为其作《蒙冈书屋铭》曰:"之子结屋,背山临潭。山下出泉,易蒙是占。果行育德,圣功基焉。无亏而篑,毋渝尔源。战战兢兢,守兹格言。"此铭化用《周易·蒙卦·象》"山下出泉,蒙;君子以果行育德",希望大廓守此格言以修身养德。蒙,也即本心也;发蒙,发此本心也,即以此本心果行育德。此外,发蒙还蕴含启蒙学子之意,即希望大廓弘扬、传播圣贤之学。嘉靖六年(1527),大廓与安福诸同志举办惜阴会,并致书阳明,阳明回《寄安福诸同志》,其中曰:"得虞卿及诸同志寄来书,所见比旧又加亲切,足验工夫之进,可喜可喜!"肯定大廓等工夫之进步。大廓受阳明器重,是安福早期惜阴会的代表性学者之一。嘉靖八年(1529),与罗洪先同中进士。授都水司主事,改武库。上书清京卫及各省军伍,一洗积弊。迁职方员外,晋郎中,时议伐安南,寓书尚书毛伯温,以为东南生灵所系,乞慎动,应以恩惠为主。历升福建按察副使、应天府丞、巡抚贵州兼理军务。因与诸苗交心,被诬告,遂被逮。后冤白,起南佥都御史,改北刑部左、右侍郎,升南工部尚书,以疾乞休。年六十七卒。大廓中进士后,一直在官场,于是在安福阳明学界不再有影响力。②

刘肇衮

刘肇衮,字内重,号石峰(又号燕峰),安福东乡栎冈人。初

---

① 罗洪先:《明故文林郎监察御史致仕石磐张君墓志铭》,《罗洪先集》,徐儒宗编校整理,第902—903页;《同治安福县志》(点校本),第84、171—172页;邹守益:《张石磐字二子说》《题会稽师训卷》,《邹守益集》,董平校整理,第488、876页;《识仁讲院志》卷八《志贤传外传·张鳌山公传》。

② 束景南:《阳明佚文辑考编年》,第529—530页;王守仁:《寄安福诸同志》,《王阳明全集》,吴光等编校,第248页;《同治安福县志》(点校本),第123、136、192页。

为诸生，赴试，叹曰："士不自重，致所司防简，囚首伤士气。"
遂以养母为由，不与试。慕吴与弼，得其书，喜读之。正德十三年
（1518），阳明任职赣州，往受学。石峰气岸雄伟，朋友有失，辄
面发赤攻之。邹守益每叹朋友道衰，不闻直谅，以故益重之。阳明
也认为石峰"强刚笃实，自是任道之器"，"而微失之于隘"，故
劝其不可待人太严："眼前路径须放开阔，才好容人来往，若太拘窄，
恐自己亦无展足之地矣。"石峰关心乡闾民瘼，有所闻，均告邹守
益以转闻当道罢行之。嘉靖十一年（1532），捐田三十亩作为本族义田，
以赡族之贫者，守益为之作《记》，称其弘天地万物一体之爱，"求
以不障其良知"。又与王仰助守益编纂、刊刻《谕俗礼要》，在民
间推行"四礼"（即冠婚丧祭四礼）。对于其学，王时槐评之曰："两
峰自修于己，石峰交修于人。"与其师刘文敏相提并论。①

刘敬夫

刘敬夫（1491—1532），字敬道，号半洲，名御史刘台祖父，
安福南乡江口人②。十四岁，就试弟子员，督学置为第一。半洲资性
静默，慎交游，所交者唯刘文敏、刘邦采、刘阳、刘肇衮、易宽、
尹一任等阳明学者。正德十三年（1518），阳明倡学于赣州，半洲
与诸同志往听，听讲月余，始而信，中而疑，终而卒业。其语同志
曰："吾前所信者，信人也，非自信也；中所疑，非疑人也，自疑也；
终而信者，乃自信已。信故疑，疑故信。"阳明晚年居越，又往越
问学二三年。听讲之暇，日夜坐小楼，证悟其所闻；又与王畿交，
相与论学，王畿引导其证悟良知本体。半洲平生学力主要在庭闱之间，
本于孝悌，慎于言行，尝举《尚书·尧典》"（舜）以孝烝烝，义
不格奸"之义问阳明。阳明曰："舜惟以孝和谐父母兄弟，引咎自愿，
不格其奸，所以能致底豫。盖父子兄弟不责善，责善则离，非顺德也。"
半洲得所印证，益发自信，常爱"一出言不忘父母，一举足不忘父
母"之语，曰："此即庸言之信，庸德之谨，夫子之所未能而学也。"
其父刘文昭历官二十余年，半洲居家，孝敬继母，勤理家政，所谓

① 《安福县志》卷三《儒行》，康熙五十二年刊本，第22页；《刘燕峰先生列传》，王吉等编：《安成复真书院志》卷三，第12页；王守仁：《答刘内重》，《王阳明全集》，吴光等编校，第219—220页；邹守益：《谕俗礼要序》《竹园刘氏义田记》，《邹守益集》，董平校整理，第23、423页。
② 《同治安福县志》中《刘台传》"按语"（点校本，第180页）云，刘台为南乡江口人，故刘敬夫也为南乡江口人。

于庭闱之间证其所学也。嘉靖十年（1531），应乡试，后偶染疾，次年卒于家。[①]

易宽

易宽(1494—？)[②]，字栗夫，号台山，安福南乡圆溪人。雅敦行谊，家贫力学，屡空自如也。始婚，徒步至滇南，归父榇，行道悲之。先师事阳明，后卒业邹守益。嘉靖八年（1529），从学守益于南京，将归，守益为之作《叙秋江别意》，发"圣学之要，在于无欲"之旨。嘉靖十三年（1534）中举，次年（1535）成进士。历任礼部。时太庙火灾，奉旨会议，人多持异见，台山毅然斟酌古制，定为成宪。二十三年（1544）六月，由礼部祠祭司署郎中升为四川按察司副使。守益赠《凤说赠易子督学之蜀》，称其"才敏而志端，事贤友仁，慨然九苞千仞之兴"，并敦其行儒家之教化："往尽乃心，率乃诸生，以从事子臣弟友之要，庸德庸言，愧愧相顾。"台山遂遵守益之教，为政力行教化。后卒于官。著有《释义一编》（今佚）。[③]

王畿

王畿，字天民，号潜潭，安福南乡圳头人。幼通敏有闻，受学阳明后，精修益励。嘉靖元年（1522）中举。次年，任宁国教谕。悯其地风俗好佛而不知先王之教，取《朱子家礼》，撮其要旨，成《丧祭礼要》，刻以行世，以教士民。又立学规会约，以端士习。嘉靖七年（1528），升仪真县令。赴任仪真令之际，邹守益赠以序文，与其论万物一体之学："君子之学，以天地万物为一体者也。"圣人无欲，故能成一体之学；而众人多欲，则陷于不能。作为官员，须讲万物一体之学。王畿认同并接受这种思想，并践行于实践中。仪真习俗崇华靡，王畿禁裁浮费，又开亲民馆，集士民讲学其中，谕以孝悌忠信之道，且使就学者归乡训童子，教之以歌咏，习之以礼节，使养其良心，以充有成。故仪真习俗为之一变。而当道者恶其裁抑节制，遂抗疏引疾归。不久因其治行，征授南京工部主事。

① 王畿：《半洲刘公墓表》，《王畿集》，吴震编校整理，第639—641页。
② 据邹守益《叙秋江别意》，时东廓三十九岁，栗夫三十六岁，由东廓生于1491年，可知栗夫生于1494年。
③ 《同治安福县志》（点校本），第124、193页；《安福县志》卷四《宦绩一》，康熙五十二年刊本，第23页；《明世宗实录》卷二八七"嘉靖二十三年六月"事；邹守益：《叙秋江别意》《凤说赠易子督学之蜀》，《邹守益集》，董平编校整理，第47—48、449页。

未至，客死于京师。邹守益称其："师席正未卑，斯文有冠领。"
罗洪先为之诔曰："有力不卒，为我心恻。"[①]

王仰

王仰（1495—1533），字孔桥，安福南乡汶源人。以《春秋》
经中秀才，一生以教书为业。正德十四（1519）或十五年（1520），
王仰与王钊赴南昌拜阳明为师，受其"致良知"之说[②]，并日诵说孔、
孟、周、程以自励。后卒业于邹守益。守益官广德、南都时，聘其
为诸子师，二人相处达五年之久，故其学最得力于守益。嘉靖四年
（1525），守益在广德推行教化，参与编刻《谕俗礼要》《训蒙诗要》。
及入南太学习礼，受学于湛若水，若水甚器重之，令撰《春秋格物通》，
一时名士折节与之交。督学赵渊赞其品格，有"贫而力学，孝友笃
至"之旌。嘉靖九年（1530），王仰从南都告归寿亲，守益为之作《赠
王孔桥》。文中言良知本体曰："盖吾良知之体，本无障蔽，本无
滞碍，本自聪明睿知，本自宽裕温柔，本自发强刚毅，本自斋庄中正，
文理密察，浩浩乎日月之常照，而渊渊乎河江之常流，故曰皓皓不
可尚。"[③]也就是说，良知本体纯粹精明，自然常流，毫无障蔽。但
是，人有私欲杂念障蔽其明，故需时时用戒慎之功以复本体。这是
邹守益向王仰传授其为学大旨。同门周怡在为其送别时，也勉之"务
进于不息焉，斯师友之望也"。[④]王仰执教于南都、太平、浙藩、松
江，孜孜启迪，弟子日亲，必尽其才而由其诚。家居侍父母至孝，
又朔望率子弟谒先人祠，倡宗会，劝子弟为善尽孝。[⑤]

张崧

张崧，字伯乔，号秋渠，安福南乡书冈人。初攻举业，一日，
感其仲弟张岩语而为心学，遂往衡岳习静。久之归，即与人举办惜
阴会，且负责食宿，同盟者三百余人。次年，即嘉靖丁亥（1527），

① 《安福县志》卷四《人物·宦绩二》，康熙五十二年刊本，第46页；《同治安福县志》（点校本），
第192页；邹守益：《丧祭礼要序》《赠潜潭王天民令仪真序》《赠王天民》，《邹守益集》，董平
编校整理，第23、153—154、1133页。
② 王仰受学阳明之年，参考第三章第六节《王钊论》第一部分。
③ 邹守益：《赠王孔桥》，《邹守益集》，董平校整理，第43页。
④ 周怡：《送安成王君孔乔归省序》，《周恭节公集·讷溪文录》卷二，明万历刻清乾隆增修本，
第35页。
⑤ 邹守益：《王孔桥墓志铭》《寓思图诗序》，《邹守益集》，董平编校整理，第1058—1059、
188页；张卫红：《邹东廓年谱》，第69—70页。

赴绍兴，受学于阳明，日与同门王畿、钱德洪等研摩良知学。数月后，充然有得。次年，乡试失利，喟然叹曰："吾求不失此生已矣，他何求哉？"遂偕仲弟入白鹿洞书院，专习阳明之学，竟岁始归。归则将学问践行于日用伦常中。秋渠未尝做官，但得到地方官员的礼重，参与一些地方事务。嘉靖壬辰（1532），邹守益主持安福县田亩丈量，秋渠为其重要成员之一。嘉靖乙巳（1545），岁大饥，与守益等谋划赈灾，更著《保民蠡测》数万言，上之当道，得到重视，故全活者甚众。平生多交游，但晚年唯与邹守益、罗洪先、刘邦采、刘文敏、刘阳、尹一仁等阳明学者日相交往，深研阳明心学。年八十八卒。所著有诗文若干卷，又纂《三传性理》《通鉴节要》《安福丛录》等。其中《安福丛录》，二十余卷，为《安福县志》的雏形（相当于第一部《安福县志》），有"邑中文献"之美称。①

刘宾朝

刘宾朝（1500—？）②，字心川，安福南乡竹园人。少为诸生，有声庠序间。心契良知之学，师事王阳明，复卒业于邹守益。心川于家建复初亭，守益为作《复初亭说》，申戒惧以致中和之说。与刘文敏、刘邦采、刘阳、尹一任、朱调等交游。晚年，徜徉于青原山、白鹭洲书院之间，与马勋相友善。③

王梅

王梅，邑庠生，安福南乡百丈人。年幼时，其叔父英年卒，无后，嗣为后，由叔母守节抚养成人。王梅从阳明以学，服其教，事之如所生。嘉靖十年（1531），为其母建著节堂及著节亭以表之。次年，其母卒。逾年，东廓往吊，并为之作《著节亭记》。④

---

① 王时槐：《秋渠张公传》，《王时槐集》，钱明、程海霞编校，第804—806页；《安福县志》卷十一《人物》，乾隆四十七年刊本，第15页。
② 刘阳《除夕记》提到心川小他四岁，刘阳出生于1496年，故可知心川生年为1500年。该文见李才栋《江西古代书院研究》，第329页。
③ 《同治安福县志》（点校本），第217页；邹守益：《复初亭说》，《邹守益集》，董平编校整理，第448页。
④ 邹守益：《著节亭记》，《邹守益集》，董平编校整理，第399—400页。按：张卫红《敦于实行：邹东廓的讲学、教化与良知学思想》附表二《安福籍阳明学者暨邹东廓弟子一览表》（第287页）备注云王梅"师事东廓（邹守益）"，误，未有文献表明王梅师事邹守益。

邓周

邓周，字昭文，号前川，安福东乡清陂人。邑廪生。偕同志趋绍兴受学于阳明。比归，参与复古书院讲学，并卒业于邹守益。守益赴东乡惜阴会，宿其家，为揭"为善最乐"于楹，于其家刻阳明"谕善四条"，以广教化，又为其父松涛作《遗像赞》；后又为其伯兄邓国、次兄邓圃分别作《墓志铭》。邓周于家庭聚讲，传阳明学于家，其家怡然和睦，兄弟子侄咸循仪度。伯兄邓国从其闻阳明学，励志躬行。[1]邓周与黄旦（守益弟子）等交好，"研究道（此"道"应指儒家之"道"）学，不求躁进"。所校刻《复古书院志》（已佚），极为详慎。[2]

刘独秀

刘独秀，字孤松。性嗜学，博览群书，不求闻达。尝受业于阳明，阳明称其"存遏之功独至"。八十九岁卒，弟子王一夔为其撰《墓志铭》。[3]

王世俊

王世俊，安福东乡蒙冈人。师事阳明，著有《知止录》（今佚）。其兄王世文于正德六年，与邹守益、张鳌山同举进士。[4]

彭勉愉

彭勉愉，字子间，安福北乡人。阳明弟子或私淑弟子[5]，与邹守益有密切交往。守益《答彭子间》与其论良知学曰："仁义之良，本自中庸，初无奇特。果能终日自守，常精常明，不使世俗纷华旧习障吾本体，凡日用酬酢，事上使下，从前先后，一皆精明之流行。古人所谓无众寡，无大小，无敢慢者，便是居仁由义实功，未可认

---

[1] 其伯兄邓国属阳明学同道者，见本章第五节。
[2] 邹守益：《松涛邓翁崇玉遗像赞》《明故横溪邓君墓志铭》《明故北山邓君偕配尹氏合葬墓志铭》，《邹守益集》，董平编校整理，第921、1081、1082页；《同治安福县志》（点校本），第230页。
[3] 《同治安福县志》（点校本），第217页。
[4] 《同治安福县志》（点校本），第171页。按：该志在王世文传中提及其弟王世俊，而未有专门小传。
[5] 邹守益《彭子间墓铭》（《邹守益集》，第957页）言阳明之学"信从者众，一时声应气求、私淑而与，吉郡视四方为胜，而安福视吉郡为盛，然俯仰三十年，相继云亡"，然列举了一些亡故安福学者，其中有彭子间。从行文看，很难判断子间是阳明亲传弟子还是私淑弟子，姑置亲传弟子之列。

为小节，而或忽之也。"①即揭示良知本体，并由此用功，子闇当认同或接受此观点。子闇早逝，守益悲之，称其"检躬砥行，世所歆祝，而顾与秋叶同萎"；同时又赞其"不待寿而荣，不待年而寿"。②

---

①邹守益：《答彭子闇》，《邹守益集》，董平编校整理，第652—653页。

②邹守益：《彭子闇墓铭》，《邹守益集》，董平编校整理，第957页。按：《彭子闇墓铭》只有一段议论性文字，并未对其生平作叙述，疑原版有阙页。

第二节　安福阳明再传弟子

邹义

邹义（1514—1566），字敬甫，号里泉，邹守益长子，安福北乡澈源人。幼颖敏好学，有志于圣贤之学。弱冠，为廪生。徐阶督学江右，以"喜怒哀乐未发气象"为题试诸生，里泉发明精义，大出人表，徐阶得其卷，遂置第一。嘉靖二十二年（1543）中举。二十六年（1547）入国子监肄业，讲《春秋》，阐发其父授受之旨，凛然有张载之风，从其游者甚众。后会试多次不第。侍父讲学于复古、复真、乐安、宜黄之间；又师从欧阳德于青原山、白鹭洲书院，于阳明学充然有得。四十五年（1566），任顺天通判，不逾月，政声藉藉。政暇，与贡安国等聚讲于极乐萧刹，一时京师学士大夫咸勃勃而景仰之。逾五月，染疾卒于任上。性好施予，弘博施。岁饥，与其父出粟为粥以济民；修路、建陂、修桥，不吝费。何子寿称其："负纯粹之资，抱经济之才，扩宪金公（即其祖邹贤）之仁爱，邃文庄公（即邹守益）之理学，孝友出于天性，公物形诸实践，淹古今之学而不见其不足，友天下之士而不见其有余。"对其评价甚高。①

邹美

邹美（1516—1565），字信甫，号昌泉，邹守益次子，安福北乡澈源人。少有异禀，始就塾，即能自振励，英英出侪辈之上。其父试其志，曰："愿学文山（即文天祥）先生。"比长，其学能博综百家，发为文词，闳赡伟丽，然科举不顺，为廪生二十余年，于嘉靖四十年（1561）才中举。徐阶、王宗沐先后督学江西，咸推重之，以为能绍邹氏家学。时邹守益名重天下，来学者众，悉令昌泉主之，间发人所未发，为诸名公所重。湛若水曾访复古书院，临别，勉之曰："令先公学脉今在子矣！"与其父高弟周怡（宣州太平人，南中王门重要学者）在复古书院同起居，交如骨肉。又与罗洪先、刘魁、

---

① 何子寿：《明故承直郎顺天别驾里泉邹先生墓志铭》，《澈源邹氏七修族谱》卷八《状铭》。

罗汝芳、胡直等往复谈学，诸公倚为益友。长期侍父讲学，邹守益出游浙、闽、广倡学，皆其侍行，学遂日益进。尝以经义开馆于安福北乡，乡族弟子执经受业，而免其束脩，人称为义馆。又周族、赡亲、恤贫、赈灾，于他人若恫瘝切身。事父甚孝，父病，亲为服事，代奴仆之役，甚至亲吮父疮，以减其痛。自嘉靖二十八年（1549），开始著《自考录》（今佚），日有笔札，积岁成帙。其序略曰："幼承庭训，欲为圣贤，乃前孽蹉跎，今当以文明堂（即复古书院之堂）为桐宫，编年纪训。苟背驰而崇虚文，是欺己欺人，得罪于天地、父师矣。"至于其人格，王时槐称："公清严劲特之气，令人望而生敬。盖所禀有卓然者，其以文山自期者以此。虽未得仕以征其仗节之实，要其气概良然，非漫语也。"[①]

邹善

邹善（1521—1601），字继甫，号颍泉，邹守益三子，安福北乡澈源人。详见第四章第二节《邹善论》。

周悠

周悠，安福西乡横龙人。邹守益外甥、弟子，与其子邹义、邹美、邹善一同习举业，遂有声于庠序。又跟从邹守益参与复古、青原讲会，自树于学。嘉靖四十三年（1564）举于乡。曾任松江通判。[②]

黄旦

黄旦，字朝周，号一明，布衣学者，安福北乡澈源人。闻里中人治阳明良知学，抵掌叹曰："男儿固当如是。"因此精思力践，不遗余力。嘉靖六年（1527），见阳明于螺川驿，秉承其崖略。归而卒业于邹守益（黄旦未纳贽阳明，故只能算是守益弟子）。守益延至其家坐馆，教子侄辈，多所造就。一明每别去，守益辄念念不忘。一时师生相契，人称"师门颜氏"。尝以连坐系狱，狱中歌咏不辍，且谕众囚迁善改过，人人感泣。吉安知府闻而释之。时时与朱调、朱叔相、王子应等相切劘复古书院中。隆庆六年（1572），刘元卿

① 邹德泳：《明故乡进士今赠忠宪大夫太常寺少卿昌泉府君行实》，《澈源邹氏七修族谱》卷八《状铭》；王时槐：《明乡进士今赠忠宪大夫太常寺少卿昌泉府君墓志铭》，《澈源邹氏七修族谱》卷八《状铭》。
② 邹守益：《周甥双寿祝言》，《邹守益集》，董平编校整理，第288—289页；《同治安福县志》（点校本），第124页。

在西乡杨宅举讲会，请年高望重的一明主讲，其骨貌高俊，风神畅朗，一时为人所倾。一明性旷恬，不治生产，故常贫，家常不盈担石粮。然喜施予，或遇饥窘，自得升斗米，即以分于贫士，才及炊，不有其半。人谓其自且窘迫，安能及人？一明笑曰："予惟贫，故能知贫也。升斗与万钟无小大，第尽吾心耳。且升斗弗能分，即万钟犹是矣。"其学宗阳明"致良知"而力于自信，故能沛然不疑，所往而终身由之，至老而不倦。[①]

周儒

周儒，号东川，安福南乡社背人。邹守益弟子。嘉靖十三年（1534），中乡举解元。授南直隶镇江同知，有政声。解组归，于南乡松云窝建书屋，并常于此举讲会。三十六年（1557）秋，大集同志举惜阴会，守益为此作《松云窝请书》，并发戒惧之旨。三十七年（1558），与邹守益、刘邦采、刘阳等于南乡创办复真书院，是书院建筑工程的主事者，其功尤大。[②]

王樟

王樟（1530—1614），字木甫，号方塘，安福南乡百丈人。早年游邑庠，善属文，补诸生。后屡试无所遇，辄弃举子业，以邹守益传阳明之学，遂师事之，被称为高足，密修遂证，贞修六十余年。平生好为史学之著述，取典坟而下，凡圣贤名硕之著作，经子史传之纪载，风谣声律之篇什，国故邦献之遗事，稗官小说之绪谈，莫不穷览而旁探之。所著有《昭代史略》《吉州文略》《江右人文赞》《景慕编》《墨庄一菆人物考》等（今均佚）。其书独存己见，是非绝无依傍，以一人上下今古之论议，而以一心含茹宇宙之精华。其中，后一书尤为时人所重。王时槐主修《吉安府志》，其梗概多出方塘论次。方塘居乡能赈饥贷乏，四众为之感德；教家则趋庭授业，兄弟和睦、子孙孝顺。[③]

---

① 刘元卿：《黄布衣传》《王箕峰公墓铭》，《刘元卿集》，彭树欣编校，第254—256、325页；洪云蒸、颜欲章：《刘征君年谱》，刘元卿：《刘元卿集》，彭树欣编校，第1523页。

② 《同治安福县志》（点校本），第224页；邹守益：《松云窝请书》，《邹守益集》，董平编校整理，第783页；张卫红：《邹东廓年谱》，第47页。

③ 邹德泳：《王方塘公墓志铭》，《湛源续集》卷六，第53—56页；王时槐：《寿王君方塘六十序》，《王时槐集》，钱明、程海霞编校，第32—33页；《安福县志》卷四《人物·文学》，康熙五十二年刊本，第93—94页。

周渔台

周渔台，渔台为其号，名、字不详，刘孔当姑夫，安福西乡人。少负豪气，弱冠，即补县诸生，睥睨一时，谓功名不足就。自受邹守益之教，则深自贬损，日惟兢兢于良知之学。跟随其师随处讲学，岁无虚日。后数试不中，即弃去不复事科举，独一意于圣贤之学，终日乾乾，至老弥笃，欣然忘老。每为人谈说，辄称"先师先师"，实时时梦寐见之，恍若有所授。刘孔当赞其像曰："儒启人文之先，学宗良知之绪……无愧邹文庄先王之高弟。"①

刘伯望

刘伯望，字道卿，号见吾，安福南乡塘边人。早年补邑诸生，已有声名，忽不复应试，曰："是区区者，何与吾性而占毕之为？"遂愤而受业于邹守益之门。既闻良知学之旨，益务反观默识，冀有所得。尝困思于寂感无二、知行合一之说，废寝忘食，用力参求。一夜，梦刘邦采呼而告之曰："常明常觉。"醒而遂对心性本体恍然所悟，因而以"见吾"（即见吾之良知本体）名其斋，并以庸德庸言证之，即将良知本体实证于日用间。其取予一介不苟，而其接引来学，则无论贤愚，均谆谆勉勉，期于有入而后止。又时集家族之俊秀者，申儆性之不容已，家族中熏其教而兴于学者甚众。晚年仍勤学不已，常对其家人士曰："汝无谓我老耄而舍我，必朝夕以交戒我。"又捐金并亲自修纂族谱，手披不辍，受到族人的敬重。县令吴应明、杨庭筠高其谊，数聘之乡饮。所著有《吟弄集》（已佚），皆为见道语。②

王考

王考，字丙中，号南乔，安福南乡汶源人。五岁就塾师受书，已能日记数百言，群儿争骇视之。比校艺，连冠其侪辈，补郡诸生。然益厌训诂，遂就学于邹守益，断然修其孝悌忍让之行。待兄至笃爱，推产让兄。族里人来借贷，未尝以无为辞。或难偿，竟举其券与贷者。终其身，与族、里人无竞。至其与人排患解争，则毛析其是非

---

① 刘孔当：《寿渔台姑夫周先生七十》，《刘喜闻先生集》卷二，第50—53页；刘孔当：《周渔台姑夫像赞》，《刘喜闻先生集》卷十，第5页。
② 刘孔当：《塘边刘氏祭田记》，《刘喜闻先生集》卷三，第8—9页。

曲直，而调和之间，对其子叹曰："善一尔，养人之与服人，毫厘千里。"可见其对教化乡人之重视。间与诸贤者纵谈名理，累日不倦。年七十，援恩诏赐冠服，家人奉酒前为寿，南乔举饮如故。至晡时（即下午三至五时），谓其子曰："吾归矣，吾归矣。夫去来如旦暮也，千古之业一以付儿，吾兹快哉！"俄而瞑。可谓已参透生死之道。[①]

彭侨

彭侨，号长思，安福西乡严溪人。受学于邹守益之门，得闻阳明良知之训，每自参究曰："良知良能，本无二理，若无良能，必非良知。"就是说，良知中必然包含道德能力（良能，即道德力量），否则只是道德上之认知，并无行动的力量。邹守益喜其言，每赞之曰："好古尊家学，躬行奉圣传。"时王阳明弟子季本为吉安府知府，闻其贤，亲书"敦行礼教之家"六字，以表其堂。[②]

颜德寅

颜德寅，字以宾，号敬斋，安福西乡南田人。自幼抱负不凡，初习儒业，辄有志圣贤之学。长而受学于邹守益，益自精勤，守益甚异之，谓其不愧为复圣颜回之后裔。后往吉水石莲洞，从罗洪先游，讲道论德，昼夜不倦。归，建南田小宗祠以安祖先之灵，题曰"爱敬"。罗洪先为文记其事，称其"以仁孝之心，上敬宗亲，下睦族众，本根既立，圣贤可驯而至"，且亲书"理学宗风"四字以赠之。后出任山东济南府经历，佐理有法，民甚德之。年六十三卒。[③]

周坤

周坤，号阳山，安福西乡路口人。补邑庠生。入国子监，考选授中书舍人。当道推重，谓有侍臣风。明世宗嘉其醇谨端恪，屡赐白金、文绮。擢大理寺正。以母老乞养归。晚年师事邹守益，与其言有所悟，辄唯唯服膺，卒称高弟。[④]

张秩

张秩，字以敬，张鳌山次子，安福西乡梅溪人。嘉靖二十八年

---

① 刘元卿：《王南乔传》，《刘元卿集》，彭树欣编校，第266—268页。
② 《彭长思公传》，《识仁讲院志》卷七《志贤传》。
③ 《颜敬斋先生传》，《识仁讲院志》卷七《志贤传》。
④ 《同治安福县志》（点校本），第230页。

（1549）举于乡。四十四年（1565）成进士，选为庶吉士，授检讨。隆庆时，以检讨充经筵展书官，参与《明世宗实录》修纂，书成，晋编修。以丁母忧归，不久卒。早年受业于罗洪先之门，日用力于学问，尝曰："吾身虽在樊笼中，吾心未尝一日不在雷岩洞壑间也。"其学又受邹守益之影响。守益尝为其加冠取字、撰字说，勉以圣人之学，曰："善学者复其初以归于圣，不善学者夺其中以沦于狂，是在子勉之而已矣。"此处所阐发良知之学"复其初"，即复本有之良知。参与复真书院讲会时，邹守益尝致其书曰："复真聚讲，甚喜修进之得所趋也。适收嗣音，省悟真切，侧侧以不戾令先君石磐翁之休，所谓及游衍见羹墙，仁孝一脉，无庸外求矣。……愿言珍爱，以副远望。"肯定其学进，对其寄予厚望。①

王宗化（含王汝叙）

王宗化，字汝诚，号一亭，安福南乡汶源人。偕其兄汝叙从学于邹守益，退而与族之学者王皦（内虚）、王正吾时为小会，励志师友之训。持册向守益征言，守益作《王生汝诚请书》，以《中庸》义阐发其字"汝诚"之义，曰："一也者，诚之纯也；化也者，诚之融也；非二物也。能一能化，维汝诚之绩；弗一弗化，维汝诚之咎。"并希望"汝诚与二三子尚敬修之，已百已千，必明必强，愿无以天资自限"，可谓对其寄予厚望。②

刘一龙

刘一龙（1509—1580），字于田③，号时斋，刘元卿伯父，安福西乡南溪（今属莲花县）人。自少踔厉，既壮，习举子业，补县增广生，以援例入太学。时邹守益讲学里中，执贽往师之。不久，授浙江临山卫经历。其守官，恭慎奉职，居之数岁，官舍萧然。性复亢直，不能察言观色，以媚大吏，取权势，竟辞官归。居家，主持刘氏家族修谱，不遗余力。严祭祀，虽小病，必强起。晚益捐资，广增祭田，又修订祠制祀仪，焕然大备。间见元卿等晚辈谈学，且喜且儆之，曰：

① 《同治安福县志》（点校本），第124、136、220页；《光绪吉安府志》（点校本），第1145页；邹守益：《张石磐字二子说》《简张以敬》，《邹守益集》，董平编校整理，第488、668页。
② 邹守益：《王生汝诚请书》，《邹守益集》，董平编校整理，第782页。
③ 刘元卿《伯父时斋公圹志》（刘元卿：《刘元卿集》，彭树欣编校，第326页。）云刘一龙字于田（原咸丰二年刻本《刘聘君全集》如此），误。刘元卿父名一凤，字于乔，又《周易·乾》"九二，见龙在田"，从兄弟名字相关以及名与字相关看，刘一龙应字于田，而非干田。

"而以为讲即学耶？老夫诚迂愚，窃见谓讲虽明，第商榷耳。反之躬，无有商榷，何为也者？"即强调学在躬行，忌空谈。比病作，语侃侃不休，大都皆公族事，无片言及私事。[①]

甘则禹（含甘则舜）

甘则禹（1530—1588），字善甫，号乐庵，安福西乡南溪（今属莲花县）人。自补诸生，即与兄甘则舜同师事邹守益。晚弃举业，奉恩诏，膺儒服。隆庆六年（1572），刘元卿倡学里中，与其至里中各姓，谕以圣学，遂成为其"西里五友"之一。元卿联南溪刘、甘二姓举办乡约会、社会，乐庵协助之，亲督其子姓参会。乡间有纠纷，为居间百方调解。后里人竞尚和睦，多乐庵之力。族人有贫不给者，视之恻然，遂捐田租百石以救济之。贫不能葬者，无问亲疏，为之具棺。督学刘应峰激赏其事，为著文，乐道之。其事迹载府志中。卒之前一年，与元卿至复古书院，闻诸大儒谈心论性，津津向慕，归而叹曰："吾曹日兀兀处一室中，安所从贤豪长者闻嘉言广吾思？见之所未周，犹之坐井也。"年老犹欲进一步取友广学，惜乎年不永而卒。乐庵性峻直，不欲掩人善恶，以故人多畏之，然久乃益信之。其平生坦然洞达，不设城府，间执己见，自谓不可夺，然人从旁款曲开谕，则投杖而拜，不有成心。[②]

邓言

邓言（1536—1596），字信甫，号认庵，安福东乡清陂人。为人坦衷直口，不修机巧，与人交，辄致其赤心。处事周慎，每出于人之所不足虑者。早年受学邹守益，晚年又与刘元卿交好。言学必本师友，论行必及家世，曰："吾何敢负父师！"以赀入太学。太学诸生，人人服其醇谨，无不以兄弟待之。比谒选，得湖广按察司知事，益勤于其职。宪使尝委输捐京师，皂吏向认庵求贿，认庵念曰："荐贿曲徇左右之助，抑何以称谈理道，不失家世也？宁罢而归，无负父师矣。"竟不予。可见其知行合一久之，升平乐府经历。最后弃官归。[③]

---

① 刘元卿：《伯父时斋公圹志》，《刘元卿集》，彭树欣编校，第326—328页。
② 刘元卿：《乐庵甘君行状》，《刘元卿集》，彭树欣编校，第305—307页。
③ 刘元卿：《湖广按察司知事认庵邓君墓志铭》，《刘元卿集》，彭树欣编校，第340—342页。

赵格

赵格，号文洲，安福台西人。自幼聪慧、端重。尝受学于邹守益。嘉靖三十七年（1558），与邹德涵、周寀同中乡举。三十八年（1559），登进士第。初授行人，奉使赵藩，馈赠一无所受。累擢吏部、兵部、刑部三科给事中，疏数十上，皆有关民生、吏治、刑狱、边防大计。升山西布政司右参政。不久，考察落职，出为温州推官。稍迁南京兵部武选司主事。弹劾徽州知府，连及都御史刘自强，由是忌者多方诬毁，被强令致仕。台谏皆为之不平，而文洲自视泊如也。年五十九卒。[①]

姚周甫

姚周甫，字惟德，安福人。邑诸生，从学于邹守益。一日，觉心痛如刺，随后报母病者至，驰归，侍母左右。刺指血，书词祷神，祈代母病，母病渐愈。次年，母病复作，亦如之，母竟不起。苫块庐墓，哀感行路。不久，父殁，居父丧如母丧。后府县上其孝行，祀乡贤祠，可谓孝子的典范。[②]

彭惟绍

彭惟绍（1541—1603），字载文，号斗台，明内阁首辅彭时五世孙，安福东乡松田人。少颖慧绝群儿。弱冠补诸生，不久入太学，才倾同侪。然乡试屡不中，后谒选得山东按察司经历。斗台自念负才，不得志于科举，益自刻厉，思以操行奋，精心营职，声名大起。晋两浙盐运司运判，廉洁奉公，声益大起。再晋山东济南府通判，在官无纰政。多次摄州县事务，为民纾困，淘汰蠹吏。后欲辞官归，反被人诬告而丢官。斗台少受学邹守益，不久又从刘阳游，斤斤操修，不诡于度。比家居，恬静澹愉，绝不涉世营竞态，而独好行德。岁旱疫，辄煮粥施众，市药医众。尝倡五姓捐金祭厉鬼，以其余为本业收息，岁给穷人。斗台为人醇谨，寡言笑，与贤者处，肃肃宾下；即遇流俗辈，色怡辞婉，不与之较。故无论识与不识者，无不诵赞其德义。[③]

---

① 《同治安福县志》（点校本），第124、197页。
② 《安福县志》卷四《人物·孝友》，康熙五十二年刊本，第68—69页；《同治安福县志》（点校本），第245页。
③ 邹德溥：《明故山东济南府通判斗台彭公墓志铭》，《邹太史文集》卷六。

夏梦麶

夏梦麶，号云屏，安福人。从学于邹守益。读书南岳三年，归而安福县令闵世翔师事之。嘉靖十一年（1532），邹守益主持安福县丈田事，协助其丈田。后又与李挺一起协助闵世翔督理方田册，册成，邑人皆服。与李挺为至交，一同讲学，以"见过"为学。一巨商被诬，越关货没，其友刘虞部为守关者，其人持千金求云屏，云屏曰："吾生平未尝以私干人。"及归，刘氏钱别于舟中，因语巨商被诬，刘氏遂释巨商。巨商持数百金追至舟为谢，云屏坚弗受。同舟人笑其迂，云屏曰："吾言为了乍见之心耳，岂为利哉！"也即为了致良知而已，并无为利的目的。常参与东山讲会，万历三十二年（1604）辑《东山会志》（已佚）。年七十五以寿终。临终时，诸贤达以祀乡贤祠为请，坚持不可，口占一律，乃瞑目。[1]

李挺

李挺（1535—1603），字秀卿，号一吾，安福城南人。幼不好弄，就塾即以圣贤为学。一日，问曰："圣贤以学教人，在正心修身，非为科第也，奈何直以此干进耶？"其师大奇之。为邑庠生，两次参与乡试，不中，即弃去不复试。拜邹守益为师，得闻良知之学，有契于心，遂笃志研求，至忘寝食。守益殁，再师从刘阳。刘阳深器之，命其与守益弟子夏梦麶缔兄弟交，遂造其庐，拜而请益，遂为肺腑之交。刘阳殁，同志创崇训祠，共聚以讲明师训，又以事刘阳者事一吾。一吾遵刘阳之训，贵实修而忌空谈，尝曰："为学而不修行，则玄虚而无实；修行而不研几，则冥行而罔觉。且先师之意尤嫉空谈为世诟病。"[2]又与邹德泳交游，论学于西林（寺）、复古（书院）之间，遂为密友，命其二子受学于德泳。

夏梦麶以"见过"为学，一吾受其影响，其学"遂以'见过'为宗，凝神内省，瞬息不懈，而饬躬励节，不愧屋漏"。所谓"见过"之"过"，不是指一事之失、一念之差，而是指"念未起，事未形，而习气潜伏，未能彻底融化之谓"。[3]"见过"之功，在于每日反躬内省，戒

① 《安福县志》卷四《人物·文学》，康熙五十二年刊本，第90—91页；王时槐：《一吾李君志铭》，《王时槐集》，钱明、程海霞编校，第168页；刘元卿：《题东山会志》，《刘元卿集》，彭树欣编校，第491页。
② 王时槐：《一吾李君志铭》，《王时槐集》，钱明、程海霞编校，第169页。
③ 王时槐：《寿一吾李君六十序》，《王时槐集》，钱明、程海霞编校，第48页。

惧于不睹不闻之地，以消融潜伏未露之习气。这是对其师邹守益"戒惧说"的具体运用。一吾为学日有常课，省躬警策，夜必焚香告天庭，手书一联曰："日暮途长，猛着脚跟走万里；肩小担重，打起精神荷千钧。"① 最后，其"见过"之功臻于化境，不再刻意去扫除潜伏之习气、欲念，而是真性（本体）现前，习气、欲念自然消除。如他与夏梦夔言："看来见处分明，便是性真作主，推之应感，自不增减。向谓扫除意识，毕竟是隔一层，性真现前，自会潜消。"②

一吾家故食贫，乃坚忍自守，拒人千金之赠，寒蔬食自甘，一以修行为事。死前，梦中预知时至。疾作，与诸友、门人诀别，唯以真志实修、宗孔孟为训，语其家族以继先德、勉为善为告。少顷，指画其掌曰："吾去矣！"拱手而逝。③ 生死之际，最能见一个人的工夫、境界，从其死时之情状看，一吾可谓得道者。所著有《崇训篇》《论学肤见》《孝弟勤俭箴》（已佚）。

夏梦龙

夏梦龙，安福人。嘉靖二十二年（1543），与邹守益长子邹义同中举。曾任知州。师从守益，参与复古书院文明堂讲会，接受其师万物一体之学。联族修《长芦夏氏族谱》，守益为之作《谱序》。推产让弟，焚他人借款券，以推其一体之爱。④

康钟

康钟，字子乐，号三泉，安福南乡濛潭人。少时不乐仕进，究心道学。及长，师事邹守益、刘邦采，敦行益力，至老而弥笃。学成，倡明正学于庐陵、泰和二县，士大夫奉为楷模。性至孝，亲殁，苫块蔬水，庐墓侧。年八十四卒，卒后祀乡贤祠，乡人复立社祀之，邹善题曰"乡社遗思"。所著有《集思录》等（已佚）。⑤

刘莆

刘莆，字思征，号太冲，刘秉监伯兄秉常之子，安福南乡三舍人。

---

① 王时槐：《一吾李君志铭》，《王时槐集》，钱明、程海霞编校，第169页。
② 王时槐：《一吾李君志铭》，《王时槐集》，钱明、程海霞编校，第170页。
③ 王时槐：《一吾李君志铭》，《王时槐集》，钱明、程海霞编校，第170页。
④ 《同治安福县志》（点校本），第124页；邹守益：《长芦夏氏族谱序》，《邹守益集》，董平编校整理，第302页。
⑤ 《同治安福县志》（点校本），第218页；刘宗彬、刁山景：《王学名邑》，第91页。

幼承家学,诗古文辞渊雅有法度,读书日记数千言。补太学,辄试高等,壮志凌云,不欲以文学自见。入为太常典簿,抗疏条陈祀典数十条。三年后,补武昌别驾。升河南睢州知州,以亲老告归。归后,师从邹守益,日从其问学,推究性命之旨。又率族中子弟倡族约、建义仓、恤独孤,以为此为孔门言仁之始基。[1]

周严厚

周严厚,字默庵,安福东乡车田人。潜心性理,不乐仕进。师从邹守益,又与刘阳、刘邦采等相与讲学。所著有《默庵遗稿》(今佚)。[2]

刘萃源

刘萃源,安福南乡人。早游邑庠,词艺烨然,已而以亲老归而侍养。师事邹守益,尝任复真书院之事约,节约费用,增田制器,院事秩然一新,诸同志交贤之。优游林下,翛然自适,不以外纷尘态干其心。性木讷而近仁,情甘静逸而远俗。安福县令、训导分别表其庐曰"恬笃耆儒""潜德真修"。[3]

彭世均、彭世堪

彭世均、彭世堪,邹守益友人彭黯之子,太学生,安福南乡荆山人。两兄弟以父遗命受学于守益。后守益之孙德泳继娶世堪女,又继娶世堪弟世垲女,两家成为姻亲。[4]

彭汝贤

彭汝贤,字希之,号廷评,安福北乡陂下人。嘉靖三十一年(1552)举人,经魁。授大理寺正,补汝州府通判,迁池州府通判。为官九年,不以家累自随,咸有治声。尝受学于邹守益,清约自持,言讷讷不能出口,而好与诸名士交往,日与砥切,人称汝贤"笃修"。[5]

---

① 刘良楷纂修:《三舍刘氏七续族谱》卷三四《家传六·刘莆》,第23—24页。
② 《同治安福县志》(点校本),第219页。
③ 王时槐:《寿萃源刘君七十序》,《王时槐集》,钱明、程海霞编校,第86页。
④ 邹守益:《草亭公传》,《邹守益集》,董平编校整理,第907页;蔡懋德:《明正议大夫刑部右侍郎泸水邹公墓志铭》,《澈源邹氏七修族谱》卷八《状铭》。
⑤ 《安福县志》卷四《人物·宦绩》,康熙五十二年刊本,第25页;《同治安福县志》(点校本),第193页。

伍惟忠

伍惟忠（1537—1577），字效之，号尽吾，安福北乡荷溪人。安福伍氏家族系当地名门望族，明举进士者十三人，其祖伍基登正德六年（1511）进士，累官至山西按察使。尽吾少有大志，不喜俗态。比壮，师事邹守益、刘阳，拳拳语心问性。率家族子姓，月举德业、举业两会。又与邹德涵、邹德溥、傅应祯、刘以中等交游，切砥学问。嘉靖四十四年（1565），刘元卿从其学举业，语之曰："读书宁第博一科名耶？虽劳劳改课，而所私期许不在是矣。"亦即告以读书要有大志。隆庆四年（1570），师弟同中举。万历五年（1577），成进士，未及授官，卒于京。性至孝，丁父忧，哀毁骨立。尝讲《论语》，至"父母之年不可不知"，辄泣不自禁，弟子为之废卷。曾致书元卿，言及学问得力，曰："某自释褐来，种种风波不足入其胸次，皆十年相与讲求之力。"其家书曰："吾平生立志欲远，宅心欲宏，德施欲厚，俗态欲辈。"可略窥其修养、学问。元卿称："先生平生心行并白，耻散淳朴而存心用厚，贱行伪貌而挽俗以躬。与人交，必尽其款曲。虽匆遽，而周旋缜密不少懈弛。"可谓知"师"之言。①

刘台

刘台，字子畏，又字国基，号畏所，②安福南乡江口人。邹守益弟子③，与刘元卿、邹德涵等为友。隆庆四年（1570），与刘元卿、伍惟中等同乡举。五年（1571），与邹德涵等同举进士。初授刑部主事。万历初，改御史，出按辽东。万历四年（1576），上疏弹劾内阁首辅张居正。居正为畏所座师，门生弹劾老师，为二百年来所未有。居正大忿，呼为"逆台"，逮至京师，下诏狱，夺职为民。逾二年，谪戍浔阳，卒。④

① 刘元卿：《进士尽吾伍先生行状》，《刘元卿集》，彭树欣编校，第302—304页；洪云蒸、颜欲章：《刘征君年谱》，刘元卿：《刘元卿集》，彭树欣编校，第1521页。

② 关于刘台的字，相关传记资料，有云子畏者，亦有云国基者，应有两个字，关于其号，刘元卿《送闵父母凤寰翁醴水部郎序》提到，"时谏官畏所刘台下吏治"，畏所应是其号。参见刘元卿：《刘元卿集》，彭树欣编校，第140页。

③ 刘元卿《河南宪金聚所邹君行状》提到"畏所氏又故文庄公（即邹守益）门生"。参见刘元卿：《刘元卿集》，彭树欣编校，第288页。

④ 刘元卿：《江右名贤编·刘台》，《刘元卿集》，彭树欣编校，第1214—1215页；《同治安福县志》（点校本），第125、136、179—180页。

王如坚

王如坚，字介石，号石夫，安福南乡王屯人。师从邹守益。① 未中举前，与伍惟善、邹德泳、刘孔当、谢应祥等12人常在东山寺举办讲会，称"十二人会"。② 万历十三年（1585），中乡举。次年，成进士。初授河南怀庆府推官。府大旱，民相食，石夫骑驴走村落，劝富民出粟赈灾，活者甚众。又尝水暴涨，城且坏，召民为堰，民争趋赴。至府下各县视察，惩猾胥，清军卫。擢刑科给事中，会宁夏报功多滥，石夫首疏论劾。既而抗疏，争三王并封事，被削为民。归与安福县令杨廷筠，酌荒政，请减折。又在乡置义仓、义舟，族党赖之。卒赠光禄少卿。所著有《潜一斋稿》（已佚）。③

王时槐

王时槐（1522—1605），字子植，号塘南，安福南乡金田人。师从刘文敏。详见第四章第一节《王时槐论》。

王时松

王时松（1519—1563），字子操，号前峰，王时槐从兄，安福南乡金田人。十岁始受《毛诗》，治举子业，与时槐一同出外就学。嘉靖甲辰（1544），刘文敏设馆于郡城西塔禅寺，庐陵陈嘉谟最先从师，因陈氏之介与时槐同往拜谒，一见有契于心，兄弟俩遂执弟子礼。刘文敏授以阳明致良知之学，前峰一听即能信受，洒然曰："知者，心之体，致之以复其体也。吾信其必为孔氏嫡传矣。"邹守益、聂豹、罗洪先讲学于复古、青原、玄潭，自是兄弟俩必俱往听。退则以所学行于家庭父子、兄弟、妻孥、奴仆间，并推之于乡党、朋友交接之际，心体之，身践之。故德之所进，内坦荡而贞恪，外谦和而慈恕。嘉靖乙卯（1555），举于乡。三赴会试不第。嘉靖壬戌（1562）春，任浙江昌化教谕，聚诸生读书攻文，亲为讲说举业文，又以所受阳明学教诸生，并以自己的言行举止为诸生准绳。尝贻书时槐曰："成己成物是一事，吾乃今益信教僻邑即尽职，当路未必闻，然吾为此者以毕吾志，庶不愧吾学耳！"前峰为官，乃真正敦行儒家成己成

① 王如坚在《寿邹母贺夫人六十序》（见《邹槃所外集》，第428页）中称"先师邹文庄公"，邹文庄即邹守益。
② 邹德泳：《伍在吾年兄八十寿文》，《湛源续集》卷四，第42页。
③ 《同治安福县志》（点校本），第125、174页。

人之学也。故昌化诸生谓："师范如前峰先生，盖自国初以来所未有也。"次年五月，卒于官。①

王岭

王岭，原名汝岭，字景甫，号立吾，安福南乡金田人。王时槐族叔，年龄可能比时槐略小。早年受学于邹守益。以选贡任江西萍乡县教谕，介直毅方，仪刑振肃，诸生帖服。晚年与时槐交往密切，时赴吉安郡城，与其"静对而密订"，研讨学问。又与时槐一起倡办金田王氏家族讲会。万历二十三年（1595），时槐于金田祖屋遗址建诚心堂，作为家族及其本人讲学之所。由于时槐家居吉安郡城，回村的时间较少，族会实际上主要由立吾主持。时槐曰："吾族叔立吾先生屹然饬躬而范俗，既以正学征于践履，复月聚族之后进于诚心堂，讲摩砥切不少懈。"②

王士任

王士任（1509—1577），字伯伊，号方衡，安福南乡金田人。补邑弟子员。嘉靖十三年（1534），江西督学徐阶见其文，评之曰："思致奇蔚，气格邕伟，天下士也。"遂拔为第一。二十八年（1549），中举。三次参加会试，不中。授浙江汤溪学谕。升湖广桂东县令。迁永州府通判，后兼任该府江华县令。部使者至县视察，方衡不按常例提供索需，因借他事中之，遂罢官归。早年受业于邹守益之门。归田后筑室金田东山，读书其中。常往来于复古、复真两书院，参与讲会，讲明心性之学。万历二年（1574），开始与王时槐、朱调联王、朱两姓，每月于金田元阳观举办惜阴会。著有《文衡家范》若干卷（今佚）。③

王而绂

王而绂（1524—1578），字庆所，号少南，王士任侄，安福南乡金田人。其父王士俊，进士，是金田家族讲会的首倡者（见本章第五节《王士俊》小传）。少南年十七，补郡庠生员，寻进为廪生。

① 王时槐：《先兄浙江昌化教谕前峰先生墓志铭》，《王时槐集》，钱明、程海霞编校，第153—155页；王时槐：《寿黄母王孺人六十序》，《王时槐集》，钱明、程海霞编校，第69—70页。
② 《金谿王氏族谱》卷四《仕宦志》；王时槐：《寿族叔立吾公七十序》，《王时槐集》，钱明、程海霞编校，第61—63页。
③ 王汝振：《明永州别驾方衡先生行实新编》，《金谿王氏族谱》卷六，第27—28页。

督学宪使按试，试必高等；然八试乡举，竟不第。弱冠时与王时槐同游于郡庠，以文辞、意气互相推许。隆庆六年（1572）时槐归田后，少南与之联族人举惜阴会，共期于圣贤之道，且命其二子受学于时槐。万历元年（1573），以序得贡于礼部。四年（1576），授福建诏安县训导，能正身端范，温恭直易，以德艺迪诸生，期于有成。又因其才学显，被选拔参与《八闽通志》的纂修。六年（1578），忽染病卒于官。早年受学于邹守益之门，从此讲良知学，以淑其身心。时槐称之曰："退则以取信于乡，进则以才见知于世。乃所躬行，卓卓表见，无愧于师门之学。"[1]

刘昭谅

刘昭谅（1521—1579），字正夫，号忝峰，安福南乡三舍人，刘文敏（两峰）之子，邑庠生。稍长，侍父讲学于吉安青原，乾峰与赣州雩都、宁都，听讲者数百人。两峰所讲，士子有不懂者，忝峰从旁稍加解释，其父以为孺子可教。两峰以讲学为业，不理家业，忝峰内综家务，外应宾客，使其父专心讲学。两峰不喜著述，文稿甚少，忝峰尽力搜集刊刻，贻学者传诵。忝峰可谓其父讲学的重要助手。其学主于实心以敦实行，不为玄谈，尝戒其子曰："尧舜之道，孝弟而已，今学者动称解悟，妄意幽眇，而征诸实践，或蹈非僻，可为深戒！"故言出其口，事经其手，乡族无问亲疏，均信之不疑。忝峰在学术上虽无所成就，但两峰同辈学者均称其为父之肖子，如聂豹称："两峰为天下布衣第一人，得正夫足称有子矣。"尹台称："真两峰子也。"盖指其精神、人格肖其父也。[2]

王子应

王子应（1509—1596），字以虚，号箕峰，安福西乡金滩（今属莲花县）人。自少诚谨，不甚敏慧，稍习举业，辄弃去之。闻县之长者为阳明之言，心津津向往，曰："此可学而至也。"遂欲入越亲见阳明，时其乡里无闻学者，不晓学为何事，闻其将千里而行，则相视骇异，其父母哭阻其行，遂不得行。于是禀学于刘文敏，不久又卒业于邹守益。归而以所学训导家人。又时与黄旦、朱调、朱

---

① 王时槐：《诏安县训导少南公墓志铭》，《金谿王氏族谱》卷六《艺文志·墓铭》。
② 王时槐：《忝峰刘君墓表》，《王时槐集》，钱明、程海霞编校，第184—186页。

叔相等相切劘于复古书院中。丁母忧，筑室于墓旁，独居三年。岁时祭祀，若祖先临之，自始至终不懈怠。居家动循礼规，子弟朝夕入揖，必训戒之，无敢失度。晚年时，刘元卿倡学西乡，间就其问学之所入。箕峰曰："吾独得常惺惺法，惺惺则大公顺应；一起风波，便不觉下消除耳。"所谓"惺惺法"，即邹守益所授之戒惧工夫。刘元卿举讲会，箕峰时率其家众赴会，赴必虚心咨询，若一无所知者。安福县令吴应明闻其贤，造庐请乡宾饮，辞不往。后耳聋，犹日坐一小楼，置先儒语录于明窗下，琅琅诵读之，或时发浩歌，声若金石，可谓得为学之乐也。[①]

王瞰

王瞰（1517—1599）[②]，字内虚，号白室，安福南乡汶源人。少弃举业，不问家人生产，曰："未了大事，容可驻足？"遂师事刘邦采，究格致诚正之学，尝与其论心、意之辨，邦采肯首曰："内虚本领日密，知意不漓，真得性命渊源。"复与朱调、朱叔相入武功、九龙、青原诸山，共研师门之蕴。万历七年（1579），张居正禁学，诏毁天下书院。[③]白室弗避，毅然与刘肇衮、黄旦谋于邹善，设法保护复古书院，书院得以不毁。居家，孝敬父母，友爱其弟。与异母弟分家，悉以产付之自择。继母卧病连年，白室不解衣侍病，卒葬，庐墓三年。服除，同志迎至复真书院祝贺，以弘扬为子之道。父老而鳏居，白室卧帷侧十余年，丧祭、庐墓如继母时。县令闵世翔、杨廷筠屡次请宾饮，且授官服，坚辞之。年八十三，偶染病，病笃，门人至榻问之，则曰："形骸有存亡，性命无存亡。"呼诸子，戒之以"孝弟忠信，亟赞有道"。坐于堂而卒。可谓超越生死而得道者。所著有《澄心觉悟》《白室手稿》《易绳注疏》《谭经评》，均佚，唯存语录一二条。[④]

从所存语录看，白室对真心或道心及体用关系有深刻的证悟。对于真心或道心，其曰：

① 刘元卿：《王箕峰公墓铭》，《刘元卿集》，彭树欣编校，第324—326页；刘孔当：《金滩王氏族谱叙》，《刘喜闻先生集》卷一，第27页。
② 王瞰生卒年据王兴才：《武功山文化遗存》，第175页。
③ 夏燮：《明通鉴》（第6册），沈仲九标点，第2674页。
④ 《王白室先生列传》，王吉等编：《安成复真书院志》卷三，第21—22页；《同治安福县志》（点校本），第267页。

　　盖人之真心，本与天地通。天地之心，无剥无复；天地之
化，剥而即复。《易》曰："复其见天地之心。"亦从化而言，
非谓心必待复而见也。即舜禹授受，人心、道心之分，亦为后
来人学圣分别头项，恐人错走了路。若论道心之真，本无一毫
私累，彻底澄清，特患人心混扰，不得到觉地位。故吾辈学圣
功夫，暂且从习忘养心上做去。妄念不生，道心自定，定则澄，
澄则心如止水，物来即照。未有不觉，觉则心知圆珍，事来顺应；
未有不化，化则可几于圣矣。①

　　就是说，真心或道心（亦即本体之心），本与天地相通，本来
彻底澄清，只因人心混扰才有所蔽。如果妄念不生，本体之心自然
澄清，澄清则未有不觉、不化，如此则事来顺应，几近于圣人。对
于体用关系，其曰：

　　真无真寂，吾心之体；真清真明，吾心之用。体如其用，
澄亦是觉；用如其体，觉亦是澄。澄觉不分，完吾真心。②

　　就是说，心之体是无和寂，心之用则呈清明之态；真心体用一如，
即澄即觉，即觉即澄，二者不分。其学可谓归寂之学，接近刘文敏、
王时槐之学。

刘以身

　　刘以身（1517—1591），名守以，以字"以身"行，又字敬甫，
号竹溪，安福南乡三舍人。刘邦采从侄，少从其受学。嘉靖十九年
（1540）中举。三十八年（1559），授湖广浏阳教谕。四十二年（1563），
升浙江淳安知县，一以学为政，意在教化士民。解组归，时时赴惜
阴会，与刘晓、刘文敏、刘邦采、胡直、王时槐、朱调等交游，一
起探讨学术旨趣。提出以"见过内讼"为学，曰："学当以求仁为主，
以改过为功。孔子不言观心知仁，而曰观过知仁，可见学问端的，
惟在察其过而消化之。此见过内讼，为孔门正脉。但有形之过显，
无形之过微。微者受命以生之，倪即所谓己时时省察，当从此用力，

---

① 王畿：《王白室先生语录》，王吉等编：《安成复真书院志》卷五，第54页。
② 王畿：《王白室先生语录》，王吉等编：《安成复真书院志》卷五，第54—55页。

观过则己克，己克则仁至。"认为学问根本在于省察己过而消化之，特别是对于"无形之过"（即隐微的意根上之过），更要时时省察而克之。晚年隐居江上，清流菉竹，翛然意远，专心与诸弟子论学。又参与家族"惜阴五老会"（还有刘文敏、刘邦采、刘子醇、刘子清），共同切磋交流学问。著有《日历》（已佚）以考其功过，编有《学历》《文历》《诸儒商》等（均佚）。①

刘汝栋

刘汝栋（1554—1580），字邦祯，安福南乡上城人。自幼颖敏不群，比长益英迈，初治《尚书》，攻举业，即视取魁元如探囊中物。一日，读《阳明先生文录》，慨然曰："此圣贤事业也，舍此而利禄，是于陋矣。"遂弃举业，独坐金溪山房，闭户静思，又阅宋明诸儒语录，从事于圣贤之学。时于朱叔相、朱意处求印证。人或问讲学何为，曰："吾欲与天地合其德耳！"意在追求天人合一之境，叩问生命的终极意义。始受业于朱调，继入刘邦采之门。其中受邦采的影响最大，得其"性命兼修"之旨而体证之。尝曰："吾侪为学，直以了性命为极，若悠悠便安，何能有成？必真切于良知明照之体，锻炼于意念形气之病，其庶矣。"就是说，以良知贯通性与命，而化掉命中的杂质而证悟性体。曾与朱意等三友，于玉霄山之巅静坐一月，以澄明此心。凡复真、复古、元阳、炉峰、青原之讲会，虽寒暑风雨必赴。喜劝人为学，乡族有动念于学者，必密造其室，诱掖开导，唯恐其不入于善类。其为学志专思苦，至忘寝食，"笃信发愤，勇足以夺三军；潜悟默照，智足以析幽眇"。朱调、刘邦采均以其为法器，而同辈瞠乎其后，惜英年早逝。②

康士宾

康士宾，号晋吾，安福南乡黄陂人。少从副举叔祖康秩学，工于诗赋文辞。后师事刘邦采、王时槐，研求身心性命之学。邦采曰："康子悟胜于修，尤宜检摄。"晋吾谨遵师命，既而悟修并进。每

——————————

① 刘良楷纂修：《三舍刘氏七续族谱》卷十二《可诚房世系》、卷三四《家传八·刘以身》；《安福县志》卷四《人物·宦绩二》，康熙五十二年刊本，第46页；何财山：《百官名村》，江西人民出版社2019年版，第89页。

② 王时槐：《秋江刘君偕仲子邦桢墓表》，《王时槐集》，钱明、程海霞编校，第183—184页。

岁率弟士宸、侄康佑，讲学于复真书院，议论勃发，学者信从之。①

刘以中

刘以中（一作"以忠"），字时用，号克所，安福人。与刘元卿同攻举业，相得欢甚。隆庆三年（1569），邹德涵、德溥兄弟倡学于安福及青原山，克所等受其影响，遂知用力于心性之学。后受业刘邦采之门。万历四年（1576）中举。十七年（1589年），参与会试，以乙科授武冈学正。二十一年（1593年），转河涧推官，以丁母忧未任。服阕，补青州推官。已而晋安庆府同知。所在治声隆起，荐章屡上。会考绩，犹盛称其"冲淡有养"。但同时也遭人弹劾，遂飘然挂冠归。②

周寀

周寀，原名角，字济甫，号三泉，又号毅似③，安福南乡龙田人。嘉靖戊午（1558），弱冠举于乡。嘉靖壬戌（1562）成进士，授嘉善县令。清操皦然，吏事剖决精敏。徐阶为其邑择令，改为华亭令，政声益著。召为礼部主事，寻改吏部主事。耿介不阿，引疾归。家居时，掩关读《易》，布衣蔬食，萧然一室；家近复真书院，数从乡之先生长者而问学其中。师事刘阳④，又尝游罗洪先之门。其学先于辨志，志定而养盛，又学务践履。王时槐称其学："持澹泊清超之资，励静专邃密之功，故涵养日深，而造诣益远……盖其心实欲躬修默证，以进于圣贤之域外。"即称赞其实修真功。家居十五年后，时张居正柄政，起为金闽臬，不赴。张居正败，再起广东理盐政，周寀遂赴任，剔除宿弊，商民便之。擢南通参历右参政，巡抚八闽，擒剿山寇有功。

---

① 《同治安福县志》（点校本），第219页。

② 刘元卿：《赠文林郎青州府推官松泉刘公墓志铭》（此文为刘以中父《墓志铭》），《刘元卿集》，彭树欣编校，第334页；刘元卿：《河南宪金寀所邹君行状》，《刘元卿集》，彭树欣编校，第287页；邹德涵：《寄刘克所》，《邹聚所先生文集》卷四，第330页。

③ 乾隆四十七年和同治十一年《安福县志》中《周寀传》关于其号均作"三泉"。而据笔者整理的《刘三五集》相关资料，可知周寀选《三五刘先生集》，王时槐《序》称他为"同邑周毅似"（见刘阳：《刘三五集·前言》，彭树欣整理编校，第4—5页）；又王时槐曾作《毅似先生集序》，从内容看，"毅似"就是周寀（见王时槐：《王时槐集》，钱明、程海霞编校，第8—10页）。因此，"毅似"是周寀之号，应是其另一号。

④ 《三五刘先生集》每卷署"后学同邑周寀汇选、门人庐陵刘孟雷编次"，但周寀《师友小传》又自云："予邑三五（即刘阳）先生，予以师事之。"（《刘三五集》中《前言》第4页、《附录》第167页）笔者推测，周寀以"师礼"事刘阳，但未正式拜师，故仍可视为刘阳学术上的弟子，且其重实修工夫尤近刘阳。

升大理寺卿，晋兵部侍郎，督漕淮上。召为吏部右侍郎，未赴。闻母病，乞养，疏五上不允，遂便道归省。母喜，疾顿愈，而周寀竟病卒。著有《榖似先生集》（今佚）。王时槐称其文曰："其兴致之秩尘、风格之殊调，率然出之而自协声律，盎然融液而不滞色相，不拘拘焉古人之步趋，而凿凿焉有关于世教，是诚有悟于言语文字之外，良由其独发于力学邃养之余而然也。"可见，其文得力于其学。①

朱仲廉

朱仲廉（1545—1601），字中甫，号洁吾，安福西乡人。弱冠补邑庠生。隆庆元年（1567），以《春秋》中江西乡试。次年，赴会试不第，谒选授无为州学正。其为教于课业之外，一以兴行端习为本，士欣然悦服。万历十年（1582），充顺天同考试官，得名士九人。后升四川龙安郡司理，执法原情察冤，必依仁恕，行部谳狱，多所平反。念父母年高，辞官归。归则偕其弟孝养父母，率诸宗老创初祖祠，修小宗祠。敦行乡约，戒邑之奢侈之风。为兑解、南粮二役最苦安福百姓之事，多次上书请命，当事者多采用之。故洁吾卒后，士哭于序，民哭于巷，曰："安得复有如朱先生者，为邑请命分忧？"洁吾受学于刘阳之门，刘阳学贵躬行，不尚浮华。其为官、处乡均秉受刘阳之学而行。王时槐称："以君之进而仕则秉正施德，誉望称于当年，退而修则孝友仁俭，表仪著于率履，其真有得于三五（即刘阳）先生之绪旨者耶！"②

彭湘、彭伯训

彭湘（1507—1587），字元宗，号雪蓬，安福南乡王屯人。少为诸生，闻邹守益倡惜阴会，往师之，甚见称赏。遂不复应试，而搜集古奇书，昼夜研读。居复真书院，独构一室，题曰雪蓬。客至，焚香煮茶，评论古今人物。性疾恶，或讽其隘，终不为改。不与诸贵人交，本地知府、知县或欲一识其面，竟避而不见。后又师事刘阳，与其相莫逆。刘阳文集有十余首诗，或致雪蓬，或与其唱和，或与其相关。如《雪蓬彭子江馆》："夜夜雨声声共听，对床浑得为君惺。他时独枕惺惺处，江馆犹怀杜若青。"可见师生二人共学之情形及

---

① 《同治安福县志》（点校本），第173页；王时槐：《榖似先生集序》，《王时槐集》，钱明、程海霞编校，第9—10页。
② 王时槐：《龙安府司理洁吾朱君墓表》，《王时槐集》，钱明、程海霞编校，第188页。

情谊。又与同里王橝相友善，每有疑义，相与剖析。邹元标称："安成自诸君子以理学倡，人才辈出，其形神洒洒，独得其趣，则共推雪蓬彭公。"即推崇其超凡脱俗的精神、人格。所著有《郡志考》《本朝人物表》（今佚）。族子彭伯训，博学工诗文，亦游刘阳之门，称高弟。[①]

刘复明

刘复明，号绍石（又作"少石"），安福西乡东田人。初受学于刘阳，后由儒业医，刘阳勖励之曰："子当精其所未精者。葛樨川、孙思邈辈皆有道气，乃至名世；陆宣公以不得尽行其志，乃杜门校古今方书。子可不知所重耶？"勉其以医进于道居家置祭田，储义谷。安福县令潘濬称之曰："自捐赀市租，岁供蒸尝，孝也；立义塾，周族之无告者，及掩无主之骼，仁也。"刘孔当为此作《刘少石义租记》。万历间，褒者德，赐冠带。年九十五卒。[②]

王世构

王世构，号肯斋，王学益仲子，安福东乡蒙冈人。师从刘阳，究良知之学。以孝友相砥砺。其父以病辞官归，肯斋奔迎，舟过彭泽，风大作，肯斋涕泣呼天保佑，风浪顿息。后父卧病数年，侍汤药不懈如一日。祷于神，刲股割肉，进肉羹，父服之，病愈。及父殁，哀毁守制如礼。邹元标、曾同亨俱赠诗称颂之。[③]

刘仁卿

刘仁卿（1537—1581），名遇选，字仁卿，以字行，号平所，刘元卿同祖从兄，安福西乡南溪（今属莲花县）人。补邑诸生，屡举乡试，弗成，遂业农。与名卿、元卿同师于刘阳。参与元卿举办的讲会，并协助其处理乡间、家族事务。为人胸怀坦直，无城府，

① 邹元标：《明雪蓬彭先生墓志铭》，《愿学集》，《文渊阁四库全书》（第1294册），第246—247页；《安福县志》卷五《人物·隐逸》，康熙五十二年刊本，第4页；刘阳：《刘三五集》，彭树欣整理编校，第16页。
② 《刘复明公传》，《识仁讲院志》卷八《志贤传外传》；刘孔当：《刘少石义租记》，《刘喜闻先生集》卷三。
③ 《安福县志》卷四《人物·孝友》，康熙五十二年刊本，第31页；《同治安福县志》（点校本），第246页。

平生不知人间有机械事。①

刘名卿

刘名卿（1543—1590），字完甫，号止山，刘仁卿仲弟。少攻举业，一再试郡邑，不遇，遂弃去。既壮，就婚于夏氏，见夏氏兄弟友爱，相砥于学，止山从旁聆听，豁然省曰："吾向者习尚非耶？"归而纳赘于刘阳，从其学，慨然有向往圣贤之心。又与夏梦虁、周一濂等交往，折节事之。性喜植花磊石，为怡懒园，作亭其中，时引宾客赋诗饮酒，若无意于人间事。万历十六年（1588），大饥，与刘元卿倡族人赈饥，率晨起视事，积月余不怠。人或谓止山懒人也，何独此事不懒？止山曰："人方欲死，吾敢自佚乎？"于此可见其仁爱恻隐之心。②

彭德邻

彭德邻（1538—1605），字体弱，号宾龙，安福城南人。少警敏，补邑诸生。不久入太学。谒选，授湖广按察司经历。后晋辽东都司经历。尝亲炙刘阳，学圣人之道。归而日寻山水以为娱，又与诸子讲学不辍，洒脱自如；率其乡众举讲会，以化乡邦。尝捐橐金，购地拓祖祠；率众建社仓，以备岁馑。疾作，呼梨园弟子歌舞，请客酌，且自酌，曰："钧之死耳，与其戚而死也，无宁以乐死。"洒然而殁，可谓得孔颜之乐。③

彭肖山

彭肖山，肖山其号，名、字不详，安福南乡学前人。十余岁，习举业，善属文，已有才声，因父卒，遂弃之，在家侍母养弟。一意内修，受学于刘阳，数从其讲心性之学。务力耕作、生产，时用其盈余以贷里中人，有无力还贷者，辄焚券。平时好善乐予，邑中各种公益事，如建复真书院、设义仓、修桥等，常捐资助之；刘阳

---

① 刘元卿：《伯兄平所墓志铭》，《刘元卿集》，彭树欣编校，第329—330页；刘阳：《蜜湖刘氏族谱序》，《刘二五集》，彭树欣整理编校，第119页。
② 刘元卿：《先从兄止山行状》，《刘元卿集》，彭树欣编校，第315—317页；刘阳：《蜜湖刘氏族谱序》，《刘三五集》，彭树欣整理编校，第119页；洪云蒸、颜欲章：《刘征君年谱》，刘元卿：《刘元卿集》，彭树欣编校，第1530页。
③ 邹德溥：《辽东都司经历宾龙彭公墓志铭》，《邹太史文集》卷六。

卒后，又捐资、联乡人建祠。[①]

朱叔相

朱叔相（1511—1581），字汝治，号松岩，安福南乡槎江人。师从邹守益、刘邦采。详见第四章第三节《朱叔相论》。

朱叔圣

朱叔圣（1520—1599），字汝思，号思庵，朱叔相同祖从弟，安福南乡槎江人。弱冠从王士任学举业，补弟子员。父卒，弃举业，孝事寡母，以持家为务。师事邹守益、王钊，习闻孝友之训，好行德善。[②]

朱意

朱意（1534—1592），字肯诚，号午山（又作"五山"），朱叔相之侄，安福南乡槎江人。生而病痌，父母怜之，戒勿治举业。稍长，见叔父朱叔相聚友讲学。及读阳明《传习录》，欣然曰："士所当为者，正在此也。"于是常参与讲会。一日在青原山，听朱调与王时槐密谈，勃然有动于心，遂纳贽师事朱调。然后师生又一同受学于刘邦采。邦采授以"性命兼修"之旨，听信不疑，退而行之。与里中友刘汝栋、周一濂、周礼结心盟，共栖于玉霄山，誓以达旦不寐，务使此心清明。四人相对危坐，置手版以相戒，目稍瞑者，即用版击之。而山多虎，则出户外露坐，曰："学不成，何贵此身？直宜饲虎耳。"如是者月余。其意在于通过这种苦修工夫来证悟自己的心性本体。其学"始去念，继守念，终克念"，一以致良知为宗，大体同于下文所述的朱汝昌。午山之学尤其体现在日用伦常中：侍父母极孝，尝自割股肉疗父；父母殁，庐墓三载，朝夕攀号，过者为之堕泪。尤善于开导人，遇朋友，必倾怀劝勉。至于睦宗族，葺祠墓，及经理复真书院，皆能尽其诚心。比感疾，友人来问，仍以学相勉，曰："天下皆伪，吾一人不可以不真；天下皆虚，吾一人不可以不实。"有落泪于侧者，则曰："生死旦暮也，何泣为？第愿诸君力进此学，以诚身淑后耳。"临终不以生死挂怀，唯以证学、

---

① 刘孔当：《肖山记》，《刘喜闻先生集》卷三，第19—20页。
② 甘雨：《思庵公墓志铭》，《槎江朱氏族谱》，第122—124页。

劝学为人生终极追求，可谓得道者。所著有《易说》（今佚）。[①]

朱调

朱调（1512—1596），字以相，号易庵，安福南乡大桥人。师从邹守益、刘邦采、刘阳。详见第四章第四节《朱调论》。

朱汝昌

朱汝昌（1528—1574），字康夫，安福南乡泰亨人，朱调族侄孙。年二十弃举业，受业于刘阳之门。刘阳辟云霞馆于南乡三峰之巅，康夫构木屋依其馆侧。刘阳讲学于九峰、青原、复真、复古间，康夫无不侍从。居家孝敬父母，友爱其弟，诸父之乏嗣者恤其寡母，早逝者植其遗孤，卒前捐产以供祠祭。康夫孱弱多病，卒前病作气喘，友人以"塞兑"为劝，康夫曰："吾得良朋对榻，剧谈此学，吾则洒然沉疴如失矣。"目且瞑，神志不乱，但曰："吾存此良知以俟命矣。"从其临终之表现看，可谓得道、证悟良知本体者。刘邦采概括其学曰："始而苦修于去念，既而决力于守念，又既而开窍于克念。"王时槐又言其学"一以致知不淆于意为宗"。综合其临终之言及刘、王二人之概述看，康夫之学以致良知为宗，严辨良知与意念，所谓"克念"就是以先天良知消融后天的意念。[②]

欧阳城斋

欧阳城斋，欧阳瑜之子，安福北乡东冈人。承家学，薄视举业，而独勤于复古书院、宗孔书院之建，甚于营其家室。[③]

---

① 《朱午山先生列传》，王吉等编：《安成复真书院志》卷三；王时槐：《五山朱君志铭》，《王时槐集》，钱明、程海霞编校，第146—148页。
② 王时槐：《朱康夫墓志铭》，《王时槐集》，钱明、程海霞编校，第142—143页。
③ 刘孔当：《贺欧城斋暨配孺人六十》，《刘喜闻先生集》卷二，第5页。

第三节　安福阳明三传弟子

邹德涵

邹德涵（1538—1581），字汝海，号聚所，邹守益孙，邹善长子，安福北乡澈源人。师从耿定向，且受家学影响。详见第五章第一节《邹德涵论》。

邹德溥

邹德溥（1549—1619），字汝光，号泗山（又作"四山"），邹德涵仲弟，安福北乡澈源人。师从耿定向，且受家学影响。详见第六章第四节《邹德溥论》。

邹德泳

邹德泳（1556—1633），字汝圣，号泸水，邹守益孙，邹美之子，德涵、德溥从弟，安福北乡澈源人。无亲师者，传家学。详见第六章第五节《邹德泳论》。

刘元卿

刘元卿（1544—1609），字调父，号泸潇，安福西乡南溪（今属莲花县）人。详见第五章第二节《刘元卿论》。刘元卿先师刘阳，后师徐用检（阳明高足钱德洪弟子），最后师耿定向（耿氏与王门无直接师承，但私淑王艮，也可算是阳明再传弟子），其中受耿定向影响最大。按照本书的分类标准，他应属阳明再传弟子（即刘阳弟子），但考虑到他不仅师从阳明再传弟子，而且与邹守益之孙——阳明三传弟子邹氏三兄弟（德涵、德溥、德泳）交往密切，其开始致力于心性之学，首先就是受到德涵、德溥的影响，又与德涵、德溥同师耿定向，年龄也相近，故将其列入三传弟子中，从而其弟子相应地列入阳明四传弟子中。至于其从兄仁卿、名卿，与其同师从刘阳，仍放入阳明再传弟子中。

刘孔当

刘孔当（1557—1605），字任之，号喜闻，安福西乡社下人。

师从王时槐、耿定向、李贽。详见第五章第三节《刘孔当论》。

周惟中（含周惟爱）

周惟中，字时卿，号惺予，安福西乡横龙人。弱冠有志于道。其父周教与王时槐交，亲引二子惟中、惟爱师事之。万历十六年（1588），惺予举乡试。与刘元卿、刘孔当友善，一起倡学西乡，参与复礼书院讲会。十九年（1591），与二刘一起于西乡东江村建识仁书院。三十五年（1607），任东里广文（即河南新郑教谕），赴任前，刘元卿为其辑《广文柯则序》送之，以作为其为官之参考。至任，讲圣贤之学以教士，引其为忠恕之学，新郑学风为之丕变。转任国子监，拥皋比讲学。继升任湖广归州知州。归州悍而难治，乃以礼教之，又以德化之。尝言："以刑法治人，乃秦政也，帝德王衷，岂忍之乎？"当事者荐其贤，而惺予不乐仕进，乞休归。归与庐陵贺沚讲道于白鹭洲书院、青原之间。贺沚每以师门"研几"为宗，惺予夜与之静坐，谓："几未易研，圣人之所以极深而研几，能悦诸心而后能研诸虑，非诚无为之诚，难研善恶之几，必有其所以研之本而后可也。"就是说，心体之乐、之诚才是研善恶之几之本。一日，与乡友大会于识仁书院，曰："亲亲仁民爱物之旨，此是爱有差等，所以《中庸》曰：'仁者人也，亲亲为大。'仁者以万物为一体，岂不以一家为一体。"闻者皆有省。就是说，亲亲为行仁之始，不能以一家为体，岂能以万物为一体？所著有《存笥肤语》（今佚）。①

刘人龙

刘人龙，字培初，安福西乡艾溪人。邑廪生。与周惟中交，同受业于王时槐。与同志相切磋，必以实，极恳到，亦能虚受于人。讲学于吉安府各书院，多方发明，人皆信服。尝参与青原山、白鹭洲书院讲会，以"克己复礼""仰钻瞻忽"两章之解，就正与邹元标、邹德溥，深见许可。被聘为子弟师，师道甚严，动必以礼，每以圣贤之学相勖勉，故多所成就。有《青原问答》《会要语》共一卷传家（今佚）。②

① 《周惺予先生传》，《识仁讲院志》卷七《志贤传》；《安福县志》卷四《人物·宦绩二》，康熙五十二年刊本，第48页；刘元卿：《广文柯则序》，《识仁书院记》，《刘元卿集》，彭树欣编校，第111—112、220页。
② 《刘人龙公传》，《识仁讲院志》卷八《志贤传外传》；《同治安福县志》（点校本），第219页。

朱章

朱章（1534—1597），字肯含，号春圃，朱叔相之子，安福南乡槎江人。生而颖慧，年少为举业，出侪辈之上。偶治《春秋》，与邹德涵交相切劘，声名相上下，为邹守益所赏识。然性耽恬逸，久之，师事朱调（其子世宾、世守均师从王时槐，朱、王均为阳明再传弟子，故朱章父子均为阳明三传弟子），益厌薄举业，曰："造物者岂以吾为此拘拘？即吾所闻于父师者而足也。"其父亦认可之，于是一意以心性之学为事。是时，远近士绅就朱叔相问学，户屦常满，朱章负责诸事安排，并与来学者相参质，连旬无倦。叔相每朔望举家会，月为族会，季为乡会，一是兴起者众，而朱章亦有辅助之功。叔相出游，常与从兄朱肯侍从。居常，父子兄弟相参证。朱章工水墨画，无专师，然多天趣，每画成，人辄持去。兴至，则抚琴、畅饮，吟诗自适，与刘元卿唱和尤多，皆随意拈出，略无规仿。性尤笃于人伦，事父母唯谨，家居早起，肃衣冠问安，务得当以为常。父母卒，先后庐墓六年。课诸子，首励以承家学，而后及举业。仲子世宾负隽才，而屡试不第，朱章慰勉之曰："此天数也，儿其勿以此（即举业）易彼（即家学）。"季子世守连中举人、进士，人争为之庆，而朱章色不少动，寄书世守，励以清约循谨，有"风尘中最难立足"之语。又尝教授里中，里人追慕之。与人交，和气充溢，然动有准绳，里中后进皆庄事之，不敢以狎见也。其学重修悟实功，而尤以辨义利、饬名检为要。尝曰："学问不从大本大节处立脚，即终日谈修悟，何所证果？"又曰："今人红尘逐逐，不及时寻本来面目，异日何以为出世因？"即强调从良知本体上着工夫，反对空谈，又重对本体的证悟。[①]邹德泳对其评价曰："亦仙亦儒，且和且清。名利不入其胸次，孝弟可通于神明。收点瑟回琴之趣，会知水仁山之精。以真修实悟为功课，以父子兄弟为友生。"[②]就是说，朱章儒道双修，悟修兼融。

朱世宾

朱世宾（1558—1635），字惟寅，号匡彭，朱章仲子，安福南乡槎江人。七岁授书，即粗晓大意。年少，从家中书架上得《传习录》，

---

① 曾同亨：《春圃公墓志铭》，《槎江朱氏族谱》，第141—144页；萧近高：《春圃公行状》，《槎江朱氏族谱》，第176—178页。
② 邹德泳：《春圃公恋松春意图赞》，《槎江朱氏族谱》，第208页。按：春圃为朱章之号。

读之，谓此书是超文字而领性命者。自是外出从师，每挟诸儒语录置案头。以故发为文章，多解脱语。弱冠，参与县试，县令闵世翔署其卷曰："有姑射仙子之致。"自是名声大起，然仅止于诸生，九试乡举不售，然泊然不纤芥于胸。最后执贽于王时槐，一意以心性之学为事。在家，与弟世守等自相师友。外与贺沚、邹德泳相莫逆，时与之静对梵刹。亦尝与陈嘉谟、刘元卿质疑问难，切磋问学。其学初务去念，进而守念，收摄保任，脉脉自课。后梦其祖朱叔相指点工夫，觉而悟寂运并存，须化念乃得。居常自箴，有曰："心在腔子里，眼顾丹田下。"其学又体现于伦常中，尝曰："学不寻伦物做去，终属虚想，靡益世教，徒弄精魄。"故一生躬行孝悌，敦尚睦姻，取友必端，临财必义，喜闻人善，厌闻人恶，抱淳诚以践形，甘练素以终老。如家族举会，虽疾必赴，多所发挥，又订定条规，以垂久远。于义仓、义塾之事，多所规划。岁大饥，则命儿辈节缩拯援。喜为诗文，著有《山庄蠹余》《讲艺文卷》《学圃山藏诗集》（今均佚）。[1]

朱世守

朱世守（1569—1646），字惟约，号玉槎，朱章四子，安福南乡槎江人。万历二十二年（1594）中举，次年成进士，授行人。擢吏部文选司，三掌大选，黜陟严明，绝私交，时称"冰鉴"。二十八年（1600），分校会试，所得皆一时之选。不久，升翰林院提督四夷馆太常寺少卿。后辞官，回乡侍母。天启元年（1621），起用为广西巡抚、佥都御史，镇抚蛮荒，肃清风纪，为土司减免赋税，粤人为立生祠。思南府旧有阳明敷文书院，久圮，捐俸修复，士子遂知向学。五年（1625），升刑部侍郎。此时，魏忠贤秉政，玉槎疏语触犯之，又日与邹元标等以节义相砥砺，被指为东林党，遂削籍为民。崇祯元年（1628），魏败，复原官，不久致仕。十五年（1642），即家拜少宰，召对平台，玉槎极陈时务，为忌者所恨。次年，六疏乞归，特赐驰驿归田。玉槎师事王时槐，至老诵法不衰。复真书院每聚讲，必躬亲值事。天启五年（1625）八月，魏忠贤诏毁书院时，玉槎极力护持，潜移默挽，复真书院得以不毁。居乡三十余年，力

---

① 李邦华：《匡彭公墓志铭》，《槎江朱氏族谱》，第157—160页；邹德泳：《学圃山藏诗集序》，《槎江朱氏族谱》，第64页。

为清除邑中利弊，如于南乡建水次仓，便民纳粮。又独力建义仓，捐义田，造福一乡，并于义仓旁建讲堂，作为讲会之所，而举乡约、社饮、保甲等，亦聚于此。所著有《铨曹疏略》和《潜泳斋》《春雾堂》《遁斋》等诗集（均已佚）。①

赵师孔

赵师孔（1528—1591），字时卿，号中庵道人，安福西乡洋泽（又作"杨宅"）人。年少时为邑诸生，能文，试辄高等。然纵心事外，击筑豪歌，好与富贵、豪侠子弟游，竟多触文网，被剥夺诸生资格。久之，不能还其诸生。既而悔之，则掩关静坐，以练气为事，习道教术。久之，又悔曰："执有象，不如还真空，其惟佛氏乎？"则访名山、礼禅师、阅经藏，冀有得。及闻邹守益发明良知之旨，乃叹曰："道其在是乎？固无庸舍圣学而旁驰也。"后又时与刘元卿商学，并与其南走湖广黄安问学耿定向，东走浙江兰溪请教徐用检。久之归，曰："吾道自足。"五十岁时受学于王时槐。又津津有味于罗洪先之学。所谓为学凡"三变"也。其学"大抵渐次积累，泛参而遍索，殚思而力诣，辗转探涉，显证于有为，密测于幽眇"，最后"以尽心于伦常日履为实功"，尝曰："末世学者妄称妙悟而脱略躬行，以'戒慎恐惧''求放心'为下乘，往往认贼作子。"可谓最终脱离佛道的影响，而真正归依、躬行儒家正学（阳明学），在日用伦常中用实功。

王时槐倡会西原会馆，西原士友每叹安福同志之多，而必首贤中庵，以其精神志气所兴发于朋友者为多。中庵又岁联里中同门诸友为季会，家族子弟为月会，皆以正心修身谆切致勉。自撰《乡约十条》，以孝悌、仁让、敦朴、守俭、惩忿、息讼为一乡劝。刘元卿倡学西乡，中庵共成其美，于是西乡向学之风渐起，中庵亦成为其"西里五友"之一，元卿称"我之有中庵，殆犹元气之在经络也"。②

---

① 《安福县志》卷四《人物·宦绩一》，康熙五十二年刊本，第29页；《朱玉楼先生列传》，王吉等编：《安成复真书院志》卷三，第25页；朱弘先：《永远纪念玉楼公》，《槎江朱氏族谱》，第152—155页；朱世守：《槎江义仓记》，《槎江朱氏族谱》，第80页。

② 王时槐：《赵中庵墓志铭》，《王时槐集》，钱明、程海霞编校，第144—145页；刘元卿：《赵时卿传》《祭赵中庵文》，《刘元卿集》，彭树欣编校，第268—270、367页。

赵师贤

赵师贤（1545—1621），号思庵，赵师孔从弟，安福西乡洋泽人。年甫六月，其父卒，由母抚养成年。入塾，发愤下帷，以远大自期，曰："士欲适用，非明经不可。"遂纳贽傅应祯之门攻举子业。后补诸生，英声噪起，又曰："士欲法今传后，非明学不可。"遂北面王时槐问学。又与刘元卿游，因年相若，不获析节称弟子，但以师礼待之。平生嗜义敦伦，乐善好施。万历三十一年（1603），与刘元卿等于洋泽倡建中道会馆（即书院），率先捐资，且亲督其事。会馆成，割田以膳来学者。又捐祖基，建赵氏总祠。修缮桥梁，尤为其所乐为。①

周一濂

周一濂（1554—1594），字思极，号陈会山人，安福南乡北溪人。年少习举业，然好为诗，时时行泽畔，看芙蓉竟日忘归，歌声琅琅满天地；作古诗，能为唐开元、大历间语。闻人讲良知学，先后纳贽于朱调、刘邦采，并与其父周岬、族子周礼、里中友刘印槙一起商研心性之学。后又与周礼同受学于王时槐，尝与时槐言："逍遥无事，是认光景而灭真觉者也。果若圆明究竟，则何尝有事，亦何尝无事；何尝不逍遥解脱，亦何尝有逍遥解脱之相。"从此语看，思极对心体之体用一如已有所体悟。常参与复真、白鹭洲等书院的讲会，与朱叔相、朱意、刘汝栋等为性命之友。然又好禅家语，与其父一起手录佛典至十余万言；与人言学，多带禅语。万历二十一年（1593），访刘元卿，得其接引，成为其弟子②，又经三四年之久，乃悟曰："吾学非耶？长此弗返，则与世渐不相涉，而仁心灭矣。吾学非耶！"遂彻底脱禅，一意返归孔门之学。万历辛卯（1591）夏，随与元卿赴浙谒徐用检，再赴楚谒耿定向。归后与人曰："吾见徐夫子，如坐严霜中，使人不敢不战兢；见耿夫子，如在春风中，使人不容不博大。令不见两夫子，几枉过一生矣。"于是愈益自励。万历二十一年（1593），元卿赴京任职，带病随其入京，期与四方名贤相参证。居京半年后，病卒于归途。一生好吟咏，所过必有诗，

---

① 邹德泳：《明故修士赵思庵先生墓志铭》，《安福赵氏族谱》；刘元卿：《思庵赵先生六十序》，《刘元卿集》，彭树欣编校，第198—199页。
② 《刘征君年谱》称周一濂为刘元卿门人，参与同门会。参见刘元卿：《刘元卿集》，彭树欣编校，第1531页。

所著有《蜩吟集》《独树斋诗集》（今均佚）。①

按本书分类标准，因周一濂曾师从刘邦采，应列入安福阳明再传弟子中，但考虑到他又师从朱调、王时槐、刘元卿，因刘元卿已列入三传弟子中，如果将其列入再传弟子，反而辈分比刘元卿高，故作为朱调、王时槐弟子，列入三传弟子中。

周礼

周礼，字公典，号在鲁，周一濂从侄，安福南乡北溪人。幼敏慧疏荡，五六岁时，挟册里中受书，辄晓其大略。既长，补邑诸生，名藉藉在士大夫间，人争迎致教授弟子，然非其所好。与刘汝栋、周一濂修少年交，流视群子，时号"三仙"。又与一濂同师王时槐。②常与汝栋、一濂一起参与复真书院讲会，对于刘邦采、朱调、王时槐之讲语，二人时解时否，而公典触声而悟。时南乡学者好玄悟，而刘元卿讲学重日用伦常、重体用一如，时或目为二宗。公典因一濂之介绍，往见元卿，与其辩论。元卿批评其守念之说曰："子谓守念则过，尽无也乎哉？心体至大，譬彼京师，偏守一门，寇途尚夥。"公典忽悟曰："君殆巨眼人哉！"归而语学者，多以此指点之，令归于会通而不偏守一念。公典又深契佛道，好山水之游，喜吟诗。居常脱去巾袜行走林间，见佳处，坐卧亡归；或穷途遇水石清雅，徘徊竟日。著有《和蜩吟》（今佚），中多悟语。年三十四，忽暴病，家人争前问遗言，公典曰："生来死去，如脱故衣更新耳。"见知交一濂后，即瞑目而逝。从其临终表现看，公典仍受到佛教的较深影响。③

欧阳鸣凤

欧阳鸣凤，字信自，安福西乡大源人。万历二十二年（1594），参与乡试，因考官相争，而中副榜。遂不再为举业，而专志于圣贤之学。师事王时槐，受其归寂摄心之学。遂习静白云寺中，终日端坐不言，忽恍然有悟。及玩河图洛书，又欣然有得。时称之为"王门子舆（曾

---

① 刘元卿：《周山人墓志铭》，《刘元卿集》，彭树欣编校，第330—332；王时槐：《周思极公传略》，《王时槐集》，钱明、程海霞编校，第803—804页；《安福县志》卷五《人物·隐逸》，康熙五十二年刊本，第6页。

② 刘元卿《周公典传》未提到公典的从师情况，而王时槐《周思极公传略》提到周一濂与周礼同受学于王时槐。

③ 刘元卿：《周公典传》，《刘元卿集》，彭树欣编校，第260—262页。

子）"。时槐逝后，及门者唯信自一人默守仁体，尚能感动学者，如周燠、颜象龙（此二人为清代阳明学者）游其门问学。晚年信自常参与识仁书院大会，但静坐三日，主默无一语。盖以体证仁体示学者。死后祀于识仁，其侄德施为名诸生，聚徒于识仁，每晨谒于信自之木主前，如其在上也。①

王一臣

王一臣，字思敬，号卓所，王时槐族叔（但年龄比他小十余岁），处士，安福南乡金田人。初受学于朱调。复与时槐共学，朝夕切劘。时槐二子均年轻而亡，与其一同往南岳求嗣。后时槐得子，乏乳母，为择乳母哺育之，又为其子塑观音像于金田元阳观，以祈永年。故时槐称其"于予可谓道义、骨肉之深契矣"。卓所不泛览博观，不旁攻词艺，唯以其清暇专志于身心之学，终日杜门静坐，不接外事。时槐称其有志于"自闻之功"，期于深造，不底于成不已。所谓"自闻之功"，即是不涉于耳根以为闻，而天聪毕达，洞彻性天（即彻证本体），亦即是尽性之功。其工夫明显受王时槐的影响。②

王尚贤

王尚贤，字思履，王时槐族人、弟子，安福南乡金田人。由恩选入太学。万历二十二年（1594），中顺天乡试举人。次年，与时槐族中其他及门弟子王文焕等倡建诚心堂，作为家族及师门讲学之所。思履应是时槐在家族讲学的重要助手之一。天启五年（1625），中乙榜第一，授福建将乐县令。崇祯五年（1632），升苏州府同知。居官，革吏弊，擒剧盗，理冤狱，疏漕运，多有政绩。殁祀乡贤祠。著有《篆园集》（二十卷），今佚。③

王文焕

王文焕，字蕴卿，号秀岳，王时槐族侄，安福南乡金田人。邑庠生。师事时槐，其貌魁梧，议论英发，被誉为"师门之张"（张即孔子门人子张）。时槐为其指点收敛、主敬之功，曰："不专一则不能直遂，

---

① 《欧阳信白公传》，《识仁讲院志》卷七《志贤传》；《同治安福县志》（点校本），第222页。
② 《金滩王氏族谱》卷四《隐德志》；王时槐：《寿族叔卓所先生六十序》，《王时槐集》，钱明、程海霞编校，第51—53页。
③ 《金滩王氏族谱》卷四《仕宦志》；王时槐：《诚心堂助建录序》，《王时槐集》，钱明、程海霞编校，第55页。

不翕聚则不能发散……古人每以敬字为千圣传心之要，盖敬则动静皆主于收敛，是动亦静也，静亦静也。"但又指出"初学者不免以着意为收敛"，"若到矜持浑化之日，则应酬与打坐无二矣"。[1]

王吉卿

王吉卿，吉卿为其字，王时槐族侄、弟子，安福西乡金田人。万历甲辰（1604），时槐为其作《书勉族侄吉卿》，称其有志，"但其资颇壮锐，故愿其慈柔和厚，谦抑退避，以进于仁"，故特发孔子仁学以勉之。[2]

周辅

周辅，字宇和，安福东乡车田人。隆庆六年（1572）王时槐归田后，讲学于吉安郡城西原、智度间，宇和不远百里裹粮来从学，为及门士，无间寒暑，至则必数月而后返。其为学能屏外纷，栖静室，脱落一切尘情俗态，内省而密探，一意向学。其父早逝，母寡居，而支持儿子专心向学，时槐为其母作七十寿序。[3]

王安民

王安民，字汝恭，安福人。从学于王时槐。尝读《论语》，至曾点言志，抚几叹曰："吾人日坐春风沂水中，而未之知也。"因命画工绘《四贤侍坐图》，自题诗曰："峄山车马路难通，泗水衣冠孰与同？独有春风弹不尽，至今淅淅画图中。"这是对孔门春风沂水之乐之体贴和感悟。[4]

王必彰

王必彰，号思常，安福东乡蒙冈人。七岁能属对，出言不凡，识者奇之。逾年补诸生。受学于王时槐，同门聚讲，无不评说。时槐尝为其作《思常说》。其父严毅端方，思常屏气察色，备极孝养。晚年一意于心性之学，与邹德溥、邹德泳、谢应祥等，结社于东山寺，一起举办讲会。每发议论，必根极理奥。尤喜博览古今文集。年七十时，

① 《金駝王氏族谱》卷四《文学志》；王时槐：《答族侄蕴卿》，《王时槐集》，钱明、程海霞编校，第418页。
② 王时槐：《书勉族侄吉卿》，《王时槐集》，钱明、程海霞编校，第614页。
③ 王时槐：《庆节寿周母欧阳孺人七帙序》，《王时槐集》，钱明、程海霞编校，第79页。
④ 《同治安福县志》（点校本），第219页。

族人赠以堂帖曰："心中更无一点事，眼前已见四代孙。"思常谢曰："诔辞也。"稍更之曰："眼前更无一点事，心中只有千圣忧。"可谓以圣贤之学为生命之归依。[①]

刘廷献

刘廷献，安福吉溪人，王时槐嫡母刘宜人之族人。禀学于时槐。时槐曾为其父作八十寿序。[②]

伍惟察、伍惟直

伍惟察、伍惟直，安福北乡荷溪人。其父伍思韶为阳明学同道者。兄弟二人同受学于王时槐。时槐为其父撰有《墓志铭》。[③]

刘继华

刘继华，字孟实，号学古，安福西乡井溪人。为诸生，善属文，不久罢去，一意于性命之学，为王时槐入室弟子，后又入刘元卿之门。与同里刘孔当、周惟中等一同讲学，并参与复礼书院、识仁书院、中道会馆的创建。在家，与同宗兄弟实亭、养浩，以岁寒结盟，交相砥砺，以期有所成。行乡约，推尊《吕氏乡约》。祖祠祭义皆推原《朱子家礼》，条规甚详。受王时槐影响，既善养生，又善治家处乡。刘孔当曰："今观其（指学古）容寂，其颡頯，其鼻间栩栩然，年七十而肌肤若冰雪，绰约若处子，养生之效，可见如此矣。然试入其室，室肃如也；登其堂，其子若姓，雍雍如也。征于家，其子弟从之，衍衍如也；观于乡，乡严其教而服习之，帖如也。盖至闾左推为三老，大夫礼为饮宾。"安福县令吴应明、杨廷筠重其行，礼请宾饮，皆辞不赴。督学姜某扁其堂，曰"明经卓行"。所著有《枫宸杂记》（今佚），多格言。[④]

刘本相

刘本相，字恬斋，安福西乡人。从学于王时槐、刘元卿，兢兢

---

①《同治安福县志》（点校本），第219页；《安福县志》卷四《人物·文学》，康熙五十二年刊本，第91—92页。

②王时槐：《寿义斋刘翁八十序》，《王时槐集》，钱明、程海霞编校，第89—90页。

③王时槐：《广安州九亭伍公墓志铭》，《王时槐集》，钱明、程海霞编校，第139页。

④《刘学古公传》，《识仁讲院志》卷七《志贤传》；刘孔当：《贺学古刘先生七帙序》，《刘喜闻先生集》卷二，第8—9页；《同治安福县志》（点校本），第269页。

以圣贤问学修身，大都不离纯厚者。为举业师，务以其所得开诱后进。至于谦逊恭和，皆可仪刑后代。所著有《书经讲义》《忠孝二经注》（今佚）。①

周武定、周懋奇

周武定，安福东乡车田人。其母刘孺人贤，令其执贽于邹善之门，请事圣贤之学。武定才识敏练，为国子生，后仕宦于名郡，誉方起，旋辞官归，侍养老母。武定归，倡讲会于道东书院。懋奇亦受刘孺人之命，受学于王时槐。时槐为刘孺人作八十寿序。②

李道卿

李道卿，安福城南人。童年念母，诵《血盆经》三十余月。年长，受学于邹守益和刘阳的弟子李挺，力消习气，坚贞百炼，衾影可盟。同邹德泳等一起参与复古书院讲会，与其朝夕共事，相互取益。德泳称之曰："盖吾邑宗亡祖（即邹守益）之学者唯一吾（即李挺）为真，而守一吾之脉者唯道卿为定。"③

周少冈

周少冈，别驾，礼敬、亲炙李挺，意特殷厚，而李挺以其所学交相砥砺。④

刘士瑗

刘士瑗（1550—1586），字允玉，号华岳，安福人。万历元年（1573）举于乡。五年（1577）成进士。授浙江平湖县令，以精敏刚劲闻，理邑事如老吏，颇有政绩。暇则集诸生，授经义，汲引后进。十一年（1583），擢刑部主事。十四年（1586），改南京兵部武选司主事，抵南京，病卒。师事钱德洪弟子徐用检，学至忘寝食，谓不闻道不止。又与刘元卿、邹元标、邹德溥、罗大纮等一同问学、讲学。陆光祖谓其"宅心光明洞达，待人无城府，爱憎随口而尽"。⑤

① 《刘恬斋公传》，《识仁讲院志》卷八《志贤传外传》。
② 王时槐：《贺周母刘孺人八十寿序》，《王时槐集》，钱明、程海霞编校，第81—83页。
③ 《同治安福县志》（点校本），第219页；邹德泳：《奠李道卿文》，《湛源续集》卷六，第13页。
④ 王时槐：《一吾李君志铭》，《王时槐集》，钱明、程海霞编校，第169页。
⑤ 邹元标：《南京兵部武选司主事华岳刘公墓志铭》，《存真集》，乾隆十二年刻本，第54—56页；罗大纮：《刘年伯母大孺人七十序》，《紫原文集》卷五，《四库禁毁书丛刊·集部》（第139册），第646—647页。

第四节　安福阳明四传弟子

刘吉兆

刘吉兆（1564—1631），字伯行，号完粹，刘元卿长子，传家学，安福西乡南溪（今属莲花县）人。万历九年（1581），阳明学者朱意为其加冠礼。二十三年（1595），与家族众兄弟尔惠等举家会，其父为之作《志仁申言》，发志仁之旨。邑廪生，天启间，选为岁贡。①

刘尔惠

刘尔惠，刘元卿从子、弟子，安福西乡南溪（今属莲花县）人。万历二十五年（1597），元卿寄书尔惠，为其指点工夫："自此愈觉学问简易：千病万病，只是求诸人；千言万语，只是求诸己。吾子须于此参证之。"三十四年（1606），元卿作《七九同符序》，阐发其工夫说之晚年定论——"四端充达说"，并以之示尔惠，可谓视其为家学传人。②

刘本振、刘仕汤

刘本振，字思德，号双潭，安福西乡社下人，刘孔当叔父。少壮时，仗义任侠，有族子为豪贵所欺，双潭愤然以足顿地，断指示众，锐然出身救之，置豪贵于败。里人素受此豪贵欺压，至此，无不称快。遂益喜为侠。凡家族及邻里有难，必为居间调停。安福县令闻其贤，推为闾左三老。为三老，尽力公事，如建义仓、修城、丈量等，必务为计久远。双潭少时不喜读书，即诵读亦时时忘，故决意弃之。及闻刘元卿倡学于复礼书院，往听讲，座中闻"圣人可为"，跃然喜曰："吾乃可为圣人！"遂折节向元卿受学。虽从复礼往返其家近百里，但每会必往，往必待会罢乃归。识仁书院创办后，又勤于识仁讲会，每年时间十之九居书院，十之一家居。即使家居，

① 《南溪刘氏续修族谱（崇本堂）·西头第五房世系纪》（1995年）；《莲花厅志》卷六《选举志》，同治四年刻本，第16页；洪云蒸、颜欲章：《刘征君年谱》，刘元卿：《刘元卿集》，彭树欣编校，第1528页；刘元卿：《志仁申言》，《刘元卿集》，彭树欣编校，第510—511页。

② 刘元卿：《都下寄尔惠侄》《七九同符序》，《刘元卿集》，彭树欣编校，第76、85—87页。

也时时集子弟，月一再举家会，读法申约。平日喑哑叱咤，忽自弱其窍，为歌音甚婉转，昔日强横怒目，一旦化为低眉拱揖。至此，貌若恂恂儒者，已变化气质也，可见深受儒学（阳明学）之熏陶。年七十九而卒。其子仕汤也受学于刘元卿，为人足智好礼，学士大夫多称之。[①]

贺安国

贺安国，字尔正，号武匡，安福西乡钱山人。幼补郡诸生，负才敏捷，长于诗、古文辞。师事刘元卿，潜心阳明学，与赵希文并称"刘门二杰"。元卿称："自吾得尔正，而门人日亲。"又与邹德泳交，常赴复古讲会，阐师门之学。尝曰："一夫不获，时予之辜，此正尼父老安少怀志愿。而或遇与不遇，则随其力量。"其学体现在具体的事功中。安福苦漕运，奉元卿《匀屯议》，上下控吁，脱一县于水火之中。在家族中，创建祭田、义田、识字田，又捐己田修乡间出入之道十余里。其修养工夫日进，曰："谁把利名缠缚尔，年年为他趁功程。"又曰："功程着在道上，则赶一年，便进一年矣。"邹德溥称其"直心筋骨，故（为）道器，一聆师训，辄慷慨肩承，孳孳联朋侪讲习"，王学宪扁其堂曰"圣门硕果"。所著有《薪火传》《圣门道脉》《只消编》（均佚），邹德泳称"其咏歌皆见道语，飒飒乎江门（陈献章）、南溪（刘元卿）之致。予盖深心敬之、服之"。死后，从祀复礼书院、识仁书院、中道会馆。[②]

赵希文

赵希文，字德甫，号明止，安福西乡洋泽人。幼即向往圣门之学，年方五岁，其父挈往村之长庆寺，命之拜佛，膝翘然不屈，不愿拜。问其故，则曰："我须拜孔子。"年长，刘元卿倡学西乡，其伯父赵师孔为元卿好友，偕其往受学。于是明止追随师之左右，随其到处讲学，以化俗为己任，俗为之丕变。虽其师开先，而成之者，明止力居多。又与老师结为亲家，其女嫁其师之长孙儒生。晚年又与

① 刘孔当：《双潭公传》，《刘喜闻先生集》卷四，第16—20页；刘孔当：《寿双潭叔七十叙》，《刘喜闻先生集》卷四，第38—41页；《刘双潭公传》，《识仁讲院志》卷七《志贤传》。
② 《安福县志》卷四《人物·文学》，康熙五十二年刊本，第99—100页；邹德泳：《钱山贺氏谱叙》，《湛源续集》卷四，第15—16页；邹德泳：《贺氏义田记》，《湛源续集》卷五，第6—7页；邹德溥：《寿贺尔正六十序》，《邹太史文集》卷三。

邹德泳等交游，一起参与复古讲会。德泳称之曰："夫明止子者，是能为义、不以利夺者也，是惤惤言行之期相顾者也，是能正己饬俗者也，是能闵俗之不靖、恫瘝切身者也，是孳孳汲汲求友四方、至老不倦者也。"对其为人、为学大为称赞。①

赵师世

赵师世，字今可，号翼沙，人称"弘道先生"，安福西乡洋泽人。弱冠，受业于刘元卿。万历三十四年（1606）秋，举于乡；冬，赴会试，其师辑《孝廉清范》以赠之。寻授湖广慈利县教谕，造士有法。后升衡阳县令，丁母忧。服阙，补宁远县令，宁远偏僻，杂猺苗，更以文教，一以德化之，宁远人为其建生祠，题曰"有怀安福"。明末遁隐山中，顺治三年（1646），兵掠安福境上，率子希遭御敌，皆遇害。死后，从祀于中道会馆。所著有《礼律类要》《吾征录》等（均已佚），其书"本乎道德，溢乎天性"。②

赵师参

赵师参（1545—?），安福西乡洋泽人。其伯父赵奎三为抗寇烈士，无后，嗣为伯父后。师参学静坐观心，自谓有得。万历二十九年（1601），刘元卿向其语以为仁，一闻大喜，遂纳贽拜师。时向人曰："舍明明德大道，奈何从暗室中作活计耶？"③师参得师之启发后，从一味地静坐观心之学中走出，走向关乎日用伦常之仁学。

郁达甫

郁达甫，安福西乡洋泽人。其父早卒，其母督其向学。弱冠从学于刘元卿，称高弟，潜心性理，津津有味于孔子"立达"之旨。时赴复礼书院讲会。又与洋泽诸士兴起丽泽会，制定会规，其师为之作《丽泽会规引》以勖励之。万历三十一年（1603），与刘元卿、赵师贤等于洋泽主建中道会馆，费力甚多。县令旌其闾曰"古道范世"。

殁后，乡人高其品谊，从祀于中道会馆。[①]

赵士美

赵士美，安福西乡人。刘元卿较为亲密的弟子。万历十九年（1591）冬，与师及同门闭关复礼书院，其师指导弟子研磨孔孟学脉。二十三年（1595），偕里中诸友聚石城洞。次年，刘元卿病，赵士美与同门彭士晓、刘功卿朝夕侍侧。三十三年（1605），与同门汤懋德等举近圣馆小会，其师贻书以勉之曰："闰八月起小会，殊慰鄙念。馆藉是不虚，第友朋相对，宜一意商求此学。此学明，此生乃不负，此馆乃真不虚云。"[②] 此外，士美还拜邹德溥为师。[③]

颜欲章

颜欲章（1568—1642），字伯暗，号云汉，刘元卿外甥、弟子，安福西乡南田人。幼颖异，文不属草，下笔数千言如泉涌，其舅深器重之。万历二十五年（1597），中乡举。二十九年（1601）成进士。初任浙江海宁县令，后任嘉兴县令、礼部仪制清吏司主事、南直隶常州府知府等，最后官至浙江右布政使司。家居时，常赴其舅主办之讲会；又建义仓，造桥梁，多有善行。刘元卿卒后，与湖南洪云蒸共编《刘征君年谱》，对传播师门之学有较大的功劳。编有《颜氏传书》，其舅为之序。[④]

吴邦栋

吴邦栋，字惟隆，安福西乡雅源人，为郡诸生。其祖吴质直，与邹守益一起讲慎独之学。父桐川承其学。及刘元卿讲慎术之宗，邦栋受父命，往师之。自参证曰："慎独、慎术，其慎一也，又一而二，不可不辨。"慎独，是心体上戒慎工夫；而慎术，是分辨大人之事与小人之事，从而选择仁术（即大人之事）。故其慎则一，其工夫实有不同。邦栋可谓融家学与师学于一炉。生平无怒色厉声。

---

① 《同治安福县志》（点校本），第231页；刘元卿：《郁母刘孺人六十序》，《刘元卿集》，彭树欣编校，第215—216页。

② 洪云蒸、颜欲章：《刘征君年谱》，刘元卿：《刘元卿集》，彭树欣编校，第1532、1534、1537页。

③ 邹德溥《易会》一书，每卷前均著录门人赵士美等同校。

④ 《颜云汉先生传》，《识仁讲院志》卷七《志贤传》；《安福县志》卷四《人物·宦绩二》，康熙五十二年刊本，第49页；洪云蒸、颜欲章：《刘征君年谱》，刘元卿：《刘元卿集》，彭树欣编校，第1519页；刘元卿：《颜氏传书序》，《刘元卿集》，彭树欣编校，第107—108页。

友爱族里，家中园林果栗熟，必各送一盘与族中幼儿，而后自采；
又每岁出谷赈济族邻之无米者。府县长吏闻其贤，请乡饮，赐冠带，
表其门闾。其子吴申，为郡诸生，传其学。亦可谓四世习阳明学。
每教子孙曰："道德、文章、节义、事功、名位，本是性分内事，
但去片念骄吝，方种种完成。其美君臣、父子、兄弟、夫妇、朋友，
俱属天下达道，必从至诚流行始，人人率繇于天。"①

谢诚敷

谢诚敷，安福县西乡圳上人。从刘元卿问学。万历十九年（1591），
参与识仁书院创建，开创维艰，不惮勤劳。时往见刘孔当、周惟中，
与之论事。至识仁书院举办讲会时，有所闻，归则述于家中子弟闻之。
又倡家学，朔望有会，叮咛告诫，为忠厚、为谦抑、为忍耐等。②

刘待聘

刘待聘，字怀宇，安福西乡井溪人。受学于刘元卿。性谨厚周慎，
不苟言笑。每年识仁书院举办大小讲会后，就空虚无人，尘封其堂室。
怀宇叹曰："百工居肆以成其事，不过为小钱财计算，尚不离于店廛，
况士而离书院乎？予当独居之。"遂独居识仁书院数十年，凡田土、
园池、山林、器皿之类，一一经理于其心。元卿勒《识仁碑记》，
勒怀宇之名于石上，以志其对该书院之贡献。③

蔡梦彦

蔡梦彦，字以美，安福西乡芳坪人。从学于刘元卿。其妻周氏
刲股疗姑（婆婆）疾，受上旌嘉。受其妻之激发，捐资创祖祠，联
族修宗谱。其师因夫妻之善事，对以美发万物一体之学曰："夫孝，
则何以言置乎？譬之灯，置诸高堂，则光加宏；置之卑隩，则光随
减。非灯有异，所置不同也。夫孝，亦顾人所置何如耳。用之一家，
则家人宜；用之同宗，则宗人宜。推而达之天下，则（充）塞天地矣。
文王之称止孝，毋亦其垂统贻谋，推之后世而无朝夕乎？斯所谓君
子亲其亲而没世不忘耳。以美氏勉之哉！"就是说，需要将"孝"
之心进一步推之于天下，乃至后世。后其族侄病卒时，托遗腹子于

① 《吴惟隆公传》，《识仁讲院志》卷八《志贤传外传》。
② 《谢诚敷公传》，《识仁讲院志》卷七《志贤传》。
③ 《刘怀宇公传》，《识仁讲院志》卷七《志贤传》。

以美，以美夫妻抚育之。其师又为此作《蔡生以美托孤记》，以宣扬、表彰其事。①

刘文湛

刘文湛（1552—1630），字文明，号武石，安福西乡路溪（今属莲花县）人。郡庠生。万历十七年（1589），刘元卿门人贺大宾、周一濂、刘文湛、冯时达、彭相和、刘功卿、杨芳春②举"七子"旬日会，同门兴起者众，学风遂振。可见刘文湛等七子对于兴起师门学风之作用。③

冯时达

冯时达，刘元卿西里五友之一冯梦熊之子，安福西乡洞溪（今属莲花县）人。万历十七年（1589），参与"七子"同门旬日会。二十五年（1597），洞溪冯氏举办家会，冯时达撰《家会序》，申述"明明德于天下"之旨。④

刘功卿

刘功卿，字思禹，刘元卿从弟（或是族弟，待考）、弟子，安福西乡南溪（今属莲花县）人。万历十七年（1589），参与"七子"同门旬日会。三十三年（1605），与同门彭相和、甘应霍随师等至浙江兰溪拜访徐用检。思禹性嗜友，于客无问识不识，尽殷勤接待，忻忻无倦。尝协助其师修族谱、创宗祠。其师曾为其撰《思禹字说》，勉其从事圣贤之学。⑤

彭相和

彭相和，字德中，号在川，刘元卿好友彭继善次子，安福西乡江背湖上（今属莲花县）人。万历十七年（1589），参与"七子"

① 刘元卿：《芳坪蔡氏族谱序》《蔡生以美托孤记》，《刘元卿集》，彭树欣编校，第167—169、242页。
② 贺大宾、杨芳春，无考，二人极有可能是安福人。另，周一濂情况特殊，已列入安福阳明三传弟子中，其他三人见下面小传。
③ 洪云燕、颜欲章：《刘征君年谱》，刘元卿：《刘元卿集》，彭树欣编校，第1531页。按：生卒年及字号据《路溪刘氏族谱》。另，《刘元卿年谱》（第125页）对刘文湛的简介有误，以此为准。
④ 洪云燕、颜欲章：《刘征君年谱》，刘元卿：《刘元卿集》，彭树欣编校，第1531页；冯时达：《家会序》，《洞溪冯氏三修族谱·序》，第15—17页。
⑤ 洪云燕、颜欲章：《刘征君年谱》，刘元卿：《刘元卿集》，彭树欣编校，第1531、1537页。刘元卿：《四禹字说》，《刘元卿集》，彭树欣编校，第387—388页。

同门旬日会。三十三年（1605），与同门随师及父继善等至浙江兰溪拜访徐用检。①

甘应霍

甘应霍，安福西乡南溪（今属莲花县）人。刘元卿西里五友之一甘则禹的兄子，后嗣为则禹子。师从元卿，参与师门举办的讲会、乡约会、厉祭会。万历三十三年（1605），与同门随师等赴浙江兰溪拜访徐用检。②

郁希颜

郁希颜，号素安，安福西乡洋泽人。刘元卿弟子。性至孝，尝刲股疗亲。居亲丧，啜粥茹素，庐墓三年。③

邹衮

邹衮，字子予，邹德涵长子，安福北乡澉源人。郡庠廪生，中乡试副榜，曾任光禄署丞。编纂家族文献《邹氏学脉》（四卷），又与弟邹裹编辑、刊刻其父邹德涵著作。受学于王时槐，时槐"嘉其不袭海内奇诡之谈，而直信家学之得其宗也"。又从叔父邹德溥问学。万历三十二年（1604），捐田租百石于东山会供会事，赓续曾祖邹守益开创的东山讲学事业。三十七年（1609），刘元卿卒，为文执贽称门人于神位前。④邹衮虽师从王时槐，但其主要传承家学，又于刘元卿卒后称门人，故仍放入安福阳明学四传弟子中。

邹匡明

邹匡明，字子尹，邹德溥第四子，刘元卿弟子，安福北乡澉源人。负才力学，选为太学生。万历二十四年（1596），与同门周梦麟、张文龙(庐陵人)等举联会于京城射所，请老师主盟。二十七年（1599），

① 《湖上彭氏族谱》，1998年；洪云蒸、颜欲章：《刘征君年谱》，刘元卿：《刘元卿集》，彭树欣编校，第1531、1537页。
② 刘元卿：《乐庵甘君行状》（此为甘则禹行状），《刘元卿集》，彭树欣编校，第305页。洪云蒸、颜欲章：《刘征君年谱》，刘元卿：《刘元卿集》，彭树欣编校，第1537页。
③ 《安福县志》卷四《人物·孝友》，康熙五十二年刊本，第38页；《同治安福县志》（点校本），第246页。
④ 王时槐：《邹氏学脉序》，《王时槐集》，钱明、程海霞编校，第462—463页；刘元卿：《邹母贺硕人行状》，《澉源邹氏七修族谱》卷八《状铭》；刘元卿：《题东山会志》，《刘元卿集》，彭树欣编校，第491页；洪云蒸、颜欲章：《刘征君年谱》，刘元卿：《刘元卿集》，彭树欣编校，第1539页。

与师玩易于南溪朋来馆；其师作《大象观》，子尹为《跋》，可见受其师之器重。尝历南北国子监，屡入彀而不第，后乃弃去，讲学于燕赵齐楚间。其性孝友，乐善好施。尝过宜黄，出三十万钱，为涂氏子偿逋债，而涂氏子未尝识子尹。其父尝倡建凤林桥，功未竟，子尹倾资以成其事。子尹富有文才，所著有《苦竹》《淡竹》《骈语》等（均佚）。①

周梦麟

周梦麟，号肖两，安福西乡横龙人。选为贡生。师从刘元卿；又受学于耿定理，得其师传，称高弟。万历二十四年（1596），与同门张文龙、邹匡明等举联会于京城射所，请师主盟。二十五年（1597），与颜欲章同中举人。授四川新津县令，卒于官，以廉爱祀名宦祠。②其孙周熯（清代阳明学者），字南楱，受学于王时槐弟子欧阳鸣凤，窥其奥，为斯道之宗，著有《鸥塘遗稿》。③

王应庠、王应序

王应庠、王应序，孪生兄弟，安福东乡蒙冈人。兄弟同入太学，均为贡生。兄应庠，任湖广临武训导，署邑篆，有治声。刘元卿倡学，弟应序执贽门下，讲学不辍，卒以学名世，祀乡贤祠。④据施闰章《刘聘君泸潇传》载，应庠也是刘元卿门人。⑤

赵宗发

赵宗发，安福人。天启元年（1621）举人，刘元卿弟子。其师卒后，与同门于安福县城南创近圣馆祀之。⑥

---

① 《安福县志》卷四《人物·文学》，康熙五十二年刊本，第93页；洪云蒸、颜欲章：《刘征君年谱》，刘元卿：《刘元卿集》，彭树欣编校，第1533页；邹匡明：《大象观跋》，刘元卿：《刘元卿集》，彭树欣编校，第1575—1576页。

② 《同治安福县志》（点校本），第198页；洪云蒸、颜欲章：《刘征君年谱》，刘元卿：《刘元卿集》，彭树欣编校，第1533页；《周汝梗传》，《识仁讲院志》卷八《志贤传外传》。

③ 《欧阳信自公传》，《识仁讲院志》卷七《志贤传》；《周汝梗传》，《识仁讲院志》卷八《志贤传外传》。

④ 《安福县志》卷九《选举·贡士》，乾隆四十七年刊本，第6、7页；《安福县志》卷十一《人物·儒林》，乾隆四十七年刊本，第25页。

⑤ 施闰章：《刘聘君泸潇传》，刘元卿：《刘元卿集》，彭树欣编校，第1551页。

⑥ 《安福县志》卷八《选举·科目》，乾隆四十七年刊本，第43页；施闰章：《刘聘君泸潇传》，刘元卿：《刘元卿集》，彭树欣编校，第1551页。

张子彦

张子彦，字曰良，安福西乡杨梅人。为郡诸生，每岁科两试，必冠诸士。一日，闻邹德泳讲学，遂受业。识仁书院举讲会，每会必赴，亦不言，唯静坐，若有所思。将岁贡而卒。曰良女婿为德泳长孙，将卒时，语其婿曰："予自受令祖学，言'不忍孺子将入井是识仁，但当扩充之'。有味此语，无力实践，今已矣。当以予木主求入书院中，庶吾身后之神爽犹衣仁院（即识仁书院）乎？"其婿泣应，后告于乡而崇祀于书院。曰良可谓死而不忘书院讲学者，其精神唯在圣贤之学。①

周程

周程，安福寮背（又名桥梓）人。万历四十年（1612），补诸生。崇祯三年（1630），中举人。其父在外从商，其母督其力学，初学举子业，后师事邹德泳，受心性之学，参与复古讲会，以期有大成。其家虽不富，但其父母均乐善好施，德泳为其父母分别撰有《墓志铭》。②

王仕文

王仕文，安福南乡百丈人。其父王樿为邹守益弟子。仕文少敦行谊，事父孝，邹守益赠以爱日匾。后从邹德泳学，享年九十五。③

邓英

邓英，字声蜚，号文沙，安福东乡枫田人。万历三十三年（1605），从邹德泳受学。四十三（1615）年中举，赴会试前，向师告别并问学，其师授以"致知格物"之学。四十七年（1619）成进士。初授南直隶霍邱县令，其师赠《邓声蜚初受官赠卷十条》，曰自爱、定志、治心、持身、勤事、惠民、应事、善俗、严操、择言。时以辽边警，派饷霍邱，邓英怜民疾苦，力争得减。丁忧，服阕后，补福建惠安知县。考绩，以廉敏升吏科给事中。立朝多谠论，因言触权相而落职。居家，为安福苦漕运金造事，与伍承载等先后条奏，又与其师等合

① 《张曰良公传》，《识仁讲院志》卷七《志贤传》。
② 邹德泳：《周母彭氏孺人墓志铭》《明故二毓周君墓志铭》，《湛源续集》卷六，第37—42页。
③ 邹德泳：《王方塘公墓志铭》，《湛源续集》卷六，第56页；《安福县志》卷四《人物·文学》，康熙五十二年刊本，第94页。

词请命，往复经年乃报可，军民赖之。①

康元穗

康元穗，字日颖，号味澹，安福南乡蒙潭人。笃志向学，受业于邹德泳，又常与王时槐、邹元标、邹德溥等一起研讨性理之学。在南乡倡建同善书院。万历三十四年（1606）中举，四十七年（1619）成进士。得假还里，即联一乡，倡同善会盟，誓曰："吾决不效世俗为肥荣计，吾节缩廉吏之俸以勉，竟所为可矣。"平时于诸如义廪、义渡、义塾、修祖茔、葺家庙、合宗谱、创初祖祠、筑江堤、建神社等，皆尽力为之。又举龙溪大会，宣扬圣谕，以正风俗。亲手厘正劝禁条约，使十姓联若一气，行万物一体之学。初选，授浙江瑞安县令；后迁嘉善县令。治县有法，瑞安僻而简，御以细密；嘉善冲而繁，易以广大。离任后，士民建生祠以祀之，撰碑记以颂之。天启四年（1624），迁南京礼部仪制司主事，未及赴任而卒。逝前三日，梦大士接引，神气不乱，唯独以不得终养父母而呼号者三。可见，味澹虽主儒学，但也杂以佛教。②

贺良弼

贺良弼，字君赍，邹德泳弟子③，安福人。崇祯六年（1633），中乡举。十三年（1640），特赐进士。授河南兰阳县令。矢志清白，感时多故，任十日，即解组归，时人比之陶渊明。归田后，杜门著述。督学蔡懋德尝谒请开讲，发明其师所授"格物致知"之旨，自辰时至未时，亹亹不倦。又供纸，令其书写出来。蔡氏大为折服。④

---

① 《同治安福县志》（点校本），第176页；邹德泳：《湛源会纪》，《邹德泳杂著·正草》，第1页；邹德泳：《封文林郎邓二泉公行状》（此为邓英父行状），《湛源续集》卷六，第16—17页；邹德泳：《邓声蕃初受官赠卷十条》，《湛源续集》卷七，第17—21页。
② 邹德泳：《明文林郎南京礼部仪制司主事味澹康公墓志铭》，《湛源续集》卷六，第44—48页；《同治安福县志》（点校本），第196页。按：邹德泳所撰《墓志铭》未提及康元穗师事之，但《邹德泳杂著》中《复古纪事》著录为门人李长春、康元穗录，又《独耐轩杂笔》卷二著录为门人李长春、康元穗等校，可知康元穗为邹德泳弟子。
③ 《邹氏学脉·泸水先生要语》（清初刻本），著录为门人贺良弼述，又《独耐轩杂笔》卷一著录为门人欧阳绍宸、贺良弼等校，可知贺良弼为邹德泳弟子。
④ 《同治安福县志》（点校本），第126、223页。

李长春

李长春，字叔茂，号笃吾，安福南乡东岸人。邹德泳弟子[1]。万历四十年（1612）中举，天启二年（1622）成进士，授广州推官，清操自励。迁御史，疏请罢缉校，录遗贤，减漕船，禁私谒，多采用施行。后忤当道，下诏狱，拟死刑。科道官争相论救，与钱龙锡等五人同日得释，海内有"五君子"之称。[2]

刘士林

刘士林，字芳春，安福南乡罗田人。邹德泳弟子[3]。崇祯三年（1630）中举。初授江西崇仁教谕，后升南直隶海门知县。所至，有治声。归田后，徜徉山水，多善行。死后祀乡贤祠。[4]

罗一鹏

罗一鹏，字九霄，安福城南人。邹德泳弟子[5]。万历三十七年（1609）中举。其父文岳，以贡授广东教谕，卒于任。九霄年十二，扶灵柩归，庐墓三年。有乡豪犯其祖茔树，九霄伏墓侧痛哭，当道闻而禁之。邹德溥为此立碑撰记。[6]

邹德澪、周邦荣

《邹德泳杂著》中《复古纪事》《复古振玩录》《独耐轩杂笔》《平旦录》等所著录的编校门人，除上文考述的邓英、康元穗、贺良弼、李长春、刘士林、罗一鹏外，还有邹德澪、欧阳绍宸、欧阳世礼、欧阳葵、伍推圣、李鼎、朱喜明、周邦荣、王命选、朱文郁等10人。其中邹德澪、周邦荣可考定为安福人，邹德澪为万历四十三年（1615）举人，德泳从弟，桃源知县；周邦荣为崇祯六年（1633）副举。[7] 其他8人是否安福人，无考。

---

[1] 《邹德泳杂著》中《复古纪事》著录为门人李长春、康元穗录，又《独耐轩杂笔》卷二著录为门人李长春、康元穗等校，可知李长春为邹德泳弟子。
[2] 《同治安福县志》（点校本），第126、196页。
[3] 《邹德泳杂著》中《复古振玩录》著录为门人刘士林、邓英校梓，可知刘士林为邹德泳弟子。
[4] 《同治安福县志》（点校本），第196页。
[5] 《邹德泳杂著》中《独耐轩杂笔》卷二著录为门人李长春、康元穗、罗一鹏等校，可知罗一鹏为邹德泳弟子。
[6] 《同治安福县志》（点校本），第246页。
[7] 《同治安福县志》（点校本），第126页。按：据《安福澈源邹氏族谱》可知邹德澪为德泳从弟。

周鸣

周鸣，字谦夫，安福南乡小水人。万历二十二年（1594）中乡举第七名。授贵州遵义推官。迁浙江温州通判，时海寇王钟等作乱，谦夫抚平之，尽解散。升湖州同知，寻辞官归。师从邹德溥，德溥尝为其父母撰墓志铭。家居，捐租赡族，联约讲学。尝曰："祝年莫如惜时，爱身莫如务学。"年八十一卒。[①]

高文光、高一元

高文光、高一元，为伯仲兄弟，安福车田人。其父高胜伦临卒，遗命二子师从邹德溥，曰："太史邹先生道高而文古，余以耄不及从游为憾，二子亟往师事焉，幸承其绪，以少闻于世，余死且不朽。"二兄弟遂往受业。后其师为其父撰《墓志铭》。[②]

王大任

王大任，安福人。万历十三年（1585），与刘孔当等同中举人。以行谊自砥砺。尝赴盱江，受学于罗汝芳。后又纳贽邹德溥，朝夕深究，务穷疑义。尝曰："本体贵虚，功夫贵实。"可谓得德溥之学。[③]

刘以诚

刘以诚，刘孔当之子，安福西乡社下人。补邑庠生。其父在京城任官时，时致书指导其向学、用功。如曰："向学一事，须发真志，乃透真根。塘师（即王时槐）研几之旨未悟，且留作参头，只从敬畏，日见之行，细参细究，自有会解。"又曰："汝能潜心此学，使心中虚无一物，其气深深不露，自当有进步处。"又曰："汝诚有志斯事，但于至浅至近处参求，即于至浅至近处着力。盖舍至浅至近处，亦更无着力处。"《刘喜闻先生集》存家书十通，大多为对以诚谈学语。又命其常往王时槐和刘元卿处问学请益。

王华宝

王华宝，字常明，王时槐族孙、再传弟子，安福南乡金田人。

---

① 《同治安福县志》（点校本），第195页；邹德溥：《庸庵周公暨刘大孺人合葬墓志铭》（此文为谦夫父母墓志铭），《邹太史文集》卷六。
② 邹德溥：《明处士月池高公墓志铭》（此为高胜伦墓志铭），《邹太史文集》卷六。
③ 《同治安福县志》（点校本），第125、221—222页。

十六七岁时，问学于王时槐弟子庐陵贺沚，曰："孔子七十从心所欲不逾矩，假若八十，又当何如？"贺沚答曰："生今年方志学，宜且从志学用工。"就是说，应从孔子的"十有五而志于学"开始，笃定志向，不要一开始就想从心所欲。并向其授以"知妄即离，离妄即真"八字，指点具体工夫。从此，常明真正踏入心学之大门。①

---

① 《金谿王氏族谱》卷四《文学志》。

第五节　安福阳明学同道者

安福阳明学同道（或同情）者虽与阳明或阳明学者无直接的师承关系，但或私淑之，或与之有所交往，并认同、同情阳明学，参与阳明学讲学、讲会等活动，可算作广义的阳明学者。[①]但笔者在本书中将阳明学者与同道（同情）者分开处理，考证、论述后者，可见出阳明学对广大士民的吸引力及其影响、深入社会的广度。

刘丙

刘丙（？—1518），字文焕，安福东乡小车人。成化二十二年（1486），中乡举。次年，成进士。由庶吉士授监察御史。升福建提学副使、四川提学副使。正德四年（1509）二月，升贵州按察使。时，王阳明已谪为龙场驿丞（正德三年春阳明至龙场驿）。刘丙礼请阳明训诸生，阳明寓诗曰：“非公自起开笼放，两耳谁将陟岵听？”刘丙对阳明可谓有知遇之恩，可算是阳明学的同情者。刘丙后又升任福建右布政使、四川左布政使、都察院右副都御史、工部右侍郎兼右佥都御史等。正德十三年（1518），因亲入山谷采木而染疾卒。卒后赠南京工部尚书，谥恭肃。刘丙操履清介，敢于任事，所至严明，法令修举，士民畏之。[②]

彭簪[③]

彭簪（1480—1550）[④]，字世望，号石屋（或石屋山人），安福

---

① 张卫红《敦于实行：邹东廓的讲学、教化与良知学思想》附表二《安福籍阳明学者暨邹东廓弟子一览表》中，将阳明私淑弟子及阳明学同道者，均算作阳明学者，没有作严格区分，而本书特作严格区分。此外，该表还有一些判断或说法不准确，本书也加辨正。

② 雷礼纂辑：《国朝列卿传》，周骏富辑：《明代传记丛刊》（第39册），第129页；《安福县志》卷三《人物·名臣》，康熙五十二年刊本，第64页；《明武宗实录》卷四十七、一百五十九“正德四年二月”事、“正德十三年二月”事。

③ 此小传主据《安福县志》卷三《人物·儒行·彭簪传》（康熙五十二年刊本，第19—21页）并兼采其他资料而成，凡据该《安福县志》不再加注，其他资料则注之。

④ 张卫红《邹东廓年谱》（第237页）彭簪小传，其生卒年作1478—1550年，误。据《梅下彭氏家谱》（乾隆二十八年刊本），彭簪生成化己亥十二月，殁嘉靖庚戌（1550）；又罗洪先《祭彭石屋公哀辞》（《罗洪先集》，第940页）言彭簪卒于嘉靖庚戌十一月某日。故彭簪生于成化己亥（1479）十二月（据寿星天文历，己亥十二月到了1480年），卒于嘉靖庚戌（1550）十一月。

东乡松田人。正德二年（1507），与邹守益等同中举。任衡山县令十年，
多惠政，民建生祠祀之。在任上，于嘉靖七年（1528）修《衡岳志》
（三卷）。迁常州通判，为政务大体，不做表面文章。旋摄（兼任）
宜兴县令，却里胥常供应百金。民因纠纷至庭，辄谕以孝悌忠信。
又取圣谕加注释及辑先正教民语，编为《谕俗要语》，颁布全县，
令家晓而人习之。在宜兴，与唐顺之交好，顺之为其所编《石屋山志》
作序，离任时，又为之作别序。① 迁靖州知州，任职仅一月，即拂袖
而归。

归后，彭簪于里之石屋山，筑石屋草堂（又名石屋山房，为其
讲学处），构卧云亭，隐居其中。彭簪在安福县及吉安府阳明学者
的心中有极高的德望，与刘晓同被视为安福惜阴会之"二翁"②。邑
学士大夫、郡县长吏、部使者莫不愿与之交，以至相谓曰："有不
造石屋山人，不为俊夫也。"与之交者，多为著名阳明学者，如邹
守益、罗洪先、聂豹、陈九川、欧阳德、黄弘纲、何廷仁等。嘉靖
二十年（1541），邹守益归田，爱石屋山之胜，彭簪遂割卖石屋洞之左，
守益遂于此建东阳行窝，于是石屋山成为安福阳明学一个重要的讲
学场所，而两人比邻而居亦达十年之久。③ 彭簪常参与青原讲会等，
又在家族中立宗会，以联族属，训子姓以孝弟勤俭。嘉靖二十九（1550
年）十一月某日，山石忽陨，彭簪预知其将逝，自为传志、祭文，
邀同志告别，并答张鳌山书曰："予今日归矣。"乃沐浴告庙，端
坐而逝。彭簪可谓已证道而解脱生死。对于其为人或人格，时人评
价甚高。邹守益称："是其（即彭簪）虚以取善，实以砺行，勇以
自强，翕然为一邑赤帜。"④ 唐顺之称："侯（即彭簪）为人貌古而
气凝，恬淡而寡欲。其居处苦约，有寒士所不能堪者。"⑤ 罗洪先称：
"瞻其容雍雍耳，听其言泄泄耳，真而不矫，达而不肆。"⑥ 所著（含
编）除上提到者外，还有《石屋散编》《二溪家会录》⑦，唯《衡岳

---

① 唐顺之：《石屋山志序》《赠彭石屋序》，《唐顺之集》，马美信、黄毅点校，浙江古籍出版社
2014年版，第468—471页。
② 邹守益：《贞寿篇》，《邹守益集》，董平编校整理，第110页。
③ 邹守益：《祭石屋山文》，《邹守益集》，董平编校整理，第954页；彭簪：《东阳行窝券》，《同
治十一年安福县志》（点校本），第580页。
④ 邹守益：《贞寿篇》，《邹守益集》，董平编校整理，第110页。
⑤ 唐顺之：《赠彭石屋序》，《唐顺之集》，马美信、黄毅点校，第471页。
⑥ 罗洪先：《祭彭石屋公哀辞》，《罗洪先集》，徐儒宗编校整理，第940页。
⑦ 彭簪：《东阳行窝卷》，《同治安福县志》（点校本），第581页。

志》存世，其他均佚。

彭簪于嘉靖六年（1527）十月，在阳明入广过吉安时，与刘阳、王钊、欧阳瑜等三百余人，迎其于螺川驿中，阳明当场讲学。[①] 但现存资料并未提到彭簪师从阳明，故应不是阳明弟子，不过他与阳明弟子邹守益、刘阳等关系密切，还是刘阳的第一任老师，是重要的阳明学同道者。

刘秉监

刘秉监（1483—1530），字遵教，号印山，南京工部尚书刘宣（1425—1491）三子，安福南乡三舍人。正德二年（1507）中举，次年成进士。初授河间宁津令。擢刑部主事，寻任员外郎。迁河南佥事，兼理大名府兵备道，升河南副使兼理河道。因忤巨阉，下诏狱，谪判韶州。以台谏，量移直隶太平府。迁潮州府同知。升临安府知府，卒于赴任途中。

任职大名府时，毁淫祠 4800 多座，建元城书院，以化士习。任职太平府时，入南都，师事湛若水，退与吕柟、邹守益互究其旨归。及家乡惜阴会兴起，盛暑霪雨必赴，笃信阳明良知学，对于亲受业阳明者，甚为尊重，唯恐人不急于求此学。印山参与讲会，其母念其往来参与讲会之劳，劝之曰："子孝且弟，又何必学？"印山曰："人见其外，未见其内，盖将求吾真尔。"又其兄也劝阻曰："弟侍母孝，事吾亦弟矣，奚以讲学为？"印山曰："兄观吾外，谓可免悔尤也；吾观吾内，犹有未真纯者在。今当日进真纯，以敦孝弟。"印山所谓"求吾真""进真纯（者）"，是指求证、了悟心体（即良知的本体），就是说，印山参与讲会，意在证悟自己的本体，追求个体生命的意义和价值，从而提升自己的道德修养、生命境界。邹守益也认为印山"毅然以真纯为归，是洗髓伐骨以超凡入圣也"。当然，良知学不仅仅是为了证悟自己的生命，它必然推己及人，所以如他在潮州任官时，以所学励潮人，潮人感之，从学者日众。

对于印山其人，刘阳评价较高，称之曰："先辈有言，名节一变而至道。印山蚤励节行，烈烈不挫，至临死生而靡惑。乃其变而之道，视他人果收功倍矣。"三舍族人刘邦采、刘文敏、刘晓，也

极为称颂之，称其为"族模冶""吾邦津梁"。①

从刘阳为其所撰《墓志铭》和邹守益为所撰《墓表》看，印山并未亲受业于阳明，只是阳明学同道者，或至多算是私淑弟子。②但是，即使如此，印山仍是阳明学的重要践行者和传播者，黄宗羲《明儒学案》也将其列入《江右王门学案》附案中。

刘燮

刘燮，字惟和，号一泉，安福南乡三舍人。六岁即有志，以儒学自期许。弱冠，补邑诸生。嘉靖丁酉（1537）应贡，授山东莒州训导。九年后奉例归，归时行囊萧然，只有书满箱而已。其为学务反身切己。尝见王阳明，"接之寤寐间"。③就是说，一见阳明后，就时时刻刻想念阳明或想亲近阳明学，有"万人丛中一握手，使我衣袖三年香"（龚自珍诗句）的意味。但据现有资料，刘燮只是见了阳明，未必是阳明的入门弟子，故仍将他作为阳明的同道者处理。④不过，从中可看出阳明其人、其学之魅力。

刘子醇（含刘子清）

刘子醇，字希孟，号南所，安福南乡三舍人。嘉靖庚申（1560）贡生，曾任湖广沅江教谕。归田后，日与族人刘文敏、刘邦采、刘以身探讨心性之学，辩论得失。晚年，主倡家族"惜阴五老会"，与前三人加上其弟子清共"五老"，于每月初一聚集道院，各出杂记，互相切磋，以不断提升自己的学问和修养。⑤

---

① 刘阳：《印山先生刘公墓志铭》，《刘三五集》，彭树欣整理编校，第52—53页；邹守益：《表印山刘先生墓》，《邹守益集》，董平编校整理，第1096—1098页；刘良楷纂修：《三舍刘氏七续族谱》卷九《可存房世系》。
② 束景南《王阳明年谱长编》（第1042页）将刘秉监认定为阳明弟子，不确。又按：张卫红《敦于实行：邹东廓的讲学、教化与良知学思想》附表二《安福籍阳明学者暨邹东廓弟子一览表》（第284页）将刘秉监兼秉常也列为阳明学者，文献依据为《三舍刘氏七续族谱》卷三十《家传六》。细读该谱刘秉常传，可知此人既不是阳明弟子或再传弟子，也不是私淑弟子，故不是阳明学者。该传只提到他"举万物一体之理勖勉为族人告诫"；另邹守益《表印山刘先生墓》提到刘秉常曾劝阻其参与讲会，后听弟一解释，表示"审若是，老夫当率以听"，据此他也可能参加过阳明学讲会。但至多只能算是阳明学同道者。由于未有确凿材料表明他与阳明学的密切关系，故本书存疑，未将他列入阳明学同道者之列，只在此作一附注。
③ 刘良楷纂修：《三舍刘氏七续族谱》卷二四《家传八·刘燮》。
④ 张卫红《敦于实行：邹东廓的讲学、教化与良知学思想》附表二《安福籍阳明学者暨邹东廓弟子一览表》（第285页）直接将刘燮说成"师事阳明"，所依据文献为《三舍刘氏七续族谱》卷三四《家传八》，其实该文献只云"尝见王文成"，未表明师事。
⑤ 刘良楷纂修：《三舍刘氏七续族谱》卷三四《家传八·刘子醇》。

朱临、朱禄

朱临，字时进，安福南乡大桥人。天顺三年（1459）举人，成化十四年（1478）进士。历官刑曹、四川按察司佥事。尚平恕法，法行不挠。任官七年后告归。归家后，时赴惜阴会，笃学力行，士林称之。以八十五岁高寿卒。①

其次子朱禄，字克学，号方山。弘治十一年（1498）举人。与四弟朱祀肄业南京国子监，时邹守益年幼，侍二兄弟于国子监。后朱禄任四川新繁县令，辞官归。乡居，和族睦乡；与邹守益、刘阳、王钊等往来，率诸子参与惜阴会，四方以讲学至者，供饭食，与之商讨学问，老而不倦。有《存塾诗稿》（已佚），守益为之作序。②朱临、朱禄父子是参与惜阴会的老一辈学者，由此可见阳明学在民间的影响力，可谓老少皆受到其吸引。

此外，朱临第四子朱祀（1477—1558），字克诚，号四溪。举人，曾任瑞安县令。族子和姻友参与惜阴会者，必告诫他们须敦实行，勿骛虚谈。③但无明显证据表明他直接参与讲会或其他相关阳明学活动，是否阳明学同道者存疑，姑置于此。④

郭弘化

郭弘化（1581—1556），字子弼，号松厓（又写作"崖"），安福北乡山堂人。正德五年（1510）中举人。三就会试不中，遂研究经史，著《易直解》（已佚）。嘉靖二年（1523）登进士第，初任大理寺。出任江陵知县，勤抚字，裁冗费，赈济灾民，有政绩。升贵州道御史，弹劾镇守、参将不职，两平剧盗。嘉靖十一年（1532），因星变，上疏直言，遂落职，家居二十四年。

正德十四年（1519），松厓在彭泽方氏家坐馆，阳明过彭泽，遂拜谒阳明，与闻良知之说，从此以之自淑淑人，后且试之政。归

① 《安福县志》卷四《人物·宦绩二》，康熙五十二年刊本，第41页；《同治安福县志》（点校本），第188页。
② 邹守益：《方山存塾诗稿序》《大桥朱君四溪墓志铭》，《邹守益集》，董平编校整理，第144、1046—1047页。
③ 邹守益：《大桥朱君四溪墓志铭》，《邹守益集》，董平编校整理，1046—1047页
④ 《大桥朱君四溪墓志铭》仅曰："族子姻暨姻友预惜阴之会，必督以实行，勿骛虚谈，闻者惮之。"此叙述并不能表明他直接参与了惜阴讲会。所以，张卫红《敦于实行：邹东廓的讲学、教化与良知学思想》附表二《安福籍阳明学者暨邹东廓弟子一览表》（第288页）将其人列为阳明学者，即使从广义的阳明学者来说，也未必准确。

田后，与邹守益、刘阳、尹一仁、刘肇衮等交往，参与复古书院的创办，常出入青原、复古，与四方豪杰切磋于惜阴会。家居以礼教家，以俭约下，以义倡族人。为教育子孙，采古人格言，分注其下，书于屏风，以为世训。可谓在家庭、家族中践行儒学（阳明学）。虽然他拜谒过阳明，但没有直接证据表明他是阳明的入室弟子，不过无疑是阳明学的重要传播者和推动者。[①]

张麃

张麃，字惟培，安福南乡书冈人。弘治十七年（1504），中乡举。正德三年（1508），举进士。初授福建晋江县令。该县素尚告讦，势豪挟制官府。惟培至，一绳以法。升彰德府同知。时御史许某督戎事甚严，惟培以去就力争之，曰："杀一人以媚人，尚有不为。乃以千百人之命而干尺寸之禄，可乎？"许某为之惕然。改刑部员外郎，以丁母忧归。时王阳明正倡学赣州，惟培对亲友曰："学之敝也，久矣。幸若辈之复见天日也，可更负耶？"从此语看，惟培对阳明极为钦佩，可能赴赣州师从阳明，但没有相关文献证据，姑置于阳明学同道（或同情）者之列。其用功甚勤，匾其室曰"克轩"，以此自励。[②]

伍思韶

伍思韶（1500—1588），字舜成，号九亭，晚又号鸿盘叟，安福北乡荷溪人。年十九，补邑庠生。闻阳明之学，偕其友赴越，会母卒，中道而返，终身未见阳明。阳明弟子朱勋（号逊泉，滁州人）任安福训导，时往过从、商学。于阳明之学，精思力践，锐然以希圣为期。嘉靖戊子（1528），参与乡试，与刘邦采、尹一仁、欧阳瑜等同中举。入南京国子监，祭酒湛若水见其论学诗，甚器重之。嘉靖丁未（1547），谒选，授四川广安州知州。任职五年，厉法禁，绝请托，植善类，清诡粮，节浮费，民受其益。辞官归，州人生祀其于名宦祠。归则与邹守益等一起研讨心性之学，参订无虚日。所著有《鸿磐述》《鸿磐吟》（均佚），多所自得，务极精深。其学

---

① 邹守益：《山堂郭氏谱序》，《明故文林郎监察御史松厓郭公墓志铭》，《邹守益集》，董平编校整理，第297、1029—1031页；罗洪先：《前文林郎贵州道监察御史松厓郭公墓表》，《罗洪先集》，徐儒宗编校整理，第787页；束景南：《王阳明年谱长编》，第1208—1209页。
② 《同治安福县志》（点校本），第190页。

以"明明德为宗",曰:"明德之谓,一明于家国天下之谓,贯学者学此,诲人者诲此,何必更立他说?"但其说主理气、性情二分,邹守益与其多有商榷,[①] 故其说与阳明之学仍有一定的距离,不过仍是重要的阳明学同道者。[②]

欧阳晓

欧阳晓,字愚庵,安福西乡铁炉人。早年为郡诸生,以母老弃举业,力耕终养。室中悬孔、颜、濂、洛之图,励志躬行,书"精一执中"于腰带以自警。偶出游,行歌于市,群儿拦街,拍掌争笑,愚庵拱手缓步,色不为动。尝手书《传习录》数册,入布袋负之以行,人称"卖药客",不以为意。为人倜傥,傲视权贵,不愿与庸俗之辈处,故与人寡合。而邹守益独重其品行,有时与同道访之;愚庵家无坐具,延至菜园,坐石上谈学。一次,钱德洪至复古书院访邹守益,将别,守益云可一访愚庵,时有一人曰:"愿留先生(即钱德洪)一点化愚庵。"邹善曰:"愚庵是点化人的,却云点化愚庵。"可见,愚庵在邹氏父子心中的地位。遂访愚庵,问其平日作何工夫,只曰:"照。"照者,承体起照,即以良知照见自己行为之是非。愚庵独自修行,一生默默无闻,是阳明学同道中神仙一品之人物。[③]

王有楠

王有楠,字桥梓,号前村,安福南乡王屯沙洲人。嘉靖元年(1522),中乡试。历任南京建平县、福建罗源县、浙江乌程县县令。清廉爱民,振兴士风,于三县倡讲会,每月朔望,宣《圣谕六条》,以谕父老。所任之县,俱有县志载其事迹。邹守益尝赠以"清白郎官"四字。晚年,与邹守益等一起讲学于复古书院。又自设义馆,以教贫寒子弟。捐所佃北真观旧址建复真书院,书院建成后,前村已殁。[④]

---

① 参见邹守益:《答伍九亭请教语》,《邹守益集》,董平编校整理,第760—764页。
② 王时槐:《广安知州九亭伍公墓志铭》,《王时槐集》,钱明、程海霞编校,第137—139页;刘元卿:《奉直大夫广安州知州伍公行状》,《刘元卿集》,彭树欣编校,第298—301页;《同治安福县志》(点校本),第124、220页。
③ 《识仁讲院志》卷七《志贤传》;邹德泳:《正草·证悟汇》,《邹德泳杂著》,第44—45页。
④ 《邹东廓先生亲笔批买书院契纸》,《王前村公行事并像赞》,王吉等编:《安成复真书院志》卷二。按:因前村居官清贫,殁后,其夫人还健在且贫,最后书院同仁还是以购买形式予其夫人以银两。

彭黯

彭黯（？—1555），字道显，号草亭，安福南乡荆山人。举嘉靖二年（1523）进士。初授礼部祠祭主事，旋改任仪部主事，后改光禄丞，升少卿，继迁南太常，升南光禄卿，升佥都御史、副都御史，擢刑部右侍郎，转兵部左侍郎，升南工部尚书。彭黯"性清谨，达治体，政惟便民"，罗洪先称其："审于进退之宜，明于祸福之故，介于取与之节。人所竞趣，退然若愚；人所嫌畏，泰然独往。"[1]清代多种《安福县志》将其列入"名臣传"。

王阳明官南都时，曾居御河浒，构茆亭，歌咏其上。后彭黯任仪部主事时居之，喜而自号曰"草亭"，并于居处书阳明所言"不言而信，存乎德行"八字。可见他对阳明的倾慕与认同。彭黯中进士后，长期在外做官，最终罢官归家，一年后卒于家。他家居朴俭，犹然布衣，且约束子弟，钳制僮仆，不以溷乡里。参与青原讲会等，与邹守益、张崧交往密切。守益称："公充然有芰服纶巾，皎首青原之兴，即约张秋渠偕往。徒步入山，不烦僧设榻，凡七宿，萧然若常素，闻者额泚焉。"临终，遗命其子太学生世均、世堪受学守益。[2]

彭嵘

彭嵘（1485—1551），字世翘，号东泉，安福东乡松田人，与彭簪同族。东泉幼爽敏自将，不肯屈服于人。既涉世故，择师从学，通典籍，达事变，自别于流俗。善经营，产业日富，然不喜守财奴，喜与名士游。嘉靖二十年（1541），邹守益罢官归里，爱松田村附近石屋山之胜，于石屋洞之左建东阳行窝。东泉与守益门人彭沧主持设计、建造。之后，石屋山成为安福重要的讲会点，一时风云际会，往来者有著名阳明学者，如甘亮、聂豹、黄弘纲、欧阳德、罗洪先、何廷仁、陈九川等，咸友善东泉，以为有"问奇投辖"（即好学好客）之风。邹守益与刘肇衮申惜阴约，东泉慨然拜曰："老景无余事，已委家务于二子矣。"直书"愿如约"，以图不负其晚节。又襄助彭簪举办宗族会，训族子姓以孝悌勤俭。在家，待弟友爱，训子侄谨言善行、

① 《同治安福县志》（点校本），第172—173页。
② 邹守益：《草亭公传》，《邹守益集》，董平编校整理，第907页。

爱众亲仁。彭簪称其"重名谊，酌时势，急赒恤，喜文章，行事表表"。①

邓国

邓国，字昭贤，号横溪，安福东乡清陂人。其兄弟三人，作为老大的邓国总理家政，仲弟邓圉从商，叔弟邓周（阳明弟子）业儒。邓国少年稍有英气，人或侮之，必求伸乃快。年四十，闻弟邓周讲良知学，犁然有省，一意和乡睦族，置胜负于不较。家庭聚讲，励以躬行，以务名、虚谈为戒。邹守益赴东乡惜阴会，宿其家，为其家人讲"仁礼爱敬之旨"，邓国欣然愿从事。平生乐善好施。每岁出谷二百余石救济贫者，不取息，又于宗族施有等差，行之三十余年。为乡里修道路，建桥梁，为疟痢者施药，为行旅渴者设茶，至老而不倦。邹守益等举四乡惜阴会，思得敦行君子、耆旧以挽漓返俗，以邓国为后进表率，其殁后为其撰《墓志铭》。②此外，其弟邓圉，与守益弟邹蒙缔结儿女婚姻，侍父母孝，待兄弟和睦，也尽力施善。③

欧阳必进

欧阳必进（1491—1567），字任夫，号约庵，安福西乡仙坛人。正德八年（1513）中举，十二年（1517）成进士。初授礼部主事，历官浙江布政使、工部尚书、刑部尚书、吏部尚书等。明世宗称其"端慎老成"，赐玉带绯鱼服。与邹守益相交往，凤以道谊期许，命其弟欧阳志夫、子欧阳德卿以及女婿均受学于邹守益，可算是阳明学同道或同情者。所著有《白云山人稿》。④

---

① 邹守益：《东泉说》，《明故东泉彭君世翘墓志铭》，《邹守益集》，董平编校整理，第464—465、1059—1061页。按：张卫红《敦于实行：邹东廓的讲学、教化与良知学思想》附表二《安福籍阳明学者暨邹东廓弟子一览表》（第291页）备注云彭嵘"师事东廓"，误。其实，据现存文献而言，并无证据表明彭嵘"师事"东廓（邹守益），他只是热心参与讲会，故只能算是阳明学同道者。

② 邹守益：《明故横溪邓君墓志铭》，《邹守益集》，董平编校整理，第1081—1082页。按：张卫红《敦于实行：邹东廓的讲学、教化与良知学思想》附表二《安福籍阳明学者暨邹东廓弟子一览表》（第291页）备注云邓国"从学东廓"，误，其实《明故横溪邓君墓志铭》并没有提到邓国从学邹守益（东廓）。

③ 邹守益：《明故北山邓君偕配尹氏合葬墓志铭》，《邹守益集》，董平编校整理，第1082—1083页。

④ 《同治安福志》（点校本），第191页；邹守益：《庆欧阳宫保约庵公寿序》，《邹守益集》，董平编校整理，第278—279页。

王士俊

王士俊，字伯选，号方南，安福南乡金田人。嘉靖四年（1525）中举，次年成进士，观政礼部。八年（1529），授刑部主事，历本部员外郎、郎中。十三年（1534）升福建泉州府知府，任内捕寇、筑陂、修桥、赈灾等，颇有政绩。二十年（1541），被谤罢归。二十五年（1546），倡家族讲会——东山祠家会，并请王钊主其事。会后，又一起刊刻《东山祠家会录》，并作《序》，指出家会的作用在于广善类、急时弊、勤训迪。三十七年（1558），邹守益、刘邦采、刘阳等在南乡建复真书院，为助金购书。无论居官，居乡，方南一以慈爱平恕为主。死祀泉州名宦祠、本县乡贤祠。著有《东山语录》（已佚）。①

朱士忠（含朱吉符）

朱士忠，字佐卿，安福南乡唐方人。嘉靖四年（1525），与刘阳、王士俊同中举人。两为县令，皆有政绩，而为湖广钟祥县令时尤著。顾东桥称其为古廉吏。升永州府通判，知府唐瑶刚正自持，与其相得甚欢，两人尽心为政。寻致仕归。屡礼为乡饮宾，不赴，唯与其叔朱吉符时赴惜阴会，议论侃侃，闻者竦服。邹守益称其有古人风。②

胡永成

胡永成（1497—1545），字思贞，号巅泉，安福东乡斗塘人。正德十一年（1516），中乡举。嘉靖八年（1529），与罗洪先同举进士，两人相交好。初授泾县知县。升刑部主事，忤旨，谪和州同知，稍迁徽州府同知。晋南雄知府。因荐擢广东按察使副使，卒于官。居官，有政绩。处家孝友，而恩及群下。闻湛若水、王阳明之说，皆能不逆其说，居常以其说训子弟。③

张岩

张岩，字仲瞻，号石屏，安福南乡书冈人。与其兄张崧（阳明弟子）

---

① 《金䜌王氏族谱》卷四《仕宦志》、卷六《艺文志》；《同治安福县志》（点校本），第192页。
② 《安福县志》卷四《人物·宦绩一》，康熙五十二年刊本，第20—21页；《同治安福县志》（点校本），第123、192页。
③ 罗洪先：《明故广东按察司副使巅泉胡君墓志铭》，《罗洪先集》，徐儒宗编校整理，第890—892页；《同治安福县志》（点校本），第193页。

等一起在其村举办惜阴会。嘉靖十一年（1532），与邹守益、刘文敏、张崧等一起参与安福丈田，历时三年。以贡生任福建光泽教谕，后又任河南周府教授。学行与其兄媲美，时称"二张"。[①]

姚吉

姚吉，安福人。为诸生，究心格物致知之学，遂绝意于科名，以求道为事。虽居城市，绝迹公庭。阳明弟子、县令程文德重其风节，躬身访问，赠以联曰："城市山林隐者，圣朝福寿名儒。"102 岁卒。[②]

刘佃

刘佃（1507—1585），字有州，号吾南，刘晓从子，安福南乡三舍人。嘉靖二十二年（1543），与邹守益长子邹义同中举。次年，成进士。初授武定知州，转工部虞衡司员外郎，历郎中，升福建建宁知府，寻升山东按察司清军副使，转福建督粮参政，升福建按察使，寻升右布政，转湖广左布政使。后因事忤时相张居正罢职，从此不复为官。居官数十年，勤慎廉明，所至有声。家居二十余年，淡然寡营。其父刘昉（字伯象，号白石）幼学《易》于从兄刘晓，得其肯綮。刘佃与邹守益有交往，不过只是私淑弟子。嘉靖三十七年（1558）任建宁知府时，与邹守益、刘邦采等在武夷山举办讲会；又与董燧汇刻《邹东廓先生文集》以行世，这是流传最广的邹氏文集版本，大有功于邹氏学问的传播。[③]

---

① 《安福县志》卷十一《人物·儒林》，乾隆四十七年刊本，第15页。王时槐：《秋渠张公传》，《王时槐集》，钱明、程海霞编校，第804页。按：张卫红《邹东廓年谱》（第133页）云张岩师事邹东廓（守益），为臆测；因为根据现有文献，未提到张岩师事邹守益，其中张卫红提供的文献未提到，笔者查阅其他相关文献也未提到。

② 《同治安福县志》（点校本），第267页。

③ 刘良楷纂修：《三舍刘氏七续族谱》卷三四《家传七·刘佃》、卷十二《可诚房世系》；邹守益：《明故奉直大夫白石刘君偕赠大宜人王氏墓志铭》，《邹守益集》，董平编校整理，第969页；吕怀：《东廓邹先生文集序》，邹守益：《邹守益集》，董平编校整理，第1340页。按：关于刘佃的生年，《三舍谱·家传七》作"正德二年丁卯"（1507），而《三舍谱·可诚房世系》作"嘉靖己卯"，查年历，嘉靖无己卯年，只有正德有己卯年（1519），故以《家传》为据。张卫红《邹东廓年谱》（第425页）刘佃小传生年作1519年，即将"嘉靖己卯"直接当作"正德己卯"，而未看到或采用《家传》中的资料。又按：张卫红《敦于实行：邹东廓的讲学、教化与良知学思想》附表二《安福籍阳明学者暨邹东廓弟子一览表》（第285页）云"刘佃字仲有"，又云"师事东廓（守益）"，误。《三舍谱》明言"佃字有州"；吕怀《东廓邹先生文集序》明言吾南"私淑（邹）先生"，并非"师事"之。此外，其文献依据为《安福县志》卷十《人物·宦绩》，其实查多种《安福县志》，均未发现刘佃传。

伍惟善

伍惟善,字至甫,号在吾,安福城南人。万历十年(1582)中举。初授五河县知县,迁湖州府同知,擢黎平府知府,升贵州副使。所至,皆有善政。殁,祀名宦祠、乡贤祠。①未中举前,与邹德泳、刘孔当、王如坚、谢应祥等十二人常在东山寺举办讲会,称"十二人会",在道德修养上互相砥砺,盟约曰:"必毋竽公事,必毋干谒贵人之门。他日有不如约者绝之。终身当未第之先。"解组归田后,又与德泳一起参与复古书院讲会。居乡,为民兴利除弊,乡人奉之为"蓍蔡"(德高望重的人)。德泳称其:"公以透朗之识、细密之才、洁白之守,而一以纯笃运之。故在官而所在见思,居乡而乡人率化。"就是说,其德性、事功上的成就,其实都是致良知("一以纯笃运之")的结果。②

王时椿

王时椿(1518—1578),字子龄,号人峰,安福西乡金田人,王时槐伯兄。有工技才,未专攻举业,受父命理家,但于诗书文艺亦能略通大指。嘉靖戊申(1548),丁父忧期间,王时槐往复真书院问学于刘文敏、刘阳、刘邦采,人峰亦同往问学。但没有资料表明人峰是此三人弟子,只能算是阳明学的同道者。隆庆辛未(1571)时槐辞官归田后,两兄弟以每月朔望集家之弟侄举办家会,示以孝悌仁让之训以为常。金翯族人议建祠、修谱、供祠祭,人峰常捐金首倡之。平时为人坦夷脱略,油油然与人偕,人乐与之游。③

王而组

王而组,字佩所,号东池,安福南乡金田人。业儒,尤精内典。以监生任浙江嘉兴县主簿。家族举惜阴会,修两祠总谱,皆其倡之。与王时槐交游,时槐曾指点他在病中静养修行:"惟静养中,只宜万念俱灰,身世尽忘,此是第一上妙良剂也。"于所居建亦乐轩,时槐为其作《亦乐轩诗》。万历十一年(1583),与族人云程、文

---

① 《同治安福县志》(点校本),第195页。
② 邹德泳:《伍在吾年兄八十寿文》,《湛源续集》卷四,第42—43页。
③ 王时槐:《先兄吉府典膳人峰公偕配谢刘二孺人志铭》,《王时槐集》,钱明、程海霞编校,第162—163页。

焕等主持刊刻王时槐《广仁类编》（四卷），并作《后序》。①

周教

周教，字前塘，安福西乡横龙人。素好善义，声著郡邑。订交王时槐，亲引其二子惟中、惟爱往受业，曰："学圣贤之学，非先生莫以课吾儿。"周惟中与刘元卿、刘孔当一起建识仁书院，前塘曰："吾志也。"遂捐金，为各姓倡。以仁孝感族人，倡建始祖祠于县城。他如捐义谷，膳文会，敦族睦邻，友爱兄弟，皆本于诚而无伪。②

周以鲁

周以鲁，字得之，号斗乾，安福西乡横龙人。少负奇气，才十岁，即谓神仙可学，不肯做凡人。一日忽读《孟子》，至"圣而不可知之谓神"，抚几而叹曰："何不学神圣乎？"遂立志为圣贤之学。嘉靖七年（1528）中举，即薄视科举，不赴会试，精思默证心性。久之，悟曰："盈宇宙皆性，即盈宇宙皆道，盈宇宙皆学，性外无学，性外无道矣。"即证悟到性、学、道一体，万物一体。于是自有所得，人称其"善悟"。后任京官六七年，同心者即与论学。奉命出任贵州枭司兵备道，思、仁诸卫所颇难调治，斗乾曰："彼亦人耳，虽以兵制之，而以礼教之、德化之也。"至于治民，尤以人心为政，民甚德之。罢官归后，日与西乡父老论学不倦，每季必讲学于富池寺。时王时槐倡道于乡邑，往而论学，相与砥砺。将定基建复初书院，正欲鸠工，忽谓诸生曰："吾将观化矣，书院之事后人为之。"遂端坐而逝。其后刘元卿、刘孔当、周惟中承斗乾之绪，建成识仁书院，为纪念斗乾，于其中设复初堂。其所著有《贻庭录》（今佚）。③从斗乾的学行看，他算是阳明学同道者，其卒后，识仁书院同仁亦将其视为同道者。

王宗舜

王宗舜，字汝孝，安福南乡汶源人。性严毅端方，而游其门者常达百数十人，率知积学循矩。江西学宪周玉崖察其行，束帛于其庐，称之曰："为子而孝，为师而严。"汝孝悚然曰："所求乎孝，愧

---

① 《金谿王氏族谱》卷四《仕宦志》；王时槐：《答东池宗丈》，《王时槐集》，钱明、程海霞编校，第367页；王而组：《刻广仁类编后序》，王时槐：《王时槐集》，钱明、程海霞编校，第702页。

② 《周前塘公传》，《识仁讲院志》卷八《志贤传外传》。

③ 《安福县志》卷四《人物·宦绩一》，康熙五十二年刊本，第24—25页；《周斗乾传》，《识仁讲院志》卷七《志贤传》。

未之能。'师严'二字，不敢多让。"嘉靖间，以贡生授崇明县训导，一如教里中士。归田后，联里社举惜阴会，里中推重之。殁祀乡贤祠。①

刘世蓉

刘世蓉（1520—1574），字子秋，安福南乡上城人。其子刘汝栋为刘邦采弟子。刘世蓉也参与讲会，邹守益讲学里中，时率子侄往听，并戒之贵躬行，勿徒资口耳。②

刘两湖

刘两湖，字清溪，安福南乡塘边人。郡庠生。居家敦行力学。年八十余，犹好经史百家，精研无遗。尝赴惜阴会，王时槐甚器重之，为文以赠之。③

刘淑唐

刘淑唐，字汝述，号养冲，安福东乡阳屯人。万历元年（1573），与邹德溥等同中举，与之为道交。后授湖广祁阳县令。为官清廉自守，在署种蔬菜自给，不取于市。课农桑，丈田粮，一县虚耗无隐。比归，囊橐萧然。居乡，倡圣贤之学，及门之士甚众。万历二十一年（1593），养冲联合东乡士绅、耆旧、文学之士捐资于梅田建道东书院。岁集士人于此，相与砥切于正心修身、笃伦厚俗之正学，该书院遂成为安福阳明学讲学或讲会的重要道场之一。死后成为道东书院所崇祀的五主（还有李时勉、彭簪等）之一。养冲虽只是阳明学同道者，不是阳明学者，但对阳明学在东乡的传播起了较为重要的作用。④养冲七十大寿时，邹德溥为寿序称之曰："公（即养冲）既以质行厌众志，乃闻性与天道之秘，津津究咨，恍若己一无所得。迤且浸浸解入，进探未艾，一旦豁然大觉，达夫思议之所不及者，识泯真现，夫且先天之始而始，后天之终而终。"⑤可见对其学极为推重。

---

① 《安福县志》卷四《人物·宦绩二》，康熙五十二年刊本，第46页。按：本章第二节《工宗化》"王宗化，字汝诚"，邹守益弟子。从两人名、字看，应是兄弟或从兄弟。
② 干时槐：《秋江刘君偕仲子邦桢墓表》，《王时槐集》，钱明、桂海霞编校，第183—184页。
③ 《同治安福县志》（点校本），第219页。
④ 《同治安福县志》（点校本），第125、221页；《安福县志》卷三《人物·儒行》，康熙五十二年刊本，第26—27页；王时槐：《道东书院记》，《王时槐集》，钱明、程海霞编校，第468—469页。
⑤ 邹德溥：《寿令尹养冲刘年友七十序》，《邹太史文集》卷三。

刘思瑜

刘思瑜（1544—1598），字伯美，号在南，安福南乡夏塘人。弱冠，补邑诸生，即议行家约以睦族。隆庆元年（1567），中乡举。万历八年（1580），任石城教谕，示诸生学规八条，曰尚志、修行、惩忿、改过、安贫、镇俗、练事、治生。十一年（1583），成进士，授行人。后任贵州道御史等。二十四年（1596），辞官归。此时，复真书院的第一代创办者和主会者刘邦采、刘阳、刘文敏等已离世二十余年，复真讲会进入低谷。在南归田后，与诸大夫再度兴起书院讲会之风，尝曰："里俗之淳漓观于士习，士习之隆替系于乡大夫。今复真学不力，无以劝士而训俗，吾侪从大夫之后，责不容诿。"在南虽不是阳明学者，但主动接棒阳明学者，致力于复兴复真讲会。卒前，已预订季冬二日复真之会，期至，病作不起，犹叮嘱其仲弟供会事无怠。[①] 所以，他对后期复真讲会有较大的推动作用。

王德新

王德新（1546—1612），字应明，号儆所，安福南乡汶源人。万历四年（1576）中举。八年（1580）成进士。初授南京兵部主事。丁父忧，服阕，补刑部主事。时有何起鸣者，由内援骤起司空，台臣上疏弹劾之，遭贬斥。儆所再上疏，上震怒，逮诏狱，削籍为民。后得江西巡按朱鸿谟疏荐，吏部尚书陆光祖上疏言事，起为南京工部营缮主事。丁母忧，即家授光禄寺丞。服阕，赴部补官，未得旨，遂归，从此未再为官。儆所归田后，隐居家乡罗阳山中，并参与复真、青原等讲会，与王时槐、邹元标、刘元卿等交游，相与讲圣贤之学。万历十六年（1588），建知止堂于家，请王时槐作《记》。时槐释"知止"为知"止于至善"，至善者即性，性为天地万物之本；并相期于圣学之止。时槐称其"气温而内莹，谦抑而融朗，盖将锐然远诣，肩任斯道，匪直以效忠一节自止者"，"是当代冰玉精洁之君子"。可谓知己之言。所著有《光禄文集》（今佚）。[②]

---

① 王时槐：《贵州道御史刘君在南墓志铭》，《王时槐集》，钱明、程海霞编校，第164—167页；《同治安福县志》（点校本），第193页。
② 邹元标：《光禄寺丞儆所王公铭》，《存真集》，第32—35页；《同治安福县志》（点校本），第174页；王时槐：《寿王母颜大安人七十序》《知止堂记》，《王时槐集》，钱明、程海霞编校，第98、107—108页。

李坦

李坦，字心斋，安福西乡钱山人。性嗜义，家不甚富，然好周济穷人。尝买田一方，画为井田，择族之贫者八人授耕以自食。后又置义田五十亩，以养乡人之不自给者；立义塾，聚里中子弟以教之。其兄李坤无后，出其妾于乡人，不知妾有身孕。其兄死，田产并于心斋。后心斋知其事，见其侄，绝类其兄，携之归，为娶妻，以兄产尽授之。县令李某嘉奖其事，扁其门曰"敦义"。刘元卿初讲学时，里中人未晓学为何物，则以西乡当时仁孝著称者李坦、彭龙、杨惟十为表率，以"五伦"之学风动乡里；又与心斋等至西里各姓，谕以圣贤之学。心斋七十大寿时，泸潇为之作寿序。①

彭龙

彭龙（1528—1588），字君颜，号三衢，安福西乡江背湖上（今属莲花县）人。自少不习浮饰，雅尚朴素，慷慨赴义。少孤，事母甚谨，其兄偷佚不事，独力持家。视诸侄如其子，悉力为营婚娶事。兄子五人，己子二人，当分家时，三衢曰："此皆吾父孙也，吾终不令兄子独薄。"竟七分家产授之，其二子亦欣然奉命。后侄舍毁于火，率二子为营居室。刘元卿初讲学时，以三衢等三人为楷模来劝励学者。三衢又随同元卿一同讲学，遂成为其西里五友之一（五友为赵师孔、贺宗孔、彭龙、冯梦熊、甘则禹，其中甘则禹为邹守益弟子，赵师孔为王时槐弟子，其余三人为阳明学同道者）②。刘元卿称："自吾得君，而谈学者日益振，感发固不在语言间矣。"③

贺宗孔

贺宗孔（1519—1585），字时甫，号一溪，安福西乡钱山前塘人。早年敏捷有才，曾走数千里，至官府为父伸冤，脱父于难。刘元卿

---

① 刘元卿：《李义士传》，《刘元卿集》，彭树欣编校，第266页；洪云蒸、颜欲章：《刘征君年谱》，刘元卿：《刘元卿集》，彭树欣编校，第1523页；刘元卿：《寿李心斋先生七十序》，《刘元卿集》，彭树欣编校，第201—202页。

② 刘元卿《祭赵中庵文》云："予最下劣，生长卑贱之域，顾独恃二三良友相与匡持，若翌时甫（即贺宗孔）之矫矫振俗，彭敦让（即彭龙）之体履清和，冯呈兆（即冯梦熊）之胆干英发，甘善父（即甘则禹）之志行卓荦。是四子者之在我，譬之夫口鼻耳目，而我之有中庵（赵师孔），殆犹元气之在经络也。"参见刘元卿：《刘元卿集》，彭树欣编校，第367页。

③ 刘元卿：《三衢彭君墓志铭》，《刘元卿集》，彭树欣编校，第320—323页；《同治安福县志》（点校本），第246页。

倡里中长老聚讲，一溪率先赴会，与元卿谈论移日，悟曰："吾几枉此生矣。吾乃今知精神意气贵择所用耳，大丈夫以（万）物为体，所不能俱立俱达，非夫也。"于是耻其里之俗而思易之，奢而示之俭，角力而救之忍，时时与同里李坦谋而行之。隆庆六年（1572），刘元卿创办复礼书院，一溪尽力赞画之。岁时复礼聚讲，则无不赴。赴辄劝诸同曹为学，语刺刺不能休，闻之者莫不感其诚。万历四年（1576），随元卿入黄安问学于耿定向。比登舟，已病，终不悔，唯未能日聆听定向教语为恨。定向时时掀帐探视之，重其老而能志于学。七年（1579），张居正诏毁天下书院，一溪谓元卿曰："张公独能禁讲学耳，能禁人学乎？"命其长子世诚师王时槐，次子明卿师刘元卿。时槐、元卿过其舍，率子弟听讲，终日请质不倦。时槐喜曰："吾道西耶！其老长乃能如是也！"十三年（1585）正月二十九日病卒。卒之先日，集乡族而诀之，曰："家会、乡会，所以讲学修德，维持世风，吾虽死，其勿懈。"又嘱其二子曰："吾不忧子孙贫，而忧子孙丧心。"言毕而瞑。一溪晚年可谓心心念念系于讲学，至死而不忘。[1]

冯梦熊

冯梦熊（1529—1582），字呈兆，号茶园，安福西乡洞溪（今属莲花县）人。尝为邑从事，时上官临胥吏甚威，茶园发愤曰："丈夫不冠缨，遂不能自活耶？"满两考后弃去。隆庆六年（1572），刘元卿倡学西乡，茶园遇之，喜曰："吾乃今知贵固在我。"遂一志向道，随其至里中各姓，谕以圣学。复礼书院创办前，常聚众于其家附近的石城洞讲学。书院建造，茶园是三位负责工程者之一（另两位是刘钦、彭继善）。万历四年（1576），随元卿至湖北黄安访耿定向，向其问学。八年（1580），协助刘元卿与茶陵刘应峰、攸县令徐希明等，联合江西、湖广两省力量剿灭茶陵尧水峒之巨盗。九年（1581），安福令奉诏丈量田地，里人争推茶园督丈，人人称公平。十年（1582），随刘元卿、王时槐等一起赴浙江兰溪，拜访徐用检；至杭州，拜访陆光祖、沈莲池。茶园受好友元卿影响，于本族、乡里推行一体之学。其族人好为争斗，为之陈说善恶利害；又常联家

---

① 刘元卿：《一溪贺君行状》，《刘元卿集》，彭树欣编校，第307—309页。

族会，聚族人而训督之。于是族众始稍敛而受约，争自濯其旧习。又在县令倪冻的支持下推行乡约，一洗乡里故习。性好客，筑庵于石城洞洞口，以栖游客。客至，辄奉杯酒款待，久之弗懈。诸名士多与之游，赠诗盈帙。①

刘钦

刘钦（1526—1597），字子明，号积庵，安福西乡路溪（今属莲花县）人。补诸生。刘元卿初倡学时，随其至其西乡各姓讲学。复礼书院创办时，为工程负责者之一。参与复礼讲会，又联族人于路溪刘氏祠举办月会、小会。月会每月一次，小会以初五、二十五为期。②

彭继善

彭继善（1532—？），字如孝，号愚庵，安福西乡江背湖上（今属莲花县）人。尝礼为乡饮大宾，刘元卿初倡学时，随其至其西乡各姓，谕以圣学。复礼书院创办时，是工程负责者之一。常参与书院讲会。③

刘继美

刘继美，字孟充，号实亭，安福西乡井溪人。生八月而父卒，母矢节抚孤。稍长，肆力于举业，年十八，补廪生。后七试不第，心有不甘。其母教之曰："禄养何如善养乎？"遂自题席："母节未扬终天恨，性道无闻何日休？"遂自参自证心性。读至《孟子》，曰"仁之实""义之实"，抚然叹曰："圣道贵实，不贵虚，凡虚无、虚谈、虚文，无益也。"遂号实亭。与其同宗弟刘继华（王时槐弟子）等，交相砥砺。年九十，与刘元卿、刘孔当相与讲学不倦。见族党忿争，乃倡家约以化子姓，倡乡约以化乡里。郡县长官闻其德，请乡饮礼，升歌登堂，听其声如洪钟，视其仪如神人，可谓得儒学之充养。④

---

① 刘元卿：《冯茶园墓志铭》，《刘元卿集》，彭树欣编校，第344—346页。
② 洪云蒸、颜欲章：《刘征君年谱》，刘元卿：《刘元卿集》，彭树欣编校，第1523页；刘元卿：《复礼书院记》《书路溪刘氏小会籍》，《刘元卿集》，彭树欣编校，第218、467页。按：生卒年及字号据《路溪刘氏族谱》。
③ 《湖上彭氏四修族谱》，1998年版；洪云蒸、颜欲章：《刘征君年谱》，刘元卿：《刘元卿集》，彭树欣编校，第1523页；刘元卿：《复礼书院记》，《刘元卿集》，彭树欣编校，第218页。
④ 《刘实亭公传》，《识仁讲院志》卷七《志贤传》。

刘浏井

刘浏井，刘孔当族叔，安福西乡塘下人。少同孔当父同攻举业，通《易》学，称宿儒，然屡试不中，晚而弃之。刘元卿倡学复礼书院时，复礼距其家往返八十余里，因家贫不能具车马，然必徒步往听。归而宣其所闻，以训诸未知者。后识仁书院创办，离家近，大喜称便，一岁之中，无月不会，无季不往。对于一个未曾中过秀才的读书人而言，可谓在阳明学中找到了生命的归宿和人生的意义，所以嗜学如此。热心家族事业，尝参与刘氏族谱修纂，钩校编摩，寝食俱废。修小宗祠，因贫而鬻棺佐工，祠成，题联曰：“习俗易移，莫因易中随忽易；贫穷难守，须从难处硬立脚。”浏井魁额长眉，深目高颧，貌类罗汉，人多以“罗汉”戏称之。其一生淡然一无名欲，而自修自证，类罗汉之修养，而实则得儒学（阳明学）之熏染。[①]

刘上卿

刘上卿（1547—1622），字达甫，号仁吾，刘元卿仲弟，安福西乡南溪人（今属莲花县）。郡廪生，诏采儒行，授冠带，晚举为乡饮大宾。著有《明朝五达编》（5卷）、《历代五达编》（1卷）、《经世人物考》、《四书启蒙》等（均已佚）。[②]上卿是其兄办学、讲学的重要辅佐者，如协助创办复礼书院、举家会等。

刘贵卿

刘贵卿（1550—1616），字德甫，号修吾，郡庠生，刘元卿叔弟。曾协助其兄创办复礼书院。[③]

陈国相

陈国相（1542—1615），字君立，号梅和，安福西乡南溪人（今属莲花县）。补邑庠生，选入国子监，数赴会试，屡登副榜。与刘元卿同里，且结为儿女亲家。复礼书院创办时，捐资助建。常参与元卿举办的讲会。[④]

---

① 刘孔当：《浏井公墓志铭》，《刘喜闻先生集》卷五，第16—18页；《刘浏井公传》，《识仁讲院志》卷八《志贤传外传》。

② 《南溪刘氏续修族谱（崇本堂）·西头第五房世系纪》。

③ 《南溪刘氏续修族谱（崇本堂）·西头第五房世系纪》。

④ 《乌溪陈氏宗谱》，康熙十一年刊本；刘元卿：《复礼书院记》，《刘元卿集》，彭树欣编校，第218页。

赵子达

赵子达（1521—1589），字汝学，号守庭，安福西乡洋泽人。其孙赵师世为刘元卿弟子。守庭少孤，颇颖慧。比壮，补诸生，益自钻研，每试辄压其侪辈。而屡乡试不售，郁抑不得志。晚年时，元卿倡学于西乡，建复礼书院，举讲会，守庭屡赴之，质疑问难，津津有味乎其语。然不为浮称，而务身躬行。其为人冲虚下人，宽博长者，众皆悦之。时人称之为"诸士祭酒"。守庭晚年，可谓在儒学（阳明学）中得到了生命的安顿和意义，一消科举不得志带来的抑郁之情。[①]

颜问邦

颜问邦，号耕心，刘元卿姊丈，安福西乡南田人。习举业，攻苦茹淡，试不售，遂退而修家政，以孝友饬躬。元卿时向耕心谈学，耕心摇首曰："吾性疏弛，难矜庄端拱，又喜动，不能趺坐瞑目，子无苦我。"元卿曰："学不必端拱瞑目，即耕心足矣。"遂自喜，时赴刘元卿、刘孔当主持的讲会，竟日往复无倦容，若有味乎其言者。万历十九年（1591），参与西乡识仁书院的创办。居常以训子为务，延名师，课读甚严。后其子颜欲章成进士，乡人皆曰："此心田之报也。"耕心益复岳岳自树。比欲章入都赴任，送之门，曰："父与儿约：儿能其官与否，父不能必；必不使汝以父故，败声名也。"其自树如此，耕心之为人可谓与其号相称者。[②]

彭子达

彭子达，字行自，安福西乡严溪人。幼慧善文，为郡庠生。八试乡举，三中副榜。尝作诗歌、古文词，多自为咏讽，或慷慨悲歌，似若自愤其不第者。一日，见刘元卿语，有"孔门无科第，尚有声名播至今"之句，乃自释曰："吾误矣。"自是坚志讲学不倦。这是从儒学（阳明学）中找到了安身立命之本，从而确立了个体的生命意义和价值。行自见族众千人，子孙繁衍，有贫不能教子者，于是自立义馆，以训门徒。又以自租粮百石、鱼塘一口，以佐学膳。[③]

---

① 刘元卿：《明赵君守庭暨配孺人郁氏合葬墓志铭》，《刘元卿集》，彭树欣编校，第338—340页。
② 《颜耕心先生传》，《识仁讲院志》卷七《志贤传》；刘元卿：《耕心颜先生六十受封序》，《刘元卿集》，彭树欣编校，第196—198页。
③ 《彭行自公传》，《识仁讲院志》卷七《志贤传》。

刘焘

刘焘，安福罾岩人。隆庆元年（1567），中乡举。授广东高州府推官。性端重朴雅，慕陈献章之学，三造其庐。归，仿其遗像祀之。乡居，与刘元卿等一起讲学。所著有《中庸汇解》《易经解义》（已佚）。[①]

彭慎

彭慎，字惟独，安福西乡严田人。未冠，补弟子员，九试乡举，不售。尝与刘元卿一同讲学。因讲慎独之学，故以慎独为名、字。口授《二程全书》教子孙。常曰："功名是性分内事，但将骄吝克除，方念念完成其美；五伦为天下达道，必从至诚流出，始人人率由于天。"所著有《学庸讲义》《松涧文稿》（已佚）。

王师仁

王师仁（1531—1591），号守安，安福西乡金滩（今属莲花县）人。父早卒，事母孝，友爱二弟，仲弟亡，又抚养其二孤子。家产富饶，好行德义。岁尝大饥，为饭于路，以食饥者。两输其家粟，助县吏救济贫民。又捐资建祖祠、置祭田、辑家谱。刘元卿倡建复礼书院、杨宅桥以及邹善倡修凤林桥，守安均捐资数十金。后又捐百金上于县，议修嘉林浮桥。万历十九年（1591），元卿等谋建识仁书院，商之于县令吴应明。吴氏以为建书院乃百世之基，欲移此百金建书院，且以此为首倡。守安"唯唯"称善。西乡两大书院之建，守安均为大功德主，可算是阳明学同情者。刘元卿称之曰："利亦人之情性也，（守安）诚不吝数十百金而人受其利，斯亦仁矣。"[②]

周学尧

周学尧（1561—1602），字惟大，号钦所，安福西乡横溪人。少攻举业，因父早卒，遂弃之。后转而攻武，补武学生，慨然有请缨封狼之志，因需离家外戍，不赴任。识仁书院创办时，因其家与识仁仅一水之隔，人谓书院之兴，时时有会，将从其家取资粮，于其家不利。钦所曰："此夫章教善俗，吾先子所尝从诸先达经营而

---

① 《同治安福县志》（点校本），第221页。

② 刘元卿：《明处士守安王先生墓志铭》，来自莲花县新发现墓志铭；刘元卿：《识仁书院记》，《刘元卿集》，彭树欣编校，第219—220页。

未竟者，虽费又乌可已？"锐然与其季父尽力相之，并捐金助建。书院成，每举讲会，辄率其族之子弟，昕夕听讲无倦，且常以东道主的名义款待宾客。临终时，交代其从父昆弟举会时必携其子往听讲，又交代其妻下一年讲会设膳供会事，可谓临死不忘识仁讲会。①

周虬生

周虬生，安福西乡横龙人。郡增生。常倡西乡人士讲学于识仁书院。明末，被道士服，隐居三十余年。②

姚必连

姚必连，字东良，安福西乡江上人。生质纯粹。会讲于西乡中道会馆，士林翕从。所居敝庐，扁曰"诚正堂"，令子孙世世守诚正之道。③

伍承参

伍承参，字象雨，安福北乡荷溪人。少补邑庠生，有声庠序间。为人沉静，喜研心学。伯祖伍思韶著有《鸿磐吟》，象雨一遵其教。尝往来青原山、白鹭洲书院，与诸阳明学者研讨性理，质疑不倦。其学以践履笃实为主，谓人不躬行，而高谈性理，如画地作饼，不可食也。后同次子伍声搏避乱山中，贼至，皆被执。象雨不屈，其子曰："愿杀我，全吾父。"贼不听，父子俱被害。时人以父死节，子死孝哀之，祀县忠孝祠。④

王尹

王尹，字萃民，安福人。好学尚气。与邹德泳弟子李长春相友善，长春因弹劾周延儒下诏狱，萃民为诗以壮之。又与邹元标、高攀龙等往复论道。年九十五卒。所著有《道学回澜》《觉斋诗编》（今佚）。⑤

刘以昱

刘以昱，安福南乡三舍人。万历十六年（1588），中乡举。以

---

① 刘孔当：《明故处士钦所周君墓志铭》，《刘喜闻先生集》卷六，第12—15页。
② 《同治安福县志》（点校本），第269页。
③ 《同治安福县志》（点校本），第221页。
④ 《同治安福县志》（点校本），第221页；《安福县志》卷四《人物·文学》，康熙五十二年刊本，第92页。
⑤ 《同治安福县志》（点校本），第223—224页。

家族刘邦采、刘秉监为榜样，讲习阳明学。常参加一年一度全府性的青原讲会。三舍刘氏随着家族重量级的阳明学者及同道者相继离世，家族讲会一度归于沉寂。三十九年（1611），以昱在家居丧期间，又在家族内再度掀起讲会。①

---

① 张艺曦：《阳明学的乡里实践：以明中晚期江西吉水、安福两县为例》，第159页。

余论

一、安福阳明学的总体特点

明朝灭亡后，有一种将明亡的原因归之于明代理学（主要是阳明学）的空谈误国的流行说法。[①] 如顾炎武说："以明心见性之空言，代修己治人之实学。股肱惰而万事荒，爪牙亡而四国乱，神州荡覆，宗社丘墟。"[②] 这里所说的"明心见性之空言"就主要是指阳明学而言，顾炎武认为它是空谈之学，其兴起造成了修己治人的实学的衰落，从而导致了明朝亡国。颜元甚至将这种空谈误国之风追溯到宋元儒者。他说："宋、元儒者却习成妇女态，甚可羞。无事袖手谈心性，临危一死报君王，即为上品矣。"[③]"无事袖手谈心性，临危一死报君王"，后来也被人用来直批阳明学者。如果将这类说法指向禅学化倾向的阳明后学（如王畿及其后学、后期泰州学派），或许有几分道理，但是如果将其指向整个阳明学，尤其是安福阳明学是不合适的。王时槐界定"实学"曰："学必见于躬行……出必济世，居必范俗，必兢兢焉尺步绳趋，如处女律身，勿致纤玷，此之谓实学。"[④]此实学包括个人的道德实践（即躬行），也包括国家治理（即济世）和社会治理（即范俗），此三者大体等同于顾炎武所说的"修己治人"。从这一实学的内涵看，安福阳明学正是一种实学，是心学实学的典型范式，一个"实"字，可谓其总体特点。其"实"主要体现在以下四个方面，其中前三"实"为阳明学实学化的共性（而安福阳明学尤其得到了充分的展现），后一"实"则为安福阳明学的个性。

1. 价值之"实"：以个体生命意义的实现及觉民行道为人生价值追求

宋元明清的实学是实体达用之学，而实体包括宇宙实体和心性实体。[⑤] 阳明学的实体是心性实体（即良知），所以阳明心学之实学

---

① 艾尔曼著，赵刚译：《从理学到朴学：中华帝国晚期思想与社会变化面面观》，江苏人民出版社2012年版，第39页。

② 顾炎武：《夫子之言性与天道》，《顾炎武全集》（第18册），上海古籍出版社2011年版，第307—308页。

③ 颜元：《习斋四存编》，陈居渊导读，上海古籍出版社2000年版，第90页。

④ 王时槐：《西原会规十七条》，《王时槐集》，钱明、程海霞编校，第590页。

⑤ 葛荣晋主编：《中国实学思想史·导论》卷上，首都师范大学出版社1994年版，第1页。

就是证悟良知本体，并将其达之于用（实践）之学，是有体有用之学。作为实学，当然重在用（实践），但对于阳明学而言，对本体的证悟是其实学的突出特点。一般认为，证悟心性近于禅学，是殚空守寂的空疏之学。在阳明学看来，恰恰相反，只有证悟了良知本体，才能在生活实践中立定根基，心体（良知本体）"实"（即被实证到），才能工夫"实"、实践"实"（不过二者也是辩证关系，即只有工夫"实"、实践"实"，才能真正的心体"实"）。当然，如果"空谈"心性而不用实功，则是空疏无用之学；如果只在本体上玩弄光景，而不走向生活世界去践行，也是空疏无用之学。所以真正的阳明学是"明体达用"之学，而安福阳明学正是这样的心学实学。

明朝的政治环境与宋朝相比，发生了极大的转变，士大夫"得君行道"（即国家治理）的政治理想难以实现，故只能改变他们的人生价值追求，从而走向个体生命意义之实现以及"觉民行道"（即社会治理）的"新外王"模式。即由外王型实学转向内圣型实学，虽然宋代理学也大体是内圣型实学，而阳明学则充分发展了这一实学。余英时说："明代理学一方面阻于政治生态，'外王'（即"得君行道"之外王）之路已断，只能在'内圣'领域中愈转愈深。另一方面，新出现的民间社会则引诱它调转方向，在'愚夫愚妇'的'日用常行'中发挥力量。"[1]这一内圣型实学表现在两个方面：一是"在'内圣'领域中愈转愈深"，即重对个体心性本体的实证，从而导致个体意识的觉醒；一是开启了新的"外王"模式，即由得君行道（国家治理）走向觉民行道（社会治理）。王阳明正是这一转变的关键人物，一方面他的良知学是比宋代理学更加精致的内圣学，他强调对良知本体的体悟、实证，又认为每个个体都具有良知，人人都可以证良知、致良知，如此由良知构成的世界就是一个个体的世界[2]，使个体意识在明代再次觉醒（另一时代是魏晋时期），从而使士人（或士民）普遍注重个体生命（主要是道德生命）的价值；另一方面，阳明使"外王"的方式也发生了转变，即由"得君行道"走向"觉民行道"（即由国家治理趋向社会治理），"行道"而完全撇开君主与朝廷，转而单向地诉诸社会大众，这是两千年来儒者所未到之境，是儒家

① 余英时：《宋明理学与政治文化》，吉林出版集团有限责任公司2008年版，第196页。
② 丁文祥：《从"得君行道"到"觉民行道"——阳明"良知学"对道德理性的落实与推进》，《学术月刊》2017年第5期。

政治观念上一个划时代的转变。[1]这在安福阳明学中得到了非常充分而集中的体现。

首先，安福阳明学者比以往的本地学者更加注重或关注个体生命的价值，尤其重视证悟心性（即良知）本体，证悟本体成为他们的终极追求，许多学者都有求道、悟道、证道的经历。这是他们认定的个体生命价值之"实"。阳明学进入之前的安福学者，其理想在做官（或许能"得君行道"，或许仅为高官厚禄），在明前期依然如此，高官名宦也非常多，甚至出现了政界的"安福现象"（产生了内阁首辅彭时等一大批高官名宦）。但阳明学进入之后，则发生了根本性的转变，即安福阳明学者转而重视内圣或个体生命价值之实现。他们大多数人从事科举、做官的时间不长，而求学、证道、传道的经历却较长。如刘晓只做了三年县令，辞官后家居30年，除参与讲学或讲会外，大多数时间终日坐卧一小阁中，精究良知本体，最终证悟到本体。邹守益虽然21岁就高中会元、探花，但为官时间前后加起来也不过12年，一生大部分时间还是主要在求学、讲学，且求本体的证悟，晚年提出默识之旨，尤重对本体的证悟。刘阳为官时间也不过五六年，最后主动辞官，后来即使朝廷两次重新起用，也不赴任；乡居时，大部分时间隐居在三峰修炼，甚至也不重著述或立说，而重个人的修养实功和本体的证悟。刘文敏补生员后，就不再应试，而致力于心性之学。有人以科举不妨学为劝，他说："安得许多闲精神，担阁一生，吾计决矣。"[2]这显然是把对个体生命价值的追求当作人生的大方向。王时槐也非常具有典型性，50岁时一日忽然想到学问未成、生命未了（未能证悟本体、了脱生死），遂决计辞官归家，而家人劝他再做几年官以偿还家中债务，但他还是执意辞官。归家后，屏绝外纷，在静坐中反躬密体，三年后证悟"空寂之体"（佛道之本体），又十年后，再证悟"生生真几"之体（儒家之本体），于是个体的生命才得以圆满。显然，在这些学者看来，科举、为官并不能真正实现自己的人生价值（虽然阳明及其弟子有时也有科举、做官不妨学之论，但毕竟不能完全做到，因为身居其中并不能完全行使自己的自由意志），只有在无官一身轻（或无科

---

① 余英时：《宋明理学与政治文化》，第190、195—196页。
② 《安福县志》卷三《人物·理学》，康熙五十二年刊本，第8页。

举的羁绊）时①，才能完全投入到生命之学（阳明学）中，并在其中"落实"个体生命的价值和意义。

正是在这个意义上，由于每个人（如安福重要阳明学者）对良知本体的体证有所不同，故各自发展出了自己的本体论。如邹守益对本体有丰富的阐释，表达本体的词语有皓皓肫肫本体、愦愦皓皓真体、恻怛真诚仁体、戒惧真体等，这些表述是最具邹氏特色的：将本体称为"真体"，强调本体的至真至诚；在本体或真体前加"皓皓""皓皓肫肫"等，意味于本体上无以复加；在真体前加"戒惧"，表示工夫所至即本体，即本体与工夫的合一。刘文敏提出"以虚为宗"，认为"知体本虚，虚乃生生"，即寂即感，"动静无间，体用一原"。刘邦采提出性、命（心）分设，最后通过工夫二者又合一，并对心、意、知、物四者关系有独到的阐述。刘阳提出良知本体即易体、乾体，突出本体的先天性、运动性、自主自发性等。王钊提出"灵根说"，从"根"和"灵"两个方面来阐释良知本体。王时槐采用心性分设，以心著性，最后通过工夫二者合一的思路，有向刘宗周"以心著性，归显于密"之路而趋之趋势，并且对心、性、意、知、念等概念进行了严密的分疏。邹善提出良知本体即仁体，其"仁体说"也具特色。朱叔相提出"虚灵说"，对良知虚体有独到的阐释。邹德涵提出"以悟为宗"，重视对良知本体之空的证悟，并辨析吾儒之空与佛道之空的不同。刘元卿提出"一气说"，主张气本论，并将万物一体论与气论融合在一起。邹德溥主张在本体上有无融合，有三教合一的特色。邹德泳批评"无善无恶"说，故而提出性善论，并辨析了性与情、性与良知、性与欲的关系（以上内容详见第二至六章）。这些本体论其实都是通过"实证"工夫开出的，不是思辨而是证悟的结果，故蕴含着某种实学精神。

对一些无任何功名的普通士人（他们连举人、甚至生员也没考上）、甚至平民，阳明学对他们尤具吸引力。他们没有任何世俗的功名（更不要说"兼济天下"），无法给自己、父母及家族带来任何世俗的荣耀，很难找到人生价值之所在，而阳明学告诉他们，只要致良知，修养自己的德行生命，也可以成为圣贤，这样就给他们

---

① 阳明虽然为官的时间较长，但他常上疏告病归养，心系田园；即使在官场，他也主要是走"觉民行道"之路。

迷惘或无望的人生带来了生命的光亮和精神的寄托，从而使个体生命的价值能得到实现。因此就可以理解，为什么在明中后期能掀起如此声势浩大的阳明学风潮（当然还有其他原因），其中安福尤为典型。据笔者考证，安福阳明学者和同道者 230 多人（这还只是能考证出的，其实远不止这个数），其中大多数人为普通士人（见本书第七章）。如阳明弟子张崧参与乡试失利，喟然叹曰："吾求不失此生已矣，他何求哉？"①遂偕其弟入白鹿洞书院，专习阳明之学，竟岁始归。显然是在阳明学中找到了安身立命之基，而不为科举所困。又如彭子达，只补一个郡庠生，八试乡举，三中副榜，心中愤愤不平，一日见刘元卿语，其中有"孔门无科第，尚有声名播至今"之句，乃自释曰："吾误矣。"②从此坚志讲学不倦，也显然是在儒学（阳明学）中找到了自己生命的意义。又如欧阳晓，也只是一介诸生，但在阳明学中得到生命的安顿，能高扬个体的生命价值和人格尊严。偶而出游，行歌于市，旁若无人；又尝手书《传习录》数册，负之以行，人称"卖药客"，亦不以为意。邹守益等著名学者非常尊重他，亲自登门与其论学，家无余物，就一起坐在菜园的石头上谈学，他也不因位卑家贫而自卑。安福这类普通阳明学者及同道者的大量存在，正说明阳明学能真正落"实"于人的心灵，使人获得实际的"功效"——夯"实"人生，充"实"生命，故而不是空疏无用之学。这也正是安福阳明学兴盛、繁荣的社会基础。

当然，如果阳明学仅仅关注个体的生命价值和意义，就有可能变成禅学，走向"虚"，作为真正的儒家学者（阳明学者或同道者），必然要走出个体，而走向民众，这样他们就走上了"觉民行道"之路。如此，阳明学才能从内圣走向外王（即"新外王"），成为真正的内圣型实学。阳明开启的"觉民行道"的"新外王"的模式在泰州学派中得到典型的体现（这几乎是学界的共识），其实在安福阳明学中亦是如此，其民间化、大众化的程度，可谓与其相比不相上下，甚至有过之而无不及。尤其是安福阳明学者充分发动了家族的参与，家族一旦发动，几乎可以使阳明学（包括儒学的基本理念）影响到每个家庭、每个人。安福大家族多，其势力较为强大，但由于安福

---

① 王时槐：《秋渠张公传》，《王时槐集》，钱明、程海霞编校，第805页。
② 《彭行自公传》，《识仁讲院志》卷七《志贤传》。

阳明学者往往在家族中具有较高的地位，所以阳明学能渗透、进入到家族中，深入到民间社会的"毛细血管"里。这是安福阳明学的一个重要特点，使其与泰州学派的民间化、大众化（其家族性特点不显）区别开来。安福阳明学者参与各种慈善事业，如办义塾、义仓，主持修桥、修陂；制定各种乡规民约，整顿社会秩序；主持或参与族谱修撰、祠堂的修建等。这样将他们的思想、理念贯彻到民间的各种社会活动中，起到了化民成俗、安顿社会的作用，故而他们在实现个体生命价值的同时，也实现了"觉民行道"的外王理想，即其"内圣外王"的人生价值均得到"落实"。

2. 工夫之"实"：尤其以工夫论为其哲学思想的重点发展方向

阳明学之实学的真正落实，尤其体现在工夫上，无工夫之笃实，其他"实"都难以真正地落实。阳明后学大体是朝着阳明的良知学向前发展、丰富、深化的，即朝着本体（良知本体）和工夫（"致"良知）两个方面展开，从而形成各自的本体论和工夫论。安福阳明学也不例外，其本体论和工夫论都有所发展或丰富，而其成就尤其体现在工夫论上。依照阳明后学分派的二分法（即本体派和工夫派之分），安福阳明学大体都属工夫派：即主张以工夫复本体，亦即渐修，尤其重实证、实修工夫，从而发展了工夫论；即使重悟本体者（如王时槐、邹德涵、邹德溥），但也不是主张悟本体便是工夫（属本体派），即一悟本体，它就当下全幅呈现（此为无工夫之工夫），而是主张悟后仍需渐修，或渐修而后悟，故仍可归入工夫派的范围。本体派和工夫派各有所弊，本体派重本体之虚灵义，而对天理有所忽视，存在玩弄光景而脱略具体的道德行为之病；工夫派重后天工夫，在本体的证悟上或不易达到圆熟之境，或对本体的证悟有所忽视。安福阳明学，就其整体而言，一方面他们工夫笃实、紧切而不空疏、放荡，即重"致"良知工夫的真正"落实"，故其实修工夫及工夫论成就尤高；另一方面他们也重本体之证悟、彻悟，最后本体与工夫能达到合一。不过，作为哲学思想的发展方向而言，他们尤重工夫论（主张以工夫复本体），其成就较高。

安福阳明学的重要人物不仅自身的践履工夫笃实、精进，而且发展出了较为丰富的工夫论。下面分别对他们的工夫论简述之（详见第二至六章），以见出其哲学思想的重点发展方向及其在工夫论上的实学倾向。

刘晓在工夫论上发挥阳明"立志说",并提出内外交修之功。他认为立志贵在真切用功,并反思病痛之所在,用力斩断;所谓内外交修,是指身心并重,不仅要在心体上用功,还要落实到具体的行为上。邹守益在工夫论上主张以通过戒惧之功来实致良知,并发展出了独特的"戒惧说";在思想来源上统合了孔子、《大学》、《中庸》、周敦颐、程颐等之工夫论,并打通戒惧与主敬、慎独、无欲、自然和默识等工夫的关联,从而在工夫论上呈现出内在的体系性。同时,邹守益的戒惧之功,带有宗教性色彩,即以"上帝临汝"般的宗教的身心去戒惧而致良知,这样使工夫更易得到夯实。刘文敏为学标举"以虚为宗",所谓"以虚为宗",不是证悟虚无或空寂之体,而是证悟"虚乃生生""寂感一如"之虚寂之体;其具体工夫在于,一方面要以静功来透悟良知本体,从而挺立良知,并以此作主,另一方面又要在日用工夫中进一步渐修、落实,从而使其通体透显而彻底证悟之。刘邦采在工夫论上提出"悟性修命"(或"性命兼修")之说,将阳明的"致良知"工夫分为两个部分,一是悟性,一是修命:悟性是在先天之性上用功,是立体(即唤醒良知,以其作主);修命是在后天之命上用功,是达用(即以良知运化后天的意念而落实于具体行为中),而实际上,是性命同时兼修。刘阳是真正的实修派,以践履实功著称于世,没有发展出具有标志性的工夫论,重视的是对具体工夫的指点,如强调要"身"体力行,实"致"其功,工夫要乾乾不息、瞬存息养。王钊在工夫论上主张良知自然流行,接近泰州学派,这在安福阳明亲传弟子中是个异数,但与泰州学派仍有不同:他认为要做到良知真正地自然流行,仍需用后天之功来作保证,这样就避免了后者之弊而使工夫得到真正落实。

王时槐有丰富而严密的工夫论体系,首先提出"透性为宗",即以证悟本体作为为学的根本宗旨,这是属于悟,包括解悟、顿悟、彻悟(透性);如何才能透性(证悟本体)呢?又指出还要用具体的工夫,包括静坐收敛、研几为要、克治习气,这是属于修;故而又提出"悟性修命""悟由修得",即先悟后修,最后悟修互融。这不是悟本体便是工夫,而是先悟后修,且悟修一体,故工夫圆融、踏实而不虚。邹善的工夫论属于一种仁学工夫论,包括识仁(识仁体)、存仁(操存之功)、明伦察物三种工夫,其工夫论是程颢和阳明工夫论的融合和发展。朱叔相的工夫论大体承传其师邹守益的默识之旨,提出默识之功,即直证、默契良知本体之后,仍需不断修持、保任,这也是属于先悟后修而并不虚。朱调在工夫论上提出的"格物说"，与各家"格物说"不同，是指格去物欲和心中之物，他认为只有格去物欲和心中之物，才能做到忘身忘家而至修齐治平之效。

邹德涵在工夫论上接近本体派（泰州学派），虽提出"以悟为宗"，并主张当下即工夫即本体，甚至把"良知"当作"致良知"。但他仍保留了邹氏家风，并不是主张即本体即工夫的本体派（二者仍有区别，"当下即工夫即本体"仍重在工夫，而"即本体即工夫"则重在本体），故而强调工夫之紧切，并不一意顺适当下，而以立志、主敬之功来防止泰州学风之弊，故其工夫仍然笃实。邹德溥的工夫论与其兄德涵一样，也是以悟本体为主，但也不提倡悟本体便是工夫，而是主张以学（修）为基础，以悟为归宿，"下学而上达（悟）"，亦即主张渐修顿悟（即学而后悟），这也区别了本体派而使工夫踏实。刘元卿工夫论最重要者是"四端充达说"，这是在孟子工夫论的基础上，融合王阳明的致良知、耿定向的"三关说"，而建立的独到的工夫论，这一工夫论重"充达"之实功，对阳明后学有救弊作用；此外，其"格物说"受到王艮"淮南格物说"的一定影响，而又有自己独有的思想内涵。邹德泳有较为丰富的工夫论，包括日用工夫说、时习与日新说、识心与尽心说、戒惧说、格物说等，而其"格物说"尤为重要，"于格物则别有深悟"[①]，对阳明的"格物说"有进一步的深化，且是其整个工夫论的归结。刘孔当的工夫论有相当的独特性，主张在日常之情上用功，而反对在未发之性上用力而玩弄光景，至于如何具体在情上用功，又包括有积极面的扩充之功和消极面的克治之功。

总体而言，安福阳明学者的践履工夫都相当笃实，其工夫论体现了阳明心学的实学精神。需要指出的是，并不是说安福阳明学者不重本体，没有发展出本体论，其实他们几乎都重视对本体的证悟，且发展出了自己的本体论（前文已述）。只是他们不主张悟本体便是工夫，或在本体上玩弄光景，这样易导致对践履实功的轻视，故在践履工夫及工夫论上尤为着力，以避免阳明后学的各种弊端（尤其是导向"虚"的危险），因此使其工夫论成就更高。

---

① 黄宗羲：《文庄邹东廓先生守益》，《明儒学案》（修订本），沈芝盈点校，第334页。

3. 讲学之"实"：以讲会为形式、以书院（书屋）为道场展开思想交流与传播

作为一种学问或思想，如何有效地展开传播，如何"落实"于人心或社会，这涉及到讲学如何开展的问题。阳明学之所以成为一种轰轰烈烈的社会思潮，这得力于其讲学能深入到士民中间，真正落到"实"处，从而体现了其实学精神。其讲学（包括办学）之"实"主要体现为两个方面，一是讲会制度的形成，一是书院（书屋）的创办，二者均可算是广义的"外王"（亦属于实践、事功）的范围，安福阳明学者在此两个方面尤为成功。

"安福阳明学"作为一个学术共同体，是以讲会（惜阴会）的创办为标志的。借助讲会这种学术共同体形式，安福阳明学者常定期或不定期地举办各种学术探讨或普及活动，考德问业，交流思想，宣扬教化。讲会成为安福阳明学展开、传播的最主要方式，使其学能广泛地深入到士民中。自嘉靖五年（1526）惜阴会创办后，县内各种讲会如雨后春笋般出现，在各乡四处开花，形式上有县大会、乡大会、同门会、同道会、族会（包括各族联会）、家会等，县大会有时达千人之众。安福讲会（主体为惜阴会）逐渐发展出一套完整的讲会制度，有会期、会址、会员、会题、会规、会约、会田、会仓、会馆、会费等，有主盟的大儒，有经理会务的士绅。[①]安福阳明学的重要学者往往是讲会的核心或灵魂人物，在推动讲会方面起了主导、组织、规范作用。如刘元卿曾在东山讲会上约法三章："一者毋剿说陈言，名实相悖，是谓不芸苗者也，不芸苗者不得食。二者毋揉情塞性，自灭天机，是谓揠苗者也，揠苗者不得食。三者毋耽无溺妙，破除名检，是谓田甫田也，田甫田者不得食。"[②]这是从思想内容上主导、规范讲会的方向，强调讲学的实际功效。安福惜阴会的创办对整个吉安府的讲会也产生了示范效应，不仅安福县的讲会，而且吉安府各地讲会也大多以"惜阴会"为名，"惜阴"遂成为安福县乃至吉安府讲会的文化符号，直至清代，仍有以"惜阴会"为名举办讲会的现象（如识仁书院惜阴会）。而且这种讲学组织形

---

① 邓惠兰：《明代江右王门惜阴会研究》，《老区建设》，2018年第2期。
② 刘元卿：《题东山会志》，《刘元卿集》，彭树欣编校，第491页。

式"为阳明学派的讲学开创了一种新的讲学模式——地域讲学"①，使阳明学在全国迅速而广泛地传播开来。从地域性来看，全国各地的阳明学讲会，以江西为最盛，江西又以吉安府为最盛，吉安府则以安福为最盛。如王畿说："阳明夫子生平德业著于江右最盛，讲学之风亦莫盛于江右，而尤盛于吉之安成（即安福）。"②讲会不仅使安福阳明学者自身在其中得到思想上的磨砺、提升，也使他们的思想走向社会、走向大众，从而使阳明学真正落到"实"处。

同时，讲会或讲学需要道场。刚开始，主要是在安福阳明学者所创办的几家私人书屋内活动的，如刘晓的梅源书屋、邹守益的东廓山房、王学益的蒙冈书屋等。自嘉靖十五年(1536)复古书院创办后，安福阳明学开始有了共同体公共的道场，从此书院就成为其讲学或讲会的主要场所，成为思想交流与传播的最重要的阵地。可以说，书院（书屋）与阳明学之间为互动关系：一方面，阳明学的发展推动了书院（书屋）的创建，安福历代书院在明后期（可谓"阳明学时代"）最为兴盛、辉煌，几乎所有重要的书院都诞生于这一时期。据《同治安福县志·学校志》统计，安福历代书院（含私人书屋）共37所，明后期创办了19所（都是安福阳明学者或同道者创办的），占一半强，而其中影响最大的几家书院，如复古书院、复真书院、复礼书院等都创建于这一时期。另一方面，书院（书屋）的创建为阳明学活动提供了思想驰骋的道场，这些阳明学者在此进行讲学布道、演习礼仪、启发民众，成为士民向往的学术、思想、道义的神圣之地，从而推动了阳明学的发展、壮大和繁荣，并深入到民间社会。

这些书院也形成了安福阳明学的学术格局，并成为其学术地标，以县城复古书院为中心，并在四乡各有代表性的书院，东有道东书院，南有复真书院，西有复礼书院、识仁书院，北有连山书院、宗孔书院。且这些书院都是重要的阳明学者或同道者在主持（即使他们死后仍被奉为精神导师），如复古书院的邹守益、邹德泳等，道东书院的刘淑唐，复真书院的刘邦采、刘阳等，复礼书院的刘元卿，识仁书院的刘元卿、刘孔当，连山书院的邹守益，宗孔书院的邹善。正是由于这些重要的阳明学者或同道者成为书院的核心或灵魂人物，

---

① 陈时龙：《明代中晚期讲学运动（1522—1626）》，第49页。
② 王畿：《漫语赠韩天叙分教安成》，《王畿集》，吴震编校整理，第467页。

使书院成为阳明学在县城和各乡传播的中心点，并使阳明学向周边乡村扩散、流布。此外，还有许多私人书屋，如刘晓的梅源书屋、邹守益的东廓山房和东阳行窝、张鳌山的兼山书屋、彭簪的石屋山房、尹一仁的南林书屋、周儒的松云窝、邹善的任仁精舍等，也是阳明学思想交流与传播的另一方重要阵地，特别是在安福阳明学的初步形成期，书院还未创办时，书屋起了关键作用。

书院在创办的过程中，广泛发动了官绅、商贾、士民的参与，使书院的创办成为社会性的公益事业。如复礼书院、识仁书院的创建，不仅阳明学者及同道者纷纷解囊，而且还发动地方乡绅、商人，尤其是书院周边几十姓家族出资。于是书院就成为既是同仁者的书院，更是社会性的书院，而向整个民间社会开放。如复礼书院举办大型讲会时，先发帖到 24 姓（该书院创办捐资的姓氏）各家族，然后每姓都要派代表参会。这种书院的创办和讲学形式，使阳明学真正"落实"到了民间社会的肌理之中。

可以说，讲会是安福阳明学思想交流、传播的软件，而书院（书屋）则是其生存、发展的硬件，如此安福阳明学作为一个学术共同体才得以真正存在。如果没有讲会和书院（书屋），不可能在安福掀起如此波澜壮阔的阳明学思潮或运动，并在社会上产生广泛而深远的影响，而且所谓"安福阳明学"作为一个地域学派本身也就荡然无存，至多有一些同门或师生之间的小范围内的交流、论学，而在社会上则悄无声息。这正是安福阳明学的实学精神的一种体现。

4. 传学之"实"：以家族为主体进行思想传播和学术传承

安福阳明学的家族性特点，不仅体现在上文（第一、三小节）所提到的发动了家族的广泛参与，而且以家族为主体，在家族（家庭）内部进行思想的传播和学术的传承，出现了所谓的"家学"。如果阳明学是空疏无用之学，安福阳明学者绝不会首先在自己的家庭、家族内传播，并使之传承下去的，正是因为他们认定阳明学不仅具有实现个体生命价值的意义，而且能够起到团结家庭、聚合家族的作用，才率先在其内部"落实"。安福世家大族比较多，许多又是文化世家，这些文化世家在文化、教育上具有风向标的意义，正是它们纷纷接受、传播、传承阳明学，才使阳明学能够进入千家万户，进一步"落实"到民间。所以阳明学在安福以家族为主体的思想传播和学术传承方式，也体现了一种实学精神。安福阳明学以家学形式存在的代表性家族有澈源邹氏家族（北乡）、三舍刘氏家族、金田王氏家族、槎江朱氏家族（此三家属南乡）、南溪刘氏家族（西乡），几乎囊括了安福重要的阳明学者（在本书有专节论述的 15 人中，唯有刘阳、朱调不在这五大家族内）。这是安福阳明学的一个突出特点，可以说，在全国找不到在一个县有如此多且成就突出的王学家族，这也是安福阳明学作为一种实学得以存在的根基。

安福阳明学第一家当属澈源邹氏家族无疑，其家学传承四代，其中前三代几乎都是著名阳明学者[①]，当时另一被人艳羡的王学家族——泰州王艮、王东崖父子，其学也只传两代，远不及邹氏家族之盛，所以邹氏家族可谓天下王学第一家。张位曰："今海内称理学名家，无若安成邹氏，自东廓邹（守益）先生蜚声高第，为海内大儒，乃颖泉（邹善）公继之，而子宪金公聚所（邹德涵）、宫洗公泗山（邹德溥）翩翩嗣起，一门父子兄弟师友渊源，邹氏之阀益大。"[②]叶向高说："吉之士大夫素以理学名节相矜砥，而邹公祖孙、父子、兄弟犹世相传受，其源出于姚江之良知。而文庄（邹守益）济以实践，不为空虚要渺之谈，故吉人之言学者，多以邹氏为宗。"[③]蔡懋德曰："江右之有安成，安成之有邹氏，犹邹鲁之于文学也。邹氏自文庄公绍明良知之学，再传而生泗山、泸水（邹德泳）二先生，皆文庄孙也。"[④]综合此三人之言可看出，谓邹氏家族为天下王学第一家并不为过，且其学"不为空虚要渺之谈"，是"济以实践"之实学。邹守益是邹氏家学第一代，为江右王门的领军人物；第二代为长子邹义、次子邹美、三子邹善，邹善是江右王门的重要人物；第三代为邹德涵、邹德溥、邹德泳，三人都是江右王门的重要人物；第四代为邹衮、邹匡明等。前三代可谓如日中天，至第四代才衰落，但也仍在主持着东山讲会（此讲会为邹氏家族独力供会费、并主持，其延续达百年之久）。

三舍刘氏可谓安福阳明学第二家。出现了刘晓、刘文敏、刘邦采、刘秉监等重要人物（《明儒学案》有四人学案），此外还有十余人

① 黄宗羲《明儒学案》有邹守益、邹善、邹德涵、邹德溥、邹德泳五人之学案，其人数占王门最大的学案——江右王门学案（33人）的15%。
② 张位：《太常卿颖泉公神道碑》，《澈源邹氏七修族谱》卷八《状铭》。
③ 叶向高：《宫洗泗山公墓志铭》，《澈源邹氏七修族谱》卷八《状铭》。
④ 蔡懋德：《明正议大夫刑部右侍郎泸水邹公墓志铭》，《澈源邹氏七修族谱》卷八《状铭》。

为阳明学者或同道者。聂豹称："惟阳明之学盛行于江右，而莫盛于安福，安福惟三舍刘氏为独盛。予友两峰（刘文敏）子，与其族彦如狮泉（刘邦采）别驾、梅源（刘晓）县令，号称'三杰'，为一家一邑之倡，厥功懋矣。"①此说或有过誉之嫌，但其影响可见一斑。自正德九年（1514）刘晓受学阳明后，就开始在家族内传播其学，然后学族学者相互影响，纷纷赴越拜师，于是形成家族性阳明学。《三舍刘氏七续族谱》载："时吾宗北面姚江者，始于梅源，而狮泉、印山（刘秉监）继之，两峰又同偕九人者往，一门九刘，雅为文成推许。"②所谓"一门九刘，雅为文成推许"，是指嘉靖初年，刘文敏率其弟文快，从弟文协、文恺、文悌，族弟继汉、子和，族子刘勰、刘祐入越受学于阳明。刘文敏之子昭谅长期侍其讲学，也成为阳明学者。刘邦采师从阳明后，又偕其侄刘醮入越纳贽阳明，从侄刘以身则从其本人受学。刘秉监兄子刘莆师从邹守益，也为阳明学者。刘子醇则受家学熏陶而成为阳明学同道者，晚年在家族主倡"惜阴五老会"。刘文敏、刘邦采等长一辈学者去世后，刘以昱受家学的感召，继续在家族内掀起讲会。

金田王氏家族也出现许多阳明学者或同道者，也是一个重要的王学家族，其中王钊、王时槐为江右王门的重要人物（《明儒学案》有两人学案）。金田王氏第一代阳明学者以王钊为核心，第二代以王时槐为核心，在他们的带动和影响下，家族王学得以形成。王钊为家中老二，首先与季弟王铸执贽阳明，后又偕叔弟王镜受学于阳明，王钊、王铸后又同卒业于邹守益，被邹称之为"道侔二陆"③（即比之陆九龄、陆九渊兄弟）。在王钊的影响下，王岭、王士任、王而绂等先后拜邹守益为师，并在家族兴起讲会（其中有"九老"会），相互研讨学问。王时槐与从兄王时松同师刘文敏，他辞官归家后，就在家庭内举讲会，其兄王时椿等成为阳明学同道者；后又带动整个家族的讲学、讲会，并在金田祖基上建书屋，作为族人、同门的

---

① 聂豹：《两峰刘公七十寿序》，《聂豹集》，吴可为编校整理，第528页。按："梅源"，该文原作"梅园"，系写成同音字之误。

② 刘良楷纂修：《二舍刘氏七续族谱》卷三四《家传八·刘文敏》。按：此叙述大体不错，但不是很准确，刘秉监从湛甘泉，并与邹守益交往密切，故又笃信阳明学，但未亲受业阳明，只是其同道者；其家族王学开始传播的情形是，刘晓拜师后，先传刘文敏、刘邦采，然后两人赴越受学阳明，之后刘文敏又偕家族八人入越受学阳明，所谓"九刘赴越"也。

③ 《同治安福县志》（点校本），第224页。

讲学之所，与族人王镜、王岭、王士任、王而绲等相互论学，又在族内收徒，王尚贤、王文焕、王吉卿等成为其弟子。

南溪刘氏家族是另一重要的王学家族，其中刘元卿、刘孔当都是江右王门的重要人物（其中刘元卿在《明儒学案》中有学案，刘孔当虽未入《学案》，但也是安福代表性的阳明学者），而刘元卿尤为家族的灵魂人物。南溪刘氏最早的阳明学者是元卿伯父一龙，师从邹守益，但影响不大①，直到元卿接受阳明学后，才带动了家族王学的兴盛。他与其从兄仁卿、名卿同师刘阳，从弟功卿、子吉兆、侄尔惠等则成为其本人弟子，胞弟上卿、贵卿则为阳明学同道者。其家兄弟子侄常于家族内举办讲会，相互切磋、论学。此外，南溪刘氏的分支——鱼石刘氏的刘孔当、刘以诚、刘本振、刘仕汤，由于家族之间往来密切，也受到刘元卿的影响。其中，刘孔当为其族侄，虽不是其受业弟子，但最初是从其处接触到阳明学；且两人交往密切，一起交流学问、创建书院（识仁书院）、举办讲会。对儿子以诚，孔当悉心指导其学习阳明学。刘本振为孔当叔父，与子仕汤均执贽于刘元卿，亲受其学。

槎江朱氏家族相比前四大王学家族而言，其影响稍弱，但三世传阳明学，也是安福重要的王学家族。朱叔相为阳明再传弟子，先后师从邹守益、刘邦采，在其带动、影响下，形成了家族王学。从弟朱叔圣也师从邹守益，后又受学王钊；侄子朱意则先纳贽朱调，最后受业刘邦采；子朱章也执贽朱调；孙朱世宾、朱世守则均成为王时槐弟子。这些学者在当时安福都有一定的影响，尤其是朱叔相为安福阳明再传弟子中的代表性人物，与朱调并称"南来二朱"，惜乎其家所传文献甚少，故后来名声渐被淹没。

可以说，这五大王学家族塑造了整个安福阳明学，决定了其发展方向，也是安福阳明学扎根民间，成为实学的决定性力量。这五大家族作为安福文化世家的代表，还带动了其他家族也参与阳明学活动，使安福阳明学的展开进一步呈现出家族性特点，从而在安福民间社会掀起了一股浩浩荡荡的阳明学思潮。

---

① 刘一龙虽未能带动家族王学的兴起，但也已埋下了"善因"，如刘元卿早年读《传习录》，该书很可能来自刘一龙。

二、安福阳明学的学术贡献、影响及思想定位

1. 学术贡献

阳明学无疑是明代最为重要的哲学思想，在整个阳明学大潮中，安福县因其便利的交通条件、殷实的经济实力、较高的教育水平、深厚的文化底蕴等，因缘际会，在江右得风气之先，在 120 年间异军突起，成为阳明学的核心区域，成为江右甚至全国的阳明学中心之一，并产生了一大批阳明学者及五大王学世家，形成了一个阳明学学人群或学术共同体，创建了大量讲会式书院（及书屋），掀起了阳明学民间化、大众化的社会风潮。可以说，安福阳明学取得了较为卓越的成就，尤其是学术成就，其学术贡献主要表现在如下三个方面：

其一，产生了一批有较大的思想及人格成就的思想家和大量的思想文献。对于安福阳明学之盛，聂豹曰："阳明先生悼俗学之涂生民也，毅然以身犯不韪，倡道东南，而以良知为宗……有志之士，闻风而兴者，时惟江西为盛。江西之盛，惟吉安。吉安之盛，惟安福。"[①] 在安福不仅产生了 230 多位阳明学者及同道者，而且成就了一批有影响的思想家、道德家。黄宗羲《明儒学案》"江右王门卷"中，江右学者 33 人，安福独占 13 人。实际上，有思想成就者为 15 人。其中，刘晓为吉安府阳明学的最早传入者，并开创了阳明学派讲学的新模式——讲会（惜阴会）。邹守益为江右王门的领军人物或宗师，得阳明正传，为修证派的代表人物。刘阳以践履工夫之实独步一时，是邹守益卒后江右王门的一代宗师。刘邦采也影响一时，被黄宗羲认为是阳明弟子中讲良知学最盛的四家之一（另三人为王畿、王艮、聂豹）[②]。刘文敏被誉为海内唯一"真布衣"，是黄宗羲所言得阳明正传者之一。王时槐为阳明二传弟子中的代表人物，是王门学者中最富理论创造性的重要思想家，甚至有学者认为其思想集晚明王学之大成[③]，虽或过誉，但其学术成就可见一斑。刘元卿为明代"江右四君子"之一，也是江右王门后期的精神领袖之一。此外，邹善、

---

① 聂豹：《复古书院记》，《聂豹集》，吴可为编校整理，第 133—134 页。
② 参见黄宗羲：《教谕胡今山先生瀚》，《明儒学案》（修订本），沈芝盈点校，第 329—330 页。
③ 程海霞：《良知学的调适：王塘南与中晚明王学》书眉《内容简介》。

王钊、朱叔相、朱调、邹德涵、邹德溥、邹德泳、刘孔当等都有较高或一定的思想及人格成就，其中邹德泳为安福阳明学的殿军。在这些思想家中，其中一部分人不重著述（如刘晓、刘文敏、刘邦采、邹善、王钊、朱叔相、朱调），故传世的文献较少，但就所存者而言，也大多具有较为丰富而深刻的思想内涵；而邹守益、刘阳、王时槐、刘元卿、邹德涵、邹德溥、邹德泳、刘孔当则著述相对较多，现存世文献较为丰富，具有重要的思想和文献价值，值得进一步深入研究。

其二，纠正了阳明后学的各种弊端，并丰富和发展了阳明良知学思想。阳明卒后，随着阳明学的发展，在其后学中产生了一些弊端，其中江左王学（包括浙中王门和泰州学派，主要是本体派）尤为严重。如黄宗羲说："是时越中流弊错出，挟师说以杜学者之口。"[1] 这是指出浙中王门存在许多弊端。再如刘宗周说："今天下争言良知矣，及其弊也，猖狂者参之以情识，而一是皆良；超洁者荡之以玄虚，而夷良于贼，亦用知者之过矣。"[2] 前者指泰州学派混情识为良知本体，后者是指浙中王畿及其后学在本体上走向空无（佛禅）。其实，早在刘宗周之前，刘邦采、刘阳、刘元卿也有类似的批评（参见第三章第四、五节和第五章第二节）。此外，邹德泳对阳明后学的"无善无恶"说和谈悟、求悟而脱离实修之弊也提出了严厉的批评（见第六章第二节）。这些批评主要指向本体上之弊，即缺乏真正的实修工夫而在本体上产生弊端。黄宗羲认为，"而江右独能破之，阳明之道赖以不坠。盖阳明一生精神，俱在江右"[3]。其中，安福阳明学最能体现阳明精神，故谓"阳明一生精神，俱在安福"亦可。所谓"阳明精神"，主要是指不管是"致良知"，还是"知行合一"，强调的都是"致"或"行"的工夫，体现了其力行精神。安福阳明学者工夫笃实，并在如何"致良知"上发展出许多有价值的工夫论（并因之开出其本体论），如邹守益的"戒惧"说、刘邦采的"悟性修命"说、王时槐的"透性为宗，研几为要"说、邹德涵的"以悟为宗"（仍重工夫之紧切）、刘元卿的"四端充达"说、邹德泳的"格物"说等。他们力主以工夫复（证）本体，并真正践履其学，故在本体上无弊，可谓得"阳明（力行）精神"，而又能"推原阳明未尽之旨"

① 黄宗羲：《江右王门学案一》，《明儒学案》（修订本），沈芝盈点校，第331页。
② 刘宗周：《证学杂解》，吴光主编：《刘宗周全集》（第2册），第278页。
③ 黄宗羲：《江右王门学案一》，《明儒学案》（修订本），沈芝盈点校，第331页。

①。黄宗羲指出江右"推原阳明未尽之旨"者，有6人，其中3人为安福学者，即邹守益、刘文敏、刘邦采，其实安福代表性的阳明学者大多如此。安福阳明学者能"推原阳明未尽之旨"，主要在于他们在本体论和工夫论（尤其是工夫论）上丰富和发展了阳明学。

其三，进一步将阳明学实学化，并丰富、发展了其实学思想。阳明之学在本体论、工夫论、社会实践三个方面都体现了实学化倾向，尤其是后二者。在本体论上，阳明的本心（良知本体）既有"虚""无"的一面（即在境界论上），也有"实""有"的一面（即在存有论上），而阳明认为二者是合一的，并主张本体与工夫合一，故阳明在本体论上仍具有实学精神；在工夫论上，阳明主张"致良知"是实地用功，并非"空虚无实之谓"，②尤其强调"致良知"之"致"字工夫，"知行合一"之"行"字工夫；在社会实践上，阳明走上了"觉民行道"的道德教化的"新外王"之路，更具有实学精神。阳明之后，阳明后学出现了禅学化和实学化两种倾向，③其中本体派（如王畿及其后学和泰州学派）主张即本体便是工夫，且过于追求境界上之虚（无）或乐，有禅学化倾向，有走向"虚"的危险；而工夫派则力倡以工夫复本体，重工夫之笃实，大多体现了实学化的倾向。安福阳明学属于后者，其实学化的倾向尤为显著，并丰富、充实、发展了阳明学的实学思想：一是在本体或本体论上，他们不仅以生命实证、体悟甚至彻悟本体，而且开始有人在本体论上进一步实学化。如刘邦采、王时槐主张先心性分设而后通过工夫二者合一，这样可避免因心体绝对一元化而有丢失理（性）走向虚或禅的危险；再如刘元卿主气本论，开启了由心本论向气本论的转向，这种带有"唯物论"色彩的气本论使其更重视"实"，因而更具实学色彩。二是他们不仅自身的践履工夫笃实或踏实而不空疏，而且大都发展出了具有自身特色的工夫论，丰富了"致良知"的"实证"工夫。三是在社会实践上，无论是他们将阳明学思想民间化、大众化的一般社会实践，还是在讲会的创建、书院的创办、家学的传承等，都充分体现了阳明学的实学精神。其中后两个方面尤其体现了安福阳明学对阳明学之实学的发展或推进。

---

① 黄宗羲：《江右王门学案一》，《明儒学案》（修订本），沈芝盈点校，第331页。
② 葛荣晋主编：《中国实学思想史》（上卷），第676页。
③ 葛荣晋主编：《中国实学思想史》（上卷），第701页。

2. 学术和社会影响

安福阳明学取得了较为卓越的学术成就，并推进了阳明学的发展，同时也产生了较大的学术和社会影响。

在学术影响上主要在纵横两条线上展开：一方面，在横向（即空间）上，安福县作为阳明学的学术中心之一，其学以本县为中心，且向吉安府及周边袁州府的萍乡、分宜以及湖广攸县、茶陵等辐射，然后再向整个江右、江南，乃至全国辐射。安福是阳明学在吉安府的最早传入地，也比周边的袁州府和临省攸县、茶陵传入早，故安福阳明学者除在本县传学外，进一步向周边推广，然后再进一步向外扩展。安福阳明学者一是通过专门的讲学，一是因为做官将阳明学带到其他地方。如邹守益到处讲学，常至吉安府的青原山、白鹭洲书院主讲，又至本府吉水、永丰、泰和、万安、永新等和本省南昌府、抚州府、广信府等以及外省浙江、南直隶、湖广、福建等讲学或参会；又在历官之地广德州、北京、南京讲学、传学，还在广德州创办了复初书院。其他代表性人物如邹善、邹德涵、邹德溥、刘元卿等亦都是如此。此外，外地学者受安福这一阳明学中心的吸引，纷纷赴安福拜师从学或讲学参会。如宣州太平人周怡来安福执贽邹守益，广交安福学者，并在复古书院就学一两年，后成为南中王门的著名学者；刘元卿开始讲学时，最早的弟子是湖广茶陵人谭希思（后成为进士）等；阳明著名弟子浙江人钱德洪、王畿多次赴安福讲学或参会，本省、本府赴安福讲学或参会的著名学者更多，如有陈九川、何弘纲、罗洪先、聂豹、邹元标、罗大纮等。又如刘晓创办的惜阴会，成为整个吉安府仿效的讲学模式，甚至成为全国性仿效的讲学模式，借助这种地域讲学模式，阳明学得到了飞快传播，安福阳明学也因之声名远播。

另一方面，在纵向（即学术传承）上，影响了学术的内在发展。如邹守益衍生出李材的止修学派，止修学派又发展为以顾宪成、高攀龙为代表的东林学派。[①]刘邦采、王时槐成为由阳明学走向蕺山（刘宗周）学派的中间环节，两人还对东林学派产生了一定的影响。安福阳明学与船山（王夫之）学也有某种关联，王夫之父王朝聘师从邹守益之孙邹德溥，故邹氏家学对船山学有一定的影响；又刘元卿

[①] 张昭炜：《阳明学发展的困境及出路》，中国社会科学出版社2017年版，第555页。

的"一气说"（邹守益也有气本论的身影），可谓王夫之"唯气论"
的前导。此外，在地方文化的影响上，明后期的安福（包括吉安府），
由于阳明学的强大势力，其他学派在该地没有生存空间；甚至到清代，
虽然不再有重要的阳明学者出现，但其影响力仍在，以至清代流行
的朴学在该地也没能兴起，一般学者科举之外所修习的仍是阳明学。

　　在社会影响上，阳明学渗透到了整个民间社会。阳明学作为一
种实学或思想运动，其基本思想、理念、践履工夫及其具体的社会
实践模式（如讲会、乡规民约等），在明后期已渗透到民间社会，
从学术化走向了生活化、大众化，即由心学转化为"心教""礼教"，
进入到士民心灵深处，融化到他们日常性的为人处世、礼仪规范中。
这种影响在江右，尤其是吉安府一带尤为明显，作为阳明学的中心
之一的安福更是一个典型。阳明学（包括安福阳明学）对于建立士
民精神信仰、建构民间社会秩序等起了相当大的作用。安福在阳明
学兴起之后，许多士民在其中找到了精神的归依，民间社会组织得
到良性发展，社会风气渐渐好转。如安福西乡，本是四乡中文化最
为落后且民风彪悍之地，自从刘元卿、刘孔当等在其地推行阳明学
教化后，百姓渐渐知书达礼，恪守孝悌之道，成为礼乐文明之地，
时闻弦歌之声。

　　这种影响一直延续到清代、民国，甚至当代，虽然安福阳明学
在邹德泳卒后作为一种思想体系不再发展，在某种意义上说，它已
经完成了自己的使命，但是作为一种教化仍在安福（包括整个吉安府、
甚至江右）一带士民的日常生活中起作用。如安福阳明学者所办的
一些重要书院（如复古、复真、复礼、识仁等书院）在清代多次得
到修复，仍有一些讲会等相关阳明学活动。如识仁书院、复礼书院
分别在同治、光绪时又一次重修，并举办讲会，编纂书院志。说明
这种思想在民间一直在延续，并融进了广大士民的观念和生活中。
即使在现在，也仍可在其地找到一些阳明学的因子。如在笔者的家
乡莲花县上西片（原属安福县西乡），当一个人做了坏事或即将作
恶时，人们往往不是指责他"违法乱纪"云云，而是劈面拷问："你
有没有良心？"直逼其灵魂——良心（即良知本体）；当人不孝敬
自己的父母时，人们也是指责他"没有良心"。再如安福阳明学者
当时制定的礼仪、礼规还在一些乡村流传，如在笔者家乡，刘元卿

的"泸潇礼"①，百姓至今仍在婚丧祭等礼仪中沿用，可谓日用而不知。

3. 思想定位

从阳明后学的总体发展而言，阳明后学有两大主要流派，一是本体派，一是工夫派，安福阳明学属于工夫派，是工夫派中的典型代表。其工夫之笃实和向心学之实学发展的路向，与江左王学（主要指浙中王门和泰州学派）因向"虚"或"乐"而滑向禅学或狂放（所谓"酒色财气不碍菩萨路"）之路向异途，故能救正后者之弊，并使阳明学的力行精神和实学价值得以真正体现。故安福阳明学可谓得"阳明正传"，且能在本体论、工夫论和实学思想（尤其后二者）上"推原阳明未尽之旨"，所以是阳明学中后期发展中的重要一环。又其思想蕴含向其他学派转变的因素，所以也是明代思想向清代思想演变过程中不可忽视的一环。

从地域而言，安福县虽非靠近大城市（如北京、南京等），但无论是其交通条件、经济实力，还是其教育水平和文化底蕴，都处于江西乃至全国的上游，所以能以一个小小的县而成为江右乃至全国的阳明学中心之一。如果以县域为比较单位，安福阳明学是全国各县中最有影响和成就的一个阳明学学人群或学术共同体；作为一个小地域学派，它是江右王门甚至全国王门中的一个杰出代表。所以，安福阳明学在明代阳明学史以及明代地域文化史上均占有较为重要的地位。

三、安福阳明学的当代价值和现实意义

中晚明因商品经济的发展以及各种政治问题等原因，出现了世风日下、道德下滑等社会问题。阳明学（包括安福阳明学）应运而生，从"救人心"出发，通过唤醒人的良知，提升人的道德，去匡正世风、改造社会，并取得了较好的效果。当代中国正处于"三千年未有之大变局"中，虽然现在政治稳定，经济得到较快发展，人们生活水平提高，但也出现了不少社会问题：如精神信仰缺失，灵魂无处安放，心理疾病率攀升；社会诚信机制尚未建立，政府官员腐败、企业制

---

① 彭树欣：《礼学心学化：明儒刘元卿的礼学思想与实践》，青原山阳明文化研究院传播中心编：《王阳明与吉安：江右王门学术研讨会论文集》，江西人民出版社2019年版，第182页。

假造假、社会各界潜规则横行、人与人之间互不信任等现象普遍存在，人们普遍缺乏心理安全感。于是精神、道德、制度和社会秩序等的重建就成为当今中国的重要课题。而传统文化、哲学是其中重要的资源。其中，阳明学尤其是当今所需的思想、文化资源，因为阳明及其后学所要医治的根本问题就是人心，当今社会的根本问题也在于人心，当人心病了、坏了，一切的制度、规则、法律都没有了根基，都可以成为某些人谋求自身利益的工具，社会的公平与正义挂在何处？所以心学又到了不得不讲的时候。作为阳明心学的一支，安福阳明学至少有如下三个方面的现实价值和意义：

首先，是当代中国人精神家园建构、道德重建的重要资源。人生的意义和价值何在？安福阳明学者认为，在于体证、证悟自己的良知本体，从而实现个体的生命价值，而不是外在的声色名利。他们心中虽没有西方一神教之上帝，但有自己的上帝——良知，良知直通天道、人心，具有神圣的意义，且是一种超越时空的永恒的存在。所以良知学就是中国人的"道德神学"。一大批安福阳明学者在此方面作出了自己的实证，并以此安顿了自我的生命和意义。良知可以成为我们当代中国人的精神信仰，以之作为精神的皈依，而不必求之于西方的上帝，即以良知为上帝，以德性生命的追求作为自己的精神信仰和人生意义之所在，以吾心（良知）之安处为故乡（灵魂的故乡），一切外在的追求都必须以心中的上帝——良知为"定心盘"或"指南针"。其实只要良知未泯，违背之就会心痛（一句时尚的批评别人的话说："你的良知不会痛吗？"说的就是这个道理），这是每个人都能感受到的，只是我们未以其为信仰的上帝，故常常违背其律令。如果我们将良知作为自己的上帝，一切起心动念、行为处事，都如"上帝临汝"，必然会顺从自己的上帝——良知的律令，并因此感动心安、踏实，从而成为"仰不愧于天，俯不怍于人"的坦坦荡荡的"大人"或君子。在此方面，安福阳明学者还开出许多具体的工夫，可以指导人们如何去"致良知"，如何去实现自己的道德、人生价值，而不迷失于种种色色的名利、欲望之中。如邹守益的"戒惧"说，可以指导我们在处事时，尤其是面临义利交关、得失不平之时，以戒惧之心临之，如"上帝临汝"，唯恐良心不安、遭其谴责，从而顺从良知的选择，哪怕丧失自己的一时利益。又如王时槐的克治习气之功，可以指导我们常常（尤其是夜深人静或早晨清明之时）以良知去照察自己隐微的不良习气、自私自利的欲望，从而消磨之，不让其干扰我们正常的生活（尤其是道德生活）。再如刘元卿的"四端充达"说，可以指导我们将当下萌发的恻隐、羞恶、辞让、是非四端之心，进一步扩充下去，以流行于平时的为人处世中，而不是暂起即灭，很快就迷失自我，在生活中仍然以欲望的假我作主。因此，我们可以通过学习安福阳明学，来重建自己的精神家园和道德自我。对于本地人而言更是如此，因为他们就是自己的先贤或祖先，有一种天然的亲近感，更易接受他们的思想。

其次，是弘扬地方文化、发展地方经济的重要资源。地方文化是一个地方的文化名片，决定着这个地方的知名度和美誉度，也决定着这个地方的品牌和魅力。安福是当时阳明学的核心区，是江右甚至全国的阳明学中心之一，可谓阳明文化的"大县"；且阳明学又是安福代表性的地方文化，是其中成就最高的文化。目前党中央和政府以及学界都在大力宣传、推广阳明文化，阳明学可谓当今"显学"。安福县可凭其深厚的阳明学家底来弘扬本地文化，提升自身的文化形象，打造阳明文化名片，甚至再度成为全国阳明文化的领头羊之一。这里大有文章可做，但据笔者调研，目前安福县（包括吉安市）还没有将这张文化名片打造出来、宣传出来，还"养在深闺人未识"。本书的研究希望能引起当地地方政府对自家"宝贝"的重视。当地政府、企业、商家还可利用安福阳明学来发展地方经济。如安福阳明学者的故居、创办的书院（书屋）、讲学之所等，如果得到修缮、保护，甚至重建，是当地旅游、游学的重要景点或场所。企业（特别是阳明学后人的家族企业）可以利用安福阳明学来建设企业文化、塑造企业形象，打造良心企业、良心商家、良心产品，从而形成一批有安福阳明学元素的品牌。可以说，安福阳明学从硬件和软件两个方面为当地经济提供丰富的资源。

最后，是新农村建设可资利用的重要资源。当前新农村建设正在如火如荼地开展，是党和政府的重大举措，关系着农村发展的未来走向。新农村建设不仅是经济建设，更是文化建设、道德建设。如果新农村只有宽敞的道路、焕然一新的屋舍，而没有活跃的文化生活、有序的道德秩序、良好的社会风尚，将是没有生机和活力的农村。新农村不仅需要吸收现代文化、现代道德，更需要利用传统的文化、道德，将其转化为民众的生命之根、生存之本。在后一方面，安福阳明学有着丰富的思想和实践经验可以借鉴和转化。安福阳明学者曾掀起阳明学大众化、民间化运动，如举办推行道德教化的讲会，建立乡规民约、家训家规、民间礼仪，推动各种慈善事业，从而建立了民众的精神和道德信仰、安顿了民间社会秩序。这些具体的实践经验不少可以进行创造性转化，有些甚至可以直接拿来运用。如阳明学者制定的还在一些乡村沿用的礼仪、礼规，可以将其进一步推广（可根据现在各地情况作一定的改进）；又如一些阳明学者制定的乡规民约、家训家规（可剔除其中的糟粕），亦可推之民间，或者根据各地实际，制定新的乡规民约、家训家规，行之于乡；再如可建立乡贤制度，吸引乡贤回乡，利用乡贤开展一些道德教化的宣讲（类似阳明学者的讲会）。

总之，安福阳明学作为曾风行一百多年的重要思想，在当代仍具有较为重要的现实价值和意义，在此方面，值得深入挖掘、开发、转化和运用，本书在此抛砖引玉，以引起大家的关注。

附录

明代安福阳明学大事记

正德四年（1509），贵州按察使安福人刘丙礼请时贬谪龙场的王阳明训诸生。

正德五年（1510）三月，王阳明经过安福，写下《过安福》一诗。

正德九年（1514）五月，刘晓、彭一之在南京受学于王阳明，安福阳明学揭开序幕。刘晓从南京回家后，开始在三舍刘氏家族内及本土南乡传播阳明学。

正德十三年（1518），王学益、欧阳瑜、刘肇衮、刘敬夫、刘阳等赴赣州拜王阳明为师。王学益从赣州回家后，创建蒙冈书屋，阳明为其作《蒙冈书屋铭》。

正德十四年（1519）四月，邹守益赴赣州，向王阳明求父《墓表》，闻"致良知"之说，遂执弟子礼。六月，宁王宸濠反，阳明闻变，于吉安起集义兵，邹守益赴吉安，从阳明勤王；张鳌山也往从勤王，并于此时纳贽阳明。

正德十五年（1520），邹守益在家建书屋，王阳明为其书"东廓山房"。是年（或次年），王钊、王铸、王仰等往南昌师从王阳明，受其"致良知"之说。

嘉靖元年（1522），刘文敏、刘邦采入越谒王阳明，拜其为师。

嘉靖三年（1524）一月，刘文敏、刘邦采再次赴越，参与王阳明在稽山书院举办的讲会。后刘文敏又率其弟文快等8人入越受学，"一门九刘"，颇得阳明称许。

嘉靖四年（1525），邹守益因大礼议贬任广德州判官，建复初书院，集士子讲学兴礼于其中，又延请同门王艮等前来主讲，风动邻郡。

嘉靖五年（1526），刘晓在梅源书屋首创惜阴会，参与者有刘文敏、刘邦采、刘阳、王钊等20人，王阳明为此作《惜阴说》。惜阴会的创办标志着安福阳明学的正式形成。

嘉靖六年（1527），王学益等举办惜阴大会，与会者达几百人，王阳明作《寄安福诸同志》。是年，阳明起征广西思、田之乱，十月行至吉安，彭簪、刘阳、欧阳瑜、王钊等300余人举大会于螺川驿，阳明再揭"致良知"之教。

嘉靖七年十一月二十九日（1529年1月9日），王阳明卒于江西南安，刘邦采等三人在南安处理其后事。

嘉靖十年（1531），邹守益辞官告归养病，四方之士闻风而至，门人日进。

嘉靖十一年（1532），邹守益率刘文敏、刘肇衮、王钊、张崧、张岩、夏梦夔等40余人参与安福丈田，历时三年，最终取得成功。

嘉靖十二年（1533）七月，邹守益率同志遵阳明遗旨在青原山举办第一次青原讲会。从此，青原山成为吉安府阳明学讲学、讲会的中心点，也是安福阳明学者重要的讲学、讲会点。

嘉靖十四年（1535）九月，邹守益等在安福崇福寺举办九邑（吉安府九县）讲会。

嘉靖十五年（1536）九月，安福知县、阳明弟子程文德离任前与邹守益规划于县治所东一里许建复古书院；十二月初步完工，即举办惜阴大会，邹守益作《惜阴说》。从此复古书院成为安福阳明学讲会、学术的中心，甚至是阳明学在江右的象征性地标。

嘉靖十七年（1538），邹守益因谏起为南京吏部考功郎中。后历任司经局洗马、经筵讲官、太常少卿兼侍读学士、南京国子监祭酒。

嘉靖二十年（1541），皇宫九庙火灾，邹守益上疏触怒明世宗，被罢官，从此赋闲在家，专力于讲学，从而推动安福阳明学走向第一次高峰。是年，邹守益于石屋山彭簪的石屋山馆旁建东阳行窝，并常于此栖居、讲学。

嘉靖二十一年（1542），安福知县李一瀚重修县治所东之东山塔院，邹守益于此兴办"东山会"，后其门人又于塔院后特建讲堂，东山会遂成为邹氏家族长期主持的讲会。

嘉靖二十三年（1544），邹守益集北乡同志在桑田建连山书院。同年，刘文敏设馆于吉安府城西之西塔寺，陈嘉谟、王时槐、贺泾等先后执贽称弟子。

嘉靖二十四年（1545）四月，邹守益、刘邦采一起设讲于万安县梅陂书院。

嘉靖二十五年（1546），刘阳辞官归隐，结庐于里之三峰，并开始于此讲学，又与邹守益、刘文敏、刘邦采等一起赴各地讲学。是年，王士俊于南乡金田倡家族讲会——东山祠家会，以王钊为主事者。

嘉靖二十六年（1547），邹守益游庐山，开讲于白鹿洞书院。

嘉靖二十七年（1548），刘邦采于庐陵永和青都观讲学，王时松、王时槐往听讲。

嘉靖二十八年（1549），邹守益聚讲于复古书院，并作《惜阴申约》，完善惜阴会的讲会制度。

嘉靖二十九年（1550）二月，邹守益六十大寿，吉安府九邑士大夫及门人赴复古书院，为其作仁寿会，与会者几达千人。

嘉靖三十年（1551）夏，邹守益偕其子邹义、邹美、邹善及诸生避暑武功山，并于此讲学，开始揭默识之旨。

嘉靖三十一年（1552）秋，刘邦采、刘阳、朱叔相等一起往南岳，在此修炼达半年之久。

嘉靖三十三年（1554）六月，邹守益、刘邦采、王畿、罗洪先等在吉水县玄潭雪浪阁举办讲会。讲会的核心是讨论刘邦采的"悟性修命"说及其与王畿在"现成良知"说上的分歧。

嘉靖三十五年（1556），邹善登进士第，不久授刑部河南司主事，暇则与阳明学者耿定向、罗汝芳、胡直一起究切心性之学，其子邹德涵亦参与其中，并拜耿定向为师。

嘉靖三十六年（1557）秋，周儒于其所建书屋松云窝，大集同志举办惜阴会。

嘉靖三十七年（1558），邹守益、刘邦采、刘阳、刘晓、尹一仁、周儒等联合南乡士民，在北贞观旧址建复真书院，该书院成为南乡最重要的讲学、讲会之所。

嘉靖三十九年（1560）二月，邹守益七十大寿，来祝寿的士大夫、门生达千余人。

嘉靖四十一年（1562）九月，邹守益与诸同志在复真书院举办讲会，与会者二百多人。十一月十日，邹守益卒。十二月二十九日（1563）刘晓卒。

嘉靖四十二年除夕（1564），南乡阳明学者刘文敏、刘邦采、刘阳、朱调以及四方客人共23人在复真书院举办除夕会。

嘉靖四十四年（1565），邹善服阕后赴京任职，经秣陵，耿定向延其在南直隶的太平府、宁国府讲学。

嘉靖四十五年（1566），安福县令会集群士，请刘阳主讲于县学明伦堂。十月，邹善升山东按察司副使，督学政，开始在山东推行、传播阳明学。是年，邹德涵再依耿定向问学，并证悟良知本体。

隆庆元年（1567），邹德涵赴山东历下（今济南），与其弟邹德溥辅助其父邹善兴办山东教育。

隆庆三年（1569），邹德涵、邹德溥自山东回安福，开始聚友商学，伍惟忠、刘元卿、刘以中等青年学子受其影响，始用力向学。邹德涵又与其弟入青原山主持讲会，在其推动下，安福掀起以阳明二传、三传弟子为主体的第二波讲学高峰期。

隆庆四年（1570），邹德溥、伍惟忠、刘元卿、刘以中等参与乡试，在省城谋举大会，并联小会，朝夕商证不倦。

隆庆五年（1571），刘元卿于西乡南溪顶泉寺开始讲学，从此开启独立讲学之历程。

隆庆六年（1572）春，王时槐辞官回家，从此一心向学、传道；刘文敏往吉安郡城附近神冈、西原施教，对弟子王时槐、陈嘉谟、贺泾等揭出"吾道以虚为宗"。五月，刘文敏卒。是年，刘元卿联合西乡二十四姓于书林村创办复礼书院，次年书院落成，成为西乡讲学、讲会最重要的场所。

万历元年（1573），王时椿、王时槐兄弟举办家会，集兄弟子侄会于家，一以孝悌慈劝勉。

万历二年（1574）春，邹德溥在京城拜耿定向为师。六月，刘阳卒。是年，王时槐与朱调联合南乡金田王氏族人与大桥朱氏族人，于每年冬在金田元阳观举两姓联会；朱叔相开始主办槎江朱氏家族会。

万历四年（1576），邹善、邹德涵父子被罢官，归家，从此在乡里讲学。是年，刘元卿至湖北黄安访耿定向，耿氏向其授以"三关四证"之学。

万历五年（1577），刘邦采卒。

万历七年（1579），张居正诏毁天下书院，复古、复礼等书院在其中。邹善与县令倪冻商量，将复古书院改为社学和三先生祠；刘元卿改复礼书院为五谷神祠，仍讲学如故。

万历九年（1581）二月，朱叔相卒；九月，邹德涵卒。

万历十年（1582），因张居正卒，复古、复礼等书院恢复办学功能。

万历十二年（1584），王时槐终于证悟心性本体——生生真几之体。

万历十四年（1586），王时槐弟子贺泾等议倡集九邑同门弟子，开始于每年九月举办西原大会。

万历十六年（1588），邹德溥彻悟圣人之道。

万历十七年（1589），刘元卿应邀至茶陵讲学；其弟子贺大宾、周一濂、刘文湛等7人举"七子"同门旬日会。

万历十九年（1591），刘元卿、刘孔当、周惟中等在西乡东江创建识仁书院。是年，刘元卿赴黄安，正式拜耿定向为师。

万历二十年（1592），邹善率北乡士人建宗孔书院，岁集乡士人会讲于其中，后其门人又为其建仁讲舍。是年，邹德泳因上疏被削籍为民，归家后，开始致力于讲学，后曾任白鹭洲书院山长。

万历二十一年（1593）一月，刘元卿被征召为官，十二月北上赴任。是年，刘淑唐联合东乡士人于梅田建道东书院，岁集乡士人会讲于其中。

万历二十三年（1595）十一月，王时槐集族人、弟子于金田祖屋遗址建诚心堂，作为家族及其本人的讲学之所，次年诚心堂落成。

万历二十四年（1596）六月，朱调卒。是年，邹德溥、刘元卿、刘孔当、焦竑、耿定力等常在京城一起举办讲会，商谈心性之学；冬，刘元卿弟子周梦麟、张文龙、邹匡明等在京城射所举联会，以刘元卿为主盟，与会者还有邹德溥、刘孔当等。

万历二十五年（1597）春，邹德溥、刘元卿、耿定力、焦竑、孙慎行等在京城射所、怀鹿堂等举小会。七月，邹德溥以"隐匿官赃"之罪被革职回家，从此往来各地讲学。秋，刘元卿告病辞官归。是年，邹德泳开始于安福城西西林寺举办惜阴讲会，又主持东山讲会。

万历二十六年（1598），西乡岭背村王、严、张、谢四姓联合建一德会馆，刘元卿为其作《会规引》。是年，刘元卿、邹德泳、周惟中、李挺等举办识仁书院大会。

万历二十八年（1600），刘元卿等在安福县城西建近圣会馆。十一月，邹善于宗孔书院讲学；十二月三日（1601），邹善卒。

万历三十一年（1603），刘元卿、赵思庵、郁达甫等在西乡洋泽建中道会馆，该会馆（亦即书院）之规模为西乡诸书院之最。是年，邹德泳主持修复复古书院，并新建同德祠、过化祠、退省轩。

万历三十二年（1604），复古书院修复落成，并举大会；邹德泳续修《复古书院志》，并整顿院规，于是复古讲学之风再次兴起，与会者有时达千人之众。

万历三十三年（1605）六月，刘孔当卒。九月，王时槐在西原会馆举办同门会，并特邀刘元卿与会，王时槐讲学时忽染病，于十月卒。

万历三十四年（1606），刘元卿、朱世守等在识仁书院举办讲会。是年，刘元卿彻底回归先秦儒家，归依孔孟之学，提出工夫论的晚年定论——"四端充达说"。

万历三十六年（1608），刘元卿门人举办立达会，刘元卿题其会籍。

万历三十七年（1609），刘元卿卒，从此西乡及整个安福阳明学开始走向衰落。

万历四十三年（1615），邹德泳弟子邹德溁、邓英赴会试前，大集同门于师新居湛源举办讲会。

万历四十七年（1619），邹德溥卒。

天启元年（1621），邹德泳复官，赴京任职。

天启五年（1625），邹德泳以刑部右侍郎致仕，归家。八月，魏忠贤诏毁天下书院，而邹德泳仍聚同志于复古书院讲学不辍，书院不毁；复真书院在朱世守的护持下，亦得以不毁。

崇祯三年（1630）夏，邹德泳应江西学政副使蔡懋德之邀，赴吉安郡城近郊金牛寺主持讲会。

崇祯六年（1633）七月，邹德泳卒，从此安福阳明学几乎落下帷幕，不再有大的声响。

参考文献

一、古籍（含古籍整理类）

陈荣捷：《王阳明〈传习录〉详注集评》，重庆出版社，2017 年。

陈戍国：《礼记校注》，岳麓书社，2004 年。

陈献章：《陈献章集》，孙通海点校，中华书局，1987 年。

程颢、程颐：《二程集》，王孝鱼点校，中华书局，2004 年。

程文德著，程朱昌、程育全编：《程文德集》，上海古籍出版社，2012 年。

邓元锡辑：《皇明书列传》，周骏富辑：《明代传记丛刊》（第 73 册），明文书局，1991 年。

方以智编：《青原志略》，张永义校注，华夏出版社，2012 年。

耿定向：《耿定向集》，傅秋涛点校，华东师范大学出版社，2015 年。

耿定向：《耿天台先生文集》，万历二十六年刘元卿刊本。

谷应泰：《明史纪事本末》，中华书局，1977 年。

顾炎武：《顾炎武全集》，上海古籍出版社，2011 年。

郭景昌、赖良鸣辑：《吉州人文纪略》，康熙刻本，《四库全书存目丛书·史部》（第 127 册），齐鲁书社，1996 年。

胡直：《胡直集》，张昭炜编校，上海古籍出版社，2015 年。

黄宗羲：《明儒学案》（修订本），沈芝盈点校，中华书局，2008 年。

黄宗羲原著：《宋元学案》，全祖望补修，陈金生、梁运华点校，中华书局，1986 年。

焦竑编：《国朝献征录》，周骏富辑：《明代传记丛刊》（第 113—114 册），明文书局，1991 年。

雷礼纂辑：《国朝列卿传》，周骏富辑：《明代传记丛刊》（第 39 册），明文书局，1991 年。

黎靖德编：《朱子语类》，杨绳其、周娴君校点，岳麓书社，1997 年。

刘孔当：《刘喜闻先生集》，万历三十九年刻本。

刘阳：《刘三五集》，彭树欣整理编校，花木兰文化出版社，2016 年。

刘元卿：《刘元卿集》，彭树欣编校，上海古籍出版社，2014 年。

刘宗周著，吴光主编：《刘宗周全集》，浙江古籍出版社，2007 年。

罗大纮：《紫原文集》，《四库禁毁书丛刊·集部》（第 139—140 册），北京出版社，1997 年。

罗洪先：《罗洪先集》，徐儒宗编校整理，凤凰出版社，2007 年。

罗钦顺：《困知记》，阎韬点校，中华书局，2013 年。

罗汝芳：《罗汝芳集》，方祖猷等编校整理，凤凰出版社，2007 年。

罗正钧纂：《船山师友记》，岳麓书社，1982 年。

缪天授选注：《节本明儒学案》，商务印书馆，1937 年。

《明实录》，台湾"中央研究院历史语言所"校印本，1962 年。

聂豹：《聂豹集》，吴可为编校整理，凤凰出版社，2007 年。

欧阳德：《欧阳德集》，陈永革编校整理，凤凰出版社，2007 年。

沈佳：《明儒言行录》，《文渊阁四库全书·史部》（第 458 册），台湾商务印书馆，1986 年。

唐顺之：《唐顺之集》，马美信、黄毅点校，浙江古籍出版社，2014 年。

王夫之：《船山思问录》，严寿澂导读，上海古籍出版社，2000 年。

王艮：《王心斋全集》，陈祝生等校点，江苏教育出版社，2001 年。

王畿：《王畿集》，吴震编校整理，凤凰出版社，2007 年。

王时槐：《王时槐集》，钱明、程海霞编校，上海古籍出版社，2015 年。

王士性：《广志绎》，吕景琳点校，中华书局，1981 年。

王守仁：《王阳明全集》，吴光等编校，上海古籍出版社，2011 年。

王守仁：《王阳明全集》（新编本），吴光等编校，浙江古籍出版社，2010 年。

王文锦译解：《礼记译解》，中华书局，2001 年。

王阳明撰，邓艾民注：《传习录注疏》，上海古籍出版社，2012 年。

吴廷翰：《吴廷翰集》，容肇祖点校，中华书局，1984 年。

夏燮：《明通鉴》，沈仲九标点，中华书局，2013 年。

颜钧：《颜钧集》，黄宣民点校，中国社会科学出版社，1996 年。

颜元：《习斋四存编》，陈居渊导读，上海古籍出版社，2000 年。

永瑢等：《四库全书总目》，中华书局，1965 年。

张廷玉等：《明史》，中华书局，1974 年。

张载：《张载集》，章锡琛点校，中华书局，1978 年。

周敦颐：《周敦颐集》，陈克明点校，中华书局，2009 年。

周怡：《周恭节公集》，明万历刻、清乾隆增修本。

朱熹：《四书章句集注》，中华书局，1983 年。

朱熹：《周易本义》，廖名春点校，中华书局，2009 年。

朱熹撰，朱杰人、严佐之、刘永翔主编：《朱子全书》，上海古籍出版社，2002年。

邹德涵：《邹聚所先生文集》，《四库全书存目丛书》编纂委员会编：《四库全书存目丛书·集部》（第157册），齐鲁书社，1997年。

邹德溥：《易会》，《四库全书存目丛书·经部》（第13—14册），齐鲁书社，1997年。

邹德溥：《邹泗山稿》，陈名夏编：《国朝大家制义》，明末陈氏石云居刻本。

邹德溥：《邹泗山稿》，俞长城选评：《可仪堂一百二十名家制义》，康熙刻本。

邹德溥：《邹太史文集》，明末安成绍恩堂刻本。

邹德泳：《湛源续集》，沈乃文主编：《明别集丛刊》（第5辑第49册），黄山书社，2016年。

邹德泳：《邹德泳杂著》，万历三十二年至崇祯刻本。

邹守益：《邹氏学脉》，《续修四库全书》（第938册），上海古籍出版社出版，2002年。

邹守益：《邹守益集》，董平编校整理，上海古籍出版社，2007年。

邹元标：《存真集》，沈乃文主编：《明别集丛刊》（第4辑34册），黄山书社，2016年。

邹元标：《愿学集》，《文渊阁四库全书·集部》（第1294册），台湾商务印书馆，1986年。

张瀚：《松窗梦语》，萧国亮点校，上海古籍出版社，1986年。

二、方志、族谱

安福县地方志办公室辑：《同治安福县志》（点校本），江西科学技术出版社，2019年。

《安福赵氏族谱》，不详。

《槎江朱氏族谱》，第四次续修本，2000年。

《漱源邹氏七修族谱》，民国六年刊本。

《洞溪冯氏三修族谱》，不详。

高崇基等修：《安福县志》，乾隆四十七年刊本。

贺恢：《爱莲编》，中国财富出版社，2015年。

《湖上彭氏族谱》，1998年。

黄宽等修：《安福县志》，康熙五十二年刊本。

《金陵李氏四修族谱》，不详。

《金黎王氏族谱》，不详。

吉安市地方志办公室辑：《光绪吉安府志》（点校本），中华书局，2014年。

刘良楷纂修：《三舍刘氏七续族谱》，民国三十三年刊本。

李其昌等修：《莲花厅志》，《中国方志丛书》，成文出版社，1989年。

《梅下彭氏家谱》，乾隆二十八年刊本。

《南溪刘氏续修族谱》（崇本堂），1995年。

《南溪刘氏续修族谱》，不详。

平观澜等修：《庐陵县志》，乾隆四十六年刻本。

《乌溪陈氏宗谱》，康熙十一年刊本。

王吉等编：《安成复真书院志》，康熙三十二年刊本。

王先顺主编：《安福县志》，中共中央党校出版社，1995年。

萧玉春等修：《永新县志》，同治十三年刊本。

谢旻监修，陶成编纂：《江西通志》，《文渊阁四库全书·史部》（第513册），台湾商务印书馆，1986年。

佚名编：《复礼会录》，光绪刊本。

余之祯等纂修：(万历)《吉安府志》，《日本藏中国罕见地方志丛刊》，书目文献出版社，1991年。

张程纂修：《安福县武功山志》，明刻本，复印本。

赵国宣等修：《茶陵州志》，同治十年刊本。

赵勤等修：《攸县志》，同治十年刊本。

曾省三等编：《识仁讲院志》，同治元年刊本。

三、专著

鲍世斌：《明代王学研究》，巴蜀书社，2004年。

蔡仁厚：《宋明理学·北宋篇》，吉林出版集团有限责任公司，2009年。

蔡仁厚：《宋明理学·南宋篇》，吉林出版集团有限责任公司，2009年。

蔡仁厚：《王学流衍：江右王门思想研究》，人民出版社，2006年。

蔡仁厚：《王阳明哲学》，九州山版社，2013年。

陈畅：《理学道统的思想世界》，上海书店出版社，2017年。

陈来：《仁学本体论》，生活·读书·新知三联书店，2014年。

陈来：《宋明理学》（第2版），华东师范大学出版社，2004年。

陈来：《有无之境——王阳明哲学的精神》，北京大学出版社，2013年。

陈来：《朱子哲学研究》，生活·读书·新知三联书店，2010年。

陈立胜：《入圣之机：王阳明致良知工夫论研究》，生活·读书·新知三联书店，2019年。

陈时龙：《明代中晚期讲学运动（1522—1626）》（第2版），复旦大学出版社，2007年。

陈仪：《王塘南思想研究》，政大出版社，2017年。

程海霞：《良知学的调适：王塘南与中晚明王学》，中国社会科学出版社，2021年。

邓志峰：《王学与晚明师道复兴运动》（增订本），复旦大学出版社，2020年。

方旭东：《吴澄评传》，南京大学出版社，2005年。

方志远、谢宏维：《江西通史·明代卷》，江西人民出版社，2008年。

葛荣晋主编：《中国实学思想史》，首都师范大学出版社，1994年。

郭齐勇：《熊十力哲学研究》，人民出版社，2011年。

郭齐勇：《中国儒学之精神》，复旦大学出版社，2009年。

何财山：《百官名村》，政协江西省安福县委员会编：《美好安福》，江西人民出版社，2019年。

侯外庐等主编：《宋明理学史》，人民出版社，1997年。

嵇文甫：《晚明思想史论》，东方出版社，1996年。

嵇文甫：《左派王学》，《民国丛书》（第2编第7册），上海书店，1989年。

季芳桐：《泰州学派新论》，巴蜀书社，2005年。

李才栋：《江西古代书院研究》，江西教育出版社，1993年。

李伏明：《江右王门学派研究：以吉安地区为中心》，江西人民出版社，2017年。

李丕洋：《心学巨擘：王龙溪哲学思想研究》，中国社会科学出版社，2016年。

李玉平主编：《安福民俗》，中国文联出版社，2011年。

李泽厚：《人类学历史本体论》，天津社会科学院出版社，2010年。

梁启超：《梁启超修身讲演录》，彭树欣选评，上海古籍出版社，2018年。

梁启超编著：《梁启超修身三书》，彭树欣整理，上海古籍出版社，2016年。

林月惠：《良知学的转折：聂双江与罗念庵思想之研究》，台湾大学出版中心，2005 年。

刘海军、杨一凡主编：《中国珍稀法律典籍集成》，科学出版社，1994 年。

刘新生、谢爱军：《中国樟乡》，政协江西省安福县委员会编：《美好安福》，江西人民出版社，2019 年。

刘宗彬、刁山景：《王学名邑》，政协江西省安福县委员会编：《美好安福》，江西人民出版社，2019 年。

陆永胜：《心·学·政：明代黔中王学思想研究》，中华书局，2016 年。

吕妙芬：《阳明学士人社群：历史、思想与实践》，新星出版社，2006 年。

牟宗三：《从陆象山到刘蕺山》，吉林出版集团有限责任公司，2010 年。

牟宗三主编：《宋明儒学的问题与发展》，华东师范大学出版社，2004 年。

牟宗三：《王阳明致良知教》，联经出版事业股份有限公司，2003 年。

牟宗三：《心体与性体》，联经出版事业股份有限公司，2003 年。

牟宗三：《中国哲学的特质》，罗义俊编，上海古籍出版社，2007 年。

牟宗三：《中国哲学十九讲》，上海古籍出版社，2005 年。

彭国翔：《良知学的展开：王龙溪与中晚明的阳明学》，生活·读书·新知三联书店，2005 年。

彭树欣：《刘元卿年谱》，江西教育出版社，2021 年。

钱明：《王阳明及其学派论考》，人民出版社，2009 年。

钱明：《阳明学的形成与发展》，江苏古籍出版社，2002 年。

钱明：《浙中王学研究》，中国人民大学出版社，2009 年。

钱穆：《宋明理学概述》，九州出版社，2010 年。

钱穆：《阳明学述要》，九州出版社，2010 年。

钱新祖：《焦竑与晚明新儒思想的重构》，宋家复译，东方出版社，2017 年。

任文利：《治道的历史之维：明代政治世界中的儒家》，中央编译出版社，2014 年。

容肇祖：《明代思想史》，《民国丛书》（第 2 编第 7 册），上海书店，1990 年。

束景南：《王阳明年谱长编》，上海古籍出版社，2017 年。

束景南：《阳明大传："心"的救赎之路》，复旦大学出版社，2020 年。

束景南：《阳明佚文辑考编年》，上海古籍出版社，2012 年。

唐君毅：《中国哲学原论·原教篇》，中国社会科学出版社，2006年。

王传龙：《阳明心学流衍考》，厦门大学出版社，2015年。

王兴才：《武功山文化遗存》，中国文化出版社，2020年。

吴光主编：《阳明学综论》，中国人民大学出版社，2009年。

吴宣德：《江右王学与明中后期江西教育发展》，江西教育出版社，1996年。

吴震：《明代知识界讲学活动系年：1522—1602》，学林出版社，2003年。

吴震：《聂豹、罗洪先评传》，南京大学出版社，2001年。

吴震：《泰州学派研究》，中国人民大学出版社，2009年。

吴震：《阳明后学研究》，上海人民出版社，2003年。

熊十力:《中国现代学术经典·熊十力卷》，河北教育出版社,1996年。

萧萐父主编：《熊十力全集》，湖北教育出版社，2001年。

徐儒宗：《江右王学通论》，中国人民大学出版社，2009年。

杨国荣：《王学通论——从王阳明到熊十力》，华东师范大学出版社，2003年。

杨国荣：《心学之思：王阳明哲学的阐释》，中国人民大学出版社，2009年。

余英时：《宋明理学与政治文化》，吉林出版集团有限责任公司，2008年。

张赣秋等：《千年孔庙》，政协江西省安福县委员会编：《美好安福》，江西人民出版社，2019年。

张斯珉：《卫道之学：明儒耿定向思想研究》，中国社会科学出版社，2017年。

张卫红：《敦于实行：邹东廓的讲学、教化与良知学思想》，上海古籍出版社，2020年。

张卫红：《罗念庵的生命历程与思想世界》，生活·读书·新知三联书店，2009年。

张卫红：《邹东廓年谱》，北京大学出版社，2013年。

张新民：《儒学的返本与开新：张新民文选》，贵州人民出版社，2021年。

张学智：《明代哲学史》（修订本），中国人民大学出版社，2012年。

张艺曦:《阳明学的乡里实践：以明中晚期江西吉水、安福两县为例》，北京师范大学出版社，2013年。

张昭炜:《阳明学发展的困境及出路》，中国社会科学出版社，2017年。

章太炎：《馗书详注》，徐复注，上海古籍出版社，2000 年。

章太炎：《章太炎全集》，上海人民出版社，1985 年。

郑翔主编：《江西历代进士全传》，上海古籍出版社，2016 年。

政协安福县委员会编：《安福村落》，吉林文史出版社，2016 年。

钟治国：《邹东廓哲学思想研究》，中华书局，2013 年。

衷海燕：《儒学传承与社会实践——明清吉安府士绅研究》，世界图书出版广东有限公司，2012 年。

朱晓鹏：《儒道融合视域中的阳明心学建构》，商务印书馆，2019 年。

邹建锋：《阳明夫子亲传弟子考》，中国社会科学出版社，2017 年。

［美］艾尔曼：《从理学到朴学：中华帝国晚期思想与社会变化面面观》，赵刚译，江苏人民出版社，2012 年。

［日］岛田虔次：《中国思想史研究》，邓红译，上海古籍出版社，2009 年。

［日］冈田武彦：《王阳明与明末儒学》，吴光等译，重庆出版社，2016 年。

［日］沟口雄三：《中国思想史——宋代至近代》，龚颖、赵士林等译，生活·读书·新知三联书店，2014 年。

［瑞士］耿宁：《人生第一等事——王阳明及其后学论"致良知"》，倪梁康译，商务印书馆，2014 年。

四、论文

陈时龙：《〈三舍刘氏七续族谱〉的史料价值》，《文献》，2008 年第 1 期。

陈时龙：《从讲学到范俗——明代安福复真书院的讲学活动》，《井冈山大学学报（社会科学版）》，2018 年第 4 期。

崔振鹏：《论景泰时期太学教育的文风转向——以吴节"以古文为时文"之倡导为中心》，《中国文学研究》，2021 年第 3 期。

邓惠兰：《明代江右王门惜阴会研究》，《老区建设》，2018 年第 2 期。

丁为祥：《从"得君行道"到"觉民行道"—— 阳明"良知学"对道德理性的落实与推进》，《学术月刊》，2017 年第 5 期。

樊鹤平：《论邹守益对王阳明"致良知"学说的继承与发展》，《道德与文明》，2013 年第 4 期。

葛荣晋：《王阳明"实心实学"思想初探》（上下），《中共宁波市委党校学报》，2010 年第 2、3 期。

何财山：《庐陵文化中的奇葩——安福古代私学》，《南方文物》，2013 年第 3 期。

戢斗勇：《略论王时槐的性本论》，《江西社会科学》，1990 年第 6 期。

李承贵：《江右王学之冠——邹守益对阳明心学传播与发展的独特贡献》，《江西师范大学学报（哲学社会科学版）》，2022 年第 1 期。

李欣：《王庭珪的诗学追求及其诗歌创作》，《文艺评论》，2011 年第 4 期。

彭树欣、朱晓丽、彭雨晴：《江右王门刘元卿的教育实践与思想》，《赣南师范大学学报》，2020 年第 4 期。

彭树欣、彭雨晴：《江右王门修证派刘阳论》，《赣南师范大学学报》，2019 年第 1 期。

彭树欣：《江右王门王钊文献辑佚》，《阳明学研究》（第六辑），人民出版社，2021 年。

彭树欣:《江右王门邹氏第二三代文献及其思想价值》,《阳明学研究》（第二辑），人民出版社，2016 年。

彭树欣：《礼学心学化：明儒刘元卿的礼学思想与实践》，青原山阳明文化研究传播中心编：《王阳明与吉安：江右王门学术研讨会论文集》，江西人民出版社，2019 年。

彭树欣：《明儒邹德涵简论》，《孔子研究》，2014 年第 5 期。

彭树欣:《体用合一论: 刘元卿的儒学立场与特色》,《江西社会科学》，2018 年第 8 期。

彭树欣：《王阳明弟子刘阳著述考及其孤本文献之发现》，《北京大学中国古文献研究中心集刊》(第十六辑)，北京大学出版社，2017 年。

钱明：《谈中晚明王阳明在江西吉安的讲学——对浙中王学与江右王学的比较》，《教育文化论坛》，2012 年第 3 期。

屠承先：《阳明学派的本体功夫论》，《中国社会科学》，1990 年第 6 期。

王伟民：《论江右王门对阳明心学的修正》，《江西社会科学》，1992 年第 5 期。

魏志远、冯涛：《刘元卿的理欲观论析》，《上饶师范学院学报》，2019 年第 1 期。

魏志远：《"识仁择术"：刘元卿对耿定向心学思想的继承与发展》，《井冈山大学学报（社会科学版）》，2021 年第 3 期。

吴震：《心学道统论——以"颜子没而圣学亡"为中心》，《浙江大学学报（人文社会科学版）》，2017 年第 3 期。

徐洪兴、杨月清：《试论欧阳修与北宋理学思潮的兴起》，《复旦学报（社会科学版）》，1997年第6期。

杨柱才：《陆九渊心学的方法理论和实学主张》，《南昌大学学报（人文社会科学版）》，1999年第2期。

虞云国：《三千年间，人不两见——王炎午两祭文天祥》，《文史知识》，2016年第7期。

张克伟：《试论江右王门弟子刘邦采其人及其"性命双修"说》，《齐鲁学刊》，1992年第2期。

张卫红：《草根学者的良知学实践——以明嘉靖至万历年间的安福学者为例》，《文史哲》，2020年第3期。

张新民：《回顾与前瞻：阳明学研究的百年经验总结》，《贵州大学学报（社会科学版）》，2014年第6期。

张新民：《论王阳明实践哲学的精义——以"龙场悟道"及心学的发生学形成过程为中心》，《浙江社会科学》，2018年第7期。

郑宗义：《再论王阳明的知行合一》，《学术月刊》，2018年第8期。

衷海燕：《江右王学的学术传承与地方宗族的乡村实践：以明代中后期安福邹守益家族为例》，《贵州文史丛刊》，2010年第4期。

[美]Kandice j. Hauf:The Jiangyou Group: Culture and Society in Sixteenth Century China, 美国耶鲁大学博士论文，1987年。

后记

进入明代江右王学（尤其是安福阳明学）研究，并与家乡的先贤"身心交关"，并不是我已谋划的学术打算，而似乎是某种冥冥中的安排。

我起初从事梁启超研究，从硕士、博士论文到博士后出站报告都以梁启超为题，原以为会一直做下去，不转换研究方向，至多扩展到近现代相关人物或问题的研究。但是，2009 年在武汉大学撰写博士后报告期间，偶然发现了江右王门刘元卿的文献，因刘氏为我家乡的先贤（且我大学毕业后在由其创办的复礼书院改建的中学任教多年），自然引发了我的关注。随后通过文献检索，知其现存著作有十余种之多，然当时无暇顾及。待 2010 年 6 月博士后出站后，出于乡土情结及研究的地域方便，便开始收集、整理其文献，并于2014 年出版《刘元卿集》。在收集、整理刘氏文献的同时，陆续发现了大量其他未整理的安福阳明学文献，乃惊为"富矿"，于是进一步将眼光扩展到整个安福阳明学，并于 2016 年出版《刘三五集》。在文献整理的同时，开始了江右王学（尤其是安福阳明学）研究，并陆续发表了一些论文。

2017 年以"明代江右王学重镇安福县学人群文献整理与研究"为题，申报国家社科基金项目，并成功获批立项。于是全面进入对安福阳明学的文献整理与研究中，期间出版或发表了一些阶段性成果，包括《刘元卿年谱》及多篇论文。2022 年 9 月课题结项，其成果包括文献整理 170 万字和思想研究 47 万字（后者为本书的内容）。该成果得到五位鉴定专家的一致肯定，并获得"优秀"等级，其中鉴定意见指出：

> 该课题以安福一县为考察单位，竭泽而渔地穷搜相关文献资料并进行研究，洋洋洒洒二百万言，研究具体、规模宏大，该成果对王门安福学人文献整理与研究有集成之功。……它必将成为安福阳明学文献整理、研究的标志性成果。（鉴定意见之一）
>
> 该课题研究思路清晰、方法适当。通过文献调查、逻辑与历史相结合、点与面结合等方法开展研究，研究内容翔实可靠，叙述详细严谨，分析归纳客观理性，论证有说服力，填补了江右王学重镇安福县学人群没有系统研究专著成果的空白，具有

开创性意义。（鉴定意见之二）

课题成果的出版，将对明代安福阳明学乃至阳明后学整体研究有较大推进，具备较高的学术价值和应用价值。（鉴定意见之三）

当然，本成果仍存在不少问题，相对于先贤的思想而言，我的研究仍显粗略，未能完全得其精髓，故以上肯定评价只能看作是对我的鼓励和鞭策。

可以说，从 2010 年起，我的学术研究发生了转向，除继续从事梁启超研究外（主要出版了几种学术普及类著作），将主要精力转向了江右王学研究，与先贤"长相厮守"，接续其精神生命，为之"继绝学"，并写出了国内外第一部县域阳明学专著（即本书）。在长期的阅读、点校、思考和写作中，自己的生命也不时被先贤的精神、思想之光所照耀，不断地得到其浸润。宋释道原《景德传灯录》曰："百丈竿头不动人，虽然得入未为真。百尺竿头须进步，十方世界是全身。"借此禅宗话头，我略得江右王门学人之味，而"虽然得入未为真"，故仍"百尺竿头须进步"，纵然最终未必能至"十方世界是全身"之一体境界，然至少可不时"悠然心会"其真味也。

在从事江右王学文献整理与研究的过程中，我得到了许多师友的鼓励和帮助，如恩师武汉大学哲学学院郭齐勇先生、浙江省社科院钱明先生、中国社科院张昭炜先生、南昌大学杨柱才先生、江西财经大学方宝璋先生、井冈山大学李伏明先生、宁波大学邹建锋先生、安福县博物馆刁山景先生、复礼中学颜毅先生、结拜兄弟彭天华先生、族弟彭亮先生等，在此一并致谢！

孔学堂书局副总编辑张发贤先生欣然将本书纳入《阳明文库》出版计划，张基强先生为本书的编辑付出辛勤汗水，使其得以顺利出版，在此深致谢忱！

2024 年 2 月
江右彭树欣识于江西财经大学人文学院